Barbara Moes 27.02.96

Rüdiger vom Bruch · Rainer A. Müller
Erlebte und gelebte Universität

*Professor im Talar in der Vorhalle der Universität*

Rüdiger vom Bruch
Rainer A. Müller

# Erlebte und gelebte Universität

## Die Universität München im 19. und 20. Jahrhundert

*Mit einem Vorwort zur historischen Besinnung von Laetitia Boehm*

*Geleitwort: Universitätspräsident Prof. Dr. Wulf Steinmann*

**WLV**

W. Ludwig Verlag

ISBN 3-7787-2082-1
© 1986 W. Ludwig Verlag Pfaffenhofen
Satz und Druck: Ilmgaudruckerei Pfaffenhofen
Printed in Germany
Nachdruck, auch auszugsweise, nur mit Genehmigung des Verlages
Abbildungen: Karrer & Mayer: S. 205, 239; Monacensia: S. 2; Stadtarchiv München: S. 20, 43;
Stadtmuseum München: S. 50, 88, 113, 165, 174, 366, 367;
Universitätsbauamt München: S. 183, 192, 214, 281
Umschlaggestaltung: Adolf Bachmann

# Geleitwort

In München studieren zu können, ist für viele Abiturienten ein Traumziel. Nach München berufen zu werden, ist für viele Professoren der Gipfel der wissenschaftlichen Karriere. Was macht nun dieses München, diese Universität so attraktiv? Jeder der Autoren der vorliegenden Anthologie hat seine besondere Beziehung zu München, seine Erfahrung mit München. Der Freizeitwert Münchens allein ist es nicht, der die Universität München so attraktiv macht. So ergab vor einigen Jahren eine wissenschaftliche Untersuchung, daß nur bei einem Drittel der Studenten die Lebensqualität und der Freizeitwert Münchens die Studienortwahl beeinflußt haben. Es ist in hohem Maße die Universität selbst, ihre Vielfalt der Fächer und Studienmöglichkeiten und auch ihr wissenschaftliches Niveau, das sie so attraktiv macht – übrigens auch bei ausländischen Gastforschern, deren Zahl an der Ludwig-Maximilians-Universität München so hoch ist wie an keiner anderen Universität. Seltsamerweise tut es der Attraktivität keinen Abbruch, daß die Universität in sehr vielen Studiengängen hoffnungslos überfüllt ist, daß die Professoren mit Lehraufgaben und mit Prüfungen so stark belastet sind, wie kaum anderswo.

In diesem Buch wird nun in Beschreibungen und Erinnerungen die Lebensgeschichte der Ludwig-Maximilians-Universität in den letzten zwei Jahrhunderten gezeichnet, quer durch alle Fakultäten von ehemaligen Studenten und Professoren dieser Universität. Es ist zu wünschen, daß dieses Buch für viele Leser ein Stück Erinnerung an die eigene Universität und an die eigene Studienzeit wird. Möge das Buch dazu helfen, unserer Alma mater alte Freunde zu erhalten und neue zu gewinnen.

*Prof. Dr. Wulf Steinmann*
Präsident der Ludwig-Maximilians-Universität München

# Vorwort

Die Geschichte einer Institution – wie hier einer Universität – tritt zumeist in ihren Statuten und Gebäuden, in der Arbeit ihrer einzelnen Institute und in ihrer geistigen Wirksamkeit zutage. Vorliegende Anthologie aus dem autobiographischen Schrifttum zielt jedoch auf die „Lebensgeschichte" dieser Einrichtung ab, auf die individuell gestaltete Umsetzung und die Erfahrung einer Anstalt, die das deutsche Geistesleben und die Münchner Stadtgeschichte in den letzten 150 Jahren wesentlich geprägt hat.

Die vielfältigen Erfahrungen, die Professoren, Doktoranden und Studenten mit und an der Ludwig-Maximilians-Universität München von 1826 an bis in die moderne Zeit hinein gemacht haben, werfen einen besonderen Blick auf die Alma mater, charakterisieren diese subjektiv und machen sie eben darum „lebendig". Die Urteile und Sichtweisen, die Erlebnisse und Ereignisse, die die Autoren hinsichtlich der Universität für erwähnenswert hielten, sind weit gespannt und different. So schreibt ein Chinese, der zwischen 1940 und 1945 in München studierte:

„Die Ludwig-Maximilians-Universität ist für mich und mein Schicksal viel mehr als nur eine Universität. Sie gab mir nicht nur Wissen, sondern hat auch in vieler Hinsicht mein späteres Leben schicksalhaft geformt" (Ma Tsie).

Ein anderer Autor dagegen formulierte am Beginn des 19. Jahrhunderts: „Einmal kam ich wohl zu Görres, ein andermal zu Schelling, aber Katheder, Schulbänke und Hörsäle waren mir so widerwärtig, daß ich auch zu ihnen nicht zurückkehrte" (Ludwig Steub).

Wiederum eine andere Sicht spiegelt das pointierte Urteil von Werner Heisenberg:

„Wenn andere Universitäten etwa als Stätten des soliden Fachwissens oder als Ausgangspunkt neuer Entwicklungslinien in der Forschung berühmt wurden, so zeichnete sich die Wissenschaft in München vor allem durch eine menschliche Unmittelbarkeit und Lebendigkeit aus, die auf dem Nährboden einer sehr konservativen, im Katholizismus der heimischen Bevölkerung wurzelnden Geistigkeit erstaunlich gut gedeihen konnte."

Das Spektrum der Urteile über die Münchner Universität hängt sicherlich von den Autobiographen selber ab und bündelt sich in eben jenem Personenkreis, der sein Leben für berichtenswert erachtet und darin der Universität einen besonderen Stellenwert zumißt. Aus der Vielfalt dieser sehr persönlichen Lebensgeschichten addiert sich eine Geschichte der Alma mater Monacensis, setzt sie sozusagen mosaikhaft zusammen.

Eine Anthologie wie diese vermag freilich keine wissenschaftliche Würdigung der Münchner Universitätsgeschichte zu ersetzen, wohl aber führt sie anschaulich in deren bunt schillernden Reichtum hinein. Auch für unsere

Auswahl mag gelten, was einst Arthur Schopenhauer über die hier herangezogene Gattung schrieb:

„Ich muß in Hinsicht auf die Erkenntnis des Wesens der Menschheit den Biographen, vornehmlich den Autobiographen, einen größeren Stellenwert zugestehen als der eigentlichen Geschichte, wenigstens wie sie gewöhnlich behandelt werden. Auch hat man unrecht zu meinen, die Selbstbiographen seien voller Lug und Verstellung. Vielmehr ist das Lügen, obwohl überall möglich, dort vielleicht schwerer als irgendwo, und in einer Selbstbiographie sich zu verstellen ist so schwer, daß es vielleicht keine einzige gibt, die nicht im ganzen wahrer wäre, als jede andere geschriebene Geschichte."

Die Reihung der Texte – die in der ursprünglichen Schreibweise sowie gekürzt wiedergegeben werden – erfolgt nach dem Geburtsdatum der Autoren. Einige wenige Texte sind Originalbeiträge, gelegentlich wurde auf biographisches Schrifttum zurückgegriffen.

Die beiden Herausgeber haben vielfach zu danken: Den Herren Prof. Dr. Ulrich Köpf, Dr. Ladislaus Buźas, Dr. Wolfgang Stump sowie Herrn Dietmar Schmidt für Hinweise auf Autoren und Werke und Herrn Martin Schütz für biobibliographische Hilfen sowie Registererstellung (zus. mit Frau Ulrike Haerendel). Frau Prof. Dr. Laetitia Boehm übernahm dankenswerterweise die historische Einführung; Herrn Präsidenten Prof. Dr. Wulf Steinmann sei für das Geleitwort ebenso herzlich gedankt.

Finanzielle Hilfestellung erhielt die Publikation von der Bayer. Vereinsbank, den Bayer. Motorenwerken, der Bayerischen Landesbank sowie Herrn Peter Kremer, München.

*Rüdiger vom Bruch · Rainer A. Müller*

# Der Weg
# der Ludwig-Maximilians-Universität
# durch die letzten zwei Jahrhunderte

Ein Vorwort zur historischen Besinnung.
Laetitia Boehm

Seit eineinhalb Jahrhunderten rangiert die Ludwig-Maximilians-Universität hinsichtlich Studenten- und Personalzahlen und hinsichtlich des Spektrums der Disziplinen knapp hinter der Universität Berlin als zweitgrößte Hochschule im Deutschen Reich bzw. heute in der Bundesrepublik Deutschland. Neben und konkurrierend mit Berlin hat München seit dem 19. Jahrhundert den Ruhm der deutschen Wissenschaftsentwicklung und das Ansehen des neuzeitlichen deutschen Universitätstyps als Stätte für Lehre und Forschung mit gewissen korporativen Freiräumen in die europäische, dann auch außereuropäische Welt ausgestrahlt. Um 1874 meinte ein Engländer von der deutschen Universität (wiederzitiert von dem deutschen Bildungshistoriker Friedrich Paulsen 1902): „The French university has no liberty, and the English have no science; the German universities have both."

Wenn die ähnliche Größenordnung der Universitäten Berlin und München zur Analogisierung anregt, so wird freilich bei einem tiefer greifenden historischen Vergleich deutlich, wie sehr sich doch die Profile beider Hochschulen unterscheiden, allein schon hinsichtlich des Alters. Auch wenn bei Institutionen das Alter eine andere Rolle spielt als bei biologischen Organismen, – hohes Alter führt bei Institutionen nicht zwangsläufig zum Tod, – so ist doch mit höherem Alter Wesenswandel, Prägung oder auch Reifung und Stabilisierung verbunden. Soeben konnte die erste Universitätsstiftung des Hauses Wittelsbach, Heidelberg, ihre sechste Säkularfeier begehen; die zweite Wittelsbacher Stiftung, unsere Münchener Alma mater, feierte im Jahre 1972 ihren 500. Geburtstag.

Als vor nunmehr 160 Jahren, 1826, König Ludwig I. die altbayerische Landesuniversität in die Residenzstadt München holte, hatte die Ludwig-Maximilians-Universität, wie sie nach ihrem Gründer Herzog Ludwig dem Reichen und ihrem Neubegründer Kurfürst Maximilian IV. Joseph (dem späteren König Maximilian I.) 1802 getauft wurde, bereits mehr als drei Jahrhunderte auf dem Buckel. Jede der bisherigen Epochen, – die Ära in Ingolstadt, welche Stadt die Hohe Schule 1472 als reichen Trost für die verlorene Residenzstadtfunktion erhalten hatte, sowie die kurze Periode in der ebenfalls einstigen Residenzstadt Landshut von 1800–1826 –, hat dem Wesen der Universität Züge eingeprägt, die weiterwirkten. Das ist nicht nur in dem Sinne gemeint, daß die Universität bzw. ihre akademischen Bürger, soweit sie noch geschichtlich denken, mit Stolz darauf hinweisen können, daß ihre Alma mater auch in Ingolstadt und in Landshut jeweils eine herausragende Rolle im Rahmen des deutschen Hochschulwesens gespielt hat oder daß bedeutende gelehrte Persönlichkeiten an ihr gewirkt haben. Eine repräsentative Auswahl hat König Ludwig I. als Bauherr des Hauptgebäudes von 1840 an der Frontfassade anbringen lassen in Form von 44 Ton-Medaillons mit Professoren-Köpfen, deren Reihe 1954 in gleicher Technik fortgesetzt wurde. (Ob heute Studenten und Professoren dies noch beachten?)

Zwar versetzte Ludwigs I. Translokationsakt die bayerische Universität wissenschaftsorganisatorisch in ähnliche Bedingungen, wie sie für die Berliner Neu-Universität gemäß den Humboldtschen Reformideen gegeben waren, nämlich durch die Zusammenführung aller Institutionen für Wissenschaft und für Kunst in der Landeshauptstadt. Indes, die Ingolstadt-Landshuter Vorgeschichte hat die Zukunft und das Eigengesicht der Ludwig-Maximilians-Universität entscheidend mitbestimmt und unterscheidet sie damit von der 1810 gegründeten Friedrich-Wilhelms-Universität. Vor allem drei Aspekte sind hier zu bedenken:

*Einmal* brachte die Hohe Schule aus ihrer altbayerischen Vergangenheit ausgeprägte Traditionen mit, die sie in der großen Umbruchszeit der Napoleonischen Schöpfung Neubayerns trotz der revolutionären staatlichen Eingriffe in die Hochschulverfassung und trotz der Translokation nach Landshut nicht so ohne weiteres abstreifen konnte. Die vordem einzige Landesuniversität Altbayerns hatte sich mehr als zwei Jahrhunderte in einem konfessionell geschlossenen Territorium als ein Vorort des Geisteslebens im katholischen Deutschland entfaltet und hat auch im Zeichen der Aufklärung während des 18. Jahrhunderts noch Reformen erfahren, die sich in die sogenannte katholische Aufklärung einordneten; selbst nach der Auflösung des Jesuitenordens 1773, der in Bayern sowie in allen katholischen Reichsterritorien das Gymnasialwesen sowie die philosophischen und theologischen Fakultäten verwaltet hatte, kam es in Bayern aus hier nicht zu erörternden Gründen 1781 nochmals zu einer Phase der Übernahme des Schulwesens durch die Prälatenorden, bevor die Ära des leitenden Ministers Maximilian Graf Montgelas unter Kurfürst Maximilian IV. Joseph ab 1799 diesbezüglich eine neue Epoche einleitete.

*Zweitens* brachte die altbayerische Hohe Schule eine völlig andere Vermögensstruktur mit als Berlin oder auch die Universitätsgründungen des 18. Jahrhunderts. Im Unterschied zu diesen jüngeren Hochschulen, wie Göttingen, welche von vornherein als Staatsuniversitäten ohne Eigenvermögen und auf der Grundlage von Geldwirtschaft und Kostenverwaltung unter staatlicher Finanzhoheit entstanden sind, waren die altdeutschen Universitäten wie Heidelberg, Ingolstadt oder Würzburg noch begründet worden auf einem durch den Landesherrn zugewiesenen eigenen Stiftungsvermögen, das sich komplex zusammensetzte aus verschiedenen Kategorien von Grundbesitz, Grundrenten, Erträgnissen aus Zinsen, Präsentationsrechten, Pfründen usw. Diese spätmittelalterlich-frühneuzeitliche Vermögensstruktur hat zäh nachgewirkt, da die Montgelas'sche Reform der Universitäts-Wirtschaftsverfassung scheiterte und der Universität 1815 ihre Vermögensselbstverwaltung zurückgegeben wurde. Diese Entscheidung wurde für die drei Hochschulen der neubayerischen Monarchie (München, Würzburg, Erlangen) zur Grundlage für eine spezifisch bayerische Form der Hochschulselbstverwaltung: für den Verwaltungsausschuß als ein inneruniversitäres Organ. An der Universität München hat der Verwaltungsausschuß, in dem nach 1945 Professoren wie u.a. Max Spindler, Fritz Terhalle, Reinhart Maurach, Michael Schmaus, Hubert von Pechmann, Johannes Spörl, Karl Bosl maßgeblichen Einsatz für den Wiederaufbau leisteten, erst seit der Satzungsreform von 1970 sein Ende gefunden.

Und als *drittes* die Universität München mitprägendes Vermächtnis ist der Sachverhalt zu nennen, daß die altbayerische Hohe Schule durch die „Revolution von oben" in den verstaatlichenden Reformen der Ära Montgelas radikaler betroffen worden war als ihre Schwestern in den anderen Rheinbundstaaten. Nicht nur die alten Universitätssiegel wurden symbolisch gebrochen, sondern sogar die Fakultäten wurden als Relikte des verpönten „Zunftgeistes" abgeschafft zugunsten eines Systems von zwei Hauptklassen mit je mehreren Sektionen. Andererseits hat die Neudotation der Landshuter Universität 1802 aus säkularisiertem Klosterbesitz anders, als bei der Berliner Hochschule, Spuren hinterlassen, so beispielsweise in dem Besitz von Staatswald, dem „Universitätswald", den die später der Universität angegliederte Forstwissenschaft noch heute verwaltet. Unsere Universität trägt zu Recht den Namen ihres ersten Erneuerer Kurfürst bzw. König Maximilian. Allerdings datiert die eigentliche umfassende Neubegründung im wissenschaftlichen Sinne aus der Regierungszeit König Ludwigs I., der die Translokation in die gleichzeitig architektonisch neu gestaltete Residenzstadt endlich wagte, nachdem Max I. trotz des Drängens der Ministerialbürokratie und der aufgeklärten Reformpartei noch ein Mißbehagen empfand, die Residenz mit einem akademischen Unruheherd zu belasten.

Mit der glanzvollen und zukunftsstabilen Neubegründung 1826, die Ludwig I. mit dem Blick auf Göttingen und Berlin als eine Modernisierung im Bereich der Wissenschaften, aber zugleich als eine Restaurierung im geistig-historischen Sinne ins Werk setzte, hat der Monarch nicht zuletzt die Konsequenz gezogen aus den Eindrücken seiner Landshuter Studienzeit. Denn an der Landshuter Universität, deren Anfänge im Zeichen des französisch beeinflußten Reformexperiments gestanden waren, an welcher jedoch die Auseinandersetzung zwischen Aufklärung und Romantik in eine irenisch-religiöse, geschichtsoffene und patriotische Atmosphäre eingemündet war, hatten der Kronprinz und ebenso sein späterer erster kulturpolitischer Berater, Eduard von Schenk, im Kreis um Johann Michael Sailer und Johann Nepomuk Ringseis nachhaltige Eindrücke erhalten, die sich in der ersten Etappe der Münchener Kultur- und Universitäts-Politik auswirkten. Das komplexe Erbe aus der Ingolstädter und Landshuter Epoche hat die Entwicklung der Universität während des ersten Halbjahrhunderts stark bestimmt. Obwohl damals das Metternich'sche System mit den Wiener Ministerratskonferenzen und den Karlsbader Beschlüssen seit 1819 die deutschen Hochschulen empfindlich einengte und in Demagogenverfolgungen verwickelte, leitete Ludwigs I. liberale, von Romantik und Philhellenismus berührte Gesinnung für die am 31. 3. 1827 in München feierlich wiedereröffnete Universität zunächst eine hoffnungsvoll freiheitliche Verfassungs- und Wissenschaftsentwicklung ein. Auch wenn der Organisationsentwurf von 1829 zu keinem neuen Universitätsgesetz führte, wurden die formal in Kraft bleibenden Edikte von 1804 gemildert und ergänzt durch die Restituierung verschiedener Selbstverwaltungsrechte (wie Rektor- und Senatswahl, Fakultätsverfassung), korporativer Ehrenrechte (wie Restaurierung der Siegel, Genehmigung der jährlichen Stiftungsfeier 1830, Verleihung von Amtskette und Hoffähigkeit an den Rektor, Einführung farbiger Professorentalare nach Entwürfen von Peter Cornelius) sowie durch offenes Vertrauen in Betragen und Fleiß der Studenten (begrenzte Wiederzulassung von Studentenverbindungen, Verbürgung der Lernfreiheit durch die sogenannte „Freistudienordnung" von 1827).

Abgesehen von der wachsenden Enttäuschung des Souveräns seit den revolutionären Unruhen von 1830 blieb es der Universität nicht erspart, daß bei Begegnung der altbayerischen Unterrichtstradition mit den neuhumanistischen und idealistischen Konzeptionen aus dem protestantischen Deutschland ein Schulkampf entbrannte, der sich auf der Ebene der Universitäts-Studiensatzungen ebenso wie im Gymnasial- und Lyceal-Bereich abspielte. Protagonist des Neuhumanismus war in Bayern bzw. München jahrzehntelang Friedrich Wilhelm Thiersch, 1811 Professor am Münchener Lyceum, 1826 Ordinarius an der Universität, Rektor des Studienjahres 1847/48 und Akademiepräsident im Revolutionsjahr, ideell unterstützt durch Friedrich Wilhelm Schelling bis zu dessen Weggang nach Berlin 1841. Insonderheit während des restaurativen Ministeriums Karl von Abels (1837–1847) geriet die Studiengesetzgebung ins Kreuzfeuer zwischen traditionellen und reformerischen Konzeptionen, bevor dann ab 1848 auf der Basis begrenzter Lernfreiheit eine Angleichung der bayerischen an die Hochschulen im gesamtdeutschen

Raum erfolgte. Jedoch bewahrte das Münchener Studiensystem noch bis ins frühe 20. Jahrhundert hinein das Postulat eines propädeutischen allgemeinen Bildungsstudiums vor den Fachstudien.

Die Studiengesetzgebung war allerdings nicht das einzige Spannungsfeld im Zusammenhang der Integration der altbayerischen Hochschule in die neu-bayerische Monarchie, deren Umbildung zum paritätischen Staat naturgemäß nicht nur ein administratives Problem war. Die Personalpolitik in der Ära Montgelas, die in bezug auf Universität und Akademie der Wissenschaften als Hebel für die weltanschaulich aufklärerische Staatsreform dienen sollte, hatte durch ihre Einseitigkeit bereits Gegenkräfte geschürt, – zuerst an der Universität Landshut, – welche in Ludwigs I. Kulturpolitik beim personellen und organisatorischen Neubau der Universität zum Tragen kamen. Zwar erstrebte der König keine konfessionelle Geschlossenheit mehr, aber er wollte das christlich Positive fördern: „Ich will Religion, aber ich will sie in den Herzen, in den Gesinnungen und Handlungen; ich will die Wissenschaft, aber in ihrer ganzen unverkümmerten Gestalt und Wirksamkeit . . ." Indes, die seit 1799 fortgeschrittene Übertragung des mittleren Schulwesens an Laien, andererseits die Etablierung einer neuen bayerischen Führungsschicht aus Neu-und Nichtbayern in den akademischen Institutionen mußte Verletzungen der Tradition, Empfindlichkeiten, Auseinandersetzungen zwischen Einheimischen und „Ausländern" mit sich bringen, was sich im akademischen Bereich schon 1811 in einem (harmlos verlaufenen) Attentat auf Thiersch Luft gemacht hatte. Mit verstärkter Emotionalität entlud sich die Erbitterung altbayerischer Kreise in publizistischen Kampagnen gegen die wachsende Monopolstellung und das als arrogant empfundene Auftreten der „Nordlich-ter", welche die „Bayern entbayern und dekatholisieren" wollten, als König Maximilian II. zusammen mit seinem leitenden Berater Wilhelm Doenniges, einem Ranke-Schüler, eine souverän gehandhabte Berufungspolitik unter Ausschaltung ministerieller und universitärer Mitsprache startete (bis 1856 erfolgten rund 55 Neuberufungen) und dabei bayerische Wissenschaftler, auch den Privatdozenten-Nachwuchs, spürbar überging.

Mißtrauen erweckten die engen Beziehungen der „Nordlicher" zum König. Hinzu kamen das gereizte politische Klima, die aufbrechenden Gegensätze zwischen großdeutscher und kleindeutscher Gesinnung. Die Konfliktatmo-sphäre hat denn auch nicht nur Doenniges 1856 aus München vertrieben, sondern auch manche andere, wie den „großen Liberalen", den Schweizer Juristen Johann Kaspar Bluntschli oder den Pionier kleindeutscher Geschichtswissenschaft Heinrich von Sybel. Die literarische Tafelrunde um Max II., angeführt von Emanuel Geibel, in der sich Dichter wie u. a. Friedrich von Bodenstedt, Felix Dahn, Paul Heyse und der dichtende Mineraloge Franz von Kobell trafen, löste sich nach dem Tode des Königs auf. Andere neuberufene Professoren, wie Justus von Liebig oder Wilhelm Heinrich von Riehl, blieben. Sie alle waren Repräsentanten einer spürbaren Neuorientierung gegenüber Neuhumanismus, Romantik und Revolution in der Hinwendung zur kritischen Fundierung der Fachwissenschaften. Eine neue Epoche von Forschung und sozialer Geltung von Wissenschaft hatte eingesetzt. Der Aufbruch der positiven Geistes- und experimentellen Naturwissenschaften seit der Mitte des 19. Jahrhunderts fand Niederschlag in Labor-, Instituts- und Seminargründungen, in denen neue Methoden Platz griffen (so des Chemischen Labors durch Justus von Liebig 1852, des Mathematisch-Physikalischen Seminars durch Philipp Ludwig von Seidel und Philipp von Jolly 1856, des Historischen Seminars durch Heinrich von Sybel 1857) sowie in der Verselbständigung der Naturwissenschaften durch Aufgliederung der Philosophischen Fakultät in zwei Sektionen 1865 (in Würzburg 1873), bevor die Fakultäten 1937 endgültig getrennt wurden. Die neugewonnene Rangordnung der Wissenschaften fand aber auch Ausdruck in der Stiftung des Maximiliansordens für Wissenschaft und Kunst 1853 und in der Errichtung der Historischen Kommission bei der Bayerischen Akademie der Wissenschaften 1858, deren erster Präsident Leopold von Ranke und deren erster Sekretär Heinrich von Sybel wurde. Mit ihren hervorragenden Gelehrten, zu denen außer den Genannten so bahnbrechende Wissenschaftler gehörten wie u.a. die Juristen Bernhard Windscheid und Konrad Maurer, die Mediziner Karl von Pfeufer oder Max von Pettenkofer, trat die Münchener Universität endgültig konkurrierend neben Berlin gemäß der politischen Trias-Idee des Königs, Bayern zum wissenschaftlichen Zentrum zwischen Österreich und Preußen zu erheben. Die Errungenschaften der Wissenschaftspolitik Maximilians II., fortgesetzt unter Ludwig II. und dem Prinzregenten Luitpold, führten die Ludwig-Maximilians-Universität konsequent auf den Weg internationalen Ansehens, wie es das Programm und die 33 Ehrenpromotionen bei der vierten Säkularfeier 1872 unter dem Rektorat des 73jährigen markanten Kirchenhistorikers und -politikers Ignaz von Döllinger in Anwesenheit von rund 4000 Festgästen aus dem deutschen In- und dem europäischen Ausland glanzvoll dokumentierten. Bis um 1900 stiegen die Studentenzahlen sprunghaft auf rund 4500, wobei die Berufsstudien der Rechtswissenschaften und der Medizin an der Spitze standen. Andererseits erhielt die Universität Eigenprofil auch durch eine wachsende Vielfalt kleiner Forschungsfächer, wie – um nur zwei zu nennen – z.B. die Byzantinistik seit Karl Krumbacher (Seminargründung 1898) oder die Mittellateinische Philologie seit Ludwig Traube (Seminargründung 1906). Seit den 1890er Jahren entwickelte sich die Universität zum wissenschaftlichen Großtrieb mit über die Stadt verstreuten Kliniken und Instituten, mit Gelehrten von Weltruf und mit einer zunehmenden Zahl von Assistenten.

Die Verklammerung mit der gymnasialen Vorbildung durch die Generalisierung des zuerst in Preußen 1788, in Bayern seit 1809 eingeführten und ab 1830 endgültig vorgeschriebenen Abiturs, die Formalisierung der Habilitation als Qualifikation für die Hochschullehrerlaufbahn, schließlich die Ausdehnung des staatlichen Berechtigungswesens, die soziale Erweiterung des Akademikertums, die Akademisierung und Verwissenschaftlichung einer zunehmenden Zahl von praktischen Berufszweigen (Gymnasiallehrerausbildung, verschiedene staatswissenschaftliche und polytechnische Zweige, Forstwissenschaft, im 20. Jahrhundert Tiermedizin, Pädagogik und Volksschullehrerbildung), all diese Entwicklungen veränderten die innere Gestalt und den soziologischen Standort der Universität. Die Idee der Universität und ihre Verfassung mit Promotions- und Habilitationsrecht erwiesen sich als Sog für das Bestreben bisher außeruniversitärer Berufszweige nach institutioneller Integration aller wissenschaftlichen Ausbildung: eine spezifisch deutsche Entwicklung als Folge sowohl der Vorherrschaft des humanistischen Gymnasiums als auch der Entstehung eines breiten Bildungsbürgertums, für dessen Prestigedenken das universitätsausgebildete Akademikertum in höchster gesellschaftlicher Rangordnung stand.

Der modernisierende Strukturwandel vollzog sich gleichwohl in einem von erstaunlicher Konstanz geprägten verfassungsrechtlichen Rahmen der Universität, der weit genug war, um der explosiven Wissenschaftsentfaltung und dem Größenwachstum vom 19. zum 20. Jahrhundert Raum zu geben.

Als großstädtische Geistesmetropole war die Ludovico Maximilianea naturgemäß stark von den allgemeinen politischen Ereignissen berührt, so von den revolutionären Unruhen 1848 und 1918. Münchens „vorgezogene" Revolution 1847 im Zusammenhang des Skandals um Lola Montez als Mätresse des Königs verwickelte in den Rücktritt des Kabinetts Abel auch eine Reihe von Professoren, die wegen konservativer Sympathiekundgebungen und „ultramontaner Gesinnung" quiesziert wurden, so u. a. Ignaz von Döllinger, J. N. Sepp. Wenn in Wien der Staatsmann Metternich gestürzt wurde und in München König Ludwig I. im März 1848 abdankte, so kam es dennoch während dieser „bürgerlichen Revolution" in Deutschland und in Bayern weder zu einem Umsturz der staatlichen Verhältnisse noch auch zu erheblichen Verfassungsänderungen der Universitäten. Auf dem Hintergrund der enttäuschten nationalen Hoffnungen und des bedrückenden Überwachungssystems der Karlsbader Beschlüsse hatten im deutschen Vormärz Grundsatzdiskussionen um eine Hochschul-Verfassungsreform eingesetzt. Sie richteten sich einerseits auf Wiederherstellung der Lern- und Lehrfreiheit, andererseits aber wiesen sie bezüglich der Rechtsgestalt der Universitäten über die Humboldt'sche Reform kritisch hinaus. Die hochschulpolitischen Reformpostulate verdichteten sich zu einem wichtigen Bestandteil der „Märzforderungen" in der Revolution 1848. Zwar erschien die Forderung nach Lehr- und Lernfreiheit vom breiten Konsens der Professoren und Studenten getragen, indes unterschieden sich die politischen Ziele zwischen Konservativen und den verschiedenen Gruppierungen der Liberalen, zwischen Vertretern des konstitutionellen Gedankens oder aber der republikanisch-revolutionären Umsturzidee erheblich. Der radikale Flügel der studentischen Bewegungen, die „Progreß"-Bewegung, versammelte sich in München in verschiedenen politisch agierenden Verbindungen sowie in der „Repräsentantenversammlung", deren Ziele sich auf Erarbeitung einer Verfassung der studentischen Allgemeinheit und auf Erkämpfung ihrer Beteiligung an Rektorwahlen und Lehrstuhlbesetzungen richtete. Der Münchener stud. jur. Elias Lang, der „kleine Gagern", wurde erster Präsident des zweiten Wartburgfestes, bei dessen beiden Versammlungen im Sommer und Herbst 1848 die progressistische Minderheit die Vorherrschaft gewann. Man forderte Umwandlung der Universitäten zu Nationalanstalten, Beseitigung der Fakultätsverfassung, Aufhebung jeglicher Sondergerichtsbarkeit, unbedingte Lernfreiheit in Form von Abschaffung des universitären Examenswesens, des Promotionszwanges für Mediziner, freien Zugang zum Studium ohne Abitur, Abschaffung von Kolleggeldern usw. Der studentischen Linken stand nahe eine kleine Gruppe von Dozenten um den norddeutschen Junghegelianer Arnold Ruge – darunter der damalige Gießener Dozent und spätere Münchener Professor Ph. Moritz Carrière, Schwiegersohn Liebigs –, welche unter Rückgriff auf Fichtesches Gedankengut eine „freie akademische Universität" als zentrale „freie Stätte des Geistes" oberhalb der sonstigen Universitäten als Fachschulen planten. Im übrigen aber beschränkten sich die „Märzforderungen" einer repräsentativen Gruppe von Hochschullehrern, die sich im September 1848 zu einem Kongreß in Jena versammelten, auf Programmpunkte wie korporative Autonomie, Reform des Berufungswesens, vor allem Lehr- und Lernfreiheit sowie Vertretung aller Gruppen der Universitätslehrer im Senat, also im Sinne einer Aufbrechung der Ordinarienverfassung. Von der Münchener Universität waren die Professoren F. W. Thiersch, M. Stadlbauer, C. F. Dollmann, J. N. Ringseis, Ph. von Walther, M. von Pettenkofer und der Privatdozent E. A. Quizmann mit gemäßigten Instruktionen nach Jena delegiert.

Die Ära der Nationalversammlung in der Frankfurter Paulskirche, des ersten deutschen Parlaments, gehört zu den großen Ereignissen der deutschen Geschichte. Wenn auch kein „Professoren-Parlament", wie man oft lesen kann, so war es doch eine überwiegend (zu 75%) von Akademikern, namentlich beamteten Juristen und Lehrern, getragene Versammlung (von insgesamt 830 Abgeordneten und Ersatzleuten), in der die 49 Professoren, meist Historiker und Juristen, maßgebliches Gewicht hatten; aus Bayern waren Mitglieder der Kirchenhistoriker I. v. Döllinger, der Orientalist

Ph. Fallmerayer, der Statistiker F. W. B. v. Hermann, der Historiker J. N. Sepp und der Staatswissenschaftler F. J. Stahl. In Frankfurt tagte kein Revolutionskonvent. Es ging nicht um politischen Umsturz, sondern um Realisierung des konstitutionellen Gedankens. Zum wertvollsten Ergebnis der Nationalversammlung gehört die Formulierung der Grundrechte des deutschen Volkes, darunter der Freiheit der Wissenschaft und ihrer Lehre. Dieser Artikel ist dann in die Weimarer Reichsverfassung von 1919 und in das Grundgesetz der BRD von 1949 eingegangen, während das in der Praxis anerkannte Prinzip der Lernfreiheit seine Grenze in den jeweiligen Prüfungsordnungen fand und findet.

Die 1848er Revolution hatte also für die deutschen Universitäten, auch in Bayern, weder einschneidende Verfassungsänderungen noch ein neues Hochschulgesetz bewirkt. Die konstitutionelle Monarchie förderte, trotz oder auch dank der vielfach autoritativ gehandhabten Berufungspraxis, die glanzvolle Entfaltung der Alma mater Monacensis; diese kann sich rühmen, eine ganze Reihe von Nobelpreisträgern gestellt zu haben, unter den ersten den Physiker Wilhelm Conrad Röntgen (1901) und den Chemiker Adolf von Baeyer (1905). Nichtsdestoweniger hatte die Lehrfreiheit noch manche Belastungen durchzustehen, was alle weltanschaulichen Lager empfanden. Man denke etwa an den Streit um den sogenannten Kathedersozialismus gegen Ende des 19. Jahrhunderts. Andererseits sah sich der Münchener Philosophie-Professor Georg von Hertling, der spätere bayerische Ministerpräsident, veranlaßt, das Problem der Parität bzw. der Minderstellung des wissenschaftlichen Nachwuchses aus katholischen Kreisen publizistisch aufzugreifen. Die Folgen der Säkularisation von 1803 für den deutschen Katholizismus waren auch im Bereich der Wissenschaften noch nicht überwunden.

Die nach 1848 vorläufig beruhigte hochschulpolitische Debatte erhielt neue Antriebe im zeitlichem Umkreis des Ersten Weltkrieges. Die insgesamt gewachsene gesellschaftliche Funktion und Größenordnung der deutschen Universitäten führte zur Wiederbelebung des Gedankens der ständischen Interessenvertretung und zur Übertragung politischer Mitbestimmungsmodelle der demokratisch-parlamentarischen Staatsform auf das Corpus academicum. Namentlich im Zuge der Wahlbewegung 1907 nach der Reichstagsauflösung vom Dezember 1906 begründete eine Gruppe vornehmlich süddeutscher Hochschullehrer den „Deutschen Hochschullehrertag" mit dem Anspruch auf Gesamtvertretung der deutschen Hochschulen. Es folgten Nichtordinarien-Vereinigungen, so auch in Bayern, sowie 1911 die Begründung des „Vereins deutscher Hochschullehrer". Protagonist der Bewegung war der Münchener Nationalökonom Lujo Brentano, der als Ziel die Wahrung der Unabhängigkeit von Lehre und Forschung gegenüber der Einflußnahme von Parteien und Kirche proklamierte, während sein Berliner

Antipode Hans Delbrück die Übertragung des „Gewerkverein"-Gedankens auf Dozenten strikt ablehnte. Hinter der Nichtordinarienbewegung, in der die Gruppenuniversitäts-Idee aufschien, stand die schwierige soziale Lage der Privatdozenten und das explosionsartige Ansteigen der Habilitationen bei nur geringem Wachstum der Lehrstühle. Auch in die Studenten war seit der Jahrhundertwende neue Bewegung gekommen, getragen von der Vereinigung der nichtkorporierten Freien Studentenschaft, die den divergent fortwirkenden Einheitsgedanken mit sozialistischen, antiständischen, aber auch sozialen und pädagogischen Ideen verband. Sie richteten sich einerseits in Petitionen an den Senat seit 1900 auf Errichtung eines Allgemeinen Studentenausschusses und Teilhabe an der Universitätsselbstverwaltung sowie Begründung einer Münchener „Finkenschaft", andererseits auf Bemühungen zur Verbesserung der sozialen Lage von Studenten und Arbeitern. Das führte 1906/07 in München zur Einrichtung studentischer Arbeiterfortbildungskurse, 1914 zur Begründung des „Akademisch-sozialen Ausschusses" unter Fritz Beck, dem späteren Schöpfer der Nachkriegsselbsthilfeinstitutionen der Studentenschaft und des „Studentenhauses München e.V." 1920, das Basis wurde für die Organisation des Deutschen Studentenwerks 1928 auf Reichsebene. Noch vor Kriegsausbruch befaßte sich 1913 der akademische Senat mit drei wiederbelebten Reformkomplexen: Interessenvertretung von Nichtordinarien und Studenten sowie Universitätsautonomie. Letztere war proviziert durch den ministeriellen Oktroy bei Besetzung des neuen Lehrstuhls für Pädagogik durch die Berufung Friedrich Wilhelm Foersters. Dessen Lehrtätigkeit wurde bald ein Politicum, als der Pazifist 1916 einen publizistischen Angriff auf die deutsche Politik veröffentlichte. Das löste einen Sturm der Entrüstung, die Distanzierung der Fakultät und studentische Unruhen aus, in deren Verlauf das Rektorat 1918 gegen den Heidelberger Studenten Ernst Toller ermittelte.

Im Zusammenhang des Zusammenbruchs bei Kriegsende blieb die politische Agitation sozialistischer Akademiker und Studenten zunächst akzentuiert durch das Noterlebnis der Kriegsheimkehrer, Wirtschaftshilfe und Reformsehnsucht, was die Mentalität jener Generation grundsätzlich unterscheidet von der intellektuell-psychologischen Situation der Studentenrevolution der 1960er Jahre. Im Dezember 1918 wurde aufgrund eines vom Senat gebilligten provisorischen Satzungsentwurfs der erste AStA (allgemeiner Studentenausschuß) in München gewählt, der 1922 durch Ministerialentschließung die gesetzliche Legitimation erlangte. Die Mehrheit der von den Korporationen repräsentierten und völkisch gesonnenen Studenten stand der Revolution ablehnend gegenüber. Die Novemberrevolution von 1918 erhielt nun aber wiederum, wie schon 1848, eine besondere bayerische Note, diesmal durch das tödliche Attentat des Studenten Anton Graf Arco-Valley auf den Führer der ersten Räterepublik, Ministerpräsident Kurt Eisner, am 21. 2. 1919, ein Jahrhundert, nachdem ebenfalls die Tat eines einzelnen das reaktionäre System der Karlsbader Beschlüsse herbeigeführt hatte. Die politische Radikalisierung der Münchener Universitätssituation unter den im April 1919 neu ausgerufenen Räteregierungen, die Einsetzung eines Arbeiter- und Studentenrats, die Ausarbeitung eines Aktionsprogramms „zur Revolutionierung der Hochschule" durch Umwandlung der „Klassenuniversität" in eine Volksbildungsanstalt, die Absetzung des Senats und Geiselnahme des Rektors sowie das 14tägige Experiment einer „proletarischen Übergangshochschule" blieben Episode. Bei den Reformberatungen in der Universität profilierten sich in unterschiedlicher politischer Position die Professoren Karl Rothenbücher, Jurist, und Friedrich von Müller, Mediziner. Der Prozeß gegen Arco löste nochmals Demonstrationen aus, von denen auch Max Webers Vorlesungen betroffen wurden. Aber nach Niederschlagung der Revolution mündete die nun fortgesetzte Arbeit des Senats an der 1913 eingeleiteten korporationsrechtlichen Reform in die 1920 vom Kultusminister dekretierte Umgestaltung der bayerischen Universitätsverfassung: der Senat wurde durch Beteiligung von gewählten Vertretern der Nichtordinarien, Studenten und Beamten (Assistenten) erweitert.

Der Zusammenbruch der Weimarer Republik eröffnete für die deutsche und bayerische Universitätsgeschichte ein neues Kapitel, das allerdings ohne seine Vorgeschichte in den zwanziger Jahren kaum begreifbar wäre. Die Entwicklung der Ludwig-Maximilians-Universität nach dem Ersten Weltkrieg war einerseits geprägt vom Bemühen um Wiederanschluß an die internationale Wissenschaft und von vielfältigem forscherlichem Fortschritt, wofür Namen wie die der Chemiker Richard Willstätter und Heinrich Wieland, der Physiker Arnold Sommerfeld und Wilhelm Wien, des Chirurgen Ferdinand Sauerbruch, der Juristen Leopold Wenger und Wilhelm Kisch, des Kirchenrechtlers Eduard Eichmann oder des Kunsthistorikers Heinrich Wölfflin stellvertretend genannt seien. Die Studentenzahl hatte sich seit Jahrhundertbeginn auf rund 7000 bis 8000 verdoppelt. Andererseits waren die Stadt und die Universität München ein historischer Raum, in dem sich das vielschichtige Zusammenwirken jener Kräfte, welche den Weimarer Staat untergruben, gut fassen läßt. Als symptomatische Zeichen der zwiespältigen politischen und mentalen Konstellation seien nur einige Ereigniskomplexe erwähnt, so die Emigration R. Willstätters 1925 wegen antisemitischer Strömungen in der Studentenschaft, die Zeitgleichheit der Universitäts-Jahrhundertfeier 1926, protektiert durch Ministerpräsident Heinrich Held, zu welchem Anlaß der Rektor Karl Voßler erstmals die schwarz-rot-goldene Reichsflagge hissen ließ, mit dem Ausschluß jüdischer Mitglieder aus den Korporationen sowie mit Anzeichen republikfeindlicher Gesinnung bei den Mitgliedern der seit

1919 begründeten Deutschen Studentenschaft, im selben Jahr 1926 die Anfänge des Nationalsozialistischen Deutschen Studentenbundes aus Initiativen einiger Studenten in München. Die Häufung von studentischen Krawallen in Vorlesungen oder bei sonstigen Anlässen, so gegen Äußerungen des jüdischen Staatsrechtlers Hans Nawiasky 1931, was zur einwöchigen Schließung der Universität führte, begleiteten die letzten Jahre vor der nationalsozialistischen Machtergreifung. Durch das Gesetz zur Wiederherstellung des Berufsbeamtentums vom 7. 4. 1933 wurden etwa 22 Professoren betroffen, als einer der ersten 1933 der schon zuvor emigrierte H. Nawiasky. Ohne eigentliches neues Hochschulgesetz begann mit den „Vorläufige(n) Maßnahmen zur Vereinfachung der Hochschulverwaltung" 1933/34 die gleichschaltende Umgestaltung der Hochschulverfassung durch Ausrichtung auf das Führerprinzip und Aushöhlung der Selbstverwaltung. Februar 1939 erfolgte die Schließung der Theologischen Fakultät; die Vorgeschichte dieser Maßnahme im Anschluß an die Emeritierung E. Eichmanns (1936) gestaltete sich als Testfall des Kräftemessens zwischen NS-Regime und Kirche um das Bayerische Konkordat, während das Nachspiel sich mit der von A. Rosenberg geplanten, aber nicht realisierten „Hohen Schule" als zentrale Schaltstelle für Forschung und Erziehung im nationalsozialistischen Sinne verquickte. Im Herbst 1939 mußte auch die Tiermedizinische Fakultät aus kriegsbedingten Gründen den Lehrbetrieb einstellen. Der NS-Staat und der Krieg haben auch die Ludwig-Maximilians-Universität, wie alle deutschen Universitäten, in Zeiten schwerster Prüfungen gestürzt, die sich in individuellen Schicksalen erfüllten. Im letzten Kriegsjahr fielen die Institute, Kliniken und Hörsäle der Universität zu 80% in Trümmer. Im Sommer 1946 konnten die Fakultäten unter schwierigsten Bedingungen die Arbeit wieder aufnehmen. Der moralische, geistige und materielle Wiederaufbau prägten Geist und Arbeitsweise der Professoren und Studenten in der Nachkriegszeit; persönlicher Einsatz des einzelnen leistete die Neugestaltung aus Ruinen, nicht nur aus den steinernen Ruinen. Die kultusministerielle Genehmigung der seit 1945 neuerarbeiteten, an die Grundlagen von 1920 anknüpfenden Universitätssatzung 1955, Richtfeste und Einweihungen von Kliniken und Instituten (genannt seien hier nur als repräsentative Ecksteine die Einweihung des Lichthofs im historischen Hauptgebäude 1958, die Richtfeste 1961 in den Chemischen Instituten, 1965 im Neubau der Universitätsbibliothek, 1967 die Inbetriebnahme des ersten Traktes im Großklinikum Großhadern) setzten Markierungen auf dem mühsamen Weg, der im buchstäblichen Sinne aus Behelfsbaracken und Improvisation herausführte auf die Straße zur Massenuniversität. Im WS 1947/48 überschritt die Studentenzahl 10000, nach 1960 die 20000. Dieser Weg führte seit Mitte der sechziger Jahre in eine neue Phase schwerer Belastungen durch die revolutionären Bewegungen einer Studentengeneration, die ihre Väter nicht mehr verstand, und durch die beschleunigten Veränderungen, die gewachsenen Ansprüche, die zunehmende Juridifizierung des akademischen Lebens.

Es erscheint sinnvoll, daß in diesem Jahr, welches in Ausstellungen und Vorträgen den 200. Geburtstag König Ludwigs I. begeht, vorliegender Band zur Dokumentation des Weges der Münchener Universität seit ihrer Neubegründung durch denselben Monarchen erscheint. Die autobiographischen Erinnerungen so vieler Persönlichkeiten, welche irgendeine Etappe ihres Lebens mit dieser Universität verbindet, vermitteln nicht nur historische Streiflichter zum akademischen Alltag in mehr als einenhalb Jahrhunderten. Sie sind auch Zeugnisse dafür, daß eine Universität niemals ein Kollektiv ist oder als solches organisiert werden kann, sondern einen lebendigen Organismus aus einzelnen Menschen bildet. Eine alte Institution muß nicht altern und sterben wie ein biologischer Organismus, denn sie lebt in ihren Gliedern.

*Ansicht der Universität in südlicher Richtung*

# Thaddäus Siber

1774–1854

*Naturwissenschaftler*
*1799–1801 Studium in Ingolstadt*
*und Landshut.*
*1801–1826 Lehrtätigkeit an*
*Schulen.*
*1826–1853 Prof. für Mathematik*
*und Naturwissenschaften*
*in München;*
*Rektor 1834/35 und 1839/40.*

In meiner frühesten Kindheit genoß ich keinen anderen Unterricht als den meiner braven Mutter. Frühzeitig mußte ich das Gebet des Herrn, den Englischen Gruß und einige andere Gebetsformeln auswendig hersagen lernen. Den Unterricht in der sogenannten Religionslehre erhielt ich durch einen Herrn Capellan mit Namen Xaver Zaubzer. Von meinem siebenten Lebensjahre an mußte ich schon anfangen, Lateinisch zu lernen, und zwar bei demselben Geistlichen Zaubzer, indessen muß ich gestehen, daß ich einige Fortschritte gemacht habe; denn als ich 9⅓ Jahre alt in das Seminar im Kloster Scheyern verpflanzt wurde, war ich schon imstande, mit den Mittleren gleichen Schritt zu halten. Diesem Seminar und dem eifrigen Lehrer an demselben, Benediktiner Otto Enhueber, verdanke ich meine ganze wissenschaftliche Laufbahn. Ich bin zwar den Seminarien nicht hold, aber von dem unseren muß ich gestehen, daß es alles Lob verdiente. Aber auch nur deswegen, weil die Anzahl der Zöglinge so klein, nämlich nur 12 war, und daher von einem Manne übersehen werden konnte, und weil dieser Mann gerade die Eigenschaften besaß, die ihn dazu geeignet machten.

In diesem Jahre hatte ich mich entschlossen, in den Orden des hl. Benedikt zu treten, und als mein gütiger Wohltäter, Dekan Antonius Kapeller, seine 50jährige Priesterweihe feierte, zu welchem Feste ich mit der ganzen Verwandtschaft eingeladen war, benützte ich diese Gelegenheit, in Scheyern um die Aufnahme nachzusuchen, wurde aber vorläufig von dem Herrn Prälaten mit der Bemerkung entlassen, daß ich zu jung sei, um jetzt schon in den Orden zu treten.

So kam denn das Ende meiner Gymnasialstudien, ich hatte die Aussicht, in Augsburg eine erbärmliche Philosophie zu ernten und ich trat wie alle Jahre mit erworbenen Preisen in das väterliche Haus zurück.

Wenn ich auf diese Epoche zurückblicke, so graut sie mich widerlich an. Bedenke ich, was ich während der fünf Jahre, die ich in Augsburg verlebt habe, hätte lernen und leisten können, wenn ich gehörig geführt worden wäre, so verschwindet beinahe das, was ich wirklich gelernt habe.

So trat ich denn, 17 Jahre alt, in eine neue Epoche meines Lernens. Wie mein Lernen eigentlich von Benediktinern begonnen hatte, so sollte es von ihnen auch vollendet werden. Dazu wählte ich auch diese Berufsweise. So hatte ich auch die drei Jahre meiner theologischen Studien vollendet, war aber noch zu jung, um zum Priester geweiht zu werden. Mein Herr Prälat wendete sich daher um Dispensation nach Rom.

Von nun an hatte ich ganz freie Zeit, mich meinen Lieblingsstudien und Sprachen zu widmen, und ich tat es mit vieler Vorliebe. Ich sprach mit dem Herrn Prälaten über meine künftige Bestimmung und äußerte den Wunsch Professor zu werden. Er ging gerne auf meinen Wunsch ein und leitete alles so ein, daß ich mit dem Anfange des nächsten Studienjahres als Professor der 1. Gymnasialklasse an das Gymnasium nach Ingolstadt ernannt wurde. Warum ich gerade nach Ingolstadt kommen sollte, war die Ursache, damit ich mich unter Knoglers Leitung zugleich mit Mathematik und Physik beschäftigen, die Experimental-Kollegien besuchen und so nach ein paar Jahren als Professor dieser Fächer an ein Lyzeum versetzt werden könnte.

Zu eben dieser Zeit wurde auch die Universität neu organisiert und zum Teil mit neuen Professoren besetzt.

So war ich schon in voller Arbeit, als ungefähr sechs Wochen nach meiner Ankunft in Ingolstadt die Vorlesungen begannen. Die erste Vorlesung, die ich hörte, war über philosophische Sittenlehre nach Jakob von Professor Reiner. Die Vorlesungen Magolds über Algebra besuchte ich nicht lange. Ich fand bald, daß meine Vorkenntnisse über das, war er ersten Anfängern vorzutragen hatte, hinaus waren, und daß ich also meine Zeit besser mit Privatstudium ausfüllen konnte.

Nicht besser ging's mir mit Webers Vorlesungen über Physik. Ich hatte Webers Schriften schon sämtlich gelesen und erwartete nun Erweiterung derselben zu hören.

Außer diesen regelmäßigen öffentlichen Kollegien gab mir Knogler auch Privatunterricht über Astronomie. Um die Sternbilder kennenzulernen, saß er mit mir, Bodes Anleitung zur Kenntnis des gestirnten Himmels in der Hand, halbe Nächte an einem Fenster der Specula oder ließ mich die Form der Planeten durch Fernrohre beschauen, Beobachtungen über Emersion und Immersion der Jupiterstrabanten machen u. dgl., ohne die Kälte der rauhen Jahreszeit zu scheuen. Obschon ich nun täglich nicht mehr als zwei Vorlesungen regelmäßig besuchte, so muß ich mir doch ohne Schmeichelei das Zeugnis geben, daß ich keinen Augenblick des Tages unbenützt vorübergehen ließ und mit allem Eifer meiner mutmaßlichen künftigen Bestimmung vorarbeitete.

Dieses Streben wurde aber bald unterbrochen. Ingolstadt war damals von österreichischen Truppen besetzt, die an Ausbesserung der Festungswerke auf eine Weise arbeiteten, daß wir vielfältig hören mußten, das, was sie gebaut hatten, sei in der Nacht wieder eingestürzt. Die republikanischen Truppen rückten immer näher, und es blieb nichts anderes über als die Studierenden zu entlassen und die Universität zu schließen. Ich weiß nicht, an welchem Tage dies geschah, aber es mußte gegen Ende des Mai geschehen sein. Es ist natürlich, daß sich Studenten und Professoren aus der bedrohten Stadt flüchteten. Nur Schönberger als Rektor, Hupfauer als Bibliothekar und Knogler waren zurückgeblieben. Die Regierung hatte als vorläufigen Sammlungsplatz für die Universität die Stadt Landshut bestimmt, und man trachtete in aller Eile, das bewegliche Eigentum der Universität zu packen und so viel es vor der Ankunft der Franzosen möglich war, nach Landshut zu Wasser und zu Lande zu transportieren.

Die kriegerischen Unruhen und die Beengung in Landshut machten dieses Semester bald zu Ende gehen und ich kehrte in mein Kloster zurück, wo man von meiner Kenntnis der französischen Sprache einigen Nutzen im Umgang und der Verhandlung mit den französischen Truppen, für welche ich als Dolmetscher einige Brauchbarkeit hatte, ziehen konnte.

Demungeachtet kehrte ich aber mit Anfang des nächsten Studienjahres wieder nach Landshut zurück und setzte meine Studien in gewohnter Weise fort. Ich hörte Privatvorlesungen über Bergbau und Forstwissenschaft bei Schrank, Baukunst und Landwirtschaft bei Holzinger und besuchte Webers Experimentalkollegien, die in einem erbärmlichen Lokale zu ebener Erde gegeben wurden.

Eine Vorlesung darf ich aber nicht unberührt lassen, nämlich die spezielle über den eben ins Leben eingeführten Galvanismus von Professor Weber. Der Gegenstand war neu und schon deswegen anziehend.

Auf diese Weise war auch meine akademische Laufbahn geschlossen und ich mußte nun entweder ins Kloster zurückkehren oder an einer Anstalt Professor werden.

Woche um Woche harrte ich einer Nachricht von Andechs oder Salzburg entgegen. Aber sie kam nicht und schon war für den nächsten Sonntag mein Eintritt ins Konvent von dem Prior festgesetzt, als am Samstag abends der Münchener Bote mir einen Brief mit einem Klostersigill übergab. Wie erfreut war ich aber, als ich die Realisierung meines Wunsches, als Professor der Physik in Freising angestellt zu werden, in demselben fand!

Bevor ich mein Wirken als Professor am Lyzeum in Freising erzähle, will ich die Einrichtung dieser Anstalt, soweit ich sie kenne, beschreiben, weil dieselbe nun gänzlich verschwunden ist und daher wenigen mehr bekannt sein mag. Die Professoren führten ein gemeinschaftliches Leben ohne klösterlichen Zwang in voller Freiheit von irgend einer Beschränkung in Rücksicht ihres Handelns außer der Schule, die als einzige ausgenommen, daß man zur bestimmten Zeit zum Speisen zu erscheinen hatte und abends 6 Uhr das Gebäude geschlossen wurde.

Die Besoldungen der Professoren waren lächerlich gering; denn sie bestanden aus jährlichen 25 fl. für die Professoren des Gymnasiums und aus jährlichen 27 fl. für die des Lyzeums, während die des Hausknechts 50 fl. betrug. Emolument, eigentlich Zuschuß für uns, war die Bezahlung eines Weingeldes, das jährlich für den, der keinen Wein trank, auf ungefähr 40 fl. sich belief. Während wir alle gemütlich unseren Pflichten oblagen, erscholl auf einmal die Nachricht, alle Klöster in Bayern und die geistlichen Fürstentümer würden säkularisiert. Bald kam aus den verschiedenen Klöstern die Nachricht, die Aufhebungskommissäre seien bereits angekommen.

Mit Anfang des zweiten Semesters wurde uns die Auflösung unserer Lehranstalt mit dem Ende dieses Semesters offiziell angezeigt, und jeder sah diesem Ende mit Sorge entgegen. Ich erklärte natürlich, daß ich nur wünsche, als Professor der Mathematik und Physik an ein bayerisches Lyzeum versetzt zu werden.

Wie groß war daher meine Freude, als ich durch einen eigenen Boten ein Schreiben Baaders vom 15. Oktober erhielt, in dem er mir notifizierte, daß ich als Professor der Physik, höheren Mathematik und Ökonomie mit einem Gehalte von 700 fl. am Lyzeum Passau angestellt sei. Natürlich machte ich gleich Anstalt zu meiner Abreise und reiste mit Kronbaur, der zu meiner Freude gleichfalls an demselben Lyzeum als Professor der Philosophie angestellt worden war, am 28. Oktober nach Passau ab.

Wir trafen hier noch zwei Professoren des Gymnasiums von Freising, zwei Professoren von Salzburg, einen meiner Mitbrüder, lauter Benediktiner, und zwei Weltpriester als Kollegen an. Somit war ich in meinem neuen Berufe nicht ohne Freunde und Bekannte, ein Zufall, der jedem neuen Ankömmling die neue Lage zur Hälfte erträglicher macht.

Das Jahr 1809/10 war für Passau und namentlich auch für unsere Studienanstalt ein sehr verderbliches. Immerwährende Truppenmärsche, Einquartierungen und Befestigungsarbeiten rings um die Stadt von Tausenden von Arbeitern u.s.w. belebten unsere Stadt auf eine höchst traurige Weise. Auf die Studienanstalt waren diese Ereignisse von der zerstörendsten Art, indem das Jesuitenkollegium geräumt und den französischen Truppen als Kaserne überlassen werden mußte. Die Professoren bezogen in verschiedenen Häusern Wohnungen und lehrten in dem sogenannten Priesterhause.

Meine Entfernung von der Physik und den mir lieben Studien, die Unruhe einer zur Festung bestimmten Stadt und einige andere Gründe vermochten mich, um eine Versetzung von Passau und zwar zu dem (dem Gerüchte nach) leer werdenden Lehrstuhl der Physik in Salzburg nachzusuchen. Aber wie es geht! An was ich gar nicht gedacht hatte, geschah. Herr Kanonikus Imhof,

Professor der Physik am Lyzeum zu München, war, wie er sich in einem Briefe an mich ausdrückte, des Schuljoches müde und hatte um seine Entlassung eingegeben. Er hatte das Vertrauen zu mir, daß ich ihn ersetzen würde, und schlug mich daher Herrn Geheimen Rat von Zentner vor. Ich erhielt erst gegen das Ende der Ferien von dieser Sache Nachricht und war nicht wenig davon ergriffen. München war mir von jeher ein unangenehmer Platz gewesen, und wenn ich je diese Stadt auf irgendeiner Reise passieren mußte, war ich immer so schnell als möglich durchgeeilt.

Am 22. November erhielt ich auch wirklich von der Kreisregierung die offizielle Anzeige mit den Worten aus dem königlichen allgemeinen Reskripte: „Die erledigte Lehrerstelle der Physik und Chemie an dem hiesigen (Münchener) Lyzeum soll dem dermaligen Rektor und Professor Siber zu Passau mit seinem bisherigen Gehalte und freier Wohnung in dem Gymnasiums-Gebäude provisorisch aufgetragen werden."

Der Würfel war gefallen. Meine Habseligkeiten waren schon teils verpackt, ich reiste mit trübem Herzen von Passau ab und kam am 10. Dezember 1810 in München an.

So war ich denn in München, in der Stadt, die mich nie angesprochen, die ich allemal, so oft mich mein Weg durch sie führte, so bald als möglich verlassen hatte und in die ich nur mit Widerwillen gekommen war. Alles war mir hier fremd.

Meine Lebensweise gewann in diesem Jahre eine angenehme Richtung dadurch, daß ich die Bekanntschaft eines Mannes machte, der mir an Alter und Gesinnung gleich war und unter einem Dach mit mir wohnte. Es ist dies der damalige Direktor des Erziehungsinstitutes für Studierende (nachmaliger Oberstudienrat) Benedikt Holland, in dessen Gesellschaft ich manche Abende verbrachte, von dem ich manche Aufklärung in mir zweifelhaften Angelegenheiten gewann.

Wie das erste Jahr, so vergingen nun mehrere folgende. Ich lebte und arbeitete ruhig in meinem Berufe fort, ohne mich in die Zwistigkeiten der Parteien zu mischen, und ich glaube das Glück gehabt zu haben, von keiner angefeindet worden zu sein.

Im Jahre 1818 erhielt ich eine neue Beschäftigung und mit ihr einen Zuwachs meines Einkommens von 150 fl. dadurch, daß Professor Meilinger, der bisher Vorstand der Bibliothek des Lyzeums gewesen war, diese Stelle niederlegte, die dann mir zugeteilt wurde. Ich ließ es mir sehr angelegen sein, diese Bibliothek nach Fächern zu ordnen, Dubletten auszusuchen und zu verkaufen und von dem Erlöse neue Werke anzukaufen, alte zu ergänzen u.s.w., so daß die aus ungefähr 4000 Bänden bestehende Bibliothek katalogisiert und in guter Ordnung aufgestellt zu jedem Zweck brauchbar hergestellt wurde.

Im Jahre 1835 hörte ich auf, Mathematik zu lehren, teils weil mir der

Unterricht im königlichen Hause viele Zeit raubte, teils weil ich anfing bequemer zu werden.

In Rücksicht meiner Stellung zur Universität und zu dem Ministerium ergab sich nur eine Veränderung dadurch, daß ich für 1834/35 zum Rector magnificus gewählt wurde. Es war dies eine unangenehme Stellung für mich deswegen, weil ich von jeher ein Feind des Regierens gewesen bin, und insbesondere, weil in dieses Jahr der Bau der neuen Universität fiel, der mir manche Verdrießlichkeit und, wie ich heute noch empfinde, das Mißfallen des Königs zugezogen hat. Senat und Verwaltungsausschuß waren nämlich der gegründeten Überzeugung, daß der projektierte Bau überflüssig, wegen seiner Entfernung von der Mitte der Stadt unzweckmäßig und für die Universität höchst kostspielig sein werde.

Der Bau ging ziemlich rasch vor sich und am Ende des Studienjahres 1839/40 bezogen wir denselben. Unser Zug von der Michaeliskirche bis zur neuen Universität glich mehr einem Trauerzuge, und ein Teil der Unzweckmäßigkeit des Gebäudes tat sich sogleich an der großen Aula kund, indem von der Rede, welche der unterdessen Minister gewordene Herr von Abel vortrug, so wenig verstanden wurde, daß das von ihm am Ende ausgebrachte „Lebe hoch!" von niemandem verstanden und auch nicht beantwortet wurde.

Ich für meine Person und meine Bedürfnisse konnte so ziemlich mit den angewiesenen Lokalitäten zufrieden sein; denn ich erhielt, wie ich es verlangt hatte, im ersten Stocke einen geräumigen Hörsaal mit Fenstern nach Ost und Süd, ein Zimmer für die mechanische Werkstätte und einen großen Saal zum Kabinette nebst einem schönen Arbeitszimmer für mich, das aber schon jetzt zum Teil zur Aufnahme von Apparaten dient und in der Folge, wenn sich die Apparate noch vermehren, was unausbleiblich ist, ganz diesem Zwecke wird verwendet werden müssen und um so füglicher kommen wird, weil es mit dem Kabinette unmittelbar in Verbindung steht.

Für das Jahr 1838/39 wurde ich zum zweiten Male zum Rektor gewählt. Die Studierenden schienen mit dieser Wahl sehr zufrieden und brachten mir wie das erstemal, aber diesesmal einen so zahlreichen Fackelzug, wie nie einer, solange die Universität in München war, gebracht worden ist. Diese Einigkeit betrachtete ich als ein gutes Omen und dieses Fest als das letzte meines Lebens; denn es stand schon damals fest bei mir, nach Vollendung dieses Rektorates kein drittes mehr, wenn ich auch gewählt werden sollte, anzunehmen, was in der Folge auch durch meine vorläufige offene Erklärung verhindert wurde. Mein zweites Rektorat war mit manchen Unannehmlichkeiten verbunden. Überhaupt war um diese Zeit die Offenbarung des herrschend gewordenen Systemes zu jedermanns Einsicht gekommen. Ultramontanismus, Jesuitismus, Monarchismus und Pietismus waren die traurigen Elemente, aus denen es zusammengesetzt war.

Meine Lebenskraft scheint zusehends abzunehmen. Ich hatte in früheren Jahren den Einflüssen von außen gleichsam getrotzt. Es schien nichts zu geben, was mein Wohlsein stören konnte. Jetzt ist es auf einmal anders geworden.

Auch mein Geist will nicht mehr vorhalten. Geistige Arbeit ermüdet mich in kurzer Zeit. Ich verliere die Freude am Lesen, Schreiben und selbst am Dozieren, da doch früher die Stunden des Vortrages diejenigen waren, die mich alles außer mir vergessen machten.

Ich wurde leider! abermals zum Senator für die philosophische Fakultät gewählt. Ich war entschlossen, diese Funktion abzulehnen. Aber mehrere meiner HH. Kollegen, namentlich Freund Bayer, drangen in mich, sie anzunehmen, und so will ich denn noch ein Jahr diese Last tragen.

Da mich zugleich die Führung des Dekanates für dieses Jahr trifft, so kann ich vielleicht am Ende desselben Dekanat und Senatorie zugleich niederlegen, um so mehr, als ich dann auch mein 50. Dienstjahr vollendet habe.

Th. Sibers Abschiedsworte an seine Zuhörer am 9. August 1852.

Es ist die gegenwärtige Stunde die letzte, in der ich diesen Lehrstuhl einnehme, nachdem ich 51 Jahre mich bestrebt habe, von demselben aus einer großen Anzahl von Zuhörern nützlich zu sein.

Ich trete von demselben um so lieber ab, als S. K. Majestät mir in dem verehrten H. Kollega Ohm einen Nachfolger gewählt hat, den ich mir immer gewünscht habe, und der meine Stelle nicht nur ganz ausfüllen, sondern in mancher Hinsicht vieles leisten wird, was ich zu leisten nicht vermochte. Besonders jetzt, wo mein vorgerücktes Alter von 78 Jahren meinem besten Willen manches Hindernis entgegenbrachte.

Es ist für mich eine feierliche Stunde, in der ich einen mir lieb und gleichsam zur Natur gewordenen Beruf verlasse, und ich kann nur darin Beruhigung finden, daß mir mein unbestochenes Bewußtsein sagt, daß ich von jeher einzig und allein meiner Aufgabe und meinen Zuhörern gelebt habe, und wenn ich dieselbe nicht ganz erfüllt habe, das Sache meiner geringen Kräfte, nicht meines für das Wohl meiner Zuhörer eifrig bestrebten Willens war.

Darum, meine Herren, nehme ich in diesem Augenblicke Abschied von Ihnen und in Ihrer Person von allen ehemaligen Zuhörern mit dem sehnlichen Wunsche, daß es Ihnen allen wohl gehen möge auf den Kreuz- und Querwegen des Lebens. Manches Unangenehme wird Ihnen wohl entgegenkommen. Lassen Sie Sich davon nicht abschrecken, das Gute zu erstreben. Am Ende wird Ihre Ausdauer sich belohnt finden. Machen Sie Sich's aber zur Regel Ihrer Wünsche, nie mehr zu verlangen, als Ihrer Lage und Ihren Verhältnissen zukommen kann; gewöhnen Sie Sich mit einem Worte: zufrieden zu sein, nie mit Gewalt einzugreifen in die Speichen des fortrollenden Rades des Glückes. Thun Sie es, so wird Sie's gereuen. Entweder werden

Sie unter den Rädern des fortrollenden Wagens zermalmt, oder Ihre Fahrt durchs Leben wird Sie unerquickend fortführen.

Indem ich Ihnen, meine Herren, dieses eine freundliche Wort ans Herz lege, bitte ich Sie und in Ihrer Person alle meine früheren Zuhörer, des alten Siber nicht zu vergessen und ihm Ihre freundliche Gesinnung nicht zu entziehen. Ich selbst werde mich immer mit Freude der Stunden erinnern, welche ich auf dem Katheder umgeben von Ihnen zugebracht habe. Innige Freude ist es mir, von früheren Zuhörern zu erfahren, daß sie ihr ehrenvolles Ziel erreicht haben, und innige Freude wird es mir sein, dasselbe, wenn der Herr meine Tage fristen wird, von Ihnen zu erfahren. Leben Sie wohl! Halten Sie fest und unerschütterlich an Gott, an König, an Vaterland und gedenken Sie meiner in Liebe!

---

# Johann Andreas Schmeller

1785–1852

*Germanist*
*Lyzeum in München, Offizier der*
*bayer. Armee, Bibliothekar an der*
*Hof- und Staatsbibliothek,*
*1846 ao. Professor für*
*deutsche Sprache und*
*o. Professor Universität München.*
*1827–1837 Bayer. Wörterbuch*

[1826]

Gang zum Ministerialrath Eduard Schenk, dem neuen Vorsteher des Erziehungs- und Cultus-Wesens. Länger konnt' ichs, schon der Höflichkeit wegen nicht verschieben, den, auch abgesehen von seinem Amte, so achtungswürdigen jungen Mann wieder einmal zu begrüßen.

Es traf sich, daß auch Professor Aurbacher mir im Vorzimmer warten half. Ich schämte micht fast, als er hereinkam und sich wunderte, daß ich „also auch antichambriere". Herr v. Schenk fragte: Würden Sie nicht geneigt seyn, bey der neuen Universität in Ihrem Fache zu wirken? Ich sagte, wenn ich hingestellt werde, werde ich gerne alles was ich im Stande bin, zu leisten suchen. – Allerdings bin ich der Meinung, daß eine Universität, die, wie die neue, etwas Rechtes werden soll, auch für dieses Fach zu sorgen habe.

Wir haben, fiel Herr v. Schenk ein, den Grundsatz, niemand aus der Fremde herbeyzuziehen, wo wir selbst tüchtige Leute unter uns haben. (Das

Compliment that mir wohl, obschon mir wahrhaftig die Worte, durch die es veranlaßt wurde, aus der Seele genommen waren.)

16t. 7ber

Nach Mittags gieng ich zum Ministerialrath Eduard v. Schenk, um, im Namen des Grafen Mejean wegen des jungen Herzogs um die Zeit der Eröffnung der Universität anzufragen. Herr v. Schenk unterbrach mich seinerseits mit der Frage, warum ich denn wegen einer Anstellung bey der Universität noch keine Schritte gethan, keine schriftlichen nemlich. Diese wären unumgänglich und sollte ihm nur brevi manu eine Erklärung geben, worüber ich zu lesen geneigt wäre.

19t. 7ber

Bey v. Schenk die Eingabe abgegeben. Abends mit Docen und Neumann in den Keller des Duschlbräu. Es war da ein tolles Leben.

4t. 8ber.

Regierungsblatt mit der Ernennung der Professoren für die neue Universität. Ein Dr. Zierl, Gruithuisen, Sendtner – aber kein Schmeller. Recht so.

8t. 9ber.

Ich lese die k. Bestätigung der auf Dresch gefallenen Rectorwahl der Universität am 14t. durch den Isarkreis Präsidenten v. Widder, und die feyerliche in Kirche und Aula academica am 15t. unter Paradierung des Bürgermilitärs und bey Anwesenheit Sr. Mayestät.

Aber ich lese nichts, mich betreffendes, als meinen unter einem Dutzend ganz unbekannter Privatdocenten aufgeschriebener Namen.

9t. 9ber

Nach diesmal kurzem Antichambrieren hinein zum Poeten Viceminister. Ich trage den gestern vorgekommenen Fall vor. Er will mich kurzweg ans Rectorat der Universität verwiesen haben. Ich lasse mich durch das ungeduldige Benehmen des zierlichen Herrn nicht irre machen, sondern frage, in welcher Eigenschaft ich denn verwendet sey.

Wir haben sie, sagte er, unter die Staatsdiener, wie Herrn v. Gönner, Häcker, Stürzer gestellt, welche Vorlesungen geben.

Viel Ehre, sagte ich, aber zu groß für mich. Jene Herren haben Besoldungen von Tausenden von Gulden, ich bin ein Amphibium, das aus zwey verschiednen Cassen precäre Bezüge hat, und nicht weiß, wohin es sich rechnen soll. Er: wir haben Ihre militärischen Verhältnisse nicht gekannt, und überhaupt Ihre Verhältnisse nicht gekannt. Wir wissen nur, daß Sie aus der akademischen Casse einen Bezug haben. Machen Sie eine Vorstellung darüber. Wir sind sehr in der Noth. Vielleicht können wir Ihnen zu Ihrer militärischen Besoldung einen größeren Zuschuß aus der UniversitätsCasse bewilligen. Ich bemerkte, daß es mir gleich sehr zuwider sey mein eignes Lob als meine eigne Noth auszukramen, daß ich aber schon seit Jahren die Stille, das Precäre meiner Lage ertragen hätte. . . Ertragen Sie es nicht weiter, sagte er, in Stille, sprechen Sie.

15. 9ber 1826.

Abends war ich bey Martius, der mir im Vertrauen mittheilte, daß mir die neue Universität eine Ehre zugedacht habe. Es sey nemlich üblich, bey solchen Anlässen Doctorgrade zu ertheilen. Vier zuerst vorgeschlagene seyen durchgefallen. Auch der Vorschlag (Martius), hohen Gönnern auf diese Weise ein Compliment zu machen, habe keinen Beyfall gefunden. Nun habe Thiersch ihn (Martius) selbst, den Professor Buchner, mich und noch einen in Vorschlag gebracht. Der mich betreffende Vorschlag sey einstimmig angenommen worden.

27st. 9ber.

Heute 11 Uhr mit dem Prinzen und Graf Mejan ins Senatszimmer der Universität, wo sich der Prinz in Anwesenheit des vom kranken Rektor von Dresch dazu eingeladenen Prorektors Hortig in das akademische Register einschrieb, und eine Matrikel nahm. Von da giengen wir im aufthauenden tiefen Schnee vor das Angerthor zu Professor Othmar Frank, und auf dem Rückweg am Frauenplatz zu Professor Stahl.
Als Immatriculationsgebühr gab mir Graf Mejan 12 Kronthaler für die Canzley. Sie ist gewöhnlich nur 7 Fl.

Samstag den 20st. Januar 1827.

Bin ich um halb 12 Uhr nach Hause gekommen, und habe mich bequem gemacht in der eignen warmen Stube am Rindermarkt, dann geht es entweder an einen Correctur-Bogen des Wörterbuchs (eben ist der 28ste abgefertigt), oder wie ich hoffe, mit nächsten Tagen an einen des altdeutschen Evangelium Matthäi, oder an die letzte Umarbeitung des Manuscripts zum Wörterbuch, oder an das Heft zu den künftigen Vorlesungen über Geschichte der deutschen Sprache und Litteratur an der Universität.

17t. Febr.

Versammlung der philosophischen Facultät der Universität im Senatszimmer, um die Lectionen fürs Sommersemester aufzuzeichnen. Ich mache mich für wöchentliche 3 Stunden anheischig – altdeutsche Sprache und Litteratur nach Denkmälern des IV bis X Jhrh.

2t. März.

Graf Mejan gab mir als Lohn für Juli bis Xber vorigen Jahr. 150 Fl. Das erste war, Frau Auer zu bezahlen. 50 Fl. gehören zur Hausmiethe, bleibt mir also - 0.

26.st März 1827.

Auf Mannerts Äußerung, daß die philosophische Facultät gar keinen Fonds habe, die Canzley-Ausfertigung von Ehren-Doctordiplomen zu bezahlen, that ich was Xylander und Siber gethan, ich habe heute den Betrag dieser Ausfertigung mit 23 Fl. 30 Kr. dem Secretär Müller eingehändigt.

30

Durch RegierungsBlatt von heute (datiert vom 21st.) die Akademie aus dem Grund gehoben.

8t. April Palmsonntag 1827.

Gestern das erste monatliche Collegium mitgemacht, bey welchem die Herren Professoren selbst Honorar geben (nemlich 1 Fl. 24 Kr. für das Couvert, wozu mich noch ein Nachtrag von 1 Fl. 3 Kr. für Wein und Caffee traf) nach Havards Küchencompendium.

Man habe die Facultät von Seite des Ministeriums gefragt, ob sie mich zum Professor extraordinarius begutachte. Dieses sey einstimmig geschehen.

Den 12t. May.

Heute vor nicht 5, sondern wol 20–30 vielleicht blos neugierigen Zuhörern mein erstes Collegium über älteste deutsche Sprache gelesen.

5t. 9ber.

Gestern, Sonntag, Freund Stölzl hier. Heute habe ich mein neues schweres Tagewerk angefangen. 6–7 Cadettencorps, 8–9 3 Mal Prinz August, 3 Mal Vorlesung an der Universität, 9–11 Cadettencorps.

20st. Febr. 1828.

Ich gebe nachstehende Bittschrift ans Ministerium des Innern, Section für Cultus und Unterricht in Duplo ein.

Allerdurchlauchtigster großmächtigster König, Allergnädigster König und Herr.

Auf meine allerunterthänigste Bitte vom 18t. 7ber 1826 um allergnädigste Anstellung als außerordentlicher Professor der altdeutschen resp. altgermanischen Sprachen und ihrer Literatur bey allerhöchst Ihrer Ludwig Maximilians Universität ist mir unterm 9t. 9ber. dess. J. die Ermächtigung geworden, in diesem Fache Vorlesungen zu halten, unterm 9t. Juli 1827 aber eröffnet worden, daß meinem Gesuch um eine Professur mit Besoldung wegen Beschränktheit des Fonds zur Zeit nicht entsprochen werden könne. In der ehrfurchtsvollen Hofnung, daß mir durch diese allerhöchste Erklärung das Ziel meiner Wünsche nur für einige Zeit, nicht für immer, entrückt sey, und um doch endlich aus der precären Stellung eines sogenannten practicierenden Officieres zu kommen, habe ich eine mir durch allerhöchstes Rescript vom 25st. 7ber 1827 provisorisch übertragene Professor der lateinischen und deutschen Sprache im k. Cadetten-Corps übernommen.

Nur obiger Gund, vereint mit dem Vertrauen, daß ich seiner Zeit dennoch an einen angemessenern Platz würde gestellt werden, machte mir ein Geschäft erwünschlich, das zwar an sich wichtig und ehrenvoll, aber meinen bisherigen Studien wenig entsprechend ist und von vielen Andern eben so gut, wo nicht besser, versehen werden kann, das Geschäft, Knaben die Anfangsgründe der deutschen und lateinischen Grammatik zu lehren. Von jener Hofnung gehoben, verwende ich auch gegenwärtiges Semester die Zeit, die mir dieses Geschäft, welchem ich pflichtmäßig nach Kräften zu genügen bestrebt bin, und die Herausgabe des bayerischen Wörterbuchs übrig läßt, auf die Vorlesungen, die ich über die altgermanischen Idiome und ihren Zusammenhang mit den neuern Sprachen Deutschlands, Englands und des Nordens vor einer kleinen aber sich zusehends vergrößernden Zahl von Studierenden angefangen habe.

22t. 8ber 1828. Cordula.

Eben bin ich am nachmittäglichen Geschäfte meine schweren Grimmischen (Vorlese-) Hefte in Fäden an Thüren und Wände aufzuhängen, um durch die angekündigten Vorträge, wenn auch niemand oben davon Notiz nehmen und mich ganz verschulmeistern lassen wolle, doch mir selbst und meinen paar Zuhörern genug zu thun – da tritt der Pedellgehülfe ein mit einem Schreiben „an den bisherigen Docenten A.Sch." Wie, hat man mir auch noch dieses Geschäftchen entzogen, um vielleicht die akademische Zulage von 168 Fl. streichen zu können?. . .

Ich öffne – und siehe da! a) Mittheilung eines von Ludwig, von Schenk und von Wirschinger unterschriebenen Rescripts vom 8t. d., worin mir der Charakter und Rang eines außerordentlichen Professor der altdeutschen Literatur und Sprache an der hiesigen Hochschule verliehen wird – b) Notification von Seite des akademischen Senats vom 19t. 8ber, daß ich zu meiner dermaligen Officiersgage eine Functionszulage von 200 Fl. aus dem Universitätsfonds zu beziehen und d) daß ich den Taxbetrag von 33 Fl. beym Senat zu erlegen habe. Es ist an all diesem wenig Reelles; aber doch soviel, als ich in meiner Eingabe vom 20t. Februar d. J. selbst nachgesucht habe. Sollen für [!] die 200 Fl., die ich bisher von der Akademie der Wissenschaften bezogen, aufhören, so bin ich pecuniär um 32 Fl. verbessert – mit Ausnahme des gegenwärtigen Jahres, wo mir die Taxe für den Titel 33 Fl. nimmt.

25t. 8ber 1828.

Die Completierung meiner Officiersgage von 600 Fl. aus der akademischen Casse ist beybehalten. Ich habe also wirklich 200 Fl. mehr, das sind 1200 Fl. Einnahme.

7t. 9ber.

Diesen Nachmittag 3 Uhr wurde ich als außerodentlicher Professor, nach dem neuen ordentlichen Professor Puchta, vor Rektor (dem guten alten Meilinger, der mir immer vom alten Taulerus spricht) und Senat: Döllinger sen., Ringseis, Maurer, Bayer etc. bey Crucifix und brennenden Kerzen in Eid und Pflicht genommen.

Samstag 8 t. 9ber.

Im wildesten Gestöber und durch tiefen Schnee als halb ausgebackener Professor extraordinarius Collegial-Visiten gemacht bey: Bayer, Wening-

Ingenheim, Wagler, Siber, Meilinger, Maffei, Dresch, Röschlaub, Oberndorfer, Döllinger sen. und jun., Grossi, Weißbrod, Gruithuisen, Buchner Pharmacolog, Frank. – Den 9t. 9ber bey Ast, Görres, Stahl, Mall, Allioli, Ringseis, Fuchs, Martius etc.

Den 14t. 9ber.

Abgabe der 50+30+8+1 subscribierten Exemplare des bayrischen Wörterbuchs II bey den Ministerien der Finanzen, des Kriegs, des Äußern, und beym Reichsarchiv. Anfrage bey Sr. M., ob Ihr das Ding überreicht werden dürfe.

3t. Jan. 1829.

Wahlzettel. Der Unterzeichnete wählt aus den wahlfähigen Mitgliedern der Universität zu Candidaten für die Stelle eines Landraths
Dr. Hieronymus Bayer ordentlicher Professor der Rechte
Dr. Friedrich Thiersch Hofrat und ordentlicher Professor der Philologie.
Wahlspruch des Wählers. Nur auf des Alten Grund steht fest das Neue.
M. den 3t. Januar 1829 Sch[meller].
Die meisten (21) Stimmen erhielt Bayer, 20 Oberndorfer, 19 Maurer. Der erste erklärte, nicht annehmen zu können. Den Wahlspruch: Nur etc. hörte ich in meiner Nachbarschaft lächerlich finden. Thiersch erhielt nur 2 Stimmen.
Nachmittags Sitzung der allgemeinen Versammlung der Akademie der Wissenschaften. Der Vorstand H. v. Schelling stellte die neuen ordentlichen Glieder v. Barth und Baron v. Hormayr vor, doch nur diesen in Person, da jener wegen Unpäßlichkeit abwesend war.

Den 21t. Januar 1829.

Während ich von 9–10 Uhr mein Häuflein Zuhörer den Ulphilas'schen Matthäus zergliedern lasse, kommt der Archivsdiener, ich möchte zu Herrn v. Freyberg kommen. Was wird man mir wollen? Ich gehe nach beendigter Stunde. Im äußern Zimmer des Reichsarchivs mehrere Herren, unter ihnen Hormayr. Freyberg läd't mich in ein inneres Zimmer. „Der König und der Minister wünschen, daß Sie um die erledigte Stelle bey der Bibliothek einkommen." – Ich habe dem Dr. Maßmann das Wort gegeben, mich nicht zu bewerben. – „Der König will den Dr. Doctor Maßmann dem Turnwesen erhalten. Das ist mit der bewußten Stelle nicht vereinbar. Er wird sie nicht bekommen. Dieser Grund fällt für Sie weg".

Den 6t. April

Nach 11 Uhr schellt der akademische Bote, der gute Schwabe Nachtrab, und bringt mir einen nicht so bald gehoften Abdruck von Schellings vielbesprochener Rede und ein Schreiben, versiegelt mit dem Siegel des General-Conservatorium der wissenschaftlichen Sammlungen des Staates:
Das Königlich-Bayerische General Conservatorium der wissenschaftlichen Sammlungen des Staates an den Königl. außerordentlichen Professor an der Ludwigs-Maximilians-Universität Herrn Dr. Joh. Andr. Schmeller.

Seine Majestät der König haben durch Allerhöchstes Rescript ddo. Rom den 27t. März 1829 zu beschließen geruht wie folgt:

Wir haben Uns bewogen gefunden, die durch den Tod des Dr. Bernhard Docen, erledigte Custodenstelle an unserer Hof- und Staatsbibliothek dem außerordentlichen Professor an unserer Hochschule zu München Dr. Andreas Schmeller zu verleihen, und zwar in provisorischer Eigenschaft (vorbehaltlich seiner dießfallsigen Rechte aus frühern Dienstverhältnissen) und mit einem Gesamtgehalte von zwölfhundert Gulden, nämlich elfhundert Gulden in Geld, sodann zwey Schäffel Waizen und sieben Schäffel Roggen; wovon achthundert Gulden als Standes- und der Rest als Dienstesgehalt zu betrachten ist.

Fronleichnamsvorabend den 9t. May 1830 spät.

Am 25t. 9ber 1829 hatte ich folgendermaßen an das Rectorat der K. Ludwig Maximilians-Universität hieselbst geschrieben: So eben ersehe ich aus dem K. Regierungsblatt vom 2t. d., daß in der Ausschreibung der allerhöchsten Bestimmung, wodurch dem Herrn Dr. Maßmann die außerordentliche Professur der altdeutschen Sprache und Literatur verliehen wird, diese Lehrstelle als früher erledigt bezeichnet ist.

So aufrichtig ich mich dieser Ernennung freue und so gerne ich auf meine vorigen jenseitigen Functionsbezüge Verzicht gethan, muß ich dennoch bemerken, daß ich geglaubt hatte, in Hinsicht auf dieselben, nach wie vor in ehrenhafter und in dem Maße als es nach Verschiedenheit der Jahrszeit mein bibliothecarisches Geschäft erlauben werde, in thätiger Verbindung mit der Universität zu verbleiben. Ja es war mir manche nähere Berührung mit den literarischen Hilfsmitteln des Fachs, die mir die jetzige Amtsstellung gewährt, gerade in dieser praktischen Rücksicht als besonders werthvoll erschienen. Vielleicht irre ich; aber es scheint mir in der Fassung der obenbezeichneten Ausschreibung etwas zu liegen, was mein Verhältniß zur Universität wenigstens in den Augen des Publicums unklar macht. Dieser Umstand indessen, als etwas blos mir Persönliches soll mir kein Grund seyn, die Allerhöchste Stelle selbst zu behelligen. Eine gefällige Erklärung von Seite der dirigierenden UniversitätsBehörde wird genügen, das unangenehme Gefühl zu heben, dessen sich ein Mann, der nichts prätendiert als was ihm förmlich zusteht, wenn er in eine falsche Stellung versetzt wird, nicht leicht erwehren kann.

Heute den 15t. Juny 1830, an die ganze Sache kaum mehr denkend, erhalte ich durch den Pedell folgendes:

München 12t. Jun. 1830.

no. 416 ad 424.

Der akademische Senat der K. Universität München an den Custos der K. Hof- und StaatsBibliothek und Professor Herrn Dr. Schmeller.

Anlaß: allerhöchstes Rescript vom 6t. d. M.

Betreff die Fortsetzung seiner Vorlesungen.

Nachdem Se. M. der König zu genehmigen geruht haben, daß dem Custos der K. Hof- und StaatsBibliothek Herrn Professor Schmeller die Fortsetzung seiner Vorlesungen über altdeutsche Literatur und Sprache an hiesiger Hochschule, in soweit es seine Berufsgeschäfte erlauben und ohne daß hieraus Ansprüche auf Remuneration oder Besoldung aus dem Universitätsfonde gebildet werden, gestattet werde; so wird ihm dieses in Folge allerh. Rescr. vom 6t. d. M. hiemit eröffnet. Dr. Fr. Thiersch d. Z. Rector. Müller Secretär.

Den 20. Xber 1830.

Königliches Rectorat der Ludwig MaximiliansUniversität.

Da dem gehorsamst Unterzeichneten durch das allerhöchste Rescript vom 27. Merz 1829, wodurch er provisorisch zum Custos an der K. Hof- und StaatsBibliothek ernannt wurde, der durch früheres allerhöchstes Decret vom 10. 8ber 1828 verliehene Charakter und Rang eines außerordentlichen Professor an der K. Universität nicht entzogen ist, und derselbe in solcher Eigenschaft auch späterhin an Wahlen bey der Universität theilgenommen hat; da auch aus der Zuschrift des akademischen Senats an denselben vom 12. Juny d. J. nicht hervorgeht, daß der Unterzeichnete nach der Hand kraft einer höhern Entscheidung (ganz abgesehen von dem Punkt einer Remuneration aus dem Universitätsfonde) jene Eigenschaft zu haben, aufgehört habe, so hält er sich für nicht minder verpflichtet als befugt, seinerseits die Ausübung des gesetzlich mit jenem Charakter und Rang verknüpften activen Wahlrechts bey der Universität so lange anzusprechen, als ihm nicht ausdrückliche amtliche Anzeige geworden, daß jene ihm förmlich verliehene Eigenschaft, die weder mit einem bibliothecarischen Amte noch mit der Anstellung eines weiteren Docenten in demselben Fache unverträglich scheint, förmlich wieder zurückgenommen sey.

München den 20. Xber 1830, als am Vorabend der, wie verlautet, auf den 21sten angesetzten Wahl eines Abgeordneten der Universität zur Ständeversammlung.

Des K. Universitäts-Rectorats unterthänig gehorsamer J. A. Schm. Dr., a. Professor, Custos der K. Hof- und StaatsBibliothek und Mitglied der Akademie der Wissenschaften.

Ein paar Stunden nach Eingabe des Obigen kam der Rector Allioli selbst zu mir auf die Bibliothek und brachte mir folgendes:

München 20. Xber 1830.

N[ume]rus 90.

Das Königliche Rectorat der Universität München an Herrn Dr. Andr. Schmeller, Custos der K. Hofbibliothek und Mitglied der Akademie der Wissenschaften.

Anlaß: der Dienst. Betreff: Dessen eingelegte Protestation gegen seine

Ausschließung von der Wahl eines Abgeordneten zur Ständeversammlung. Auf das unterm heutigen anher gelangte Schreiben beehrt man sich zu erwiedern. Da in dem allerhöchsten Rescript vom 9t. 9ber 1829 ausdrücklich steht, daß Herr Dr. Schmeller von der Universität zur Hof- und Staatsbibliothek versetzt und die dadurch erledigte außerordentliche Lehrstelle der altdeutschen Sprache und Litteratur dem Privatdocenten Dr. Maßmann ertheilt worden sey, kann es keinem Zweifel unterliegen, daß Herr Dr. und BibliothekCustos Schmeller nicht mehr der Universität als außerordentlicher Professor angehöre und demnach auch die Prärogativa nicht mehr ansprechen könne, welche den außerordentlichen Professoren zukommen. In Folge davon wurde Herr Dr. Schmeller bey der letztern im vorigen Semester stattgehabten RectorsWahl nicht unter die Wählenden aufgenommen und in gleicher Folge bey der nun angeordneten Wahl eines Abgeordneten zur Ständeversammlung auch nicht unter die Wählenden eingereiht.

Übrigens will man dadurch nicht die Behauptung aussprechen, daß durch dessen Anstellung zum Custos der Hof- und StaatsBibliothek der ihm vermög allerhöchsten Decrets vom 10. 8ber 1828 verliehene Charakter und Rang eines außerordentlichen Professors sey entzogen worden, nur noch darauf aufmerksam machen, daß nach § 18 des Edicts X über die Verfassungsurkunde nicht Titularprofessoren, sondern nur ordentlich decretirte (d. i. angestellte) Lehrer die resp. active und passive Wahlfähigkeit besitzen.

Indem man bedauert, dem Herrn Dr. und BibliothekCustos Schmeller, den die Universität nur mit großem Leidwesen außer ihrem Verbande sehen muß, diese Aufschlüsse ertheilen zu müssen, geharrt mit ausgezeichneter Hochachtung                                      Dr. Allioli d. Z. Rector.

Nachträglich wird noch bemerkt, daß zwar nach einem allerhöchsten Rescript vom 6. Juny l. J. dem Herrn Custos Dr. Schmeller die Fortsetzung seiner Vorlesungen über altdeutsche Literatur und Sprache an hiesiger Hochschule gestattet, derselbe aber dadurch nur in die Klasse der Professores honorarii gesetzt ist, denen nach Recht und Observanz an der Wahl Theil zu nehmen nicht zukommt.

Mit Hochachtung wie oben Dr. Allioli d. Z. Rector.

Sonntag 2. Januar 1831.

Besuch bey Cotta. Ich habe nun die fatale Professorgeschichte, um mir keinerley Saumseligkeit vorzuwerfen zu haben, nochmal vorgenommen und schreibe an den König (respective das Ministerium des Innern) wie folgt: Gestützt auf die Thatsache, daß dem allergehorsamst unterzeichneten durch die am 27t. Merz 1829 erfolgte Ernennung zum Custos an der K. Bibliothek die Eigenschaft und die Befugnisse eines außerordentlichen Professors an der Universität München nicht entzogen und dieselben noch bey der Rectorwahl für 1829/30 anerkannt worden sind, auch seitdem durch keine förmliche

Mittheilung in Kenntniß gesetzt, daß er durch spätere höhere Verfügungen dieser Eigenschaft verlustig geworden, hat sich derselbe für verpflichtet und berechtigt gehalten, sich durch eine an das K. Universitäts-Rectorat gerichtete Eingabe vom 20. Xber v. J. namentlich gegen seine Ausschließung von der Wahl eines Abgeordneten der Universität zur Ständeversammlung in Ehrerbietigkeit zu verwahren.

Das K. Rectorat hat in verehrter Erwiderung von demselben Tage einzelne Ausdrücke des bey Ernennung des H. Dr. Maßmann zum außerordentlichen Professor an dasselbe erlassenen allerhöchsten Rescriptes vom 9t. 9ber 1829 so wie eines spätern vom 6. Juny 1830 als solche angeführt, aus welchen hervorgehe, daß der allergehorsamst Unterzeichnete stillschweigend aus der Kategorie einen außerordentlichen wirklichen Professors in die eines bloßen honorarius versetzt sey.

Um daher diese Beunruhigung und andrerseits den stillen Vorwurf, in pflichtgemäßer Wahrung einmal vergönnter Rechte etwas versäumt zu haben, nicht länger in sich herumzutragen, wagt er die allerunterthänigst treugehorsamste Bitte, Ew. K. M. möchten allergnädigst auszusprechen geruhen, ob die ihm verliehenen Befugnisse eines außerordentlichen Professors an der Universität wieder zurückgenommen oder ob sie demselben huldreichst vorbehalten seyen. M. den 3. Januar 1831.

Den 21. Januar 1831.

Heute bringt der Pedell folgendes zu mir:
N[umer]us 145 ad num. 192.

München den 19. Jan. 1831

Der Akademische Senat der K. Universität München an den Custos der K. Hof- und Staatsbibliothek Herrn Dr. Schm., Mitglied der Akademie der Wissenschaften.

Anlaß Allerhöchstes Rescript vom 16. d. M. Betreff Dessen Reclamation vom 20. Xber v. J.

Die auf die Reclamation des Herrn Custos D. Schmeller erfolgte Allerhöchsten Entschließung vom 16. d. M. wird demselben in beigehender Abschrift zur Wissenschaft mitgetheilt. Hochachtungsvoll Dr. Allioli d. Z. Rector. Müller Secretär.

Königreich Bayern, Staatsministerium des Innern.

Durch die Entschließung vom 6t. Junius v. Js. ist dem Custos der Hof- und StaatsBibliothek Dr. Schmeller auf sein Ansuchen gestattet worden, seine bisherigen Vorlesungen über altdeutsche Literatur und Sprache, so weit es seine Berufsgeschäfte erlauben an hiesiger Hochschule fortzusetzen und unterm 9t. 9ber 1829 ist die von ihm früher bekleidete außerordentliche Lehrstelle der genannten Lehrfächer dem Privatdocenten Dr. Maßmann übertragen worden.

Hieraus ergibt sich, daß Dr. Schmeller in dem Augenblick seiner Versetzung zur K. Hof- und StaatsBibliothek in obiger Diensteigenschaft aufhörte dem eigentlichen Lehrpersonal der Universität anzugehören und da ihm durch die Entschließung vom 6. Junius weder die Eigenschaft noch die Befugniß eines außerordentlichen Professors wieder verliehen sondern nur die Erlaubniß zu Vorträgen an der Hochschule ertheilt und seine vorige Lehrstelle auch mit einem andern Docenten wieder besetzt worden ist, so kann derselbe nunmehr in keiner andern Eigenschaft als der eines zu Vorlesungen an der Hochschule berechtigten Staatsdieners (Ehrenprofessor) erscheinen.

Nachdem aber in Folge des § 18 des Edicts über die Ständeversammlung die Ehrenprofessoren von jeder Theilnahme an der Wahl der Universitätsabgeordneten ausgeschlossen sind, so stellt sich die mit Bericht vom 22. v. M. vorgelegte Verwahrung des Doctor Schmeller als Reclamation eines nicht begründeten Rechtes dar und wird daher als unzuläßig zurückgewiesen.

19. Aug. 1835.

Eintritts-Karte zu der Grundsteinlegung des k. Universitäts-Baues am 25. August um 3 Uhr. 1835.

Minister Fürst Wallerstein hielt eine lange ziere Rede. Rector Siber eine kurze. Erzbischof Lothar Anselm, von oben her selber besprengt, besprengte den Grundstein, und gab seinen Segen dazu. Nein nicht der Erzbischof, der im Bad, sondern Streber wars.

12. März 2ter Samstag

des Monats und Sitzung der 2t. Classe, wozu Martius als deren neuer Secretär auch die Mitglieder der andern Klassen eingeladen.

Professor Ennemoser (aus dem obern Passeyr in Tirol) las über thierischen Magnetismus. Er blieb so streng auf der Oberfläche, daß ich, als er endete so wenig von der Sache wußte, als da er anfieng. Der langen R[ede] k[urzer] Sinn schien darauf hinauszulaufen, es sey an der Universität München ein Lehrstuhl zu errichten auch für – Magnetismus.

11. Febr. 1844 (Sonntag).

11. Febr. 1814. bin ich als neugebackener k. b. Oberleutnant in Kempten eingefahren. Diesen 11t. Febr. feierte ich mit Martius und Neumann an Freund Mettinghs Tische. Auch sonst ist er mir nicht uninteressant gewesen. Ich hatte nemlich am Morgen folgende Zuschrift erhalten:

Der zweite Decan der philosophischen Facultät der Ludwig-Maximilians Universität an S. Wohlgeboren den Herrn Dr. Andr. Schmeller Custos der K. Hof- und StaatsBibliothek und ordentliches Mitglied der k. b. Akademie der Wissenschaften.

Der ergebenst Unterzeichnete hat der Prüfung der philosophischen Facultät den Wunsch unterstellt, daß E. Wohlg. der Universität als Professor der slavischen Sprachen und Literatur gewonnen werden möchten, und die philosophische Facultät hat, unter allgemeiner Anerkennung Ihrer rühmlichen literarischen Leistungen diesem Wunsche Folge gegeben, so daß er der weitern Erwägung des K. akademischen Senats ist unterbreitet worden, „ob und unter welchen Bedingungen E. W. geneigt seyn würden die Professur der slavischen Sprachen wirklich zu übernehmen".

Ich antworte wie folgt:

An das hochverehrliche Decanat der philosophischen Facultät der K. Ludwig Maximilians Universität.

München 11. Febr. 1844.

Von Seite des hochverehrlichen Decanats bin ich, aus Auftrag des akademischen Seanats mit einer Zuschrift beehrt, welche mir, wenn auch in einem Punkte etwas befremdlich, durch ihren Gesamtausdruck nur erfreulich seyn kann, da mir durch sie die Gewißheit wird, daß sich in der hochverehrten Körperschaft, der ich vor 14 Jahren anzugehören die Ehre gehabt, noch immer ein mir wohlwollendes Andenken erhalten hat. Überrascht hat es mich aus dieser Mittheilung nicht so fast, zu vernehmen, daß in der philosophischen Facultät die Errichtung eines Lehrstuhles der slawischen Sprache und Literatur überhaupt zur Sprache gekommen, als daß dieses in unmittelbarer Beziehung auf meine Person geschehen ist. Mit innigem Leidwesen muß ich daher einer Annahme entgegentreten, die in allzugütiger Meinung von dem, was ich zu leisten befähigt, ihren Grund hat.

So bleibt mir schließlich nichts übrig, als der hochverehrten Körperschaft für dieses Zeichen von Vertrauen und Wohlwollen meinen innigsten Dank auszusprechen mit der wiederholten Erklärung, daß es mich nur freuen könnte auf irgend eine mit meinem Hauptberuf vereinbare, meinen wenigen Kenntnissen und vielen Jahren entsprechende Weise in den Verband mit derselben zurückzukehren.

27. Januar legt mir Dir. Lichtenthaler vor was folgt: (cfr. 1844. 11. Febr.) Nro. 10316. Königreich Bayern. Ministerium des Innern.

Nach dem Inhalte eines Ministerialrescriptes vom 6. Juny 1830 hat der dermalige Unterbibliothekar der K. H. u. St. B. Dr. Schmeller die allerhöchste Erlaubniß erhalten seine Vorlesungen über aldteutsche Literatur und Sprache an der hiesigen Universität fortzusetzen insoweit es seine Berufsgeschäfte erlauben und ohne daß hieraus Ansprüche auf Remuneration oder Besoldung aus dem Universitätsfonds abgeleitet werden.

Mit Beziehung hierauf erhält die Direction der K. H. u. St. Bibliothek den Auftrag anzuzeigen, in wie weit Dr. Schmeller von dieser allerhöchsten Erlaubniß Gebrauch gemacht habe oder wegen seiner Berufsgeschäfte Gebrauch machen konnte, dann ob es mit seiner dermaligen dienstlichen Stellung verträglich sey, und in seiner Absicht liege, in der Eigenschaft eines Professoris honorarii Vorträge an der hiesigen Universität zu halten.

Den 28st. Januar antworte ich:

K. Direction der H. u. St. Bibliothek.

Auf das zur Einsicht mitgetheilt K. Ministerialrescript vom 24. d., worin, in Beziehung auf ein anderes vom 6. Juny 1830, das dem gehorsamst Unterzeichneten bedingungsweise die Erlaubniß ertheilt hatte seine Vorlesungen über altdeutsche Literatur und Sprache an der hiesigen Universität fortzusetzen, die Frage gestellt ist, in wie weit der Unterzeichnete von dieser Erlaubniß Gebrauch gemacht habe, sodann ob es mit seiner dermaligen Stellung verträglich sey und in seiner Absicht liege, in der Eigenschaft eines Professor honorarius Vorträge an der hiesigen Universität zu halten, erlaubt sich derselbe zu bemerken wie folgt.

Gebrauch hat Unterzeichneter von jener allerhöchsten Erlaubniß nicht gemacht, da er sich überzeugen mußte, daß das Fach durch den eigens dafür aufgestellten Professor Dr. Maßmann mehr als hinreichend vertreten sey, und so ist sie denn, da nach Verlauf von 12 Jahren Dr. Maßmann einen zweijährigen Urlaub erhielt, als erloschen betrachtet gewesen. Bei der demnächst zu erwartenden Rückkehr Dr. Maßmanns aber tritt für den Unterzeichneten wieder die obige Rücksicht ein. Also nur für den etwa denkbaren Fall, daß Dr. Maßmann seiner hiesigen Stellung eine anderswärtige vorziehen und von jener entbunden werden sollte, kann Unterzeichneter seinerseits von der Bereitwilligkeit sprechen, einen Lehrzweig, mit dem er selbst vor 15 Jahren an der hiesigen Universität den ersten Anfang gemacht, und der, besonders wenn er mit Übungen im Lesen alter, nicht blos deutscher Handschriften verbunden würde, so einer Lehranstalt wo nicht als ein nothwendiger, doch gewiß als ein nützlicher erscheinen muß, wöchentlich ein paar Frühstunden zu widmen. Was aber die Verträglichkeit einer solchen Function, die am zweckmäßigsten in des Unterzeichneten Arbeitslocale auf der K. Bibliothek statthaben würde, mit dessen dermaligen Stellung betrifft, so muß die Entscheidung darüber in nächster Instanz natürlich der K. BibliothekDirection selbst unterstellt bleiben.

Nachdem Wir Uns allergnädigst bewogen haben euch in provisorischer Eigenschaft zu der Stelle eines ordentlichen Professors der altteutschen Sprache und Litteratur an der Universität zu München vom 1. Dezember laufenden Jahres an mit einer von diesem Tage an zahlbaren Funktions-Remuneration von vierhundert Gulden des Jahres, übrigens ohne Veränderung eurer bisherigen Dienstverhältnisse zu ernennen; so haben Wir euch gegenwärtiges von Uns eigenhändig unterzeichnetes und mit Unserm größern geheimen KanzleyInsiegel versehenes Dekret zu eurer Legitimation ausfertigen lassen.                    München, den 20. November 1846. Ludwig
Auf Königlich Allerhöchsten Befehl der GeneralSecretaire v. Abel. v. Kobell.

Dekret für den Bibliothekar an der Hof- und Staatsbibliothek Dr. Johann Andreas Schmeller über dessen Ernennung zum ordentlichen Professor der altteutschen Sprache und Literatur an der Universität München.

25.

Danksagung in Pontificalibus beim König. Besuch bei Rector Weißbrod.

26.

Die allg. Zeitung von gestern sagt in der Übersicht: München: Oberappellationsgericht. Dr. Schmeller an Maaßmanns Stelle der Hochschule zurückgegeben. Zur großen Freude unserer Universität ist der berühmte Sprachenforscher und Bibliothekar Dr. J. A. Schm. der Hochschule, welcher er früher angehörte, durch k. Ernennung zum Ordinarius wiedergegeben worden.

18. Dec.

Ans schwarze Brett: Vergleichende Grammatik der ältern Dialekte deutscher Sprache, in Verbindung mit Lese-Übungen, gedenkt Unterzeichneter von Neujahr an vorzutragen jeden Montag und Dienstag von 2 bis 3 Uhr im Locale des philologischen Seminars.

14. Jan.

Am 4t. (Montag) nachdem ich von 8–2 Uhr der Bibliothek, wie ich denke, genug gethan, gieng ich, nicht ganz leichten Herzens, hinüber nach der Universität, im Saale des philologischen Seminars, nach 18 Jahren wieder Zuhörern gegenüber, ich der Schweigsame, eine ganze Stunde lang zu sprechen.

8. April 1848.

Ludwig Rockinger als Einer der seit gestern bewaffneten Studentenschar, die heute in Reih und Glied von der Universität nach ihrer Hauptwache dem Academie-Gebäude gezogen, tritt heute Nacht seinen Patrouillendienst an. Thiersch soll sich bei jenem Zug hoch zu Roß producirt und dem eben vorbeifahrenden König präsentiert haben. Ist doch Faßnacht bereits vorüber.

12. May.

Um 4 Uhr nachmittag hielt ich, von Ludwig Rockinger und Professor Conrad Maurer hin und hergeführt, in Hörsaal Nr. 2 einen ersten von Vorträgen über Sprache und Literatur der Altsachsen und der Angelsachsen. Es waren nur etwa ein Dutzend Hörer.

19. May.

Die Patres conscripti des Studium monacense halten in Pleno Rath über die Jenaer Vorschläge von verbesserten Universitätseinrichtungen. Hätte mich Martius nicht abgeholt, ich wäre heute nicht wieder dabei erschienen. Es schüttete Ströme auf uns nieder. Auch war die Debatte unerquicklich genug wenigstens für mich, der selber nie ein Honorar bezahlt hat, und von dem nie eines verlangt worden. Für die Zahlung sprach besonders der alte Walther. Unter seinen Gründen war der eine, daß sich der Student weniger gedrückt und freier fühle, wenn er dem Lehrer als einem von ihm abgelohnten gegenüber stehe. Für alle, auch die armen sollte Stundung festgestellt werden. Mir ward schwül bei dieser fiscalen Verhandlung der Väter der wissenschaftlichen Jugend; und als über einer Berufung Bayerns auf § 157 der Grundrechte die rechte Seite, am herzlichsten der weiland Zürchsche Staatsrath Bluntschli, in ein Gelächter ausbrach, trieb mich dies mehr als meine nassen Füße aus der ehrwürdigen Versammlung.

12. Decemb.

Dieser Tage lief von Seite der Universität ein Circular um, über die vom Ministerium der Schulen und des Cultus (Ringelmann, Hänlein) gestellte Frage, ob zu Docenten auch Israeliten zuzulassen seyen? Bei weitem die meisten vor mir hatten Gründe für Nein. Ich konnte nicht anders als schreiben: „Glauben und Wissen sind zweierlei Dinge. Es gibt des Wissens genug, das nicht gerade ein christliches seyn muß. Ich stimme für Zulassung". Bei dem Geiste, der jetzt wieder durch unsre wie alle Regierungen weht, werd ich mich nicht sonderlich empfehlen.

9t. Januar.

entre chien et loup. So eben geht Professor (weiland zürcherscher Staatsrath) Bluntschli von mir. Er war gekommen, mich im Vertrauen zu fragen, ob mir's recht wäre, wenn Wilh. Wackernagel aus Basel als Professor für deutsche Sprache und Literatur hierher berufen würde. Wackernagel'n sei bereits von hier aus ein Antrag dieser Art gemacht. Er habe aber das Bedenken, es könnte das Eingehen auf denselben mir unangenehm seyn. Und so habe es ihm (Bluntschli'n) das geradeste geschienen, mit mir selbst von der Sache zu reden. (Wackernagels erste Frau war eine Schwester Bluntschlis). Ich erklärte frank und frei, daß ich nichts hätte und haben könnte gegen die Berufung eines Mannes wie W. Wackernagel an eine Stelle, der sich der Siebenundsechziger tagtäglich weniger gewachsen fühle, und die durch eine so viel jüngere und erprobte Kraft nur zum Vortheil der Universität und des Landes würde ausgefüllt werden. Gerne würde ich meine Universitätsthätigkeit auf die Anleitung zum Lesen alter Handschriften beschränken.

2t. Febr.

Meine Seufzer nach Erlösung vom Dociren scheinen unbeachtet geblieben. So habe ich denn heute in's Circular die Vorlesungen im nächsten Semester betreffend eingeschrieben:
1) Deutsche Literatur Montag und Dienstag 7–8
2) Handschriftenkunde, Donnerstag und Freitag 7–8.

*Die Universität im Jahre 1838*

# Ferdinand Herbst

1798–1863

*(später Ferdinand Ignatz)*
*Kathol. Theologe*
*Studium in Leipzig,*
*Jena und Erlangen;*
*Verhaftung als Burschenschafter*
*und Mitglied*
*des „Jünglingsbundes";*
*1832 zum kathol. Glauben*
*konvertiert und*
*Theologiestudium in München,*
*1834 Priesterweihe.*
*Tätigkeit als Lehrer und Publizist.*

Ich weilte, nachdem ich Erlangen verlassen, erst in Augsburg als Lehrer und Erzieher (. . .), als die Kunde an mich gelangte, König Ludwig I. habe München, diese Stadt der schönen Künste, nun auch zum Hauptsitz der Wissenschaften in seinem Reiche erhoben durch Verlegung der Universität von Landshut nach München. Die berühmtesten Lehrer seyen gewonnen;

alles verspreche für wissenschaftliches Leben große Erfolge. Dies brachte den schon früher genährten Vorsatz in mir zur Reife, im Süden Deutschlands die Stelle zu suchen, von wo aus ich zur Ehre Gottes und zum Nutzen der Brüder Einiges wirken könnte. Wie magisch gezogen eilte ich nach München. Eben trat hier, kaum daß ich angekommen, Schelling wieder in jugendlicher Frische auf. Ich hörte ihn neuerdings, und noch einmal hoffte ich das Heil in der Philosophie zu finden.

---

# Georg Friedrich Louis Strohmeyer

1804–1876

*Mediziner*
*Studium in Göttingen*
*und Berlin;*
*Prof. in Erlangen (1836–1841),*
*München (1841–1842)*
*und Freiburg (1842–1848).*
*Ab 1848 als Generalarzt in*
*Nordeutschland tätig.*

Im December 1840 starb der junge, kräftige, glückliche Professor Wilhelm in München eines plötzlichen Todes.
König Ludwig war dann selbst auf die Idee gekommen, daß ich Wilhelm's Nachfolger werden solle. Ob ich wollte oder nicht, kam nicht in Betracht, es handelte sich nicht um eine Vocation, sondern um eine Versetzung, unter Beibehaltung der bisherigen Bezüge, wie es in dem Rescripte heißt. Auf Erlangen wurde keine Rücksicht genommen, ich mußte schon im Laufe des Semesters meine neue Stelle antreten. Am 31. Januar langte ich, noch ohne Familie, in München an.
Meine damaligen Collegen in der medicinischen Facultät waren: von Ringseis für medicinische Klinik; von Breslau für innere Heilkunst und Materia medica: von Walther für Chirurgie; Buchner für Chemie; Weißbrodt für Geburtshülfe; Gietl für medicinische Klinik; der außerordentliche Professor Schneider für Anatomie, und Horner für syphilitische Klinik, als Honorarprofessor.
Ringseis war ein Original in seiner Erscheinung und Geistesrichtung; für Viele, wegen seiner Hinneigung zu den Ultramontanen, eine problematische Natur. Er liebte die schönen Künste und hatte viel davon gesehen, denn er

begleitete König Ludwig als Kronprinzen auf seinen Reisen. Er interessirte sich für die Natur und trieb Mineralogie mit großem Eifer. Seine Resultate im Hospitale waren, wie man allgemein sagte, viel besser, als die von Gietl, doch zweifle ich etwas an seinem specifisch-ärztlichen Talente.

Ich dachte mir immer, Ringseis mit seinem Feuereifer für die allein selig machende Kirche, mit seinem ausdrucksvollen Kopfe, seiner durchdringenden Stimme hätte Missionair werden sollen, meinethalben in Begleitung einer wunderthätigen Heilkunst. An der Spitze des Medicinalwesens eines deutschen Königreichs war er wohl nicht an seinem Platze.

Professor von Breslau war zugleich königlicher Leibarzt und ohne Zweifel der angesehnste Praktiker in München. Er war sehr klug und sehr unterrichtet, ohne alle religiösen Prätensionen, die ihm als getauften Juden nicht wohl angestanden hätten. Er verdankte seine Popularität als Arzt, wie ich glaube, der einfachen Art, wie er den Typhus ohne Reizmittel behandelte.

Philipp von Walther ragte unter den Kollegen von der medicinischen Fakultät hervor, wie unter niederem Gesträpp die Palme, welche in hohen Lüften ihr einsames Haupt wiegt. Man hatte ihm übel mitgespielt, von der Klinik war er durch eine Intrige verdrängt worden, bei der Waffe fand er keinen Anklang, bei der Aristokratie der Bildung war er ein gesuchter Arzt. Abgesehen von seiner praktischen Thätigkeit und dem Theater, welches er zu lieben schien, lebte er sehr einsam, ohne Verkehr mit den Collegen. Schelling war sein einziger Freund, aber auch dieser wurde ihm entrissen durch seine 1841 erfolgte Berufung nach Berlin.

Mein gutes Vernehmen mit Walther gehörte zu den lichtesten Punkten meines Aufenthaltes in München.

Buchner, der Chemiker, und Weißbrodt, der Geburtshelfer, waren sehr freundliche alte Herren, die mit Allen in gutem Vernehmen standen, auch Horner war ein ehrenwerther College.

Professor Gietl war das jüngste Mitglied der medicinischen Facultät, kaum vierzig Jahre alt. Er hatte den Kronprinzen und späteren König Maximilian II. bei seinen Studien und Reisen als Leibarzt begleitet und war dann Professor der medicinischen Klinik geworden.

Die chirurgische Klinik in München hatte auf den ersten Anblick etwas sehr Bestechendes. Man zog mit einer ansehnlichen Schaar von Schülern durch die schönen Krankensäle, welche von den barmherzigen Schwestern in der vollkommensten Ordnung gehalten wurden. Der Operationssaal war eine hohe, durch zwei Etagen gehende Rotunde, welche beim Eintreten einen sehr imposanten Eindruck machte.

So ließen die Localitäten kaum etwas zu wünschen übrig, wohl aber hatte ich Ursache, mit der Qualität der Patienten unzufrieden zu sein, die zum großen Theil für den klinischen Unterricht nicht sehr geeignet waren. Der Fehler lag daran: 1) daß eine ambulatorische Klinik nicht bestand, 2) daß die Universität ihren Verpflichtungen nicht gehörig nachkam, die Kosten zu bezahlen, welche der klinische Unterricht dem Magistrate verursachte. Zu meiner Zeit schuldete die Universität dem Magistrate 14.000 Gulden an Auslagen für die chirurgische Klinik. Unter diesen Umständen war natürlich keine große Bereitwilligkeit vorhanden, nicht zahlende Kranke aufzunehmen.

Von meinen Schülern in München kann ich nur berichten, daß sie es an Fleiß nicht fehlen ließen, so weit sich dieser durch den Besuch der Vorlesungen und der Klinik beurtheilen ließ. Die Mehrzahl derselben war aber zu wenig vorgebildet, um großen Vortheil daraus zu ziehen. Ich mußte mich in der Klinik beim Examiniren am Krankenbette fast immer an dieselben drei bis vier jungen Leute wenden, wenn ich eine Antwort haben wollte. Mein vorzüglichster Schüler war der jetzige Professor der Anatomie in Erlangen, Gerlach, der nie um eine Antwort verlegen war, weil er gut beobachtete. Auch der berühmte Professor von Pettenkofer in München gehörte zu meinen Schülern. Die Mediciner waren meist so arm, daß nur der zehnte Theil von ihnen Honorar bezahlte, die Söhne von Tagelöhnern und kleinen Handwerkern, oft junge Leute, die für die Theologie bestimmt waren, dann zur Heilkunst flüchteten, wenn sie erst auf der Universität waren und dadurch die ihnen zugegesicherten Unterstützungen verloren. Kurz, das klinische Material war in keiner Beziehung erwünscht. Ich bemitleidete die armen jungen Leute, aber auch ihre künftigen Patienten und sehnte mich nach dem Augenblicke, der mich von der Mitschuld befreite, sie zu Aerzten zu stempeln.

Am 18. September schrieb ich im Trampler'schen Hause zu Lahr den Brief an den Minister von Abel, in welchem ich aus Gesundheitsgründen um meinen Abschied bat. Ich hatte wohl Grund, mich so auszudrücken, denn mit den Folgen der Verdrießlichkeiten in München für meine Gesundheit hatte ich Jahre lang zu kämpfen. Meine Anstellung in München war nicht viel mehr, als die Erlaubniß mir meinen Lebensunterhalt durch Praxis zu erwerben. Dazu war ich nicht Professor der Chirurgie geworden, das konnte ich auch in Hannover.

# Julius Fröbel

1805–1893

*Schriftsteller und Politiker
1826–1828 Studium in München;
Prof. für Mineralogie in Zürich.
Im Vormärz Radikaldemokrat;
1848 Mitglied der Paulskirche;
1849–1857 Flucht in
die USA nach Beteiligung
am mißglückten Wiener
Aufstand;
1859–1861 als politischer
Publizist tätig,
zeitweise österreichischer
Geheimagent;
zuletzt Konsul des Dt. Reiches.*

In diesem Leben in der Stadt und einer zweiten topographischen Sommercampagne war der Herbst 1826 herangekommen, in welchem die bis dahin in Landshut befindliche Universität nach München verlegt und durch zahlreiche neue Berufungen zu einem höheren wissenschaftlichen Range erhoben wurde. Ich nahm von meinen Stuttgarter Freunden Abschied, um in der bayrischen Hauptstadt meine Universitätsstudien zu beginnen. Für meine ökonomischen Bedürfnisse war durch meine technischen Arbeiten, die nur einen Teil meiner Zeit in Anspruch zu nehmen brauchten, in so zureichender Weise gesorgt, daß ich mich in einer viel freieren Lage befand, als die große Mehrzahl der Studenten aus Familien in guten Umständen.

Es ist wohl natürlich, daß ich nicht ohne Selbstgefühl im Alter von 21 Jahren aus eigener Kraft mein eigener Herr war. Ich betrieb meine wissenschaftlichen Liebhabereien wie ein vornehmer junger Herr, dessen Lebensweg durch die Geburt geebnet ist. Die Naturwissenschaften zogen mich an, – für die bedurfte ich der Hilfsmittel einer Universität: das allein machte mich zum Studenten. So hörte ich mit wissenschaftlichem Eifer die Vorlesungen über Physik, Chemie, Mineralogie, Botanik, Zoologie und Anatomie; bei Oken allerdings auch allgemeine Naturgeschichte, aber dies nicht ohne ein stiller Kritiker des geistvollen, aber philosophisch naiven Mannes zu sein, dessen der Empirie weit vorauseilende Blicke in die Genealogie der organischen Wesen erst jetzt vom Standpunkte der Descendenztheorie gewürdigt werden können. Den Kommilitonen, mit welchen ich in näheren Umgang trat, war ich durch meine Unabhängigkeit, welche meiner technischen Erwerbsthätigkeit ganz zu widersprechen schien, ein Phänomen, das sich nicht klassifizieren ließ. Meine Kenntnis der englischen Sprache in Verbindung mit anderen

Eigenschaften zog mir den Spitznamen „der Engländer" zu, und meine absonderliche Art, die ich mir nicht beschränken ließ, wurde mit einer gewissen Achtung geduldet. Aus dem Kreise meiner damaligen Bekanntschaft innerhalb des Studentenlebens weiß ich einen Namen zu nennen, welcher später zu öffentlichem Rufe gelangt wäre.

Dem eigentlichen Studentenleben habe ich dagegen keine poetische Seite abgewinnen können; vielmehr ist mir die pedantische Wichtigthuerei, mit der es betrieben wird, nur als eine besondere Art von Philisterei erschienen, und den Humor der „Kneipe" habe ich fast immer geschmacklos und schal gefunden.

Durch den geistigen Aufschwung, welchen damals München nahm, ließ sich die Cottasche Buchhandlung bestimmen, daselbst verschiedene literarische und artistische Unternehmungen ins Leben zu rufen, in deren Folge mehrere meiner Stuttgarter Freunde dahin gezogen wurden. Ich konnte meinen Umgang mit Kolb, Mebold und Hermes fortsetzen, in deren Gesellschaft ich den damals seine Künstlerlaufbahn beginnenden Kaulbach und andere Maler kennen lernte. Hermes wurde von Cotta als Korrespondent der „Allgemeinen Zeitung" nach Italien geschickt, wo er wenig leistete und dafür entsprechend knapp gehalten wurde.

Besonders wertvoll war mir, daß Kolb mich bei Lindner einführte, welcher mit Heine die „Politischen Annalen" herausgab. Für diese Zeitschrift habe ich damals in Lindners Auftrag eine Biographie Iturbides aus dem Englischen übersetzt. Es war mein erster Versuch, etwas für den Druck zu schreiben. Im Gedächtnisse ist mir, wie schüchtern ich das Manuskript überbrachte, und wie verlegen ich war, als ich von Lindner dem zufällig anwesenden Varnhagen van Ense vorgestellt wurde, der mich, ohne mit mir zu sprechen, forschend ansah. Auch Heines fragendem Blicke begegnete ich zuweilen bei Lindner, ohne von ihm zu einer persönlichen Beziehung ermutigt zu werden. Erst viele Jahre später bin ich in Paris auf kurze Zeit ihm näher gekommen.

Von den damaligen Münchner Professoren, mit welchen ich in geselligem Verkehre stand, muß ich Schubert, Oken, vor allen aber den Botaniker Martius nennen, mit welchem letzteren ich in den letzten Jahren vor seinem Tode, nach meiner Rückkehr aus Amerika, in erneuerte freundschaftliche Beziehungen getreten bin. In diesem Kreise lernte ich Agassiz kennen, welcher, obgleich damals auch noch Student, bald nachher schon seinen großen Ruf als Naturforscher zu begründen begann.

Im allgemeinen hat das damalige Münchner Leben einen sehr interessanten geistigen Inhalt gehabt und es scheint nicht irrig, zu sagen, daß darin für die neuere Zeit der Glanzpunkt süddeutscher Kultur zur Erscheinung gekommen ist. Es hat mir damals an Reife des Urteils und an thatsächlicher Bildung gefehlt, um das, was sich in der bayrischen Hauptstadt geistig begab, würdigen zu können; ich muß mir indessen sagen, daß ich damals in München an einem genialen Aufschwung teilgenommen, auf dessen Höhe diese Stadt, so hohe Achtung die heutige Münchener Kunst und Wissenschaft verdienen mag, sich weder in geistiger noch in geselliger Beziehung hat halten können. Auch das politische Leben Süd-Deutschlands befand sich damals, obschon die Genialität Ludwigs I. nicht politischer Natur war, auf hoher Stufe.

---

# Ernst von Lasaulx

1805–1861

*Geschichtsphilosoph und Philologe Studium in Bonn (1824), München (1828) und Kiel (1835). 1835 Prof. in Würzburg, 1844 in München. Vorübergehende Entlassung in der Lola-Montez-Affäre. Abgeordneter der Frankfurter Nationalversammlung.*

München, 30. November 1828.

Lieber Vater!

„Überall ist ein werdendes wachsendes Leben und Streben, oft ohne Haltung und Einheit, aber auch fern von allem Dünkel selbstgefälliger angeblicher Vollkommenheit – das ganze wissenschaftliche Leben, soweit ich's bis jetzt kennen gelernt, ist gesund und großartig – ich werde von allen Seiten so vielfach angeregt, daß es mir oft schwer wird, mich soviel zu beschränken, um nicht erdrückt zu werden und unterzugehen im hungerndem Verlangen und gierigem Verzehren . . . Görres wird uns täglich lieber, es ist ein wohltuendes, erfrischendes Gefühl, mit ihm zusammen zu sein, ich glaube, es ist kein (nicht ein) kränkliches Gefühl in ihm. Sein universalhistorischer Gesichtspunkt ist der höchste, den ein Mensch nehmen kann; er stellt die Geschichte der Menschheit dar, zwar als ein Werk menschlicher Freiheit im einzelnen, aber das Ganze geführt und geleitet nach den ewigen unvergänglichen Zweckgesetzen der Providenz. Ob seine Gliederung und Nachweisung jener ewigen Gesetze im einzelnen überall richtig und historisch wahr sei, weiß ich nicht; aber selbst wenn das Ganze nur ein großes Gedicht wäre, so ist diese Dichtung doch so ungeheuer und erhaben, daß ich dafür gern einige nackte sogenannte historische materielle Wahrheiten hingeben will. Schelling gelangt auf philosophischem Wege zu ähnlichen Resultaten wie Görres auf historischem. Ich bin in seinen Vorlesungen frommer, als ich jemals war – seine Gewalt über die Sprache ist unbeschreiblich, seine Darstellung dämonisch-hinreißend."

„Görres, Schelling, Ringseis, Schubert stehen auf einem wahrhaft hohen religiösen Standpunkt, wogegen weder leichtsinnige Genialität noch eine selbstgefällige trotzige Verstandesweisheit sich halten kann. Wer unter solchen Menschen nicht auch religiös würde, dem müßten die Flügelkeime noch sehr tief unter der Gänshaut verborgen liegen."

„Seitdem ich dieses Bild gesehen und Schelling und Görres gehört, habe ich die Eitelkeit jener nüchternen Turnerphilosophie, deren hartnäckige Verstocktheit mir so lange jeden unbefangenen freien Blick in den Himmel getrübt hat, in ihrer ganzen Nichtigkeit und Hohlheit erkannt. Ich betrachte es als eines der glücklichsten Ereignisse meines Lebens, dessen Gott gelenkte Führung ich täglich klarer erkenne, daß ich hierher gekommen bin."

*Die Universität um 1840*

# Gustav Adolph Kombst
1806–1846

*Jura- und Philosophiestudium in Berlin (1825) und München (1826/27)*

Ich bezog die Universität zu Ostern 1825 und studirte nach einander in Berlin, München und Jena. Damals hatte die erste Demagogenperiode, repräsentiert in den Burschenschaften und dem sogenannten Bunde der Jungen gerade ihr Ende genommen. Reste von Studentenverbindungen fanden sich wohl in Berlin vor, aber nichts Organisirtes.

Die reingeistige Seite des Universitätslebens bot mir nicht die geringste Befriedigung. Nach vierzehn Tagen war ich völlig ernüchtert. Ich war mit großen Erwartungen, hohen Ideen auf die Universität gegangen: ich fand nur etwas mehr entwickelte und ein wenig mehr gelehrte Schulfuchserei, als ich auf dem Gymnasium hinter mir gelassen zu haben wähnte. Was man wissenschaftlichen Geist nannte, war meistentheils systematische Pedanterie.

Zu Ostern 1827 ging ich nach München. Ein halbes Jahr zuvor hatte König Ludwig die neue Universität dort gegründet. Von seinem Liberalismus ward damals viel gesprochen und hegten namentlich die Jüngeren große Erwartungen. Eine Wiedergeburt des alten glorreichen Studentenlebens ward in Aussicht gestellt und von Seiten des Lebens waren in einem südlicheren Lande in neuen, fremden Umgebungen manche schätzbaren Genüsse zu erwarten. So wurde ich dafür eingenommen und bestimmt. Zu gleicher Zeit fanden sich damals ungefähr zwanzig Norddeutsche mit mir auf der Universität in München zusammen.

Der erste Eindruck, den München auf mich machte, war entsprechend. Das freiere, lebenslustigere, sinnlichere Treiben sagte dem Nordländer zu, der bisher stoisch erzogen und gehalten, seiner etwas epikuräischen Naturanlage freieren Spielraum lassen konnte. Aber der geistige Gehalt des Nordländers überwog doch seine physische Konstitution. Nach einigen Wochen fing das Leben in München, das in Essen, Biertrinken, Jubeln, Umherschwärmen aufging, ihm an gleichgültig zu werden, nachher selbst anzuekeln.

Indessen muß ich hier der Wahrheit gemäß bemerken, daß München mir von Seiten der Kunst viele und große Genüsse gewährte, die ich später noch oft in der Erinnerung wieder durchlebt habe. Mehrere der großartigsten Schöpfungen des kunstsinnigen Baiernkönigs waren bereits weit vorgeschritten oder der Vollendung nahe gebracht. Glückliche Umstände brachten mich viel mit Künstlern in Berührung, und der Umgang mit ihnen und die stete Gelegenheit, die herrlichsten Kunstwerke zu studiren, trugen dazu bei, meinen Kunstgeschmack zu beleben und auszubilden. Ein großer Vortheil war dabei, daß ich in dieser Schule mit dem Besten anfing, Mittelmäßiges kaum zu sehen bekam oder, auf Rath meiner kunsterfahrenen Freunde, völlig bei Seite ließ. Förderndes ist in den Einrichtungen der deutschen Universitäten Vieles, aber Vieles könnte noch bei Weitem besser sein und gedeihlicher wirken. Wie die Sachen jetzt noch stehen, sind mir die deutschen Universitäten trotz aller unverkennbaren Mängel lieb und werth, und ich wollte um Alles in der Welt nicht, daß dieser letzte Zufluchtsort der Freiheit in Wort und auch in jugendlicher That im deutschen Vaterlande auch noch verloren ginge.

Nirgends in der Welt wird es dem jungen Volk so gut, wie in Deutschland. Die innere Poesie der Jünglingsjahre darf sich auch im äußern Leben darstellen. Zwar das Streben nach poetischer Ungebundenheit findet sich überall in der Welt, aber nirgends läßt man es so frei gewähren, wie bei uns. Sonderbare Gegensätze. Diese freieste Jugend beugte sich später am geduldigsten ins Joch. Freie Knaben und unfreie Greise.

---

# Johann Caspar Bluntschli

1808–1881

*Jurist*
*Studium in Berlin und Bonn;*
*Prof. in Zürich (1833),*
*München (1848) und*
*Heidelberg (1861).*
*Einer der angesehensten*
*Staatsrechtslehrer des*
*19. Jahrhunderts.*

Noch unschlüssig, was weiter zu thun sei, kam ich am 24. December 1847 nach München.

Der Sturz des ultramontanen Regimentes in Bayern war nicht ungünstig. Wir beschlossen zu prüfen, ob für mich in München eine Stellung zu erringen sei.

Mit dem Fürsten Wallerstein, welcher infolge des neuesten Ministerwechsels Minister des Auswärtigen geworden war, hatte ich noch im December zwei ausführliche Unterredungen.

Am 3. Januar 1848 wurde ich von König Ludwig empfangen.

An dem Dreikönigstage, meinem Namenstage, hatte ich die entscheidende Besprechung mit dem Minister.

Mir schlug er vor: „Ihre Wirksamkeit für die Schweiz muss für die Zukunft gewahrt bleiben. Daher ist die Form schwierig. Eine geheime Beziehung erregt Verdacht. Statsdienst und Indigenat in Bayern werden in der Schweiz als Auswanderer angesehen."

Ich brachte die Berufung als Professor nach München in Vorschlag. Das werde in der Schweiz gut begriffen und stehe einer weiteren Verwendung auch für die Gesetzgebung nicht im Wege. Der Fürst erklärte sich mit diesem Vorschlag einverstanden.

Am 3. März kam ich nach München, in die ersten Zuckungen der Revolution mitten hinein.

Brief an meine Frau vom 21. März: „Die Ahnung, die ich dir vor ein paar Tagen schrieb: „der König wird doch nicht auch in demselben Moment ausser Dienst treten, an welchem er meine Angelegenheit zu erledigen hat, wie es mit seinem Minister geschehen ist," ist in Erfüllung gegangen. Der König Ludwig hat heute Nacht abgedankt und soeben (Morgens 7 Uhr) ziehen die Truppen vor meinen Fenstern vorbei auf den Dultplatz, vermutlich um dem neuen König, dem bisherigen Kronprinzen, zu schwören.

Meine Berufungsangelegenheit rückte inzwischen nicht vorwärts.

Nach dem Rate Beislers schrieb ich an den König und betrieb von jetzt an sorgfältiger diese Angelegenheit, die aus Interesse an der Politik allzu lange vernachlässigt worden. Aber auch da noch blieb ich im Ungewissen.

Der König liess mir den deutschen Verfassungsentwurf, den sein Begleiter auf der Universität und Freund Dönniges entworfen hatte, mitteilen und um meine Begutachtung bitten. Das war ein Zeichen seiner Gunst, aber keine Entscheidung auf die Frage.

Erst am 6. Juli hatte ich selber eine Audienz bei dem König. Er sicherte mir neuerdings und nur persönlich eine Professur an der Universität München zu und versprach mir, die Sache ernstlich zu betreiben. „Er hoffe auf meine Mitwirkung." – Seine Politik bezeichnete er ausdrücklich als „conservativ-liberal" d. h. in voller Übereinstimmung mit dem Princip, für das ich mich erklärt hatte.

Inzwischen hatte Beisler das Cultusministerium verloren und an seine Stelle war Statsrat Strauss getreten, ein wohlwollender, aber schwacher und ganz bureaukratisch gebildeter Geschäftsmann. Dieser hatte sogar die Ungeschicklichkeit, meinen Brief an den König, der gar nicht für die Universität berechnet, sondern voraus politisch gehalten war, an den Senat und die Facultät mitzuteilen, was zu nichts helfen, sondern nur bei den Professoren Bedenken zu erregen dienen konnte.

Ich konnte mich nicht enthalten, dem Minister selber meinen Zorn über die Verschleppung auszusprechen.

Am 15. August endlich ging der Bericht des Cultusministerium's an den König ab. Wie mir versichert wurde, lautete derselbe günstig.

Ich reiste im Sommer über Frankfurt nach der Schweiz und erhielt da die Nachricht, dass der König den Antrag des Ministerium's unterzeichnet habe. Dennoch war, als ich im October wieder nach München zurückkehrte, mein Decret noch nicht in meiner Hand. Die Herren stritten sich darüber, ob die Erteilung des bayerischen Indigenat's der Ernennung vorhergehen müsse oder nachfolgen könne. Das Indigenat konnte nur nach Antrag des Statsrats gewährt werden.

Endlich konnte ich meine Vorlesungen an der Universität ankündigen. Meine Ernennung zum ordentlichen Professor für deutsches Privatrecht und für Statsrecht mit dem Titel Hofrat war vom 8. November datiert.

Das bayerische Indigenat ward mir erteilt, ohne dass ich genötigt ward, mein schweizerisches Statsbürgerrecht aufzugeben. Das Doppelbürgerrecht wurde ausdrücklich anerkannt. Mit frischem Mute arbeitete ich nun in dem wissenschaftlichen Berufe fort, der mir übertragen war. Es gab freilich an der Universität München, die während der Regierung König Ludwigs wenig Fortschritte gemacht hatte, mancherlei hergebrachten Schlendrian; aber ich fand auch manche ausgezeichnete Collegen und in der zahlreichen Studentenschar eifrige Hörer. Da der König Max II. die Wissenschaften liebte, so waren überdem Reformen und Erfrischungen des Lehrkörpers vorauszusehen, und diese Hoffnungen erfreuten mir das Herz.

Mit Dönniges, dem Freunde des Königs, der vorzugsweise die Reform der Universität und die Herbeiziehung ausgezeichneter deutscher Professoren betrieb, stand ich in wissenschaftlicher, politischer und gesellschaftlicher Hinsicht vortrefflich. Dönniges besass sehr tüchtige Kenntnisse, insbesondere auf dem Gebiete der deutschen Staten- und Rechtsgeschichte. Ich habe immer gefunden, dass er seinen Rat mit Sachkunde und ausschliesslich nach sachlichen Erwägungen, nie aus bloss persönlichen Motiven erteile, und sein Gutachten hatte bei dem König grosses Gewicht.

Von den Collegen wurde ich, obwohl mich manche auch als einen fremden Eindringling betrachten mochten, doch meistens freundlich und immer höflich aufgenommen. Thiersch hatte sich während der schwankenden Berufung lebhaft für mich verwendet und bewahrte mir freundlichste Gesinnung. Auch unter den näheren juristischen Collegen fand ich gute Freunde, wie namentlich den gewandten Criminalisten Dollmann, einen gebornen Franken, den liberal gesinnten Statsrechtslehrer Pözl, einen Oberbayer, den Germanisten und grössten Kenner der scandinavischen Rechte, Conrad Maurer, einen Pfälzer. Etwas ferner, aber nicht unfreundlich waren die Pandektisten Arndts aus Westphalen, durch seine Erziehung und seine Frau mit der katholischen Partei verbunden, ein tüchtiger juristischer Kopf, und Zenger, ein heiterer und gemütlicher Autochthone, der aber seine eigenen Schliche wandelte, und der Processualist v. Bayer, das Muster eines loyalen königlichen Beamten, fleissiger Lehrer, in seinem Fache überaus sicher und klar, jenseits der Pfähle des civilistischen Bereichs aber von kindlicher Unwissenheit und zitternder Ängstlichkeit. Zuwider war mir nur Ein College, der Cantonist Kunstmann, ein Pfäfflein mit einem Schmerbauche, der gelegentlich liberale Ansichten äusserte und dennoch nach Jerusalem wallfahrtete, zur Busse für seine Sünden.

Bedeutender wirkte die Berufung ausgezeichneter „Fremder" an die Universität, welche ebenfalls nach dem Wunsche des Königs hauptsächlich durch Dönniges betrieben wurde. Auch für die wissenschaftliche Thätigkeit hatte der König ein Verständnis und eine innere Verehrung. Er sagte mir einst an einem Symposium im Schlosse: „Wäre ich nicht in einer königlichen Wiege geboren worden, so wäre ich am liebsten Professor geworden; dieser Beruf hätte mich am meisten angezogen." Ich dachte im Stillen: „Schade, dass das Schicksal nicht unsere Wiegen vertauscht hat."

Das wissenschaftliche Leben wurde durch diese Berufungen jedenfalls sehr gefördert. Dieselben wirkten nachhaltig und halfen auch die einheimischen Kräfte von dem Drucke befreien, der über ihnen lag. Aber die Form der Berufung verletzte und kränkte die Behörden und die Körperschaft der Universität. Weder jene noch diese wurden zu Rate gezogen. Es bildete sich eine Art wissenschaftlicher Fremdencolonie in München, die wenig mit den älteren Collegen aus Bayern und noch weniger mit der Münchner Bürgerschaft verkehrte. Ich nenne als solche Berufene, die nach und nach herbeigezogen, später aber teilweise wieder verdrängt wurden, den Chemiker Liebig, den Physiker Jolly, den Historiker Heinrich von Sybel, den Pandektisten Windscheid, den Culturhistoriker Riehl, mit denen allen ich befreundet wurde.

Der Hass der einheimischen Gegner wendete sich vorzüglich wider Dönniges, der als der Hauptträger dieser Cabinetsverwaltung betrachtet wurde. Alle bayerischen Instincte waren gegen den „herrischen Preussen" aufgeregt. Die Erbitterung, durch kleine Formfehler gereizt, erhielt zuletzt eine Kraft und Ausdehnung, welche an die Wut gegen die Lola erinnerten und freilich erst nach Jahren den jähen Sturz des königlichen Günstlings bewirkten. Ich erkannte frühzeitig die Gefahr, warnte zuweilen auch vor Missgriffen, aber achtete trotz alledem die durchaus ehrenwerten Bestrebungen des Mannes, Bayern geistig zu heben.

In dem Hause bei Dönniges sah ich auch Hebbel und bemerke über ihn und Geibel einige Erinnerungen in meinem Tagebuch.

27. Juni „Geibel war etwas bekneipt, hat mir aber in diesem Zustande gut gefallen. Er nahm den Lorbeerkranz, der ihm gereicht wurde, mit einer prächtigen Mischung von aufrichtiger Bescheidenheit und selbstbewusstem Stolz. Die Natürlichkeit und Wahrheit seines Ausdrucks zogen mich an."

Aber ich hatte das Gefühl, ziemlich isoliert zu stehen. Selten begegnete ich einem angesehenen Juristen, der ebenso dachte. Die meisten schätzten die formalen Abstractionen höher als ich und hielten sich an die überlieferte Doctrin. Auf den Universitäten fuhr man fort, das römische Recht gerade so zu lehren, wie man das von der Zeit des alten „römischen Reiches deutscher Nation" gewöhnt war. Das deutsche Recht im engern Sinn wurde überwiegend in Anlehnung an diese römischen Doctrinen vorgetragen. Mein Lehrbuch fand zwar eine gute Aufnahme, aber es wurde doch weit weniger beachtet, als das von Gerber, der mehr der romanistischen und formalistischen Richtung folgte. Von einer durchgreifenden Reform der Jurisprudenz und des juristischen Unterrichts auf den Universitäten, wie ich sie wünschte, war keine Rede. Einzig die Aussichten auf eine künftige deutsche Gesetzgebung, von der ich allein die Heilung erwartete, erfüllten sich später vollständiger und reicher, als ich zu hoffen gewagt hatte.

Das Jahr 1853 brachte mir noch eine Auszeichnung. Als am 28. November der Maximiliansorden für Wissenschaft und Kunst gestiftet wurde, erhielt ich denselben in der ersten Verleihung. Von Juristen waren nur noch meine Lehrer Savigny und Eichhorn bedacht worden. Die Auszeichnung war mir wertvoll, weil sie gegenüber der Bureaukratie meine Stellung hob. Kaulbach und Thiersch erzählten mir Manches über die ersten Besprechungen. Einige Namen wurden „eingeschmuggelt". Im Ganzen war die Gesellschaft sehr gut. Mit dem Orden war Hoffähigkeit verbunden.

Die künstliche Erhitzung der jesuitischen Reaction, die in dem Concordate der Welt ihre Siege und ihre Drohungen verkündete, warf auch in München ihren zischenden Schaum empor. Zum Rector der Universität war der Mediciner Professor Ringseis gewählt worden, ein fanatischer, aber ein aufrichtiger Ultramontaner. Seine Rectoratsrede war ein offener Fehdebrief gegen die gesamte Wissenschaft, die sich nicht demütig der Leitung des Kirchenglaubens unterwerfe, gegen die neuberufenen Professoren und gegen das Verderben eines „glaubenslosen und glaubenswidrigen Philosophismus". Der Redner donnerte gewaltig und rief alle ultramontanen und particularistisch-bayerischen Antipathien in's Feld.

Dieser Angriff auf die wissenschaftliche Freiheit und die ganze moderne Cultur durfte nicht mit Stillschweigen erduldet werden. Ich schrieb zwei kritische Artikel 1) über Vernunft und Glauben, 2) über die Moral der Rede, welche die Thorheit und die Verkehrtheit der Rede scharf beleuchteten, und liess dieselben in einem allgemein gelesenen Tagblatte, den „Neuesten Nachrichten", abdrucken. Diese Artikel regten die liberalen Instincte in der Bevölkerung auf. Die Artikel waren von mir nicht unterzeichnet worden. Ich wurde aber bald als Verfasser erkannt und von den Einen getadelt, von den Anderen gelobt.

56

An der Universität und in der Stadt entbrannte der Kampf der Parteien. Den Studenten, die mir einen Fackelzug bringen wollten, trat der Rector mit seinem Verbot entgegen. Eine Demonstration der Bürger in derselben Richtung konnte er nicht hemmen. Schleich brachte den Streit in einem Lustspiel „die letzte Hexe", auf die Bühne. Ringseis wurde von dem Schauspieler als Fanatiker, der die Hexe verbrennen lassen wollte, erkennbar dargestellt. Auch der Cultusminister mischte sich in die Sache. Mir konnte er nicht beikommen, da ich erklärte, die Artikel seien ohne Namen des Verfassers erschienen. Wenn dieselben etwas Strafbares enthalten, so möge man vor Gericht klagen. Zu einem Disziplinarverfahren biete sich kein Anlass, da die Artikel sich nicht als die Äusserung eines Professors kennzeichnen. Ringseis dagegen erhielt vom Ministerium wegen ungehörigen Verfahrens einen Verweis. Da er sich denselben nicht gefallen lassen wollte und im Senat Hilfe suchte, blieb er hier allein. Sogar der regierende König Max und der abgetretene König Ludwig enthielten sich nicht, jener für mich, dieser für Ringseis Partei zu ergreifen. An dem Studentenball, auf welchem der König Max erschien, vernachlässigte er den Rector auffällig und vermied es, gegen die Sitte, mit der Rectorin die Polonaise zu eröffnen. Dagegen erkundigte er sich sehr nach mir, der ich absichtlich, um jeder Demonstration zu entgehen, erst später erschien. König Ludwig dagegen beehrte Ringseis mit seinem Besuch.

17. März 1855. „Einladung zum König auf den Abend. Ich hatte zuvor mit Dönniges und Liebig ein Gespräch über das Projekt einer Commission für die Universitäten, welche reformierend und belebend einwirken soll. Der König hat dasselbe gutgeheissen. Ich soll auch daran Teil haben. Ich machte auf die Notwendigkeit aufmerksam, dass die Form beachtet und die neue Institution dem Statsorganismus angepasst, nicht als ein fremder Körper demselben aufgenötigt werde. Vermutlich scheiterte der ganze Gedanke eben an dieser Schwierigkeit. Die Bureaukratie war selbstverständlich demselben feind.

Im November 1855 hatte ich mit dem König eine Unterredung über die gelehrten Schulen, über welche ich ein Promemoria niederschrieb. Die bayerischen Volksschulen schienen mir, wenigstens in München, vortrefflich. Dagegen die Lateinschulen und Gymnasien, wie die höheren Bürgerschulen litten an bedenklichen Mängeln der Methode. Als ein Hauptübel bezeichnete ich den Zudrang vieler unfähiger und armer Knaben, die bloss deshalb studieren, weil sie das Studium billiger finden, als den Unterricht in den Gewerben, und von den Statsbesoldungen eine gesicherte Existenz erwarten. Daraus entstehen Bettelstudenten ohne Bildung und ohne wissenschaftliche Reife, welche auch den Unterricht der Universität herabziehen. Ich schlug höhere Schulgelder für die gelehrten Schulen vor, verbunden mit reichen Stipendien für arme, aber ausgezeichnet begabte Knaben. Für die fähigsten Studenten der Stats- und Rechtswissenschaft, welche das Durchschnittsmaass der gewöhnlichen Statsdienstaspiranten überragen, schlug ich eine Seminarbildung vor, welche in einer Statsanstalt gewährt werde, die als feinste Blüte des Universitätsstudiums dieses emporhebe. Ich weiss nicht, ob dieser Vorschlag die Anregung zu dem Athenäum gegeben hat, das der König stiftete; aber ich weiss, dass die äusserlich glänzende Erziehungsanstalt für bayerische Statsmänner durchaus nicht in dem Geiste geleitet wurde, welcher den modernen Ideen der Wissenschaft und des States entsprach.

In München fing es an heller zu werden. Zum ersten Mal siegten wir 1858 in den Universitätswahlen über die Allianz der Nativisten, welche uns als fremde Eindringlinge hassten, mit den Ultramontanen, welche den freien Geist fürchteten. Professor Pözl wurde zum Rector und ich in den Senat gewählt. Die jüngeren Docenten verbanden sich mit den „Fremden" zu dem Kampfe. Ich hatte Teil genommen an der Bildung einer Juristengesellschaft, als Zweigverein des deutschen Juristentags. Auch da spürte ich die stille Gegenwirkung der altbayrischen Elemente.

Im Juni 1861 verhandelte ich viel mit Sybel. Dieser hatte einen Ruf erhalten an die Universität Bonn d. h. in seine Heimat. Sybel war von dem Könige ganz besonders bevorzugt worden, er war die Seele der historischen Commission, die der König eingesetzt hatte.

Aber als Preusse war er Vielen verdächtig, den Ultramontanen und Particularisten verhasst.

Sybel war sehr geneigt, hier zu bleiben. Trotzdem wurde er fortgedrängt, weil der König sich nicht entschliessen konnte, etwas Entschiedenes für seine Erhaltung zu thun und dadurch zu beweisen, dass er ihn gegen die Feinde schützen werde. Früher hatte der König den noch näheren Freund Dönniges der Meute der Kläffer gegenüber nicht zu verteidigen gewagt. Er deutete an, dass er vielleicht auch Sybel nicht halten könne. Mit der Entlassung von Dönniges aber war der wissenschaftliche Aufschwung in München, das Einzige, was dem König und Bayern in Deutschland einen günstigen Ruf und Ruhm verschafft hatte, in seiner Spitze abgebrochen. Der Fall Sybel's war das deutliche Anzeichen des weiteren Verfalles. Sybel entschloss sich mit schwerem Herzen zu gehen.

Kaum war der Weggang Sybel's entschieden, so kam dieselbe Frage an mich. Sybel teilte mir mit, dass er mittelbar eingeladen worden sei, mich anzufragen, ob ich geneigt sei, einen Ruf nach Heidelberg anzunehmen. Ich hatte das Gefühl, dass ich hier im Grunde nur geduldet und sogar diese Duldung unsicher geworden sei.

Da entschied ich rasch, den Ruf nach Heidelberg anzunehmen und zwar schon in nächster Zeit. Der König liess mich gehen, wie Sybel vorher.

Damit war die bayerische Periode abgeschlossen. Noch im October siedelte ich nach Heidelberg über.

# Magnus Jocham

1808–1893

*(Pseudonym Johannes Clericus)*
*1827–1831 Philosophie- und*
*Theologiestudium in München.*
*1841 Prof. für Moral am*
*Freisinger Priesterseminar;*
*Förderer der Kathol. Restauration*
*in Bayern.*

Unterdessen lag mir daran, vor Allem meine philologischen Studien ernstlich zu betreiben, um nachzuholen, was ich in den letzten Jahren versäumt zu haben glaubte. Ich besuchte die Vorlesungen des Professors Thiersch und gewann alsbald sein Vertrauen in so hohem Grade, daß er nach einem Konkurse um Erlangung eines Stipendiums, an dem 50–60 Kandidaten sich betheiligten, mich als den Bestbefähigten vorschlug. Ich bemerke dieß nur, weil dieß das einzigemal gewesen, daß ich der Erste geworden. In Folge dessen erhielt ich ein Staatsstipendium, im ersten Jahre 50 Gulden, dann das Doppelte. In gleicher Weise studirte ich Mathematik und Physik bei Professor Siber, der wirklich der Meinung war, einen Mathematiker aus mir zu machen. Logik und Metaphysik hörte ich bei einem Privatdozenten Namens Kittel, der sehr beliebt war. Das größte Interesse hatte für mich Schubert.

Herr Dekan Kirchhofer hat mir vor meiner Abreise auf die Universität nach München sehr ernste Mahnungen mit auf den Weg gegeben. Er warnte mich vor dem Kneipwesen, dieses hatte für mich wenig Reiz. Es hatte das Anziehende der Neuheit für mich gänzlich verloren. Ich hatte es schon als Gymnasist ganz und gar kennen gelernt. Am 7. Dezember 1827 war einer meiner ehemaligen Freunde im Duell erstochen worden. Am Anfang dieses Jahres war er in die Gesellschaft der Isaren eingetreten. Von da an hatte er statt der Hörsäle fast nur mehr den Fechtboden und die Kneipe besucht und sich alsbald den Ruhm eines ausgezeichneten Schlägers erworben. Das traurige Ende dieses früher so hoffnungsvollen Studenten ging mir tief zu Herzen. Ich entschloß mich fest, nie mehr eine Burschenkneipe zu betreten, und hielt auch meinen Vorsatz. Ich hätte auch keine Zeit dazu gefunden. Täglich hatte ich fünf Vorlesungen zu besuchen. Die im letzten Jahre am Gymnasium vernachlässigten philologischen Studien hatte ich unter der vortrefflichen Anleitung des Pofessors Thiersch wieder lieb gewonnen. Ich studirte für mich die griechischen Dramatiker, vorzüglich Sophokles. Ich las mehrere Reden des Demosthenes, von denen einige im Kollegium erklärt wurden. Ich ging öfters zu Professor Siber, der mir physikalische Probleme zu lösen gab, und machte ihm durch Lösung derselben große Freude. Bei den wöchentlichen Repetitorien rief er mich fast immer auf, daß ich solche Probleme vor den übrigen Kandidaten im Hörsale lösen sollte, was immer sehr gut gelang. Dadurch kam ich in den Ruf eines geschulten Mathematikers, was ich nicht war, aber vielleicht hätte werden können.

Während des Sommers hatte ich bei Schelling und Görres Vorlesungen gehört, aber wenig verstanden. Es war mir große Freude, von diesen berühmten Männern christliche Wahrheiten aussprechen zu hören, die ich ehedem auch von meiner seligen Mutter gehört hatte. Noch erinnere ich mich, wie Schelling einst eine ganze Stunde lang über das Verlangen der Völker nach einem Erlöser und von einer Anticipation desselben gesprochen. Diese und die Geschichtsvorlesungen von Görres frequentirte ich auch in den folgenden drei Universitätsjahren fast ununterbrochen. Ich war immer der Meinung, ich hätte wegen Mangel an der nothwendigen Vorbildung aus den Vorträgen des Görres, dieses großen Gelehrten, wenig oder gar keinen Nutzen geschöpft. Als ich vor zwei Jahren die „Stammtafel der Völker", drei Vorlesungen von Görres, die ich im Jahre 1829 selbst gehört hatte, mit dem vortrefflichen Commentar von Dr. Strobl auf's Neue wieder zur Hand bekam, fand ich darin lauter wohlbekannte Gedanken und Ideen. Bei Schubert hatte ich mit meinem Freunde im zweiten Semester Psychologie gehört. Seine Ausscheidung in ein leibliches, in ein seelisches und in ein geistiges Leben der Seele, wie er dieselbe später in seiner „Geschichte der Seele" ausgeführt, hat mir ganz besonders zugesagt; aber staunen mußte ich, als er in der Darstellung des geistigen Lebens die ekstatischen Zustände der hl. Theresia, des hl. Franziskus, des hl. Franziskus von Assisi und anderer Heiligen als die höchste Entfaltung des Lebens der Seele und als eine Anticipation des ewigseligen Lebens uns schilderte. Im Vergleiche mit diesen Erlebnissen des höheren Seelenlebens seien alle Erscheinungen des Somnambulismus, wie sie Justinus Kerner in der Seherin von Prevorst beschreibe, nur Traumgesichte und Erfahrungen eines Nachtwandlers u.s.w. Schon im ersten Semester hatte ich diesen lieben Lehrer öfters in seinem mineralogischen Kabinete besucht und mir nähere Aufschlüsse über seine Vorträge über Geognosie, die er an drei Abenden der Woche als Privatissimum gehalten, geben lassen, was immer mit größter Freundlichkeit geschah.

Gegen die Frequentation der Vorlesungen Schellings und selbst Franz Baaders über Somnambulismus legte er keine Einsprache ein, obwohl er von all diesen Bestrebungen kein Heil erwartete. Als ich aber im zweiten Semester um die Erlaubnis nachsuchte, die philologischen Vorlesungen und Übungen frequentiren zu dürfen, rieth er mir davon ab. „Ich rathe Ihnen: bleiben Sie bei der Theologie! Verwenden Sie all Ihre Zeit auf dieses Studium, dann können Sie auch noch zum Lehrfach kommen! Ich will Ihnen dazu verhelfen."

# Bernhard Ritter von Meyer

1810–1874

*Politiker*
*Philosophie- und Jurastudium*
*in Heidelberg, Berlin*
*München (1833/34) und Paris;*
*1847 einer der Anführer des*
*kathol. Sonderbundes in*
*der Schweiz;*
*1848–1851 Flucht nach München.*
*1851–1866 im Wiener*
*Ministerium.*
*Verfasser von Thronreden und*
*Kriegsmanifesten für*
*Kaiser Franz Joseph.*

In München, wo ich mein drittes Universitätsjahr zubrachte, widmete ich meine Zeit beinahe ausschließlich dem Studium der Rechtswissenschaft, ich erübrigte mir aber dennoch so viel Zeit, um Schelling's Vorlesungen über Einleitung in das Studium der Philosophie zu frequentiren. Schelling war damals bereits auf einem Standpunkte seiner philosophischen Forschungen angelangt, auf welchem er sich dem christlichen Boden nicht nur näherte, sondern vielmehr auf demselben seine Speculationen aufzubauen versuchte. Seine Haupttendenz ging damals dahin, die Hauptdogmen der christlichen Lehre philosophisch zu erklären, sie durch die Herkunft zu begründen; sehr häufig überkam mich bei solchen Vorträgen das Gefühl, als schwebe derselbe hoch oben in einem geistigen Dunstkreise, wohin das Auge des nüchternen Menschen nicht zu dringen vermag, und wo es fraglich sei, ob er selbst dort oben heller sehe, als wir arme Menschen da unten, die nichts als Dunst und Nebel dort oben zu erblicken vermochten. „Schaut ihn an, den Menschen, man nennt ihn die Krone der Schöpfung", so rief er begeistert aus, „seine Geschichte ist angefüllt mit Gräueln jeder Art, er ist sich selbst ein schrecklicher Feind, er ist ein Feind allem Lebendigen, so wie dieses ihm; kein lebendes Wesen im Naturzustande nähert sich ihm, Alles flieht, fürchtet ihn, und selbst die bewußtlose Natur bäumt sich grollend gegen ihn auf und begräbt ihn unter ihren Trümmern."

„Kann der Mensch so aus der Hand des Schöpfers herausgegangen sein? Nein!" rief Schelling mit lauter Stimme durch den mit Zuhörern überfüllten Saal hin, „nein und abermals nein."

Meine angenehmsten Studienjahre verlebte ich in München; wir waren mehr als siebenzig Studirende aus der Schweiz in dem Studienjahre 1833/34 in München versammelt, meistens Juristen, Mediciner, auch einige Theologen.

Wir hatten unter uns eine Verbindung gegründet, welche aber in ihren Statuten vollständig von denjenigen der gewöhnlichen Studentencorps abwich.

Mein letztes, das vierte Universitätsjahr brachte ich in Paris zu.

Als ich nach meiner Abreise von Wien in München anlangte, war die revolutionäre Agitation dort ebenfalls auf einen bedeutenden Höhepunkt gestiegen; König Ludwig hatte schon früher in Folge der traurigen Lola-Geschichte abgebaut und sein Sohn Maximilian die Regierung angetreten.

Es mangelte in München nicht an hartnäckigen Versuchen zu einem gewaltthätigen Umsturze, wobei die löbliche Studentenschaft im Vereine mit dem gemeinsten Janhagel die Hauptrolle spielte; jedes Mal unterdrückt, wurden sie unmittelbar an den folgenden Tagen wiederholt. Ich war Augenzeuge der abscheulichen Zerstörungsscene in der Brauerei von Pschorr. In München hatte sich ebenfalls, nach dem Muster der Wiener Nationalgarde, eine sogenannte Bürgerwehr gebildet, welche vorab berufen war, für Aufrechthaltung der öffentlichen Ordnung zu sorgen.

Unten am Ende der Ludwigsstraße tobten die Volksmassen; gehetzt von der löblichen Studentenschaft, wälzten sie sich mehrmals unter wildem Geschrei die halbe Ludwigsstraße hinauf, zogen sich aber immer bei dem Anblicke des ruhig dastehenden Militärs wieder zurück. Der Commandirende sah diesem Spectakel längere Zeit ruhig zu; als es aber kein Ende zu nehmen schien, ordnete er einen Adjutanten mit dem Auftrage ab, den Leuten drunten zu sagen, daß, wenn sie der Geschichte nicht ein Ende machen, er selbst kommen werde, um für Ordnung zu sorgen. Das Toben der Menge, das wilde Hin- und Herwogen derselben dauerte aber fort, da erscholl das Kommandowort: Vorwärts, Marsch; rasch setzte die Truppe sich in Bewegung, die Bajonnete wurden gefällt, und die Menge zerstob nach allen Weltgegenden. Damit hatten die Aufruhrsscenen in München so ziemlich ein Ende. –

Der Lola-Sturm hatte zwar einen unausfüllbaren Riß in das geistige Leben, welches durch so viele hervorragende Männer an der Universität gepflegt worden war und sich von da in zahlreiche gesellige Kreise hinüberpflanzte, gebracht; König Maximilian nach seiner Begabung und geistigen Richtung war am wenigsten der Mann, diesen Riß auszufüllen; er machte zwar die durch Absetzung gegen einzelne Professoren von seinem Vater begangene Ungerechtigkeit durch Wiederanstellung wieder gut, andere aber ließ er zu lange auf einen solchen Act der Gerechtigkeit warten und veranlaßte sie dadurch, anderwärts einen ihrem wissenschaftlichen Rufe und ihren hervorragenden Kenntnissen entsprechenden Wirkungskreis zu suchen.

Längere Zeit übrigens beherbergte München noch immer einen herrlichen Kranz von Männern der alten Schule, von solcher Reinheit der Gesinnung und des Lebens, zugleich von so tiefer anerkannter Wissenschaftlichkeit, daß ihr

Ruf hinüberglänzt bis in unsere und bis in alle Zeiten. Der alte geistige Riese, die fünfte Großmacht in Europa, wie Napoleon I. ihn oder sein Blatt, den „Westphälischen Mercur", zur Zeit nannte, der wahrhaft gottbegeisterte Seher Görres lebte nicht mehr, war kurz vorher gestorben, als ich auf meiner Flüchtlingswanderung in München eintraf.

Durch die Familie Görres, namentlich den seines Vaters so würdigen Sohn, den so liebenswürdigen edlen Guido, kam ich in kurzer Zeit in Berührung mit allen Freunden des Hauses, mit dem intimsten Hausfreunde Professor Phillips, dann den Professoren Ringseis, Lassaulx, Streber, Döllinger, Arndts, von Moy, Windischmann, Sepp, mit Edmund Jörg, Baron Oberkamp, mit Jarke, der seinen Wohnsitz in München aufgeschlagen hatte, mit Fräulein Linder, Hofcaplan Müller, mit dem von Zeit zu Zeit sich bei seinem Freunde Ringseis einfindenden Herrn von Salvotti, späterem Mitglied des Reichsrathes in Wien, mit den Künstlern Eberhard, Schlotthauer und so vielen anderen.

Jeder dieser Männer war eine ausgeprägte, von allen anderen sich auffallend unterscheidende Persönlichkeit. Es ist nicht möglich, sich einen lebendigeren, geistreicheren Gesellschafter zu denken, als Herrn Phillips. Phillips war einer derjenigen Professoren, die wiederanzustellen der König zögerte; die Berliner Luft wehte schon stark in der Residenz und war dem hervorragenden Geschichts- und Rechtskenner, dem Convertiten, welcher Berlin den Rücken gekehrt hatte, besonders ungünstig.

Männer von einer ganz anderen Naturanlage als Phillips, die sich aber eben durch diesen Gegensatz um so mehr angezogen, gleichsam sich ergänzten, waren Lassaulx und Streber. In meinem ganzen Leben ist mir nie eine ausgeprägtere Persönlichkeit, ein solcher männlicher Charakter zu Gesicht gekommen, wie ich ihn an Lassaulx fand und Freund und Feind an dem Manne anerkennen mußten.

Es war mir ein Vergnügen, Lassaulx als Redner in der baierischen Kammer der Abgeordneten auftreten zu sehen und seine catilinarischen Reden gegen die herrschende Lausbubokratie des Tages zu hören; ich suchte immer mich auf der Zuhörertribüne einzufinden, wenn ich wußte, daß Lassaulx sprechen werde; ihn, den classischen Redner, der je nach Umständen bald seine Gegner, die radicale Opposition, an deren Spitze Fürst Wallerstein stand, mit der feinsten Ironie hänselte, bald mit Donnerschlägen auf sie loswetterte, sowie den gewandten, immer schlagfertigen Döllinger fürchtete die Oppositionspartei am meisten. Auch von der Pfordten war ein ausgezeichneter parlamentarischer Redner; für mich, der ich sieben Jahre in einem erbitterten parlamentarischen Parteikampfe zugebracht hatte, war, da auch die Gegenpartei an parlamentarischen Capacitäten keinen Mangel hatte, dieses geistige Ringen von besonderem Interesse.

Eine nicht minder eigenthümliche Erscheinung in ihrer Art war Professor Streber; wer ihn nicht näher kannte, konnte in seinem Urtheile über ihn leicht irre gehen. Streber war eine stille, tief in sich selbst zurückgezogene Natur; er prangte nie mit seinem tiefen Wissen, mischte selbst im Freundeskreise nie in einer Art sich ins Gespräch, daß es den Anschein haben könnte, er wolle mit seinen Ansichten und Ideen sich besonders bemerkbar machen; aber wenn er sprach, so waren es goldene Worte, klar, gediegen, wahr, kein Wort zu viel, keines zu wenig. Streber, sowie auch Hofcaplan Müller versammelten alle Wochen einen Kreis von Freunden und Gesinnungsgenossen um sich, in welchem ich mich regelmäßig einfand.

Regelmäßig waren als Tischgenossen anwesend v. Ringseis, Bildhauer Eberhard und das Universaltalent Schlotthauer; Ringseis versah die Stelle des Hausherrn, besorgte die Einladungen und machte den Ordner zu Tische. Ringseis hatte als Leibarzt König Ludwig's die Reisen in Italien mitgemacht; er stand von allen Männern, welche durch das Lola-Regiment von ihren Stellen entfernt wurden, dem Könige am nächsten; sein männliches Auftreten gegen dieses Regiment muß deswegen den reizbaren Monarchen am meisten verletzt haben. Ihn ebenfalls zu stürzen, wurde Alles, doch trotz der Gereiztheit des Königs umsonst versucht, er war der Einzige, welcher der Absetzung entging. „Ringseis ist ein Ehrenmann, ich kenne ihn, ich entferne ihn nicht," das war die Antwort des Königs auf alle Zuflüsterungen der Sirene. Einer der regelmäßigen Teilnehmer an den Abendcirkeln im Hause Görres war Professor Döllinger, wo ich somit Gelegenheit hatte, den Mann mir genauer ins Auge zu fassen. Ich kam mit ihm übrigens durch eine besondere Veranlassung in nähere Berührung. Graf Arco-Valley, der bei jedem Anlasse ein besonderes Wohlwollen für mich kundgab, hatte es vermittelt, daß der mit ihm verwandte junge, Sir I. Dalberg-Acton, bekannt gegenwärtig als Lord Acton, welcher die Hochschule in München besuchte, bei Herrn Professor Döllinger Kost und Wohnung erhielt.

Ich kann es nicht unterlassen, hier noch eines Mannes zu erwähnen, der mit seiner ganzen Familie mir, solange ich einsamer Flüchtling war, und später meiner Familie mit einer ganz außerordentlichen Freundschaft begegnete, des gegenwärtigen Geheimrathes J. C. Bluntschli in Heidelberg, damals Professors an der Hochschule in München. – Die politischen Kämpfe in der Schweiz hatten uns Beide, bei der hervorragenden Stellung, die wir in denselben einnahmen, nahe gebracht; Bluntschli war der geistige Führer der sogenannten liberal-conservativen Partei in Zürich. Er verließ die Schweiz aus gerechtem Mißmuth über die dortigen Zustände und bewarb sich um eine Professur in München, die ihm bei seinem bedeutenden Rufe als Staatsrechtslehrer vom König Max verliehen wurde.

# Melchior Meyr

1810–1871

*Schriftsteller*
*Studium in München (1829/30)*
*und Heidelberg;*
*lebte in ärmlichen Verhältnissen*
*als freier Schriftsteller und*
*Journalist.*
*Schrieb hauptsächlich über seine*
*Allgäuer Heimat.*

In München hatte ich einen Freund aus der Ansbacher Gymnasialzeit her, Gustav von Bezold, welcher damals im Ministerium des Innern beschäftigt war. Diesen suchte ich auf und theilte ihm mein Vorhaben mit. Er verhehlte mir nicht die Gesinnung, welche in den höchsten Kreisen gegen den Minister Wallerstein herrsche, und glaubte dessen Sturz kommen zu sehen. Ein paar Tage später begegneten wir uns auf der Straße; er rief mir zu: „Mein lieber Freund, wenn du beim Minister Wallerstein noch etwas erreichen willst, dann eile dich! Abel ist schon Staatsrath!"

Es war zu spät! – Mein Gönner, der Fürst aus dem Ries, trat ab, und mit Abel begann ein Regiment, das einem Protestanten und Philosophen keine Aussicht auf Unterstützung und Förderung gewährte.

Ich beschloß, auf die „Poetischen Richtungen" hin, um ein Reisestipendium bei dem Ministerium Abel einzukommen! – Mein Vorsatz, an der Universität zu lehren, bestand noch; dazu war aber eine solche Unterstützung die herkömmlich beste Einleitung. Wer sich auf Kosten der Regierung ein paar Jahre in der Welt umgesehen hatte, der wurde auch um so eher Professor. Mit Hülfe meines Freundes schrieb ich die Eingabe, um sie nebst meinem Buch an den Minister gelangen zu lassen. Eine Audienz bei diesem war nicht sehr ermuthigend.

Die Behandlung der Angelegenheit wurde dem Ministerialrath Zenetti übertragen, und nun kam es doch zu einer Maßnahme, die mir wieder einige Aussicht eröffnete. Die Mitglieder der philosophischen Facultät sollten mein Werkchen zu dem Ende prüfen: ob der Autor einer Unterstützung von Seiten der Regierung würdig sei!

Daß diese Urtheile größtenteils zu meinen Gunsten ausfallen würden, hatte ich allen Grund anzunehmen. Die beiden einflußreichen Mitglieder der Facultät, Schelling und Thiersch, hatten sich gegen mich schon sehr freundlich über das Buch erklärt. Thiersch allerdings hatte sich einigermaßen an dem Umstand gestoßen, daß ein so junger Mann über die Arbeiten anerkannter Poeten mit so großer Sicherheit Lob und Tadel spende: Mit ganz besonderer Wärme hatte sich aber Schelling über die Schrift ausgesprochen. In Erlangen war ich mit seinem Sohne Paul näher bekannt geworden, und dieser hatte mich, während eines seiner Besuche, in die Familie geführt, sodaß ich von nun an, zu Mittags- und Abendsgesellschaften, öfter einmal geladen wurde. In einer der letztern kam Schelling auf mich zu und sprach mit mir gleich über das Werkchen, das er kurz zuvor gelesen hatte: „Ich kann Ihnen sagen, daß ich das Buch mit Erquickung gelesen habe!"

Schelling konnte und mußte sich freilich überzeugen, daß der Verfasser der „Poetischen Richtungen" nicht ohne Frucht seine Vorträge gehört und daß er seine Ideale der Dichtkunst in Uebereinstimmung mit der von ihm gelehrten Wissenschaft aufgestellt habe.

Von Seiten dieser beiden Facultätsglieder der Förderung sicher, wollte ich aber auch sonst nichts versäumen, und benützte vielmehr die Gelegenheit gern, mich im „Praktischen" zu üben. Sämmtlichen Herrn, die über mich ihre Stimmen abzugeben hatten, machte ich Besuche. Von den meisten erhielt ich die besten Zusicherungen; einer indeß, der gegenwärtig eine wesentlich andere Haltung zeigt, hörte mich sehr gemessen an, um dann zuerst die Frage an mich zu richten, ob ich Protestant sei! Als ich das bejahte, sagte er:„Dann werden Sie an die Universität Erlangen zu kommen suchen?" –

Die Partei war also bereits entschieden, die möglichste Trennung der Confessionen durchzuführen. Erlangen sollte die rein protestantische Universität werden, München und Würzburg die rein katholischen, und hier sollte ein Protestant auch nicht Aesthetik und Literaturgeschichte dociren dürfen! – Ich gestehe, daß nach dieser Unterredung meine Hoffnung wieder tief heruntersank.

Um es kurz zu machen: die Urtheile über mein Buch lauteten der großen Mehrheit nach zu meinen Gunsten. Ihnen konnte man einen Grund, mich abschlägig zu bescheiden, nicht entnehmen. Allein es gab immer noch einen andern, und zu diesem wurde denn endlich gegriffen. Obwol es mit der Einholung von Urtheilen durchaus im Widerspruch stand, so erklärte man doch: mein Streben sei sehr löblich, allein um es auf die gewünschte Weise zu unterstützen, fehle es der Regierung an den nöthigen Mitteln!

Mit dieser feinen Ausrede mußte ich mich begnügen.

Glücklicherweise erhob sich nach der so verschwundenen Hoffnung eine neue, die besser fundirt war. Schon früher hatte mir Schelling erklärt, im Fall dieses Mittel fehlschlüge, gebe es noch ein anderes, mir zu helfen! Als ich ihm nun den Bescheid meldete, versetzte er nach einem eigenthümlichen Kopfschütteln, er wolle versuchen, mir eine Reiseunterstützung beim Kronprinzen Maximilian auszuwirken.

Schelling war nicht nur der Lehrer des Kronprinzen in der Philosophie, sondern auch sein Rathgeber bei den Erwägungen, die der nachmalige König schon damals anstellte, Wissenschaft und Dichtkunst zu fördern, – und dieser war geneigt, für junge Männer etwas zu thun, welche mit Aussicht auf Erfolg unterstützt werden konnten!

Ich hatte eine Hoffnung; aber ich hatte sie so lange und mußte so lange von ihr zehren, daß ich zuletzt nicht mehr an sie glauben konnte.

Es war eine seltsame Zeit! Ich verkehrte mit meinen alten Bekannten und setzte die gewohnten Beschäftigungen fort. Hier und da entstand ein Gedicht; ich vollendete die schon erwähnte Novelle, welche die Bekehrung eines phantastischen Idealisten zu gefundener Würdigung des Lebens veranschaulichen sollte, und unternahm endlich gar ein Lustspiel, in welchem ein Journalist und ein Dichter um die Gunst und die Hand einer Schönen kämpften. Daneben führte ich meine wissenschaftlichen Studien weiter und las Antikes und Modernes vom Gesichtspunkt einer Geschichtsphilosophie, welche die letzten und höchsten Aufgaben des Menschengeschlechts zu erkennen trachtet; wobei ich durch die Vorlesungen Schelling's und Schimper's immer wieder neue Anregungen erhielt. Endlich entzog ich mich nicht den geselligen Vergnügungen und verbrachte in befreundeten Häusern manche genußreiche Stunde; denn Literatur und Philosophie hielten mich damals nicht ab, einer der eifrigsten Tänzer zu sein.

---

# Karl Ferdinand Gutzkow

1811–1878

*Schriftsteller*
*(Pseudonym E. L. Bulwer)*
*Philosophie- und Theologie-*
*studium;*
*1832 Prom. in Jena;*
*1861–1864 Generalsekretär der*
*Dt. Schillerstiftung in Weimar.*
*Umfangreiches Roman- und*
*Bühnenschaffen im Kampf*
*gegen den*
*„reaktionären" Zeitgeist.*

Als ich mich zur Fortsetzung meiner juristischen Studien und zum Mitgenuß der von König Ludwig I. entfalteten Kunstherrlichkeit nach München begab, mußte ich dort erst den Beweis führen, daß ich am Tage des Frankfurter Attentats irgendwo anders gewesen sei als in Frankfurt. Es dauerte lange, bis die Immatrikulation erfolgte. Auf den deutschen Thronen gab es keinen eifrigeren Verfolger der neuen Freiheits- und Einheitsbestrebungen als denselben Fürsten, der seine Residenz, die reizende Stadt an der Isar, so künstlerisch auszuschmücken begonnen hatte. „Abbitte vor dem Bilde des Königs –!" Man fühlte sich wie in die Zeiten jener Kaiseranbetung zurückversetzt bei den ersten Christenverfolgungen. Soviel Fürstendünkel, soviel förmlich persönlicher Haß des Souveräns gegen die Vertreter der neuzeitlichen Forderungen, und doch ermöglichte dieser Monarch die beglückende Wanderung durch die damals noch nicht so wie jetzt verblichenen Fresken der Arkaden, in die Bonifaziuskapelle, in die Glypto-, die Pinakothek! Mich ergriff Trauer, wie sich soviel hochherziger Medizäersinn mit einer so leidenschaftlichen Verblendung über die ersten Aufgaben des Staates verbinden konnte. Denn König Ludwig faßte die Erlebnisse des Hambacher Festes, die geringen Vergehen des Bürgermeisters Behr, des Doktor Eisenmann wie etwas ihm zum persönlichen Tort Gewagtes und Geplantes auf. „Ist das so ein Säbel, wie Ihr Frankfurter dem Doctor Wirth einen für Hambach geschenkt habt?" fragte er auf der Frankfurter Messe einen Spielwarenhändler vor dessen Bude. Vollends machten die Gedichte des Königs das Urtheil stutzig. Waren diese auch barock in der Form, so war doch ihr Inhalt meist hochgemuth und immer dem Schönen und der Kunst schwärmerisch zugewandt. Das psychologische Problem blieb ungelöst.

Maler, Schriftsteller, Schauspieler, Jeder in seiner Weise, trugen aktiv oder passiv zur Belebung dieses Kreises und zur Förderung meiner innerhalb desselben gewonnenen Weltkenntnis bei. Die Pandekten, die bei Professor Puchta gehört werden sollten, verleideten sich mir immer mehr. Theils war die Lokalität, das alte Jesuitengebäude, eine höchst unfreundliche und die dortige Begegnung mit den vielen Langröcken peinlich; theils drückte die Hitze des Sommers; aber zumeist schreckte die Langweiligkeit im Vortrag des berühmten Juristen vom Besuch seiner Vorträge ab. Ich habe nie begreifen können, weßhalb auf die Erwerbung dieses Mannes für einen Lehrstuhl in Berlin später soviel Gewicht gelegt wurde. Um von Langröcken zu reden – ich besuchte auch einen Vortrag von Josef Görres. Ich wollte den „Alten vom Berge" (dem Berge der Jakobiner) doch auch eimal gesehen haben. Als Student hatte ich für ihn geschwärmt. Aber schon war der ehemalige Herold des „Rheinischen Mercur" in die Kutte einer Clique gekrochen, die sich im nahen Neuberghausen zu versammeln pflegte und dort die spätere Abel'sche Epoche der bayrischen Regierung anbahnte.

# Konrad Martin

1812–1879

*Kath. Theologe*
*Philosophiestudium in*
*München 1830–1832;*
*1844 Prof. in Bonn.*
*1856 Bischof von Paderborn;*
*1875 wegen Widerstands gegen die*
*„Maigesetze" abgesetzt;*
*aus der Festungshaft nach*
*Belgien geflohen.*

Es stand fest, daß ich nach Vollendung meines Gymnasial-Cursus zur Betreibung meiner philosophischen und theologischen Studien die Universität München beziehen sollte. In München hatten damals die schönen Künste unter ihrem mächtigen und kunstsinnigen Beschützer und Förderer, König Ludwig, einen solchen Aufschwung genommen, daß man die Haupt- und Residenzstadt des bayerischen Königreiches schlechthin als das deutsche Athen feierte; aber auch die um jene Zeit etwa von 2000 Studirenden besuchte Universität in München zählte unter ihren Lehrern damals die berühmtesten wissenschaftlichen Namen.

Nachdem ich fast an allen bedeutenderen Orten, die ich auf dieser meiner Reise berührte, einen kürzeren oder längeren unfreiwilligen Aufenthalt gehabt, kam ich endlich am 10. November am Ziele meiner Reise an. Ich will nicht die gewaltigen Eindrücke beschreiben, welche das deutsche Athen auf den erstaunten Jüngling, als er es zum ersten Male sah, machte, noch will ich bei anderen Dingen verweilen, welche vom Zwecke dieser Blätter abliegen. Ich gehe vielmehr gleich dazu über, die nun verewigten Universitätslehrer zu nennen, denen ich, dem einen mehr dem andern weniger, Dank schuldig geworden bin.

Nicht weil ich ihm am meisten schuldig geworden, sondern weil er unter allen damaligen Universitätslehrern durch Ansehen und Berühmtheit am meisten hervorglänzte, nenne ich hier an erster Stelle: Schelling. Er galt als die Zierde der Münchener Universität.

Er las das eine um das andere Jahr in München über „Philosophie der Mythologie" und „Philosophie der Offenbarung", allwöchentlich in drei Stunden. Die Mythologie war ihm der rein natürliche Selbstentwicklungsproceß des religiösen menschlichen Bewußtseins, das vom Grunde aus ein gottbehaftetes, ein sich von Gott nicht los machen könnendes sei!

Auf diese Anschauung der Mythologie als eines natürlichen Entwicklungsprocesses des religiösen menschlichen Bewußtseins legte Schelling besonders in seiner Bekämpfung des Rationalismus ein sehr großes Gewicht.

Seine „Philosophie der Offenbarung" galt dem Nachweise der Präexistenz Christi als des großen Sühners und Erlösers.

Denn das nannte er die eigentliche Aufgabe der Philosophie, das Sein (die Welt) zu begreifen, oder wie er sich auch ausdrückt, hinter das Sein zu kommen. Denn eine Sache begreifen heiße, wie es der Sprachgebrauch so philosophisch richtig bezeichne, hinter die Sache kommen. Von diesem Gedanken ausgehend und im Geiste hinter das wirkliche Sein sich versetzend, findet er seine drei Potenzen: denn hinter dem (wirklichen) Sein, sagt er, ist das Nichts; jedoch nicht ein reines Nichts (denn aus einem reinen Nichts könne nie etwas werden), sondern, obgleich im Vergleich mit dem actuellen oder wirklichen Sein ein Nichts, doch ein Sein können, also eine Potenz, die aber, damit sie sich nicht blindlings und mit Naturnothwendigkeit in's Sein hineinstürze, sondern sich mit Freiheit zum Sein entwickele, noch die Annahme zweier anderer Potenzen (ich erinnere mich nicht genau mehr, wie er diese nannte) nothwendig mache.

Das Anregende und Fördernde in den Vorträgen Schellings lag in den vielen geistvollen idealen Gedanken und Ansichten über Geschichte und Leben, die er zur Erläuterung seiner Materie in seine Vorträge überall einzustreuen wußte. Hierin erschien er als ein wahres Muster eines akademischen Lehrers, wie mir ein zweiter nicht mehr begegnet ist.

Schelling war ein ausschweifender Verehrer Göthe's. Er nannte ihn das Maß, woran alle geistigen Erzeugnisse sich hätten messen können; er bezeichnete seinen Verlust als den größten, den Deutschland habe erleiden können. „Deutschland", sagte er, „war bei aller seiner Zerrissenheit, Schwäche und Unmacht reich, groß, mächtig, angesehen, so lange Göthe lebte."

Nicht eines gleichen Ansehens, aber doch eines sehr großen erfreute sich damals an der Münchener Universität auch Oken, (ein Name, in den er seinen früheren Namen Okenfuß selbst umgeändert hat), so daß es für die der Wissenschaft eifrig Beflissenen als Ehrensache galt, ihn zu hören.

Er las jedes Winter-Semester in fünfwöchentlichen Stunden über „Naturphilosophie", als deren Hauptbegründer er galt, und eben diese Vorlesung war es, welche am zahlreichsten und von Studirenden aus allen Fakultäten besucht wurde.

Eritis sicut Dii, scientes bonum et malum (ihr werdet wie die Götter sein, erkennend das Gute und das Böse): mit diesem Versprechen pflegte er seine naturphilosophischen Vorträge zu eröffnen, indem er diese Wort der Schlange in sein naturphilosophisches übersetzte: „Gebt mir den Aether und ich will Euch die Welt construiren."

Oken wußte nicht nur durch seinen sehr bestimmten und lebendigen Vortrag äußerst zu fesseln, – Alles an dieser kleinen und hageren Gestalt mit dem blitzenden Auge war Leben und Feuer.

Unter den Lehrern der klassischen Philologie glänzte an der Münchener Universität damals Thiersch, bei dem ich die Nemeischen Spiele von Pindar, den Protagoras von Plato und die Germania des Tacitus hörte. Auch seine Vorlesungen zählten zu den besuchtesten von allen, die an der Universität stattfanden.

Ich will der philologischen Tüchtigkeit von Thiersch und namentlich seiner Meisterschaft im Griechischen nicht zu nahe treten, noch verkenne ich, daß mir in Beziehung auf Kenntniß der alten griechischen Literatur aus seinen Vorträgen vielfacher Gewinn erwachsen. Aber seine Vorliebe zu dieser Literatur erschien mir doch alles Maß zu überschreiten. Diese Literatur war ihm das Eine und das All, der Einheits- und Mittelpunkt aller wahren Bildung. Er war bekanntlich Protestant; doch vermied er sorgfältig, in seinen Vorträgen über seine eigenen religiösen Anschauungen sich zu äußern. Seine feindselige Gesinnung gegen die katholische Kirche offenbarte sich erst später, nachdem ich die Universität München längst verlassen hatte.

Als Rival stand ihm der katholische Universitäts-Docent Ast gegenüber, der jedoch ihm gegenüber, um mich dieses gemeinen Wortes zu bedienen, auf keinen grünen Zweig kommen konnte, obwohl er ihm an Geist und geistvoller Auffassung des Altherthums weit überlegen war. Er hat sich auch durch verschiedene philologische Schriften der gelehrten Welt rühmlich bekannt gemacht.

Gegen die drei genannten meiner Münchener Universitäts-Lehrer Schelling, Oken und Thiersch stach, was den religiösen Standpunkt betrifft, sehr vortheilhaft Schubert ab, dessen Vorträge über „Anthropologie" ich besuchte. Er war, obgleich Protestant, ein wirklicher gläubiger Christ und machte in seinen Vorträgen aus seinen christlichen Ueberzeugungen niemals ein Hehl.

Es stand ihm eine ausgebreitete Welt- und Menschenkenntniß und ein unerschöpflicher Reichthum eigener Erfahrungen zu Gebote, aus deren Vorrath er zur Erläuterung seiner Lehre die Belege hernahm. Er führte uns in seinen anthropologischen Vorträgen sehr gern auf die dunkeln oder helldunkeln Gebiete des Seelen- und Geisteslebens, auf das Gebiet der Vorausahnungen, des Hellsehens, der ekstatischen Erscheinungen; indem damals besonders die Seherin von Prevorst allgemeines Aufsehen erregte. Diese räthselhaften, von der Wissenschaft nicht erklärten und nicht erklärlichen Erscheinungen in und an der menschlichen Natur dienten ihm zur Bestätigung des Zusammenhanges des Menschen mit einer höheren Welt.

Da ich auch einigemale mit dem damals ebenfalls an der Münchener Universität docirenden Philosophen Baader in Berührung gekommen bin, will ich ihn hier, wenn auch nur ganz vorübergehend, ebenfalls nennen. Hospitirend besuchte ich nämlich ein paarmal seine Vorlesungen, in denen er sich in seinen theosophisch-gnostischen Speculationen erging; ich konnte jedoch seinen – durch wenig Klarheit, aber durch desto mehr Ruhmrednerei sich auszeichnenden Vorträgen durchaus keinen Geschmack abgewinnen. Ueberhaupt spielte Baader damals an der Universität als Docent eine ganz untergeordnete Rolle.

Zu mehr Dank fühle ich mich einigen anderen meiner Münchener Lehrer in den allgemein wissenschaftlichen Fächern verpflichtet, namentlich einem Meilinger, Professor der Logik, einem Mall, Professor des Hebräischen, einem Siber, Professor der Mathematik und Physik. Aber die Palme unter allen meinen vorgenannten Lehrern gebührt dem damaligen Geschichtsprofessor Görres.

Er docirte, vom Könige Ludwig berufen, an der Münchener Universität seit dem Jahre 1827, und Alles, was sich an der Universität lebhaft für katholisches Wissen und Leben interessirte, sammelte sich schon damals um ihn. So lange es ein Deutschland gibt, wird man nicht nur den Namen Görres feiern und erheben, sondern man wird sich an diesem Namen selbst erheben.

Als ein ganzer und voller Mann war er mir vorausbeschrieben; ich hatte, noch ehe ich ihn gesehen, öfters das Wort gehört, Napoleon I. habe ihn und seinen „Merkur" die fünfte Großmacht genannt.

Görres, der damals in katholischen Blättern der Mann der Geschichte genannt und als solcher gefeiert wurde, las in sechswöchentlichen Stunden über „Weltgeschichte". Er steckte sich aber nicht, wie es sonst bei akademischen Vorträgen üblich, für die einzelnen Semester ein bestimmtes Pensum, so daß er etwa für das eine Semester griechische, für das andere römische, wieder für ein anderes deutsche oder neuere und neueste Geschichte angekündigt hätte; sondern er führte in synchronistischer Behandlungsweise die Weltgeschichte von Anfange an durch, so daß er den Faden, wo er ihn am Ende des Semesters fallen gelassen, im Anfange des folgenden genau wieder aufnahm.

Unübertrefflich waren seine Schilderungen der Zeiten, Zustände und Personen. Die letzteren, besonders insofern sie die Träger gewisser Zeitideen waren oder im Vordergrunde der geschichtlichen Ereignisse standen, traten als genau umschriebene, lebendige Gestalten vor das Auge der hingerissenen Zuhörer.

Wodurch sich aber Görres vorzugsweis als den Mann der Geschichte erwies, war seine großartige Anschauung der Geschichte, die aus allen seinen Vorträgen hellstrahlend hervorleuchtete. Die Weltgeschichte war ihm nicht blos das Weltgericht, sie war ihm die selbst die Ausschreitungen der menschlichen Freiheit sich dienstbar machende providentielle Durchführung des göttlichen Weltplans.

Nicht minder bewundernswerth war sein Vortrag, wobei sich Phantasie, Gedächtniß und Sprachgewandtheit in gleich glänzendem Lichte zeigten. Görres war der einzige von den damaligen Münchener Professoren, der ganz frei, ohne Heft, ja ohne ein Stückchen Papier seine Vorträge hielt. Unter seinen zahlreichen Zuhörern aus allen Facultäten, deren Zahl sich in der Regel auf dreihundert belaufen mochte, befand sich auch sein eigener Sohn Guido, der, in der Regel dicht neben mir sitzend, die Vorträge seines Vaters stenographisch nachschrieb.

Ehe ich von der Münchener Universität scheide, muß ich schließlich noch meinen hingegangenen theologischen Lehrern an derselben ein Wort der Erinnerung widmen.

Ueber Döllinger, bei dem ich Kirchengeschichte hörte, gehe ich, da er noch unter den Lebenden sich befindet, hier hinweg. Außer der Kirchengeschichte und den dahin einschlagenden Fächern, hörte ich aber in München, da ich mich noch in den ersten Jahren meiner philosophisch-theologischen Studien befand, nur noch alte und neutestamentliche Exegese und Dogmatik. Der Professor der letzteren war Buchner, an den ich mich in meinem späteren Leben immer gern wieder erinnert habe.

Zwar lag die theologische und namentlich die dogmatische Wissenschaft damals in Deutschland überhaupt noch ziemlich darnieder. Fast überall in Deutschland, wie anderwärts stand das Staatskirchenthum in vollster Blüthe. Der Kirche waren die Lebensadern unterbunden. Selbst auf die Heranbildung und Erziehung ihres künfigen Clerus hatte sie keinen oder nur einen sehr geringen Einfluß.

Diese mehr rationalistische, als christliche und katholische Theologie, die, ein Abklatsch des damaligen Zeitgeistes, des Geistes der sog. Aufklärung, auf diesen Geist selbst wieder verpestend zurückwirkte, hatte freilich damals, als ich in München meinen theologischen Studien oblag, fast überall in Deutschland ihren Höhepunkt schon überschritten. Unter anderen hatte die Bekehrung des edlen Grafen Leopold von Stolberg wie ein electrischer Schlag die Geister berührt und seine „Geschichte der Religion Jesu Christi" (1806–18) hatte zu einer tieferen Erfassung der christlichen Wahrheiten überall in Deutschland einen reichen Samen ausgestreut. In Bayern war es besonders Sailer (früher Professor der Theologie in Landshut, später Bischof von Regensburg), von dem sich über die theologische Wissenschaft ein neuer Lebenshauch verbreitete. Er stand gerade damals, als ich in München meine Studien machte (er starb 1832), auf dem Gipfelpunkte seines Ansehens.

In dieser damals bereits eingeleiteten besseren Richtung also bewegte sich auch mein Lehrer in der Dogmatik. Das speculative Element trat zwar in seinen dogmatischen Vorträgen ganz in den Hintergrund. Keine Spur von Neuerungssucht, kein Abschwächen oder Mißdeuten der Dogmen, sondern überall die strengste Rechtgläubigkeit.

Alt- und neutestamentliche Exegese hörte ich theils bei Mall, von dem schon oben Rede war, theils bei Allioli. Aber dieser war mir nicht nur Lehrer, sondern im eigentlichen Sinne Freund und er ist es bis zu seinem vor einigen Jahren erfolgten Ableben geblieben, indem wir bis an das Ende seines Lebens fortwährend in einem brieflichen freundschaftlichen Verkehre mit einander standen.

Allioli ist, wie gewiß nur wenige unserer Gelehrten, durch seine Bibelübersetzung in ganz Deutschland bekannt.

Als Lehrer der Exegese (ich hörte bei ihm u. a. das Buch Daniel und im neuen Testamente den Galater-Brief) konnte man sich keinen wünschen, der mit weniger Prunk und Wortaufwand tiefer und gründlicher in das Verständnis der Schriftstellen eingeführt hätte. Stets wußte er zwischen dem zu Viel und dem zu Wenig das rechte Maß einzuhalten. Dabei ein allerliebster Vortrag und ein sehr angenehmes Organ. Immer gab er sich in seinen Vorträgen, wie er war, unvergleichlich anspruchslos und bescheiden, sanft aber von gehaltenem männlichen Ernste, von ruhigem, besonnenem Urtheile, nie an der bloßen Oberfläche haftend, sondern immer in das Wesen der Sache eindringend.

# Ludwig Steub

1812–1888

*Schriftsteller*
*1829–1833 Philologie- und*
*Jurastudium in München.*
*1834 als Regentschaftssekretär*
*nach Griechenland,*
*dann als Rechtsanwalt und*
*Notar in München.*
*Erforscher der Sprache,*
*Landes- und Volkskunde in*
*Bayern und Tirol.*

Nun war das Gymnasium überstanden und die Hochschule zu beziehen. Man sollte philosophische Collegien hören, aber bei dem alten, ehrwürdigen, jedoch kleinen und zaundürren Meilinger, einem ehemaligen Mönche, war wohl eine Art Logik zu haben, nur daß sie Niemand aushalten konnte. Unser Historiker, der patriotische Buchner, der He-Buchner genannt, weil er nach jedem bedeutenden Satze seine Zuhörer durch ein gemüthliches He? zur Abgabe ihrer Meinung aufforderte, dieser treffliche Mann las seine langweilige Geschichte des Bayerlandes so langweilig herunter, daß ich's auch nicht länger als eine oder zwei Stunden ertrug. Andere Versuche befriedigten eben so wenig. „Jetzt," sagte ich im Selbstgespräch zu mir, „jetzt, nachdem ich fast alles von mir selbst gelernt, soll ich mich wieder auf die harten Bänke setzen und diese geistlosen Weltweisen anhören? Heißt das nicht seine Zeit vergeuden?" Mir schien es Pflicht zu Hause zu bleiben und für mich selber fortzulernen. Einmal kam ich wohl zu Görres, ein andermal zu Schelling, aber Katheder, Schulbänke und Hörsäle waren mir so widerwärtig, daß ich auch zu ihnen nicht zurückkehrte.

In den Vorlesungen über Philologie, der ich mich ja eigentlich widmen wollte, wurde ich dagegen selten vermißt. Friedrich Thiersch dictirte eine Encyclopädie der philologischen Wissenschaften und erläuterte des Aeschylos Agamemnon, beides schöne Collegia.

Indessen – auch die Philologie gefiel mir jetzt nicht mehr so einzig, seitdem ich sie von andern lernen sollte. Ferner schien es mir doch nicht gar so beneidenswerth, mich mein ganzes Leben lang als Gymnasiallehrer mit ungezogenen Jungen herumzubalgen, und selbst diese Aussicht war sehr verkümmert, da in jenen Tagen eine Wallersteinische Verordnung erschien, welche zu solchen Lehrstellen vorzüglich geistliche Herren verwendet wissen wollte. So beschloß ich denn, allmählich zu einem andern Fache überzugehen und richtete mein Augenmerk auf juristische Collegien. Ich besuchte deren einige sehr fleißig, andere gar nicht. Nebenher betrieb ich immer noch literarische und historische Studien, und das Tagebuch spendet meinem Fleiße oft lautes Lob, aber eine warme Liebe zu dem neuen Fache wollte sich doch nicht einfinden. Im letzten Semester, wo es auf das Examen losging, stellte ich zwar entsagend die schönen Wissenschaften ganz bei Seite, aber die Zeit, die dadurch frei geworden, verwendete ich doch nicht allein auf Wanderungen durch die Pandecten und den gemeinen deutschen Civilproceß, sondern holte lieber gute Freunde ab und wanderte mit ihnen auf die Menterschwaige oder in den englischen Garten. Nebenher klagt dann das Tagebuch über Langweile, Abspannung und Müßiggang. Dieses letzte Semester hat meinem Genius – so zu sagen – das Genick gebrochen. Ich fühlte deutlich, daß ich nicht auf dem rechten Wege sei, aber ich wußte keinen andern. Der rühmliche Fleiß verflog sich, er schien überflüssig, wenn man nur k. bayerischer Assessor werden und sein Leben in der Kanzlei verbringen wollte.

Am 18. November 1833 schlüpfte ich glücklich durch's Examen und am andern Tage ging ich auf die Bibliothek und holte mir, um doch wieder einmal etwas Vernünftiges zu lesen, Floresta de rimas antiguas castellanas und Camoens' Lusiadas.

So war denn die Hochschule überstanden.

# Levin Schücking

1814–1883

*Schriftsteller*
*Jurastudium in München*
*(1833/34),*
*Heidelberg und Göttingen.*
*Zunächst freier Schriftsteller,*
*Bibliothekar und*
*Prinzenerzieher,*
*dann Schriftleiter verschiedener*
*Zeitungen in Westfalen.*
*Verfasser historischer Novellen*
*und Romane über seine Heimat.*

Nach vielen, vielen Tagen und nach mancherlei Abenteuern wurde München erreicht. Es war das eine ganz neue Welt, die mit tausend neuen Bildungselementen und bei einem lebhaften Interesse für diese auch mächtig fördernd auf mich einwirkte. Ein eigentliches Studentenleben gab es dort nicht; ich habe wenigstens nichts davon gewahrt; die juristischen Vorlesungen waren nicht sehr anziehend, nur G. Phillips fesselte durch seinen lebendigen und ideenreichen Vortrag über deutsche Reichs- und Rechtsgeschichte. Und ein wunderlicher, orakelnder, fesselnder Seher war J. Görres. Er stand auf seinem Katheder wie ein steinerner Comthur, einen Punkt auf der ihm gegenüber liegenden Wand starr fixirend, und ergoß so in monotonem Redefluß den Strom seiner Bilder und großen Gedanken über uns. Es ist ewig schade, daß den reichen mächtigen Geist dieses Mannes die unaussprechlich erbärmlichen und niederträchtigen Zustände des Polizeistaates von damals aus Desperation getrieben hatten, katholisch zu werden und in eine Kirche zu flüchten, in der doch wenigstens noch die Poesie der Vergangenheit lebte und in deren Theorie wenigstens doch noch die Ideen lebendig waren! – Ich besuchte auch Clemens Brentano, mich mit Grüßen vom Großvater in der Stadt seiner Nonne einführend. Ich fand ihn – einen mittelgroßen untersetzten Mann mit auffallend feurigem dunklen Auge – in einer großen geweißten Kammer, deren Wände von Repositorien eingenommen wurden, sämmtlich gefüllt mit Cartons, voll, wie er sagte, von Aufzeichnungen der Offenbarungen der Nonne, geordnet nach Jahren, Monaten, Wochen. An dem tannenen Schreibtisch baumelte an einem Bindfaden ein Stecher, wie ihn der Student im Colleg benutzt. Die übrige Einrichtung war im selben Stile freiwilliger Armuth. Er empfing mich mit großer Güte und wollte, ich solle ihn alle Sonntage um 10 Uhr besuchen und eine Stunde bei ihm zubringen. Ein paar Mal bin ich dieser Aufforderung nachgekommen; dann wurde mir sein ewiges Alleinreden beschwerlich.

76

Einmal bin ich auch zu Schelling in's Colleg gegangen; es war ein häßlich und plebejisch aussehender Mann, dieser große Philosoph, und er sprach in einer Terminologie, daß ich eben so viel verstanden hätte, wenn ich ein Colleg in der El-Ashar-Moschee zu Kairo gehört hätte, wo die Professoren arabisch reden; ich ging und kehrte nicht wieder und machte es mit dieser Philosophie wie Messer Angelo Poliziano, der sagt, er habe es mit ihr gemacht wie die Hunde mit dem Nil: ein Trunk und dann fort.

Das Münchner Klima bekam mir nicht, ich fühlte mich krank, hypochondrisch, und weder homöopathische Pulver änderten das, noch half mir trotz all seiner Gründlichkeit der berühmte Geheimrath Ringseis, dem man nachsagte, er beschäftige sich in seinen Vorlesungen über Pathologie bis Weihnachten mit dem Sündenfall, als dem Princip aller Uebel und Siechthümer des Menschengeschlechts. Bei der Abreise wurde ich von einer jener Polizeimaßregeln betroffen, womit damals in wunderlicher Beflissenheit die Regierungen darauf ausgingen, sich jeden anständigen Menschen und auch den sanftmüthigsten endlich zum persönlichen Feinde zu machen. Ich war versehen mit allen möglichen Studienzeugnissen, Matrikel und Exmatrikel und einem Paß, der ein Dutzend Gesandtschaftsvisas der durchreisten und zu durchreisenden deutschen Länder und Ländlein trug.

Hätte ich nur etwas bärtiger, burschikoser und hambacherfestmäßiger ausgesehen, es wäre mir wohl schlecht ergangen. So aber ließ man mich endlich laufen, d. h. weiter rheinabwärts dampfen. Ich erwähne an dieser Stelle noch, daß, als ich zur Universität abging, mein Vater mir ein mit seinem Amtssiegel bedrucktes Zeugnis mitgeben mußte, daß ich nicht unter denen gewesen, die einige Monate vorher die Frankfurter Constablerwache zu stürmen versucht; ich würde sonst nicht in München immatriculirt worden sein! Glücklich aber damals, wer noch mit solchen Scherereien durchkam. Ich erinnere mich, später in Augsburg an einer Landpartie Theil genommen zu haben, bei der sich ein Dutzend Männer befinden mochten. Diese hatten sich an einem schattigen Waldplatz zusammengesetzt, und das Gespräch wandte sich unter dem grünen deutschen Eichenlaube auf die Universitätszeit und die Zeit der Verfolgung; und nun stellte sich wundersamerweise heraus, daß alle diese Männer ohne Ausnahme in Gefängnissen, Zuchthäusern und Festungen gesessen; daß alle einmal Verbrecher gewesen; alle Jahre ihrer Freiheit, ihres Lebens durch die „Demagogenriecherei" verloren hatten. Und doch trugen alle diese Männer jetzt hoch geachtete, rühmlich bekannte Namen, und einem von ihnen hat man in seiner Vaterstadt eine eherne Ruhmessäule gesetzt. Und die Ideen, um derentwillen sie gelitten – ach, wie harmlos, wie conservativ, wie reactionär man sie heute finden würde! –

# Wilhelm Tangermann

1815–1897

(Pseudonym Viktor Grandella)
Altkath. Theologe und
Schriftsteller
1842–1844 Theologiestudium
in München.
1870 seines Amtes als Pfarrer
in Unkel enthoben,
1872 Pfarrer der altkath.
Gemeinde in Köln.

München bot mir während der drei Semester, die ich den theologischen Studien widmete, die mannigfachste Anregung, obschon meine persönlichen Beziehungen sich auf einen sehr abgegrenzten Kreis beschränkten. Außer den Universitäts-Professoren Döllinger, Phillips, Görres und Haneberg war es nur noch der erzbischöfliche Generalvicar und Domkapitular Windischmann, den ich öfters aufsuchte. Zum engeren Freundeskreis gehörten die westfälischen Studiengenossen: Freih. Wilh. Eman. von Ketteler, der spätere Bischof von Mainz, und dessen jüngerer Bruder Richard, der in den Kapuzinerorden getreten, sowie Graf Leop. von Spee, der als Kanonikus an der Stiftskirche zu Aachen gestorben.

Döllinger's große Geschichtskenntniß und eine durch sein „phänomenales Gedächtniß" begünstigte außerordentliche Belesenheit erregte meine Bewunderung. Damals noch befangen in ultramontanen Anschauungen, kämpfte er in Wort und Schrift zwar mit Feuereifer, aber doch parteiisch und einseitig für die Interessen der Kirche und man vermißte den tiefern Geistesblick in Natur und Geschichte, in Welt und Leben, zu dem er sich erst nach vielen äußern und innern Kämpfen in spätern Jahren hindurchgerungen. Immerhin bleibt es zu beklagen, daß Döllinger ungeachtet seiner umfassenden Gelehrsamkeit und großer Geschichtskunde nicht jenen deutschen Männern von hervorragenden Geistes- und Charaktereigenschaften beigezählt werden kann, die mit einer bedeutenden Stellung in der Wissenschaft zugleich eine in's praktische Leben tief eingreifende und erfolgreiche Wirksamkeit verbunden haben.

Professor Georg Phillips, der zu den namhaften deutschen Rechtsgelehrten zählte und in Verbindung mit J. Görres 1838 die „Histor.-polit. Blätter für das katholische Deutschland" begründet, entwickelte in Verbindung mit diesem, sowie mit Döllinger, Windischmann, v. Moy und Ringseis, angesichts der damaligen religiösen Thätigkeit, um die katholischen Principien im staatsbürgerlichen Leben zu erneuter Geltung und thatsächlicher Verwirklichung zu bringen. Sein kirchlicher Eifer ging leider, wie das bei Juristen nicht selten und bei Convertiten häufig gefunden wird, über das weise Maß hinaus, wodurch er

ungeachtet seiner anerkannt wissenschaftlichen Leistungen und einer durchaus wohlwollenden, menschenfreundlichen Gesinnung manche Anfechtung erfuhr. Erscheit auch das Christenthum ohne Kirche nur als ein abstracter Begriff, so würde es doch den Bedürfnissen der Zeit und den heutigen Verhältnissen offenbar widersprechen, wollte man das curialistische Centralisationssystem befürworten und die privilegirten Corporationen des Mittelalters wieder herstellen, anstatt das corporative Princip zum allgemeinen Organisationsprincip zu machen im Sinne der alten Kirche. Die Idee der Kirche in ihrer vollen ethischen Bedeutung ist doch unendlich wichtiger als deren empirische Weltbreite und centralisirte Machtstellung. –
J. J. von Görres, einer der bedeutendsten und geistvollsten Publicisten Deutschlands, war zur Zeit der franz. Revolution durch sein kraftvolles Auftreten, seine Unparteilichkeit und Uneigennützigkeit zu großem Ansehen gelangt. Gegen den modernen Beamtenstaat und dessen bureaukratische Bevormundung hat er nach den Freiheitskriegen eine scharfe Feder geführt und in seinen vielen Schriften gezeigt, wie er in unermüdlicher Thätigkeit im Gebiete der Politik und Geschichte gearbeitet und sich ein umfangreiches positives Wissen anzueigen gewußt.
Daniel Haneberg, der damals noch nicht in den Benidiktinerorden bei St. Bonifaz eingetreten, deren Abt er 1854 wurde, widmete sich seinem akademischen Lehramte mit vielem Eifer und wußte durch seine liebenswürdige Persönlichkeit seinen Schülern, die mit großer Verehrung zu ihm aufblickten, jene Glaubensinnigkeit einer festen religiösen Überzeugung, von der sein ganzes Wesen durchdrungen war, auf eine nachhaltige wirksame Weise einzuflößen. Er gehörte zu den gelehrtesten katholischen Theologen Deutschlands und hatte durch seine exegetischen und alttestamentlichen Studien und Untersuchungen auch in protestantischen Kreisen vielseitige Anerkennung und Hochschätzung gefunden. Mit unbeugsamer Gewissenstreue festhaltend an der echten und ungefälschten Tradition der alten Kirche, hat er sich gegen die vaticanischen Neuerungen, sowie über den dadurch herbeigeführten Zwiespalt kirchlicher Lehrmeinungen mit ungetrübter Wahrheitsliebe ausgesprochen und angesichts der beklagenswerten Verirrungen und Entartungen curialistischer Prätensionen den goldenen Faden festzuhalten gesucht, der nur den Heuchlern zum Fallstrick, den Redlichen aber zu einem sichern Wegweiser dient. Dennoch muß man es tief beklagen, daß Haneberg in seiner zu großen Friedensliebe und pietätvollen Rücksicht auf den frömmeren Theil der katholischen Bevölkerung die nothwendige Charakterstärke nicht gezeigt, um mit einem offenkundigen Protest gegen die römische Geistes- und Gewissensvergewaltigung hervorzutreten.
Friedrich Windischmann war der Sohn des s. Z. vielgenannten Philosophen und Mediciners K. J. Windischmann, Hofmedicus der Kurfürsten von Mainz

in Aschaffenburg, und darnach zuletzt Prof. der Philosophie an der 1818 neugegründeten Bonner Universität. Als Mitglied der Akademie der Wissenschaften zu München verdankte er seinen wissenschaftlichen Ruf besonders den Forschungen über die Welt des Orients, des indischen und persischen Alterthums. Da ich die Versöhnung zwischen Natur und Geist, zwischen Denken und Glauben auf der herkömmlichen Grundlage der Dogmatik einigermaßen zu bezweifeln wagte, konnte er dieses freilich nicht zugeben. Dennoch wollte er in die ethische Selbständigkeit des innern Seins nicht störend eingreifen und betonte nur: daß diese Selbständigkeit des Geistes heranzubilden das Werk der Zeit sei, gleich dem im dunkeln Schacht erzeugten Diamant. Das Höchste sind und bleiben die Ideen, und unter diesen sind die religiösen Ideen die erhabensten, so daß keine derselben in dogmatischer Begriffsformulierung ihren adäquaten Ausdruck jemals finden kann. –

---

# Johann Nepomuk Sepp

1816–1909

*Historiker und Politiker*
*1834–1839 Studium in München,*
*1844 Privatdozent,*
*1850 ao. Prof. und*
*1864–1867 o. Prof.*
*für Geschichte in München.*
*Engagiert in der Bayerischen*
*Patriotenpartei (bis 1871),*
*unterstützte 1870/71 die*
*deutsche Reichseinigung.*

Professor Buchner beeilte sich, den Kandidaten Sepp als vorbestimmten Preisträger in sein Haus in der Theresienstraße Ecke der Fürstenstraße aufzunehmen, aber er hatte sich bei ihm verrechnet. Sepp war nicht geneigt, seine Überzeugung für ein Doktordiplom hinzugeben. Wie konnte ein Zögling der Wissenschaft, nachdem bereits Grimms deutsche Grammatik und Mythologie erschienen waren, sich in die Vorstellung finden, die Bajuvaren seien ursprünglich keltischen Stammes, hätten aber mit der Zeit in der Verborgenheit der Wälder ihre Sprache gewechselt und deutsche Sitte und Redeweise sich angeeignet. Die Bayern sind vielmehr ein Kernstamm, von dem andere Deutsche in Sprache und Glauben zu lernen haben. Aventin hatte

wegen der Namensähnlichkeit die Bojer herangezogen, ohne sie für gallisch zu nehmen. Da kam die napoleonische Zeit und der Akademiker Herr v. Pallhausen dozierte, daß die Bayern schon wegen der Blutsverwandtschaft mit den Franzosen das Bündnis mit Napoleon eingehen mußten. In der Heirat der Prinzessin Auguste mit dem Vizekönig Eugen von Italien sah er den Bund zwischen Theodelinde und Authari erneuert. Ihm warf der 21jährige Preisbewerber den Fehdehandschuh hin: „Wo sind die Deutschen, wenn wir Bayern nicht Deutsche sind? Warum diese Abstammung verleugnen und sich ihrer unwert machen? Wer rühmt sich eines höheren Ruhmes? Pallhausen hat große Verwirrung in Bayerns Geschichte gebracht, es ist Zeit, daß wir umkehren." Sepp ließ daher statt der Bojer vielmehr die Markomannen aus dem alten Bojerheim in Bayern einwandern, während die Narisker in ihren Sitzen in der Oberpfalz und um Nürnberg verblieben und die Rugen nach dem Zeugnis des Eugippius in Niederösterreich sich festsetzten. Die Turcilinger glaubte er in den Drozza der leges Baiuvariorum wiederzuerkennen. Als der alte Buchner erkannte, daß sein Schüler ihm entgegen arbeite, geriet er in Aufregung. Vollends das Kapitel „Ein letztes Wort über die Bojer" brachte ihn ganz aus der Fassung und er schrieb an den Rand der eingesandten Arbeit: „Wie leidenschaftlich schreibt ein junger Mann gegen einen Veteranen! Brunner, Adlzreiter, auch Aventin und Welser, von den Neueren Lori und Westenrieder sagen das nämliche (wie Pallhausen); wie mag es einer wagen, gegen die Schatten solcher Männer zu Felde zu ziehen."
Am 4. Mai 1839 fand die Promotion zum Doktor der Philosophie durch Görres als Dekan der philosophischen Fakultät statt, ein Weiheakt, der auf Sepp einen unvergeßlichen Eindruck machte. Als Dissertatio inauguralis diente laut Doktordiplom die Schrift: De Pseudo-Messiis. Von den (22) Thesen lautete eine (n. 5): „Baiuvarii non sunt Boii" und schon damals faßte Sepp den Entschluß, durch Sammlung der bairischen Sagen den Beweis zu erbringen, daß die Bayern im Denken und Fühlen Deutsch sind; auch nahm er noch in demselben Jahre hierüber mit Jakob Grimm in Kassel Rücksprache. Für die Anstrengungen jenes Tages aber entschädigte er sich durch einen Gang zum Weinbauer in Giesing.
Auf Grund seiner literarischen Leistungen hielt Sepp schon zu Anfang des Jahres 1844 um Anstellung als Professor der Philosophie an der Universität zu München an, bekam aber den Bescheid, daß er sich vorerst als Privatdocent zu habilitieren habe. Da ihm „in Rücksicht seines mit ausgezeichnetem Beifall aufgenommenen Werkes: Das Leben Christi" die erbetene Dispens von der öffentlichen Disputation erteilt worden war, so blieb die Habilitation auf die Vorlage einer lateinischen Dissertation und auf das Halten einer Probevorlesung beschränkt. Als Thema der Probevorlesung zog Sepp am 8. August die dritte unter den von Professor Höfler vorgeschlagenen und verschlossen

vorgelegten Aufgaben: „Hervorhebung der charakteristischen Momente in der Geschichte Bayerns von dem Aussterben der Karolinger bis zur Erhebung der Welfen auf den herzoglichen Thron".

Am 17. November 1844 wurde Sepp als Privatdozent zugelassen und begann noch im Wintersemester seine Vorlesungen über Enzyklopädie der Wissenschaften. Im Sommer 1845 hielt Sepp historische Vorträge über das Leben Christi.

Da es ihn aber drängte, die Stätten, an welchem der Heiland tätig war, von Augenschein kennen zu lernen und die neutestamentliche Topographie Palästinas sowie die Lage des Heiligen Grabes, welche seit Robinsons Pilgerfahrt (1838) zweifelhaft geworden war, festzustellen, so gab er im Sommer 1845 am Hofe um ein Stipendium zum Zwecke einer wissenschaftlichen Reise nach dem Orient, insbesondere nach Palästina ein, und erhielt auch wirklich am 6. Januar 1846 500 fl. allergnädigst bewilligt.

Nach der Rückkehr von der Orientreise, auf welche nicht weniger als neun Monate verwendet worden waren, vollendete Sepp sein Leben Jesu durch die Herausgabe des 5.,6. und 7. Bandes und nahm dann im Winter 1846/47 seine Vorlesungen wieder auf („Allgemeine Geschichte in Verbindung mit Philosophie der Geschichte"). Im Sommersemester 1847 las er sowohl über alte, wie neuere und neueste Geschichte, freilich ohne für letztere die Genehmigung des Ministeriums einzuholen. Nach Höflers Entfernung fiel das Lehramt der Geschichte doppelt schwer auf Sepp. Zwar las auch noch Görres, aber seine Stimme klang bereits hohl und nur den Zunächstsitzenden verständlich, auch schien er vom Gang der Ereignisse aufs tiefste niedergedrückt. Neumann der Chinese war indigniert, daß alles Sepp zulief. So kam es bald dahin, daß Sepp bei der Regierung verdächtigt wurde. War es doch sein Zuhörerkreis, der am 1. März 1847 dem abgesetzten Lasaulx vor seinem Hause ein Vivat und der Lola ein Pereat ausbrachte. Auch konnte Sepp zu den Vorgängen des Tages nicht schweigen und so machte er sich nach oben hin mißliebig. Schon am 29. Mai mußte der Senat „behufs Vollstreckung allerhöchster Befehle" dem Privatdozent Dr. Sepp „wegen seiner bei dem Wiederbeginne seiner Vorlesungen für das laufende Semester sich herausgenommenen Einmischung von Erörterungen, welche mit der wissenschaftlichen Behandlung seiner Lehraufgabe nicht zusammenhängen" eine ernstliche Rüge erteilen und ihn für die Zukunft ernstlich verwarnen. Ja Minister v. Zu Rhein ließ ihn zu sich rufen und drohte, ihm einen Kommissär ins Kolleg zu schicken. Wirklich wohnte fortan Ministerialrat von Zwehl Sepps Vorträgen über neuere Geschichte an. Der König wurde unruhig und begehrte Sepps Vorlesehefte zu sehen. Da solche nicht existierten, diktierte Sepp Herrn von Zwehl einen Vortrag in die Feder. Der Monarch las ihn durch und äußerte: „Ein tüchtiger Kopf, scheint aber noch der Politur zu bedürfen." Nichtsdestoweniger sollte Sepps

Lehrtätigkeit jäh unterbrochen werden. Am 30. August 1847 erging von Aschaffenburg aus ein königlicher Erlaß an den Oberstudienrat Neumayr in München, der folgenden Tenor hatte:

„Wichtig ist's den Parteymann Privatdozent Sepp, der nicht aufgehört in ultrakirchlicher Richtung zu wirken, vor und wenigstens geraume Zeit vor Beginn des Wintersemesters in München als Professor an ein Lyzeum oder Gymnasium zu beantragen und bemerke, daß auch als Privatdozent der Geschichte sowie Philosophie bei der Münchener und Würzburger Universität nur Katholiken seyn sollen, in Erlangen aber haben nur Protestanten zu seyn."

Wirklich wurde Sepp am 28. September 1847 in provisorischer Weise zum Professor der Philosophie am Lyzeum in Bamberg ernannt, der aber die Stelle nicht antrat. Obendrein erließ das Ministerium ein Ausnahmedekret, durch welches der bisherige Privatdozent auf zwölf Stunden im Umkreise von München verbannt und in seine Heimat relegiert wurde.

Der Grund der Maßregelung war offenbar in der Furcht vor dem großen Einfluß auf die Studentenschaft, den man Sepp zuschrieb, zu suchen. Schon gleich beim ersten Antritt seines Lehramts wollte er eine Studentenverbindung stiften, sah sich jedoch durch Herrn von Abels bürokratische Engherzigkeit daran gehindert. Nach dessen Abgang bildete sich aber wie von selbst eine Vereinigung von Gleichgesinnten aus dem Hörerkreise von Sepp, Lasaulx, Deutinger, Merz, welche regelmäßige Zusammenkünfte veranstalteten, die mit belehrenden Vorträgen vebunden wurden. Der Zweck war dabei, eine Veredlung des studentischen Vereinslebens durch Pflege der Poesie und wissenschaftlicher Tätigkeit im Gegensatz zu den Landsmannschaften mit ihren burschikosen Trinkgelagen und Paukereien anzubahnen. Anfangs namenlos konstituierte sich die Gesellschaft später als „Tafelrunde" und wurde so die Vorläuferin der Aenania. Ihrem Kreise gehörten hervorragende Dichtertalente, wie Johannes Schrott, Heinrich Hayd, Franz Bonn, Hyazinth Holland (= Reding von Biberegg), Oskar Redwitz an. Durch Sepps Vorträge über Wolframs Parzifal und Titurel kam Begeisterung in die studierende Jugend, denn alles dies war damals ganz neu und noch hatte kein Richard Wagner diese Epen für seine grandiosen Operntexte verwertet.

Da eine Ministeranklage wegen Verfassungsverletzung bevorstand, so unterhandelte v. Zu Rhein durch Herrn von Daxenberger mit Sepp, er solle erklären, daß er sich freiwillig nach seinem Geburtsort zurückgezogen habe, was natürlich abgelehnt wurde. So kam die Sache am 24. November 1847 in der Abgeordnetenkammer zur Sprache. Dabei äußerte Dr. Ruland: „Ist das akademische Freiheit und würdig einem Staate, der so große Opfer der Universität bringt, wenn man selbst den akademischen Lehrern, wie man sie erzählen läßt, die Hefte abfordert und, wenn sie keine solchen besitzen, die

Schüler zur Untersuchung zieht, um sich über den Inhalt der Vorträge zu äußern; und ist es akademische Freiheit, wenn man Männer, die bereits das Prädikat „berühmt" verdienen, abtreten heißt, ihre Funktion andern überträgt und erstere auf zwölf Stunden von der Hauptstadt im Umkreise entfernt hält? Gott bewahre mich vor solcher Freiheit – da gedeiht die Wissenschaft nie. Da wird es bange dem Lehrer und dem Schüler. Da tritt die Verwesung ein. "

Die ganze Kammer erhob sich zum Ausdruck der allgemeinen Entrüstung und das Ministerium erfuhr eine Niederlage, wie sie nie dagewesen war. Dazu gesellte sich noch die Massenpetition der treuen Studierenden an den Thron, die gewaltsam abgedankten verdienten Lehrer – worunter hauptsächlich Lasaulx, Döllinger, Deutinger, Merz und Sepp verstanden waren – wieder zu berufen. Eine solche Demütigung wurde niemals vergessen und es kam später die Zeit, wo die Bürokratie Rache dafür nahm.

Noch im September 1847 hatte Sepp eine Zusammenkunft mit Görres, Phillips, Streber, Major Seyfried im Bade Adelholzen, wohin auch Stadtrat Hermann Josef Dietz aus Koblenz und Musikdirektor Hauser aus München kamen. Es war die letzte Begegnung mit seinem Lehrer, welcher als wankender Greis am Arm seines treuen Schülers einherging. Schon am 29. Januar 1848 schied Görres aus dem Leben.

Da Sepp am 16. Oktober 1850 als außerordentlicher Professor mit 800 fl. Gehalt an der Münchener Hochschule reaktiviert worden war, so konnte er die im Jahre 1847 jäh unterbrochene Lehrtätigkeit wieder aufnehmen und bald stellten sich, weil er ganz frei und mit Temperament vortrug, mehr als hundert Zuhörer, darunter auch solche, die schon eine Stellung im öffentlichen Leben bekleideten, in seinem Hörsaale ein. Trotz des großen Zulaufs erhielt er aber nur von wenigen Hörern ein Honorar bezahlt. Auch blieb seine Hoffnung, zum Ordinarius befördert zu werden, solange König Maximilian II. lebte, unerfüllt, denn dieser Monarch war kein Freund der bayerischen Ultramontanen, zu welchen auch Sepp gezählt wurde, sondern gab protestantischen und norddeutschen Gelehrten den Vorzug.

Um so eifriger verlegte sich Sepp auf die Schriftstellerei und schon im Jahre 1853 vollendete er ein Werk, das er noch an seinem Lebensabend als seine durchdachteste universale Leistung bezeichnete. Es erschien nach dreijähriger Vorbereitung in drei Bänden bei G. J. Manz in Regensburg und führte den Titel: „Das Heidentum und dessen Bedeutung für das Christentum. "

Am 13. Juni 1864 wurde Sepp zum ordentlichen Professor an der Universität München befördert. Freilich hatte er als Görresschüler einen schweren Stand, denn es fehlte unter den Kollegen nicht an solchen, die ihn vom Lehrstuhl zu verdrängen suchten und aus dieser Absicht gar kein Hehl machten. So fand sich denn auch bald ein Anlaß für sie, ihr Mütchen an ihm zu kühlen. Unter den Dozenten war ein Mathematiker, dem Sepp sich näherte und ein unbegrenztes

Vertrauen schenkte. Dieser bewog ihn, eine Hypothek von 19000 fl. auf seinem Gute Schloß Großhöhenrain bei Aibling zu bestellen sowie Sepp erst gegen bloßen Handschein, dann gegen einen Wechsel eine Summe von mehr als 7000 fl. vorzustrecken, blieb aber in der Folge nicht nur das Kapital, sondern auch die Zinsen schuldig. Nun riet Sepps Advokat Dr. B., den säumigen Zahler in Schuldhaft zu nehmen. Am 16. Oktober ging ein Bericht des Universitätssenats, in dem die Gegner Sepps die Oberhand gewonnen hatten, an das Kultusministerium (v. Gresser) ab, durch den die Quieszierung Sepps angeordnet wurde. Sepp erhielt diese niederschmetternde Nachricht an demselben Tage, an welchem ihm mitgeteilt wurde, daß die Hypothek auf Höhenrain zu Verlust gegangen sei. Am 12. Dezember war an der Türe des Hörsaales von Sepp folgende Erklärung zu lesen: „An meine Zuhörer! Nach 23jähriger öffentlicher Lehrtätigkeit, binnen welcher auch nicht der leiseste Schatten auf meine wissenschaftliche Ehre oder meinen sittlichen Charakter fällt und ich als katholischer Schriftsteller eines Rufes genieße, der meinen Werken auch außer Europa Absatz sichert, trifft mich wie ein Blitz aus heiterer Luft eine Nachricht, infolge deren ich meine Kollegien aussetzen muß. Indem ich mit schwerem Herzen von meinem liebwerten Auditorium Abschied nehme, ersuche ich die Inskribierten, für dieses Semester ihre Honorariengelder zurückzunehmen und gleich mir ruhig abzuwarten, bis der Irrtum sich aufklärt.
München, den 11. Dezember 1867
Dr. Sepp."
Die bestürzte Zuhörerschaft antwortete hierauf mit einer warmempfundenen Adresse.
Auch die Freunde im Professorenkollegium drückten dem Schwerbetroffenen ihre innige Teilnahme aus. Ringseis stattete sofort eine Kondolenzvisite ab. Haneberg beklagte, daß Döllinger seinen Protest im Senate nicht unterstützt habe, und daß er selbst es unterließ, eine Konfrontation Sepps mit seinen Anklägern (den Professoren Pr . . l und P. . l) zu beantragen. Hieronymus v. Bayer erklärte das Verfahren gegen Sepp für die größte Ungerechtigkeit, Pettenkofer meinte, es könne sich nur um eine vorübergehende Disziplinierung wegen unkollegialen Verhaltens handeln. Schafhäutl bedauerte, daß Sepp den Charakter des Mathematikprofessors, mit dem er selbst schlimme Händel gehabt hatte, nicht früher erkannt habe. Von allen Seiten kamen Zuschriften und Anfragen, was denn Sepp verbrochen habe. Auch die Berliner „Kreuzzeitung", ja selbst amerikanische Blätter befaßten sich mit dieser Angelegenheit. Eine Deputation christlicher Künstler Münchens erschien mit der Bitte, Sepp möge ihrem Vereine auch fernerhin seine Unterstützung durch Vorträge nicht entziehen, und wirklich schrieb er in diesen kritischen Tagen im Auftrage dieses Vereins drei Artikel über den

neuen Rathausbau zu München, welche dazu beitrugen, daß dieser Bau im gotischen Stile ausgeführt und dem jugendlichen aber hochtalentierten Grazer Architekt Hauberrisser übertragen wurde.

Da Sepp ungehört verurteilt worden war, so wandte er sich am 24. Dezember an den Universitätssenat mit dem schriftlichen Ansuchen, ihm durch Mitteilung der Motive des bezüglichen Antrags sowie der im Kabinettsbefehl erwähnten Vorlagen wenigstens die nachträgliche Verteidigung zu ermöglichen, erhielt jedoch am 9. Januar 1868 den Bescheid, daß dies untunlich sei. „Übrigens ist von unserer Seite ein Antrag auf des Herrn Adressaten Quiezierung nicht gestellt worden" (unterzeichnet: Rektor Windscheid). Darauf veröffentlichte Sepp in der „Augsburger Postzeitung" vom 5. Februar eine „abgedrungene Erklärung", in der er auf den Widerspruch zwischen diesem Bescheide und der ihm mündlich erteilten Auskunft aufmerksam machte. Hier müsse ein Mißverständnis walten oder jemand hinter dem verantwortlichen Ministerium auf unverantwortliche Weise intrigieren. Nun erfolgte am 7. Februar in der „Augsburger Allgemeinen Zeitung" eine Entgegnung des Senats und des Rektors: „Es ist allerdings wahr, daß ein Antrag auf Quiezierung des Professor Dr. Sepp von uns nicht gestellt d. h. daß in der Frage seiner Quiezierung die Initiative von uns nicht ergriffen worden ist, es ist aber ebenso wahr, daß wir auf eine von der Allerhöchsten Stelle an uns gestellte Anfrage die Erklärung abgegeben haben: daß wir es für die Ehre der Korporation und für das Ansehen und die Wirksamkeit des akademischen Lehramts höchst bedenklich finden, wenn ein Universitätsprofessor sich seinen Kollegen gegenüber so rücksichtslos und leidenschaftlich benimmt, wie Dr. Sepp sich gegen Dr. R. benommen hat."

Doch hier gilt der Satz: „Qui suo iure utitur, neminem laedit." Mit Recht konnte daher Sepp seine Antwort vom 9. Februar mit den Worten schließen: „Wohin müßte das Axiom führen, daß ein Staatsdiener gegen andere nicht mehr den Zivilweg betreten dürfe, ohne wie hier, wo ein großes Vermögen in Frage steht, sofort abgesetzt zu werden?"

# Heinrich Wilhelm Thiersch

1817–1885

*Evangel. Theologe*
*Philosophiestudium in München*
*(1833–1834 und 1837/38),*
*Erlangen und Tübingen;*
*1843–1850 Prof. in Marburg;*
*bis 1846 Pastor der Irringianer*
*in Norddeutschland;*
*lebte später ohne Amt in*
*München, Augsburg und Basel.*

Am 24. Oktober 1833 wurde ich als akademischer Bürger auf der Universität München immatrikulirt. Diese stand damals in ihrer Blüte, und ich hatte das Glück, gleich im ersten Semester Schelling, Schubert und meinen Vater zu hören, durch deren Vorlesungen mein geistiges Leben einen außerordentlichen Aufschwung nahm. Es traf sich so, daß ich der Reihe nach die drei Hauptkollegien von Schelling: die Geschichte der neuern Philosophie (als Einleitung), die Philosophie der Mythologie und die Philosophie der Offenbarung zu hören bekam. Schon das erste dieser drei Fächer eröffnete mir ganz neue Gebiete des Wissens, doch wurde zu viel von der Geschichte der Philosophie vorausgesetzt, und Schelling gieng einen so eigentümlichen Weg, um von Cartesius durch Spinoza, Leibniz, Wolff, Kant und Fichte zu seinem eigenen System zu gelangen und seine Potenzlehre als letztes Ergebnis zu begründen, daß man keineswegs ein vollständiges Bild von den Systemen jener Männer oder von den gelegentlich bekämpften Lehren Jakobis und Hegels gewann. Die Philosophie der Mythologie zog er in die Länge, ohne sie zu vollenden. Dagegen machte die Philosophie der Offenbarung, die ich im Winter 1834 bis 1835 hörte, als ein vollendetes Ganzes einen wahrhaft erhabenen Eindruck. Ich lernte in Schellings Vortrag zugleich ein unübertroffenes Muster der Würde und Schönheit deutscher Prosa kennen. Bei Schubert hörte ich die allgemeine Naturgeschichte; die Astronomie war mir nicht neu, dagegen gewährte mir die Geologie einen bleibenden Gewinn. Ich hörte bei ihm auch die Psychologie, in der sich sein tief christlicher Sinn am schönsten entfaltete, doch fehlte es an scharfen Bestimmungen und in die verschiedenen Systeme der Psychologie wurde man nicht eingeführt.

Schelling behandelte mich in Gesprächen mit einem Vertrauen, das mich beschämte; in Schubert lernte ich einen Mann kennen, der wohl die höchste dem Christen erreichbare sittliche Stufe errungen hatte: Auch die mathematische Physik bei Siber war mir von hohem Wert. Die Logik und Metaphysik bei Erhard, höhere Gleichungen bei Hierl, Botanik bei Zuccarini, die Einleitung in das Alte und Neue Testament bei Allioli wirkten nur in geringerem Maße auf mich ein. Leider versäumte ich, durch die Ängstlichkeit protestantischer Geistlicher zurückgehalten, bei Möhler zu hören; ich habe diesen großen Redner des christlichen Altertums nur einmal gehört.

Im Frühjahr 1838 war ich wieder in München, und nachdem ich das „Rigorosum" bestanden, hielt ich am 19. Mai meine lateinische Disputation in der Aula und wurde durch Professor Ast zum Doktor der Philosophie promoviert. Unter meinen 40 Thesen waren jene die besten, in denen ich Emendationen zu den Homerischen Hymnen aufstellte, die zum teil von Spengel anerkannt wurden. Ich hatte die Ehre, daß mir Schelling und zwar im schönsten Latein opponierte. Auch der Physiker Siber und mein Freund Markus Joseph Müller waren Opponenten. Als Dissertation hatte ich ein Stück meiner Arbeit über die Septuaginta eingereicht, und als quæstio inauguralis trug ich etwas über die neugriechische Sprache vor.

Bei Tisch, nach überstandener Disputation, hatte mir mein Vater ein eben eingegangenes Schreiben unter den Teller gelegt, durch das ich zum Lehrer an die evangelische Missionsstadt nach Basel berufen wurde.

Im Frühjahr 1839 kehrte ich nach München heim weil meine Gesundheit Schaden gelitten hatte. Ich bereitete mich auf das philologische oder Gymnasiallehrerexamen vor, ich hospitierte zuweilen bei Baader und Döllinger, ich trieb bei Markus Joseph Müller arabisch, worin ich es aber nicht weit gebracht habe, und im Oktober 1839 bestand ich die philologische Prüfung wie früher die theologische.

Im Oktober 1839 erhielt ich meine Ernennung als Repetent in Erlangen.

*Ansicht der Universität in nördlicher Richtung*

# Caspar Kuhn

1819–1906

*OSB, Naturwissenschaftler*
*Zunächst Maler; erst mit 32 Jahren*
*(1851–1852) Theologiestudium*
*in München;*
*1853 Stiftsbibliothekar in*
*Augsburg;*
*ab 1870 Betreuer der*
*Naturwissenschaftlichen*
*Sammlungen in Ottobeuern.*

Auch jetzt noch machte der Abt keine Anstalt uns zur Theologie nach München zu schicken, und so ging dann bis Ostern ein ganzes Semester verloren. Ich drängte nicht darauf, denn ich war ja noch jung, stand erst im zweiunddreißigsten Jahre! aber um so mehr die anderen und auch einige Herren, so daß sich der Abt endlich dazu entschließen mußte. Am 3. Mai erteilte er uns dann die niederen Weihen, und am 5. fuhren wir nach München ab.

Meteorologisch bemerkenswert ist, daß in diesem Frühjahr (1851) schon im April sehr heftige Gewitter kamen, so am 13., dem Palmsonntage; ein noch stärkeres am 14., 16., 18. (Karfreitag) und 25. Von allen Seiten her hörte man, daß Menschen und Tiere vom Blitz erschlagen und Häuser verbrannt worden seien. Am 26. April kam dann wieder starker Schneefall, der dem Roggen sehr schadete, aber am nämlichen Tage wieder verschwand.

Wir Kleriker von St. Stephan, meistens vier oder fünf, wohnten in München im Kloster St. Bonifaz und kamen somit täglich in die schöne Basilika, die damals ganz neu dastand. Zuerst hatte jeder seine eigene Zelle, später aber mußten wir alle in einem Zimmer ebener Erde beisammen wohnen, wo wir nur an die gegenüberliegende Mauer und in den kleinen Hof hinabsahen, in welchem damals nur Kies und Unkraut zu erblicken war. Die Universität ist fast eine halbe Stunde entfernt, und diesen weiten Weg mußten wir fast jeden Tag viermal zurücklegen. Am 7. Mai, an welchem Tage zugleich die Vorlesungen begannen, war die Immatrikulation, und ich war jetzt akademischer Bürger! Als Professoren hatte ich nebst andern die weit berühmten Schriftsteller Fuchs, Frohschammer, Permaneder, Reithmayr, Döllinger, Stadlbaur und Haneberg; auch die Vorlesungen von Sepp und Lasaulx besuchte ich öfters.

Wir sollten in zwei Jahren die ganze Theologie studieren, da hatten wir also viele Kollegien zu hören, doch blieb mir immer noch Zeit für andere Studien. Ich besuchte oft die Kunstsammlungen und die musikalischen Aufführungen in den Kirchen (fürs Theater fehlte es mir an Geld und Gelegenheit) und arbeitete in der Staats- und Universitätsbibliothek für meine „Literatur-Chronik"; und da ich diesen Frühling zu botanisieren begonnen hatte, sah man mich fast täglich im botanischen Garten.

Am 29. Juli (1851) starb Abt Barnabas Huber, von niemand merklich betrauert, und wir Kleriker mußten daher noch vor Schluß des Semesters zu dessen Beerdigung nach Augsburg fahren.

Zur Benediktion dieses neuen Abtes am 25. März 1852, die im Dom stattfand, mußten wir, ebenfalls wieder vor den Examina, nach Augsburg fahren, und dann zu diesen wieder zurück, und gerade so auch zur Erteilung des Subdiakonates und Diakonates am 4. und 5. August. Dies öftere Hin- und Herreisen war mir nicht gar unlieb, indem ich dabei meine Eltern besuchen und andererseits auch einen kleinen Profit machen konnte, da auf der Eisenbahn für uns die zweite Klasse bezahlt wurde, wir aber immer in der dritten fuhren. Von diesem Ersparnis konnte ich mir wieder ein Buch kaufen. In den zwei Jahren, die ich in München verlebte, habe ich, obgleich mir sehr wenig Geld zu Gebote stand, doch mehrere Bücher gekauft, besonders Beyerlinks „Magnum theatrum vitae humanae" in acht Folianten. Es ist dieses eine Sammlung von mehr als 100 000 Beispielen aus der Geschichte.

---

# Sebastian Kneipp

1821–1897

*Naturheilkundiger*
*Im Rahmen der*
*Priesterausbildung*
*ein Semester (SS 1849)*
*Philosophiestudium an der*
*Univ. München.*
*Seelsorger in Biberach,*
*Boos und ab 1881 in Wörishofen.*
*Entdecker des Wasserheil-*
*verfahrens („Kneippkur").*

Denke man sich in meine Lage! – aus Barmherzigkeit hat mir der nun selige Professor Wohnung und Kost gegeben und ich hatte keine Aussicht mehr, vorwärts zu arbeiten, so heruntergekommen war ich. Wie ich zu Ostern in der Oberklasse von meinem Vater geholt wurde und in Mindelaltheim einkehrte, hörte ich mit eigenen Ohren, wie der Wirt sagte: „Weber, diesmal holt Ihr

Euern Sohn zum letztenmal." – Die Ferienzeit hat mich immer etwas besser gemacht und wie jeder junge Mensch hofft, so hoffte auch ich. Im Jahre 1848, wo ich absolvierte, ward eine Verordnung gegeben, daß man auf der Universität die Philosophie in einem Jahre absolvieren kann, auf dem Lyceum in zwei Jahren. So wäre ich gerne nach München gegangen, doch der Arzt erlaubte es nicht, so erlaubte es auch Herr Professor Merkle nicht, weil er behauptete, das Münchner Klima werde mich aufreiben. Es war Ostern, da fragte ich den Arzt, ob ich nicht im Sommer das Münchner Klima aushalte, – vielleicht könnte ich doch die Philosophie noch absolvieren. Dies wurde mir gestattet und so eilte ich nach München. Schmerzen hatte ich keine, aber, wenn ich einer Vorlesung beigewohnt, hätte ich meistens nur wenig erzählen können, was ich gehört.

Ich will hier einiges von meinen finanziellen Verhältnissen einschalten. Ich habe auf die Universität 60 Gulden mitgenommen. Mit diesem Gelde mußte ich 10 Gulden Inskriptionsgeld bezahlen. Wohnung, Wäsche und Kost bestreiten. Meine Tagesnahrung war: morgens nichts; mittags brauchte ich 4 Kreuzer, entweder um 3 Kreuzer saure Lunge oder Kuttelflecken oder eine ähnliche Kost, welche nicht über 3 Kreuzer kostete und um 1 Kreuzer Brot. Am Abend kaufte ich um 2 Kreuzer Suppe und um 1 Kreuzer Brot. Einige Male aß ich am Sonntag mittags im Gasthause zum Lachenden eine Weißwurst zu meinem andern Essen.

Die 60 Gulden reichten mir den Sommer aus, so daß ich noch ein Rocktuch kaufen konnte, zum ersten Rock zur Theologie, und zu meinem ersten neuen Rock. Bisher hatte ich nur alte, abgetragene Röcke. Mein Universitäts-Leben war also kein besonders flottes.

Eines Tages ging ich in meiner Trübseligkeit mit einem Studierenden in die Hofbibliothek, mehr um zerstreut zu werden, weil ich nur ganz wenig lesen konnte. Schon das Lesen allein strengte mich zu sehr an. Auf die Frage, was ich lesen wolle, gab ich zur Antwort: Ich weiß es selber nicht. Dann bot man mir einen Katalog an, in welchem ich las und fand eine Schrift mit dem Titel: Anleitung zur Wasserheilkunde von Hahn. Ich ließ mir dieses Büchlein kommen, und lese da, wie man sich durch Wasser gesund machen kann in allen möglichen Krankheiten, selbst im größten Elend. Dieses Büchlein war mir ein wahrer Morgenstern für eine bessere Zukunft. Ich kaufte sogleich beim Antiquar Zipperer dieses Büchlein und studierte es während der Ferienzeit. Ich bestand auch wirklich das Absolutorium über Philosophie und kehrte dann wieder freudig nach Dillingen zu meinem Wohltäter zurück.

Weil von Dillingen alle Jahre ein Armer ins Georgianum kam, wo die Plätze ganz frei waren und wo noch dazu jeder einen Taler bekam, suchte ich auch um diesen Platz nach und hatte das Glück, ihn zu bekommen. So kam ich ins Seminar nach München. Dort fühlte ich mich so glücklich und heimisch, daß ich, wie man sonst sagt, „jeden Tag Kirchweih" hatte, weil ich es nie so gut gehabt hatte. Im stillen hatte ich immer die eine oder andere Anwendung gemacht und kam immer mehr zur sicheren Überzeugung, die Wasserkur hilft mir nochmals auf die Beine. Eines Tages traf ich im Garten einen Mitalumnus, der sich Tränen von den Augen wischte; ich eilte zu ihm und fragte ihn um seine Trauer. Und er antwortete mir: Jetzt habe ich 12 Jahre studiert, will Priester werden, lebe von Almosen und jetzt gibt mir der Arzt kein Zeugnis für den Tischtitel – und ohne diesen werde ich nicht zur Weihe gelassen; was soll ich anfangen? – Ich dachte an meine Lage und meine Trostseligkeit und machte ihm Mut und Glauben, ich könne ihn mit Gewißheit kurieren; ich habe ein Büchlein über Wasserkur und ich fühle von Monat zu Monat einen Fortschritt. Das war für den guten Herrn ein Trost, daß er aufhörte zu weinen und sagte: „Alles will ich tun, wenn ich wieder gesund und zum Priester geweiht werden könne." Nun, was tun? Wir hatten nur eine Verlegenheit: wer gestattet uns Anwendungen vorzunehmen? und zweitens wo? Ich fand eine Gelegenheit. Im Seminarhofe war unweit des Blumenhauses ein Bassin mit stets frischem Wasser. Dort holte ich in der Nacht sei es 12 oder 2 Uhr, diesen Alumnus und wir stiegen im Hörsaal, welcher parterre war, beim Fenster hinaus, und habe den Alumnus im Bassin begossen bei 10–12 Grad Kälte. Die Wirkung war außerordentlich: sein Aussehen wurde von Woche zu Woche besser, sein heftiger Husten verschwand, seine Kräfte vermehrten sich, der gute Herr bekam Feuer und Blut und wurde zur allgemeinen Freude gesund. Er mußte seine Probepredigt halten; da bewunderte der Vorstand seine Stimme und fragte den Präfekten: Ja, soll der nicht zur Weihe fähig sein mit dieser Stimme und diesem Aussehen und dieser Begeisterung in seiner Rede? Der Präfekt gab zur Antwort: „Der ist vollständig gesund; ‚Vater' Kneipp hat ihn kuriert."

Nun wurde ich zum Vorstande gerufen und streng examiniert, der Schluß war: „Es ist gut, daß er geheilt ist, aber auch gut, daß ich es nicht gewußt habe; ich hätte es euch aufs strengste verbieten müssen."

Und wie dieses vorgeführte Beispiel, so jammerte mancher und wenn ich dachte und die Überzeugung hatte, es hilft, konnte ich nicht widerstehen zu helfen.

# Franz Lorinser

1821–1893

*Kath. Theologe*
*Studium in Breslau,*
*München (1841/42) und Rom.*
*Seelsorger und Domherr*
*in Breslau,*
*Berater des dortigen Bischofs.*
*Homiletiker, Reiseschrift-*
*steller und Übersetzer.*

Ich wende mich zunächst zu den persönlichen Bekanntschaften, welche wir in München machten, und die uns ebenso viel werth waren, als die Beschauung seiner Kunstschätze. Die erste dieser Bekanntschaften war die des Universitätsprofessors Dr. Phillips (in der juristischen Facultät als Lehrer des deutschen Rechtes und des Kirchenrechtes thätig), den mein Vater schon früher in Berlin kennen gelernt hatte, und den wir daher zunächst aufsuchten. Bei ihm trafen wir zufällig den Obermedicinalrath Dr. Johannes Nepomuk Ringseis, den mein Vater aus seinen Schriften bereits kannte, und den er als einen christlich-philosophischen Arzt (sein „System der Medicin" ist ein höchst merkwürdiges epochemachendes Buch, das freilich den Widerspruch und Spott aller ungläubigen und materialistischen Mediciner hervorrief) sehr hoch schätzte.

Nachdem wir an diesem Vormittag noch einen vergeblichen Versuch gemacht hatten, Cornelius in der Ludwigskirche zu treffen und auch den Domherrn Dr. Fritz Windischmann nicht zu Hause getroffen, gingen wir nach dem Essen, in Begleitung von Phillips hinaus in's Allgemeine Krankenhaus vor dem Sendlinger Thor, wo Ringseis, neben dem Hospital, in einem kleinen Häuschen, seine schöne Amtswohnung hatte, und gegen vier Uhr fuhren wir mit Ringseis, seiner Frau und seiner ältesten Tochter Marie von dort in einem offenen Wagen sehr fröhlich ab, zu meiner besonderen Freude wieder in südlicher Richtung, den Bergen zu. Der gute Ringseis war auch in einer höchst freudigen Stimmung, und fing, als wir kaum im Wagen saßen, mit seiner kräftigen Stimme laut zu jodeln an und bayerische Schnaderhüpfel zu singen. Wir bekamen jedoch hier schon eine Idee von dem natürlichen, ungezwungenen und fröhlichen Tone, der in München damals herrschte und von dem wir uns später noch mehr zu überzeugen Gelegenheit hatten. Es war das ein höchst angenehmer Kontrast gegen das steife und langweilige Wesen, das in Norddeutschland, und namentlich in Preußen herrschte. Süd- und Norddeutschland standen sich damals noch als ganz schroffe Gegensätze entgegen; gegenwärtig sind sie schon viel mehr amalgamirt, obgleich die Grundverschiedenheiten auch heute noch vorhanden sind.

Durch Phillips wurden wir zunächst beim alten Görres eingeführt. Ich habe damals in mein Tagebuch geschrieben: „Könnte doch mancher Protestant die milde Ruhe und das herzliche liebenswürdige Benehmen des alten Herren sehen, den man sich in diesen Kreisen nur als wilden Fanatiker zu denken gewohnt ist!"

Am Sonntag den 13. August waren wir bei Phillips zu Mittag eingeladen. Dort trafen wir außer Ringseis, auch Clemens Brentano zum erstenmal. Dieser merkwürdige höchst eigenthümliche Mann interessirte meinen Vater ganz besonders, obgleich er durch sein ungebundenes, zuweilen selbst rücksichtsloses Benehmen, denen, die ihn nicht näher kannten, leicht Anstoß geben und zu ganz falscher Beurtheilung seiner Persönlichkeit veranlassen konnte.

Meine Ankunft in München, wo ich bei Windischmann die freundlichste Aufnahme fand, war höchst angenehm. Doch die erste Nacht, die ich dort bei ihnen schlief, wurde durch einen merkwürdigen Tumult unterbrochen, der auch bis zu uns, in den dritten Stock des Hauses in der Ludwigstraße hinaufdrang. Es wurde Generalmarsch geschlagen und ein großes Getöse von Straßenlärm drang bis zu uns hinauf. Der Grund davon war folgender: Der Preis des Bieres war durch eine Regierungsverordnung um einen halben, resp. einen Kreuzer erhöht worden, was sich das Münchener Publikum durchaus nicht gefallen lassen wollte. Das durch den Generalmarsch alarmirte Militär konnte nicht viel ausrichten, da die Zahl der unzufriedenen Spektakelmacher sich stets vermehrte und ein blutiger Conflikt des Militärs mit dem Volke fast unvermeidlich schien.

König Ludwig I., von der Lage der Sache informirt, und seine Popularität bei den Münchnern, die er bisher genoß, nicht einbüßen wollend, begab sich, mitten in der Nacht, ohne alle Begleitung, in seiner einfachen Civilkleidung, unter die aufgeregten Volksmassen, von denen er auch bald erkannt wurde, und die ihn respektsvoll begrüßten, und erklärte, unter dem größten Jubel des Volkes, daß die Regierungsverordnung zurückgenommen werden, und das Bier zum früheren Preise weiter ausgeschenkt werden solle. Unter dem größten Jubel des Volkes begab er sich zurück in seine Residenz und hatte, seit diesem Tage, an Popularität noch weit mehr, als früher, gewonnen.

Bald darauf fand der feierliche Einzug des Kronprinzen Maximilian mit seiner Braut, einer preußischen Prinzessin, in München statt. Trotz des öffentlichen Jubels, welcher die Fahrt begleitete, war man im allgemeinen für diese Heirath mit einer protestantischen preußischen Prinzessin im katholischen München wenig begeistert. Wer hätte damals vorhersehen können, daß der katholische Kronprinz, später als König Maximilian, die katholischen Interessen so wenig wahrnehmen werde, daß er, die Münchner Universität mit protestantischen norddeutschen Gelehrten über Gebühr besetzend, den katholischen Charakter derselben wesentlich alteriren würde, und daß die protestantische preußische Prinzessin, später Königin von Bayern, nach dem Tode ihres Gemahles, noch ganz in der Stille, aus tiefinnerlicher Ueberzeugung katholisch werden und bis zu ihrem, vor Kurzem erst erfolgten Tode ein wahres Muster einer echt katholischen, in segensreicher Weise wirkenden Königin-Mutter werden würde. Gottes Wege sind wunderbar, namentlich in Bayern.

Um nun auf meine Promotion zu kommen, so habe ich oben schon erwähnt, daß das Manuscript meiner Dissertation bei allen Professoren der theologischen Facultät circuliren mußte, was die Sache am längsten aufhielt. Doch wurde es allseitig approbirt und mir nur die Verpflichtung auferlegt, dasselbe binnen Jahresfrist drucken zu lassen.

Zunächst fand nun das Examen statt, das, wie es in München üblich ist, öffentlich in der Aula vorgenommen wird und zu dem Jeder Zutritt hat, obgleich sich zunächst wohl nur Studenten dafür interessirten. Die Situation ist dabei für den Examinandus etwas unheimlich; er sitzt an einem langen Tische allein den gegenüber wie Batterien aufgepflanzten Professoren vis-à-vis, und hinter sich hat er ein zuhörendes Publikum, von dem er nichts sieht und gewahrt, das ihm jedoch unwillkührlich den Eindruck von kritisirenden Zuhörern macht, vor denen er sich, falls das Examen schlecht ausfällt, blamiren kann, und die ihm fast ebenso wichtig, als die examinirenden Professoren vorkommen. Doch eine Vergünstigung wird dem Examinandus pro doctoratu in München eingeräumt, die an anderen Universitäten, so viel ich weiß, nicht stattfindet; er kann nämlich wählen, ob er deutsch oder lateinisch examinirt werden wolle. Meine Examinatoren sprachen alle sehr geläufig Latein (weit besser, als die Breslauer zur Zeit meines Aufenthaltes auf der dortigen Universität), und Derjenige, den ich am meisten fürchtete und von dem ich wußte, daß er weniger gut lateinisch reden konnte, nämlich Döllinger, der mich immer besonders in Affection genommen und zur Promotion in München hauptsächlich inducirt hatte, setzte sich einfach, ganz ungenirt, über die ausgemachte Bedingung hinweg, examinirte mich deutsch, und zwar, wie er später selbst gestand, in so schwieriger Weise, daß seine Absicht, mich auf's Glatteis zu führen, am Tage lag. Er frug nach einer bestimmten Fälschung, welche sich die Griechen auf der Trullanischen Synode erlaubt hatten. Von der ganzen Trullanischen Synode wußte ich nicht viel, von jener bestimmten Fälschung dagegen absolut nichts. Döllinger ging aber von seinem Thema nicht ab, quälte mich noch einige Minuten mit Fragen, auf die ich nur nescio zu antworten wußte, und erklärte sich dann für befriedigt.

Als das Examen beendet war, zog sich das Professoren-Collegium in ein Zimmer zurück, um über das Resultat des Examens zu deliberiren. Nach kaum fünf Minuten wurde ich hineingerufen und mir mitgetheilt, daß ich das Examen cum nota eminentiae bestanden habe.

Nachdem nun das Examen glücklich ausgefallen war, wurde der Tag der wirklichen Promotion auf den 17. Mai festgesetzt. Vorher mußte ich in einer gemietheten Kutsche bei sämmtlichen Professoren der Universität (in Begleitung eines Lohnbedienten) vorfahren und durch Abgabe meiner Karte und der gedruckten Thesen sie zur Promotion einladen, was einen vollen Tag in Anspruch nahm.

Die wirkliche Promotion fand am 17. Mai nach dem in München üblichen Ritus statt. Vor derselben mußte ich, nicht öffentlich in der Aula, sondern in einem Nebenzimmer nur in Gegenwart der Professoren (wie Phillips sich ausdrückte, der mit dieser Heimlichkeit sehr unzufrieden war, „in camera charitatis"), das Tridentinische Glaubensbekenntniß ablegen. Dasselbe war für diesen Zweck in einem alten Buche auf Pergament sehr sauber geschrieben und nach den alten Statuten der Münchner katholischen Universität auch demselben schließlich noch der Passus beigefügt, daß sich der Doktorandus verpflichte, die unbefleckte Empfängniß der Mutter Gottes stets zu glauben und gegen die Gegner derselben zu vertheidigen. Als ich an diesen Passus kam, hielt mich Döllinger zurück und flüsterte mir zu, daß ich dies zu überschlagen habe. Nach dem ich jedoch von dem Inhalt dieses verfänglichen Passus Kenntniß genommen, ließ ich mich nicht abhalten, dies Versprechen meinem Glaubensbekenntniß freudig hinzuzufügen, was denn auch stillschweigend hingenommen werden mußte.

Bei der Promotion selbst wurde mir, als ich den Katheder bestieg, ein alter zu diesem Zwecke dienender Klapphut dargereicht, den ich fortwährend unter den linken Arm halten mußte. Zunächst mußte ich nun meine Quaestio inauguralis vorlesen, und dann begann die Disputation über meine Thesen, welche, fast gegen meine Erwartung, obgleich ich in den betreffenden Materien mich schon in Rom hinreichend gesattelt hatte, sehr gut ausfiel, da ich allen erhobenen Einwendungen ausreichend zu begegnen wußte. Den größten Triumph erlebte ich jedoch bei der letzten These, welche die thomistische Anschauung von der Prädestination enthielt und der Stadelbauer ( der damals Professor der Dogmatik war) sehr entschieden opponirte. Ich hatte mich jedoch gerade für diesen Punkt sehr gründlich vorbereitet, und brachte den Opponenten durch meine thomistischen Gründe zuletzt so in die Enge, daß er sich für befriedigt erklärte und eine weitere Opposition aufgab. Die schließliche Formalität der eigentlichen Promotion durch den Dekan Dr. Reithmayer, der dem ganzen Act präsidirt hatte, kam mir fast lächerlich vor, besonders als er mir den Doctorring (ein altes für diese Formalität fungirendes Möbel) an den Finger steckte und mit demselben Handgriff auch wieder abzog. Ich war herzlich froh, als diese Comödie (denn das war sie doch eigentlich der äußeren Form nach, wie sehr ich auch die kirchliche Bedeutung des rite erworbenen Doctorates respectire) vorbei war.

# Hyazinth Holland

1827–1918

*Literatur-, Kunst- und Kulturhistoriker*
*1846–1854 Theologie-, Jura- und Philosophiestudium in München; Erzieher u.a. im bayer. Königshaus.*

Die Zeit nach dem Gymnasium (an der Universität) dünkte mich wunderschön. Die größte Förderung meines wissenschaftlichen Strebens verdanke ich zwei ausgezeichneten Männern: Lasaulx und Streber. Bei jenem, einer stattlichen Erscheinung mit mächtigem Lockenhaupte, hörte ich griechische und römische Literaturgeschichte und Archäologie. Damals herrschte auf unserer Hochschule noch die Unsitte des Kollegienzwanges; man sollte keine anderen Kollegien hören als die vorgeschriebenen; dazu mußten alle gleichen Fächer zu denselben Stunden gelesen werden. Dennoch geschah es häufig genug, daß man andere Kollegien schwänzte und sich zu den Vorlesungen Lasaulx' drängte. Die Klassizität seines Geistes hätte hingereicht, um mehr als ein Dutzend mühselig krabbelnder Philosophen zu versorgen, die ihre spekulativen Spinnenfäden über Registraturkästen hängen.

Eine herzgewinnende Persönlichkeit war Streber, sehr trocken, aber von einer Sachlichkeit sondergleichen. Als Vorstand des numismatischen Kabinetts führte er seine Schüler durch die Schätze desselben und erläuterte uns, die phönizischen, vorgriechischen, römischen und anderen alten denkwürdigen Münzen.

Bei Künstlerfesten, so 1840 und auch später, wurden kleinere Münzen ausgeworfen. Diejenigen, die für die Allerhöchsten Herrschaften bestimmt waren, hatte man in Silber geprägt.

Streber mußte Vorträge über Archäologie und klassische Kunstgeschichte halten, wobei er auch die deutsche und italienische Kunstgeschichte einbezog. Außer der Leipziger Illustrierten Zeitung gab es damals noch wenige Blätter mit Abbildungen, und bildliche Darstellungen (Holzschnitte) von Kunstwerken waren selten. Daher mußte Streber seinen Hörern kostbare Stiche zeigen. Die Architektonik zeichnete er mit der Kreide an die Tafel; dadurch prägte sie sich der Erinnerung unvergeßlich ein.

Als ich ihm erzählte, daß ich mich mit Clemens Brentano beschäftige, der damals in München wenig gelesen wurde, machte er mich mit dem gerade durchreisenden Bruder des Dichters bekannt. Das war der Vater des Nationalökonomen Lujo Brentano.

Auch die Vorlesungen von G. H. Schubert besuchte ich. Schubert sprach wie

97

gedruckt und dabei recht gemütvoll. Schubert war die Güte selbst. Alle 14 Tage ließ er Einladungen an seine Hörer ergehen. Es kamen immer 10 bis 20 junge Leute. Man saß auf langen Bänken an einem einzigen Tisch. Dann erschien er und erzählte aus seinem Leben, von seinem Bekanntenkreis: das war hinreißend. Zuerst trug er Psychologie vor, im Sommersemester Naturgeschichte, namentlich Botanik (auch Mineralogie). Bei den Vorlesungen über Botanik schenkte er seinen Hörern seltene Pflanzen. Mir überließ er einmal eine Papyrusstaude, die im Botanischen Garten abgebrochen war, so hoch wie eine Türe. Stolz ging ich damit fort. Ein Student hinter mir zog das Messer und schnitt die Pflanze ab. Schubert sah diesen Vorgang und sagte voll Entrüstung: „Herr Kandidat, geben Sie die Pflanze augenblicklich zurück!" Die Philosophie verleidete mir Deutinger (ein Neffe des bekannten Dompropstes) gründlich. Stets ließ er die Hörer seine Überlegenheit fühlen. Von seinem spöttischen Ton nahm Johannes Huber viel an.

Im Sommersemester 1847 wollte ich auch den alten Görres hören. Schubert trug von 3–5 Uhr in der Alten Akademie vor; Görres hielt seinen Vortrag in der Universität. Um rechtzeitig hinzukommen, mußte man einen Dauerlauf durch die Ludwigstraße machen. Ich hörte nur fünf Vorträge von ihm, dann wurde er krank. Er war eine mittelgroße Persönlichkeit mit langen Haaren. Er hatte keine anziehende Stimme; aber sein Auge – Herrgott! – das faszinierte die Zuhörer förmlich.

Bei Döllinger hörte ich nur einige Vorträge über die französische Revolution, dann wurde er ins Frankfurter Parlament berufen.

Er trug eine große Ledermappe bei sich; darin hatte er das, was er wörtlich belegte, auf kleinen Zetteln. Das übrige trug er frei vor. Wie er die Personen schilderte, mit der größten Porträtkunst, wie er sie in die Zeit hineintauchte, der sie entsprossen waren, darin kam er Görres gleich; nur bewahrte er stets dabei die äußerste Ruhe und unterließ jede Bewegung.

Görres hatte ein lautes Organ und spuckte während seines Vortrags nach rechts und links weithin aus. Döllinger sprach immer ganz ruhig, auch in der Kammer. Wenn die Zuhörer in die höchste Aufregung gerieten, er blieb gelassen, jedes Wort sorgsam abwägend.

Ich hörte ihn später in der bayerischen Kammer (als Berichterstatter), wie die Judenemanzipation beraten wurde. Zwei volle Stunden lang sprach er, ohne heiser zu werden. Die offensten Wahrheiten und selbst die dicksten Grobheiten wußte er mit einer so vollendeten Artigkeit zu sagen, daß sie niemand verletzten.

Höfler lehrte Geschichte des Mittelalters, sowie Länder- und Völkerkunde. Sein Vortrag war elegant, vornehm, nicht geistreich. Auf einer Wandkarte gab er die nötigen Erläuterungen. Er verfaßte auch ein Lehrbuch der Geschichte für Gymnasien.

Stürmisch, hinreißend, jugendlich feurig war Sepp; er übte einen großen Zauber auf seine Hörer aus. Freilich lernte man wenig dabei.

Damals gab Neumann den Münchener Schiltberger heraus. Höfler ließ über diesen merkwürdigen Mann so viel wie nichts verlauten, der mich außerordentlich interessierte. Daher bat ich ihn eines Tages um näheren Aufschluß darüber. Höfler maß mich von oben bis unten und fragte kurz: „Was wollen Sie damit?" „Er interessiert mich", war meine schüchterne Entgegnung. Höfler aber versetzte in gereiztem Tone: „Lernen Sie zuerst das, was ich Ihnen vortrage."

Im ersten Semester hörte ich täglich sechs Vorträge, von 8–12 und von 2–4 (bzw. 3–5) Uhr. Leider gab es damals manche unfähige Dozenten, so den Historiker Andreas Buchner, verdienstlich als Urkundenforscher, der Logik, Metaphysik und Geschichte vortrug. Nach jedem vierten oder fünften Worte sagte er „ha"; darum hieß er allgemein der „Ha-Buchner".

Die Studenten belustigten sich weidlich an ihm. Mit großer Rührung erzählte er das tragische Ende Ludwigs XVI. und sprach u. a.: „Seine letzten Worte waren: Franzosen, ich sterbe unschuldig, ha! Du aber, unglückliches Volk, ha –! Da schob ihn der Henker unter die Guillotine, ha!"

Physik hatte ich bei Siber, einem Freunde des Oberstudienrats Holland, belegt. Bei ihm fand ich ein herzliches Entgegenkommen. Seine Experimente gefielen den Studenten; wenn er aber anfing, an die Tafel zu gehen und Berechnungen aufzuschreiben, dann leerte sich der Hörsaal rasch.

Im Jahre 1848, als die Revolution ausbrach, gab es keine mündlichen Examina, sondern schriftliche. Siber hatte ein Lehrbuch veröffentlicht; das mußte jeder von seinen 400 bis 500 Hörern kaufen. Ich hatte dieses Lehrbuch gerade vor dem Examen noch durchgelesen. Im Examen kam eine schwierige Frage. Ich half mir aus der Klemme, indem ich schrieb: Die Beantwortung dieser Frage findet sich in dem Siberschen Lehrbuch auf Seite soundso. Meine Schlauheit wurde mit einem „Einser" belohnt.

Die Examina in der Mathematik waren gräßlich. Ich verzichtete darauf.

Das erste Semester meines zweiten Universitätsjahres erlitt gegen das Ende zu durch die politische Bewegung viele Unterbrechungen. Die Universität wurde geschlossen. Kaum war der Sturm vorübergebraust, da eröffnete Streber seine Vorlesungen gleich wieder.

Nun handelte es sich für mich darum, ein Fachstudium zu wählen. Nach langem Hin und Her entschloß ich mich zur Theologie.

Die Benediktiner führten als Religionshandbuch in ihrem Gymnasium den Canisius (in lateinischer Sprache) ein. Im alten Gymnasium leistete der Stadelbauer gute Dienste und bildete für mich eine vortreffliche Grundlage. Vier Semester lang (vom Sommer 1848 an) hörte ich Theologie. Von den Lehrern in dieser Fakultät fesselte mich keiner außer Haneberg.

In die neutestamentliche Exegese führte uns Franz Xaver Reithmayr ein. Den Logos behandelte er ein halbes Semester lang. Über Johannis „In principio erat" kam er nicht hinaus.

Bei Stadelbauer hörte ich vier Semester lang Dogmatik. Er war ein recht trockener Patron.

Als Nachfolger von Döllinger (als Kirchenhistoriker) kam Permaneder, der mit den Fingern auf der Zeile seine Vorträge herunterlas.

Schließlich hatte ich die Theologie satt. Was aber nun beginnen? Meine Neigung trieb mich zur deutschen Literatur- und Kunstgeschichte.

Als ich von der Theologie fortgegangen war, fiel ich zufällig dem Anatomen Beraz in die Hände, der von Landshut nach München berufen worden war. Beraz, von Franz Baader angehaucht, bemühte sich nachzuweisen, wie ein bestimmtes System (durch Kristalle, Blätterstellung usw.) gewisse Gesetze einhält, in der Anatomie wie in der Architektur.

Diesen höheren Einklang suchte er auch auf die Psychologie auszudehnen. Ein halbes Jahr hielt ich es bei der Medizin aus, dann ging ich zur Juristerei über. In den Vorlesungen bei Hieronymus Bayer exzerpierte ich Uhlands Volkslieder. Bayer lehrte: „Es gibt keinen bayerischen Zivilprozeß, es gibt nur einen Zivilprozeß von Bayer."

Bei Bluntschli hörte ich Rechtsphilosophie. Doch konnte man ihm nicht folgen; er war für die Studenten viel zu hoch.

Nach einem Semester hängte ich auch die Jurisprudenz an den Nagel und betrieb nun mit vollem Eifer Germanistik und Literaturgeschichte. Privatdozent Ludwig Merz, mit dem ich später näher befreundet wurde, hatte mich in diesem Entschluß bestärkt.

Damals wurde von der philosophischen Fakultät die Preisfrage gestellt, wie sich Philosophie, Kunst und Poesie gegenseitig beeinflussen. Das war Wasser auf meine Mühle! Ich versuchte den Zusammenklang von Poesie und Kunst darzulegen, insbesondere nachzuweisen, wie die einzelnen Gattungen der Dichtung: Epos, Lyrik und Drama mit der Architektur und Malerei parallel gehen. Zehn Monate hatte ich Zeit dazu. Leider brachte ich nur 90 Seiten zusammen, nur einen Abschnitt, der mit einer freundlichen Belohnung bedacht wurde.

Für meine Lehrer wäre ich durchs Feuer gegangen. Zu Schmeller kam ich erstmals in die Vorlesung, nachdem er von einem unglücklichen Fall in Sterzing (Tirol) notdürftig hergestellt war. Er mußte im Wagen zur Universität gebracht werden.

Die erste Vorlesung, die ich bei ihm hörte, ging über den Heliand, den er nicht ins Neuhochdeutsche, sondern ins Lateinische übersetzte, obwohl zu jener Zeit schon zwei Gymnasialprogramme mit der Alliteration erschienen waren. Er meinte, das Latein stehe dem damaligen Sächsisch besser an.

Die politischen Ereignisse von 1848 bewegten mich, wie jeden Zeitgenossen, stark. Bei dem Studentenfreikorps tat ich jedoch nur kurze Zeit mit. Als ich in der ersten Nacht bei großem Schneefall und arger Kälte ausrückte, erhielt ich den Befehl, in der Zeit von 1 bis 3 Uhr morgens die Pinakothek zu bewachen, weil das Gerücht ging, man wolle sie anzünden.

Die Lola, den bösen Geist Bayerns, sah ich nur ein einziges Mal. Es wurde ihr eine Katzenmusik gebracht. Dabei soll sie auf die Teilnehmer geschossen haben. Aus einem roten Unterrock, den sie hergab, machten die Allemannen, ihre Leibgarde, die Mützen, die sie trugen.

Der Dichter des „verwunschenen Prinzen", Plötz, behandelte damals die Lola in der Allgemeinen Zeitung etwas katzenpfötig. Man erzählte, sie habe ihn zu einem Diner eingeladen. Plötz, der sein ganzes Vermögen schon durchgebracht hatte, nahm an und aß und trank. Zum Schlusse aber sagte sie: „Du hast Gift bekommen. So rächt sich eine Spanierin." Den Speisen war ein unschädliches Abführmittel beigemengt. Plötz wand sich stöhnend vor Schmerzen auf dem Boden. Voll grimmiger Schadenfreude weidete sich Lola eine Zeitlang an seinem Anblick, dann gab sie ihm einen Fußtritt und stieß ihn über die Schwelle.

In und außerhalb der Universität gab es häufig Zusammenstöße zwischen den Allemannen und den anderen Studenten. Die Universität wurde geschlossen. Wir zogen über den Dultplatz in die Alte Akademie und wollten einem uns günstigen Professor ein Hoch und dem verhaßten Minister Bercks, einen Leibtrabanten der Lola, ein Pereat bringen. Sechs bis acht Gendarmen rückten mit gefälltem Bajonett an und räumten den Platz, auf dem sich inzwischen auch eine große Volksmenge angesammelt hatte.

Bei der Erstürmung des Pschorrbräuhauses ging es recht arg zu. Aus dem zweiten Stock warf die eingedrungene Menge Klaviere auf die Straße hinab. Es hatte sich das Gerücht verbreitet, die Bräuknechte hätten Leute aus dem Volke in die siedende Bräupfanne geworfen.

Zur Bewältigung des Krawalls schickte man hundert Mann Soldaten aus unter dem Befehl eines blutjungen Leutnants (des späteren Vorstandes der Geheimkanzlei des Prinzregenten Luitpold, Freiherrn von Freyschlag).

In dem bewegten Jahre 1848 gründete sich ein „Verein für konstitutionelle Monarchie und religiöse Freiheit", der im Gasthaus zur Ente tagte. Den stillbedächtigen Streber hatte man als Vorstand, mich als Schriftführer gewählt.

Ein anderer Verein, der „Drei Rosen-Verein", so genannt nach dem bekannten Gasthaus zu den Drei Rosen am Rindermarkt, wo er seine Versammlungen abhielt, zählte u. a. auch den Privatdozenten Ludwig Merz zu seinen Mitgliedern. Von diesem Verein gingen Endres und Beraz zu unserem Verein für konstitutionelle Monarchie über. Ein paarmal fand sich auch Guido Görres bei uns ein. Auch die Dichter Friedrich Beck und Beilhack, Joseph Haller, der Redakteur der Neuen Münchener Zeitung, Gompart, Dr. Strodel, Ringseis, August Seinsheim, Graf Arco-Valley u. a. erschienen.

Der Verein schlief ein. Andere Ereignisse kamen, vor allem die Wahlen ins Frankfurter Parlament.

In dieser stark erregten Zeit versenkte ich mich in emsige Studien. Ich trieb Ägyptologie und Assyrologie; dies war die Grundlage für meine späteren Sammlungen.

Bei Streber hörte ich noch von 1849–1851 Vorlesungen über griechische, römische, mittelalterliche und neuzeitliche Architektur. Dabei erhielt ich von meinem Lehrer die Erlaubnis, von den Illustrationen, die er im Unterricht benützte, Pausen anzufertigen. Daneben beschäftigte ich mich eingehend mit Literaturgeschichte und Philosophie.

Als die ersten deutschen Farben zusammengeheftet wurden, da trug alles blauweiße und schwarz-rot-goldene Halsbinden. Von den Häusern wehten Fahnen in den bayerischen und deutschen Farben. Eine kaiserliche Luft wehte, eine kaiserliche Erwartung bemächtigte sich der freudig harrenden Gemüter. Jörg bearbeitete das Allgäu für die bevorstehenden Wahlen. Sepp wurde ins Parlament gewählt und hielt zündende Reden.

Die Schüler von Sepp, Streber usw. bildeten eine Art von Tafelrunde: Heinrich Heid, Meßmer, der junge Johannes Huber, mehrere Pfälzer Theologen und ich. Die Mitglieder trugen eine schwarze Kappe und ein zweifarbiges grüngoldenes Band. Die Farben bedeuteten: Durch Nacht und Zweifels Qual führt uns der Hoffnung Strahl empor zum goldnen Gral. Wolframs Parzival wurde in diesem Kreise eifrig gelesen. Ich konnte mich nicht entschließen, Kappe und Band zu tragen. Auch diese Verbindung dauerte nur ein paar Jahre.

Sepp veranstaltete mit uns Ausflüge nach Neuhausen, Mittersendling und Schwaneck. Selbst Dichterwettkämpfe gab es unter uns sangesfreudigen Genossen. In einem dieser poetischen Turniere errang Johannes Schrott mit einem schwungvollen Hymnus auf Sepp den Preis. Hie und da wagte auch ich mich mit bescheidenen poetischen Versuchen hervor.

Außer Sepp erschienen auch Streber und Merz in der Tafelrunde. Johannes Huber glänzte in unserem Kreise als Philosoph. Auf Prantl war er ganz wütend. Nach Huber hielt auch ich einen Vortrag, und zwar über Wolfram von Eschenbach und die Gralsage: mein erster germanistischer Versuch, kindhaft dumm; doch für diese Leute war er neu.

# Felix Dahn

1834–1912

*(Pseudonym Ludwig Sophus)*
*Historiker und Schriftsteller*
*Jura- und Geschichtsstudium*
*1850/51 in München, dann Berlin;*
*Privatdozent in*
*München 1857–1863;*
*1863–1872 Prof. in Würzburg,*
*1872–1888 in Königsberg,*
*1888 in Breslau.*
*Verfasser historischer*
*Romane und Balladen*
*(sog. „Professorenromane").*

In Baiern bestand und besteht – ein ganz gewaltiger Vorzug vor Preußen! – die höchst ersprießliche Vorschrift, daß jeder Student, mag er auch später Theolog, Jurist, Naturforscher, Mediciner werden, mindestens acht „philosophische" Privatvorlesungen belegt haben muß, d. h. nicht etwa nur Vorlesungen über Philosophie, sondern aus den Fächern der philosophischen Facultät: also Naturwissenschaften oder andere Geisteswissenschaften: Geschichte, Alterthümer, Sprachwissenschaft, Literatur, Mythologie, bildende Kunst oder Kunstgeschichte, endlich Philosophie in allen ihren Zweigen. Besuchszwang oder Prüfung findet hierbei nicht statt: man vermuthet, muß der Student diese Vorlesungen belegen und bezahlen, so wird er sie auch besuchen, wenn nicht entweder der Lehrer oder der Student zum Davonjagen kläglich und erbärmlich ist.

Jene günstige Voraussetzung traf bei uns und traf noch viele Jahre später in München zu: die Säle von Ohm, Liebig, Jolly, dann von Lasaulx, Prantl, Spengel, später von Sybel, Giesebrecht und Andern waren, abgesehen von den Studirenden aus der philosophischen Facultät, von 50, 80, ja 100 Juristen besucht.

Daher erlangten denn damals – ich höre mit Bedauern, daß dieser feine Ruhm in neuerer Zeit den bairischen Rechtsbeflissnen nicht verblieben, ihr Besuch der philosophischen Vorlesungen erheblich geschwunden ist – die bairischen Juristen eine ganz unvergleichlich höhere und umfassendere „allgemeine Bildung" als dies höchst betrüblicher Weise von den preußischen gepriesen werden kann.

Ich hörte also in München und in Berlin mit Begeisterung, mit wahrer Heißgier „philosophische" Vorlesungen: Griechische Alterthümer bei Leonhard Spengel. Der Vortrag, obzwar nachlässig in der Form, – er sprudelte die unordentlich gebauten Sätze in ähnlicher Hast hervor wie ich das später bei keinem geringeren als Leopold von Ranke fand – war inhaltlich überströmend von Reichthum.

Ferner hörte ich im Winterhalbjahr 1850–1851 (man las damals in München bis zum 21. März, die Juristen begannen aber wegen der bis Ende October währenden Prüfungen erst nach Allerseelen) Länder- und Völkerkunde bei Neumann, dem „Chinesen", wie wir ihn nannten, weil er so viel von China erzählte. Es hatte seine Beliebtheit stark gefördert, daß er, wie man auf den Salbänken raunte, wegen seiner Freisinnigkeit von der Regierung „verfolgt" werde.

Unter all meinen Lehrern nun aber hat unvergleichbar den mächtigsten Einfluß auf mich geübt der Philosoph Karl (von) Prantl. –

Ich verdanke ihm gerade jene Bändigung der Einbildungskraft durch das methodische Denken und damit die Errettung und Sicherung meiner ganzen geistigen Eigenart gegenüber der schwersten mich bedrohenden Gefahr: eben der Gefährdung von Klarheit und Gegenständlichkeit durch die glühendste, nie rastende Phantasie.

Ich hörte zunächst im Winterhalbjahr 1850–1851 bei ihm Logik und Encyclopädie der Philosophie: eine ganz ausgezeichnete Vorlesung.

Seine Vortragsweise nahm ich mir zum Vorbild: ohne je zu dictiren – der dictirende Professor ist überflüssig, ja schädlich, an Stelle des gedruckten Vortrags! – sprach er in freier Rede aus sorgsam vorbereitetem Entwurf: doch so, daß jeder denkende Hörer den wesentlichen Inhalt, die Begriffsgliederung, nachschreiben und ein vollständiges vortreffliches Heft mit nach Haus bringen konnte: aber er mußte eben auch denken. Wer aber mit gedacht hatte, der hatte nun für immer mit begriffen und den Gedanken des Lehrers sich geistig zu eigen gemacht: – er hatte ihn „inwendig gelernt", brauchte nicht mehr ihn auswendig zu lernen –: das ist die Aufgabe des Vortrags an der Hochschule.

Institutionen hörte ich im Sommer 1851 – mit nur noch drei andern, darunter Piloty – bei einem blutjungen Privatdocentlein. Es war seine erste Vorlesung. Er setzte scharfes Aufmerken und rasches Denken voraus: – wie sein Freund Prantl. Manchen galt er als allzu schwer verfolgbar. Aber wir vier hielten eifrig bei ihm aus und schwärmten für ihn. Am Schlusse des Halbjahrs befiel mich eine Anwandlung jenes Verzagens an der eignen Kraft, die mich noch gar oft heimsuchte, etwa wie den Max im Freischütz. Zwar hatte ich ununterbrochen alle Vorlesungen besucht und zu Hause eifrig nachstudirt. Auch verschlang ich gierig Puchta's Institutionen, nachdem sie der Privatdocent genannt hatte. Gleichwohl verzagte ich an meiner Reife für die weithin gefürchteten Pandekten, welche im nächsten Halbjahr bei dem unnahbar schrecklichen Arndts zu hören waren. Endlich faßte ich mir ein Herz und fragte den jungen, so freundlich lächelnden Privatdocenten, ob er mich nicht gütigst aus seiner (und Hofrath Dollmann's) Vorlesung prüfen wolle, – lediglich behufs meiner Selbstberuhigung.

„Sie sind mein erster Prüfling! Ein Freiwilliger! Ein gutes Omen! Kommen Sie nur!"

So machte ich mich denn eines Herbstabends spät zagen Schrittes auf die Wanderung. Denn der junge Herr Doctor wohnte in Schwabing. Pochenden Herzens betrat ich das Eine höchst einfache Gelaß: ein Bett, ein Tisch, zwei Stühle, Bücher; auf dem Tisch ein Unschlittlicht in eisernem Leuchter mit Putzscheere – wiederholt „schneuzte" er das Talglicht während der Prüfung. (Lieber Gott, was mag wohl aus all' den alten Putzscheeren geworden sein? Damals so unentbehrlich und jetzt weiß mancher junge Leser wohl kaum, was eine Putzscheere war. Und die Talglichte, mit deren Talg man so hübsche blaue Funken an der Flamme erzeugen konnte! Sic transeunt lumina mundi!) Endlich sprang er auf: „Was? Ob Sie reif sind, Pandekten zu hören? Sie? Institutionen können Sie nächstens vortragen.– Aber warten Sie damit doch noch lieber ein par Halbjahre." Ich hätte ihm um den Hals fallen mögen! Nach langer Trennung trafen wir uns wieder bei dem Jubelfest der Hochschule Tübingen: er als Rector (? oder doch Vertreter) der Münchener, ich als Rector der Königsberger Hochschule. Mit Dank und Rührung gedenke ich für und für des jungen Privatdocentleins: es hieß Alois Brinz.

Im Sommer 1851 hörte ich Deutsche Rechtsgeschichte bei Bluntschli. Allerlei seltsame Gerüchte liefen unter uns Studenten um über den Mann. Es hieß, er sei aus der Schweiz gewichen oder vertrieben von den Freisinnigen und von der baierischen Regierung berufen, um als ein Bollwerk der „Reaction" in München aufgerichtet zu werden: sein conservatives und kirchenfrommes Statsrecht solle in der Jugend die liberalen Neigungen, die Gedanken von 1848 bekämpfen. Hatte man sich an das anfangs befremdende, stark ausgeprägte Schweizerisch gewöhnt, das er, wie sein Landsmann und Parteigegner Keller, auch in der Vorlesung zu verleugnen nicht vermochte – die rauhen Kehllaute, das deutsche „Voleck" und ein seltsam schwerflüssiges Französisch (den Détal = Detail), so mußte man dem musterhaft klaren, trefflich gegliederten, ein wenig langsam schreitenden, ruhigen und deßhalb beruhigend, überzeugend wirkenden Vortrag Bewunderung zollen.

Vielleicht fragt der Leser: warum hat der junge Herr, der so früh und so lange mit Bohnenstangen Weltgeschichte spielte, nicht neben philosophischen und juristischen auch Geschichtsvorträge in München gehört?

O lieber Leser, wir stehen vor dem Jahre 1853: da gab es in München ohne Frage mehrere recht sehr gelehrte Herren, welche Geschichte, zumal baierische, vortrugen: aber, aber! Diese Herren, meist gar alt, – nun ich will nur sagen – sie zogen nicht an durch ihre Vorträge. Einen nannten wir den „Ha-Eichner", (aber der Name war anders als „Eichner", ich nenne ihn nicht), weil er nach jedem Satztheil, ja oft nach jedem Hauptwort Ha sagte, und dann – geraume Zeit schwieg!

Als ich nach München zurückkehrte (August 1853), bezog ich in der Löwen-(jetzt Schelling)straße Nr. 31 ein klein Zimmerlein: zweifensterig, aber doch ziemlich schmal: Ein Bett, mein Schreibtisch, ein uraltes Sofa aus der Königinstraße, ein Kleiderschrank, ein Schrank, der oben meine Bücher, unten meine Wäsche barg: – das war Alles.

Die Zeit – anderthalb Jahre – die ich in diesem Kämmerlein verbrachte, war wohl die mönchischeste meines Lebens: In der Löwenstraße vereinsamte ich völlig: die Cameraden scheuchte ich ab, damit sie mir nicht die Arbeitszeit verdarben: und sonst kam fast keine Seele zu mir.

Ganz unsinnig ward damals gearbeitet: dem Maß und der Weise nach unsinnig.

Die Tagesordnung, welche ich von meiner Rückkunft nach München bis zu dem Tage der Prüfung (11. October 1854) unverbrüchlich Feiertags wie Werktags einhielt – ausgenommen vierzehn im Herbst 1854 auf der Frauen-insel verbrachte Tage – war die folgende: im Sommer und Frühjahr mit Tagesanbruch etwa 4 oder 5 Uhr, im Winter und Herbst um 6 Uhr stand ich auf, heizte im Winter und Herbst höchst eigenhändig das kleine eiserne Oeflein, bereitete mir den Thee, den ich mir in Berlin angewöhnt hatte und in diesem Jahre arg mißbräuchlich anwendete, und arbeitete bis ich um 9 Uhr in die Vorlesung (von 9–11) mußte: dabei ward mit jeder Minute so gegeizt, daß ich erst, wann die Ludwigsuhr 9 Uhr schlug, vom Buch aufsprang; fünf Minuten nach 11 saß ich schon wieder am Schreibtisch: Schlag 12 Uhr stürzte ich fort in das Repetitorium bei Dr. Meyer in der Pferdestraße, um 1¼ Uhr erschien ich abwechselnd bei meiner Mutter, die auf dem Karlsplatz Nr. 3, oder bei meinem Vater, der noch in der griechischen Caserne wohnte, zu Tisch und schlang das wenige, was ich damals aß, mit größter Hast hinunter, um ja von mir aus diesen unvermeidlichen Zeitverlust auf ein Mindestmaß herab zu drücken.

Dankbar gedenke ich, wie liebevoll man mich, der bei dieser Lebensweise selbstverständlich sichtlich gar sehr herunter kam an Kräften und Frische und schlimm überreizt ward in den Nerven, mahnte, doch nach dem Essen wenigstens eine kleine Erholungsfrist eintreten zu lassen, wenigstens einmal die Bogengänge des Hofgartens zu durchwandeln: ich lehnte beharrlich ab und nur das Eine gestand ich zu, jeden Montag nach Tisch erst die neue Wochenausstellung in dem Kunstverein mir anzusehen. Das war in jenem Jahr mein einziger Kunstgenuß. Denn nie ging ich damals ins Theater oder Concert. Ich arbeitete dann von 2–8: thörigerweise ließ ich dies Jahr auch den sonst stets eingehaltenen einstündigen Abend-Spaziergang ausfallen: um 8 trank ich – stets zu Hause – meine ersehnte Eine Halbe, manchmal ein Maß

Bier und aß dazu ein Stück trocken Schwarzbrod: nicht aus Geldmangel, sondern weil ich nicht aufgehalten, auch nicht einmal mit den Gedanken an das Abendessen verwirrt werden wollte. Um 10 Uhr machte ich mir dann das erste Mal Thee und in den meisten Nächten nochmal um 12 Uhr, ja zuweilen zum dritten Mal um 1 Uhr und zwar unsinnig starken, um mich mit aller Gewalt wach zu erhalten.

Und warum nun dieses unsinnige Arbeiten?

Aus einem sehr ehrenvollen Grunde.

Nämlich, auf deutsch gesagt, doch eigentlich aus jenem schlechten Gewissen heraus. Dieses schlechte Gewissen rief nun mit aller Macht wieder jene krankhafte Vorstellung in mir hervor, daß ich bei allem Fleiß zum Mißerfolg im Leben vorbestimmt sei.

Im October kam ich zur Prüfung: Arndts und Zenger für römisch Recht, Bayer für bürgerliches Streitverfahren, Bluntschli für Deutsches Recht, Pözl für Statsrecht, Dollmann für Strafrecht und Strafverfahren, Hermann und Oberndorfer für Statswissenschaften.

So schmählich furchtsam ich ein Jahr diesen zwei Stunden entgegen gesehen hatte, so ruhig – sozusagen ehern – war ich jetzt: jeder Augenblick, der aus irgend einem Grunde äußerstes Zusammennehmen erheischt, macht mich so: ich glaube, das ist nicht das Schlechteste an mir. (Wie gern wär' ich „Feldherr" geworden!)

Ergebniß: das denkbar günstigste. Noten gab es nicht: es hieß im Protokoll nur „bestanden" oder „nicht bestanden", nur dies war durch den Pedell auf den Gang hinaus dem Harrenden verkündet: aber der Regierungscommissar hieß mich wieder eintreten, drückte mir die Hand und sagte mir, nach dem einstimmigen Urtheil der acht Herren habe ich die Prüfung mit Auszeichnung bestanden.

Noch an demselben Tage, da die Statsprüfung zu Ende war, begann ich mit aller Kraft für die Habilitation an der Münchener Juristenfacultät zu arbeiten, die ich selbstverständlich nunmehr für das Deutsche Recht beachsichtigte. Das „Colloquium" ward mir erlassen. Ich hatte also nur noch die Schrift und die von mir aufgestellten Streitsätze zu vertheidigen: diese Habilitationshandlung geschah im Sommerhalbjahr 1857. Alle meine Rechtslehrer betheiligten sich dabei in der gütevollsten, liebenswürdigsten Weise: Vor Allem Maurer, Pözl, Bluntschli, aber auch Prantl und der doch so eifrig katholische von Lasaulx. So fiel denn die Sache, Dank der Freundlichkeit der Herren, recht gut aus: Prantl erklärte mir öffentlich seine warme Zustimmung zu den Grundgedanken meiner Probevorlesung „über das Verhältniß der Rechtsphilosophie zur Philosophie und zur Rechtswissenschaft".

Alsbald erhielt ich nun auf Antrag der Facultät die „venia legendi" (durch königliche Verordnung, wie in Baiern Rechtens, vom 8/X. 1857): nicht gerade sehr aufmunternd wirkte es, daß dabei ausdrücklich vermerkt stand, darin liege keinerlei Aussicht auf künftige Anstellung als Professor. Zwar beruhigte mich mein lieber neuer Amtsgenosse, Dr. Ludwig Rockinger, das stehe gleichmäßig in allen diesen Verstattungen und sei so schlimm nicht gemeint: aber er sollte wie ich zu seinem Schaden erfahren, daß dieser zarte Wink bitterer Ernst war. Gar viele, viele Jahre hindurch blieb der als Lehrer und Forscher gleich ausgezeichnete Mann Privatdocent gleich mir, während andere Leute, die sich nicht im Entferntesten mit ihm messen konnten, an der Universität oder Archiv angestellt wurden: ein väterlicher alter Freund von mir, der alte Zenger, folgte uns beiden einmal, als wir wieder einmal über die lange Privatdocentur klagten, „ja ja, euch Beiden ist erst zu helfen, wann einmal ein Viehsterben unter die Germanisten fährt."

Ludwig Ritter von Rockinger ist schließlich doch Director des k. baierischen Reichsarchivs geworden, eine Stelle, an welche er freilich schon vor Jahrzehnten gehört hätte, wenn Verdienst und Gerechtigkeit immer im lieben Baiernland über die Laufbahn entschieden hätten, anstatt – wohlan, sagen wir, anderer Dinge.

Damals nun (1854–1858) hatten die aus Norddeutschland und vom Rheine her zahlreich eingewanderten Gelehrten- und Maler-Familien in München längst eine wirkliche Geselligkeit eingeführt, die auch von den Eingeborenen nachgebildet wurde. Ich schwamm und plätscherte in jenen Jahren recht vergnüglich in den angenehmen Gewässern dieser Gesellschaft umher.

Da ist zuerst zu nennen das gastliche Haus Thiersch!

Der prächtige alte Herr war schon lang in München eingewurzelt: bei seiner Berufung hatte den Fremdling, den Norddeutschen, den Protestanten, den Heiden die ganze dumpfe Wuth der Schwarzen und der verranntesten Alt-Baiern empfangen. Er ward eine Leuchte der Wissenschaft in der Stadt der Mönche („Dervischabad", wie Fallmerayer München übersetzte), welche damals einer solchen Vorrichtung recht dringend bedurft hatte.

Das „rothe Haus", sein freundliches Heim mit dem wohlgepflegten Garten an der Ecke der Arcisstraße – nun schon lange Zeit verschwunden! – gegenüber dem Glaspalast, bildete jeden Samstag Abend die wirthliche Empfangshütte für alte und junge Leute aus den Kreisen der Wissenschaft, der Kunst, der höheren Beamten. Da traf man die Familien von Liebig (– der Sohn des Hauses, der so berühmt gewordene Leipziger Professor, heirathete die schöne Marie von Liebig –), Jolly, Bischoff, Bluntschli, Sybel, Carrière, ebenfalls Liebig's Eidam, von Dönniges, von Kobell und Andere mehr. Hier lernte ich auch meinen lieben Josef Victor Scheffel kennen, mit dem mich bis an seinen Tod innigste Herzensfreundschaft verbinden sollte.

Sehr löblich war, daß an diesen Abenden Speise und Trank sich nicht störsam hervordrängten: vielmehr erfüllten Musik, Gespräch, zuweilen ein aus dem

Stegreif gehaltener kleiner Vortrag, die kurzen Stunden: um 8 begann's, um 11 Uhr war's zu Ende.

Die damaligen Dichter und Schriftsteller zu München gliederten sich in drei Gruppen: die „Berufenen" oder die „Fremden", die diesen wohlwollend nahe stehenden Eingeborenen und die ihnen bitter feindlichen Ultramontanen oder Ultra-Bajuvaren.

König Max II. hatte, eigener innerer Neigung folgend und im Unterschied von seinem Vater, der für Pflege der bildenden Kunst in Baiern Unerreichbares geleistet, beschlossen, der Dichtung und der Wissenschaft seine besondere Fürsorge zuzuwenden.

Wie dringend die Hochschule München in gar manchen Fächern einer Verjüngung, einer Vermehrung der Lehrkräfte bedurfte, – wir haben es früher angedeutet. Daß man nicht all' diese Kräfte plötzlich aus bajuvarischem Urboden hervorstampfen konnte, also auch auf Berufungen angewiesen war, sprang in die Augen. Ja, die Heranziehung von Nord- und von Mittel-Deutschen, von Protestanten, mußte als solche günstig wirken. Es war also eine recht unerfreuliche Erscheinung, daß diese Berufungen von vielen Seiten grundsätzlich angefeindet wurden: – wie schon früher die Berufungen von Thiersch und Anderen. Brodneid, Mißgunst, Vorurtheil, Selbstüberschätzung, dumpfe Verranntheit und Roheit wirkten hier auf das Häßlichste zusammen mit anderen Gründen solcher Befeindung: mit dem ultramontanen Haß gegen die protestantische Bildung und mit dem particularistischen Haß der äußersten Blauweißen wider das Preußenthum der meisten Berufenen. Neben ausgezeichneten Männern, wie Windscheid, Sybel, Liebig, Jolly, Pfeuffer, Bischoff, Siebold, Nägeli, Geibel, Heyse, Bodenstedt, Carrière, wurden auch Leute „gewonnen", deren Wahl sachliche Gründe unmöglich haben konnte, unbedeutende und manchmal recht unerfreuliche Herren, die wissenschaftlich die Mittelmäßigkeit auch nicht von Fern erreichten.

Männer wie Geibel und Bodenstedt waren gewiß nicht Universitätsprofessoren nach des lieben Gottes Vor-Absicht und inter pocula gestanden sie das lächelnd selbst.

Heinrich von Sybel war nun auch nicht gerade der Mann, der die linke Wange darbot, war ihm die rechte unsanft berührt! Allein dieser Hecht im Teiche zum Theil recht mosiger Karpfen wirkte wohlthätig: daß die Bemosten besondere Freude an seinen raschen Bewegungen und scharfen Bissen haben sollten, war nicht zu verlangen. Sein Verdienst um Prantl wiegt gar schwer bei mir. Und wie tapfer und ehrenhaft war es, daß er zuletzt, von den Gegnern gedrängt, Farbe zu bekennen, dem König unverholen schrieb, ja, er halte die preußische Vorherrschaft über Deutschland für die einzige mögliche Zukunft! Bald darauf ging er nach Bonn! –

Nur die Ueberhebung derer, die nichts leisteten als eben die Ueberhebung, war das Erbitternde, Vergiftende. Einer der Herren fragte mich, nachdem die ersten beiden Bände meiner „Könige der Germanen" erschienen waren und auch bei meinem Gegner Heinrich Sybel vollste Anerkennung gefunden hatten, ganz erstaunt: „Und Sie sind Baier?"

„Ja, gewiß."

„Hätt's nicht geglaubt."

„Warum nicht?"

„Das ist ja eine ganz tüchtige Arbeit."

„Diese Bemerkung zeigt", erwiderte ich, „Herr Professor, daß Sie den Stamm nicht kennen, von dessen Geld Sie leben."

Ein hübsches Zwiegespräch zwischen Professor und Privatdocent! –

Wenden wir uns nun zu den Geschicken des Privatdocenten der Münchner Juristenfacultät, zu seiner Lehrthätigkeit an der Hochschule.

Ich begann die Vorlesungen in dem Winterhalbjahr 1857/58 mit einer öffentlichen über die germanischen Gottes-Urtheile: – dem Gegenstand meiner Habilitationsschrift. Da unser Name in München sehr bekannt, auch mein Eintreten für Prantl unter den Studenten unvergessen war, erhielt ich starken Zulauf von Neugierigen, – über 70 – unter denen auch katholische Theologen zahlreich vertreten waren: Schwerlich aus Liebe zu mir!

Es hat mir niemals Schwierigkeit gemacht, frei vorzutragen, so dachte ich nie daran, zu dictiren oder abzulesen – ich hatte unter dictirenden Professoren genug gelitten! Meine Vorlesungshefte enthielten und enthalten nur kurze Anhalte für die Aufeinanderfolge der Gedanken, blos ausnahmsweise – bei wichtigen Begriffsbestimmungen – ausgeführte Sätze. Meine Vortragsweise hat von Anbeginn den Hörern gefallen, aber sie litt von Anbeginn bis heute an dem Fehler, daß ich zu rasch spreche. Um nun dafür zu sorgen, daß der Hörer nicht gedankenlos wörtlich nachschreiben – am Ende gar stenographiren! – nur den Gedankengang des Vortragenden in sich selbst, begreifend, wiederholen soll, gleichwohl ein befriedigendes Heft mit nach Hause bringen kann – was ich für unerläßlich halte – wiederhole ich den Gedanken in anderer Form, bis ich mich überzeugt habe, die Hörer, welche das können und wollen, haben ihn richtig aufgefaßt und verzeichnet.

Zu diesem Zweck muß man freilich scharfen Auges – leider mit sehr scharfer Brille! – bis in die hinterste Bank (auf der sie ja mit Vorliebe sitzen!) geistigen Zusammenhang mit den Hörern herstellen: gar oft habe ich einen Unaufmerksamen so lange angeblickt und gerade auf ihn los gesprochen, bis er aus seinen holden Bier-, Minne- oder anderen Träumen erwachte und nachschrieb. Uebrigens muß man Alles lernen, auch den akademischen Vortrag und ich glaube, ich mache es jetzt besser als vor 35 Jahren.

# Georg Friedrich Knapp

1842–1926

*Staatswissenschaftler*
*1860–1865 Studium in München,*
*Berlin und Göttingen.*
*Leiter des Statistischen Amtes und*
*ab 1869 ao. Prof. in Leipzig,*
*1874–1918 o. Prof. in Straßburg.*
*Historisch-statistische Arbeiten.*

Kehren wir aber von München zurück, gleichgültig, ob wir da gemalt oder studiert haben, so fällt uns nach kurzem Besinnen nicht leicht etwas anderes ein als das Wort: wir kommen aus dem gemütlichen München.
Und weshalb? Der unerfahrene Student erinnert sich vor allem an den Stoff; der Kleinbürger denkt an die hemdärmeligen Abende auf der Kegelbahn, der Bauer an das bunte, wimmelnde Oktoberfest.
Keiner von diesen allen aber hat eine Ahnung davon, was höheren Geistern so sehr an München gefällt.
Was fesselte hier den grossen Maler aus Waldeck, was bezwang den unerschöpflichen Novellisten aus Berlin, was bestrickte den geistreichen Redakteur der Allgemeinen Zeitung, seinen Landsmann? Wie kommt es, dass Hunderte von Fremden sich hier einwurzeln, lauter hervorragende Männer, die man nur selten auf Kellerfesten antrifft und die auf der Theresienwiese mit der grössten Regelmässigkeit – fehlen! Auch ihnen ist München vor allem die gemütliche Stadt.
Es muss also, wie es eine höhere Mathematik geben soll, auch eine höhere Gemütlichkeit geben, unerreichbar für den farbentragenden Fuchs, für den beschränkten Handwerker, für den schlichten Bauer – und doch unleugbar vorhanden für den Mann der höheren Kreise, und am meisten geschätzt vom Norddeutschen.
Da liegt es. Wie an jenen kleinen Orten, so hat auch in München ein Übel keine Herrschaft, das anderswo so leicht jede Erholung stört: in München kommt die Fexerei nicht auf. Nur ganz leise wagt sich mitunter der Bergfex hervor; aber er bleibt ungefährlich, da er sich nur auf dem Wege zum Bahnhof oder vom Bahnhof zeigt. Sonst aber ist das Fexentum nur selten und in einer Beziehung fehlt es ganz: es gibt keine Berufsfexen, oder noch kürzer: München duldet die Fachfexen nicht, die sonst in Deutschland aufs schädlichste wuchern. Denn der Deutsche will etwas Tüchtiges sein; er lernt „sein Fach" und „simpelt Fach", bis er in lauter Fachgedanken erstickt und als fertiger Fachfex dasteht.
Als Gelehrter liest er und wiederholt er alle Rezensionen; als junger Dozent zählt er alle Universitäten auf, an denen er in Vorschlag war; als Leutnant betet

111

er die Rangliste her, vorwärts oder rückwärts; als Beamter kennt er das Klebegesetz auswendig, und in manchem unbewachten Augenblick entschlüpft ihm davon ein Paragraph. Jeder findet es beim andern grässlich, und jeder tut es doch.

Nur in der dünnen Luft der bayerischen Hochebene gedeiht der Fachfex nicht. Der Bayer wird freilich auch seltener Spezialist als der Mitteldeutsche oder Norddeutsche. Er wartet lieber ab, ob es ihm der liebe Gott gegeben habe und lässt es laufen, wenn es ihm nicht gegeben ist. Aber wenn es ihm als Geschenk zufällt, dann wird er was Rechtes und redet nicht davon, ausser wenn's nötig ist. Denn der Bayer und sein Bruder, der Österreicher, will nicht in seinem Berufe verkümmern.

So heilige Namen wie Mozart oder Schwind wollen wir nur im Vorübergehen mit Ehrfurcht nennen; sie waren ja Künstler, und die Kunst ist nun einmal die Schöpferin und Hüterin der Ganzheit.

Aber hier in München haben auch andere Berufe das Schöne, dass sie ihren Trägern nicht das Mark aussaugen, sondern ihnen die Gesundheit bewahren. Dass sogar Könige hier Menschen bleiben, hat uns Ludwig der Erste gezeigt. Freilich bietet eine so hohe Stellung tausend Heilmittel gegen die Verknöcherung dar. Aber auch in bescheidenen Lebenslagen bewährt es sich, dass der Bayer, und allen voraus der Münchner, gegen die Berufskrankheit des Fexentums geschützt ist.

Nehmen wir einmal als Beispiel den Apotheker. In der Residenz wohnte einmal ein solcher, der Hofapotheker Pettenkofer. Seine Rezeptur verstand er so gut, wie je einer es tat, und sein Geschäft betrieb er musterhaft. Aber er konnte noch mehr. Setzte man ihn in das königliche Münzamt, so war er ein Scheidekünstler ersten Ranges, der unversehens aus den Brabanter Krontalern das verborgene Gold und die Spuren von Platin herausholte. Trug man ihm auf, Vorlesungen über Hygiene zu halten, so fand er zwar nichts vor, das er hätte lehren können, schuf aber so nebenbei das ganze Fach und bildete die Schüler heran, die jetzt auf allen Universitäten Lehrstühle inne haben. Man fragte ihn um Rat wegen des Nachdunkelns der alten Gemälde in der Pinakothek – und Pettenkofer gab sofort ein Verfahren an, die mikroskopischen Risse im Firnis zu schliessen und die alten Farben wieder aufleuchten zu lassen.

Im Jahre 1854 fällt ihn die Cholera an; er übersteht die mörderische Krankheit und rächt sich, indem er sie in alle Schlupfwinkel verfolgt, bis nach Malta und Indien. In wenigen Jahren ist er dahinter gekommen, wie sie sich verbreitet – und ehe man's denkt, hat er die Sanierung der Städte in Gang gebracht.

Ein Fachmann – wäre er das gewesen, so hätte ihm seine Apotheke genügt; nein, er war ein Mann der Wissenschaft und sogar mehr als das.

Bei Festlichkeiten, als Rektor der Universität, in seinem Talar – wie wusste er den beinahe königlichen Mantel königlich zu tragen! So bewegt sich in diesen weiten Falten nur eine künstlerisch angelegte Natur. Und wie liebenswürdig blitzten dabei seine dunkeln Augen.

Noch viel mehr aber leuchteten sie, wenn er die Gedichte eines ganz unbekannten Mannes vorlas, der jetzt ein bekannter und verehrter Mann geworden ist, die Gedichte Hermann Linggs. Diesen Dichter hat Pettenkofer entdeckt und ans Licht gezogen. Wer weiss, ob je Emanuel Geibel das erste Bändchen der Gedichte Linggs herausgegeben hätte, hätte nicht der Münchner Hofapotheker durch meisterhaften Vortrag die Neugierde und Teilnahme geweckt und genährt.

Ganz davon zu schweigen, dass Pettenkofer selbst, wenn er wollte, ein glänzendes Sonett zustande brachte, dem niemand anmerkte, dass es aus der Residenz und aus welcher Ecke dieses weitläufigen Gebäudes es stammte. Man wird durch diesen Mann an Italien erinnert, dessen grosse Männer ebenfalls alles konnten, was sie wollten. Dort wachsen sie empor ohne die Stütze und die Beschränkung dessen, was der Deutsche sein Fach nennt. Dort heisst es: Sei ein bedeutender Mensch, aber bleibe dabei ein Mensch – eine Anschauung, die sich in Deutschland leicht verliert, von der aber in Bayern ein kostbarer Rest geblieben ist. In Bayern wieder am häufigsten in München; in München niemals so deutlich ausgeprägt wie bei Pettenkofer, der sozusagen das höchste Mass des Münchnertums darstellt.

*Max von Pettenkofer*

# Georg Friedrich von Hertling

1843–1919

*Politiker und Philosoph
Philosophiestudium in Münster
und WS 1861/62 in München;
Prof. in Bonn (1867) und
München (1882).
1876 Mitbegründer der
„Görresgesellschaft
zur Pflege der Wissenschaft
im kath. Deutschland".
1875–1890 und 1896–1912
Mitglied des
Reichstags (Zentrum).
1912–1917 bayer. Ministerpräsident.
1917–1918 Reichskanzler.*

Nach Würzburg zog es mich nicht, ich weiß nicht warum, und schließlich fiel die Wahl auf München. So bezog ich denn Ende Oktober München als zweite Universität. Mit den Vorlesungen war ich bald im reinen; der Gedanke an das theologische Studium war nicht aufgegeben; ich hörte bei Döllinger Kirchengeschichte und bei Haneberg Einleitung ins Alte Testament. Daneben aber mit großem Interesse Experimentalphysik bei Jolly und Chemie bei Liebig. Mein Plan war, bevor das Studium der theologischen Hauptfächer begänne, mir eine breitere Gundlage allgemeinen Wissens zu verschaffen. Die Philosophie war diesmal nicht vertreten. Prantl zu hören, war mir nicht in den Sinn gekommen; vielleicht hatte mich auch Franz Brentano vor ihm gewarnt. Von Döllinger hatte Clemens nichts wissen wollen, und die Vorträge, die er im vergangenen Winter im Odeon gehalten hatte, waren ja auch in katholischen Kreisen nicht überall mit ungeteiltem Beifall aufgenommen worden. Bei Haneberg zog mich immer wieder die ehrwürdige Priestergestalt an, er hatte auch nach seinem Eintritt in den Benediktinerorden seine Lehrtätigkeit an der Universität beibehalten. Sein klarer, ruhiger Vortrag imponierte mir. Jolly war ein ausgezeichneter Lehrer, und in einem Briefe an meine Mutter rühmte ich die durchsichtige Klarheit seines Vortrags bei gedrängter Kürze. Weniger günstig ist, was ich in demselben Brief über Liebig schrieb; sein Vortrag war ja in der Tat alles eher wie mustergültig, aber die Zuhörer mußten doch den Eindruck gewinnen, daß er ihnen eine Wissenschaft vortrug, an deren Aufbau er grundlegend mitgearbeitet hatte. Erwähnen will ich noch, daß bei Liebig die zwei bayerischen Prinzen Ludwig und Leopold sich einfanden. Sie hatten ihre Plätze vor der ersten Studentenreihe und erwiesen sich als fleißige Zuhörer.

In den ersten Tagen des Mai 1882 begann ich meine Lehrtätigkeit an der Universität München. Ich hatte eine vierstündige Vorlesung angekündigt über System und Geschichte der aristotelischen Philosophie, mich aber, da meine Berufung erst nach dem Abschlusse des amtlichen Verzeichnisses erfolgt war, mit dem Anschlag am schwarzen Brette begnügen müssen, und konnte unmöglich auf starken Zulauf rechnen. Daß sich einige dreißig Hörer eingefunden hatten, nahm ich als günstiges Zeichen für die Zukunft.

Die großstädtischen Verhältnisse brachten es mit sich, daß an einen Neuberufenen nicht die Anforderung gestellt wurde, die sämtlichen Mitglieder der Universität aufzusuchen. Man beschränkte sich auf die Angehörigen der Fakultät oder wenn, wie dies bei der philosophischen der Fall war, diese in zwei Sektionen zerfiel, auf die Angehörigen der eigenen Sektion, und pflegte daneben noch den Mitgliedern des akademischen Senats seinen Besuch zu machen. Zu ihnen gehörte auch Döllinger, der seit Jahren ständiger Vertreter der theologischen Fakultät im Senate war. So hätte ich auch ohne die Mahnung des Ministerialrates Völk Anlaß gehabt, zu ihm zu gehen. Die Aufnahme, die ich bei meinen Besuchen bei den Einzelnen fand, war durchweg eine freundliche.

Die Philosophie hatte, als ich kam, drei Vertreter; der älteste darunter war Beckers, der treue Anhänger der Schellingschen Philosophie, in deren Entwicklung er seinerzeit eine Rolle gespielt hatte. Er war Rektor gewesen, als ich in München studierte, und hatte bei der damaligen Jahrhundertfeier die Gedächtnisrede auf Fichte gehalten. Jetzt trat er wenig mehr hervor. Noch weniger war dies bei Frohschammer der Fall, der vor Jahren aus der theologischen Fakultät in die philosophische versetzt worden war. Mit der Kirche zerfallen, alt und mürrisch, nahm er an den Verhandlungen der Fakultät wenig Anteil; ob er noch Zuhörer hatte, weiß ich nicht. Endlich Karl Prantl. Er war ein gründlicher Gelehrter von umfassendem Wissen; seine mehrbändige Geschichte der Logik im Abendlande ist nicht nur ein Zeugnis außerordentlichen Fleißes, sondern hat auch in den das griechische Alterthum behandelnden Abschnitten unzweifelhafte Verdienste. Als Lehrer hatte er großen Erfolg. Es las alljährlich das Collegium logicum, das von Studierenden aller Fakultäten besucht war.

Die klassische Philologie vertraten Christ, Wölfflin und Bursian, von denen der letztere kurze Zeit nach meinem Eintritt in die Fakultät einer schweren Krankheit erlag. Christ war zweifellos ein tüchtiger Philologe, von kritischem Verstande und ein ungemein fleißiger Lehrer. Eine ganze Generation bayerischer Gymnasiallehrer war durch seine Schule hindurchgegangen. Christ war Gräzist; seine Geschichte der griechischen Literatur hat, soviel ich weiß, in Fachkreisen eine günstige Aufnahme gefunden. Eine sehr anders geartete Persönlichkeit war der Latinist Eduard Wölfflin. Von Herkunft

Schweizer, entstammte er einer der alteingesessenen Baseler Familien und erfreute sich eines behäbigen Wohlstandes. Neben den Philologen mag gleich Heinrich Brunn genannt werden, der Archäologe. Ich hatte ihn seinerzeit in Rom getroffen, als er eben im Begriffe stand, seine Stelle als zweiter Sekretär des archäologischen Instituts aufzugeben und der Berufung an die Unversität Folge zu leisten. Er war eine feinsinnige Natur, und man konnte es ihm anmerken, daß die Beschäftigung mit der griechischen Kunst den Inhalt seines Lebens bildete. Neuere Kunstgeschichte trug Moritz Carrière vor, der Ästhetiker, den sein Schwiegervater, der berühmte Liebig, nach München gezogen hatte. Er war ein geistreicher Nachzügler der Hegelschen Schule, von persönlicher Gesinnung, bemüht, auch fremden Standpunkten gerecht zu werden.

Unter den Historikern fand ich Cornelius noch vor, den ich als Student gehört hatte. Seine temperamentvolle Art hatte in den seitdem verflossenen zwanzig Jahren keinerlei Abschwächung erfahren; er war einer der leidenschaftlichen Vertreter der kirchlichen Opposition. An Stelle Sybels, der noch zu Anfang der sechziger Jahre nach Bonn gegangen war, war Giesebrecht, der Verfasser der Geschichte der deutschen Kaiserzeit, aus Königsberg nach München berufen worden, ein ruhiger, nur seiner Wissenschaft und seinem Lehrberufe lebender Gelehrter. Jetzt war als dritter noch Friedrich hinzugekommen, der in der theologischen Fakultät Kirchengeschichte vorgetragen hatte, als ausgesprochener Altkatholik aber in die philosophische Fakultät versetzt worden war.

Als eines der Originale, wie sie früher häufiger an den deutschen Universitäten zu finden gewesen, jetzt aber im Aussterben begriffen seien, wurde mir gleich anfangs Konrad Hofmann bezeichnet. In seiner vielseitigen Gelehrsamkeit vertrat er sowohl die romanische als die germanische Philologie, konnte es aber vielleicht wegen seiner Eigenart nicht zu einer rechten Einwirkung auf die Studenten bringen. Weit besser gelang dies dem jüngeren Breymann, den man, wie berichtet wurde, ursprünglich nur als Lektor der französischen Sprache heranziehen wollte, dann aber zum ordentlichen Professor gemacht hatte, und der nun mit gutem Erfolg um die Ausbildung der sogenannten Neuphilologen bemüht war. Nach der germanistischen Seite hatte Hofmann eine Ergänzung in Michael Bernays gefunden, „dem ersten Professor für neuere deutsche Literaturgeschichte", wie er selbst von sich sagte, um dann bescheiden hinzuzufügen, er meine dies natürlich nur chronologisch. Er war ein Bruder von Jakob Bernays in Bonn. Als bewunderter Vortragskünstler und darum vielbegehrter Redner hatte er sich mit dieser Tätigkeit schlecht und recht durchgeschlagen, worüber allerlei lustige Geschichten im Umlaufe waren. Ich hatte ihn in Bonn hie und da auf der Straße gesehen und das Bild eines in recht bescheidenen Verhältnissen lebenden Mannes gewonnen, war also im höchsten Grade überrascht, ihn in völlig veränderter Lage wiederzu-finden. Er hatte eine große, herrschaftliche Wohnung inne, war im Besitze einer gewaltigen Bibliothek, deren Ausläufer den Besucher schon im Vorsaale begrüßten, und vereinigte bei seinen Wochenempfängen die verschiedensten gesellschaftlichen Elemente, Gelehrte und fürstliche Aristokraten. So hörte ich erzählen; denn ich selbst bin nie dort gewesen. Eine reiche Heirat hatte den Wandel herbeigeführt.

Die semitische Philologie vertrat Trumpp, von dem mir nichts in der Erinnerung geblieben ist, die indische der wegen seiner gründlichen Gelehr-samkeit und seinem besonnenen und ruhigen Wesen allgemein geschätzte Ernst Kuhn. Er war, abgesehen von Friedrich, der einzige Überlebende aus jener Zeit, als ich im Februar 1912 aus dem Lehrkörper der Universität ausschied.

Nicht lange nach meiner Ankunft lud der Dekan – es war Cornelius – zu einer Fakultätssitzung ein; alsbald aber suchte mich Druffel auf und riet mir dringend, nicht in die Sitzung zu gehen. Ich war wenig geneigt, dem Rate zu folgen, aber er gab nicht nach, bis ich mich entschlossen hatte, fernzubleiben. Als aber kurze Zeit danach wieder eine Sitzung anberaumt wurde, erklärte ich dem Freunde, daß ich mich diesmal unter keinen Umständen würde zurückhalten lassen, und ich ging hin. Cornelius eröffnete die Verhandlun-gen, indem er als seine erste Pflicht am heutigen Tage bezeichnete, zwei neue Mitglieder der Fakultät zu begrüßen, Kollege Friedrich und Kollege von Hertling: „Der erstere hat der Berufung gezwungenermaßen Folge geleistet, Kollege von Hertling ist ihr freiwillig gefolgt; darum begegnen dem ersteren unsere Sympathien, die sich Kollege von Hertling erst erwerben muß." Blitzschnell fuhr es mir durch den Kopf: Was wirst du tun, wirst du dem Manne die gebührende Antwort geben und ihm antworten, wie du es im Parlament tun würdest? Nein; du würdest damit deine isolierte Stellung für immer besiegeln. So begnügte ich mich damit, mich zu erheben und eine stumme Verbeugung zu machen. Als ich später Windthorst von dem Vorfalle erzählte, meinte er: „Sie haben recht gehandelt, aber – ich würde doch etwas gesagt haben." Der Erfolg sprach indessen für mich. Schon gleich am andern Morgen drückten mir die beiden angesehenen Fakultätsmitglieder Brunn und Prantl, mit denen ich im Universitätsgebäude zusammentraf, unter Worten der Mißbilligung ihr Bedauern über das Verhalten des Dekans aus.

Später erfuhr ich, daß dasselbe ein Vorspiel gehabt hatte. Vermutlich in jener Sitzung, von deren Besuch mich Freund Druffel abhielt, war von der Fakultät beschlossen worden, beim Ministerium dagegen zu protestieren, daß, ohne vorausgegangenes Einvernehmen mit ihr, Friedrich und ich berufen worden seien. Der Senat schloß sich dem Proteste an. In einem Schreiben vom 12. Juli nahm Minister von Lutz hierzu Stellung. Seine Ausführungen waren für Senat und Fakultät nicht eben schmeichelhaft. Nachdem der Minister nachdrücklich betont hatte, daß die Staatsregierung unzweifelhaft das Recht besitze, auch ohne vorherige Einvernahme der akademischen Behörden dem Könige Personalveränderungen an der Universität vorzuschlagen, meinte er, wenn, wie das Schreiben des Senats geltend machen wolle, eine einmalige, durch besondere Verhältnisse veranlaßte Abweichung von einem regelmäßig eingehaltenen Vertrage Grund zu der Befürchtung gebe, es möchte von nun an öfter davon Umgang genommen werden und das Verfahren schließlich ganz in Wegfall kommen, so wäre umgekehrt für die Staatsregierung Anlaß gegeben, ab und zu auch ohne besondere Veranlassung von dem Rechte der Ernennung akademischer Lehrer, ohne Einvernahme von Senat und Fakultät, Gebrauch zu machen, damit nicht etwa das Recht der Regierung als durch Nichtgebrauch erloschen angesehen werde.

Mit Professor Bach von der theologischen Fakultät, der seit einigen Jahren für die Studierenden der Theologie philosophische Vorlesungen abhielt, einigte ich mich dahin, daß wir bestimmte Kollegien, und namentlich Logik, abwechselnd vortrugen, und so eine unliebsame Konkurrenz vermieden blieb.

Von den Freunden aus der Studentenzeit lebten die Historiker Max Lossen und Druffel in München.

Ich hatte von Anfang an wenig Lust, München zu verlassen; wohl aber den begreiflichen Wunsch, daß mir der ehrenvolle Ruf nach auswärts zu einer Verbesserung meiner bescheidenen Verhältnisse verhelfen würde. Und hiezu schien man ja auch, nach mir zugegangenen Mitteilungen im Ministerium, geneigt zu sein. Nun aber fand ich bei meiner Rückkehr aus Rom einen Brief von Landmann vor, daß Fakultät und Senat eine ablehnende Haltung eingenommen hätten mit Rücksicht darauf, daß ich durch meine parlamentarische Thätigkeit verhindert sei, meine ganze Kraft dem akademischen Berufe zu widmen. Nach allerhand Worten der Anerkennung und des Bedauerns schloß der Minister: „Ich sehe mich unter diesen Umständen außerstande, Gehaltsanbietungen zu machen und glaube Ihnen sofort von dieser Sachlage Mitteilung machen zu sollen, um Sie in Ihren weiteren Erwägungen nicht länger aufzuhalten." Mit anderen Worten hieß dies: „Packen Sie nur gar nicht aus, sondern fahren Sie gleich weiter nach Bonn!" und das verdroß mich.

Freund Preysing, der von mir unterrichtet worden war, hatte nicht verfehlt, dem Chef der Geheimkanzlei Kenntnis von der an mich ergangenen Berufung zu geben. Kaum in Berlin angelangt, wohin ich am 11. Dezember gefahren war, erhielt ich von Freiherrn von Zoller das nachfolgende Schreiben: „Euer Hochwohlgeboren beehre ich mich im Allerhöchsten Auftrage ganz ergebenst zu benachrichtigen, wie Seine Königliche Hoheit der Prinzregent es lebhaft bedauern, daß die Kürze der verfügbaren Zeit es Allerhöchst Ihm nicht gestatteten, Euer Hochwohlgeboren noch vor Ihrer Abreise nach Berlin persönlich zu sprechen, wie es der Allerhöchste Herr so sehr gewünscht hätte. Seine Königliche Hoheit haben mich nunmehr beauftragt, Euer Hochwohlgeboren schriftlich zu eröffnen, daß Höchstdieselben auf Ihre ferneren Dienstleistungen in Bayern nach jeder Richtung hin großen Wert legen und es sehr beklagen würden, wenn Euer Hochwohlgeboren den Entschluß fassen würden, dem ehrenvollen Rufe nach Bonn folgend, das engere Vaterland zu verlassen. Seine Königliche Hoheit geben Sich gern der Hoffnung hin, daß es doch noch gelingen werde, den drohenden Verlust einer allseitig so bewährten Kraft in Bayern abzuwenden."

Infolgedessen entschloß ich mich, den Ruf nach Bonn abzulehnen und berichtete dies nach München. Umgehend erhielt ich darauf aus dem Kabinett das nachstehende Telegramm: „Im Allerhöchsten Auftrage teile ich Euer Hochwohlgeboren ergebenst mit, daß Seine Königliche Hoheit der Prinzregent gestern mit großer Genugtuung von dem Telegramme Kenntnis genommen haben." Und nicht nur das. Der Prinzregent ließ wenige Tage danach dem Kultusminister die Mitteilung zugehen, er freue sich, daß ich durch Ablehnung der Berufung nach Bonn Bayern erhalten bleibe; es sei mir die Allerhöchste wohlgefällige Anerkennung dieses Entschlusses mitzuteilen und zugleich das Bedauern auszusprechen, daß die gegenwärtigen Verhältnisse nicht gestatteten, mir für das dabei gebrachte Opfer entsprechende Entschädigung zu gewähren. Das wirkte noch weiter nach. Es traf sich, daß noch ein anderes Mitglied der Fakultät einen Ruf nach auswärts erhalten und gleichfalls abgelehnt hatte. Wie ich durch eine Zuschrift des akademischen Senats erfuhr, hatte das Ministerium die Allerhöchste Ermächtigung erhalten, bei dem nächsten Landtag die Bewilligung eines Postens zu erwirken, durch den in Zukunft in ähnlichen Fällen Gehaltserhöhungen möglich wurden. Am Schlusse des Schreibens verfehlte das Ministerium nicht, seiner lebhaften Freude und Befriedigung darüber Ausdruck zu geben, daß die beiden „ausgezeichneten Kräfte der Universität und dem engeren Vaterlande erhalten blieben".

# Lujo Brentano

1844–1931

*Nationalökonom*
*Studium in Dublin, Münster,*
*München (SS 1863), Heidelberg,*
*Würzburg, Göttingen und Berlin;*
*Prof. in Breslau, Straßburg,*
*Wien, Leipzig und*
*1891–1914 in München.*
*Starkes sozialpolitisches*
*Engagement; 1872 Mitbegründer*
*des Vereins für Sozialpolitik.*
*1901/02 Rektor der*
*Univ. München.*

Im Oktober 1891 sind wir in München eingezogen. Das war für mich trotz aller in der Zwischenzeit beiderseits eingetretenen Änderungen das Wiedersehen mit dem „lieben München" meiner Studentenzeit, der deutschen Stadt, in der trotz aller treudeutschen Gesinnung das Individuum noch am meisten sich entsprechend seiner Natur ausleben konnte.

Ich persönlich habe in München alte Freunde aus meiner Jugendzeit, wie die drei Töchter Ringseis', mit deren einer, Emilie, ich 1866 im Residenztheater in Goethes „Elpenor" aufgetreten war, den Bildhauer Anton Heß, desgleichen befreundete Kollegen aus Universitäten, denen ich früher angehört hatte, so meinen Straßburger Kollegen Schöll und meinen Breslauer Kollegen Alfred Dove wiedergefunden; Herr und Frau von Sicherer, die Familie des Chemikers Adolf von Baeyer, des Geologen von Zittel, des Mathematikers Pringsheim, des Zoologen Hertwig, und selbstverständlich blieben wir nicht nur mit meinem Kollegen Lotz in treuer Freundschaft verbunden, sondern gewannen eine neue Freundin, als er sich verheiratete, in seiner liebenswürdigen Frau. Sachlich ist das Vierteljahrhundert, das ich an der Münchner Universität aktiv verbringen sollte, die Zeit meiner größten Lehrerfolge, aber auch ununterbrochener, teilweise erbitterter sozialpolitischer Kämpfe gewesen.

Zunächst hatte ich akademische Schwierigkeiten mit der Staatswirtschaftlichen Fakultät, in die ich eintrat. Sie bestand, außer dem Kulturhistoriker W. H. Riehl, nur aus Forstleuten. Diese hätten es lieber gesehen, wenn einer von ihnen zum Nachfolger Helferichs ernannt worden wäre. Ich aber war auf Grund eines Berichtes der juristischen Fakultät vom akademischen Senate dem Ministerium vorgeschlagen worden. Es dauerte aber nur so lange, bis ich nach dem üblichen Turnus des Dekanat antreten sollte. Ich habe abgelehnt, Dekan zu werden, solang ich das Vertrauen meiner Kollegen nicht besitze.

Darauf haben sie mich nachdrücklich gebeten, Dekan zu werden. Dabei mögen sie sich vor dem Minister gescheut haben, denn dieser war auf meine Berufung stolz; ich hatte nämlich sofort außergewöhnlichen Erfolg bei den Studenten. Da der damalige Hörsaal nicht ausreichte, mußte ich im ersten Semester in der großen Aula lesen. Das war bei der Unmöglichkeit, den großen Raum genügend zu erwärmen, im Monat Januar sehr unangenehm, und meine Zuhörer saßen in ihren Mänteln und ich sprach in meinem Pelz. Im darauffolgenden Semester war aus zwei Hörsälen einer gemacht worden, der für die nächsten Jahre, wenn auch nur mit knapper Not, ausreichte. Weniger Glück wie mit meinen Kollegen von der Forstwissenschaft hatte ich leider mit dem Direktor des bayerischen statistischen Büros. Man hatte gewünscht, daß ich in München ein Seminar wie in Straßburg und Leipzig ins Leben rufe. Um darin ganz besonders bayerische Probleme bearbeiten zu lassen, war mein Gedanke, das Seminar mit dem statistischen Büro in engere Verbindung zu bringen. Ich erinnerte mich des Nutzens, den ich in Berlin daraus gezogen hatte, daß Engel den Seminarmitgliedern das Material und die Bibliothek seines Büro zugänglich machte. Aber die bürokratische Eifersucht des Direktors des bayerischen Büros hat meinen Plan vereitelt. Professor Lotz und ich haben dann unser Seminar im Turm der Universität untergebracht, bis wir in anderen Universitätsräumen Unterkunft fanden.

Es war noch in den ersten Tagen meiner Münchener Lehrtätigkeit, da erhielt ich eine Aufforderung, mich an einem bestimmten Abend im Wirtshaus zum „Bauerngirgl" zu einer Zusammenkunft der in München anwesenden früheren Studenten des Augsburger Gymnasiums St. Stephan einzufinden. Ich ging hin, da es mir darauf ankam, zu wissen, wer von meinen früheren Mitstudierenden noch etwa vorhanden war. Als ich in den Saal eintraf, fand ich erst vier mir unbekannte Herren vor. Ich nannte meinen Namen und setzte mich an einen Tisch. Bald darauf trat mein Kollege von der theologischen Fakultät, Alois Schmid, ein und setzte sich mir gegenüber. Darauf erschien eine Hünengestalt, die sich mir als Georg von Vollmar vorstellte; er setzte sich neben Schmid. Und abermals trat ein weiterer Theologe herein und setzte sich neben Vollmar. Nachdem ungefähr 30–40 Personen versammelt waren, erhob sich der Einberufer und beendete seine Begrüßung mit der Aufforderung: „Jetzt singen wir das Lied: Du alte Burschenherrlichkeit, wohin bist du geschwunden" und der Chor stimmte ein. Bekanntlich lautet der letzte Vers: „Ihr Brüder reicht die Hand zum Bunde", worauf mit jedem der kreuzweis über den Leib gelegten Arme die Hand der beiden Nachbarn ergriffen und gesungen wird: „Es leb' die alte Treue"; und vor mir stand der sozialdemokratische Führer Vollmar, an jeder Hand einen Theologen und die drei sangen aus voller Brust: „Es leb' die alte Treue!"

Ich war von der überwältigenden Komik dieses Erlebnisses noch voll, als ich am folgenden Tage dem Innenminister Freiherrn von Feilitzsch auf der Straße begegnete; ich erzählte ihm davon. Aber gegen meine Erwartung hatte er für die Komik keinen Sinn; der Polizeiminister überwog, und ich erhielt zur Antwort: „Da sieht man, wie der rastlose Agitator selbst in die harmlosesten Kreise einschleicht."

Dem Besuche meiner Vorlesungen hat die Hetze keinen Eintrag getan. Vielmehr ist die Zahl meiner Zuhörer von Semester zu Semester gestiegen. Auch hatte ich nicht nur die Jugend auf meiner Seite; ab und zu gehörten auch Geistliche und höhere Staatsbeamte und einmal während mehrerer Monate Wilhelm Merton zu meinen Zuhörern. Auch der große Hörsaal, der durch die Vereinigung zweier entstanden war, wurde unzureichend. Die Zuhörer standen nicht nur in den Gängen zwischen den Bänken, sondern bis hinauf auf den Katheder, und im Winter lagen Mäntel, die an den Kleiderhaken nicht mehr Platz gefunden hatten, je nach dem Wetter naß auf dessen Pult. Immer lauter wurde das Verlangen nach Erweiterung des Universitätsgebäudes durch einen Riesenhörsaal, und angesichts der Zunahme der Seminartätigkeit in allen Lehrfächern haben viele Kollegen, die eigene Räume für ihre Seminare nötig hatten, dem Verlangen nach einem Neubau sich angeschlossen. Um sich von der Unhaltbarkeit des Zustandes zu überzeugen, besuchte der derzeitige Rektor – es war der Theologe Bardenhewer – meine Vorlesung. Darauf richtete der akademische Senat an das Ministerium den Antrag um einen Neubau. Als ich dann eines Tages über Bevölkerung zu sprechen hatte, führte ich aus, die Bevölkerungszunahme der Völker europäischen Ursprungs habe in den letzten Dezennien 40 Prozent betragen. Angenommen, diese Völker, deren Seelenzahl sich dermalen auf rund 660 Millionen beziffere, nähmen weiter auch nur um 1,4 Prozent jährlich zu, so käme in weniger als 900 Jahren auf jeden Quadratmeter der festen Erdoberfläche ein Mensch europäischen Ursprungs. Dabei sei von den übrigen Rassen und ihrer, wenn auch viel langsameren Vermehrung, ganz abgesehen. Ziehe man auch diese in Betracht, so säße man auf der Erde so dicht aufeinander wie in diesem Hörsaal. Die Zuhörer drehten plötzlich alle ihre Köpfe nach hinten; denn ohne daß ich eine Ahnung hatte, war der Kultusminister Wehner in einer der hintersten Bänke des langen Saales anwesend gewesen und, als er meine Worte hörte, entfloh er unter dem schallenden Gelächter der Zuhörer. Aber auch damit war man im Ministerium von der Notwendigkeit eines Neubaus noch nicht überzeugt. Einige Wochen später fand ich, als ich zu meinem Hörsaal ging, vor jeder der fünf Türen desselben einen Diener stehen. Ich frug, was das bedeute. „Wir sollen zählen, wie viel Zuhörer in Ihre Vorlesung gehen." Es interessierte auch mich, dies zu erfahren; nach meiner Erinnerung waren dies etwa 560. Vierzehn Tage darauf wurde nochmals gezählt; da waren es 7 weniger; bei einer dritten Zählung nach abermals vierzehn Tagen waren es dagegen 10 mehr als bei der ersten Zählung. Nun war auch das Ministerium beruhigt, daß es mit gutem Gewissen vom Landtag die Bewilligung eines Neubaus fordern könne. Er wurde bewilligt. Der Erweiterungsbau wurde im Februar 1906 unter dem Rektorat Endres begonnen und am 19. November 1909 der Universität übergeben. Nun hatte ich einen Hörsaal, der über 700 Sitze faßte und noch dazu eine Galerie mit mehreren Bankreihen.

Auch für das Seminar, in dessen Leitung ich mich mit meinem Kollegen Lotz teilte, erhielten wir nun angemessene Räume. Es sind daraus Arbeiten hervorgegangen, die uns große Anerkennung verschafft haben, von der ersten des Dr. Ernst Francke über das Schuhmachergewerbe in Bayern angefangen. Die Ausführung der letzten, die ich sehr gern gesehen hätte, hat der Ausbruch des Weltkriegs verhindert. Ein Student war zu mir gekommen, der ursprünglich Theologe werden wollte; er hatte um Angabe eines sozialgeschichtlichen Themas gebeten. Nun hatte ich mich stets dafür interessiert, aus welchen Gesellschaftsschichten in den verschiedenen Jahrhunderten die Heiligen hervorgegangen seien. Nach meiner Meinung hat der Himmel in den Anfängen des Mittelalters sich aus nachgeborenen Kindern des Adels und Kindern der Hörigen rekrutiert; dagegen hat mit dem Aufkommen des Bürgertums die Zahl der Heiligen abgenommen. Doch meine Meinung entbehrte den Nachweis durch eine exakte Untersuchung. Bei einem jungen Mann, der Theolog hatte werden wollen, setzte ich Interesse für die Frage voraus. Ich sagte ihm also: „Machen Sie eine Berufsstatistik des Himmels. Sie beginnen mit der Zeit Gregors von Tours, denn für die frühere Zeit werden viele Heilige aufgeführt, von denen man nicht viel weiß; Material finden Sie bei den Bollandisten." Doch der Bibliothekar der Abtei zu Bonifaz, an den sich der junge Mann wandte, um in der dortigen Bibliothek arbeiten zu können, hatte keinen Sinn für Sozialgeschichte. Er antwortete: „Reitet denn den Professor Brentano der leibhaftige Teufel", und gleich darauf gab der Weltkrieg meinem Kandidaten eine andere Verwendung.

Ich habe es bei der Leitung des Seminars stets als selbstverständliche Pflicht erachtet, allen, die etwas lernen wollten, ohne Ansehen der Person, des Glaubensbekenntnisses, der Nationalität oder des Geschlechts gleichmäßig zu Diensten zu sein. Man scheint nicht an allen Universitäten sich so verhalten zu haben. Daher viele Juden und Polen nach München kamen. Auch sehr viele Russen und Südslawen sind zu uns gekommen. Ich habe von diesen Ausländern manches Interessante über ihre heimischen Verhältnisse erfahren, teilweise sogar mit ihnen erlebt. So trat eines Tags ein russischer Student mit der Bitte an mich heran, ich möge an das einschlägige Ministerium in Petersburg eine Eingabe um Zusendung der Semstwo-Verhandlungen machen. Zunächst lehnte ich ab, da ich von Petersburg mit Sicherheit eine abweisende Antwort erwartete. Aber der Russe meinte, mir würde man das

Begehrte schicken; auch bat er so inständig und schließlich war es mir auch gleichgültig, abgewiesen zu werden. Ich gab nach, und zu meinem Erstaunen trafen viele Wochen nach meiner Eingabe zwei Riesenkisten mit den gewünschten Verhandlungen aus Petersburg ein. Aber mein Staunen wuchs, als der russische Student mir das Papier brachte, das auf den übersandten Verhandlungen lag, darauf eine gedruckte Vorschrift, die Verhandlungen den Gerichten zweiter Instanz, nicht aber den russischen Universitäten mitzuteilen; nach München aber hatte man sie geschickt! Die Folge war, daß eine namhafte Zahl russischer Studenten kam, um Semstwo-Verhandlungen zu studieren!

# Karl Bücher

1847–1930

*Volkswirt*
*1866–1870 Geschichts-*
*und Philologiestudium*
*in Göttingen und Bonn;*
*1881–1882 Prof. für*
*Nationalökonomie*
*und Statistik in München,*
*seit 1892 in Leipzig.*

Als ich mich in meinem 34. Lebensjahre entschloß, mich für Nationalökonomie und Statistik an einer deutschen Universität zu habilitieren, verhehlte ich mir nicht, daß dort überall meine vorige Tätigkeit an der Frankfurter Zeitung mir nicht zur Empfehlung gereichen würde.

Am meisten beschäftigte mich die Gewissensfrage, ob meine wissenschaftliche Ausrüstung für eine Habilitation ausreichen würde. Ich legte sie Schäffle vor und erhielt von ihm die Antwort: „Daß Sie die mehr als genügende Vorbereitung für den neuen Beruf haben, ist für mich zweifellos. Ich habe Ihre Artikel und Arbeiten hinlänglich mit kritischem Auge darauf angesehen, ob sie auf einer für die Dozentenlaufbahn zureichenden Fachbildung beruhen und sage Ihnen ohne jede Schmeichelei, die ja ein Unrecht wäre, daß sie solche tiefer und umfangreicher besitzen als die Mehrzahl der Ordinarien. Benützen Sie Ihren schon gesicherten Besitz und verwenden Sie für den Anfang nicht zu wenig Zeit auf die Form und Sorgfältigkeit des Vortrages. "

Er riet mir, mich nach München zu wenden, wo mir die Frankfurter Zeitung nicht schädlich sein würde und schrieb über meine Sache selbst an den dortigen Ordinarius Helferich. Es kam ein langer Brief von Helferich zurück, in dem alle Gründe entwickelt waren, die gegen eine Habilitation an der Münchener Universität sprächen. Schäffle meinte, ich solle mich dadurch nicht beirren lassen, und so bin ich im Februar 1881 nach München übergesiedelt.

In München war mein erster Gang zu Helferich. Er empfing mich mit den Worten: „Sie müssen aber viel Courage haben, daß Sie trotz meines Briefes sich in München habilitieren wollen. Bilden Sie sich nicht ein, viele Hörer erwarten zu können. Ich bin Examinator; die Bayern gehen ohnehin nur zum Ordinarius." Trotz dieses wenig ermutigenden Empfangs wurde die Habilitation bei der Staatswirtschaftlichen Fakultät eingeleitet. Da ergaben sich sogleich einige formale Schwierigkeiten dadurch, daß meine Bonner Doktordissertation philologisch-historischer Natur war und daß ich als Habilitationsschrift statt eines Manuskriptes einige schon gedruckte Aufsätze aus der Tübinger Zeitschrift eingereicht hatte. Aber man ließ Nachsicht walten und legte mir nur auf, drei Themata zur Auswahl für eine Antrittsvorlesung vorzulegen, von denen ich eines innerhalb dreier Tage bearbeiten sollte und Thesen aufzustellen, über welche disputiert werden könne.

Die nächsten beiden Tage verwandte ich darauf, mir den Stoff zurechtzulegen und die Gedankenfolge flüchtig zu skizzieren. Am folgenden sollte ich die Senatoren zu dem feierlichen Akte einladen und wurde in einer mit zwei Schimmeln bespannten Kutsche, angetan mit Frack und weißen Handschuhen, vom Oberpedell zu den hohen Herren geleitet, von denen einige auch ihr Kommen zusagten. Unbekannt mit den Sitten der Universität, aber entschlossen, keine derselben zu verletzen, fragte ich am Schlusse den Oberpedell, was bei solchen Gelegenheiten des Landes der Brauch sei. Er antwortete mir, daß der Habilitant in der Regel ein Manuskript vor sich habe und aus diesem vortrage. So setzte ich mich auch am Abend noch nieder und brachte während der Nacht den ganzen Vortrag zu Papier, den ich zu halten gedachte.

Am nächsten Morgen versammelte man sich im Sitzungszimmer der Fakultät, und der Dekan, Gustav Heyer, der bekannte Forstmann, eröffnete mir hier, daß ich nicht länger als eine halbe Stunde sprechen dürfe, damit Zeit zur Disputation bliebe. So fing ich denn frisch an zu extemporieren, und als die ersten Sätze glatt heraus waren, wuchs mir der Mut, und ich redete frei über eine Stunde, ohne vom Dekan unterbrochen zu werden. Dann wurde noch kurze Zeit über meine Thesen disputiert, und der Vorgang war zu Ende. Nachher scheint es freilich in der sich anschließenden Fakultätssitzung nicht ganz so gemessen hergegangen zu sein. „Aber, meine Herren Kollegen," sprudelte Helferich hervor, „haben Sie schon so etwas gesehen? Da stellt sich ein Privatdozent hin und redet fünfviertel Stunden, ohne auch nur ein

Blättchen Papier vor sich zu haben." Ich teile diese Aeußerung nach der Aussage des mir sehr gewogenen Forstprofessors Franz Baur mit, ohne sagen zu können, ob jemand vielleicht in meinem Verhalten ein Zeichen der Mißachtung erkennen zu müssen glaubte. Jedenfalls wurden die Habilitationsleistungen von der Fakultät als erfüllt anerkannt, und ich war nun als Privatdozent an der Universität München zugelassen.

Die Staatswirtschaftliche Fakultät in München hatte seit 1878 eine bedeutende Stärkung erfahren. Damals war der Unterricht in der Forstwissenschaft zum Teil an die Universität übertragen worden und das Ministerium hatte für ihn die bedeutendsten Männer des Faches berufen. Gustav Heyer war Vertreter der Bodenreinertragstheorie, damals der einzige dieser Gattung von Forstleuten in München. Aber er wohnte mit seinem engeren Landsmann und wissenschaftlichen Gegner Franz Baur in dem gleichen Hause in der Theresienstraße friedlich beisammen, und der dritte im Bunde war Ebermayer, dessen forstmeteorologische Untersuchungen damals von sich reden machten. Unter den Bekannten hieß dieses Haus nur das „Forsthaus". Heyer ist bald darauf in tragischer Weise ums Leben gekommen, und Baur verzog nach der Heßstraße; aber 1881, wo auch Karl Gayer nicht weit entfernt in der Gabelsbergerstraße wohnte, hatte man die Hauptvertreter der Forstwissenschaft Münchens bald beisamen, wenn man sie brauchte, und ich habe viel Gutes von allen erfahren, am meisten von Baur, mit dessen Familie ich noch nach meinem Scheiden von München lange verbunden geblieben bin.

Einmal in der Woche abends trafen sich die Forstleute von der Universität und aus dem Finanzministerium im „Kletzengarten". Franz Baur hatte mich dort eingeführt, und ich danke diesen Zusammenkünften manche praktische Belehrung, besonders von Seiten des Oberforstrats Ganghofer, des Vaters des Dichters, der damals an der Spitze der bayrischen Forstverwaltung stand und seiner Räte.

Nicht selten trafen sich auch die Familien der Professoren auf einem Bierkeller, wo ein frugales Abendessen verzehrt wurde, zu dem die Frauen die Zukost mitbrachten, während man das Brot aus der Schürze der Kellnerin erstand, und wenn man damit nicht zufrieden war, noch ein von Tisch zu Tisch wanderndes „Radiweib" in Nahrung setzen konnte.

Jedenfalls konnte man billig in München leben, wenn man der Landessitte sich einigermaßen anpaßte. Bei der guten Frau Kassier Kuisl in der Heßstraße, bei der ich wohnte, habe ich im Anfang sehr angestoßen, als ich zum Abendbrot immer Tee verlangte, und ich höre noch ihre weise Belehrung: „In Müncha trinkt ma kein Tee, da trinkt ma a Bier." Das wurde über die Straße im nächsten Wirtshaus geholt, und am Fenster stack ein Plakat mit der Aufschrift: „Morgens von 4 Uhr an geöffnet" – wohl für die zahlreichen Bauarbeiter, die in der Gegend zu tun hatten.

Mein „Oberkollege" Helferich stand bereits in den Sechzigern und war das typische Bild eines deutschen Professors, groß, hager, mit scharf geschnittenem bartlosem Gesicht. Er hatte in seiner Studienzeit bei Staatsrat Hermann Vorlesungen gehört, dessen Nachfolger er 1869 in München geworden war und dessen „Staatswirtschaftliche Untersuchungen" er 1870 mit G. von Mayr in zweiter Auflage herausgegeben hatte.

Kurz nach dem Beginn meiner ersten Vorlesung machte mich Baur darauf aufmerksam, daß ich doch auch den Universitätsreferenten im Kultusministerium Dr. Völk, einen Bruder des bekannten Abgeordneten, zu meiner Antrittsvorlesung hätte einladen sollen. Um mein Versäumnis wieder gutzumachen, aber doch auch nichts ohne Vorwissen Helferichs zu tun, besuchte ich diesen an einem sonnigen Maimorgen und fragte ihn um seine Meinung. „Nötig ist's nicht", sagte er; „möglicherweise ist Völk gar nicht bei Laune, dann bietet er Ihnen nicht einmal einen Stuhl an; wenn er aber gut gelaunt ist, so erhalten Sie eine Prise."

Auf dem Kultusministerium angelangt, ließ ich mich beim Referenten anmelden und wurde angenommen. Aber er machte in der Tat Miene, mich stehend abzufertigen. Da griff ich instinktiv nach der Lehne eines vor mir stehenden Stuhles, bekam einen Sitz angeboten und verweilte über eine halbe Stunde in angeregter Unterhaltung mit meinem Gegenüber, wobei die Schnupftabaksdose mir wiederholt angeboten wurde. Als ich herunter auf den Griechischen Platz kam, sah ich aus der Ferne eine schlanke Gestalt im dunklen Rock auf mich zukommen und erkannte in ihr Helferich. Als ich in seine Nähe kam, streckte ich drei Finger in die Höhe und sagte laut: „Drei, Herr Hofrath, drei." „Was denn?" entgegnete er und als ich antwortete: „Prisen", meinte er: „Da haben Sie von Glück zu sagen; es hätte auch übel ablaufen können."

Im Beginn des zweiten und dritten Semesters erschien er nach meiner ersten Vorlesung bei mir, jedesmal mit der Frage: „Wieviel haben Sie?" Als ich erwiderte: „Was denn?" sagte er: „Studenten!" Darauf entgegnete ich, daß ich das selbst nicht wisse. Wenn ich auf dem Katheder stehe, habe ich ganz andere Gedanken als die Zuhörer zu zählen. Aber ungefähr könne ichs doch sagen, erwiderte er, und wenn ich dann angab: „25 oder 30", klagte er: „Sehen Sie, bei Ihnen nimmts zu, bei mir nimmts ab."

Im Sommersemester 1881 las ich Geschichte, Theorie und Technik der Statistik und Volkswirtschaftliche Zeitfragen, im Winter 1881/82 Nationalökonomie und Ausgewählte Kapitel der Sozialstatistik, im Sommer 1882 Finanzwissenschaft und hielt ein nationalökonomisches Repetitorium ab. Da ich es in den systematischen fünfstündigen Vorlesungen schon das erste Mal auf 25 Zuhörer brachte, so wuchs mir der Mut, und ich richtete mich darauf ein, dieselben mit Helferich abwechselnd lesen zu können.

Es wird vielleicht sonderbar klingen, aber ich sage es frei heraus, daß ich in meinen Vorlesungen fast immer von der Hand in den Mund lebte. Selten war mehr vorbereitet, als ich in einer Stunde zum Vortrage bringen konnte. In den Ferien etwa für das kommende Semester Kollegienhefte auszuarbeiten, das vermochte ich nicht. Natürlich forderte das während des Semesters viel Arbeitskraft und Anstrengung. Ich erinnere mich, daß ich bisweilen des Abends ausgebeten war, und wenn ich nach 11 Uhr nach Hause kam, erst anfangen mußte, den Kollegienstoff für den folgenden Vormittag zusammenzustellen. Zweifellos ist, daß dadurch die Vorlesungen an Frische und Lebendigkeit gewannen; aber ebenso sicher ist, daß ich in keiner meiner späteren Stellen wieder so leicht und oft auch leichtsinnig Kollegienhefte ausgearbeitet habe wie damals in München.

In der Nationalökonomie las ich die Hauptvorlesungen mit Ausnahme der ökonomischen Politik. Helferichs Voraussage, daß die Bayern nicht zu mir kommen würden, hatte sich freilich nicht ganz erfüllt. Aber die Mehrzahl der Zuhörer waren doch Norddeutsche, die in München sich Studierens halber einige Semester aufhielten.

So wurde meine Privatdozentenzeit für mich eine Periode des Lernens, und gerade dabei kamen doch auch meine Hörer nicht zu kurz. Ich war nicht als Fertiger nach München gekommen und habe noch viele Jahre nachher die mittelalterliche Auffassung nicht begreifen können, die den Universitäten die Aufgabe zuwies, Träger eines feststehenden Lehrstoffes zu sein, der sich von Generation zu Generation überträgt. Von meinen in München ausgearbeiteten Kollegienheften sind nur noch Bruchstücke vorhanden; fortgesetzt ist daran umgearbeitet, zugesetzt und abgeschnitten worden; aber das Gesamtgebäude ist stehen geblieben, und wenn es zuletzt mit seinen vielen An- und Umbauten jenen winkeligen alten Häusern glich, die aus dem Mittelalter auf uns gekommen sind, so liegt doch auch darin ein Trost, daß es sich in diesen Häusern behaglich wohnt, was von reinen Neubauten nicht immer gesagt werden kann, auch wenn sie mit „allen Einrichtungen aus der Neuzeit" ausgestattet sind.

Die Stellung des Privatdozenten bringt leicht die Gefahr einer chronischen Unzufriedenheit mit sich. An der Universität, wo er ein Amt hat, aber keinen Gehalt, ist das Verhältnis zum Ordinarius des Faches oder den Ordinarien ein sehr empfindliches, und wird es immer mehr, je älter beide Teile werden. Der Besuch der Vorlesungen gestaltet sich natürlich recht verschieden, wird aber immer da beeinträchtigt sein, wo der Ordinarius zugleich Examinator oder Leiter eines Institutes ist. Die Konkurrenz zwischen ihm und dem Privatdozenten ist also keine ganz freie.

Man kann es den Universitäten nicht verdenken, daß sie die Inzucht zu vermeiden suchen und den Wert eines Dozenten nicht bloß nach den

Unterrichtsleistungen desselben bemessen. Die Verbindung von Forschung und Lehre ist ja gerade diejenige Seite unserer akademischen Einrichtungen, die mit Recht als ihr höchster Ruhm angesehen wird. Die Fakultäten, denen die Berufungsvorschläge obliegen, sind selten so einheitlich zusammengesetzt, daß jeder dabei Mitwirkende für ein besonderes Fach die verfügbaren Personen übersehen und ihre Würdigkeit zutreffend zu beurteilen vermöchte. Da bleibt ihm zur Erkenntnis des Wertes eines einheimischen Privatdozenten oft gar kein anderes Mittel als die Begehrtheit desselben innerhalb seines Faches, die durch eine auswärtige Berufung zum Ausdruck kommt. Wer eine solche Berufung ausschlägt, um sich in seiner Mutteruniversität festzunisten, darf sich nicht beklagen, wenn er hier Enttäuschungen erlebt.

Als befriedigender Normalzustand könnte es gelten, wenn alle Privatdozenten nach einem durchschnittlichen Lehrbetrieb von 4 bis 5 Jahren durch Berufung oder im Falle erkannter Unfähigkeit durch Ausscheiden aus ihrer Berufsstellung abgingen und durch nachrückende junge Kräfte ersetzt würden. Die Dauer ihrer freien Lehrtätigkeit mag im ersteren Falle durch äußere Umstände verlängert oder verkürzt werden.

Auf jeden Fall hängt das Vorwärtskommen im akademischen Berufe nicht immer von persönlichen Eigenschaften ab. Aus diesem Grunde hat man an einer Reihe von Universitäten die Einrichtung der Titularprofessuren geschaffen, oder man ernennt ältere Privatdozenten zu außeretatsmäßigen Extraordinarien. Im ersteren Falle bleiben sie in ihrer seitherigen Stellung, im zweiten rücken sie zwar um eine Stufe höher, empfangen aber auch nach wie vor keinen festen Gehalt. Nun kannte Bayern damals diesen Ausweg nicht; es gab nur Extraordinarien mit Gehalt und besonderem Lehrauftrag. Natürlich konnte somit ein Privatdozent nur dann in den Besitz des Professorentitels gelangen, wenn eine Stelle für ihn frei wurde und die Fakultät ihn dazu vorschlug. Man erblickte darin einen der Gründe, daß bayrische Privatdozenten seltener an auswärtige Universitäten berufen würden, da man an diesen solchen den Vorzug gäbe, die bereits den Professorentitel besäßen.

In der Tat war damals in München bei einzelnen Fakultäten die Zahl der Privatdozenten eine ungewöhnlich große.

Der gesamte Lehrkörper der Universität traf sich nur einmal im Jahre am Stiftungsfest der Universität, das am Vormittag mit der Preisverteilung an die Studierenden in der Aula und am Nachmittage durch ein Festessen in Feldafing am Starnberger See gefeiert wurde. Zur Aula-Versammlung gingen wir nur ungern, da wir durch unsere bürgerliche Kleidung zu sehr gegen die stattlichen Talare der Professoren abstachen; um so zahlreicher beteiligten wir uns an der Fahrt nach Feldafing. Bei akademischen Festessen pflegt viel geredet zu werden. Den Mittelpunkt der oratorischen Leistungen bildete aber die Verkündigung des Ergebnisses einer Preisbewerbung der Dozenten. Die hiebei gestellten Aufgaben waren poetische; für jede war als Preis eine oder mehrere Flaschen Sekt ausgesetzt. Einmal hatte der Pandektist Brinz als Vorsitzender des Preisrichter-Kollegiums dessen Entscheidungen bekanntzugeben, und er tat dies mit juristischer Schärfe und seinem Humor. Unter anderem wies er dem Metriker der Universität einen prosodischen Fehler in einem lateinischen Distichon nach, in welchem die Nationalökonomie und die Theologie zugleich hatten gefeiert werden sollen. Trotzdem wurde ihm der Preis zuerkannt. Der glückliche Bewerber war aber damals Holtzendorff, und ich habe ihn selten in so guter Laune gesehen, als an diesem Nachmittage. Ueberhaupt schienen alle Spannungen innerhalb des Lehrkörpers ausgeglichen zu sein. Während des Nachtisches stand ich mit dem Historiker Felix Stieve und dem Chirurgen Heinrich Helferich einmal zwischen den Tischen, als der Ophthalmologe Rothmund das Wort ergriff und sagte: „Ich weiß gar nicht, was nur die Privatdozenten wollen; sie haben ja doch die drei größten Männer an der Universität." Angesichts unserer Körperlänge war das gewiß nicht zu leugnen. Man konnte sich damals in München mit sehr harmlosen Dingen vergnügen, wie sich des öfteren in der „Aula" zeigte, jener geselligen Vereinigung, in der sich Dozenten, Künstler und Beamte zu regelmäßigen Fristen versammelten.

Was für die Jungfrau Heiratsanträge – erwartete und wirkliche –, das sind für den deutschen Dozenten Berufungsaussichten: enttäuschungsreiche Aufregungen, aus denen manche ihr Leben lang nicht herauskommen. In München waren sie aus den oben angeführten Gründen doppelt begehrt. Für mich selbst hätte eine Berufung wirtschaftlich zunächst nur eine Wiederherstellung des Zustandes gebracht, den ich früher bereits gehabt hatte; mehr getraute ich mir auch nicht zu erreichen. Dennoch waren es recht gemischte Gefühle, mit denen ich schon im Dezember 1881 eine Nachricht Adolph Wagners empfing, nach der er aus der japanischen Gesandtschaft um einen jüngeren Nationalökonomen angegangen war, der einige Jahre gleich anderen Deutschen an der Universität Yedor dozieren könne. Später hat sich auch Holtzendorff viel um meine Ernennung bemüht und mir die Annehmbarkeit der Sache auf jede Weise einzureden versucht. Bis zu einem eigentlichen Rufe ist sie gar nicht gediehen.

# Carl Stumpf

1848–1936

*Philosoph, Psychologe
und Musikforscher
Bis 1868 Studium in Göttingen;
Prof. für Philosophie in
Würzburg (1873), Prag (1879),
Halle (1884), München (1889)
und Berlin (1894),
dort Begründer des
Psychologischen Instituts
und des Phonogramm-Archivs.*

1889 kam aus München das Angebot, die Nachfolgerschaft Prantls zu übernehmen. Wieder besann ich mich nicht lange, der engeren Heimat und gar dem geliebten München anzugehören, und übersiedelte dahin im Herbst desselben Jahres. Dort war durch v. Hertling, auch einen Schüler Brentanos, die katholische Philosophie vertreten. Er war mir ein loyaler Kollege, aber zu einem näheren Verhältnis kam es infolge der divergierenden Standpunkte nicht. Die engste Fühlung hatte ich hier mit dem leider zu früh verstorbenen kunstsinnigen Philologen Rudolf Schöll. Für experimentelle Psychologie und speziell für meine akustischen Arbeiten konnte ich jetzt aus Fakultätsmitteln nach und nach eine kleine Apparatensammlung anlegen. Sie befand sich teils in einem Schrank auf einem Korridor der Universität, aus dem ich die Instrumente zu Beobachtungen und Versuchen des Sonntags in einen Hörsaal schaffte, teils im obersten Stock des hohen Turmes, der noch unter den Hintergebäuden der Universität steht. Der Diener des physikalischen Instituts hatte auf der Auer Dult ein Stimmgabelklavier, das aus der Zeit Chladnis stammen mochte, billig erstanden, es zerschlagen und mir die alten Stimmgabeln verkauft, eine „kontinuierliche Tonreihe", mit der ich viele Beobachtungen für den 2. Band machen konnte. So mußte man sich früher behelfen. Ich hätte nicht gedacht, daß ich München wieder verlassen könnte. Aber nach 5 Jahren, wie in Prag und Halle, trat die Versuchung an mich heran.

# Karl Ludwig Philipp Zorn

1850–1928

*Rechtshistoriker*
*1867–1872 Jurastudium in*
*München;*
*Prof. in Bonn 1875–1877*
*und Königsberg (1877–1900).*
*Dann wieder 1900–1914 in Bonn,*
*dort gleichzeitig Erzieher des*
*Kronprinzen Wilhelm.*
*Mitglied des*
*preußischen Herrenhauses.*

Selbstverständlich hatte die Frage des zu ergreifenden Lebensberufes meine Gedanken in den letzten Gymnasialjahren aufs lebhafteste beschäftigt: aber ich war zu keinem endgültigen Ergebnis gekommen. Mein Herz gehörte der Geschichte; aber Geschichte als Lebensberuf zu ergreifen, war nach den bayrischen Vorschriften nur möglich in Verbindung mit klassischer Philologie und mit der Aussicht auf den künftigen Gymnasiallehrer. Zu den schwindelnden Höhen der Habilitation an einer Universität für Geschichte wagte ich meine Augen angesichts der so überaus einfachen Verhältnisse des Elternhauses nicht zu erheben. Und so gedachte ich wohl, den Weg zu gehen, den so viele gehen, die nicht ein starkes inneres Bedürfnis zu einem anderen Berufe zieht, und Jurisprudenz zu studieren.

Diese immerhin ernsthaften und schwierigen Erwägungen fanden ihr unerwartetes Ende, als eines schönen Tages in einem feierlichen amtlichen Schreiben die Einberufung in das königliche Maximilianeum eintraf. Damit waren die Eltern und ich selbst jedes weiteren Zweifels und zugleich jeder weiteren Sorge für mein künftiges Studium endgültig enthoben.

Das Königliche Maximilianeum war eine Stiftung des Königs Max II. für Studierende ohne jede Rücksicht auf irgendwelche Bedürftigkeit, welche mit besonderer Auszeichnung das Gymnasium absolviert hatten. Der königliche Gedanke war der, tüchtige junge Männer in besonderer Fürsorge für den höheren Staatsdienst heranzubilden. Demgemäß enthielt die Aufnahme die Verpflichtung, Jurisprudenz zu studieren; erst in viel späterer Zeit wurde diese Verpflichtung aufgehoben. Die Stiftung war reich mit Geldmitteln ausgestattet und zu ihrer Aufnahme wurde der Prachtbau am Ende der Maximilianstraße hergestellt, der allen Kennern Münchens wohlbekannt ist. Die Hausordnung bestand nur darin, daß man zum gemeinsamen Mittag- und Abendessen zu erscheinen hatte; im übrigen genoß man die volle akademische Freiheit, nur mit der einzigen Einschränkung, daß man keiner studentischen Verbindung angehören durfte.

Gedenke ich jener fünf goldenen Jugendjahre, die ich im Maximilianeum verlebte, so kann dies nur mit der Empfindung tiefster Dankbarkeit geschehen. Mit dem Direktor, einem ehemaligen Lehrer der königlichen Kinder Max II. stand ich auf bestem Fuße; Lebensfreundschaften haben sich aus dem Maximilianeums-Leben nur in geringem Umfange entwickelt: die Mehrzahl der Genossen gehörten zu jenen Musterknaben, wie sie das Gymnasium so oft erzieht, die nur in den Büchern des täglichen Arbeitspensums aufgingen und darüber das goldene sonnige Leben nicht kannten und erkannten; ein solcher Musterknabe war ich nie und wollte es auch nie sein – bis in mein hohes Alter! Ich wählte mir meine Vorlesungen; das erste der vier juristischen Jahre sollte nach einer schön gedachten, aber in der Praxis leider viel mißbrauchten bayrischen Vorschrift ein „philosophisches" Lehrjahr sein; so hörte ich philosophische und naturwissenschaftliche Vorlesungen, habe aber von keiner derselben dauernde Lebenseindrücke empfangen. Mein Hauptinteresse blieb Geschichte und die Verbindung von Jurisprudenz und Geschichte wurde mehr und mehr zu meinem Lebensideal. Hauptvertreter der Geschichte war in jener Zeit an der Münchener Universität der berühmte Verfasser der deutschen Kaisergeschichte, Giesebrecht; ich war eifriger Hörer seiner Vorlesungen, aber auch von ihnen habe ich einen tiefen dauernden Lebenseindruck nicht empfangen. Bald war ich auch Mitglied seines historischen Seminars und bin dies während meiner ganzen Universitätszeit geblieben; wir lasen Quellenschriftsteller und ich wurde dadurch in die Quellenkritik eingeführt; aber einen tieferen Eindruck hatte ich auch von diesen Arbeiten nicht.

Mein Berufsstudium aber war Jurisprudenz. Und die Jurisprudenz jener Zeit war innerlich so gut wie vollständig und äußerlich zum weitaus größten Teile das Römische Recht. Das war so in der ganzen deutschen Rechtswissenschaft und zunächst machte ich mir darüber auch weiter keine Gedanken. Der berühmteste deutsche Lehrer des Römischen Rechts war damals der Münchener Rechtslehrer Windscheid. Zu seinen Füßen sitzend hörte ich bei ihm im Sommersemester 1868 in den frühen Morgenstunden von 7–9 Institutionen und Römische Rechtsgeschichte, darauf im Wintersemester 1868/69 täglich dreistündig Pandekten. Windscheid war ein glänzender geistvoller Dozent; seine Vorlesungen erweckten mein lebhaftes Interesse; nur in der Pandektenvorlesung kam mir, als ich das Studium des Windscheidschen Lehrbuches begonnen hatte, bald die Zweifelsfrage, ob das Selbststudium dieses großen und großartigen Geisteswerkes nicht fruchtbarer sein würde, als die tägliche ermüdende dreistündige Vorlesung.

Mit besonderer Spannung sah ich der Vorlesung über deutsche Staats- und Rechtsgeschichte entgegen. Eben war der Norddeutsche Bund errichtet worden, dem wir Bayern nicht angehörten. Aber die Bahn war Max vorgezeichnet; mit heißer Begeisterung schlug das jugendliche Herz hinüber über die Mainlinie und sah in dem damals noch so viel geschmähten Bismarck den Staatsmann, der durch preußische Kraft das deutsche Volk aus seiner tausendjährigen Staatsnot hinaufführte zu den Höhen staatlicher Einheit, die es seit der Hohenstaufenzeit verloren hatte. Eine meiner ersten juristischen Taten in München war das Abonnement auf das Gesetzblatt des Norddeutschen Bundes, in dem ich mit immer heißerer Seele und mit täglich wachsendem geistigen Erkennen die endlich, wenn auch nur zum Teile – Deutschösterreich! – gewonnene staatliche Einheit meines deutschen Volkes erkannte.

Strafrecht und Zivilprozeßrecht hörte ich in ausgezeichneten Vorlesungen des großen Rechtslehrers Planck; mit Freude und Dankbarkeit gedenke ich dieser Stunden, die mir ein Hochgenuß und die idealste Darstellung akademischer Lehrtätigkeit waren, auch wenn ich zu diesen Disziplinen kein engeres inneres Verhältnis gewann. Im Strafprozeß interessierte mich speziell die Frage der Laien, insbesondere der Schwurgerichte; daß eine grundlegende Rechtsinstitution des Staates, wie die Gerichtsbarkeit, als das Ergebnis politischer Kämpfe gestaltet werden solle, ja müsse, wollte mir niemals einleuchten, wenn ich auch den Wert tatsächlicher Feststellungen durch Laien-Beisitzer des Gerichtes nicht verkannte.

In den Vorlesungen, die später meine Lebensarbeit bildeten, hatte ich auf der Universität ein merkwürdiges Schicksal: ich hörte ihrer keine. Es war die Zeit des vatikanischen Konzils und der Unfehlbarkeitskämpfe. Als die Vorlesung über Kirchenrecht mit der Unfehlbarkeit begann, war mir dies wohl verständlich; als aber auch in den weiteren Stunden die Unfehlbarkeit der fast ausschließliche Gegenstand der Vorlesung blieb, wurde mir dies – ich muß das harte Wort gebrauchen – langweilig und ich habe die Vorlesung nicht weiter gehört.

Auch die staatsrechtlichen Vorlesungen boten mir wenig. Deutsches Staatsrecht wurde nach meiner Erinnerung überhaupt nicht gelesen und das bayrische Staats- und Verwaltungsrecht hatte für mich nur geringe Anziehungskraft. Doch brachten mich diese Vorlesungen in nähere persönliche Beziehung mit dem verehrungswürdigen Professor und langjährigen Präsidenten des bayrischen Abgeordnetenhauses, Pözl, der mir weiterhin ein treuer gütiger Freund und Berater wurde und als Herausgeber der kritischen Vierteljahresschrift auch mehrfachen Anlaß zu meinen ersten literarischen Versuchen in dieser hochangesehenen juristischen Zeitschrift bot. – Völkerrecht, das mir nach den damals gangbaren Büchern, besonders den Bluntschlischen, nur als Sammlung mehr oder minder wertvoller Allgemeinplätze völliger juristischer Unbestimmtheit erschien, hörte ich überhaupt nicht. Der Krieg ging im Wintersemester 70/71 zu Ende und das Studium nahm seinen geregelten Fortgang, bis es im Juli 1871 sein Ende mit dem Examen als „Rechtspraktikant" fand. Als ich eben in sehr ernster Stimmung den Frack anzog, um ins Examen zu wandern, erhielt ich ein Briefchen von zarter Mädchenhand mit einem lieblichen Gedichte, das, umrahmt von getrockneten Wiesenblümchen, mir den Wunsch aussprach, es möge mir mit den gestrengen Examinatoren besser ergehen als mit dem Feldhüter, der einige Tage zuvor auf der Theresienwiese mich mit meinen zwei jugendlichen sehr hübschen Begleiterinnen abgefaßt und nicht eher losgelassen hatte, als bis ich in klingender Münze unsere sehr harmlose Sünde des „verbotenen Weges" abgebüßt hatte. Mit diesem Amuleth stieg ich mutvoll ins Examen und bestand es, wohl nicht eben glänzend, doch zur Zufriedenheit der gestrengen Herren. Sehr viel wichtiger aber für mein Leben war ein zweites Moment aus meiner Universitätszeit, dessen ich noch zu gedenken habe und das geradezu der Grundstein meiner akademischen Laufbahn wurde. Der Münchener Fakultät gehörte Konrad Maurer an, als Forscher deutscher Rechtsgeschichte, in der bereits sein Vater eine hervorragende Stellung eingenommen hatte, in ganz Deutschland allgemein anerkannt. Er hatte sich frühzeitig ganz auf das nordgermanische Recht zurückgezogen, durch lange Reisen in Norwegen und Island die Verhältnisse an Ort und Stelle studiert und so seine Lebensaufgabe darin gefunden, den Zusammenhang der nordgermanischen mit der deutschen Rechtsentwicklung als einer Einheit germanischen Wesens darzustellen.

Maurer hatte für das Jahr 1870 als juristische Preisaufgabe das Thema gestellt: das Beweisverfahren nach den altgermanischen Rechten. Ich beschloß, mich an diese Arbeit zu wagen und begann mit heißem Eifer, diese Rechte nach den in den Monumenta Germaniae Leges enthaltenen Ausgaben zu durchforschen. Sehr bald aber erkannte ich, daß das Material ein übergroßes war und daß ich die Arbeit unmöglich in einem Jahre würde bewältigen können. So mußte ich auf den schönen Plan der Lösung der Preisaufgabe verzichten und sie wurde überhaupt nicht gelöst. Aber aus diesen Studien ergab sich weiterhin die Doktor-Dissertation über das Beweisverfahren nach langobardischem Rechte, mit der ich am 15. Mai 1872 die summi honores der juristischen Doktorwürde bei der juristischen Fakultät in München vor einer glänzenden Corona errang.

Denke ich heute im hohen Alter jener Jahre zurück, so muß ich mit tiefsinniger Dankbarkeit bekennen, daß ich von einem fast unerhörten Glücke begünstigt war, indem ich so gut wie völlig ohne äußere materielle Hilfe dies Ziel erreichen konnte; selbst der größte Teil der recht erheblichen Promotionsgebühren wurde auf mein Bittgesuch vom Maximilianeum getragen. Ich hatte ja immer, besonders in den Ferien, fleißig gearbeitet; aber ich hatte auch freudig und in vollen Zügen das schöne Studentenleben genossen, war allmählich in zahlreiche schöne gesellige Familienbeziehungen eingetreten – kurz, es war eine wunderschöne Zeit eifriger Lebensarbeit, vornehmer Lebensfreude und edlen Lebensgenusses, diese Münchener Universitätszeit von 1867 bis 1872. So war denn im Mai 1874 die Zeit des großen Staatsexamens, des Staatskonkurses, gekommen; ich legte ihn in München ab, gemeinsam mit zahlreichen anderen „Konkurrenten". Diese bayrische juristische Staatsprüfung stellte ganz außergewöhnlich hohe Anforderungen an die Kandidaten; sie bestand nur aus schriftlichen Clausurarbeiten, bei denen die Verwertung von Literatur gestattet war, die erste Woche: Zivilrecht, Zivilprozeß, Strafrecht, Strafprozeß je einen Tag mit der Arbeitszeit von 8–12 und von 3–7; in einer weiteren Woche: Staatsrecht, Verwaltungsrecht, Kirchenrecht, Volkswirtschaft, Finanzrecht mit den gleichen Arbeitsstunden; als Abschluß jeder Woche ein „praktischer Fall", in der ersten aus dem bürgerlichen, in der zweiten aus dem Verwaltungsrecht – eine gewaltige Gesamtleistung, die Menschenkraft fast zu übersteigen scheint; auf Grund dieser Prüfung, die wohl einzig in Deutschland dasteht, hatte und hat Bayern seinen ganz hervorragenden Beamtenstand.

Das Ergebnis war für mich hocherfreulich: unter, soviel ich mich erinnere 137 Prüflingen war ich der Erste mit Note 1 – der „Einser" war nicht häufig; außer mir hatten noch die späteren Rechtslehrer Hellmann und Kahl, der berühmte Politiker, die Note 1 erhalten.

Nach München zurückgekehrt arbeitete ich dann ein Jahr lang unter Konrad Maurers unmittelbarer Leitung in den Quellen des nordischen Kirchenrechtes.

Diese großen Gegensätze juristischer Prinzipien und die daraus erwachsenen staatskirchenrechtlichen Kämpfe von Weltanschauungen bildeten den Gegenstand meiner Habilitationsschrift: Staat und Kirche in Norwegen bis zum Ende des 13. Jahrhunderts (München 1875).

Ich schloß die Arbeit ab und die Münchener Fakultät nahm mich im Mai 1875 als Privatdozenten in ihre Mitte auf; die Probevorlesung, die ich zu halten hatte, galt einem Thema des allermodernsten Rechtes: dem Verordnungsrecht des Kaisers nach der Reichsverfassung, das ich als ein selbständiges zu konstruieren versuchte, was jedenfalls nach der alten Reichsverfassung nicht richtig war. Zu einer ordentlichen Vorlesung kam ich in München nicht, denn bereits im Juli erhielt ich – ein ganz unerhörter Glücksfall! – einen Ruf nach Bern, wo ich, zunächst als außerordentlicher Professor, an Stelle von Gareis für deutsches Recht und Kirchenrecht treten sollte. Selbstverständlich nahm ich den Ruf sofort an.

# Oskar Panizza

1853–1921

*Schriftsteller
1876–1880 Medizinstudium
in München.
Irrenarzt in München,
daneben als gesellschafts-
kritischer und revolutionärer
Schriftsteller tätig.
Gefängnishaft,
seit 1904 in einer
Nervenheilanstalt.*

Und so habt Ihr es im großen Ganzen bis heute gehalten. Als in diesem Jahrhundert wieder einmal einer Eurer Könige ein bißchen „geisteskrank" werden mußte, (Geheimrat Gietl, der berühmte Ignorant, erklärte bei Oeffnung der Leiche Max' II., derselbe sei geisteskrank gewesen. Ob er wohl zu dem gleichen Schluß gekommen wäre, wenn Max, statt Sybel und Ranke, Jesuiten als deutsche Geschichtsprofessoren berufen hätte?) um Euch ein wenig auf die Geistesspur zu helfen, und Max II. eine deutsche Dichterschule gründete, – für Euch! – und norddeutsche Professoren berief – da Ihr keine Geschichtsschreiber produziertet! – und eine protestantische Prinzessin ehelichte, da war es bei Euch aus, das war für Euch zu viel. Offen bekanntet Ihr von der Kanzel herab, die Ehe mit einer Protestantin sei Konkubinat. Und der König, der solche Ehe eingehe, sei ein Ketzer. Ihr machtet damals ernstlich Miene, den bairischen Thron gegen die päpstliche Tiara auszuspielen. Leopold von Ranke scheute sich, in einer solchen Stadt eine Professur unter glänzenden Bedingungen und aus der Freundschafts-Hand Eures Königs anzunehmen. Er kannte den mariologischen Untergrund, auf dem Eure Stadt ruhte, die mephitischen, römischen Malaria-Dünste, die aus Euren Fundamenten aufstiegen, wogegen auch die beste Kanalisation nicht hilft, und das Grundwasser Eurer Seele, das aus der römischen Kloake gespeist wurde. Und als Sybel dann an Rankes Stelle annahm, warft Ihr ihn richtig hinaus, wie Ihr Schubart hinausgeworfen hattet, weil er „Geschichte in deutschem Geist gelehrt hatte". Und als dann Max II. starb, hieß es allgemein, Ihr hättet ihn vergiftet.

Und als später wieder einer Eurer Könige „geisteskrank" werden mußte, um Euch neuerdings auf die Gedankenspur zu helfen, und Ludwig II. seinen Richard Wagner berief, da ging aufs neue bei Euch die Hetze los. Wagner war nur Komponist, kein Historiker. Aber seine verminderten Septakkorde waren Euch viel zu sächsisch, sein Profil viel zu protestantisch, seine Stirn viel zu keck und frei, und seine lebhaften Gestikulationen erinnerten viel zu sehr

137

an 1848. Und so warft Ihr ihn hinaus, wie Ihr den Schubart und den Sybel und den Ranke und den Aventin und die Argula von Grumbach und den Schelling und den Cornelius hinausgeworfen habt, und Max Joseph I. und Max II. und Kaulbach und Lutz und Döllinger und alle andern Protestanten-Freundlichen gerne hinausgeworfen hättet. Denn vor allem, was Geist hat, habt Ihr ein unüberwindliches Grauen.

---

# Georg Kerschensteiner

1854–1932

*Pädagoge*
*Nach der Tätigkeit als*
*Volksschullehrer Mathematik-*
*und Physikstudium in*
*München.*
*1895–1919 Stadtschulrat*
*von München.*
*Tiefgreifende Reformen*
*des Volks-, Berufs- und*
*Arbeitsschulwesens.*
*1906 Begründer des*
*Bayerischen Volksbildungs-*
*verbandes.*
*Zeitweilig Abgeordneter der*
*Freisinnigen Volkspartei.*

Inzwischen hatten sich die wirtschaftlichen Verhältnisse meiner Eltern wesentlich gebessert. So konnte ich ungehindert meinen Hochschulstudien nachgehen, wobei ich das außerordentliche Glück hatte, Felix Klein, Alexander Brill und Lüroth an der Technischen Hochschule, Seidl und Bauer an der Universität zu meinen Lehrern zu haben. Klein nahm mich in meinem dritten Studienjahre in sein mathematisches Oberseminar auf, bei Bauer promovierte ich über „Die Singularitäten der rationalen Kurven vierter Ordnung", eine Aufgabe, die mir mein hochverehrter und heute noch glücklicherweise in hohem Alter lebender Lehrer, Alexander Brill, gestellt hatte.

Als einen andern glücklichen Zufall betrachtete ich es, daß damals der noch junge, 1877 gegründete Mathematische Verein der Studenten beider Hochschulen Münchens, zu dessen Vorsitzenden ich noch während meiner Studentenzeit fünf Semester lang gewählt wurde, eine Anzahl außerordentlich begabter Mathematiker in seinen Reihen zählte, die fast alle, von Felix Klein angezogen, nach München ihre Studien verlegt hatten. Die meisten dieser Gründer des Vereins, zu denen ich jedoch nicht gehörte, sind später auf Lehrstühle der deutschen Hochschulen berufen worden. Ich darf an Namen erinnern wie Max Planck, A. Hurwitz, F. Burckhardt, Walter v. Dyck, Ludwig Schleiermacher, Hermann Wiener, Franz Dingeldey, v. Braunmühl, Doehlemann, Runge, den Kronecker-Schüler Gierster usw. Viele von ihnen haben sich später als Mathematiker und Physiker einen außerordentlichen Namen gemacht. Alle aber haben ein starkes wissenschaftliches Leben in den Verein hineingetragen.

Ein Jahr vor meinem Ausscheiden aus städtischen Diensten hatte mich der Senat der Universität München zum Professor h. c. für Pädagogik ernannt. Aus dem ununterbrochenen aufreibenden Kampf des Schulverwaltungsbeamten zog ich mich in die stille Arbeitsstube des Hochschullehrers zurück, in der mich alsbald wieder das alte Glück des aktiven Schulmeisters umfing. Weder die Sehnsucht, noch die Lust des Lehrens hatte die Zeit vermindern können. Aber mit der neuen Würde waren neue Pflichten übernommen. Ich habe niemals die Hochschule als eine Stätte der bloßen Wissensübertragung an die jüngere Generation angesehen, sondern auch als eine Stätte der Anleitung zur Forschung und in meinem Falle zum pädagogischen Denken. Aber ich hatte in der ganzen vorausgegangenen Zeit keine Möglichkeit gehabt, systematisch meine Probleme und meine Fragestellungen selbst durchzuarbeiten. Wer aber zum systematischen Forschen anleiten will, muß selbst systematisch denken können. Anderer Leute pädagogische Systeme mit der gleichen Wärme und Kraft zu erörtern, war mir nicht gegeben, wenn ich mich nicht in Übereinstimmung mit ihren Grundzügen befand. Auch der Hochschullehrer soll nicht bloß lehren, sondern auch begeistern. Begeistern kann nur die eigene tiefe Einsicht und Überzeugung.

# Ludwig Albert Ganghofer

1855–1920

*Schriftsteller*
*Philosophie- und Philologie-*
*studium in München*
*(1875–1876),*
*Berlin und Leipzig.*
*1881 Dramaturg in Wien.*
*Seit 1894 in München und*
*Tegernsee ansässig.*
*Verfasser zahlreicher Berg-*
*und Heimatromane.*

Während der folgenden Wochen fand ich Zeit für viele Bücher, fraß mich wieder in die alte Lesewut hinein, und immer heißer setzte sich dieser Gedanke in mir fest: Literaturgeschichte zu studieren und die akademische Laufbahn einzuschlagen. Bei einer Stelle von Goethes Wahlverwandtschaften – welche es war, das weiß ich nimmer – faßte ich den Entschluß, aufrichtig mit meinem Vater zu sprechen. Das tat ich, als ich heimkam nach München. Papa erschrak und blieb lange schweigend am Fenster stehen. Dann sagte er: „Zwei verlorene Jahre! Das ist viel! Aber dein Verhalten im letzten Semester läßt mich hoffen, daß dieser Entschluß nicht aus Leichtsinn entspringt, sondern etwas Zwingendes ist. Wenn du also glaubst, auf diesem anderen Wege glücklicher zu werden. . .“
Ich umarmte den Vater, bevor er noch ausgesprochen hatte.
„Ja, ja! Literaturgeschichte ist etwas recht Schönes! Aber hast du dir denn auch gesagt, daß du da sehr schweren Jahren entgegengehst? Ohne Vermögen, als notiger Privatdozent . . . und zehn, zwölf Jahre oder länger kann's dauern, bis du Professor wirst!“
Nein! Das hatte ich mir nicht gesagt. Und beim Gedanken an mein Luischen schoß mir alles Blut zum Herzen.
„Gelt? Jetzt erschrickst du selber!“
Ich schüttelte den Kopf. „Nein, Papa, ich fürcht mich nicht. Wirst sehen, ich komm vorwärts. Ich kann doch auch als Privatdozent was verdienen, kann schriftstellerisch arbeiten . . .“
Da war es nun zum erstenmal ausgesprochen: Schriftstellerei!
Und Papa lächelte ein bißchen. „Wenn du den Mut hast? Und das Talent dazu? Ich weiß nicht . . . aber in Gottes Namen!“
Mit Eifer legte ich mich ins Geschirr meiner neuen Freude. Physik trieb ich weiter, aus Liebe zur Natur. Dazu hörte ich, über vier Semester verteilt, auf dem Polytechnikum: Deutsche Literaturgeschichte, Lyrik und Drama, Italienische Sprache, Deutsche Stilistik, Volks- und Kunstepos, Rhetorisches

Praktikum, Englische Literaturgeschiche, Altenglisch, Shakespeare und sein Werk, Französische Literatur, Voltaire und seine Zeit. Dantes Divina Comedia und Seminar für moderne Sprachen. Auf der Universität: Deutsche Literatur, Ästhetik und Goethe, Logik und Geschichte der Philosophie. Auch Dänisch trieb ich und übersetzte Hostrupps amüsantes Singspiel „Eventyr paa Fodrejsen". Als ich bei dem Dichter anfragte, ob er mir die Verwertung dieser Übersetzung für die deutsche Bühne gestatten wolle, schrieb er mir einen saugroben, von Deutschenhaß erfüllten Brief.

Dieses Viele, dieses Vielfache durcheinander, machte mir zuweilen das Gehirn ein bißchen rapplig, so daß ich ausspannen mußte. Manchmal half mir eine feste Tour ins Gebirge. Nicht immer. Und dann konnte ich wie ein wildes Füllen werden, das in Übermut nach allen Seiten ausschlug. „Sich ausleben" – dieser Terminus war damals noch nicht im Schwang. Aber die Sache war die gleiche wie späterhin, nur war sie damals noch derber und gesünder als in den nachgeborenen Zeiten des Künstlercafés. Man wippte nicht als Übermensch die Asche von der Zigarre, sondern schlug mit der Faust auf den Tisch. Und Blut und Psyche gingen auch im Zustand hochgradiger Verrücktheit noch immer ihre geraden, natürlichen Wege.

Ich verdiente damals viel Geld – viel im Verhältnis zu dem bescheidenen Taschengeld, an das ich gewohnt war. Der wohlwollende Zufall hatte mir einen jungen, reichen Amerikaner beschert, den ich zum Eintritt ins Polytechnikum vorbereiten sollte. Das trug mir über ein Jahr lang jeden Monat hundert Mark ein.

Um dieselbe Zeit war die kleine Wohnung der Eltern für uns alle zu eng geworden. Mein heranwachsender Bruder brauchte sein eigenes Stübchen; so erbte der Bruder mein Hofzimmerchen, und ich, fern dem väterlichen Bereich, dem bändigenden Blick der Mutter entrückt, bekam meine Studentenbude draußen in der Stadt. Wenn ich bei solcher Ungebundenheit auch der Pflicht meiner Tage gehorchte, so war ich doch unumschränkter Herr meiner Nächte. Das tat mir nicht gut. Aber grob geschadet hat es mir auch nicht. Mit harmlosen Studentennarreteien fing es an. Sie wären schockweise zu erzählen. Ein paar Pröbchen nur.

Der Monumentalbrunnen vor der Universität war in sommerlichen Nächten meine Badewanne. Wenn ich spät vom Hofbräuhauskeller heimkehrte oder mit den Eltern im „Grünen Baum" an der Isar gewesen war und noch das Verlangen nach Erfrischung fühlte, zog ich mich in der Schattendeckung der Universitätsfontäne aus und plumpste ins Bassin, pritschelte und plätscherte, gurgelte und spritzte, spielte „Wassermann", machte die späten Wanderer lachen und jagte einsam heimzappelnden Frauenzimmerchen einen panischen Schrecken ein.

Auf dem öden Platze war in der Dunkelheit nie ein Gendarm zu sehen.

Einmal, als ich badete, kam aber doch einer. Er war sehr empört über die „Unfläterei", wie er mein Bedürfnis nach Reinlichkeit und Erquickung nannte. Im Nu hatte er meine Kleider unter dem rechten Arm, meine Stiefel in der linken Hand, retirierte aus dem Spritzbereich der Brandung, die ich im Bassin verursachte, fühlte sich als der Stärkere und sprach: „Sö! Genga S' aussi da!" –

„Ich mag nicht."

„Guat! Da nimm i halt 's Gwand mit auf d' Wach!"

„Sie werden öffentliches Ärgernis erregen, wenn Sie mich zwingen, nackt durch die Stadt zu laufen."

„Herrgottsakra!" Ratlos stand er ein Weilchen im Dunkel der Nacht.

Weil mir meine Situation ein bißchen bedrohlich erschien, verlegte ich mich aufs Parlamentieren. „Wenn Sie meine Kleider wieder hinlegen und auf die Seite gehen, steig ich heraus und ziehe mich ruhig an."

„Also! Meinetwegen!" Er legte die Kleider auf die Steinstufen des Brunnens hin und trat ein paar Schritte zurück.

„Ja, so geht das nicht! Ich kann doch nicht putzelnacket vor einem wildfremden Menschen aus dem Wasser steigen."

„Was? Schamgefühl wollen S' aa no haben? Sö narreter Saubartl! Hätten S' Eahna net auszogen!"

„Ich werde jetzt nicht über die Qualität meines Schamgefühls mit Ihnen streiten. Aber wenn Sie nicht auf die andere Seite des Brunnens hinübergehen, bleib ich im Wasser . . . meinetwegen, bis es Tag wird." Weil er sich weder vom Fleck rührte noch Antwort gab, fügte ich bei: „Sie brauchen nur so lange da drüben zu bleiben, bis ich das Hemd anhabe. Dann schenier ich mich nimmer."

Dieser Vorschlag schien ihm akzeptabel. Er dachte wohl, bis ich in Hosen und Stiefel käme, hätte er mich schon. Marschierte also im Bogen um den Brunnen herum, und als er drüben war, sprang ich aus dem Wasser, haschte das Bündel meiner Kleider unter den linken Arm, packte mit der rechten Hand meinen Hut und meine Stiefel und rannte mit den Sprüngen eines Marathonläufers gegen das Siegestor. Der Gendarm unter Flüchen und Keuchen hinter mir her. Im Schatten des monumentalen Tores schlug ich einen Haken in die nahen Stauden und war gerettet. Denn der Platz, auf dem heute die Akademie der Künste steht, war damals noch wüste Heide mit allerlei Gebüsch.

Das Baden im Universitätsbrunnen unterließ ich für längere Zeit.

Ein anderer Streich ist vorbildlich geworden und hat seit dreißig Jahren viele Nachahmer gefunden. Im Hof des Hauses, wo ich wohnte, wurde eine neue Senkgrube ausgemauert. Und in einer vergnügten Mitternacht hatte mein Kamerad mich heimbegleitet. Als ich das Tor aufsperrte, sahen wir im Hausflur die großen, schweren Balken liegen, mit denen die neue Senkgrube

gedeckt werden sollte. „Du! Komm! Jetzt nehmen wir so einen Balken und tragen ihn spazieren! Das wird fidel!" Wir hoben den klobigsten dieser Blöcke auf die Schultern und steuerten im Leichenträgerschritt der Ludwigstraße zu. Beim Königsdenkmal wurden wir arretiert. Obwohl wir alle Heiligen zu Zeugen dafür anriefen, daß der Balken quasi unser Eigentum sei, mußten wir ihn auf die Polizei tragen. Der Kommissar nahm unsere Personalien auf, ließ sich von der Wahrheit überzeugen, hielt den „Versuch einer Kraftprobe" für keine gesetzwidrige Sache, und da wir nach Aussage unseres Häschers keinerlei Ruhestörung verursacht hatten, konnten wir nach Hause gehen mitsamt unserem Balken. Natürlich machten wir einen Umweg. In der Maximilianstraße wurden wir arretiert. Als wir wieder auf der Polizei erschienen, tauchte der verständige Herr Kommissar die Feder nicht mehr ein, sondern sagte zu unserem Ergreifer: „Lassen S' die Herren in Ruh! Die tragen bloß ihren eigenen Sparren spazieren." In Freiheit schleppten wir unseren Balken weiter, natürlich wieder auf einem anderen Weg. Zwischen Maffei- straße und Promenadeplatz wurden wir abermals hopp genommen, abermals auf die Polizei geführt. Jetzt lachte der Kommissar. Und sprach: „Meine Herren! Wissen S' was? I gib Ihnen an Gendarm als Begleitung mit. Da können S' Ihren Tremel ungestört umanandkutschieren, solang wie S' mögen." Wir gingen und gingen, der Gendarm gemütlich hinter uns drein – doch auf die Dauer war dieser „sichere Spaziergang" keine lustige Sache mehr, und so trugen wir schließlich den Balken nach Hause.
Das heiterste von meinen Turnieren mit der heiligen Hermandad begann unter den Arkaden, angesichts der Rottmannschen Fresken. Da wanderte ich in einer schönen Mitternacht vom Café Maximilian meiner Bude zu und ging, den Weg kürzend, durch die Arkaden des Hofgartens. Bei gedankenlosem Schlendern kommt man zuweilen auf hirnverbrannte Einfälle. Statt meinen geraden Weg zu gehen, konstruierte ich um die Säulen des Arkadengangs herum eine Schlangenlinie. Ein Gendarm, der aus irgendwelchen mir unbekannten Gründen schlechter Laune zu sein schien, trat plötzlich auf mich zu und sagte: „Sie! Machen Sie da koan Unfug! Gehen S' ruhig nach Haus!" Ich sah ihn schweigend an, gaukelte auf meiner Schlangenlinie weiter, machte am Ende des Arkadenganges kehrt, und statt nach Hause zu gehen, was ich ohne die verwunderliche Intervention des öffentlichen Ordnungswächters wohl getan hätte, beschrieb ich meine Schlangenlinie wieder rückwärts, gegen die Residenz hin. Als ich an dem Gendarm vorüberkam, fuhr er wütend auf mich los: „Sie! Wann S' Ihren Unfug net augenblicklich abstellen, passiert was!" Ich sagte ruhig: „So? Was denn?", turnte im Schwung meines gewundenen Weges weiter, machte bei der Residenzmauer kehrt und wanderte in gemütlichen Serpentinen wieder den Arkadengang hinauf. Der Schlecht- gelaunte vertrat mir den Weg: „Sie sind arretiert!"

„Soooo? Das ist aber merkwürdig! Na also, ich gehe ohne jeden Widerstand mit Ihnen."

Schweigend marschierten wir Seite an Seite nach der Polizeiwache, ich zur Linken, er zur Rechten.

Bei der Feldherrnhalle sagte der Gendarm: „Also, meinetwegen, ich will die Sach auf sich beruhen lassen unter der Bedingung, daß Sie jetzt ruhig hoamgengan."

„O nein! Sie haben mich arretiert. Jetzt kommen Sie nur mit mir auf die Polizei! Was dort geschieht, das werden Sie ja sehen!"

„Ah, freili, glauben S' vielleicht, ich fürcht mi vor Eahna?"

„Das glaub ich nicht! Aber kommen Sie jetzt nur schön mit mir!"

„Ja, ja, i geh scho!"

Wir schwiegen wieder und marschierten. Als wir in der Theatinerstraße waren, sagte ich: „Sie, Herr Gendarm, die Sache wird sehr übel für Sie ausfallen. Ich habe nicht das geringste getan, was Ihnen ein Recht gegeben hätte, mich zu arretieren. Sie haben einen Mißbrauch Ihrer Amtsgewalt begangen und haben mich widerrechtlich meiner persönlichen Freiheit beraubt."

„So? No ja . . . dös will i jetzt grad amal sehgn . . . wie's ausfallt."

Wir wanderten und schwiegen. Als wir, schon nahe dem Polizeigebäude, zur Schäfflergasse kamen, packte plötzlich der Herr Gendarm mit der Linken seinen Säbel, mit der Rechten seinen Helm und rannte wie ein Dieb in das dunkle Gässelchen hinein.

Nach der ersten Verblüffung sprang ich hinter ihm drein und brüllte: „Halts ihn auf! Halts ihn auf!" Von allen Seiten kamen Leute gelaufen und wollten wissen, was denn los sei. Ich gab keine Antwort, rannte nur und schrie immerzu: „Halts'n auf! Halts'n auf!"

Der Gendarm war nicht mehr einzuholen. Ich mußte zum erstenmal die Wahrnehmung machen, daß einer von der Polizei noch wesentlich flinker rennen konnte als ich.

Nach diesen lustigen Studentenstreichen darf man aber die Lebensfarbe meiner Universitätsjahre nicht beurteilen. Die Zeiten waren da nicht immer heiter. Graue Verzweiflungsstimmungen lösten die scharlachfarbenen Jubelstunden ab.

---

# Friedrich von Müller

1858–1941

*Mediziner*
*1877–1882 Studium in München,*
*Tübingen und Würzburg;*
*Prof. in Bonn (1889–1890),*
*Breslau (1890–1892),*
*Marburg (1892–1898),*
*Basel (1899–1902) und*
*München (1902–1934),*
*Rektor 1914/15 und 1918–1920.*
*Verfaßte das heute noch*
*verwendete Taschenbuch der*
*medizinisch klinischen*
*Diagnostik.*

Als ich mit achtzehn Jahren das Abiturientenexamen abgelegt hatte und damit aus dem streng vorgeschriebenen Pflichtkreis des Gymnasiums ausschied, stand ich ratlos da und wußte nicht, welchen Studien, welchem Beruf ich mich zuwenden sollte.

So zog ich unentschlossen und unreif nach München, um an der Technischen Hochschule zu erproben, ob ich mich für einen technischen Beruf, also für die Industrie, oder mehr für naturwissenschaftliche Studien eignete. Auf den Rat von Bauernfeind, dem berühmten Organisator des Polytechnikums, immatrikulierte ich mich gleichzeitig auf der Technischen Hochschule wie auch auf der Universität, besuchte auf der letzteren die Vorlesungen über Chemie von Adolf von Baeyer, auf der Technischen Hochschule mathematische Vorlesungen und Physik. Den mathematischen Vorlesungen konnte ich bald nicht mehr folgen; der Unterricht in der Mathematik auf unserem Gymnasium war zur Vorbereitung ungenügend.

Also war es aus mit der Technik. Dagegen fesselten mich die wundervollen Vorlesungen des Physikers Beetz sowie diejenigen von Baeyer aufs äußerste, nicht weniger die von Naegeli über allgemeine Botanik. Die Vorlesungen und Schriften Naegelis waren es, welche in mir den Entschluß reifen ließen, mich dem Studium der Naturwissenschaften, und zwar der Erforschung der Lebensvorgänge zu widmen.

Die letzte Entscheidung brachte für mich aber der Besuch des chemischen Laboratoriums, das damals für die Anfänger und auch für Mediziner fünfmal wöchentlich den ganzen Nachmittag durch Vater Volhard, den letzten Schüler Liebigs, abgehalten wurde. Da ich fühlte, daß eine halbtägige Laboratoriumsarbeit noch keinesweges genügte, um mich sattelfest zu machen, vor allem auch in der zu allen Naturforschungen notwendigen quantitativen Analyse, beschloß ich im dritten Studienhalbjahr, nochmals das chemische Praktikum zu belegen. Mein Entschluß, mich den Naturwissenschaften, und zwar auf chemischer Basis zu widmen, stand am Ende des zweiten Studienjahres fest, aber wohin sollte der weitere Weg gehen? Welcher Spezialwissenschaft sollte ich mich zuwenden? Ich kannte mich zu gut und hatte wahrhaft große Männer der Naturwissenschaften genügend kennengelernt, um zu wissen, daß ich auf diesem Gebiet niemals ein entscheidender Entdecker und Neugestalter werden würde.

Die Vorlesungen, die ich hörte, betrafen in jenen ersten Semestern nicht nur die Naturwissenschaften, sondern auch die Mathematik, Kunstgeschichte und Kulturgeschichte. Mit besonderer Vorliebe hörte ich Vorträge von Reber in der Technischen Hochschule über Kunstgeschichte und diejenige von Riehl über Kulturgeschichte. – In meinem Stundenplan aus diesem ersten sogenannten philosophischen Studienjahr fehlte nur eine Disziplin vollständig, nämlich die Philosophie. Nachdem die naturphilosophische Richtung von Jacobi, Schelling und ihren Geistesverwandten unter dem Hereindringen der realen naturwissenschaftlichen Fächer zu Ende gegangen war und sich ihre Spekulationen als unnütz erwiesen hatten, war das Interesse für die eigentliche Philosophie unter den Studierenden meiner Generation vollständig erloschen. Zwar hörten diejenigen Studenten, die sich für die Geisteswissenschaften interessierten, noch eine Vorlesung von Prantl, und zwar über die Geschichte der Philosophie, in welcher dieser im Sinne des berühmten Heidelberger Philosophen Kuno Fischer die gesamte Philosophie der verschiedenen Schulen von Plato bis auf die moderne Zeit mit der gleichen historischen Treue darlegte. Aber eine moderne Philosophie, eine richtige philosophische Schule im allgemeinen, wie sie später von Lipps, Külpe oder Becher vorgetragen wurde, gab es damals nicht, und nur die Gedanken von Nietzsche machten sich langsam geltend.

Nachdem ich meine ersten beiden Semester somit suchend mit allen möglichen naturwissenschaftlichen und schöngeistigen, ja künstlerischen Interessen verbracht und mich dann zum Studium der Medizin entschlossen hatte, mußten im dritten und vierten Semester alle jene anatomischen und physiologischen Studien nachgeholt werden, welche sonst der Medizinstudierende schon in seinen ersten beiden Semestern treibt, und ich mußte dementsprechend im dritten und vierten Semester schwer arbeiten.

In diesen Semestern besuchte ich vor allem die Vorlesungen von Rüdinger und Voit. Rüdinger war ein gewissenhafter, kenntnisreicher Lehrer, der sich unter Bischoffs Führung in Gießen, wie behauptet wurde, aus dem Baderstande herausgearbeitet hatte und der sich wegen seiner mangelnden Gymnasialbildung manchen lateinischen Schnitzer in seinen Vorlesungen zu Schulden kommen ließ. Aber wir mißbilligten es, wenn hochnasige junge Studenten sich darüber lustig machten: Als Rüdinger einmal einen Kandidaten nach dem zwölften Gehirnnerven fragte, antwortete ein frecher Bursche: „Das ist der nervus duodecimus." Rüdinger antwortete darauf ärgerlich: „Einen solchen Nerven gibt es nicht."

Ganz anders war es bei Carl Voit, dessen Gewissenhaftigkeit uns aufs tiefste imponierte. Zwar haben wir seine gründlichen und ausführlichen Vorlesungen oft nicht verstanden, aber, obwohl er wirklich kein guter Lehrer war, haben wir doch in seinen Vorlesungen niemals gefehlt. Auch in den physiologischen Übungen gab er sich die allergrößte Mühe, uns zu exakten Arbeitern zu erziehen.

Neben diesen Vorlesungen belegte ich in meinem vierten Studiensemester nochmals die halbtägigen Übungen im chemischen Institut, dessen Abteilung für Mediziner und Pharmazeuten nach der Berufung von Volhard nach Erlangen an Emil Fischer übertragen worden war.

Nachdem ich am Ende meines vierten Semesters, das aber tatsächlich nur das zweite Semester des Medizinstudiums darstellte, das Physikum bestanden und noch ein fünftes Semester in München ohne rechte Führung studiert hatte, zog ich, dem Herkommen meiner Familie entsprechend, nach Tübingen; denn zwei Semester in Tübingen waren vorgeschrieben, um im Genuß der Pfaffschen Familienstiftung zu bleiben, deren segensreiche Einrichtung meinem Vater die Universitätsausbildung seiner drei Söhne erleichterte.

Nun begann für mich ein ganz anderes Leben. Allotria, mit denen ich in München soviel Zeit vergeudet hatte, traten ganz zurück.

Im Herbst 1881, nachdem ich, wie üblich, die Ferien im Krankenhaus Augsburg als Hilfskraft verbracht hatte, ging es nach München zurück, wo ich mich aufs Examen vorbereitete. Ich hörte bei Ziemssen ohne großen Gewinn, denn er langweilte sich in seinen Vorlesungen, saß neben dem Krankenbett und gähnte. Er war über seine Fälle nicht in der Weise orientiert wie Gerhardt, und ich glaubte bei seiner flüchtigen Perkussionsweise keinen Schlag. Die chirurgische Klinik Nußbaums war das reinste Theater; er trug noch im Frack mit weißer Binde vor, band sich aber bei den Operationen eine Schürze über. Vor allem aber hörte ich wieder mit Andacht die psychiatrische Klinik Guddens. Da die Psychiatrie damals noch nicht offizieller Bestandteil des medizinischen Studiums war und dementsprechend nicht geprüft wurde, waren nur zwei eigentliche Studenten in seiner Klinik, die weit draußen am Ostbahnhof in der neuerbauten und noch jetzt stückweise erhaltenen Irrenanstalt stattfand, nämlich Rehm und ich. Die übrigen Zuhörer waren Ärzte, welche sich auf das Physikatexamen vorbereiteten. An einem langen Tisch waren sie um Gudden versammelt, der wie ein König unter seinen Kranken waltete. Nicht als Lehrer der Psychiatrie, sondern als Forscher untersuchte er das Krankheitsbild und das psychische Verhalten des neben ihm sitzenden Patienten. Er brachte uns Probleme, aber niemals ein Dogma. Am Nebentisch saßen die Assistenten, von denen ich mich an Constantin von Monakow, Kraepelin und Bumm zu erinnern glaube.

Schließlich darf ich nicht vergessen, daß ich in diesem meinem letzten Semester die Vorlesung über Hygiene bei Pettenkofer hörte und davon einen unauslöschlichen Eindruck empfing. Dieser geniale Mann mit den gütig blitzenden blauen Augen trug uns zwar Dinge vor, welche mit der Medizin nur in sehr losem Zusammenhang standen, so über Ventilation, Abtrittanlagen, Wasserversorgung, Grundwasser, anderseits über die Epidemiologie der Cholera und Pest, aber die Art seines Vortrages fesselte uns junge Leute so sehr, daß wir keine Stunde versäumten, obwohl auch dieses Fach noch gar nicht im Examen verlangt wurde.

Neben diesen Vorlesungen mußte ich meine Vorbereitungen fürs Examen treffen. Mein Studiengang war so unregelmäßig gewesen, daß ich die größten Lücken nicht nur in vielen praktischen Fächern, sondern vor allem in Anatomie und Physiologie aufwies. Diese galt es durch intensives Büffeln in den Lehrbüchern auszufüllen.

Dem Examen sah ich mit Ruhe entgegen. Ich hatte mich soweit vorbereitet, daß ich sicher war, in keinem Falle durchzufallen, und die Noten waren mir gleichgültig. Dementsprechend verlief die Prüfung ohne jede Aufregung; auch hatte ich die nötige Examenstechnik erworben, indem ich nur diejenigen Fragen beantwortete, deren ich sicher war, und die anderen scheinbar überhörte. Als ich später selbst Examinator wurde, habe ich diese Examensschliche bei meinen Prüflingen aus eigener Technik durchschaut und ihnen lachend gesagt: „Nein, wissen Sie, so habe ich's selber gemacht. Sie müssen mir wirklich auf die Fragen antworten, die ich Ihnen stelle." In manchen Fächern wunderte ich mich, wie oberflächlich und leichtfertig das Staatsexamen gehandhabt wurde, so von Nußbaum, der taub war und die Antworten überhaupt nicht mehr hörte, oder von Bauer, der, wie ich überzeugt war, niemals Examenskrankengeschichten gelesen hat.

Sofort nach Erledigung meines Examens schrieb ich an Gerhardt und bewarb mich um eine Assistentenstelle an der Würzburger Medizinischen Klinik. Ferner trat an mich die Frage heran, unter welcher Leitung ich meine Doktorarbeit ausführen sollte. Zwei Lehrer hatten mir besonders tiefen Eindruck gemacht. Der erste war Gudden, dessen geniale Experimente über die Funktion und den anatomischen Verlauf der Hirnnerven bei Mäusen ein ganz neues Gebiet eröffneten und dessen Art, den Geisteskranken auf seinen Seelenzustand zu erforschen, tiefen Eindruck auf mich gemacht hatte. – Anderseits hatte ich in Vorlesungen und Kursen Voits gewissenhafte, ja peinliche Art, wissenschaftliche Probleme zu ergründen und eine klare Fragestellung zu entwerfen, kennengelernt. Meine Vorbildung bei Emil

Fischer hatte mir einen gewissen Überblick über die chemischen Vorgänge und die Untersuchungsmethoden gegeben; ich sah auf diesem Felde der Stoffwechseluntersuchung die engsten Beziehungen zur praktischen Heilkunde und einen Weg, mich wissenschaftlich in dieser Richtung zu betätigen. Das war entscheidend, und ich bat Voit um das Thema einer Doktorarbeit. Er war damit offenbar sehr einverstanden und schlug mir zwei Fragen vor: 1. die Untersuchung des Wasserhaushaltes, der am Huhn ermittelt werden könne, 2. die Fortsetzung seiner eigenen Untersuchungen über das Verhalten und die Zusammensetzung des Kotes beim Fleischfresser unter den verschiedensten Ernährungsbedingungen. Bei näherer Überlegung kam ich zu der Überzeugung, daß die Verfolgung des Wasserhaushaltes auf übergroße Schwierigkeiten stoßen müsse, weil die Wasserabgabe durch die Atmung und durch die Haut, also durch das Federkleid nur sehr schwer zu bestimmen war. Bei den großen Wärmemengen, welche durch diesen Niederschlag des Wasserdampfes gebunden wurden, mußten die größten Fehler in der Wärme- und Wasserbilanz entstehen. Da ich mir diese Fehlerquellen rasch vorstellen konnte, entschloß ich mich, das zweite Thema, nämlich die quantitative chemische Untersuchung der Faeces zu wählen.

Bisweilen kam auch Pettenkofer ins Laboratorium, um seinen Freund Voit zu besuchen. Der alte Herr mit seinen blauen Augen setzte sich dann mitten unter unsere Bechergläser auf den Laboratoriumstisch und erzählte, die dauernd glimmende Zigarre im Mund, lustige Geschichten. Er war nicht immer so heiter aufgelegt. Bekanntlich hatte der geniale und leidenschaftliche Mann an Perioden tiefster Depression zu leiden, und in einer solchen hat er schließlich seinem Leben ein Ende gemacht. Pettenkofer war ein leidenschaftlicher Kämpfer. Er verfocht seine Ideen über die Verbreitung der epidemischen Krankheiten, wie der Cholera und des Typhus. Sie widersprachen den bis dahin herrschenden Anschauungen, hoben die Bedeutung des Trinkwassers und dessen Verunreinigung durch die Abortgruben hervor und leugneten die kontagiöse Übertragung durch lebende Keime.

Während ich in Seelenruhe meinen Kotanalysen nachging, traf unerwartet ein Brief von Gerhardt ein mit der Nachricht, daß sein erster Assistent Otto Seifert plötzlich erkrankt sei und daß er mich ersuchen müssen, zur Aushilfe sofort bei ihm einzutreten, und das um so schneller, da das Semester noch im Gange und das Jubiläum der Würzburger Universität in Bälde zu erwarten sei. Ich legte diesen Brief Carl Voit vor, und dieser ging bereitwillig darauf ein, daß ich dieses Angebot für ein paar Monate übernehmen dürfe, wenn ich dann nach München zurückkehren und meine Arbeit fertigstellen wollte. Kaum ein paar Tage später traf ich in Würzburg ein.

In allen meinen Zweifeln, in denen mir meine Gattin treulich zur Seite stand und ihren Wunsch zurückstellte, in ihre Geburtsstadt und nun auch wieder den Wohnort der Eltern zurückzukehren, wandte ich mich an das bayrische Kultusministerium, und zwar an den Ministerialdirektor Bumm. Ich machte ihm daraus kein Hehl, daß ich lieber in München als in Berlin sein würde. Bumm half mir in diesen Bedenken und setzte mir auseinander, daß meine Berufung an die Münchener Klinik vom Regenten unterzeichnet sei und daß dieser es sicher kränkend empfinden würde, wenn ich hinterdrein mich zurückzöge und Berlin annähme. Dieser Grund war für mich maßgebend, und es blieb dabei, daß ich zum beginnenden Wintersemester nach München übersiedeln sollte.

Nach dem Tode von Ziemssen war Josef Bauer zum städtischen Direktor des ganzen Krankenhauses links der Isar ernannt worden, zu dem auch die chirurgische Klinik Angerers, die dermatologische Abteilung Posselts und eine gynäkologische Abteilung von Amann gehörten. Die Erste und Zweite Medizinische Klinik waren in den beiden Stockwerken des alten Hauses untergebracht.

Bei den Verhandlungen über die Verteilung der Räume kam mir Bauer in der liebenswürdigsten Weise entgegen, und es hat sich auch später niemals ein Konflikt zwischen ihm und mir ergeben. Er fragte mich z. B., ob ich großes Gewicht darauf lege, die sogenannte Erste Klinik, also diejenige von Ziemssen, zu übernehmen. Da ich merkte, daß er selber diesen Titel und die Krankenräume der Ersten Klinik übernehmen wollte, sagte ich ihm sofort zu, daß ich mich mit dem Titel der Zweiten Medizinischen Klinik begnügen würde, schlug aber vor, daß die Zweite Medizinische Klinik für die ersten klinischen Semester als Einführung in die Medizin dienen, während die Erste Klinik den vorgerückteren Semestern und hauptsächlich der Therapie gewidmet sein solle.

Von Anfang meiner Münchener Tätigkeit an war mein Hauptbestreben darauf gerichtet, die Klinik möglichst anziehend und nutzbringend zu gestalten. Die sokratische Art eines Dialogs zwischen dem Lehrer und dem Schüler am Krankenbett mußte wegfallen, denn sie bot für die übrigen paar hundert Zuhörer kein wesentliches Interesse. Die Demonstrationen und Untersuchungen an den vorzustellenden Kranken mußten in der Weise geschehen, daß alle Zuhörer sich durch Aug und Ohr davon überzeugen konnten.

Es hatte keinen Sinn, für die Studenten ein paar Mikroskope mit diesen Präparaten aufzustellen, denn diese werden bekanntlich niemals richtig benützt. Vielmehr half mir ein guter Projektionsapparat von Zeiß, die normalen und pathologischen Gewebsschnitte sofort im Anschluß an die mündlichen Erörterungen auf den Schirm zu werfen und allen Zuhörern zu erklären.

In München bestand zu meiner Studentenzeit noch die althergebrachte Sitte, daß einer der Kliniker, und zwar damals Ziemssen, in den Abendstunden eine systematische Vorlesung über das ganze Gebiet der inneren Medizin, etwa im Sinne des Niemayerschen Lehrbuches, abhielt. Durch die Übernahme der Zweiten Medizinischen Klinik fiel mir die Aufgabe zu, mich auch an dieser Abendvorlesung zu beteiligen, die ich zweimal in der Woche von fünf bis sechs Uhr abzuhalten hatte. Ich wählte mir zunächst für das Wintersemester mein Lieblingsgebiet, die Stoffwechselkrankheiten, und trug es in der Weise vor, daß ich als erstes eine solide chemische Grundlage schuf, indem, von den einfachsten Formeln ausgehend, die Konstitution der Fette, der Kohlehydrate und der Eiweißstoffe erörtert und beschrieben wurde.

Nachdem ich diese Soffwechselvorführung mehrere Winter hindurch abgehalten hatte, hielt ich es für richtig, sie in andere Hände zu übergeben, zunächst an Neubauer, dann an Thannhauser, also an spezielle Kenner der Materie, und schließlich an Kurt Felix.

Als zweites Thema für die Abendvorlesungen hatte ich mir dasjenige der Gehirnkrankheiten gewählt, und auch bei diesen fing ich ganz elementar an mit der Entwicklungsgeschichte und Histologie des Gehirns, ohne die ja ein Verständnis des komplizierten Baues und seiner Rolle in der Phylogenese der Tierreihe nicht gewonnen werden kann.

Bei der übergroßen Zuhörerzahl in der Klinik wie auch in den Vorlesungen konnte ich natürlich gar keinen persönlichen Konnex mit den Studenten anbahnen und sie nicht einzeln zu sauberer Untersuchung anleiten. Eine solche persönliche Anleitung und Kritik ist aber um so notwendiger, weil der Student ohnehin geneigt ist, als passiver, rein aufnehmender Zuhörer an der Vorlesung teilzunehmen, und es gerne vermeidet, sich in praktischen Kursen der Kritik zu unterwerfen. Er liebt, wie die Amerikaner sagen, das „spoon feeding", das Füttern mit dem Löffel.

Unter den Aufgaben, welche mich in München erwarteten, soll auch der Neubau des Reisingerianums nicht vergessen werden. Bekanntlich hatte Reisinger, der frühere Professor der Chirurgie und Augenheilkunde in Landshut und spätere Vorstand des Augsburger Krankenhauses, sein sehr bedeutendes Vermögen der Universität München mit der boshaften Bemerkung vermacht, daß er aus München immer seine schlechtesten Assistenten bezogen hätte, und weil er nunmehr den Unterricht in der Medizin auf eine höhere Stufe heben wolle. Die von Reisinger begründete Poliklinik fand noch zu meiner Studentenzeit und eine Reihe von Jahren später in einem bescheidenen Hause an der Sonnenstraße statt, wo der medizinischen, chirurgischen, gynäkologischen und otiatrischen Abteilung je ein Zimmer und dazu noch ein paar Betten eingeräumt waren. Das Reisingerianum bot eine wichtige Lehrgelegenheit für einige Extraordinarien und Privatdozenten. Mit der Zeit aber war das Gebäude trotz einiger Anbauten gänzlich unbrauchbar geworden. Ich war von der Fakultät beauftragt worden, die

Pläne für den Neubau des Poliklinikgebäudes zu entwerfen, das auf dem Areal der alten Waisenanstalt mit der Front nach der Pettenkoferstraße errichtet werden sollte. Der Universitätsbaurat Kollmann, ein ausgezeichneter Architekt, entwarf mit mir zusammen die Pläne, und es sollte neben der medizinischen und chirurgischen, der gynäkologischen, dermatologischen und der pädiatrischen auch eine laryngologische, eine otiatrische und eine orthopädische Poliklinik eingerichtet werden. Unter Kollmanns Leitung ist der Bau des Poliklinikgebäudes in großzügiger Weise zustande gekommen und konnte im Jahre 1910 bezogen werden.

Im Sommer 1914, also zu einer Zeit, in welcher wir glaubten, noch im vollsten Frieden zu leben, fand, wie üblich, die Wahl des künftigen Rektors, der Senatoren und der Dekane statt. Die Wahl zum Rektor fiel auf mich.

Am 7. November 1918 begann sich auf der Theresienwiese eine Volksversammlung zu entwickeln, also mehr oder weniger vor unseren Augen. Wir hörten die erregte Stimme eines Redners, verstanden aber bei der weiten Entfernung seine Worte nicht. Der Redner war Kurt Eisner, den ich vor Jahren in Marburg in meiner Sprechstunde behandelt hatte. Er war damals Redakteur einer kleinen hessischen Zeitung, die sozialistische Tendenzen verfolgte.

Große Plakate berichteten, daß die Regierung gestürzt sei und daß der sozialistische Freistaat Bayern die Macht in Händen habe.

Die deutsche Republik wurde ausgerufen.

Der Kaiser trat auf den Rat seines Oberstkommandierenden Hindenburg auf das neutrale Gebiet von Holland über, ebenso der Kronprinz des Deutschen Reiches. Unser König Ludwig III. war durch den Chef seiner Geheimkanzlei und durch das Kriegsministerium nicht genügend über die verzweifelte Stimmung des Volkes orientiert worden und mußte, nachdem er noch am selben Nachmittag einen Spaziergang im Englischen Garten gemacht hatte, des Nachts nach Hohenaschau, von dort nach Salzburg zum Grafen Moy und dann auf seine ungarischen Besitzungen fliehen.

Unterdessen hatte sich eine Regierung gebildet, an deren Spitze als Ministerpräsident Kurt Eisner stand. –

In dieser unruhigen und gärenden Zeit machten sich natürlich auch in anderen Kreisen Bewegungen geltend, und ich hielt es für meine Pflicht, als Mitglied der Universität an solchen Versammlungen teilzunehmen.

Die Studentenschaft der Universität setzte sich zu einem sehr großen Teil aus Kriegsteilnehmern zusammen, die, in die Heimat zurückgekehrt, nur den einen Wunsch besaßen, nach den Erlebnissen des Krieges zu ihren Studien, also zur Geistesarbeit zurückzukehren. Niemals habe ich eine fleißigere und strebsamere Zuhörerschaft in meiner Klinik vor mir gehabt als damals. Die Reformwünsche unserer Studentenschaft gingen darauf hinaus, daß die

Examina ihnen, den Kriegsteilnehmern, erleichtert werden sollten, und dementsprechend wünschten sie, daß einige unbeliebte Examinatoren, angeblich wegen ihres vorgeschrittenen Alters, ausgeschaltet werden sollten. Auch verlangten sie, daß für die Professoren eine Altersgrenze von fünfundsechzig Jahren festgesetzt werden sollte. Ferner wünschten sie Abschaffung des Kollegiengeldes für alle Kriegsteilnehmer und die Bewilligung einer erträglichen Unterhaltssumme für alle unbemittelten Studenten. Ihre Wünsche waren also harmlos und, fast möchte ich sagen, kindlicher Art.

Anders war es schon bei einem großen Teil der Assistenten an den wissenschaftlichen Instituten der Universität, also auch an den Kliniken. Unter ihnen fanden sich manche überalterte Kräfte, welche mit ihren Stellen und ihren Vorgesetzten unzufrieden waren. In ihren Eingaben wiesen sie darauf hin, daß die wesentliche Arbeitslast in den Instituten und Kliniken nicht von den Chefs, sondern von den Assistenten geleistet werde und daß ihre Vorgesetzten ein bequemes Leben führten und hohe Gehälter bezögen. Sie wünschten größere Selbständigkeit und Unabhängigkeit und vor allem höhere Bezahlung.

Eine eigenartige Bewegung machte sich im Anschluß daran unter den Privatdozenten und Nichtordinarien überhaupt, also vor allem den Privatdozenten mit Titel und Rang eines außerordentlichen Professors geltend. In einer Eingabe an den Senat vom 25. Januar 1919 verlangten sie Gleichstellung der außerordentlichen Professoren mit den ordentlichen und volles aktives und passives Wahlrecht zum Senat und in den Fakultäten.

In diesen Tagen allgemeiner Unsicherheit, in der bald die „Nichtordinarien" in bewegten Versammlungen neue Rechte forderten, bald die Studenten und an ihrer Spitze die ehemaligen Kriegsteilnehmer sich zu einem „Studentenrat" zusammentaten und Verbindung mit dem „Zentralrat" suchten, anderseits aber die Nahrungsmittelknappheit immer mehr zunahm und schließlich eine Nahrungsmittelsperre über München verhängt wurde, trat ein Ereignis ein, das die schwersten Folgen mit sich ziehen sollte: als ich am Morgen des 21. Februar auf meiner Krankenabteilung die übliche Visite machte, kam erschrocken ein Bote herein und berichtete, daß soeben Kurt Eisner auf der Straße erschossen worden sei. Die aufgeregte Menge wollte den Täter, nämlich den Grafen Anton Arco-Valley sofort lynchen und verletzte ihn schwer.

Es lag auf der Hand, daß diese Schreckenstat die radikalen Elemente zur Wut anfachen mußte, und der bisherigen sozialistischen Regierung folgte bald darauf die Räteregierung nach russischem Vorbild.

Am Montag, den 7. April erschienen in den Morgenstunden im Universitätsgebäude die Mitglieder der Gruppe sozialistischer Akademiker, die sich als „revolutionärer Studentenrat" bzw. „revolutionärer Hochschulrat" konsti-

tuiert hatten. Sie wiesen eine Vollmacht des „Volksbeauftragten für Aufklärung" Gustav Landauer vor, durch den sie sich unbeschränkte Verfügungsge-
walt über die Universität und zur Durchführung ihres Hochschulprogramms
verschafft hatten. Sie erklärten den am Tag vorher gebildeten „Aktionaus-
schuß" für abgesetzt und die Universität für besetzt und geschlossen. Sie
verlangten die Auslieferung der Siegel der Universität.

Am 8. April fand im Auditorium maximum eine von dreizehn- bis vierzehn-
hundert Studierenden besuchte allgemeine Studentenversammlung statt,
welche gegen die Vergewaltigung durch den revolutionären Hochschulrat
Einspruch erhob. Die Studentenschaft wünschte die Entscheidung über die
von dem revolutionären Hochschulrat beschlossene Schließung der Universität in die Hände der Lehrerschaft zu legen. Wiederholt wurde zum Ausdruck
gebracht, daß die Studentenschaft durch dick und dünn mit ihren alten
Lehrern zu gehen gewillt sei.

Der Rektor der Universität, Geheimer Rat Professor Dr. Bäumker, der nach
einer sechsstündigen Senatssitzung am 5. April erkrankte, war mit seinen
Nerven zusammengebrochen und hatte die Rektoratsgeschäfte niedergelegt.
Daher mußte vom Senat eine andere Persönlichkeit gewählt werden. Er
beschloß einstimmig, mir diesen Auftrag anzuvertrauen und mich zu bitten,
als Prorektor die Leitung zu übernehmen.

Durch Vertrauensmänner hatte ich erfahren, daß meine Verhaftung als Geisel
ins Auge gefaßt worden sei, und zwar sollte nicht nur ich, sondern auch
Professor Gottfried Boehm und Leo von Zumbusch verhaftet werden. In der
Tat wurde ich am 22. April in der Früh um halb fünf Uhr durch heftiges
Klingeln an meiner Haustüre aus dem Schlaf geweckt. Vor meinem Gartentor
sah ich eine Rotte schwerbewaffneter wilder Burschen stehen, deren Anführer
mich fragte: „Sind Sie der Eigentümer dieses Hauses?" Ich antwortete: „Ja".
„Dann sind Sie im Namen der Revolution verhaftet." Der Brückenwagen, der
mich forttransportieren sollte, stand bereit. Ich fragte: „Wissen Sie denn auch,
wen Sie verhaften?" Er las aus seinem Zettel: „Den Freiherrn von Müller."
„Der bin ich nicht, ich bin aber der Direktor des Krankenhauses links der Isar.
Wenn Sie mich verhaften, steht sofort das ganze Krankenhaus still, und sie
können Ihre Verwundeten nicht mehr unterbringen." „Ja, sind Sie denn
Arzt?" „Ja, das bin ich, und bei meiner Verhaftung bricht sofort der allgemeine
Ärztestreik in München aus." „Ja, das ist was anderes, denn es ist uns
verboten, Ärzte als Geiseln zu verhaften. Haben Sie einen Sohn? Dann werden
wir diesen an Ihrer Stelle verhaften." „Ich habe keinen Sohn." „Aber wir
kommen wieder!"

Während die Revolution noch in vollem Gange war, hatte sich die medizinische Fakultät eines Abends zu einer Besprechung zusammengefunden.
Aufgeregt kam der Pedell herein und berichtete, daß eben eine große

Ansammlung von Studenten auf dem Marienplatz stattfände und daß diese stürmisch verlangten, eine Demonstration in der Universität zu veranstalten. Der Mörder Eisners, Graf Anton Arco, war vor Gericht gestellt worden, und dieses sollte über ihn das Todesurteil verhängen und sofort vollziehen. Gegen dieses Urteil wollten die Studenten Protest einlegen. Die große Masse der Studierenden aller Fakultäten verlangte den Wiederbeginn ihrer Studien und einen Freispruch Arcos. Ein Marsch dieser Studentenschar nach der Universität konnte um so gefährlicher werden, weil, wie wir zu gleicher Zeit durch die Polizei erfahren hatten, eine große Zahl von Revolutionären gleichfalls einen Marsch gegen die Universität plante. Da aber die Revolutionäre großenteils bewaffnet und unsere Studenten gänzlich ohne Waffen waren, so wäre ein Zusammentreffen der beiden Gruppen voraussichtlich sehr übel und blutig abgelaufen. Auf die Nachricht, daß die Studenten führerlos vorgehen und ihren Marsch antreten wollten, verließ ich sofort die Fakultätssitzung. Sauerbruch schloß sich mir an und wir eilten in die Kaufingerstraße, wo wir diese große Studentenansammlung trafen und freudigst begrüßt wurden. Nach einigen kurzen Befehlsworten ordnete sich der Studentenhaufen zu einem geschlossenen Zug, wir beide voran mit dem Befehl, die Studenten sollten uns folgen. Da wir durch die Polizei erfahren hatten, welche Straßen die Revolutionäre einschlagen wollten, konnten wir unseren Trupp durch ganz andere Straßen leiten, wo ein Zusammentreffen mit diesen nicht möglich erschien. Wir brachten unsere Studentenschar richtig bis in die Ludwigstraße, und dort gruppierte sie sich um die Estrade der Staatsbibliothek. Die Zahl der Studenten war so groß, daß sie die Ludwigstraße in ihrer ganzen Breite füllte. Ich stieg die Treppen zum Haupttor hinauf und hielt eine Ansprache „an mein Volk". Ich setzte auseinander, daß jetzt in der Nachtstunde die Universität geschlossen sei und daß eine Versammlung im Auditorium maximum große Gefahren mit sich brächte. Die Studenten folgten meiner Mahnung und zerstreuten sich. Am nächsten Tag konnte dann die Versammlung stattfinden, und auch dabei bewahrten unsere Studenten völlige Disziplin im Vertrauen auf ihre Lehrer.

Bei dieser allgemeinen Studentenversammlung, welche den riesigen Hörsaal des Auditorium maximum bis auf den letzten Platz füllte, war die Spannung in der Studentenschaft ungeheuer, und das erwartete Todesurteil gegen Arco hätte die schwersten Folgen gehabt. Mitten in diese gespannte Lage kam die telephonische Nachricht, das Gericht hätte den Grafen Arco nicht zum Tode verurteilt, sondern zu dauernder Haft in Stadelheim.

Mit dem Sieg der Entsatztruppen kehrte auch auf der Universität wieder Frieden ein, und die Vorlesungen konnten beginnen. Das Sommersemester verlief in voller Ruhe, die Kliniken und Institute hatten überhaupt ihre Tätigkeit nicht einen Tag eingeschränkt, und als im Juli die Wahl des künftigen

Rektors in alter Weise vollzogen wurde, fiel sie auf mich. Die Kollegen wollten mir dadurch ihr Vertrauen und ihren Dank zum Ausdruck bringen. Ich war also das dritte Mal an die Spitze der Universität gestellt und konnte mit einem Kreise neuer Helfer die neue Universitätsverfassung ausarbeiten. Da im Senat und den Fakultäten nur die ordentlichen Professoren Sitz und Stimme hatten, vermuteten die „Nichtordinarien" in diesen Körperschaften geheime Kräfte, die sie niederhalten und unterdrücken wollten. Sie verlangten die Einsicht und Teilnahme an den Universitätsgeschäften sowie Gleichberechtigung. Vor allem wünschten sie Beteiligung an den Fakultätsverhandlungen über die Neubesetzung erledigter Professuren und ein regelrechtes Vorrücken der Privatdozenten in die Ordinariate. Diese letztere Forderung konnte unmöglich zugestanden werden, weil dann die Ordinariate nicht nach der Würdigkeit und den Verdiensten, sondern nach der Anciennität der Privatdozenten besetzt werden müßten. Es wurde eine Kommission aus Professoren der verschiedensten Fakultäten errichtet, die unter meinem Vorsitz eine Reihe von Sitzungen abhielt und ein, wie ich glaube, den berechtigten Wünschen entgegenkommendes Ergebnis vorschlug. Diese Sitzungen fanden hauptsächlich in meinem Hause statt, und es waren die Herren Kisch, von Drygalski, Endres, Rothenbücher und Lindemann daran beteiligt. Da die Studierenden an jenen Beratungen ebenfalls teilzunehmen wünschten, so wurde ihnen zugestanden, daß ihre Vertreter eingeladen und gehört werden sollten, sobald Belange der Studierenden, wie zum Beispiel das Krankenkassenwesen, Sportveranstaltungen und die Kolleggelder zur Sprache kamen. Dieses neue Universitätsstatut hat sich, wie ich glaube, durchaus bewährt und hat den Zweck erreicht, an Stelle eines exklusiven Regiments der Ordinarien eine gemeinschaftliche Anteilnahme aller Universitätsangehörigen herbeizuführen. Diese freisinnige Gestaltung der Universitätsverfassung hat sich in der Tat bewährt, um Frieden unter den früher widerstrebenden Kreisen der Universität herzustellen. – Jetzt liegt diese wohlwollende Universitätsverfassung in Scherben vor unseren Füßen.

1922 war der Kaufwert der Mark schon auf ganz niedrige Werte gesunken. Im Jahre 1923 sank die Valuta rapide bis ins Bodenlose. Der alte Botaniker Radlkofer, der seine Pflanzensammlung im Botanischen Garten ordnen wollte, konnte den Weg von seinem Haus bis zum Botanischen Institut in Nymphenburg nicht mehr zurücklegen, weil die Trambahnfahrkarte sein ganzes Ruhegehalt verschlungen hätte.

Da die Universitäten und Hochschulen Deutschlands unter der Leitung der einzelnen Landesregierungen standen und dementsprechend in ganz unterschiedlichster Weise den Stürmen ausgesetzt, aber trotzdem in dieselben Nöte verwickelt waren, so stellte es sich als wünschenswert heraus, sämtliche Rektoren der deutschen Hochschulen zu gemeinsamen Beratungen zusammenzurufen. Diese Rektorenkonferenzen hatten aber den Nachteil, daß gerade zur Herbstzeit ein großer Teil der Rektoren neu in ihr Amt eingeführt worden war und sie ihren Geschäftskreis noch nicht überblicken konnten. Aus diesem Grunde konnte kein richtiges Einvernehmen erzielt werden, und es stellte sich als notwendig heraus, einen fester organisierten Verband zu schaffen, in welchen die einzelnen Hochschulen nicht ihren Rektor, sondern erfahrene, geschäftsgewandte Männer ihres Vertrauens entsandten. Dieser Hochschulverband hat in organisatorischer Beziehung viel Gutes geleistet. Da jedoch diese unabhängige Organisation den Widerspruch der nationalsozialistischen Regierung erweckte, wurde von dieser das nützliche Instrument des Hochschulverbandes Ende 1934 kurzerhand aufgelöst.

Während des ganzen Krieges waren die deutschen wissenschaftlichen Arbeitsstätten von der Literatur des Auslandes völlig abgeschnitten, kein Buch und keine Zeitschrift kamen mehr herein. Wir waren in Unkenntnis über die Fortschritte der Wissenschaft in den anderen Ländern, und in den Bibliotheken waren die Reihen der Zeitschriften seit 1914 unterbrochen.

In dieser Notlage, welche eine Wiederaufnahme der wissenschaftlichen Arbeit nicht nur erschwerte, sondern vielfach ganz unmöglich machte, trat als Helferin die „Notgemeinschaft Deutscher Wissenschaft" auf. Zunächst war es eine dringende Aufgabe, die fehlende ausländische Literatur wieder heranzubringen und die Bibliotheken der Universitäten und der Länder, wie Bayern, Preußen aufzufüllen. Aber woher sollten die Summen dafür beschafft werden? Die erste konstituierende Sitzung der Notgemeinschaft fand in den Räumen der Berliner Staatsbibliothek statt, deren Direktor damals Harnack war. Neben ihm war eine Reihe führender Männer eingeladen, so Diels, Emil Fischer, Eduard Meyer, Eduard Schröder, von der Industrie Siemens und Duisberg, und aus Bayern Walter von Dyck, Edward Schwartz und ich. Mit Stolz denke ich an diese Gründungsversammlung am 23. November 1920 zurück.

# Fritz Lange

1864–1952

*Orthopäde*
*Studium in Jena, Leipzig und*
*1886–1889 in München;*
*1903–1934 ao. Prof. in München.*
*1908 Bau der orthopädischen*
*Klinik München-Harlaching.*

Im Oktober 1886 ging ich nach München.

Ein Wandern durch die Stadt war im Gegensatz zu heute eine Erholung und man war schnell im Freien. Von der Lindwurmstraße, wo ich wohnte, war man in zwei Minuten auf der Theresienwiese, und von dort konnte man stundenlang über Felder, Wiesen und Wälder wandern. Nur selten wurde ein Blick durch ein vereinzeltes altes Haus gestört, meist hatte man den Blick auf die verlockenden Berge frei.

München galt damals als Typhusnest und wurde deshalb von den norddeutschen Studenten weniger aufgesucht. Doch waren durch das Zusammenwirken von Pettenkofer mit dem Bürgermeister Erhardt die Hauptquellen der Infektion – die schlechte Wasserleitung und die Verunreinigung des Wassers – beseitigt.

In den Kliniken sahen und lernten wir viel. Der Internist Joseph Bauer, der Augenarzt Rothmund, der Hautarzt Posselt waren zwar nicht bedeutend als Forscher, aber sie waren gute Lehrer und gaben uns viel für die spätere Praxis. Eine ausgezeichnete Vorlesung über allgemeine Chirurgie hielt der Chirurg Angerer. Der Internist Ziemssen konnte klinische Vorträge von reichem Inhalt in fesselnder Form halten.

Auf der gleichen Höhe als Forscher wie als Lehrer stand Pettenkofer – ein kleiner Mann, der aber durch seinen klugen Kopf einen bedeutenden Eindruck machte.

Sein Mitarbeiter, der Physiologe Voit, gab eine sehr gediegene Vorlesung. Seine nüchterne, streng wissenschaftliche Art machte einen großen Eindruck auf mich.

Voit trat ich am Ende meiner Studienzeit für kurze Zeit näher. Er hatte in seiner Vorlesung die tägliche Temperaturkurve des Menschen besprochen, deren Maximum am Nachmittag und deren Minimum in der Nacht liegt. Die Ursache dieser regelmäßigen Temperaturschwankungen hielt er für noch ganz unklar. Er hätte einen Studenten einige Tage hungern, an anderen Tagen viel essen lassen, einige Tage hätte er ihn schwer arbeiten, andere Tage sich ganz ruhig verhalten lassen – die Kurve hätte aber keine Änderung gezeigt. Durch die Lebensweise könnte also die Kurve nicht bedingt sein.

Als ich von der Vorlesung heimging, sagte ich mir, daß durch die Experimente von Voit nur bewiesen sei, daß eine Änderung der Lebensweise innerhalb von wenigen Tagen keine Änderung bewirkt hätte, daß aber eine längere Zeit wirkende Umstellung von Arbeit, Schlaf und Nahrungsaufnahme doch auf das Wärmezentrum Einfluß haben und die tägliche Temperaturänderung schaffen könnte. Wenn mein Gedanke richtig war, müßte an den Bäckern, die damals bei Tag schliefen und in der Nacht arbeiteten, der Beweis erbracht werden können.

Es wurde mir sehr schwer, einige Bäckergesellen aufzufinden, die sich gegen gute Bezahlung bereit erklärten, sich alle drei Stunden von mir messen zu lassen. Freudestrahlend ging ich zu Voit, legte ihm meine Kurvenblätter vor und bat ihn, darüber meine Doktorarbeit machen zu dürfen. Zu meiner großen Überraschung teilte Voit meine Begeisterung und meine Freude nicht, sondern meine Mitteilungen berührten ihn im Gegenteil peinlich. Er sagte mir, daß der Student, mit dem er selbst seine Versuche angestellt hatte, darüber seinen Doktor machen wollte, und daß meine Untersuchungen, wenn sie sich als richtig erweisen sollten, die ganze mühsame Arbeit von ihm wertlos machen würden.

Ganz eigen waren die Vorlesungen von dem Chirurgen Nußbaum. Er litt an einer krankhaften Knochenbrüchigkeit und hatte dadurch schon eine ganze Anzahl von Knochenbrüchen erlitten, die nicht immer in guter Stellung verheilten. Kerschensteiner berichtet von ihm, daß er sich selbst einmal einen Oberschenkel absichtlich von neuem eingebrochen hätte, um eine bessere Stellung zu erzielen. Er war ein großer Schauspieler. Die Lehren, die er vortrug, illustrierte er oft durch Erlebnisse aus seiner Praxis und verstand es daher meisterhaft, die Kranken nachzuahmen. Sexuelle Fragen behandelte er besonders gern und oft, und deshalb wurden seine Vorlesungen fleißig von Nichtmedizinern besucht. Die zahlreiche Zuhörerschaft lauschte stets den Worten des Meisters mit gespanntester Aufmerksamkeit. Im Gegensatz zur theoretischen war seine klinische Vorlesung ziemlich wertlos.

Eine weitere Beeinträchtigung erfuhr meine Ausbildung in der Heilkunde in München durch die ungenügende Zahl von Kursen. Die Zahl der Kranken im Krankenhaus links der Isar reichte bei weitem nicht aus, um die vielen Studenten in nächste Berührung mit den Kranken zu bringen.

Ich habe meine Gedanken über eine Reform des medizinischen Unterrichts, die bis auf meine Studienzeit zurückgehen, in mehreren Aufsätzen veröffentlicht, aber sie sind unbeachtet geblieben. Dasselbe Schicksal haben die Arbeiten von Moritz und Stiegler, die ebenfalls für den klinischen Unterricht in kleineren Gruppen eingetreten sind, erfahren. Solange Hörgeld und Prüfungsgebühren in der jetzigen Form beibehalten werden, wird keine Änderung kommen.

In dem Hörgeld besteht für viele Professoren ein wesentlicher Teil ihrer

Einnahmen, und infolgedessen haben die Ordinarii ein materielles Interesse daran, die Pflichtvorlesungen selbst zu halten und die Prüfung selbst durchzuführen, obwohl den meisten von ihnen die tägliche Vorlesung eine Last und das Examen ein Greuel ist und obwohl ihnen die Möglichkeit, auf dem Gebiete der Forschung etwas zu leisten, stark beeinträchtigt wird.

Anfangs habe ich meine Klinik über Orthopädie publice halten müssen, weil sonst überhaupt kein Student in die Vorlesung gekommen wäre. Als dann Orthopädie Zwangskolleg geworden war, hätte ich eine gute Einnahme im Jahre dadurch haben können. Ich habe aber trotzdem meine Klinik weiter publice gehalten, um zu zeigen, daß bei mir die Freude an meiner akademischen Tätigkeit nichts mit den Einnahmen zu tun hatte. Ich bin 40 Jahre lang, bis zuletzt, ein begeisterter Lehrer gewesen und es ist mir auch beschieden gewesen, meine Zuhörer für die Orthopädie zu begeistern – ohne Kolleggeld.

Neben meinen medizinischen Studien in München bemühte ich mich, die schweren Lücken, die mein schlechtes Gymnasium in meiner allgemeinen Bildung hinterlassen hatte, auszufüllen.

In dieser Hinsicht wurde die Vorlesung von Riehl über Kulturgeschichte des 18. und 19. Jahrhunderts von großer Bedeutung für mich. Riehls Vorlesungen danke ich den höchsten geistigen Genuß, den ich jemals von einer Vorlesung gehabt habe. Es wird heute vielfach gefordert, daß der Medizinstudierende nun auch für seine allgemeine Bildung etwas zu tun habe und eine Vorlesung über Philosophie hören sollte. Seitdem ich Riehl gehört habe, wünschte ich, daß jeder Mediziner eine Vorlesung über Kulturgeschichte hörte.

Allmählich rückte nun die Zeit heran, daß ich mein Staatsexamen machen mußte. Ich war trotz der vielen Ablenkungen ein fleißiger Student gewesen. Im September 1889 war ich mit meinen Vorbereitungen fertig, leider zog ich aber bei der Verlosung der Reihenfolge eine hohe Nummer und konnte deshalb erst im Dezember die Prüfung beginnen.

Die Zwischenzeit benutzte ich, um das Doktorexamen zu machen. Wie es mir mit meiner ersten Doktorarbeit bei Voit ergangen ist, habe ich bereits erzählt. Mit einem selbstgewählten Thema, das ich bei Kupffer bearbeiten wollte, ging es mir ähnlich. Und als in dieser Zeit Oertel ein Thema für eine Doktorarbeit wie saures Bier ausbot und keinen Interessenten fand, meldete ich mich und übernahm die Bearbeitung eines merkwürdigen Kehlkopfpapilloms. Oertel war mit meiner Arbeit sehr zufrieden. Ich erhielt im Examen die Note „Summa cum laude".

Im Februar 1890 war auch das Staatsexamen geschafft. Die letzte Station bildete die Prüfung in Hygiene durch Pettenkofer. Als ich alle Fragen beantwortet hatte, forderte er mich auf, noch zu bleiben, und als die anderen Prüflinge gegangen waren, sagte er mir, er wolle meine Noten in den verschiedenen Fächern zusammenrechnen, es könnte als Gesamtnummer

1 herauskommen. Und wirklich war es so. Ich ging tief beglückt heim über die Theresienwiese und hatte das Gefühl, daß die Bavaria für mich den Siegeskranz emporhielt.

Die Siegesstimmung, in der ich von der Prüfung bei Pettenkofer über die Theresienwiese gegangen war, hielt nicht lange an. Ich hatte das, was man in den Vorlesungen lernen konnte, wohl gut aufgenommen, aber was ich einst in der Praxis leisten würde, das war mir ganz ungewiß. Den Titel des Arztes hatte ich durch mein Examen erworben. Aber um ein tüchtiger Arzt zu werden, mußte ich wohl noch eine mehrjährige Lehrzeit in einer guten Klinik durchmachen.

Ich hatte mein zweites halbes Jahr in München als einjährig-freiwilliger Arzt abzudienen, und ich hatte das Glück, in das Militärärztliche Hygienische Institut – damals hieß es Operationskurs – abkommandiert zu werden. Ich wurde dadurch Assistent von Hygieniker Hans Buchner.

Am 1. Januar 1896 begann ich meine Arbeit in München. Dank der warmen Unterstützung durch Buchner wurde mir von Geheimrat von Angerer in der Chirurgischen Klinik ein mittelgroßes Zimmer zur Verfügung gestellt, im Keller machte ich einen weiteren – allerdings halbdunklen – Raum ausfindig, in dem ich die Gipsarbeiten machen konnte, und endlich durfte ich das Verbandzeug der Klinik benutzen. Betten der Klasse III. durfte ich, wenn sie nicht von chirurgischen Kranken beansprucht wurden, mit meinen Kranken belegen. Geldmittel aus dem Etat standen mir nicht zur Verfügung. Was ich an Instrumenten, Werkzeugen und Material für orthopädische Apparate gebrauchte, mußte ich aus eigener Tasche, d. h. aus meinem bescheidenen väterlichen Erbteil bestreiten.

Das war ein harter Anfang, aber ein Gutes war dabei: ich war von vorneherein gezwungen, auf die denkbar billigste und einfachste Weise orthopädische Apparate herzustellen. Die Assistenten standen mir entweder gleichgültig oder sogar feindlich gegenüber. Ich hatte als Habilitationsschrift eine Arbeit über das Gallertkarzinom der Brustdrüse eingereicht, die ich noch in Rostock angefertigt hatte. Die Arbeit war also rein chirurgisch. Die Probevorlesung verlief ebenfalls gut, und so wurde ich im März 1896 Privatdozent. Zunächst erfüllte mich ein gewisser Stolz, die Sprosse auf der Leiter, die zur ordentlichen Professur führen konnte, erklommen zu haben. Ich wurde sehr bald bescheiden.

Am 8. November 1918 brach in München die Revolution aus. Am 7. November hatte nachmittags auf der Theresienwiese eine große Volksversammlung stattgefunden. Der Zeitungsschreiber Eisner hatte eine Hetzrede gehalten, und die Massen waren anscheinend ruhig in die Stadt zurückgekehrt. Am anderen Morgen erfuhren wir, daß in der Nacht vom „Volke" der König abgesetzt und die Republik ausgerufen worden sei. Die Regierungsgewalt hatten die Arbeiter-, Soldaten- und Bauernräte an sich gerissen. Es begann die Räteregierung!

Das Leben ging trotz der Revolution weiter. Auf die Ministerposten und andere Dienststellen mit hohen Gehältern wurden Parteileute berufen. Wenn trotzdem die Geschäfte der Regierung weiter ordnungsgemäß erledigt wurden, so war das den alten Beamten zu danken, die trotz ihrer neuen Vorgesetzten ihre Pflicht weiter erfüllten.

Eine weitere nicht ganz leichte Aufgabe stellte mir meine Vorlesung an der Universität, die Orthopädische Klinik, die ich zweimal in der Woche hielt. Während des Krieges war es mir unmöglich gewesen, Vorlesungen zu halten, die Zahl der Studenten war auch so klein, daß sich die Arbeit kaum gelohnt hätte. Ich mußte deshalb von vorne anfangen.

Ein Zwang, Orthopädische Klinik zu belegen, bestand damals noch nicht. Wer meine Vorlesungen besuchte, kam, um sein ärztliches Wissen und Können zu bereichern. Deshalb bildeten meine Zuhörer eine Auslese von klugen und fleißigen Menschen. Ich war gezwungen, da mir kein Auto zur Verfügung stand, an den Vorlesungstagen schon um 4 Uhr aufzustehen und um 6 Uhr von der Klinik wegzugehen, um die vom Candidplatz ausgehende Trambahn zu erreichen.

Meine Studenten belegten nicht nur meine Klinik, sondern sie kamen auch regelmäßig. Es war mir stets eine Freude, die aufmerksam gespannten Gesichtszüge zu sehen; und wenn ich das Gefühl hatte, eine gute Klinik gehalten zu haben, so war ich den ganzen Tag in gehobener Stimmung. Eine weitere Anerkennung für meine Lehrtätigkeit erhielt ich von meinem damaligen Oberarzt Schede. Er lobte grundsätzlich nicht. Ich kann mich nicht erinnern, jemals ein anerkennendes Wort von ihm mir gegenüber gehört zu haben. Als er, einem Rufe nach Leipzig folgend, sich von mir verabschiedete, sagte er mir: „Ihre Klinik nicht mehr hören zu können, Herr Geheimrat, wird mir schwer werden, Ihre Vorlesung macht Ihnen keiner nach."

Ein weiteres Lob erhielt ich nach meiner Emeritierung. Ich danke die Kunde davon meiner Schwägerin, die am Semesterschluß mit einigen Studentinnen zusammen in der Eisenbahn fuhr. Sie unterhielten sich über die Professoren. Und da sagte die älteste von ihnen zu den jüngeren: „Daß ihr den alten Lange nicht mehr hören könnt, ist jammerschade. Bei ihm hatte man immer das Gefühl, daß er nicht nur als Arzt gut und groß war, sondern auch als Mensch." Dieses Lob hatte mich ganz besonders gefreut, denn es zeigte mir, daß ich auch menschlich meinen Zuhörern nähergetreten war.

Meine Kranken, meine wissenschaftlichen Arbeiten und meine Vorlesungen füllten meinen Tag voll aus und ließen mich nicht zum Grübeln über mein persönliches Geschick kommen.

# Max Weber

1864–1920

*Soziologe*
*Jura- und Geschichtsstudium in*
*Heidelberg, Straßburg*
*und Berlin;*
*Prof. in Freiburg (1893),*
*Heidelberg (1897), Wien (1918)*
*und München (1919–1920).*
*Wirtschaftshistoriker und eigent-*
*licher Begründer der*
*wissenschaftlichen*
*Soziologie in Deutschland.*

Eine Zierde der Münchner Universität war der Nationalökonom und Soziologe Max Weber. Nur eine ganz kurze Zeit war es ihm gegönnt, bis zu seinem Tod am 14. Juni 1920 in München, sein großes Wissen weiterzugeben. Marianne Weber hat in dem Lebensbild „Max Weber" über dieses Jahr geschrieben:

Ende Juni 1919 übersiedelte Weber nach München. Er wohnte angenehm und hatte in der Universität L. Brentanos Arbeitszimmer. Als er seinen Namen an dieser Tür liest, freut er sich leise – wer hätte gedacht, daß er doch noch einmal in dieser Stadt ein berühmtes Katheder besteigen würde! Er eröffnet sein erstes Kolleg mit einer Betrachtung über die politische Lage. Es soll – so sagte er – im Hörsaal das erste und letzte Wort über Politik sein, denn sie gehöre nicht aufs Katheder und in die Wissenschaft, sondern dorthin, wo der freie Luftzug der Kritik weht . . . Weber scheint inmitten seiner Schüler eine zweite Jugend geschenkt zu sein; das Berufsleben schließt sich zum Kreis. Aber er ist noch sehr angegriffen, das Lehren strengt ihn an. Er muß auch seine Werke fördern. Endlich soll ja die seit langem vergriffene „protestantische Ethik" zusammen mit anderen religionssoziologischen Schriften neu erscheinen. Es ist noch mancherlei daran zu tun. Auch die beiden Reden „Wissenschaft als Beruf" und „Politik als Beruf" sind im Druck . . . so schwankt die Stimmung stark je nach dem Maß seiner Leistungsfähigkeit, und es ist gut, daß ergebene Freunde ihn betreuen und ablenken. Zu den neu hinzukommenden, die ihm wohltun, gehört auch der jüngere Kollege Karl Rothenbücher, Lehrer der Staatswissenschaften, mit dem ihn die politische Gesinnungsgemeinschaft nahe verbindet . . . Danach beginnt Webers Winterarbeit. Er hat sich, ganz gegen seine ursprüngliche Absicht, von den Studenten, denen seine Kategorienlehre zu schwer ist, drängen lassen, einen Abriß der universalen Sozial- und Wirtschaftsgeschichte zu lesen, also ein neues Kolleg von riesigem stofflichen Umfang. Das Wissen dafür steht ihm im wesentlichen zu Gebot, aber der

Aufbau will geschaffen, und mancherlei neue Forschungsergebnisse müssen berücksichtigt werden. Das Kolleg findet im Auditorium maximum vor etwa 600 Hörern statt. Er hat von Stunde zu Stunde viel dafür zu tun. Außerdem hält er soziologische Übungen und ein Dozentenkolloquium in einem Kreis von Kollegen, die ihn darum gebeten haben.

Im Alter von 56 Jahren ist Max Weber am 14. Juni 1920 an einer schweren Lungenentzündung gestorben.

---

# Arthur Drews

1865–1935

*Philosoph*
*Philosophiestudium in*
*München (SS 1886),*
*Berlin, Heidelberg und Halle;*
*seit 1898 Prof. an der*
*TH Karlsruhe.*
*Vertreter einer monistischen*
*Weltanschauung.*

Als ich zu Ostern 1886 das Gymnasium verließ, um in München, wo ein älterer Bruder von mir Medizin studierte, mich dem Studium der deutschen Sprache und Literatur zu widmen, tat ich dies mit der Absicht, die schriftstellerische Laufbahn einzuschlagen.

Was mein Studium in München anbetrifft, so wurden meine großen Erwartungen, mit denen ich die Universität bezogen hatte, sehr enttäuscht. Die rein sprachlichen germanistischen Vorlesungen erschienen mir zum Sterben langweilig. Bald hatte ich den „trockenen Ton", die Grammatik und die Lautlehre und was damit zusammenhing, so satt, daß ich es vorzog, diese Studien zu Hause und auf eigene Verantwortung zu treiben. Mehr interessierten mich die historischen Vorlesungen: die Kulturgeschichte W. H. Riehls und die Darstellung der deutschen Dichtung des 18. Jahrhunderts durch Michael Bernays. Seine Vorlesung in der Nachmittagsstunde gehörte zu den besuchtesten der Universität, besonders auch wegen der eigenartigen und anziehenden Persönlichkeit des Vortragenden selbst, dessen naiv zur Schau getragene Eitelkeit und Selbstgefälligkeit in München sprüchwörtlich waren. Auch der Philosophie trat ich damals näher. Jetzt hörte ich in München bei Prantl ein fünfstündiges Kolleg über die gesamte Geschichte der Philosophie von ihren Anfängen bis zu Kant, jedoch ohne großen Nutzen daraus zu ziehen. Die kurze Aufzählung so vieler verschiedener Lehrmeinungen, das guckkastenartige Vorübereilen der zahllosen Philosophen, bei dem natürlich keiner wirklich zu seinem Rechte kam, übte auf mich nur einen verwirrenden Eindruck aus, und dies um so mehr, als der Vortragende sie gern mit spöttischen Bemerkungen versah und sie damit selbst nicht recht ernst zu nehmen schien.

Beim Weggang von München hatte ich das niederdrückende Gefühl, ein Sommerhalbjahr schmählich vertan und im Grunde nichts gelernt zu haben. Nur der Besuch der herrlichen Museen und der unvergleichlichen Umgebung der bayrischen Hauptstadt tröstete mich über die verlorene Zeit. Dann hatte ich ein bedeutsames geschichtliches Ereignis miterlebt. Am Pfingsttage des Jahres 1886 hatte König Ludwig II., der unglückliche Freund und Gönner des von mir über alles verehrten Richard Wagner, den Tod im Starnberger See gesucht und gefunden. Mitten in der Gebirgswelt der bayrischen Alpen, wohin wir uns zu Pfingsten auf eine Fußwanderung begeben hatten, hatte meinen Bruder und mich die Nachricht erreicht, und wir waren eiligst nach München zurückgefahren, um an den nunmehr sich abspielenden Vorgängen unmittelbar teilzunehmen. Da sah ich den König in der Schloßkapelle aufgebahrt und wohnte dem eindrucksvollen Leichenbegängnis bei, tief erschüttert durch das tragische Geschick des Königs und zugleich verwundert und entrüstet über die Flut von Schmähungen und Gemeinheiten, die sich damals aus gewissen Münchener Zeitungsorganen über die Person meines geliebten Wagner ergoß, indem man diesem die Schuld an dem Gehirnleiden und dem Tode des Königs aufzubürden suchte – ein Wiederaufleben der Stimmung von 1865, die den Meister aus der bayrischen Hauptstadt vertrieben hatte.

*Die Alte Pinakothek*

# Hanns Theodor Wilhelm Gumppenberg

1866–1928

*(Pseudonym Jodok, Prof. Tiefbohrer), Schriftsteller und Journalist Philosophiestudium in München (1885/86); Theaterkritiker; Übersetzer nordischer und englischer Literatur; Mitglied der Kabarettgruppe „Elf Scharfrichter".*

Die Eindrücke an der Münchener Universität, bei der ich mich im Herbste 1885 immatrikulieren liess, ernüchterten wieder einmal meine allzu idealen Vorstellungen. Ich hatte mir von dem ersten, dem „philosophischen" Jahr die Erschliessung jener tiefsten allgemein gültigen Wahrheit und Weisheit erwartet, nach der meine spekulative Nachdenklichkeit schon lange lechzte; aber was mir nun da als Weisheit geboten wurde, war nur eine auf Kritik des „Richtigen und Unrichtigen" fast völlig verzichtende Registrierung philosophischer Systeme, oder die anspruchsvoll vorgetragene Sonderspekulation eines Einzelnen, auf Prämissen gebaut, deren Irrtümlichkeit sofort in die Augen sprang. Ebenso hatte ich angenommen, dass die Lehrweise, der Verkehr zwischen Dozent und Student, die Methode der wissenschaftlichen Ausbildung durchaus verschieden von den Gepflogenheiten des Mittelschulbetriebes wäre und mich in ein gar herrliches Reich freiesten geistigen Wetteifers versetzen würde: und ich kam mir nun wie ein Geprellter vor, dem man Neues versprochen hatte, und dem man, mit ein paar unwesentlichen Beschönigungen, nur wieder den alten Jammer bot, den er glücklich überstanden geglaubt.

Unter den damaligen „Philosophen" der Münchener Universität führte Karl Prantl das grösste Wort. Aus seiner mit vieler Wichtigkeit vorgetragenen Theorie von der „Wesenseinheit der Gegensätze" konnte ich leider nicht klug werden. Was dem Philosophen Prantl an Klarheit und Ueberzeugungskraft abging, das suchte er durch persönliches Sichinteressantmachen zu ersetzen; vor allem buhlte er um die Gunst seiner Hörer mit drastischen antiklerikalen und atheistischen Ausfällen. Kaum besser war der Eindruck des ästhetischen Kollegs, das ich bei Moritz Carrière belegt hatte. Weit sympathischer wirkten auf mich die Vorlesungen des alten Kulturhistorikers Riehl, da hatte ich wenigstens einen gesunden, in seiner Art harmonisch ausgebildeten Vollmenschen vor mir, der zudem eine halb künstlerische Natur war und in seinen von behaglichem Humor gewürzten Schilderungen nicht nur feste Tatsachen, sondern auch lebendig Geschautes bot. Allein für die Merkwürdigkeiten aus dem Hofleben des 17ten und 18ten Jahrhunderts, die ich da vorgetragen erhielt, hatte ich damals, mit meiner Dichterfantasie in anderen Zeiten beschäftigt, keine unmittelbare Verwertung, und so zog mich noch mehr das Kolleg über deutsche Literatur von Michael Bernays an.

Dabei spielte wesentlich mit, dass ich für meine Zukunft eine akademische Gelehrten-Lebensstellung in Aussicht genommen hatte und eine Professur für deutsche Literaturgeschichte bei meinen Anlagen vor allem in Betracht zu kommen schien. Das Bernays'sche Kolleg zählte damals zu den glänzendst besuchten; neben denjenigen, die als Fachstudenten oder sonst aus sachlichem Interesse sich einfanden, gab es auch sehr viele, die den merkwürdigen hochgewachsenen Gelehrten mit dem einzigartigen Charakterkopfe in seiner halb genialischen, halb theatralischen Art als unterhaltende Kuriosiät kennen lernen wollten. Im ganzen wurde er von den Münchener Studenten damals ebenso sehr als „Kommödiant" bespöttelt, wie sein ungewöhnliches Wissen respektvolle Anerkennung fand. Ich für meinen Teil, von jeher geneigt, mich der Vorzüge eines bedeutenden Mannes zu freuen, ohne mich durch seine Schwächen stören zu lassen, kam bei ihm durchaus auf meine Rechnung, erkannte ich doch bald, dass ich in ihm nicht bloss einen Gelehrten, der sein Fachgebiet mit regem Geiste, straffer Energie und fabelhaftem Gedächtnis bis ins Einzelnste beherrschte, sondern auch eine Künstlernatur hochzuschätzen hatte. Das Ineinandergreifen der englischen, der französischen und der deutschen Literatur des 18ten Jahrhunderts, die Anregung deutscher Dichter durch fremdländische Werke wusste er nicht nur historisch-philologisch schlagend, auch geistreich und künstlerisch reizvoll darzulegen: und so kam ich zu dem Entschluss, unter seiner Führung einen Universitätslehrstuhl gleicher Disziplin anzustreben und die übrigen Kollegien mehr und mehr fallen zu lassen. Welch grosse materielle Schwierigkeiten diesem Plan entgegenstanden, zog ich damals gar nicht in Ueberlegung, sowenig wie mein Vater, der sich auf die praktischen Vorbedingungen dieser Sphäre nicht verstand und meine idealistische Vertrauensseligkeit damals völlig teilte. Und doch hätte mich schon ein gleichzeitig von mir besuchtes Kolleg des Bernays-Schülers Franz Muncker, in dem ich mit zwei anderen Studenten allein sass, zur Genüge über die Unmöglichkeit belehren können, als Privatdozent dieses Faches ohne persönliches Vermögen ein Auskommen zu finden . . .

Wenn mein Vater mir durch die Erziehung in der Pagerie einen praktisch fördernden Anschluss an die Adelskreise ermöglichen wollte, erwies sich jetzt endgültig die Unfruchtbarkeit des Gedankens.

Dass ich keinen weiteren Umgang mit den früheren Pageriekameraden suchte, verstand sich von selbst. Nur den Pagenhofmeister Baron Müller sah ich in regelmässigen Intervallen, da mir im Gefolge meines Pageriefreiplatzes und guten Absolutoriums auch ein Stipendium auf die Dauer von vier Universitätsjahren zugesprochen war, und ich die jeweiligen Formalitäten bei der Pageriedirektion zu erfüllen hatte. Baron Müller zeigte sich bei diesen Besuchen stets herzlich und teilnehmend, doch kam ich ihm menschlich nicht näher als in meiner letzten Pagenzeit, dafür war der Unterschied des Alters und der Weltauffassung zu gross und wohl auch meine persönliche Art zu spröde und verschlossen.

Wie ich auf diese Weise abseits von den „Standesgenossen" meine Wege ging, so liess ich auch meine Kommilitonen von der Hochschule links liegen. Für das Verbindungswesen hätte mir jede Neigung gefehlt, selbst wenn ich meinem Vater die bedeutenden Kosten hätte zumuten können. Dagegen schloss ich mich an einen Kreis junger Schauspieler, Sänger und Musiker des Konservatoriums an, zu welchen ich durch einen Mitabsolventen, Alois Weirauther, der in die Richter-Schule eingetreten war, Beziehung gewann. Der traurige, in einer Kette abenteuerlich-gewaltsamer Ereignisse sich vollziehende Abschluss des Lebens Ludwig II. im Juni 1886, ergriff auch mich aufs Tiefste, obwohl ich bereits als Page über die geistige Erkrankung des Königs aufgeklärt war, lange ehe die breite Oeffentlichkeit Bestimmtes darüber wusste.

Als mir im Winter auf 1888 Bernays einmal Nachmittags auf der Strasse begegnete, in seiner seltsam schiefen Gehweise mit seitwärts tief gesenktem Kopfe, hielt er mich an und lud mich zu einem gemeinschaftlichen Spaziergang ein, um, wie er sagte, über meine Zukunft mit mir zu reden. Er erkundigte sich nach meinen Vermögensverhältnissen, und als er erfuhr, dass ich, abgesehen von den zunächst noch möglichen kleinen Zuschüssen, bald auf eigenen Verdienst angewiesen sein würde, erklärte er mit bedauerlichem Achselzukken, unter solchen Umständen halte er sich für verpflichtet, mir, so lieb und wert ich ihm sei, von der Fortsetzung meiner literar-historischen Studien dringend abzuraten. Derselben Meinung war auch mein Vater, als ich die unverhoffte Wendung mit ihm besprach; in seiner Besorgtheit um meine Zukunft, die sich nach dem Zusammenbruch meiner Odysseus-Hoffnungen gesteigert hatte, aber leider nicht von hinreichendem Einblick in die Erfordernisse und praktischen Aussichten der einzelnen Fachstudien unterstützt war, drang er nun in mich, ich solle Jura studieren, was mir den Weg zu den verschiedensten Staatsstellungen eröffnen werde. Da mich keine gelehrten Neigungen nach anderer Richtung zogen, folgte ich seinen Vorstellungen und belegte juristische Kollegien. Aber so redlich Mühe ich mir gab, mich in diese Materie zu vertiefen und ihr den besonderen Reiz abzugewinnen, der für jedes erfolgreiche Studium nötig ist: ich fühlte schon sehr bald, dass es wohl überhaupt kein Wissens- und Wirkensgebiet gäbe, das meiner natürlichen Anlage so durchaus entgegengesetzt war als gerade die Rechtsgelehrsamkeit.

Mein Vater liess dann seufzend auch das juristische Projekt fallen, und schlug mir nun Studien vor, die zu einer Anstellung an der Staatsbibliothek oder im Archiv-Wesen führen konnten, was meiner Art wohl eher entspräche. Er machte den freundlichen alten Geheimrat von Löher, dem auch literarisch fruchtbaren Direktor des Bayerischen Staats-Archives, in meiner Angelegenheit einen Besuch und erkundigte sich nach den Vorbedingungen einer solchen Laufbahn, worauf ich an der Universität Urkundenlehre belegte und mich mit allem Eifer in dieser neuen Richtung bemühte. Allein die praktischen Uebungen im Entziffern alter Handschriften, die mir Löher alsbald auf der Staatsbibliothek vermittelte, überanstrengten meine durch die Pagerie geschädigten Augen dermassen, dass ich es bald wieder aufgeben musste. Und innerlich zerquält, an allen Hochschulmöglichkeiten für mich verzweifelnd, griff ich auf mein Eigenstes, auf meine Begabung und Neigung für die dramatische Kunst zurück.

# Hans Driesch

1867–1941

*Biologe und Philosoph*
*Zoologiestudium in Freiburg,*
*Jena und im SS 1888 in München.*
*Zunächst Privatgelehrter,*
*seit 1911 Prof. in Heidelberg,*
*1919 in Köln und*
*1923–1933 in Leipzig.*
*Vertreter des „Neovitalismus";*
*setzte sich auch für die*
*Anerkennung der*
*Parapsychologie ein.*
*Ausgedehnte Forschungsreisen in*
*der ganzen Welt.*

Trotz meiner Zufriedenheit mit dem Leben in Jena ging ich nun aber doch im Sommer 1888 nach München, und zwar aus einem besonderen Grunde. Der bekannte Bonner Botaniker Eduard Strasburger, den ich durch Vermittlung meines Vetters kennengelernt hatte, riet mir dringend, mich in Physik und Chemie nicht nur aus Büchern theoretisch, sondern auch durch experimentelle Arbeit praktisch auszubilden, denn die Zoologie werde sich nach der physiologischen Seite hin entwickeln; dazu aber sei Jena kein besonders geeigneter Ort.

In München habe ich also dann ein chemisches und ein physikalisches Praktikum durchgemacht, ohne große Begeisterung. Aber es war doch gut, einmal selbst physikalische Messungen und Wägungen zu machen und durch eigene Arbeit wenigstens qualitative chemische Analysen auszuführen. Neben dem Praktikum besuchte ich einige Kollegs, die mir aber, abgesehen von einer sehr guten Vorlesung von Groth über Kristallographie, wenig Neues boten.

Dagegen verdanke ich dem Münchner Aufenthalt wertvolle Freundschaften und Bekanntschaften: ich lernte Boveri, der sich gerade habilitiert hatte, und den bald durch seinen „Neolamarckismus" bekannt werdenden Pauly flüchtig kennen und trat in nähere Beziehungen zu Gustav Wolff und zu dem russischen Mineralogen Vladimir Vernadsky.

Wenn ich auf meine Studienjahre zurückblicke, so muß ich es dankbar anerkennen, daß sie in eine besonders glückhafte Periode fielen.

Die deutsche Universität war noch nicht in den etwas schulartigen Lehrbetrieb hineingeraten, dem sie bald darauf mehr und mehr verfiel, und es waren die deutschen Universitäten die freiesten der Welt.

Der Professor trug vor, er „lehrte" nicht im engeren Sinne, und im Praktikum und Seminar war der Student der angehende Gelehrte und nicht der „Schüler", und wurde als solcher behandelt.

Zum ersten betraf diese Freiheit den Lehrkörper: er wählte sich Rektor und Dekan aus seiner Mitte; die Wahl mußte von den Regierungen nur formal bestätigt werden, was stets geschah. Kein Kaiser, kein Landesfürst, keine Regierung der Jahre 1918–1932 tastete diese Rechte an, erst der Nationalsozialismus hat sie, wie so vieles deutsche Kulturgut, zerstört. Die gleiche Freiheit aber gab es bei Berufungen, die wirklich rein sachlich und ohne anderweitige, etwa politische, Rücksichtnahmen erfolgte.

Die Studenten aber waren bezüglich ihres Studiums so frei wie der Vogel in der Luft. Sie hörten, was sie wollten; sie besuchten die Vorlesungen, wenn sie wollten, gelegentlich also auch nicht.

Auch die soziale Freiheit der Studenten ging sehr weit: konnte doch einer, der irgendeinen harmlosen Unfug verübt hatte, nicht von den Polizeiorganen arretiert werden; er hatte nur seine Studentenkarte abzugeben.

Im Ausland ist die große Freiheit der deutschen Universitäten, namentlich was ihre beiden zuerst genannten Variationen betraf, selten voll erkannt worden. Man wußte, daß im Kaiserreich die politische Freiheit gelegentlich, obschon auch nur gelinde, eingeschränkt war, und übertrug den Glauben an diese Einschränkung auf die Hochschulen. Aber das war wirklich ein großer Irrtum.

# Walter Goetz

1867–1958

*Historiker*
*1886–1890 Jura- und*
*Geschichtsstudium*
*in Freiburg, München*
*und Leipzig;*
*Prof. in Tübingen (1905),*
*Straßburg (1913) und*
*Leipzig (1915),*
*1933 Vorlesungsverbot.*
*1947 ao. Prof., 1952 Honorarprof.*
*in München.*
*1946–1951 Präsident der*
*Historischen Kommission bei*
*der Bayer. Akademie der*
*Wissenschaften.*
*1920–1928 Mitglied des*
*Reichstags.*

Dann zog ich im Herbst 1886 für drei Semester nach München, obwohl auch hier für die Ausbildung des jungen Historikers weit weniger zu holen war als in Straßburg oder Heidelberg, in Göttingen oder Bonn, in Leipzig oder Berlin. Aber ein unbestimmter Drang zog mich nach München, seit ich einige Jahre vorher diese Stadt und das Hochgebirge kennengelernt hatte. Wilhelm Maurenbrecher in Leipzig, den ich vor der Abreise nach München um Rat befragte, beriet mich nicht ganz glücklich, als er mich vor Carl Adolf Cornelius als einem „Ultramontanen" warnte; ich versäumte infolgedessen die Gelegenheit, den geistvollsten Kopf der damaligen Münchner Universitätshistoriker noch in seinem letzten akademischen Lehrsemester zu hören. Jahre nachher kam ich durch die Historische Kommission in seinen engeren Kreis und lernte ihn dann erst in seiner wahren Bedeutung kennen. Die beiden Ordinarien der Geschichte, Karl Theodor Heigel und Hermann Grauert, waren noch ganz in ihren Anfängen – der eine schon damals der Mann des feinziselierten Vortrags und der zuverlässigen deutschen Gesinnung, der andere von staunenswertem Einzelwissen, mit dem der junge Student aber noch nichts anzufangen wußte. Man durfte damals in München am historischen Seminar teilnehmen, ob man Anfänger oder älteres Semester war – es gab hier keinerlei Begrenzung oder Abstufung. Ich erinnere mich noch heute mit einer gewissen Beschämung an einen Vortrag über das Kaisertum Karls d. Gr., der im wesentlichen nur den Akademievortrag Döllingers wiedergab – niemand wies mich auf Quellenstudien hin oder kritisierte dann diese dürftige

Zusammenstellung, sondern ich bekam sogar noch aus Seminarmitteln den damals üblichen Preis von 30 Mark! Durch diese Preise entgingen der Seminarbibliothek jährlich ein paar hundert Mark – das blieb aber noch für eine gute Weile das Mittel, den Fleiß der Seminarteilnehmer anzuspornen. Als ich später als Privatdozent in München wirkte, habe ich Heigel und Grauert anders einschätzen gelernt als damals, wo mir ihr Unterricht nicht allzuviel gab – sie waren 15 Jahre nachher auf der Höhe ihres Wirkens, und der wissenschaftliche Austausch mit ihnen gewährte dann dem jungen Dozenten weit mehr als einstmals dem jungen Studenten.

Aber als zweites Semester wäre ich in München vielleicht ebenso ziellos in meine Vorlesungen gegangen wie in Freiburg, wenn ich nicht etwas ältere Mitstudierende gefunden hätte, die mich auf die rechten Wege leiteten . . . so führten mich in München Ivo Striedinger (der jetzige Münchner Reichsarchiv-rat) und Paul Joachimsen (der jetzige Extraordinarius an der Münchner Universität) zu Henry Simonsfeld, der damals der einzige Privatdozent für Geschichte in München war und in seinen historischen Übungen über venezianische Geschichte oder über die Stauferzeit gerade für Anfänger die rechte Kost zu bieten pflegte. In seiner Privatwohnung in der Maximilian-straße, im vierten Stock des ehemaligen Café de l' Opéra, versammelten wir uns um einen runden Tisch und disputierten, ohne daß sich jemand aus der stets nur kleinen Schar auf ein Referat vorzubereiten brauchte; eben das Unmittelbare dieser Aussprache wirkte anregend und belehrend.

Aber eine Vorlesung kann ich nennen, die mir für die Dauer etwas mitgab: Die deutsche Rechtsgeschichte Hermann v. Sicherers. Es war nicht die wissenschaftliche Bedeutung dieser Vorlesung, sondern nur die eindringliche pädagogische Art des Lehrers, die sich hier auswirkte; er verstand es, das Wesentliche dem Hörer einzuprägen und das Allzuhohe auszuschalten. Für das Rechtsstudium gewann mich freilich Sicherer trotzdem nicht; von meinem dritten Semester an habe ich juristische Vorlesungen nicht mehr gehört, sondern mich ganz der Geschichte zugewandt. Dazu trat, der Münchner Luft entsprechend, die Kunstgeschichte; ich habe sie anfangs keineswegs mit grundsätzlichen Gedanken als eine Ergänzung meiner geschichtlichen Stu-dien angesehen, sondern lediglich die Neigung für Kunst, wie sie München immer stärker in mir erweckte, war die Ursache. Freilich war die Kunstge-schichte an der Universität kläglich vertreten. Der Philosoph (wenn man ihn wirklich so nennen konnte) Carrière vertrat zugleich das Fach der Kunstge-schichte, aber er las nur über Ästhetik, sodaß bei den Privatdozenten Richard Muther und Berthold Riehl (dem Sohn des Kulturhistorikers) die wirkliche Vertretung des Faches lag. Beide ganz verschiedenartige Naturen – Muther von nervöser Erregtheit, von der Gegenwartskunst ausgehend und die Kunst aller Zeiten nach den künstlerischen Gesichtspunkten der damals jungen

Künstler messend, außerordentlich feinfühlig, kenntnisreich in allen Kunstgebieten, belesen in der modernen Kunstliteratur und im modernen Roman, raffiniert im Vortrag (wenn es darauf ankam), aber gewiß kein Erzieher zu kunstgeschichtlicher Arbeit; Berthold Riehl dagegen, der sich seiner Lehrtätigkeit in weit stärkerem Maße widmete als der lebensfreudigere Muther, war ohne Künstlertum und ohne Glanz des Vortrags, aber er legte in seine vorwiegend historischen Ausführungen eine Liebe zum einzelnen Kunstwerke, vor allem zum älteren deutschen und bairischen, hinein, die den Hörer gewann und mit den Denkmälern der Vergangenheit weit mehr verband als die stets hastige und ästhetisch kritische Art Muthers. Vielfache kunstgeschichtliche Anregung gab auch der Kulturhistoriker Wilhelm Heinrich Riehl, der zu den Berühmtheiten der Münchner Universität zählte und den man gehört haben mußte – er führte in seiner Vorlesung gern in alte Städte und so auch in das alte München hinein, lehrte sehen und beobachten, wie er denn überhaupt als gemütvoller Erzähler vor allem fesselte. Gelegentliche Besuche in Knöpflers Kirchengeschichte des Mittelalters gaben mir noch keinerlei Bild von der katholischen Wissenschaft, wie mir denn überhaupt der Katholizismus damals in München noch eine fremde Welt blieb. Daß ich durch einen Zufall einen der letzten Akademievorträge Döllingers über „Dante als Prophet" hörte, war die einzige mich fesselnde Berührung, die ich mit dem altkatholischen Gelehrtenkreise Münchens hatte, denn J. Friedrichs Vorlesung über die Hohenstaufen wollte ich zwar belegen, gab den Versuch aber rasch auf.

Im letzten Semester meiner Münchner Zeit las Gerhard Seeliger als neuer Privatdozent sein erstes Kolleg über Städtewesen; es fanden sich nur drei oder vier Hörer, und Seeliger behauptete später, daß ich als sein treuester, nie fehlender Hörer von ihm als „der Student" bezeichnet worden sei.

Wenn ich später den Wert einer Organisation des historischen Unterrichts immer klarer schätzen lernte, so waren die Erfahrungen dieser Münchner Semester dafür der Ausgangspunkt. Die historischen Darbietungen der Universität zerfielen in lauter Einzelheiten; das Seminar als Mittelpunkt des Ganzen, als Haupterziehungsstätte fehlte noch durchaus – der eine kümmerliche Raum mit einer kleinen, nur zu bestimmten Stunden vom studentischen Bibliothekar geöffneten und noch dazu verleihbaren Bibliothek bot keine ernsthafte Arbeitsgelegenheit und keine ausreichende wissenschaftliche Erziehung.

Das historische Fach an der Universität hatte sich inzwischen erheblich verändert; neben Heigel und Grauert, die jetzt auf die Höhe ihres Schaffens gekommen waren und zahlreiche Schüler heranzogen, war Siegmund Riezler als Ordinarius für bairische Geschichte getreten. Die Landesgeschichte verdankt ihm ihre wissenschaftliche Begründung, die Universität ihre Aufnahme in den Unterricht. Auch die Ernennung Simonsfelds zum Extraordinarius hatte den historischen Unterricht erweitert. Vor allem hatte sich die Zahl der Privatdozenten stark vermehrt. Fester war zwar nach Erlangen, Chroust nach Würzburg berufen worden, aber in die Lücken waren als neue Privatdozenten Döberl und Preuß getreten, zu denen sich fast gleichzeitig mit mir noch Jansen, Darmstädter, Hellmann, Beckmann und Rosenlehner gesellten. Wir waren also mit Karl Mayr zusammen neun Privatdozenten der Geschichte – eine bis dahin noch an keiner deutschen Universität gesehene Zahl.

Ich wagte es, in die Münchner akademischen Sitten Leipziger Normen einzuführen: ich machte den Besuch meiner Übungen obligatorisch und hatte den Erfolg, daß jedes Mitglied ein Referat übernahm. Auch las ich nun in regelmäßigem Wechsel „Einführung in das Studium der Geschichte", um jungen Semestern den Weg zu weisen, und dehnte meine zweistündigen Vorlesungen in vierstündige aus – ich konnte mich über meine Zuhörerschaft nicht beklagen, der Boden war für meine Art hier offenbar günstiger als in Leipzig. Dante, die Renaissance in Italien, die Reformation, Geschichte des Papsttums und Geschichte der katholischen Kirche im 19. Jahrhundert waren neben jener Einführung meine hauptsächlichsten Vorlesungen; sie bedeuteten eine stärkere Konzentrierung – die Ideengeschichte der neueren Jahrhunderte mit der Renaissance im Mittelpunkte war dabei das letzte Ziel für mich selber. Als ich im Sommersemester 1905 mich beurlauben ließ, um für die Historische Kommission in Paris und Brüssel zu arbeiten, hatte ich das bestimmte Gefühl, daß ich in München nicht wieder lesen würde.

*Die Universität um 1848*

# Felix Schlagintweit

1868–1950

*Mediziner*
*Studium in München (1889–1890)*
*und Erlangen.*
*Urologe in München,*
*später am Chiemsee.*
*Daneben als Komponist,*
*Librettist, Biograph und*
*Memoirenschriftsteller*
*bekannt geworden.*
*1905 inszenierte er die*
*Mozartoper „Re Pastore"*
*in Salzburg.*

Eines schönen Oktobertages zog ich als cand. med. in das geliebte München ein. Natürlich gleich mit dem Hochrad vom Bahnhof weg. Ich schwinge mich hinauf und rolle lustig in die Schillerstraße hinein. Wollte ich doch von da in die Goethestraße, wo ich mit meinem ebenfalls Medizin studierenden Freunde Andres hoch oben bei Frau Birzele, einer alten Witwe mit Perücke, eine gemeinsame Bude erkoren hatte. Allein ich komme nicht weit. Schon an der Landwehrstraße winkt mich ein Polizist vom meinem hohen Stahlpegasus herab, da damals das Radeln in der Schillerstraße verboten war. Er schrieb mich auf und verriet mir, daß dieses fünf Mark koste. Viel zuviel für einen, der bloß hundertzwanzig Mark im Monat hat und zum ersten Male ein hochgemuter Studiosus sein will. Ich schlug ihm vor, ob ich die fünf Mark nicht „absitzen" könne. Er belehrte mich, daß dies nur im Falle der Uneinbringlichkeit mein Los ganz von selber werde. München geht schon gut an, dachte ich mir und zahlte.

Nun begann wirklich ein wildes Studium. Namentlich die Anatomie, der Sektionssaal, die Leichen machen auf einen jungen Mediziner, der eben vom Gymnasium kommt, einen tiefen Eindruck. Der Ernst des Lebens, der von diesen Toten ausgeht, ist überwältigend.

In München hörte ich Ziemssen, den Internisten, Angerer, den Chirurgen, Winckel, den Gynäkologen, Rothmund, den Augenarzt. Auch den alten Amann, den zweiten Gynäkologen, Klaußner, den zweiten Chirurgen, Moritz, den zweiten Internisten. Alle überaus anregend. Ich will aber hier nur von heiteren Zufällen mit diesen Größen berichten, die ernsten sind ja bei ernstem Studium selbstverständlich.

Meine fast alltägliche Kunstvisite im Glaspalast geschah entweder vor oder nach der Chemievorlesung bei dem berühmten Herrn von Baeyer, dem Entdecker des künstlichen Indigos. Er galt dadurch für märchenhaft reich.

Uns Studenten schien er wenigstens ein Weltmann zu sein. Seine nonchalante, überlegene Art zeigte sich fast in jedem seiner überaus eindrucksvollen Experimente und auch in seinem Vortrag. Einmal stellte er eine große, wohl sechs Liter enthaltende Flasche mit Blausäure mit ziemlichem Krach auf den Experimentiertisch vor das dichtgedrängte Auditorium, das er eben über dieses giftigste Gift belehrt hatte, und sagte so nebenhin: „Wenn die Flasche zerbricht, sind die ersten drei Reihen tot“, und ich drängte mich künftig nicht mehr so weit vor. Um uns zu beweisen, daß die Verwandlung des Mehles oder der Stärke in Zucker schon im Munde durch den Speichel beginnt, wurde in einer ungeheuren Schüssel eine Riesenportion Kleister demonstrativ ange-rührt. „Herr Bernhard“ – so hieß der hochangesehene, würdige dicke Chemiediener – „wird jetzt von diesem Brei Ihnen vorkauen.“ Herr Bernhard kaute und kaute, was furchtbar komisch aussah, da er den Kleister ja nicht hinunterschlucken durfte, sondern nach einer Weile in einen von Baeyer ihm vorgehaltenen Spucknapf auszuspucken hatte. Baeyer stand mit dem ange-klecksten Holzspatel wie ein Kaiser mit dem Zepter daneben. Dann wurde an Bernhards Spucke die Zuckerprobe mit Jodkali gemacht. Sie fiel, wie sich's gehört, violett aus, der nichtgekaute Kleisterbrei aber blieb dabei weiß.

Wie ein in die Enge getriebener Professor schnell, elegant und witzig seinen Hörern, die ihn auf einer Unrichtigkeit ertappt haben, entwischen kann, bewies einmal Leo von Zumbusch in seinem Kolleg über Hautkrankheiten sehr drollig. Er hatte gerade eine wunderbar naturgetreue Wachsnachbildung einer Hauterkrankung als „Lupus“ demonstriert und reichte nun die farben-prächtige Moulage zur näheren Betrachtung herum. Ein naseweiser Student erhebt sich und sagt: „Herr Professor, hier auf dem Schildchen steht aber ,Ekzem‘ und nicht ,Lupus‘!“ Zumbusch zieht seinen Zwicker aus der Westentasche, betrachtet das strittige Objekt und sagt: „Mit Zwicker ist es ein Ekzem, ohne Zwicker ein Lupus!“

Professor Winckel hält Vortrag an gesegneten Frauen über die kindlichen Herztöne, die mit ihrem fast nochmal so schnellen Ticken dem Arzte anzeigen, ob das Kind lebt. Winckel und der Kandidat stehen zu beiden Seiten der Mutter. Der Kandidat hat soeben mit dem hölzernen Hörrohr abge-horcht. „Nun“, fragt Winckel, „was haben Sie gehört?“ – „Die Herztöne des Kindes.“ – Natürlich, deshalb sind wir ja hier, aber was haben Sie noch mit dem Ohre zu beachten?“ – Langes Schweigen des Kandidaten. Endlich bringt er das Richtige heraus: „Die Herztöne der Mutter!“ – „Bravo“, sagt der Professor, „aber was hört man noch?“ – Noch längeres Schweigen des Kandidaten. – „Nun“, sagte Winckel, mild zuredend, „das ist doch nicht so schwer. Zwei Sachen haben wir schon: die Herztöne des Kindes, die Herztöne der Mutter – was kann da noch sein?“ – Wieder ganz außerordentlich langes, peinlichstes Schweigen des Befragten. Winckel drängt wieder: „Kind –

Mutter! Was noch . . ." Die immer gespannter horchende Klinik wird unruhig. Da entfährt dem verzweifelten cand. med. das Entsetzliche: „Die Herztöne des Vaters!" Ein tobendes Gelächter und Getrampel. Winckel verzieht keine Miene dabei und sagt eiskalt: „Ja, wenn Sie selbst der Vater sind, allerdings!" Dies ist die eleganteste a tempo-Antwort, die ich kenne, denn der Untersucher hört auch seine eigenen Herztöne neben denen der Mutter und des Kindes und muß das unterscheiden können. –

Von meinem psychiatrischen Unterricht beim ernsten, so klaren und einfachen Professor Grashey ist mir so gut wie nichts geblieben.

Professor Radlkofer, der Botaniker, hielt in der alten Akademie seine Vorlesungen, die namentlich an heißen Sommernachmittagen etwas einschläfernd wirkten, zudem sie ja den pflanzlichen Themen entsprechend von vornherein mild und wenig aufregend waren.

Selbst beim großen Röntgen war eine Sommervorlesung in der Hitze keine besondere Lockung; auch sprach der berühmte Mann viel zu leise und etwas trocken. Er sperrte daher nach Beginn seiner Vorlesung den Hörsaal ab, damit ja keiner davonschlich.

Ein und ein halbes Jahr flogen in München mit dem Studium auf das Staatsexamen dahin. Bald waren in München meine letzten „Stationen" glücklich überstanden. Nicht besser als mit Note „gut", was mich eigentlich kränkte. An nichts erinnere ich mich mehr als an die einfache Frage des berühmten Stoffwechsel-Physiologen Voit: „Von welchem Nahrungsmittel allein kann der Mensch auf die Dauer leben?" Um keinen Preis wäre mir die noch einfachere Antwort: „Vom Brot" eingefallen.

Wehmütig nahm ich nun Abschied von meiner Studentenzeit, die so arm am Beutel und so reich an Phantasie, wenn auch überschattet durch die ewige Gymnasiastenliebe gewesen war. Mit noch fünf Examensgenossen machte ich am Tage unserer Approbation einen Morgenspaziergang zur nahegelegenen Bavaria, zu deren Füßen wir uns – wie ein Photo von damals zeigt – gegenseitig beglückwünschten: Zwei grüßen mit dem Strohhut, zwei lüften weiche Filzhüte und zwei den Zylinder. Dann rutschten wir noch übermütig hintereinander die Rampe der Freitreppe hinunter. Und dann sahen wir uns nie mehr wieder.

Nach dem Staatsexamen Juni 1894 wurde ich, weil ich gerade nichts Besseres fand, „Volontärassistent" im Medizinisch-Klinischen Institut bei Ziemssen. Hatte Strümpell in Erlangen so außerordentliche Erfolge als diagnostischer Neurologe, so war Ziemssen dagegen fast vergrämt, daß die von ihm mit großen Hoffnungen betriebene Elektrotherapie bei Nervenkrankheiten ein Fehlschlag war und blieb. Die Nerven reagierten wohl auf den elektrischen Strom, heilten aber nicht. Die Hypnose wurde noch ganz nach dem Muster der Charcot-Schule in Paris getrieben, von Psychoanalyse ahnte niemand etwas. Die Behandlung der Hysterischen war damals sehr primitiv und naiv. Mir lag die dauernde Beschäftigung mit Leiden, die sich nicht heilen lassen, durchaus nicht. Ich hätte mich an die Chirurgische Klinik zu Professor Angerer versetzen lassen sollen, wo man sofort seine Erfolge oder Mißerfolge sehen konnte, ein Wunsch, den man einem einfach und klar denkenden jungen Arzte nicht so übelnehmen kann.

Ich blieb also zunächst bei Ziemssen, einem Chef von weltgewandten, großzügigen Allüren. Er war stets sehr gut und fesch gekleidet und konnte es nicht leiden, wenn er wegen seines alten, hageren, feinen Kopfes mit weißem Schnurrbart in Kongreßberichten „der greise Gelehrte" genannt wurde.

Bald saß ich wieder in München im Institut bei Ziemssen und arbeitete an Gehirn- und Rückenmarkschnitten unter dem Mikroskop. Einmal wurde mir gestattet, ein krankes Rückenmark sofort nach dem Tode des Unglücklichen aus der Wirbelsäule zu entfernen und in die färbenden Flüssigkeiten einzulegen. Der Tote war noch nicht starr, ja noch etwas warm, je mehr ich in die Tiefe schnitt. Schreckhaft war es, daß er plötzlich mit einem Arme ausschlug, als ich die zugehörigen Nerven abtrennte. Um so schöner wurden die mikroskopischen Präparate. Sie waren wie feine photographische Diapositive, und man konnte sie riesengroß zum Unterricht an die Wandtafel projizieren und so den Verlauf der gesunden und kranken Nervenfasern betrachten.

Auch war ich das photographische Faktotum des Instituts und machte dort die ersten Röntgenaufnahmen, z. B. Professor Angerers, des Chirurgen, Hand mit seinem Ehering oder meine Geldbörse mit allerdings etwas spärlichen Münzen.– Noch sehe ich das lächerlich dünne, gelbe Heftchen in meiner Hand mit der schlichten Aufschrift: „Über eine neue Art von Strahlen", durch das in den nüchternsten Worten der große Röntgen 1895 der staunenden Welt das Wunder verkündet hat.

Ein recht lieber, lustiger, von München begeisterter Schwede arbeitete über Bleivergiftung, und ein steinreicher, überaus eleganter, zierlicher, sogar sehr hübscher und ausnahmsweise aufgeschlossen gemütlicher Japaner, Arata Ivasa, der Sohn des Leibarztes des Mikado, repräsentierte durch seine höchst erfreuliche pariserische Erscheinung, weniger durch tiefschürfende Arbeit das ferne Inselreich. Arata war sehr intim mit dem auch mir recht nahen und lieben Dr. Franz Müller, einem ebenso eleganten Österreicher, einem zu wissenschaftlicher Arbeit hervorragend prädestinierten Manne, wie ihm der Chef in sein Abgangsattest schrieb. Müller war neben seiner außergewöhnlichen medizinischen Begabung das, was man zu Beethovens Zeit einen Wiener Phäaken hieß. Er arbeitete eben epochemachend über das Blut mit Färbungen und Zählungen der Blutkörperchen. Überaus originell war seine österreichische Sprechweise, die selbst der am liebsten französisch sprechende Arata

Ivasa in höchst drolliger Art angenommen hatte. Müller erstrebte die akademische Laufbahn in Wien. „In Wien wird ma eher mit'm Kaiser per du als Professor an der Universität", sagte er. Er hatte die typisch österreichische, von der Vielsprachigkeit seines Landes herrührende Gewohnheit, lateinische, allen verständliche Wendungen zu gebrauchen. So nannte er den Geheimrat Ziemssen den Consiliarius secretus, den Professor Bauer den Agrikl, und seinen zukünftigen Chef in Wien, den Professor Nothnagl, hieß er den Notstift.

---

# Arnold Sommerfeld

1868–1951

*Physiker*
*1886–1891 Studium in*
*Königsberg;*
*Prof. in Clausthal (1897),*
*Aachen (1900) und*
*München (1906–1935).*
*Wichtige Arbeiten zur*
*Atomphysik.*

Herbst 1906 wurde ich auf Veranlassung von Röntgen nach München als indirekter Nachfolger Boltzmanns berufen. Es war für mich und meinen damaligen Assistenten Debye selbstverständlich, daß dieser Ruf uns beiden galt, d. h. daß Debye mich nach München begleitete. In München kam ich zum ersten Male dazu, Vorlesungen über die verschiedenen Gebiete der theoretischen Physik und Spezialvorlesungen über die im Fluß befindlichen Fragen zu halten. Ich habe von Anfang an dahin gestrebt und habe es mich keine Mühe verdrießen lassen, in München durch Seminar- und Colloquiumbetrieb eine Pflanzstätte der theoretischen Physik zu gründen.

Schließlich stelle ich die wichtigsten wissenschaftlichen Daten aus meiner Münchener Zeit zusammen: Dispersion eines begrenzten Wellenzuges. Fortpflanzung der Wellen in der drahtlosen Telegraphie 1909 (mit mehreren anschließenden Schülerarbeiten), Einseitigkeit der Emission von Röntgen- und $\gamma$-Strahlen, Erste Vorlesung über Relativität 1908, nachdem ich in Köln Minkowskis Vortrag „Raum und Zeit" gehört hatte; anschließende Arbeiten in den Ann. d. Phys. 1910, erstes Zusammentreffen mit Einstein in Salzburg. Solvay-Kongreß. Quantitative Bestimmung der Wellenlänge („Impulsbreite") der Röntgenstrahlen nach Beugungsaufnahmen von Walter und Pohl 1912, daran anschließend Laues Entdeckung in meinem Institut, Frühjahr 1912 (Dr. Friedrich war damals Assistent bei mir). Mein Ausbau der Bohrschen Theorie (Ellipsenbahnen, Feinstruktur) bereits Winter 1914/15 im Kolleg vorgetragen, aber erst Anfang 1916 veröffentlicht. Ruf nach Wien Sommer 1917.

Von weiteren Arbeiten zur Bohrschen Theorie der Spektrallinien, die mich und meine Schüler auch in den folgenden Jahren vornehmlich beschäftigt haben, nenne ich: Die zusammenfassende Darstellung über Feinstruktur und Röntgenspektren, Theorie des normalen Zeemaneffektes, Epsteins Theorie des Starkeffektes, Auswahlprinzip und spektroskopischer Verschiebungssatz, gemeinsam mit W. Kossel, Verhandlungen d. d. phys. Ges. 1919, Allgemeine spektroskopische Gesetze, insbesondere ein magnetooptischer Zerlegungssatz, (Einführung der inneren Quantenzahl = Quantenzahl des gesamten Impulsmomentes), Deutung verwickelter Spektren (Anfänge der Multiplett-Theorie, im Anschluß an Catalàns Ordnung des Mn-Spektrums). In unserem Münchner Colloquium stieß ich bei W. Wien und Zenneck mit meiner Auffassung des Compton-Effektes auf stärksten Widerspruch. Wir ahnten nicht, wie bald sie durch die neue Quantentheorie legitimiert werden sollte.

Die Arbeiten der nächsten Jahre waren hauptsächlich den Intensitätsfragen der Spektren gewidmet, in engem Zusammenwirken mit den experimentellen Ergebnissen des Ornsteinschen Instiuts in Utrecht. Hierher gehören eine korrespondenzmäßige Untersuchung zusammen mit Heisenberg über die Intensität der Mehrfachlinien und ihre Zeemaneffekte, Z. f. Phys. 10, 1922, über die Intensität der Röntgenlinien, Ann. 76, 1925, über die Intensität der Multiplettlinien, zusammen mit H. Hönl, Berliner Akad. 1925, eine Arbeit von London und Hönl über Bandenspektren.

Die inzwischen entstandene neue Quantentheorie beschäftigte mich vor allem in der ihr von Schrödinger gegebenen analytischen Form, die ich in vielen Spezialvorlesungen meinen Studenten und mir klarzumachen suchte. Aus diesen Vorlesungen entstand 1927 der „Wellenmechanische Ergänzungsband" zu meinem Buch „Atombau und Spektrallinien", das 1919 in erster Auflage, 1944 in sechster Auflage erschienen ist. Der „Ergänzungsband" wurde 1944 als Band II des Atombaus in dritter Auflage veröffentlicht, wobei er leider auf das Dreifache angewachsen ist. Der Grund hiervon ist, daß er reichliche Gelegenheit bot, alle die Methoden der partiellen Differentialgleichungen auf wirkliche physikalische Probleme anzuwenden, mit denen ich mich ein Leben lang beschäftigt hatte.

Bei meiner Weltreise 1928/29 (Indien, Japan, Amerika) konnte ich mit Genugtuung die allgemeine Anerkennung genießen, die die deutsche Wissenschaft genoß. Sie sollte bald darauf durch das verbrecherische Hitler-System vernichtet werden.

Mit 70 Jahren trat ich von meinem Lehramt zurück und erhielt den denkbar schlechtesten Nachfolger, der nunmehr einer jungen Kraft weichen mußte. In den Kriegsjahren entschloß ich mich auf Zureden, meine alten Kursus-Vorlesungen in vervollständigter Form herauszugeben. Der vorletzte Band dieser Reihe kommt jetzt in Druck. Ohne diese Arbeit hätte ich die politischen Erschütterungen der Kriegszeit kaum überstehen können.

Wenn ich auf meine wissenschaftliche Laufbahn zurückblicke, muß ich dankbar sein, daß sie in eine für die mathematische Physik so ungeheuer fruchtbare Zeit gefallen ist. Der Ausbau der Maxwellschen Theorie, der in der Relativitätstheorie gipfelte, die Plancksche Entdeckung und ihre Anwendung auf die Enträtselung des Atoms boten mir unaufhörlich neue Aufgaben. Ein großer Kreis dankbarer Schüler, bevorzugte Berufsbedingungen, internationale Anerkennungen wie die mir kürzlich verliehene Ehrenmitgliedschaft der Wiener Akademie, ein glückliches Familienleben haben meine Tätigkeit bis in mein hohes Alter hinein gefördert.

---

# Friedrich Wilhelm Foerster

1869–1966

*Pädagoge*
*1912–1914 Prof. in Wien,*
*1914–1920 in München.*
*Rücktritt und Emigration wegen*
*seiner Kritik am deutschen*
*Militarismus als überzeugter*
*Pazifist.*
*Verfasser zahlreicher*
*pädagogischer Schriften.*

Es war natürlich, daß ich vor Ungeduld brannte, die neu gewonnene Erkenntnis von dem wahren Sinn der deutschen Geschichte, unter den deutschen Eliten zu verbreiten – nicht zum wenigsten unter der studierenden Jugend. Als ich im Herbst 1914 zur Wiederaufnahme meiner Vorlesungen nach München zurückgekehrt war, ergab sich eine erste Gelegenheit zu solcher Einwirkung: die Münchner Oberlehrer hatten mich zu einem Vortrag über die Hintergründe des Weltkrieges eingeladen, aber ich hatte in der

Vorbereitung meines Vortrages den Einfluß der deutschen Propaganda in den ersten Kriegsmonaten unterschätzt. Meine Ausführungen begegneten einem immer wachsenden Proteste von Seiten der Zuhörerschaft. Endlich klappten die Oberlehrer demonstrativ ihre Bierseidel zu und verließen einer nach dem anderen den Saal. Zum Schluß blieb niemand im Saale als die Prinzessin Ludwig Ferdinand, eine Spanierin, die an meinen Katheder herantrat und mir in ihrem gebrochenen Deutsch sagte: „Um dieses zu sagen, braucht es mehr Mut als um eine Festung zu erobern." Es war mir aber leider nicht gelungen, die Festung zu erobern; der erste Sturm war abgeschlagen, und ich mußte eine andere Gelegenheit abwarten, meine Gedanken wirksam zum Vortrag zu bringen. Ich wartete dazu jedoch eine günstigere Zeit ab, die am Ende des Jahres 1916 kam, als die feindlichen Heere sich wochenlang ohne nennenswerten Erfolg gegenüberstanden. Da veröffentlichte ich in der „Friedenswarte" einen längeren Artikel unter dem Titel: „Bismarck im Lichte der föderalistischen Kritik." Ich hielt diese Aktion für außerordentlich wichtig und notwendig, handelte es sich doch darum, in einem entscheidenden Momente des deutschen Konfliktes mit Europa die Stimme von Konstantin Frantz laut zu Gehör zu bringen und seinen Ruf nach deutscher Selbstbesinnung, nach Revision der deutschen Geschichtsauffassung sowie nach einer tieferen Erkenntnis der wahren Ursachen der Weltkatastrophe mit neuen Argumenten zu bekräftigen. Gewiß war der Artikel eine äußerst scharfe Auseinandersetzung mit der militaristischen Politik, die seit 1866 die deutsche Bühne beherrscht hatte, aber ich sagte mir gerade angesichts des stationären Zustandes auf den französischen Schlachtfeldern, daß es doch wohl keine Aussicht auf Frieden geben könne, wenn nicht im deutschen Volke ein grundlegender Zweifel an all den politischen Anschauungen entzündet würde, die Deutschland in diese Katastrophe gerissen hatten. Wie ich später immer deutlicher feststellen konnte, hat mein Artikel zweifellos in dieser Richtung gewirkt, aber nur in den Tiefen des deutschen Volkes und in Kreisen, die die alten übernationalen und völkerverbindenden Traditionen der Nation treu bewahrt hatten. Die Augenblickswirkung aber war nichts als wütende Entrüstung derjenigen Generation, die in diesem Kriege die Krönung einer Politik erblickte, die bestimmt war, Deutschland zum Herrn Europas zu machen. In der jungen Generation allerdings sah es ganz anders aus. Sogar die Hälfte der Mitglieder des Seminars des bekannten Bismarck-Biographen Erich Marcks ging auf meine Seite über und verbreitete meinen Artikel hektographisch nach allen Windrichtungen. Die philosophische Fakultät aber erließ eine öffentliche Erklärung, in der sie unzweideutig von meinen Ansichten abrückte und der Überzeugung Ausdruck verlieh, daß jeder Deutsche über solche Ansichten entrüstet sein müsse. Darauf antwortete die „Frankfurter Zeitung" in einem Leitartikel betitelt: „Der Fall Foerster": „Die

*Lichthof und Haupttreppe im Universitätsgebäude*

philosophische Fakultät der Universität München hat nicht das Recht zu bestimmen, worüber jeder Deutsche sich entrüsten müsse." Die „Münchner Neuesten Nachrichten" aber veröffentlichten einen äußerst scharfen Artikel gegen mich, den mir meine Zuhörer auf das Katheder legten mit einem großen roten Fragezeichen, was mich veranlaßte, folgende Ansprache zu halten, um meinen Hörern den Sinn meiner ganzen Intervention mitten im Kriege zum Verständnis zu bringen. Meine Ansprache wurde von einer Reihe liberaler Zeitungen Deutschlands loyal abgedruckt. Es hieß dort:

„Meine Damen und Herren! Sie werden mir gewiß glauben, daß es nicht gerade ein Vergnügen ist, in großen Krisen des nationalen Schicksals ganz isoliert dazustehen, auch von vielen hochgeachteten Kollegen scharf getrennt zu sein. Es ist zweifellos, daß unter den Bismarck-Gläubigen viele der allerbesten unseres Volkes sind, die meine Kritik an dem, was ihnen heilig ist, schwer verletzen muß. Das ist aber nun einmal ein geistiges Schicksal, dem ich nicht entrinnen kann; denn seit Beginn meiner Universitätslaufbahn habe ich mich mit keinem Problem intensiver beschäftigt als mit dem Problem: Politik und Moral; dabei bin ich eben durch Studium und Weltbeobachtung im Ausland und Inland zum radikalen Gegner der Tradition Bismarck-Treitschke geworden, bei aller Würdigung der persönlichen Größe und Tragik dieser Tradition. Ich glaube fest, daß wir unseren kommenden mitteleuropäischen Aufgaben und unseren Weltaufgaben nur in dem Maße gewachsen sein werden, als wir weit über diese Tradition hinausschreiten, genau so, wie auch die anderen Völker sich von ihren machtpolitischen Traditionen lösen müssen, wenn Europa nicht in Wut und Blut untergehen soll. Daß nun andere durch solche Ansichten verletzt werden, das darf wohl an einer Stätte, die der Wahrheitserkenntnis gewidmet sein soll, kein Grund des Schweigens sein. Sogar mitten im Kriege, denn wir müssen durchaus heute schon mit der Vorbereitung auf das Kommende beginnen, mit dem Durchdenken all der neuen politischen Probleme, die uns dann gestellt werden, genau so, wie ja die Diskussion über Mitteleuropa schon jetzt entbrennen mußte; wir können das alles nicht bis nach dem Kriege vertagen. Aus dieser Erwägung heraus stammen meine gewiß sehr radikalen Beiträge zur Frage unserer politischen Neuorientierung, zur Revision gewisser Dogmen unseres politischen Credo. Gerade in dieser unserer Zeit erscheint es mir dringend, daß eine geistige Macht, die in den Jahrzehnten des großen äußeren Erfolges in den Hintergrund gedrängt wurde, jetzt wieder in die Oberwelt der Seelen emporsteigt. Wenn Sie den Artikel, der zu dem gegenwärtigen Konflikt geführt hat, lesen, mag er noch so sehr den Vorstellungen widersprechen, in denen Sie aufgewachsen sind, Sie werden doch fühlen, daß er aus deutscher Seele stammt, aus Liebe zum deutschen Wesen und seiner Weltmission; und niemand hat das Recht, mir Mangel an Vaterlandsliebe vorzuwerfen, weil ich eine andere Ansicht vom Heil des Vaterlandes habe als er. Man redet von der Liebe, die den Tod überwindet, größer noch ist wohl die Liebe, die es auf sich nimmt, von dem, den sie liebt, als Feind betrachtet zu werden, weil sie ihm schwere Schmerzen und harten Widerspruch zufügen muß. So gibt es auch eine Vaterlandsliebe, bei der man es ruhig auf sich nimmt, als vaterlandslos zu erscheinen, weil man der Tagesstimmung schmerzlich und unbegreiflich widersprechen muß. Wenn es heute scheinen mag, als wollten die Universitäten aufhören, ein Asyl auch für solche Art von kritischem Denken zu sein, so mag an die Zeit erinnert werden, wo das schwarz-rot-goldene Denken dem Partikularismus als Landesverrat erschien. Genau so erscheint es heute dem nationalen Denken der alten Schule als unpatriotisch, wenn man laut darauf hinweist, daß doch der ganze Weltkrieg es dröhnend der Kulturwelt verkündet, daß wir alle aus dem bloßen Nationalegoismus heraus müssen, daß die nationale Gemeinschaft, bei all ihrer unersetzlichen, sittlichen und sozialpädagogischen Bedeutung, doch auch nur ein Partikulares ist gegenüber der kommenden europäischen Kulturordnung, an deren Herausgestaltung wir jetzt mit jedem Gedanken und mit jedem Worte arbeiten müssen."

Da die Studentenschaft damals noch nicht systematisch gegen mich verhetzt worden war, wurde meine Ansprache achtungsvoll und sympathisch entgegengenommen, und zahlreiche Studierende bemühten sich, nicht nur meines Artikels habhaft zu werden, sondern auch die Werke von Konstantin Frantz in den Bibliotheken ausfindig zu machen.

Die ältere Generation der Universität aber war nicht so leicht zu beruhigen. Ein Jurist, Professor von Amira, beantragte Hochverratsanklage gegen mich. Mein nächster Kollege in der Pädagogik, Professor Rehm, fand es ungeheuerlich, daß ich gewagt hatte, Fichtes Reden an die deutsche Nation zu kritisieren und ihnen vorzuwerfen, daß in ihnen vom wahren deutschen Geiste schlechthin nichts zu spüren sei. Der ehrwürdige Rektor der Universität, Geheimrat Grauert, lud mich zu einer Aussprache ein, in der er mir, um mich von weiteren Eingriffen zurückzuhalten, zu bedenken gab, daß große Gefahr bestehe, daß das Generalkommando die Universität schließen lasse. Ich antwortete: „Das wäre ja herrlich, dann hätten wir alle die nötige Muße, um die gewaltigen Probleme dieser Schicksalsstunde zu durchdenken." Er beschwor mich, den Konflikt nicht zu verschärfen, es sei jetzt nicht die Stunde, um so schwerwiegende Fragen zur Diskussion zu bringen. Ich widersprach und erinnerte ihn an die Stelle in „Wallensteins Tod", wo die Verschwörer sich Wallensteins Zimmer nähern und der Kammerdiener ihnen zuruft: „Still, still, der Herzog schläft", worauf Hauptmann Devereoux ihm zuruft: „Freund, jetzt ist's Zeit zu lärmen."

Und nun wurde ich meinerseits sehr lebhaft und fragte den Rektor, ob es nicht ungeheuerlich sei, daß in einer so großen Zeit, wo über Leben und Tod des deutschen Volkes entschieden werde, nur den Militärs Redefreiheit bewilligt sei, während ein Hochschullehrer, der sich seit vielen Jahren mit den moralischen Bedingungen der deutschen Weltstellung und mit der politischen Erziehung der deutschen Jugend befasse, nicht das Recht haben solle, die Grundfragen der deutschen Stellung in Europa offen zu erörtern und eine bessere Zukunft des deutschen Volkes gerade in dem Augenblick vorbereiten zu helfen, in dem die deutsche Jugend auf den Schlachtfeldern ihr Leben opfere. Der Rektor wußte mir nicht zu antworten. Er versuchte mich zu beruhigen und bat mich um des Friedens an der Universität willen, während des Krieges von weiteren Interventionen abzusehen.

Die ganze Angelegenheit fand dadurch ihr Ende, daß der bayrische Kultusminister mich zu einer Aussprache einlud und mir den Vorschlag machte, mir zur Beruhigung der Gemüter ein Jahr Urlaub zu gewähren.

Nach dem oben berichteten Abschluß meines Konfliktes mit der philosophischen Fakultät der Universität München kehrte ich nach Zürich zurück.

Im Juli 1917 wurde ich auf Grund meiner Broschüre „Das österreichische Problem" von Kaiser Karl zu einer Besprechung nach Wien eingeladen. Die Nachricht von dieser Besprechung war natürlich in die deutsche nationale Presse gelangt und insbesondere hatte die Münchner Presse eingehend davon Notiz genommen und mir vorgeworfen, ich hätte mit Kaiser Karl zusammengearbeitet, um einen Sonderfrieden Österreichs mit der Entente durchzusetzen, was von Anfang bis zu Ende erlogen war, da sich meine Besprechungen mit Kaiser Karl einzig und allein um die Frage der föderalistischen Reorganisation Österreichs gedreht hatten.

Die betreffenden Hetzartikel aber hatten genügt, um die nationalistischen Kreise an der Universität zu veranlassen, eine große Demonstration gegen mich vorzubereiten. Als ich zur Wiederaufnahme meiner Vorlesungen Ende Oktober 1917 im Auditorium Maximum erschien, waren etwa 500 Studenten versammelt, die mich mit betäubendem Lärm, unter Anwendung verschiedenster Musikinstrumente empfingen. Ich ließ den Lärm einige Minuten ruhig durch das Auditorium gehen, bis ich mich daran erinnerte, daß man eine aufgeregte Masse nicht durch vernünftigen Zuspruch, sondern nur mit Mitteln beruhigen kann, die man schreienden Babies gegenüber anwendet. Das Mittel besteht darin, dem Baby eine Uhr vor das Gesicht zu halten. Dasselbe tat ich gegenüber meinem Auditorium, und es wirkte Wunder. Jeder fragte sich: wozu hält er uns die Uhr entgegen? Und die Pause benutzte ich, um mit stärkster Stimmwirkung dem Auditorium zuzurufen: „Sie sind durch die Presse belogen worden. Ich verlange zehn Minuten, um diese Lügen richtig zu stellen. Nach zehn Minuten können Sie weiter lärmen." Ich gab also die Richtigstellung und wurde völlig ruhig angehört. Als dann einige den Lärm fortsetzen wollten, wurden sie von der Majorität zur Ruhe verwiesen, und es ergab sich, daß die schweigende Volksabstimmung dafür war, mir weiter das Wort zu gewähren. Ich konnte also meine Vorlesung ruhig zu Ende führen. Am nächsten Tag jedoch versuchten 40 Alldeutsche unter Führung eines Fliegeroffiziers mit Stöcken in mein Auditorium zu dringen, um mich aus dem Saale hinauszuprügeln. Da erhob sich – unter Führung eines Bayern mit riesigen Fäusten – die weit größere Hälfte meines Auditoriums und warf die Aufrührer hinaus. „Sie wissen ja gar nicht, was hier auf dem Spiel steht", rief ihm der Leutnant entgegen. „Grad weil ich das weiß", antwortete der Bayer, „will ich jetzt hier Ordnung schaffen." Und die Ordnung wurde schnell und durchgreifend geschaffen. Seitdem wurde ich niemals mehr in meinen Vorlesungen belästigt.

---

# Hans Spemann

1869–1941

*Zoologe*
*Medizinstudium u. a. in München*
*(WS 1893/94);*
*Prof. in Rostock und Freiburg.*
*Entwicklungsphysiologe.*
*Entdecker des*
*„Organisatoreffekts".*
*1935 Nobelpreis.*

Das folgende Wintersemester beschloß ich in München zuzubringen.
Daß Liebe blind oder zum mindesten parteiisch macht, ist unter Menschen allgemein zugestanden. Wenn dies auch Städten gegenüber gilt, so muß ich gestehen, daß ich bei München bis auf den heutigen Tag nicht über diesen schönen Jugendzustand hinausgekommen bin.
Ich hatte in Heidelberg des öfteren zwei Namen nennen hören, welche für mein späteres Leben große Bedeutung gewinnen sollten. Der eine, Theodor Boveri, war der eines noch jungen Zoologen, welcher bis vor kurzem Assistent bei Richard Hertwig am Zoologischen Institut in München gewesen und nun kaum dreißigjährig auf den zoologischen Lehrstuhl in Würzburg berufen worden war. Er erfreute sich hoher Achtung, ja Bewunderung bei den Heidelberger Anatomen, wohl vor allem wegen einer vergleichend-anatomischen Entdeckung ersten Rangs, der Auffindung der Niere des Amphioxus lanceolatus, des vermuteten Vorfahren der Wirbeltiere. Boveri hatte dieses

lange vermißte, wegen seiner Kleinheit und absonderlichen Lage immer übersehene Organ gefunden, weil er an der richtigen Stelle suchte und die meisten zeitgenössischen Forscher an Schärfe der mikroskopischen Beobachtung übertraf. Er hatte seine Entdeckung in vollendeter Klarheit dargestellt und weitgehende Schlüsse aus ihr gezogen. Als ich von diesem Mann zum erstenmal hörte, stieg sofort der Wunsch in mir auf, einmal unter seiner Leitung wissenschaftlich zu arbeiten. Es ergab sich auch schon eine persönliche Anknüpfung, indem Gustav Wolff ihn von München her kannte und auch mit seinem nächsten Münchener Freund, August Pauly, näher bekannt war. Über den letzteren hörte ich, daß er ein bedeutender Mensch sei und ein interessantes Kolleg über die Abstammungslehre halte. So ging ich im Oktober 1893 nach München.

Die erste Vorbedingung des studentischen Behagens, eine gemütliche Bude bei einer sauberen ehrlichen Wirtin, war bald erfüllt. Das Verfahren der Wohnungssuche war damals in München etwas umständlich, indem nicht weithin sichtbare Plakate in die Fenster gehängt, sondern kleine geschriebene Zettelchen an Straßenecken, Haustore, Dachröhren angeklebt wurden, die einen von Haus zu Haus, treppauf treppab hetzten. Vielleicht hat auch diese behagliche Sitte der guten alten Zeit der fortschreitenden „Verpreußung" weichen müssen.

Nach diesem ersten erledigte ich alles übrige, was zu tun war: Meldung auf dem Bezirkskommando, Immatrikulation auf der Universität, Belegen der Vorlesungen für den angehenden Kliniker.

Anfang November begannen die medizinischen Vorlesungen, welche für die nächsten Monate im Mittelpunkt meiner Arbeit standen. Da ich sie schon nach einem Semester unterbrach und nachher nicht wieder aufnahm, so habe ich nur ein unvollkommenes Bild von der Einrichtung des medizinischen Studiums gewonnen. Immerhin habe ich genug davon kennengelernt, um den Sinn der heutigen Reformbestrebungen zu verstehen. Die Natur des Krankenmaterials, wie die leidende Menschheit vom Standpunkt des forschenden, lehrenden und lernenden Arztes aus heißt, bringt es mit sich, daß allgemeine Darlegung und besondere Vorweisung nicht so genau Hand in Hand gehen können wie in den grundlegenden Naturwissenschaften. Es laufen also neben der Vorlesung mit ihrem streng systematischen Gang „Vorstellungen" von solchen Kranken einher, welche zur Zeit gerade in der Klinik liegen. In sehr erfreulicher Weise zeigte sich das damals in München beim Typhus. Während die Stadt früher wegen dieser Krankheit verrufen war, führte uns der Professor einen solchen Fall mit der Bemerkung vor, wenn einmal einer zur Verfügung stehe, müsse man die Gelegenheit gleich benützen, da man nicht wisse, wann sie wiederkomme; so selten sei die Krankheit dank dem Wirken von Pettenkofer geworden.

Andere Krankheiten waren natürlich regelmäßiger zur Hand, und zwar nicht nur Biermägen und Bierherzen, bei deren Vorstellung der Professor schmunzelnd bemerkte: „Wir sind nämlich in München, meine Herren, wo es das gute Bier gibt."

Am meisten fesselten mich die chirurgischen Operationen, und zwar in jeder Hinsicht. Das Mitleid mit dem augenblicklichen Zustand des Kranken ist weitgehend ausgeschaltet durch die Sicherheit, daß er nichts von dem Eingriff fühlt. So kann der Beobachter ganz ungestört seiner Wißbegierde nachgeben und das, was er in der anatomischen Vorlesung und auf dem Präparierbogen gelernt hat, im lebenden Zustand sehen.

An einem Sonntagnachmittag saß ich bei der Lampe in meinem Zimmer. Es klingelte an der Flurtür, ich öffnete und sah mich einem stattlichen Mann von etwa vierzig Jahren gegenüber, der sich als Dr. August Pauly zu erkennen gab. Ich hatte ihm mit Berufung auf Gustav Wolff geschrieben, ob ich ihn einmal aufsuchen dürfe. Jetzt hatte er mit einem Neffen, Sohn seiner Schwester Bayersdorfer, einen Sonntagsspaziergang gemacht und nun auf gut Glück versucht, ob er mich zuhause träfe. Ich fragte, ob ich ihn ein Stück begleiten dürfe. Ich weiß nicht, woher es kam; aber ich faßte gleich Vertrauen zu ihm und er wohl auch zu mir, denn als ich ihn ohne weitere Vorbereitung, so ziemlich als erstes fragte, ob er mir nicht etwas über seinen Bildungsgang erzählen möge, tat er das sofort und mit großer Offenheit. Den nächsten Tag verbrachte ich ganz in seiner Gesellschaft, ebenso den darauffolgenden, und so später noch viele unvergeßliche Stunden. Ich lernte in ihm einen der bedeutendsten und merkwürdigsten Menschen kennen, welche mir im Leben begegnet sind.

Ich hörte regelmäßig seine Vorlesung über Darwinismus, in welcher er eine Kritik der Zuchtwahllehre gab, aber weit darüber hinaus seine allgemeinen theoretischen Anschauungen über das organische Leben und seine Entwicklung darlegte. Nach der Vorlesung in der Alten Akademie holte ich ihn in seinem Zimnmer ab und dann schlenderten wir die lange häßliche Türken- oder Amalienstraße hinunter, ins Gespräch vertieft, blind für alles, was uns umgab, in einem Behagen, wie ich so vielleicht nie wieder empfunden habe. Zielpunkt war ein kleines Café der Akademie der Künste gegenüber, wo wir unser Gespräch zwar nicht zu Ende führten – dazu war der Gegenstand immer zu unabsehbar – aber für diesmal beendeten.

Ein Gespräch über philosophische Fragen ist für mich immer einer der größten Genüsse gewesen, über dem ich alles, Zeit, Umgebung, körperlichen Zustand vergaß. Hier drehte es sich naturgemäß zunächst um den Inhalt der soeben gehörten Vorlesung. Ich hatte wohl manches Bedenken; aber da es mir zunächst darauf ankam, die Denkweise meines neuen Freundes kennenzulernen, stellte ich meine Einwände zurück und fragte nur immer weiter.

# Ludwig Robert Müller

1870–1962

*Mediziner*
*1889–1895 Studium in München,*
*Tübingen, Straßburg*
*und Breslau;*
*1914–1920 ao. Prof. in Würzburg;*
*1920–1936 Prof. in Erlangen.*
*Hauptwerk über Lebensnerven*
*und Lebenstriebe.*

Da ich selbst keinerlei Neigung zu einem bestimmten Berufe hatte, einigte man sich darauf, daß ich für ein Jahr die Universität München besuchen solle, um dort als „stud. phil." für meine Allgemeinbildung Kunstgeschichte, Nationalökonomie, Finanzpolitik und daneben auch Physik und Chemie zu hören. Es galt zu jener Zeit nicht als Schande, wenn man im „philosophischen" Jahr bummelte, und so besuchte ich die schöngeistigen Vorlesungen nur wenig und beschränkte mich bald auf Physik und Chemie. Letztere stand damals hoch im Kurs. Ich besuchte die Vorlesungen von Baeyer regelmäßig und hatte so viel Freude daran, daß ich mir bald Visitenkarten drucken ließ, auf denen stolz „cand. chem." stand. Als aber Professor v. Baeyer uns „Chemikern" dringend empfahl, nebenher noch höhere Mathematik zu studieren und ich in diesen Vorlesungen wegen mangelnden Fleißes nicht mitkam, ließ mein chemischer Ehrgeiz rasch nach. Mit der endlich errungenen akademischen „Freiheit" ließ es sich nicht vereinen, daß ich nun wieder arbeiten und „dicke Brettle" bohren sollte. Ich war ja jetzt ein freier Mann, der tun und lassen konnte, was ihm beliebte. So schloß ich mich einer Verbindung an, die nur wenig Zwang ausübte und kam außerhalb dieser Verbindung in eine recht solide Gesellschaft, in der nicht die Wissenschaft, auch nicht der Alkohol, wohl aber das „Weib" eine Rolle spielte. Einem jungen Manne, der wie ich im strengen, engen protestantischen Familienkreis erzogen war, imponierte – das muß ich leider gestehen – anfänglich die flotte Freizügigkeit und der frivole Ton, mit dem die „jungen Herren" auf der Universität – das waren eben keine echten Studenten – mit leichtsinnigen, lüsternen Mädchen – es waren vielfach Ladnerinnen und Kellnerinnen – verkehrten. Es ist wirklich nicht leicht, auf diesem Gebiet abstinent zu bleiben, wenn in jedem Theater und Kabarett und bei jedem Tanzvergnügen die Reize des Weibes dem jungen Manne in verführerischer Weise vorgeführt werden und wenn sich gar noch das „Weib" auf der Straße anbietet.

Die Stadt München stand in den neunziger Jahren des vergangenen Jahrhunderts auf der Höhe ihres Ruhmes als Kunststadt. Das, was Ludwig I. von Bayern in künstlerischer Hinsicht geschaffen hatte, wurde durch seinen verehrungswürdigen, vornehmen, aber sparsamen Sohn, den Prinzregenten Luitpold von Bayern, liebevoll weitergepflegt. Dieser verstand es, auch mit einer katholischen (schwarzen) Mehrheit im Landtag liberal zu regieren. Bedauerlicherweise wurde der so wohlwollende und kunstfreudige Regent vom Volk auf der Straße nicht besonders geliebt.

Die studentische Jugend stand damals ganz unter dem Einfluß der naturwissenschaftlichen Fortschritte. Durch die Darwinsche Lehre wurde angeblich nachgewiesen, daß der Mensch vom Tiere abstamme und damit war die biblische Schöpfungslehre widerlegt. Auch über die Fragen des Zusammenhanges der Dinge wurde in dieser Zeit, wo die Technik so große Erfolge zu verzeichnen hatte, nicht viel diskutiert. Nach unserer damaligen Überzeugung waren es nur „überspannte, spinnige" Köpfe, mit langen Haaren, welche in Schwabinger Caféhäusern zigarettenrauchend nachts stundenlang von Nietzsche und seinem Zarathustra schwärmten und mit philosophischen Redewendungen „jonglierten".

Politik wurde damals in München von den Studenten nicht getrieben. Es war selbstverständlich, daß man nationalliberal gesinnt, d. h. gegen die katholische Mehrheit im Volke eingestellt war. Wenn man aber seine liberale Gesinnung auch dadurch zum Ausdruck hätte bringen wollen, daß man für das Koalitionsrecht der Arbeiter und für deren Anspruch auf bessere Lohnbedingungen eintrat, so wäre man in den Geruch eines roten Sozialdemokraten gekommen und dazu hatte der „Salonmüller" keine Lust und nicht genügend Zivilcourage.

So habe ich auch das zweite Semester (S.S. 1890) in München verbracht, ohne wirklich etwas gelernt oder gar etwas Brauchbares geleistet zu haben. Ich war trotz des vielen Schönen, das ich in der Kunststadt München in Theater und Museen und in der Geselligkeit erleben durfte, recht wenig zufrieden mit mir, ja recht unglücklich, kam ich doch zu der Überzeugung, daß aus dem faden Salonmüller nie ein wirklich tüchtiger und brauchbarer Kerl werden könne, und so gab ich dem Wunsche meiner Familie nach, als Lehrling in ein Bankgeschäft einzutreten. Als aber meiner Bitte, in Genf, wohin ich als Kaufmannslehrling gehen sollte, nebenher auch noch Vorlesungen hören zu dürfen, dem Senior des Bankhauses in recht schroffer Weise entgegengetreten wurde, da bäumte sich mein akademischer Hochmut auf und ich erklärte zum Schrecken meiner Familie, Medizin studieren zu wollen.

In München war ich im letzten Semester viel mit Freunden zusammen gewesen, die sich auf das Tentamen-Physikum vorbereiteten und mit großer Begeisterung von den Vorlesungen des berühmten Physiologen Carl von Voit sprachen.

Im Sommersemester 1893 wurde ich aber nach meinen Wanderjahren wieder in die Heimat nach Augsburg-München zurückgerufen. Hier sollte ich mich nun fleißig auf das Approbationsexamen vorbereiten. Die Vorlesungen in München, die ich noch zu besuchen hatte – es handelte sich meist um Nebenfächer – wollten mir gar nicht gefallen und so bat ich das angesehenste Mitglied der medizinischen Fakultät, Professor Carl Voit, um die Erlaubnis, in seinem Laboratorium mit einer Doktorarbeit beginnen zu dürfen. Voit riet mir, da ich neben den Vorlesungen doch nicht genügend Zeit für eine chemische Arbeit finden könne, davon ab. In meinem Strebertum glaubte ich aber doch, beides vereinigen zu können. Und so begann ich in dem Laboratorium des Physiologischen Institutes in München, aus dem schon so viele gute Stoffwechseluntersuchungen von Carl Voit, Pettenkofer, Rubner, Friedrich Müller, Moritz u. a. hervorgegangen waren, mit einer Arbeit über den Kalkstoffwechsel beim Hunde. Im Herbst 1893 legte ich das Approbationsexamen ab. Daß dies mit sehr gutem Erfolg geschah, konnte bei der reichen Ausbildungsmöglichkeit, die mir von meinem Vater im Augsburger Krankenhaus und von vier deutschen Universitäten geboten worden war, nicht als besonderes Verdienst angesehen werden.

Als ich nun glücklich „approbiert" war, lag mir daran, mit der Erledigung der Doktorarbeit nicht mehr viel Zeit zu verlieren und ich „baute" den Doktor unter der Leitung des damaligen Dozenten H. Schmaus am Pathologischen Institut in München mit der histologischen Beschreibung von multiplen Geschwulstbildungen, die von dem Perineurium, der Umhüllung der Nerven, und von den Rückenmarkshäuten ausgehen. Eine große wissenschaftliche Leistung war diese Arbeit wahrlich nicht, aber dem Gesetz war Genüge getan und ich verließ Weihnachten 1893 als bestallter Arzt und als Doktor die Münchner Universität, an welcher es sich sehr vergnügt leben, aber nicht gut ernstlich arbeiten läßt.

*Anatomische Anstalt*

# Richard Willstätter

1872–1942

*Chemiker*
*1890–1893 Studium in München;*
*Prof. in Zürich (1905),*
*Berlin (1912) und*
*München (1916–1924).*
*1915 Nobelpreis.*

Wenn ich auf meine Studienzeit zurückschaue, so wird die Erinnerung durch so manche Umwege, Ungeschicklichkeiten und Fehler getrübt. Es fehlte mir in der Jugend an Beratung und an guter Kameradschaft im Fach. Aber aus jener Frühzeit leuchtet als ein Wunder die Erscheinung meines Lehrers heraus, des Geheimen Rates Adolf von Baeyer, sein so früh gewonnenes Wohlwollen, nein, es war mehr, es war geradezu eine Art Freundschaft, die mir ungeachtet des zu großen Abstandes gewährt wurde.

Ende Oktober 1890 kam ich nach München, um an der Universität zu studieren und an der Technischen Hochschule zu hospitieren. Die Immatrikulation mit einer nicht schulmeisterlichen, unpathetischen und doch feierlichen Ansprache des Mediziners von Ziemssen, des Rektors, war eindrucksvoll; sie ließ den Aufstieg von der Schule zum akademischen Leben empfinden.

Mein Monatsgeld war nicht zu knapp; aber ich wünschte und brauchte immer Bücher. Zwar las ich nicht viel, aber es war mir unentbehrlich, eine Ausrüstung mit wissenschaftlichen Büchern und Nachschlagewerken zum Greifen nahe zu besitzen. Dieses Bedürfnis und diese Vorliebe sind mir geblieben; ich würde jetzt vielmals meinen Erinnerungen gern nachhelfen, hätte mich nicht zur Zeit meiner Auswanderung die Lage in München daran verzweifeln lassen, mehr als das unbedingt Nötige von meiner Bibliothek zu retten.

In meinem ersten Semester verschlang ich Büchners „Kraft und Stoff" und Haeckels „Natürliche Schöpfungsgeschichte". Im Hörsaal wurde aber Kritik geübt, und man las Lamarck neben Darwin. Kein chemisches Buch kannte ich damals, das an Reiz mit dem entwicklungsgeschichtlichen Stoff hätte konkurrieren können. Schöngeistige Lektüre, moderne Literatur war viel leichter zu finden; es gab damals in meinem Kreise kaum einen jungen Studenten, der nicht von Paul Heyses „Kinder der Welt" und Spielhagens „Sturmflut" zu den Werken von Jacobsen, Ibsen und Björnson fortgeschritten wäre. Zola, Tolstoi und Dostojewskij mußte ich mir noch aufsparen; meine Mutter verbot mir nämlich in den ersten Studentenjahren tatsächlich so manches Buch, von dem meine Altersgenossen erfüllt waren.

Etwas Großes waren in jener Zeit in München die Opernabende mit den hervorragenden Wagneraufführungen, wofür die musikbegeisterten Studenten, um ihre billigen Karten zu bekommen, sich schon beim nächtlichen Schließen der Wirtshäuser an der Kasse anstellten. Und es gab die aufregenden Schauspielabende, Ibsenpremieren im Residenztheater mit Häußer, Kepler und Bonn und den Damen Dahn-Hausmann, Conrad-Ramlo und Clara Heese. Auch gab es „Die Weber" von Gerhart Hauptmann und Max Halbes „Jugend". Am tiefsten aber ist meine Erinnerung an Liederabende der frühvollendeten Hermine Spies.

An der Universität wurden Physik und Chemie in aufeinanderfolgenden Stunden gelesen, aber in Hörsälen, zwischen denen die ganze Stadt lag, eine Einrichtung, an der die folgenden fünfzig Jahre nichts änderten. Irrtümlich nahm ich an, man könne nicht beide Vorlesungen im gleichen Semester hören. Da ich überdies noch keinen Arbeitsplatz im chemischen Praktikum bei Baeyer bekommen konnte, und da Vorlesungen und Praktika der Physik an der Technischen Hochschule bedeutender und verlockender waren als das Medizinerkolleg der Universität, so besuchte ich die Hauptvorlesungen an der Technischen Hochschule.

Mein Vorlesungsbesuch war sehr wenig erfolgreich. Wahrscheinlich fördern im allgemeinen die Vorlesungen den Hörer viel weniger als wir Dozenten uns einbilden. Oft sind die Vorlesungen zu inhaltsreich; man kann sie nicht aufnehmen, wenn sie auch ein gutes Kollegheft geben.

In meinem ersten Semester beging ich den Fehler, mit Unmäßigkeit naturwissenschaftliche Fächer zu belegen und wirklich zu hören. Ich vertraute mich dem Studienplan der Fakultät an; er war so aufgestellt, daß kein Professor sein Interesse gefährdet sah, nur der Student, dem man zuviel anriet.

Meine Beschäftigung mit systematischer Botanik, wozu die Anlage eines Herbariums gehörte, war eine zeitraubende Ablenkung. Die botanischen Exkursionen waren so ergiebig, daß die Verarbeitung des heimgebrachten Pflanzenmaterials nicht leicht zu bewältigen war. Der kluge Professor Harz, der uns unterwegs von Schädlingsbekämpfung in den bayrischen Forsten mit Antinonnin nach W. v. Miller und Harz und von Seidenraupenzucht mit Schwarzwurzelblättern erzählte, führte uns zur Torfmoorflora von Schleißheim, wo weite Flächen mit prächtigem stengellosem Enzian und auch mit der stengeligen Varietät des stengellosen Enzians bedeckt waren, und zur voralpinen Flora des Isartals.

Wichtiger war mir die allgemeine Botanik oder sie wäre es gewesen, hätte ich sie nicht bei Radlkofer an der Universität gehört. Es war peinlich, das unbeschreiblich störende, erbarmungslose Benehmen der Medizin- und Pharmaziestudenten mitzuerleben, der wenigen, die im Hörsaal aushielten. Zugleich hörte ich an der Universität Zoologie bei Richard Hertwig, im darauffolgenden Jahre die bedeutende Mineralogievorlesung, die mich aufs lebhafteste interessierte, bei Paul Groth und Geologie bei von Zittel.

In meinem zweiten Semester ertappte mich Dr. Daniel, wie ich in meinem Laboratoriumsheft bei den Reaktionen des Blutlaugensalzes die Formel $Fe(CN)_2 \cdot 4KCN$ durch einen moderneren Ausdruck zu ersetzen versuchte. Es war kurz vor der Zeit, da Alfred Werners „Neue Anschauungen" über Haupt- und Nebenvalenzen und Koordinationszahlen ihren Siegeslauf antraten. Dr. Daniel war über meine Formeln ungehalten und meinte: „Wenn Sie zu solchen Spielereien neigen, dann sollten Sie lieber an die Universität zum Prof. Baeyer gehen." Den guten Rat befolgte ich gern.

Zu Beginn meines dritten Semesters fand ich in der ruhigen und vornehmen Arcostraße ganz nahe beim Laboratorium der Universität oder, wie es offiziell hieß, Chemisches Laboratorium des Staates, ein behagliches Zimmer. Gegenüber wohnte der Philosophieprofessor von Hertling, der Zentrumsführer und später, als er zu alt war, Reichskanzler wurde. Im nächsten Jahre zog ich, was kaum möglich war, noch näher ans Laboratorium in die Sophienstraße und wohnte volle sechs Jahre lang in einem kleinen Zimmer, dessen Fenster nach einem engen Hof ging, und das meinen Büchern nur knappen Raum bot. Die Nähe zum Laboratorium bot Vorteile. Nicht selten verließ ich, von der Bibliothek kommend, am Sonntag Mittag das geschlossene Institut durch ein Kellerfensterchen, in den Hof kriechend und die ausgeliehenen dicken Berichte-Bände vor mir hinauswerfend.

Beim Eintritt in das Laboratorium Arcisstraße 1 hatte ich sogleich die Empfindung, die Schwierigkeiten des Studiums überwunden und einen glücklichen Weg betreten zu haben. Es war ein heller, nicht großer Saal; der Assistent, Hamburger wie der Abteilungsvorstand, war wohlwollend und ließ den Studierenden genügende Freiheit. Die Gesellschaft war gut, hauptsächlich norddeutsche Studenten, manche Hanseaten, einige sehr hohe Semester im Anfängersaal. Die bayrischen Schulen hatten keine Verbindung mit Prof. Baeyer, nur mit der Technischen Hochschule, welche die Lehrämter an den Industrie- und Mittelschulen besetzte. Professor Krüß ließ die an der Technischen Hochschule ausgeführten Analysen nicht gelten, er verlangte, daß ich noch einmal von vorn anfange.

In meinem zweiten Arcisstraßensemester beendete ich die quantitative Analyse, war also zum Übergang in das organische Laboratorium fertig; aber wieder war kein Platz frei. So kam es, daß Prof. v. Baeyer, als ich die Übergangsprüfung über das anorganische und analytische Pensum bestanden hatte, mich nochmals Platz nehmen ließ und in organischer Chemie prüfte. Dies war unerwartet, und ich fiel durch. Es war Freitag vor Pfingsten. Am Tage nach der kleinen Pfingstpause bat ich, wieder geprüft zu werden. Baeyer war verwundert und ließ mich nun die Prüfung gut bestehen.

In jenem Sommersemester, meinem vierten, hörte ich das Baeyersche Kolleg über organische Chemie, das namentlich Medizinstudenten in großer Zahl besuchten. Der Hörsaal war das alte Liebigsche Auditorium aus den ersten fünfziger Jahren, während das Unterrichtslaboratorium Mitte der siebziger Jahre neu erbaut worden war. Baeyer schätzte die Mehrzahl seiner Hörer nicht hoch ein. Es war nicht selten, und es war ernst gemeint, daß Baeyer sagte: „Die Herren Mediziner brauchen jetzt nicht aufzupassen; was ich da sage, wird nicht im Examen verlangt." Ich hörte auch die schärfere Fassung: „Die Herren Mediziner können jetzt ruhig schlafen; was ich vortrage, verstehen sie doch nicht."

Zum Wintersemester konnte ich in das organische Laboratorium eintreten. Eigentlich hatte ich nach Würzburg zu Emil Fischer gehen wollen, der durch seine Zuckerarbeiten große Anziehungskraft gewann, während es bekannt war, daß Baeyer junge Mitarbeiter nicht mehr anzunehmen pflegte. Aber eines Tages bemerkte ein älterer Kamerad beim Mittagessen, ich solle nur gewiß nach Würzburg gehen, da sei es ja viel leichter, zu promovieren. Darauf blieb ich in München.

Es war Februar, als ich mich zu der neuen Zwischenprüfung in drei Fächern meldete, die Baeyer als Voraussetzung für den Beginn einer Doktorarbeit eingeführt hatte. Nach dem Examen ging ich ein paar Tage ratlos im Laboratorium umher. Es war Bestimmung, daß man von einem Dozenten zur Nennung eines Themas und Leitung der Arbeit angenommen werden mußte. Baeyer, dessen Schüler ich so gern geworden wäre, hatte nicht mehr Bedarf an Doktoranden, Bamberger war nicht mehr erreichbar, man wußte nicht, wann ein Nachfolger käme. So blieb nichts übrig, als Professor Baeyer zu fragen und mir eine schwere Enttäuschung zu holen. Natürlich wagte ich nicht, den großen Mann zu bitten, und er bot mir keine Arbeit an, sondern führte mich zu Prof. Alfred Einhorn, der mich gern annahm.

Die umfangreiche Dissertation konnte ich noch fertigstellen, ein paar Male abschreiben – diese umständliche Art zu schreiben habe ich immer beibehalten – und knapp vor Semesterschluß einreichen. Im März promovierte ich am Ende meines siebenten Semesters. Daß heute Zeitungsnachrichten zufolge die Universitäten in zweieindrittel Jahren die Chemiker fertig ausbilden sollen, kann von Ministerialräten, aber nicht von Sachverständigen angeordnet sein. Es war Baeyer selbst, der mich zur übereilten Meldung zum Doktorexamen ermutigte; er bemerkte: „Ich betrachte Ihre Prüfung nur als Formsache." Ich wunderte mich dann, wie wenig sie wirklich Formsache war. Sie war es nur in Physik bei v. Lommel und Mineralogie bei v. Groth. Im Hauptfach wurde es mir nicht erspart, das periodische System ganz und gar in horizontaler Folge aufzusagen, während mir nur die Gruppen leicht fielen, also die vertikale Folge. Und es gab Fragen, die mir außergewöhnlich schwer vorkamen. In der

Pause vor Mitteilung der Ergebnisse wußte ich nicht, ob ich bestanden hatte oder durchgefallen war. Um so mehr war ich überrascht, als mir die nicht verdiente, aber wohl vorher bestimmte Zensur „summa cum laude" zuteil wurde.

Auf Anregung von Prof. Einhorn trug ich schon als Doktorand im Juni 1893 eine kleine Arbeit über hydrierte p-Toluylsäuren in der Münchner Chemischen Gesellschaft vor. Es war eine recht unwichtige Mitteilung von etwa 15 Minuten, aber sie wurde unerwartet freundlich von Prof. Baeyer und Prof. Groth aufgenommen. Baeyer drückte mir die Hand und sagte: „Sie haben wie ein alter Professor vorgetragen."

Im Laufe weniger Monate fügte es sich, daß eigentlich Baeyer die Leitung meiner Dissertationsarbeit und einer Einschaltung (Über Dehydrierung hydrierter Benzolcarbonsäuren) übernahm, während Prof. Einhorn, gute Miene zu dem nicht ganz erwünschten Spiele machend, sich mehr und mehr zurückhielt.

Die denkwürdige Beziehung zu Prof. Baeyer, die mir so früh vergönnt war, gewann allmählich an Wärme und Vertrautheit und behielt sie mehr als fünf Jahre. Natürlich las ich mit Begeisterung in den großen Annalenabhandlungen „Über die Konstitution des Benzols" über die Hydrophtalsäuren, an denen die Theorie erörtert wurde, die damals auf die Entwicklung der organischen Chemie von Einfluß war. Es kam mitunter vor, daß Baeyer in den Saal kam, um mich zu fragen: „Wo habe ich denn das und das geschrieben?" Er klagte, seine großen Abhandlungen seien überhaupt nicht gelesen worden, und fügte manchmal, natürlich im Scherz, hinzu: „Sie sind der einzige, der meine Annalenarbeiten gelesen hat."

Oft holte mich Baeyer ins Privatlaboratorium hinüber, wo für kurze Zeit W. Dieckmann und viele Jahre der bescheidene, treue Victor Villiger assistierte. Dann stand ich stundenlang neben Baeyers Stuhl, nicht selten meine Unruhe über den Verlauf meiner eigenen Versuche bekämpfend, die drüben im Saal im Gang waren, und schaute den vielen, vielen Reagenzglasversuchen zu, bis um 1 Uhr von der Dienstwohnung herüber die kleine Mittagsglocke einmal und dann dringender ein zweites Mal läutete. Selten hatte ich auch Reagenzglasversuche für Baeyer auszuführen. In der Regel sollte ich nur meine Meinung über den Reaktionsablauf äußern, ganz unbesorgt, wenn sie von seiner abwich.

Wie konnte Baeyer sich freuen, wenn ein Vorversuch gelang oder zu gelingen schien! Wie war er optimistisch! Er stand auf und konnte sich selbst eine tiefe Verbeugung machen und sagen: „Das Problem ist gelöst." Und er konnte den Hut, den er im Laboratorium immer auf dem Kopf behielt, abnehmen und schwenken.

Der Optimismus des Forschers hat als Kehrseite den Irrtum. Baeyer irrte sich oft, wie es vielen phantasievollen Forschern zustößt, nicht nur in der Hypothese; es gab auch empfindliche experimentelle Irrtümer in den Veröffentlichungen. Nur ein Gelehrter von Selbstbewußtsein und Größe kann dies ohne tiefen Gram ertragen. Ladenburg sagte: „Ich kann den Baeyer nicht begreifen, wie mag er nur zugeben, daß seine Terpenformeln falsch waren." Das Einräumen von Irrtümern, experimentellen und theoretischen, müßte jedoch selbstverständlich sein, sei der Fehler geringfügig oder wesentlich und dann sehr schmerzlich.

Und nach der Doktorprüfung wählte ich gegen den Wunsch meiner Eltern, die mich sehr gern eine Industriestellung hätten suchen sehen, den Weg der wissenschaftlichen Arbeit. Dies war nicht etwa die akademische Laufbahn. Diese wünschte ich nicht, ich hielt sie nicht für möglich und dachte kaum an sie; sie holte mich. Als ich nach vielen Privatdozentenjahren wider Erwarten meine erste Professur in München angeboten bekam, wünschte ich sie nicht und wollte sie nicht annehmen; aber ich nahm sie wegen der besseren Arbeitsbedingungen doch an. Nur ein paar Jahre nachher kam das Zürcher Ordinariat in Frage; ich wünschte es nicht und ging schwer in die Fremde; ich folgte dem Rat Baeyers, anzunehmen, nur wegen der besseren Arbeitsmöglichkeiten. Dies hat sich noch wiederholt, beim Eintritt in das neu errichtete Dahlemer Forschungsinstitut und beim Übergang von diesem im Weltkrieg verödeten Institut zum Münchener Ordinariat.

Nach meiner zu frühen Promotion veranlaßte mich Prof. Einhorn, wenigstens noch ein Semester sein Mitarbeiter zu bleiben; es gab einiges an Lücken zu füllen und an kleineren Konstitutionsfragen zu verbessern, worauf ich während der Doktorarbeit aufmerksam geworden war. Professor Einhorn, der gewiß durch das Scheitern seiner akademischen Laufbahn in Aachen verbittert war, riet mir von weiteren wissenschaftlichen Arbeiten ab und erbot sich, mich in der Industrie unterzubringen. Mit aller Entschiedenheit drückte er den Wunsch aus, ich sollte den Weg zur Habilitation vermeiden.

In der schwierigen Lage, in der ich, 22 Jahre alt, mich befand, suchte mir Baeyer zu helfen. Er teilte mir mit, daß Prof. Thiele ihn um Bewilligung einer Privatassistentenstelle gebeten hatte. Dies habe er nur unter der Bedingung zugesagt, daß die Stelle zuerst mir angeboten werde. Als ich Bedenken trug, mich Thiele gewissermaßen aufdrängen zu lassen, bot mir Baeyer sehr freundlich die Stelle eines Privatassistenten bei sich selbst an.

Als Privatdozent hatte man es in kleinen Beziehungen im Laboratorium schlecht. Ich behielt meinen Studentenplatz im Saale und hatte dafür semesterweise das Baeyersche organisch-chemische Praktikum zu belegen und zu bezahlen wie ein Student, alle die Jahre, bis ich die Nachfolge Thieles antrat.

Im Herbst 1894 hatte ich begonnen, selbständig und allein zu arbeiten, und im

Juli 1896 schlug mir Baeyer die Habilitation vor. Auf meine erstaunte Frage, wann, war seine überraschende Antwort: „Sogleich."

In den Sommerferien 1896 schrieb ich die Habilitationsschrift „Untersuchungen in der Tropingruppe". Die Habilitationsbestimmungen waren von einer Universität zur anderen verschieden; in Berlin war eine besondere Habilitationsarbeit nicht üblich. Der Habilitationsakt, Probevorlesung und Verteidigung der Thesen fand erst Ende November statt. Ein Doktor der Münchener Fakultät mit dem Prädikat summa cum laude war von dem vorgeschriebenen Examen befreit. Das Thema der Probevorlesung war unter drei versiegelten Kuverts zu wählen. Dann sollte man genau drei Tage Zeit haben. Aber man hatte diese Zeit nicht frei. Es wurde nämlich verlangt, daß der Habilitand in diesen Tagen mit dem Pedell zum Rektor und Prorektor, zu den Dekanen und Senatoren im Zweispänner fuhr und daß er dann mit oder ohne Landauer alle Mitglieder der eigenen Fakultät besuchte, Professoren und Dozenten. Es war im Winter üblich und unvermeidlich, daß man sich in diesen Tagen der Zeremonien Influenza holte. Am zweiten Tage hatte ich 39°, etwas mehr am dritten, als ich begann, an das Vortragsthema zu gehen. Man soll in der akademischen Laufbahn lernen, wie im Generalstab mit Handicaps und Hindernissen fertig zu werden. Bei Eintritt in die festliche Aula eröffnete mir der Dekan Groth, mein Vortrag sei wegen einer anberaumten Fakultätssitzung auf 30 Minuten zu verkürzen. Das rücksichtsvoll vergeschlagene Thema lautete „Über die Beziehungen der Atropa- und Coca-Alkaloide zu der Gruppe der Terpene und Campher." Die Strukturformeln waren zahlreich und groß; Eile im Schreiben tat not. Ich stand im Frack mit weißen Glacéhandschuhen an der leichten Staffelei mit der schweren Tafel. Der Parkettboden war glatt, und die Staffelei kam unter den raschen Formelstrichen ins Gleiten und schlug zu Boden, mit der Spitze König Ludwig den Ersten streifend. Der Dekan und zwei Pedelle eilten zu Hilfe, der Vortrag eilte weiter, wie Baeyer nachher in seiner Ansprache freundlich erwähnte, mitten im angefangenen Satz. Aber ich mußte die Staffelei umarmen, um eine Wiederholung zu verhüten. Der Dekan war in Ängsten um das Ölbild des Königs.

Die Habilitation beendete meine Isoliertheit. Man gehörte ohne weiteres dem Privatdozentenverein an. Eine Einladung kam für den nächsten Samstagabend 8 Uhr in das Restaurant Gisela, Fürstenstraße, Nebensaal, zum Bierabend. Es war schon ein paar Minuten nach dem akademischen Viertel, als ich eintrat, ein wenig unruhig, ob ich nicht zu spät in die große Versammlung käme. In einer Ecke des halbbeleuchteten leeren Raumes war ein Tisch mit den drei Chargen des Vereins an seinem Ende: da war der Präsident, der Botaniker Giesenhagen, der Generalsekretär, kurz genannt General Cremer, Assistent des alten Physiologen Voit, und der Hausknecht des Vereins, der Sanskritist Scherman.

Ein wenig später, durch sein Abendessen aufgehalten, kam Königs, und er kam regelmäßig. Es war unterhaltend, aber nur selten war der Kreis groß. Die Aussprache machte nicht halt vor der Person eines Ordinarius oder seiner Tochter. Wurde man Professor, sei es auch nur Titularprofessor, so schied man aus und zwar mit einer Buße von 50 Mark. Die reichlichen Einkünfte wurden in Festessen und Sekt investiert. Man konnte Ehrenmitglied werden wie Königs, aber dies war teuer. Zu den Festessen kamen viele, weil es nichts kostete.

In den Jahren meiner Privatdozentenzeit hat sich leider die Freundschaft abgeschwächt, die mir Baeyer erwies, und die das größte menschliche Erlebnis meiner Jugend war. Ein und zwei Jahre nach meiner Habilitation äußerte Baeyer, als ich etwas in den Berichten der Deutschen Chemischen Gesellschaft veröffentlicht hatte: „Jetzt haben Sie gewonnenes Spiel." Und beide Male knüpfte er daran den Rat: „Sie müssen sich aber taufen lassen."

Im August 1899 empfing ich aus Starnberg einen freundlichen Brief, worin mich Baeyer für Sonntagvormittag 10 Uhr in seine Wohnung bestellte: „Ich habe Ihnen einige wichtige Mitteilungen zu machen." Am Sonntag wurde ich von Baeyer, der von seinem Landsitz in die Stadt gekommen war, gut aufgenommen; es gab eine wissenschaftliche Unterhaltung, aber keine Mitteilung. Unmittelbar darauf erging der Ruf an Baeyers Schwiegersohn Piloty, der bei Emil Fischer als Unterrichtsassistent und Leiter der analytischen Abteilung tätig war. An meiner Enttäuschung trug ich trotz meiner mißlichen wirtschaftlichen Lage nicht schwer, und es fiel mir nicht ein, Kritik zu üben. Baeyer ist aber jahrelang wegen dieser Berufung angegriffen worden, auch im Abgeordnetenhaus und in der Presse. Piloty entwickelte sich zu einem sehr tüchtigen Chemiker, der seiner Stellung durchaus gewachsen war; er zeichnete sich durch experimentelles Geschick und durch große Zähigkeit in der Verfolgung seiner Probleme aus.

Jahre vergingen, bis ich in meinem fünften Privatdozentenjahre das Arbeitsziel erreichte, das ich mir vorgenommen hatte. Baeyer setzte sich an meinen Tisch im Laboratorium; er gratulierte mir und schwieg lange. Dann fuhr er fort: „Lieber Willstätter, was wollen Sie denn nun werden? Einen Ruf können Sie nicht bekommen, und in der Industrie gibt es keine Möglichkeit für Sie." Schweigend entfernte sich Baeyer. Der Zufall wollte es, daß ich vierzehn Tage später Anlaß hatte, diesen Besuch zu erwidern. Eine mittelgroße norddeutsche Aktiengesellschaft bot mir ihre Direktorstelle unter sehr günstigen Bedingungen an; ich brachte Baeyer dieses Angebot und die Kopie meiner ablehnenden Antwort. Baeyer sagte: „Das hätte ich nicht gedacht. Sie hätten annehmen sollen."

Als ich 1905 mich über die Annahme der Professur in Zürich zu entscheiden hatte, schrieb mir Baeyer am 24. Juni einen ausdrücklichen Brief und riet zum

Annehmen: „Sie werden von Zürich aus leichter einen Ruf erhalten als von hier."

Im Wintersemester 1901/02 nahm Thiele den Ruf nach Straßburg an. Als nun über die Nachfolge zu entscheiden war, gab es eben an der Universität Differenzen zwischen den ordentlichen Professoren und den außerordentlichen, die eine Erweiterung ihrer Rechte anstrebten. Die Ordinarien beschlossen, um das Übergewicht zu behalten, keine Extraordinarien mehr zu ernennen. Als von Baeyer mir Thieles Nachfolge anbot, da handelte es sich nicht um die etatsmäßige Professur, sondern um eine nach preußischem Muster einzurichtende, kündbare Stelle eines Abteilungsvorstands mit dem Titel eines a. o. Professors. Ich lehnte dieses Angebot ab und erklärte Baeyer, daß ich nach seinen früheren Andeutungen nicht mit der Professur gerechnet hätte, daß ich sie aber nur so annehmen würde, wie sie bisher gewesen. Baeyer bat mich darauf, nachzugeben, um ihn nicht in Verlegenheit zu bringen. Ihm passe sonst niemand aus seiner Schule, und einen Fremden wolle er nicht mehr holen. So wurde ich Thieles Nachfolger, sofort für die Leitung der organischen Abteilung und erst im Herbst für die Professur, da während der Tagung der Abgeordnetenkammer keine Ernennung vollzogen wurde.

Das neue Amt bedingte, in Audienz beim alten Prinzregenten Luitpold zu erscheinen. Baeyer bot mir in großem Ernst seine Hofuniform an und ließ es nicht gelten, daß seine halbe Hosenweite für mich ausgereicht hätte. Aus der Verlegenheit befreite mich eine telephonische Mitteilung des Hofmarschalls, daß der Talar befohlen sei. In unseren farbschönen Talaren fielen wir aber gegen einen Grafen Fugger ab, der im letzten Augenblick kam und vor allen Erschienenen den Vortritt hatte. Der Prinzregent spazierte vor uns hin und her. Manchmal unterbrach der freundliche alte Herr die Pendelbewegung mit einer Frage.

Zur Vorbereitung auf meine Professur mußte ich früh aufstehen lernen. Dafür fand ich ein schönes Mittel: ich lernte reiten, und diesen Sport betrieb ich eifrig und bald leidenschaftlich.

Beim Eintritt in meine neue Stellung übertraf die Verbesserung der Arbeitsverhältnisse meine Erwartungen. Zwölf Jahre lang hatte ich jedes Reagenzglas, jeden Kolben und jede Schale selbst reinigen müssen, und von was für Schmieren reinigen! Die Professur brachte mir nun sogleich den Nießbrauch der dicken alten Putzfrau Herold, in den ich mich mit Baeyer und Königs teilte.

Die Zeit von meiner Ernennung zum Nachfolger Baeyers bis zu meiner Freiresignation war ein Jahrzehnt. Inzwischen waren die Vorbereitungen für den Erweiterungsbau zum Chemischen Institut so weit gediehen, daß schon in meiner ersten Münchner Woche die wirkliche Bauarbeit im alten botanischen Garten begann. Nernst hatte mir beim Abschied von Berlin eindringlich geraten: „Nur nie bauen!" Es kam zu spät. Ein Jahr später, nämlich im dritten Kriegsjahr, ordnete die Militärbehörde die Stillegung der Bauarbeit an; mit Mühe war es mir gelungen, diesen Befehl und seine Durchführung solange hinauszuzögern, bis der große neue Hörsaal unter Dach stand. Erst nach über zwei Jahren, in der Zeit der Räteregierung, gelang es, die Neubauarbeit wieder aufzunehmen und im wesentlichen bis Ostern 1920 zu Ende zu führen.

Als wir den Hörsaal und die neuen Teile des Laboratoriums und die Sammlungsräume in Betrieb nahmen, konnte man erst an den Umbau des alten Instituts herangehen, an die Modernisierung der alten Säle und besonders der ausgedehnten Untergeschoßgeräume, die allem abscheulichen Ungeziefer Tummelplatz boten, schließlich an die Umgestaltung des Liebigschen Hörsaals, der eine ruhmvolle Geschichte von 67 Jahren endete, seiner Nebenräume und eines zweiten Hörsaals. Die Hauptfrage beim Umbau stellte die Verfügung über den Raum des alten Hörsaals; als beste Verwendung erschien mir seine Umwandlung in Forschungslaboratorien, und zwar die Errichtung einer Arbeitsstätte für Atomgewichtsbestimmungen.

Fünfundzwanzig Jahre nach meiner Immatrikulation an der Universität München war ich an ihr Ordinarius.

Die Fakultät, in die ich eintrat, und die mich zurückhaltend und vorsichtig beobachtend aufnahm, bestand in einem Kreis älterer und viel älterer Männer. Berühmte Männer, große Persönlichkeiten gehörten ihr jahrzehntelang und länger an. Die meisten Kollegen, nicht weniger als zehn, stammten aus der ersten Hälfte und aus der Zeit um die Mitte des vorigen Jahrhunderts. Es gab also keine Altersgrenze in München, keine Pensionierung. Wer, wie der Botaniker Radlkofer, von dem Recht Gebrauch machte, sich von der Abhaltung der Vorlesungen befreien zu lassen, blieb Mitglied der Fakultät. Baeyer kam nicht mehr zu den Sitzungen, in denen jahrzehntelang sein Wort ausschlaggebend gewesen, der über achtzigjährige Radlkofer, der niemals das Wort nahm, kam regelmäßig, aber er verschwand hinter dem Format seines Nachfolgers von Goebel. Es war eine große Fakultät, und sie hatte dabei eine seltene Homogenität. Als einmal ein auswärtiger Gelehrter bei der Berufung nach München ein Primadonnengehalt verlangte, schickte die Fakultät eine Deputation zum Unterrichtsminister, um für die gefährdete Sache einzutreten. Der Minister fürchtete, die Gehaltsfrage werde die Berufung zum Scheitern bringen. Die Deputation wies darauf hin, der Berufene sei der Bedeutendste seines Fachs. Der Minister stellte die erstaunte Frage: „Ja, muß denn die Fakultät immer den Bedeutendsten haben?" Dagegen klagte mir einmal der Ministerialreferent, es gebe auch Abteilungen, die sich darauf versteiften, den Unbedeutendsten zu gewinnen.

Wilh. Conr. von Röntgen gegenüber, dem um 27 Jahre älteren, fühlte ich mich anfangs befangen, wie es mir gegenüber großen Männern zu gehen pflegte.

Unerwarteterweise hatte ich das Glück, daß sein Verhalten gegen mich sich wärmer und sogar freundlicher gestaltete; ich war froh, ihn manchmal bei mir zu sehen. Ohne daß ich einen Ausdruck dafür gefunden oder auch nur gesucht hätte, bewunderte ich Röntgens Charakter, seine Aufrichtigkeit, Schlichtheit, Einfachheit, Feinheit und Zartheit. Leider hatte Röntgen ein schweres Ende; er starb an Carcinom im Februar 1923.

Zu den dominierenden Erscheinungen in der Fakultät zählte der Astronom Hugo Ritter von Seeliger, jahrelang Präsident der Akademie der Wissenschaften. Er war durch seine Untersuchungen über die räumliche Verteilung der Sterne berühmt. Er war temperamentvoll und empfindlich und konnte, auch in Sitzungen, furchtbar jähzornig werden. Es gab zwischen Seeliger und seinem Duzfreund, dem Rechtshistoriker K. v. Amira, eine kleine Meinungsverschiedenheit und einen großen Streit. Amira stand auf und eilte fort. An der Tür aber drehte er sich um, ehe er sie zuschmetterte, und rief dem Präsidenten zu, plötzlich Sie zu ihm sagend: „Ich hoffe, Sie in diesem Leben nie wiederzusehen!" Seeliger rief rasch ihm nach: „Ich Sie auch nicht im Jenseits!"

Aus meiner Extraordinarienzeit war ich mit dem Botaniker Karl Ritter von Goebel gut bekannt, der nur siebzehn Jahre älter war. Unser Verhältnis gestaltete sich sehr gut und hochachtungsvoll, wenn es auch wie alle Beziehungen Goebels etwas unpersönlich war. Goebel hatte große Reisen unternommen, in Java, wo der gewaltige Mann bei den Eingeborenen für den Gott des heiligen Berges Bromo galt, auf Ceylon, in Australien und in mehreren südamerikanischen Staaten, und er hatte noch in guter Zeit den schönen botanischen Garten und das Institut in Nymphenburg geschaffen.

Zu den ältesten Herren in unserem Kreis zählten die drei Ordinarien der Mathematik, Aurel Voß, den ich als Prüfungskommissär bei meinem Maturitätsexamen erwähnte, Ferdinand Lindemann, der in seiner Jugend die Unmöglichkeit der Quadratur des Kreises bewiesen hatte und nun in vieljähriger Tätigkeit in der Universitätsverwaltung Einfluß ausübte, und Alfred Pringsheim, der an bleibender wissenschaftlicher Leistung namentlich durch seine funktionentheoretischen Werke weit überragend war.

In späteren Jahren kam ich öfters zu Pringsheims, wo der berühmte Thomas Mann, der Schwiegersohn, wenig sprach und stark zuhörte, und sie kamen zu mir.

Den Geographen und Südpolarfahrer auf der Gauß Erich von Drygalski schätzte ich als einen wohlmeinenden und patriotisch aufrechten Mann, dem Opportunismus fern lag wie wenigen.

Im Alter stand mir der theoretische Physiker Arnold Sommerfeld, ein edler 1868er, am nächsten, aber bald nicht nur im Alter. Es war entstehende Freundschaft, die sich in schweren Tagen vertiefte, und an der auch Frau Sommerfeld beteiligt war.

Als ich nach München kam, fand ich Sommerfeld in seiner Glanzzeit. Er förderte die Plancksche Quantentheorie und erweiterte die Bohrsche Theorie des Atombaus durch Einführung der Ellipsenbahnen für Umlaufelektronen. In meinen ersten Münchner Jahren hörte ich Sommerfeld in der Akademie von seiner Berechnung der Feinstrukturen von Spektrallinien sprechen, wodurch eine allgemeine Quantentheorie der Spektrallinien angebahnt wurde. Sommerfeld war übrigens der Erste und Einzige, der in der Akademie für die Einsteinsche Relativitätstheorie eintrat; man kann sich denken, daß er damit in München keinen leichten Stand hatte.

Die Übernahme meiner neuen Stellung und eine königliche Auszeichnung brachte mit sich, daß ich zur Audienz beim König befohlen wurde, was nicht eine einfache Formsache war. Ludwig III. hatte sich genau informiert und war aufmerksam prüfend. Der König wünschte sich namentlich über Ersatzfaserstoffe zu unterrichten; wahrscheinlich wußte er mehr davon als ich. Als Besitzer großer Güter in Ungarn erfuhr der König von neuen Verfahren, nach denen man dort aus Brennesseln, nämlich aus den Fasern der Nesselstengel, Textilwaren zu fabrizieren begann. Wie nach einem bestandenen Examen verließ ich das rote Palais; da größere Empfänge in der Residenz stattfanden, betrat ich es erst wieder zwanzig und einige Jahre später, als es Sitz der Geheimen Staatspolizei geworden.

Das Chemische Institut, das ich übernahm, fand ich zwar mit strenger Ordnung und Sparsamkeit geführt, aber veraltet und nicht mehr in gutem Zustand. Da es damals für kriegsdiensttaugliche Studierende der Chemie keine Ausnahmen gab, waren die Laboratorien im zweiten Kriegsjahr ziemlich verödet. Allerdings traten weibliche Studierende in wachsender Zahl in die Lücken ein, besonders in der medizinischen Fakultät. Ich war bei den Studentinnen, namentlich bei den Medizinerinnen, nicht beliebt, da ich darauf hielt, daß für ihre Leistungen kein wesentlich anderer Maßstab gelten sollte als bei ihren männlichen Kameraden. Dies war freilich damals bei den Medizinerinnen undurchführbar, zuviele waren für wissenschaftliche Arbeit wenig tauglich.

Von den Heeren strömten die Studenten arbeitshungrig zur Hochschule, die Hörsäle überflutend. Es gab Unruhen im Liebigschen Hörsaal, da die Gänge neben den Bankreihen für die dicht gedrängt Stehenden nicht ausreichten. Die Zustände wurden unerträglich, Abhilfe wurde stürmisch gefordert, revolutionsmäßig. Sie kam leicht zustande, indem ich die Vorlesung zweimal nacheinander hielt. Es gab doppelte Arbeit, halbes Brot.

Während eine schwere Grippeepidemie München heimsuchte, der auch mein lieber Privatassistent Kurt Riehmann erlag, verschärften sich die Unruhen. Der Führer der unabhängigen Sozialdemokraten Eisner stand als Ministerpräsident an der Spitze einer Regierung der Mehrheitssozialisten und der

*Chemisches Laboratorium, neuer Trakt mit Hörsaalbau*

Unabhängigen. Er wehrte mit Mühe kommunistische Experimente ab und führte sogar im Januar Landtagswahlen ordnungsmäßig durch. Sie ergaben eine bürgerliche Mehrheit. Auf dem Weg zur Eröffnung des Landtags, wo er den Rücktritt der revolutionären Regierung vollziehen wollte, am 21. Februar, wurde Kurt Eisner, der unbewacht ging, von dem jungen Grafen Anton von Arco-Valley von hinten erschossen; diesen verwundeten Rotgardisten schwer. Den armen Attentäter, von dem seine Familie rasch abrückte, rettete Prof. Sauerbruch auf zweifache Art. Er flickte ihn mühsam wieder zusammen, dann verhinderte er unerschrocken seine Auslieferung an die ungestüm eindringenden Boten der Räte. An die Stelle des gefallenen Eisner traten Schlimmere. Noch gelang es den gemäßigten Sozialdemokraten, die unter Auer an der Regierung beteiligt waren, ein verfassungsmäßiges parlamentarisches Ministerium unter dem Mehrheitssozialisten Hoffmann zu bilden. Aber dieses vermochte dem kommunistischen Druck nicht lange standzuhalten. Am 7. April riefen die Arbeiterräte die bayrische Räterepublik aus.

An der Universität herrschte Panik. Ein paar verwegene junge Kerle, Studenten und Studentinnen, forderten den Dekanen die Schlüssel ihrer Archive ab. Sie bedrohten die Universität, der man vorwarf, die Fühlung mit den Strömungen der Zeit und den Forderungen der Straße verloren zu haben. Auch wurden einige meiner Kollegen persönlich bedroht. Übrigens hatte eine

Anzahl der Professoren, die politisch weiter rechts standen, in aller Eile die Stadt für einige Wochen zu verlassen.

Friedr. v. Müller trat an die Stelle des hilflosen Rektors und versprach rasch namens des Senates auf großen Plakaten weitgehende organisatorische Änderungen. Der Senat setzte einen Aktionsausschuß ein, der bevollmächtigt war, mit den Studentenräten zu verhandeln und zu reorganisieren. Professor v. Drygalski übermittelte mir telephonisch den Wunsch des Senats, ich sollte in den Ausschuß eintreten. Dies lehnte ich aus dem Grunde ab, daß ich gegen jede unter äußerem Druck erfolgende Konzession und Änderung sei, auch gegen die vom neuen Rektor zugesagte Reform der Universitätsstatuten. Aber das war Wasser auf die Mühle des akademischen Senats.

Auch in den Frieden des Laboratoriums drang die Unruhe der Straße, auf der man sich übrigens, ohne aufzufallen, ungewaschen und unfrisiert zeigen konnte. Am kommunistischen Nationalfeiertag (7. April) mußte „zum Zeichen des beginnenden Abschieds vom fluchwürdigen Kapitalismus" jede Arbeit ruhen.

Oft drang in den ersten Monaten 1919 in das Laboratorium und die Dienstwohnung das Knattern der Maschinengewehre, dann aber in der Vorfrühlingszeit auch schwerer Geschützdonner von der Gegend des nahen Bahnhofs.

Die Herrschaft des Zentralrats (vom 7. April) blieb nur sechs Tage ungestört. Dann erfolgte ein militärischer Putsch der Mehrheitssozialistischen Regierung Hoffmann, die sich nach Bamberg verkrümelt hatte. Die republikanische Schutzgruppe erklärte sich nämlich für Hoffmann und setzte die Räte ab. Jedoch wurde sie schon in der Nacht vom 13. auf den 14. April in einem heftigen Gefecht am Hauptbahnhof, den man zu einer Festung ausbaute, durch Granaten- und Minenfeuer bekämpft und überwältigt. Der Vollzugsrat der Betriebs- und Soldatenräte übernahm nun die ganze Macht und behielt sie die lange Zeit bis zum Monatsende. Schließlich organisierten im Auftrag der Regierung Hoffmann General von Möhl und Oberst von Epp zur Befreiung von München Freikorps, und Nosketruppen verstärkten diese. Preußen, Württemberger und Bayern wurden zusammengefaßt. Es kam zur Schlacht von Dachau und am 1. Mai zur Eroberung von München. Am folgenden Tage vollendete sich im wesentlichen die furchtbar blutige Niederkämpfung der Kommunisten.

Beim Stiftungsfest der Universität, am 24. Juni 1922, befanden sich die Sitze des Lehrkörpers auf dem Podium der großen Aula. Vor und, in der ersten Reihe, hatten Kronprinz Rupprecht, der sich jedes Jahr einfand, und General Ludendorff neben dem Ministerpräsidenten Grafen Hugo Lerchenfeld Platz genommen. Während des Festaktes eilte ein Ministerialbeamter in den Saal und überbrachte dem Ministerpräsidenten eine Mitteilung. Er reichte sie seinem Nachbarn und verließ den Saal. Rathenau war erschossen worden. Die Spannung entlud sich erst später, am 8. November, im Bürgerbräukeller vor einer geladenen – was schon damals unter Ausschluß von Nichtariern geschah – Bürgerversammlung, es waren namentlich verbotene Einwohner- wehren und Beamte, vor denen Exzellenz von Kahr ein ungemein ausführli- ches politisches Exposé vortrug. Seine Vorlesung unterbrach das verabre- dungswidrige, von der Polizei unbemerkte Eindringen von Adolf Hitler mit sechshundert bewaffneten Anhängern und dem Maschinengewehr des Krimi- nalkommissars Gerun von der Polizeidirektion. Hitler rief die „Nationale Revolution" aus und erklärte die bayrische Regierung und nebenbei die Reichsregierung für abgesetzt. Ludendorff wurde herbeigeholt, er und Kahr sowie General Lossow und Polizeioberst Seißer schlossen sich Hitler an. Am trüben 9. November bereitete die Reichswehr dem Putsch ein Ende. Das Reich bestand die Gefahr des Zerfalls. Vom folgenden April an regierte in Deutschland der Dawes-Plan.

Hitler wurde im April 1924 zu fünf Jahren Festungshaft verurteilt, aber unter dem Ministerium Held noch vor Jahresende in Freiheit gesetzt. Die regierende bayrische Volkspartei unterordnete ihr Verhalten allein der Erwartung, sie könne durch das gefügige Werkzeug Hitler die sie bedrohenden Linksparteien zurückdrängen lassen. In der Partei waren kluge Domkapitulare führend, feine Männer von vollkommener humanistischer Bildung. Es gab Klugheit und Voraussicht für Wochen, nicht für Jahre.

Die Mark war zu Anfang des Jahres 1923 um beinahe 99,95% ihres ursprünglichen Gold- oder Dollarwertes entwertet, während des Monats Januar, also nach dem Einrücken von fünf französischen Divisionen ins Ruhrgebiet „zur Kontrolle der Kohlelieferungen" fiel sie auf $1/12000$. Anfangs Oktober war die Goldmark 57 646 498, Ende Oktober schon 15 476 190 476 Papiermark wert. Im Herbst des Jahres sprachen mich Bettler am Maximi- liansplatz um ein paar Millionen an, bald aber baten sie um Milliarden. Sie breiteten auf den Bänken, nicht Banken, am Rand der Anlagen ihre Schätze aus, aber sie brachten die Additionen nicht zuwege.

In den Gängen des Instituts drängten sich die Professorenfrauen, um Vorschüsse zu holen. Die Verlegenheiten bei den Angestellten und Assisten- ten und die Not bei den Studierenden waren unbeschreiblich.

Eine Hilfe, an die ich mich mit großer Dankbarkeit erinnere, gewährte dem Institut die Güte eines mir wohlgesinnten, menschenfreundlichen und heimatliebenden Deutschamerikaners, des früheren Bierbrauers Theodore Haebler in New York und seines Sohnes William, der kurze Zeit bei mir studierte. Aus den sehr ansehnlichen Dollarspenden konnte das Institut Stipendien für zahlreiche Studierende errichten und viele sonstige Hilfen gewähren. Der Geschäftsbetrieb des Laboratoriums ließ sich retten.

Nach dem gescheiterten Hitlerputsch hatte München nicht zum innern Frieden zurückgefunden. Zu schwer lastete auf den Vaterlandsliebenden die Enttäuschung über die Unbilden, zu denen Deutschland sich von seinen Kriegsgegnern verurteilt sah, die Aufregung über die Erfüllungsmaßnahmen der Reichsregierung und die Erbitterung über die französische Haßpolitik, die Ruhrinvasion. Die radikalen Strömungen machten daher Fortschritte, nach den Linksradikalen gewannen die Rechtsradikalen die Oberhand, und die Volksmassen vertrauten denen, die einen kommenden deutschen Aufstieg zu verkünden wagten. Es war keine Zeit für Abwägen und Maßhalten.

Die Universitäten waren einer Art von Rechtsradikalismus verfallen. Starke oder stark scheinende Persönlichkeiten im Lehrkörper und in der Akademie, kaum befreit von ihrer Angst vor kommunistischen Umwälzungen, erlagen wieder ihrer alten Sünde des Chauvinismus. Aber kein Harnack erhob seine mahnende Stimme wie einst: „Die Wissenschaft vermag viel, um jenes Unkraut auszurotten, das den friedlichen Verkehr von Nation zu Nation besonders gefährdet, den Chauvinismus . . . Der Chauvinismus, der das eigene Volk für auserwählt hält und sich eine übermütige und verletzende Sprache gestattet, ist ein gefährlicher, ja furchtbarer Feind des Friedens."

Im Januar 1924 nahm mich zugleich mit meinen viel älteren Münchner Kollegen Richard von Hertwig und Eduard Schwartz der traditionsreiche Orden „Pour le mérite für Wissenschaft und Künste" auf, in dem Liebig, Bunsen, Baeyer und Fischer die Chemie vertreten hatten.

Erfreulich war mir in jener Nachkriegszeit die maßvolle und sachliche Haltung der Studierenden in meinem Institut. Leichte Störungen drangen nur selten von außen herein und verebbten. Ehe der Student meine Wohnung, das Laboratorium oder auch nur den Hörsaal betrat, nahm er sein Hakenkreuzabzeichen ab. Einige meiner Mitarbeiter, die ganz früh der nationalsozialistischen Partei beigetreten waren, sprachen sich, als der Antisemitismus lärmend und herrschend wurde, in nicht geringer Verlegenheit mir gegenüber aus. Sie hielten ihn damals für nebensächlich und im Programm der Bewegung für unnötig. Sie hatten zu mir Vertrauen, und wir konnten Freunde bleiben. Störend waren nur die Aufrufe für Wahlen des Studentenausschusses, die ich öfters in meinen Korridoren nahe dem Wahllokal antraf, ähnlich den zahlreichen roten Plakaten an den Litfaßsäulen in der Stadt. „Kein deutscher Jüngling darf künftig zu Füßen eines jüdischen Lehrers sitzen."

Allein die Haltung meiner Amtsgenossen, die ich genau beobachtete, flößte mir Sorge ein, namentlich bei Berufungsvorbereitungen, worin ich die wichtigste Pflicht unseres Kollegiums sah.

Um Ostern 1924 trat mein alter Kollege, der Zoologe und Entwicklungsforscher Richard von Hertwig von seinem Lehramt zurück. Im sorgfältig ausgearbeiteten Gutachten für seine Nachfolge war Hertwigs bedeutendster

Schüler (Boveri lebte nicht mehr), Prof. Richard Goldschmidt, zweiter Direktor des Kaiser-Wilhelm-Instituts für experimentelle Biologie in Dahlem, an erster Stelle genannt.

Im Sommer 1924 trat mein alter Lehrer und verehrter Kollege Paul von Groth, einundachtzigjährig, wegen langjähriger Altersbeschwerden, die er selbst eben zu bemerken anfing, von seiner Professur zurück. Er war der beste und vielseitigste Vertreter seines Fachs in Deutschland; er beherrschte das Wissen seiner Zeit in Mineralogie, Kristallographie, Petrographie und Lagerstättenlehre und folgte sogar noch lebhaft der letzten Entwicklung der physikalischen Kristallographie. Für Groth gab es, wie er uns schon viele Jahre zuvor erklärt hatte, nur einen erwünschten und geeigneten Nachfolger, allerdings nicht aus seiner eigenen Schule, Viktor M. Goldschmidt in Oslo, der ein Sohn des angesehenen Professors der Chemie Heinrich Goldschmidt war. Die Berufung von Goldschmidt wurde verworfen, obwohl die Fakultät außerstande war, einen andern, ähnlich geeigneten Vorschlag zu machen.

War die Fakultät, dazu unter den gegebenen Umständen, mit großer Majorität abgeneigt, den allein empfohlenen berühmten Gelehrten auf die Berufungsliste zu setzen, so war es, weil sie nicht einen Gelehrten von vermutetermaßen jüdischer (oder wohl teilweise jüdischer, ich weiß nichts darüber) Abstammung in ihrer Mitte haben wollte. Am Abend nach dieser Abstimmung erklärte ich meinen Rücktritt.

Zum Nachfolger bestimmte und gewann ich den früheren Vorstand der organischen Abteilung, Prof. Heinrich Wieland, der seit 1921 den Freiburger Lehrstuhl inne hatte, den vielseitigen und bedeutendsten organischen Chemiker, der zudem als Schüler von Baeyer für dieses Amt auserwählt war. Seine Berufung und Loslösung von Freiburg erforderte beinahe ein Jahr, und so lange blieb ich im Amt, die Habilitation meiner besten Schüler fördernd und die begonnenen Arbeiten so weit wie möglich zu Ende führend.

Im September 1925 verließ ich das Laboratorium in der Arcisstraße, um es nie wieder zu betreten, und meine Amtswohnung. Bei meinem Abschied empfing ich sehr freundliche Adressen, worunter sich die meiner Fakultät durch kunstgewerbliche Schönheit auszeichnete.

Von den akademischen Rechten machte ich namentlich durch Teilnahme an den Habilitationen Gebrauch, bis nach wenigen Jahren meine Fakultät die Zusendung der Einladungen einstellte. Viel später, nämlich ein paar Jahre nach dem Sturz des „Systems" suchte ich einmal im Jahrbuch oder im Vorlesungsverzeichnis der Universität die Telefonnummer eines Bekannten. Dabei bemerkte ich, daß ich aus der Liste der Fakultät gestrichen war, ohne Benachrichtigung.

# Moritz Julius Bonn

1873–1965

*Nationalökonom*
*Studium in Heidelberg,*
*München (1893–1894) und*
*Freiburg;*
*1905–1914 ao. Prof. und*
*1910–1920 Direktor*
*der Handelshochschule*
*in München, 1920–1933 in Berlin,*
*dann emigriert.*

München besaß vor den großen Kriegen wenig von dem Charme, den die deutschen Städte ausstrahlten, die während des Mittelalters ein reiches, beinahe unabhängiges bürgerliches Leben entfaltet haben. Es besaß zwar einige wunderschöne und bedeutende Bauten aus früherer Zeit, wie zum Beispiel die Frauenkirche. Im übrigen aber war es ein aus der „Hof- und Residenz-Stadt" – das war die amtliche Bezeichnung – der Kurfürsten von Bayern herausgewachsenes riesiges Dorf. Die Stadt gruppierte sich um den Hof, die Ministerien, die Armee des bayerischen Staates und – nicht zu vergessen – die Kirche. Sie hat nie ein stolzes, unabhängiges Bürgertum besessen.

Gesellschaftlicher Verkehr außerhalb der Familie war kaum vorhanden. War man bei einem Münchner Notabeln zu Gast gebeten, was den Ausländern selten genug geschah, so erschien man nicht zur Tafel. Man wurde im Wohnzimmer empfangen und blieb dort sitzen. Man wurde gefragt, was man zu essen oder zu trinken wünsche, und das Mädchen holte ein, eine Maß Bier im Steinkrug und einige Würste, die der Gast selbst bezahlte.

Das gesellschaftliche Leben spielte sich in den Bierkellern ab. Dort traf sich alles ohne Unterschied von Rang und Klasse; man setzte sich, wo gerade ein Platz frei war. Im Sommer zog man in die Biergärten, deren kleine Parkanlagen die Brauereien umgaben. Man brauchte den Mund nicht aufzutun. Die Münchner konzentrierten sich mehr auf das Bier als auf den Gedankenaustausch. Trotzdem kam man leicht mit ihnen ins Gespräch, vorausgesetzt, daß ihnen die Mundart der neuen Bekanntschaft verständlich war. Gegen hochdeutsch Sprechende wurden sie leicht mißtrauisch – das waren Preußen oder so etwas ähnliches, die man meiden mußte.

Ich hatte keinen Rang – außer dem eines außerordentlichen Professors der Universität, was nicht viel in der offiziellen Rangliste bedeutete – und hatte keine Uniform. Daher mußte ich in Frack und weißer Binde erscheinen und gewissermaßen nackend zwischen den Rektoren der Universität, der Technischen Hochschule, der Akademie der Künste und anderen wichtigen

Persönlichkeiten sitzen, die entweder Talare und goldene Ketten trugen oder in reich bestickten Hof-Uniformen erstrahlten. Ich war der einzige Prominente, der auffiel. Jedermann sah mich und wunderte sich, wer denn das sonderbare Geschöpf sei, das sich da zwischen all die glänzenden Würdenträger eingedrängt habe.

Lujo Brentanos Haus war ein Zentrum des gesellschaftlichen Lebens in München. Dank seiner Hilfe befanden wir uns bald, wenn nicht im Mittelpunkt, so doch am Rande und rückten verhältnismäßig schnell der eigentlichen Mitte zu. Bei Brentano begegnete man den prominenten Mitgliedern der Universität, mit oder ohne Gattinnen (die letzteren glänzten selten in einem Salon), einigen Künstlern und Literaten, die es in München im Überfluß gab, den intelligenteren Mitgliedern der Aristokratie und schließlich solchen Zeitgenossen, die nichts anderes wollten, als ein angenehmes Leben in München führen. Andere gastfreie Häuser öffneten uns ihre Türen, unter ihnen die Pringsheims, die Eltern von Frau Thomas Mann. Pringsheim war ein berühmter Mathematiker und ein vielleicht noch berühmterer Sammler von Bildern und Majoliken. Frau Pringsheim war eine schöne, temperamentvolle Erscheinung und hochintelligent. Ihr Vater, Ernst Dohm, hatte den „Kladderadatsch" herausgegeben.

Der Verkehr im Universitätskreis war nicht immer vergnüglich, denn große Gelehrte sind selten gute Plauderer; sie fachsimpeln allzugerne, während ihre Frauen sich hauptsächlich über Dienstbotenfragen ereifern. Überdies sind nicht alle ordentlichen Professoren große Gelehrte und nicht alle großen Gelehrten große Charaktere. Als Direktor der Handelshochschule war ich unabhängig und den Intrigen und Eifersüchteleien nicht weiter ausgesetzt, die so oft das akademische Leben vergiften.

In den Jahren, in denen es in Deutschland kein parlamentarisches Leben gab, war der Universitätskatheder die Plattform gewesen, wo die großen nationalen und internationalen Probleme diskutiert wurden. Die Professoren genossen selbst in den Tagen strenger Zensur ziemlich viel Freiheit, denn die Männer, die den Staat regierten, waren ihre Schüler gewesen; sie waren meist klug genug, die Notwendigkeit eines Sicherheitsventils anzuerkennen. Von Zeit zu Zeit hatten die Regierungen den Versuch gemacht, die Universitäten zu knebeln, besonders wenn die Studenten sich außerhalb der Alma mater allzu revolutionär gebärdet hatten. Sie bildeten die Vorhut aller nationalen und liberalen Bewegungen, was in jenen Tagen ein und dasselbe zu sein schien. Sie waren an allen revolutionären Vorgängen auf dem Kontinent beteiligt, entflammten die Massen und führten sie auf die Barrikaden.

In meinen Universitätsjahren spielten die Studenten in der Politik keine hervorragende Rolle mehr. Das parlamentarische Leben war fest begründet. Bürger und Bauern bejahten den neuen Staat, um dessen Kontrolle sie mit

Bürokraten und Junkern rangen. Erst nach dem Weltkrieg und nach der russischen Revolution, als alles drunter und drüber ging und Karrieren nicht länger gesichert schienen, kehrten streitbare Studenten auf den politischen Fechtboden zurück. Sie spielten eine bescheidene Rolle in der kommunistischen Bewegung; sie drängten sich in Scharen zu den Nazi-Fahnen und erbrachten damit den überzeugenden Beweis dafür, daß die Jugend mindestens sosehr an Wechsel und Neuheit interessiert ist wie an Freiheit und Fortschritt.

Fast ein ganzes Jahrhundert hindurch waren die deutschen Professoren Führer des Volkes gewesen. Die Nation hatte die in den Hörsälen formulierten Gedanken aufgenommen. Seit den Tagen, da Fichte den Boden für die nationale Erhebung von 1812 geistig vorbereitet hatte, bis zu Treitschke und Adolf Wagner (der Staatssozialismus, mit ein wenig Antisemitismus versetzt, gepredigt hatte) – beide Vorfahren der Nazis –, waren die Universitäten eine Vorhut der nationalen Bewegung gewesen, die Freiheit der Nation und Freiheit der Person verlangte; der kollektive und der individuelle Freiheitsbegriff schienen ihr identisch. Karl Marx selbst, von Hegel geformt, hat ihn später auf den Kopf gestellt, war aber unverkennbar ein Produkt der Universität. Viele Professoren verdienten die privilegierte Stellung, die sie im deutschen Leben einnahmen. Sie waren unter den Führern des Frankfurter Parlaments gewesen und hatten hervorragenden Anteil an seinem Verfassungswerk genommen. Es war gescheitert. Niemand wird aber bestreiten, daß die Entwicklung eine viel glücklichere gewesen wäre, wenn die deutsche Einheit nicht von Otto von Bismarck, sondern von seinen akademischen Vorgängern geschaffen worden wäre.

Als ich die Universität bezog, war das Professoren-Zeitalter zu Ende. Ein paar Exemplare ungeminderter professoraler Großmannssucht waren noch am Leben – unter ihnen vor allem Kuno Fischer in Heidelberg.

Die deutschen Universitäten waren dem Ideal, das Wilhelm von Humboldt ihnen einst gesteckt hatte, mit klassischem Geiste erfüllte Wahrheitssucher auf allen Lebensgebieten zu erziehen, nicht untreu geworden. Doch konnte sich nur ein kleiner Bruchteil der Studentenschaft dieser Aufgabe widmen. Die meisten verfolgten ein Brotstudium. Sie wollten Anwälte, Beamte, Lehrer oder Ärzte werden. Alle mußten ein Staatsexamen bestehen, ehe sie ihren Beruf ausüben durften. Der einzige Titel, den die Universität verleihen konnte, war der Doktorgrad, ein Überrest ihrer mittelalterlichen Verfassung. Bei der Promotion der Münchener Staatswissenschaftlichen Fakultät erschienen die Kandidaten im Frack, mit einem Dreispitz unterm Arm und einem Schwert an der Seite. Hut und Schwert waren Eigentum des Universitätspedells, der sie für ein angemessenes Entgelt verlieh. Der Kandidat kletterte auf ein kleines Podium vor dem Katheder, auf dem „Seine Magnifizenz", der Herr

Rektor, oder „Seine Spektabilität", der Herr Dekan, ihren Platz hatten. Er hatte am Schwarzen Brett ein halbes Dutzend Thesen angeschlagen, die er zu verteidigen hatte. Manche waren ernsthaft gemeinte Probleme, andere waren bombastisch verkleideter Unsinn.

Auf den rechten Weg kam ich erst in München in meinem zweiten Universitätsjahr und durch Lujo Brentano.

Eines Morgens, gegen Ende April, saß ich auf einer der harten Bänke in einem Hörsaal der alten Münchner Universität. Die Uhr schlug ein Viertel nach elf; ein elegant aussehender Mann mittleren Alters in hellen Beinkleidern und dunklem Jacket kam herein, stieg auf das Katheder und zog seine zitronenfarbenen Handschuhe aus. Zwei dunkle, feurige Augen blitzten hinter den starken Brillengläsern. Einen solchen Professor hatte keiner von uns bisher gesehen. Im Talar eines Dekans oder Rektors hätte er geradewegs aus dem Dogenpalast in Venedig kommen können. Er war ein Meister, der längstvergangene Zeiten zu neuem Dasein erwecken, der leblose Institutionen als lebendige Organismen erscheinen lassen konnte und der in seine Darstellung vom Wesen und Werden der Dinge scharfumrissene Porträts einzeichnete. Wir saßen atemlos; ich stand mein ganzes Leben unter seinem Zauber. Ich hatte nicht nur einen Lehrer entdeckt; ich hatte einen Meister gefunden, der mein Führer und Freund wurde. Brentano stammte aus einer alten Patrizierfamilie italienischen Ursprungs, die sich in Frankfurt niedergelassen hatte. Sein Vater war der jüngste Bruder von Clemens und Bettina Brentano. Ludwig Joseph, Lujo genannt, teilte manche Charakterzüge seiner genialen Verwandten. Sein Vater war früh gestorben. Der ziemlich schwierige Jüngling war nach Dublin auf die Universität geschickt worden, wo er ein oder zwei Jahre unter der Leitung der Jesuiten studierte. Dann hatte er in München promoviert. Etwas später kehrte er zu Forschungszwecken nach England zurück.

Nach seiner Rückkehr nach Deutschland habilitierte er sich in Berlin. Er wurde bald als ordentlicher Professor nach Breslau berufen. Von dort ging sein Weg nach Straßburg, Leipzig, Wien und endlich nach München.

Brentano besaß die Unabhängigkeit des Frankfurter Patriziers ohne seinen etwas philisterhaften Hochmut.

Brentano war der letzte und vielleicht der formbegabteste der großen akademischen Lehrer, die das zu Ende gehende neunzehnte Jahrhundert hervorgebracht hatte. Er war Gelehrter und Künstler. Er war frei von Treitschkes leidenschaftlichem demagogischem Pathos und von Kuno Fischers bombastischem Egozentrismus. Brentano war geistig durch und durch Lateiner: Klarheit und Ordnung beherrschten sein Denken – auch wenn im Hörsal oft die Leidenschaft durchbrach. Er war ein Künstler, der den Stoff der Weltgeschichte, ohne ihm Gewalt anzutun, so zu gliedern wußte, daß alles an dem ihm gebührenden Platz stand. Für Marx hatte er keine Sympathien, war sogar einer seiner frühesten Kritiker und hatte als junger Mann einen Strauß mit ihm ausgefochten, der nicht zu seinen Gunsten ausgegangen war. Er erkannte jedoch Marx' große Leistung an: den Versuch, eine Theorie friedlich organischen Wechsels zu formulieren, gegründet auf bestimmte wirtschaftliche Gesetze von Wachstum und Verfall, denen alle menschlichen Gesellschaften unterworfen sind.

Von Brentano lernte ich, daß Fakten an sich stumm sind und nur sprechen, wenn man ihnen durch Interpretation und Intuition die Zunge löst.

Ich saß zwei Jahre lang zu seinen Füßen: Meine Doktorarbeit war fertig. Kurz bevor ich die zum Examen nötigen Semester absolviert hatte, schickte Brentano mich zu Karl Menger nach Wien, damit ich auch einen anderen Standpunkt kennenlerne. Es gab damals nicht viele Professoren, die ihrem Gegner gegenüber eine solche souveräne Haltung einnehmen konnten.

*Universitätsgebäude, Forum an der Amalienstraße*

# Friedrich
# von der Leyen

1873–1966

*Germanist*
*Germanistik- und Geschichts-*
*studium in Berlin,*
*Marburg und Leipzig;*
*1906 ao. Prof. in München;*
*1920–1937 Prof. in Köln,*
*1947–1953 in München.*
*Arbeiten über Märchen und*
*Sagen, Erforscher der*
*nordischen Sprachen.*

Der erste Eindruck der Stadt war für uns blasierte Berliner enttäuschend: Der Hauptbahnhof schien uns niedrig und dürftig, der große Platz war stimmungslos und leer, eine Trambahn, die nur ein dickes Pferd zog, kam kaum vorwärts. Die Ludwigstraße konnte den Vergleich mit der Berliner Ruhmesstraße „Unter den Linden" nicht aufnehmen; sie war breit, baumlos, damals leer von Menschen und eher eine Straße kunstgeschichtlicher Belehrung als eine Straße der Kunst.

Eltern, Lehrer, Freunde, alle warnten mich. Der Norddeutsche sei und bleibe in München der Saupreuß, die bayrischen Studenten gingen ihm aus dem Wege. München sei auch kein Sprungbrett für die akademische Laufbahn und sei es auch nie gewesen, das echte, vorwärtsdrängende akademische Leben fehle. Die eigentliche und unzerstörbare Anziehungskraft für die Studenten seien die Berge, die lange Reihe der Feste, der Karneval, Oper und Schauspiel, nicht etwa die Dozenten. Im Sommer 1898 sollte ich meine Arbeit bei der Fakultät einreichen. Eine rasche Skizze des zweiten Teils, des Märchens in den Göttersagen der Edda, hatte ich entworfen. Ich legte also, entgegen meiner Überzeugung, den indischen und den nordischen Teil als Prolegomena für eine Geschichte des deutschen Märchens der Fakultät vor.

Der Germanist Hermann Paul erklärte sich trotz mancher Bedenken einverstanden, der Indologe Ernst Kuhn ließ mich rufen und sagte: So geht das nicht! Der erste Teil sei wertvoll, enthalte treffliche Einzelheiten, aber könne nur als Teil einer Arbeit gelten, der zweite erfülle nicht die Erwartungen, die an eine Habilitationsschrift zu stellen wären.

Ende Januar 1899 war ich soweit. Den ersten Teil meiner Arbeit hatte ich zurückgelegt – er wurde einige Jahre später gedruckt – der zweite Teil, das Märchen in den Göttersagen der Edda, wurde von der Fakultät gebilligt, im Frühjahr erschien die Arbeit gedruckt.

1899 schloß sich der Arbeit die Prüfung durch die nächsten Fachgenossen der Fakultät an, der Abschluß war eine öffentliche Antrittsvorlesung. Dann mußte ich den Frack anziehen, mich in eine Galakutsche setzen und unter Beistand des Pedells jedem Ordinarius der Fakultät ein Exemplar der Habilitationsschrift persönlich in seiner Wohnung überreichen und mich als neuesten Fakultätsgenossen vorstellen.

Meine erste Vorlesung – sie begann Ende Oktober 1899, also gerade noch im vorigen Jahrhundert – war eine wöchentlich vierstündige über deutsche Mythologie. Das war für einen jungen angehenden Dozenten ein Wagnis, auch insofern, als die Mythologie damals in einer Art von wissenschaftlichem Verruf stand. Ich fand es schön, vorzutragen und das Interesse der Hörer zu fühlen. Im Verlauf der Vorlesung erfuhr ich, welche Massen von Stoff eine Vorlesung verschlingen kann, sie verlangte viel angestrengtere Arbeit, als ich geahnt hatte, doch merkte ich immer dankbarer, wie die aufmerksame und gespannte Teilnahme meiner Studenten mich anregte und mir neue Ideen gab.

Der philosophischen Fakultät in München um die Jahrhundertwende gehörten Gelehrte an, die jeder Hochschule zur Zierde gereicht hätten. Der Philosoph Georg von Hertling war später bayrischer Ministerpräsident und einer der letzten Reichskanzler vor dem Zusammenbruch von 1918. Ihm gegenüber ragten hervor der Philosoph Theodor Lipps, der Archäologe Adolf Furtwängler, der Byzantinist Karl Krumbacher, der einzige Vertreter seiner Wissenschaft in Deutschland.

Hermann Paul, der Germanist der Universität, kam 1893 auf einen nicht gut vorbereiteten Boden. Sein Vorgänger, Matthias Lexer, der Lieblingsschüler von Karl Weinhold, der Vater des berühmten Chirurgen, hatte sich als Verfasser des noch heute unersetzten großen mittelhochdeutschen Handwörterbuches einen Namen gemacht.

Der Vorgänger von Lexer, Konrad Hofmann, war 1890 gestorben. Hofmann, ein Franke, und der beweglichsten einer, zeigte schon als Schüler eine auffallende Begabung für Mathematik und für Naturwissenschaften ebenso wie für die Erfassung von Sprachen. Das Studium der Medizin, das ihn zuerst lockte, vertrug er nicht lange. Eine stärkere Neigung führte ihn zu den Sprachen zurück. Unter schweren Entbehrungen, mühsam seinen Lebensunterhalt durch wissenschaftliche Handlangerdienste verdienend, eignete er sich seine Kenntnisse in den abendländischen und orientalischen und altindischen Sprachen an. Später wurde ihm die Professur für germanische Philologie – Andreas Schmeller wollte ihn als Nachfolger – übertragen, die für romanische Philologie – verwaltete er außerdem.

Konrad Hofmann gehörte noch den Zeiten an, in denen sich die Gelehrten von Gespräch zu Gespräch und von Brief zu Brief förderten. Damals gab es noch keine Handbücher, keine Buchserien, keine um der Laufbahn willen geschriebenen Untersuchungen, keine Überflutung durch überflüssige Dissertationen, durch viel zu viel Kritik.

Man möge mir an dieser Stelle einige Worte über Wilhelm Hertz erlauben, der nach manchem Widerstand das Vertrauen von Konrad Hofmann gewann. Die Gebiete des Wissens dieser beiden, die germanische und die romanische Philologie, deckten sich, beide wirkten an der bayrischen Akademie der Wissenschaften. Wilhelm Hertz erhielt die ordentliche Professur für germanische Philologie an der technischen Hochschule in München. Im Januar 1902 rief ihn ein früher Tod ab.

Wilhelm Hertz, ein Schwabe, ein Schüler von Ludwig Uhland, studierte in Tübingen. Dem herben, schwer zugänglichen Meister kam er allmählich nah und wurde ihm Freund. Wie Uhland war Hertz Gelehrter und Dichter, wie jener dem Germanischen, dem Altdeutschen, dem Romanischen zugetan. Im Laufe meiner ersten Münchner Jahre habe ich Wilhelm Hertz öfter gesehen. Er wurde mir so freundlich gesinnt, daß seine Witwe mir die Sorge für seine Werke anvertraute. So habe ich, in stetem Einverständnis mit ihr, die neuen Auflagen seiner großen Übersetzungen in Obhut genommen und, damit sie sich weiter verbreiteten, den Verleger bewogen, auch wohlfeile Ausgaben, ohne die Anmerkungen herauszubringen.

Der Schüler von Jakob Grimm und von Karl Lachmann: Karl Weinhold; der Mitarbeiter von Jakob Grimm: Rudolf Hildebrand; der Sohn von Wilhelm Grimm: Hermann Grimm; der Freund und Schüler von Ludwig Uhland: Wilhelm Hertz – sie also sind mir Lehrer und väterliche Freunde gewesen. Die Wissenschaft der neueren Literatur war in München vor der Zeit von Hermann Paul unterrichtlich besser gepflegt als die alte. Ihr Beherrscher, Michael Bernays, wußte seine Hörer philologisch zu schulen, im Sinne von Textkritik und Interpretation; er ging darin in seiner Art vor wie Wilhelm Scherer. Da es damals noch keine Seminarbibliotheken gab, öffnete er jeden Sonntag den Schülern, deren Fleiß und deren Begabung er anerkannte, die Räume seiner eigenen großen Büchersammlung und nahm sich ihrer an, wenn sie noch hilflos um sich blickten.

Jahrelang also wirkten an der Münchner Hochschule Konrad Hofmann, Michael Bernays und Wilhelm Hertz nebeneinander. Ein solches germanistisches Dreigestirn hat noch niemals über den Hochschulen einer Stadt geleuchtet, es wird auch nie wieder darüber leuchten. Ihm gesellte sich Konrad Maurer hinzu. Er hat Islands Saga und Märchen, auch Islands Recht für Deutschland entdeckt. Und es gesellte sich hinzu Wilhelm Heinrich Riehl, der Meister der Volkskunde im Sinne Justus Mösers.

In München also traf Hermann Paul nicht die Studenten, die er sich wünschte: Er war von Freiburg her verwöhnt, dort war er der Lehrer von Andreas Heusler, von Friedrich Kauffmann gewesen. Wenn man ihn als Professor aufsuchte, so antwortete er kaum, sah den Fragenden oder Erzählenden durch seine goldene Brille scharf an, rieb nervös seine kleinen feinen Hände auf den

Oberschenkeln hin und her. Was er dann erwiderte, war kurz, sachlich und zutreffend. Als ihn in München im Hörsal nach der ersten Vorlesung der Kultusminister freundlich begrüßte und der Genugtuung Ausdruck gab, daß die Universität diesen hervorragenden Gelehrten gewonnen hätte, sah Hermann Paul ihn von unten her verlegen an und lief davon. –

Im Unterschied zu seinen Studienfreunden Eduard Sievers und Wilhelm Braune war Hermann Paul ein philosophischer Kopf, der zu den Prinzipien der Sprachwissenschaft durchdrang. Er blieb auch nicht im Banne der Laut- und Formenlehre, er strebte nach Erkenntnis der Wort- und Satzbildung, der Wortbedeutung. Und er blieb nicht im Raum der indogermanischen und germanischen Sprachwissenschaft, ihm war die Sprachgeschichte der neueren und neuesten Zeit ebenso wichtig.

Michael Bernays wollte Alleinherrscher bleiben. Der junge Pivatdozent Franz Muncker hatte unter ihm nichts zu lachen. Die schlechteste Behandlung, die er unter dem Gewaltigen erlitten, hat man ihm eigentlich sein ganzes Leben hindurch angemerkt. Muncker wurde ein Lehrer, wie ihn gerade der Durchschnitt der Studenten wünscht, seine Vorlesungen wurden die besuch-testen. Er gab den Hörern die festen Kenntnisse, die sie für die Prüfung brauchten, klar, zuverlässig, dabei sehr belesen – lieber berichtend als urteilend. – Alles Problematische, alles Originale und scharf Umrissene verschwand, auch die Kraft und Macht der Persönlichkeit. Nur eine Ausnahme ließ er gelten – Richard Wagner.

Im Ersten Weltkrieg gehörten Muncker und seine Frau zu den wenigen Gewissenhaften, die jeden Schwarzhandel verschmähten und sich auf die Nahrung beschränkten, die gesetzlich erlaubt war. Das hatte ein frühzeitiges Nachlassen seiner Kräfte zur Folge. 1926 ist er gestorben.

Noch eine Besonderheit zeigte die Fakultät, der nur wenige Universitäten sich rühmen konnten, die lateinische Philologie des Mittelalters. Ihr Vertreter Ludwig Traube war einer ihrer großen Führer, von Theodor Mommsen geschätzt, hervorragend namentlich durch die Erforschung der Geschichte der Schrift – in seinen Ausgaben betonte er neben der Bedeutung der Textkritik die Bedeutung der Textgeschichte. Seine Vorlesungen hielt er am liebsten in seiner Wohnung.

Sehr spät gingen die Wünsche der Fakultät in Erfüllung, endlich erhielt Ludwig Traube das längst verdiente Ordinariat. Die Auszeichnung traf einen an Leukämie tödlich Erkrankten. Bis zum letzten Atemzug hatte er gearbeitet. Seine Studenten bat er einen Tag vor seinem Tod um Verzeihung, daß er wirklich zu schwach sei für seine Vorlesung.

Als ich an die Universität kam, dozierte dort, sozusagen als mein Vorgänger, Friedrich Panzer.

Franz Muncker hatte als seinen Lieblingsschüler den Doktor Roman Woerner in sein Herz geschlossen. Bekannt wurde er durch seine Biographie von Henrik Ibsen. Das Drama war die unglückliche Liebe dieses Dozenten. Ihm eignete eine Witterung für kaum gekannte, auch für werdende Dichter. Er hat zum Beispiel als erster die feine bescheidene Begabung von Emil Gött erkannt, des Freundes von Emil Strauß.

Neben Woerner wirkte als Dozent für neuere deutsche Literatur Karl Borinski. Ein feiner Kenner, nicht nur der deutschen, auch der abendländischen Dichtung, für den die berühmten Werke des 16. und 17. Jahrhunderts wirklich lebten. Einsiedlerisch und querköpfig, dabei den Durchschnitt beträchtlich überragend – er hätte als Schriftsteller und unabhängiger Forscher leben sollen. Irgendein akademischer Erfolg blieb diesem systemfernen Liebhaber versagt, auch unter den Kollegen blieb er einsam.

Man wird sich vorstellen, daß ich mich in diesem Kollegenkreis wohlfühlte. Jeden ließen die anderen gewähren, nirgends fand sich Bildungsdünkel, nirgends Olympiertum, nirgends Geheimratshochmut, man lebte noch in einer reinen akademischen Luft und genoß seine akademische Freiheit.

Unter den Berliner jungen Germanisten fiel mir Doktor Max Rieß besonders auf durch ungewöhnliche und doch nie verletzende, oft witzige Schärfe des Urteils und durch die Fülle seiner Interessen; als einziger wohl unter seinen philologischen Freunden fühlte er sich zur Philosophie hingezogen. Einen anregenderen Umgang als den mit Max Rieß habe ich kaum je gehabt: worüber haben wir nicht alles gesprochen, über Philosophie, alte Kunst, alte und neue Dichtung, über die damalige Gegenwart. Er war überreich an Plänen, wollte im Grunde Deutschland und die ganze Welt läutern und verjüngen, natürlich gescheiter, eindringlicher, umfassender als ich es mir in meiner ersten Münchner Zeit geträumt hatte.

In meinen Vorlesungen suchte ich in weite Gebiete meiner Wissenschaft einzudringen, damit ich die Zusammenhänge und die Gegenwirkungen zwischen dem Ganzen und dem Einzelnen erkennen lernte. So wagte ich mich nach und nach an die alten deutschen und an die germanischen Sprachen, und an eine Einführung in das ganze Gebiet der deutschen Philologie, der Wissenschaft vom Deutschtum. Dazu gesellten sich Vorlesungen über die altdeutsche Dichtung. Was ich von der neuen deutschen Dichtung erfahren hatte, wollte ich nicht umsonst erfahren haben. Mich trieb es zu Vorlesungen über Goethe, über die Romantik, über das Drama des 19. Jahrhunderts, über Henrik Ibsen und über die Dichtung unserer Zeit. Ein Überblick über die Geschichte der deutschen Dichtung war die Krönung dieser Versuche. Ihr traten ergänzend zur Seite Vorlesungen über Werden, Wesen und Wirken der Dichtung. So gelangte ich über die engere Grenze meines „Fachs". Die Grenzübertretung hatten Vorlesungen über Märchen, Mythologie und Heldendichtung vorbereitet.

Der Erfolg meiner Vorlesungen hat mich überrascht. Daß bei der steigenden Studentenzahl die Examensvorlesungen, die Einführungen 300 und mehr Hörer fanden, daß die Vorlesungen über Faust und über die neue deutsche Dichtung 400 und mehr Hörer versammelten, darauf bildete ich mir nichts ein. Aber daß in die Einführung in das Altnordische 50 Hörer strömten und daß ich eine vierstündige Vorlesung über deutsche Mythologie vor mehr als 200 Hörern halten konnte, das war noch nicht dagewesen; ich vermute, es wird auch nicht wieder sein.

Konrad Adenauer fragte mich einmal, wie ich es eigentlich mit meinen Vorträgen mache? Ich antwortete: „Ich denke sie mir vorher gründlich und zu verschiedenen Malen durch, notiere mir dann die Stichworte und vielleicht einige wichtige Sätze und spreche dann am liebsten frei. Während des Sprechens kann ich dann immer etwaige neue Wendungen und Einfälle verwerten, oder auch die Folge der Gedanken einleuchtender darstellen." – „Ja", sagte Adenauer, „ungefähr so mache ich es auch."

Um die Hörer meiner Übungen näher kennenzulernen, setzte ich mich mit ihnen gelegentlich in hübsche Gaststuben, abends zum Bier zusammen. Ich wollte mit ihnen zwanglos plaudern und wollte sie plaudern hören, vom Fach sprachen wir sehr wenig. Als die Zahl sich vermehrte, unternahmen wir des Sommers an schönen Samstagen weite Spaziergänge in Münchens Umgebung.

Es wäre undankbar von mir, wenn ich verschweige, wie mir in meinen Münchner Jahrzehnten die beiden großen Bibliotheken, die Universitäts- und Staatsbibliothek, geholfen haben. Die Universitätsbibliothek war vor meiner Zeit der Obhut der Professoren anvertraut; sie verwahrloste. Es blieb nur übrig, daß man einen tüchtigen Fachbibliothekar holte, der ihre Schätze ordnete und sie den akademischen Besuchern zugänglich machte. Man hatte Glück, man fand den besten, den Doktor Hans Schnorr von Carolsfeld. Dieser suchte sich einen Helfer und fand wieder den besten, den Doktor Georg Wolff. Nun ging es, etwa seit 1890, rasch aufwärts. Ein Lesesaal für die Studenten wurde eingerichtet mit einer ausgezeichneten Handbibliothek. Für die Dozenten entstand ein eigenes Arbeitszimmer, in dem die von ihnen begehrten Bücher bald bereitstanden.

Die Münchner Staatsbibliothek ist eine der berühmtesten der Welt. Ihr Stolz sind die Schätze alter Handschriften, die man zu Anfang des 19. Jahrhunderts bei der Säkularisation aus den bayerischen Klöstern dorthin brachte und neben die schon vorhandenen Schätze stellte. Manchmal habe ich mir gedacht, hätte man sich im Rheinland zu einem ähnlichen Gewaltakt entschlossen und die rheinischen Schätze etwa nach Köln geführt und in der Stadtbibliothek vereinigt: welche Bibliothek wäre das heute!

Für die Erforschung und wissenschaftliche Verwertung ihrer Handschriften- schätze richtete die Münchner Staatsbibliothek einen eigenen Saal ein und bereicherte ihn durch eine wunderbare Bibliothek, durch Werke, die berühmte Handschriften in schönen Reproduktionen wiedergeben, durch Werke, die den Handschriftenbesitz anderer großer Bibliotheken verzeichnen, durch wertvolle Forschungen und Darstellungen, die wichtigen Handschriften galten, und durch andere unentbehrliche und nutzbringende Veröffentlichungen, die in diesen Bereich gehören. Kenner sagen, daß der Münchner Handschriftensaal denen der größten Bibliotheken, dem der Bibliothek des Vatikan, des Britischen Museums, der Bibliothèque Nationale in Paris, der Staatsbibliothek in Wien ebenbürtig ist oder sie gar übertrifft. 1916 trat Hermann Paul von seinem Lehramt zurück, sein Nachfolger wurde Carl von Kraus. Einen besseren hätte die Fakultät kaum wählen können. Mein Name erschien überhaupt nicht auf der Berufungsliste, obwohl ich den beiden neben Herrn von Kraus genannten Herrn kaum nachstand.

Ich war also demonstrativ übergangen worden. Andere Hochschulen konnten nun meine Berufung nicht wünschen, um so weniger, als ich bei den Berufungen der letzten Jahre als nicht vorhanden betrachtet wurde. Volkskunde, Märchen- und Sagenforschung, Mythologie, deutsche Mystik, Vorlesungen über neue deutsche Dichtung – gehörte denn das überhaupt zur germanistischen Wissenschaft? Damals mußte ich mir sagen, daß ich wahrscheinlich am akademischen Wege liegen bleiben würde, ich hatte ja auch das vierte Lebensjahrzehnt bereits überschritten. Damals fragte ich mich ernsthaft, ob ich nicht zum Verlagswesen oder zur Zeitung übergehen sollte: eine Zeitlang schrieb ich den sonntäglichen Leitartikel für die Münchner Neuesten Nachrichten oder gewann andere Autoren für dies Schaustück.

Von 1917 an schien ein anderer Wind im preußischen Kultusministerium zu wehen, ein neuer Ministerialrat, der aus Bonn berufene Orientalist, Professor Carl Heinrich Becker, stellte den Hochschulen neue, den Forderungen der Gegenwart entsprechende Aufgaben. Ihm habe ich es zu verdanken, daß ich im Frühjahr 1918 in die Schweiz, im August 1918 nach Holland zu Vorlesungen für internierte deutsche Gefangene aufgefordert wurde.

Nachdem 1919 der Aufstand in München – eine Folge der Ermordung von Kurt Eisner, der nach der Flucht des Königs die Regierung übernommen –mit Hilfe preußischer Truppen niedergeschlagen war, wurden die Dozenten der Universität gefragt, ob sie sich in einem mehrwöchigen Kurs nicht militärisch ausbilden lassen wollten, um bei möglichen kommenden Unruhen eine Art Bürgerwehr zu übernehmen. Eine stattliche Anzahl folgte gern dieser Aufforderung, ich war darunter. Jeder Überlebende wird sich an diese Kurse dankbar erinnern, Unteroffiziere und Offiziere stellten sich, nachsichtig und geschickt, in den Dienst der guten Sache. Während dieser Übungen entdeckte ich – und nicht allein ich – wie schlecht ich zum Soldaten getaugt hätte.

Sommer 1947 bis zum Ende des Sommers 1953 las ich in München. Ich mußte bis 1949 von Behlingen aus hinfahren. Zwei Tage der Woche gehörten den Vorlesungen, – das hieß vor der Währungsreform noch etwas. Wenn ich zur rechten Zeit des Morgens in München sein wollte, hieß es, um halb fünf früh aufstehen. 1947 und im ersten Halbjahr 1948 gab es in den Personenzügen von und bis Günzburg ein heilloses Gedränge. Dann hieß es durch das Fenster hineinklettern.

Ja, man brachte damals immerhin Opfer für die Wissenschaft! Es ging vielen anderen wie mir. Der Professor für Chinesisch, der in Herrenchiemsee wohnte, mußte im Winter 1946/47 erst über das Eis des Chiemsees wandern, bis er den Anschluß an die Bahn nach München erreichte.

In München sah es, wenigstens in der philosophischen Fakultät und besonders bei den Germanisten, schlimmer aus als in Köln. Die Bibliothek des deutschen Seminars hatte durch verschiedene Verlagerungen stark gelitten. Nun stand sie in einem Raum, durch dessen Decke es hindurchregnete. Dort mußten die Studenten auch arbeiten. Wie viele von den Büchern waren verbrannt, wie viele noch fern von München verlagert. Wie sollte da ein Forscher wissenschaftlich arbeiten? Die wissenschaftliche Literatur des Auslandes war außerdem in Deutschland während des Krieges und noch lange hinterher nicht erreichbar.

In der deutschen Philologie fehlten die beiden Ordinarien. Hier sprang Carl von Kraus trotz seiner 80 Jahre ein. Im Krieg hatte auch er seine Habe, die meisten seiner Bücher verloren. Er mußte in einem kleinen Zimmer eines Hauses im Zillertal arbeiten, das sein Bruder, Felix von Kraus, sich ersungen hatte. Ein Plättbrett über zwei Stuhllehnen, das war sein Schreibtisch. An diesem Tisch führte er seine Hauptarbeit fort: eine Ausgabe der Minnesänger des 13. Jahrhunderts. Seine Frau fuhr von dort aus nach München, erkämpfte Lebensmittel, besorgte ihm die notwendigsten Bücher, schlief in einem ungeheizten, kümmerlichen Zimmer und schleppte dann die erbeutete Last nach Tirol.

Für die Vorlesungen über die deutsche Sprache sorgte Otto Basler. Ich übernahm die allgemeinen Vorlesungen, die über die neuere Dichtung und die über Volkskunde.

Nun, nachdem endlich einer da war, der sie prüfen und ihre Arbeiten begutachten konnte, kamen die Doktoranden. Zwei weibliche brachten sehr hübsche Arbeiten und zeigten sehr gutes Wissen. Auch sonst war die Ernte nicht schlecht.

Auch zwei Habilitanden kamen. Einer zeigte mir eine noch nicht abgeschlossene Arbeit. Sie reihte aneinander und interpretierte die prophetischen Ahnungen und Ansichten von Grillparzer, von Heine und Hebbel.

1948, nach der Währungsreform, sah es plötzlich ganz anders aus. Die Jahre der Ungewißheit schienen vorbei, die Studenten wollten festen Boden unter den Füßen haben. Jetzt galt nur: Examen, Anstellung, gesichertes Einkommen. Nach dem frühen Tode meines Kollegen Eduard Hartl übernahm ich dessen Oberseminar 1 1/2 Semester hindurch und besprach mit den Mitgliedern neue Fragen und neue Arbeiten unsrer Wissenschaft. Das wurde eines der hübschesten Erlebnisse meiner akademischen Laufbahn. Hier waren die männlichen und die weiblichen Studenten wieder wie sie sein sollen. Frisch, erfüllt von der rechten Freude am Lernen und Arbeiten, angeregt und begabt. Eine Auslese, an Zahl viel geringer als in den wunderbaren Jahren vor dem Ersten Weltkrieg, aber es war wieder eine Auslese da.

Ich kann einen Novembertag 1918 nicht vergessen: der größte Hörsaal der Universität München füllte sich mit Studenten und Hochschulfeinden, die Rechenschaft von den Professoren forderten. Mit bleichen Gesichtern, todernst, zogen Rektor und Senat ein – dann wurden plötzlich die Angriffe über Erwarten gemäßigt, sie brachten manchen vertretbaren und vernünftigen Vorschlag, man ging ruhig, fast zufrieden auseinander. Aber die Erregung schwelte weiter, sie flammte nach der Ermordung Eisners in der Rätezeit hell auf. Hier kam nun der rechte Mann als Rektor, der große Arzt Friedrich von Müller, der unter dem Einsatz seines Lebens, die Universität behütete und, als die Herrschaft der Räte gebrochen war, seine Fakultät zur ersten Deutschlands und damit noch immer zur ersten der Welt erhob.

Leidenschaftliche Diskussionen setzten sich noch immer fort, die Gegensätze zwischen links und rechts waren erbitterter denn je, und die Nerven und Kräfte durch die jahrelangen Überforderungen des Krieges erschöpft und überreizt. Was hätte geschehen sollen: daß sich die Universität zu einem einheitlichen, geschlossenen Lehrkörper vereinte, der einsichtig, aber stolz und unerbittlich seine Rechte wahrte, und nichts kannte als die Sorge für das geistige und sittliche Wohl der ihm anvertrauten Jugend – das erwarteten nicht einmal die schwärmerischsten der Schwärmer. Aber falsche Nachgiebigkeit und Indifferenz wuchsen. An großen wissenschaftlichen Leistungen fehlte es nicht, die hohe Zeit der Physik war gekommen; das Ausland rief noch immer deutsche Hochschullehrer zu sich.

Eine in sich geschwächte, des festen Haltes entbehrende Universität stand 1933 dem Dritten Reich gegenüber. Einige von uns Dozenten erwarteten gläubig das Heil von den neuen Machthabern, andere, die Konjunkturjäger, glaubten ihre Stunde gekommen. Die menschliche Erbärmlichkeit zeigte sich in vielen Graden. Ein Recht der Hochschule nach dem anderen wurde widerstandslos aufgegeben. Vom wissenschaftlichen Leben der anderen Welt blieb Deutschland abgesperrt. Der Beraubung, Vertreibung und Mißhandlung jüdischer Kollegen sah die Hochschule ohnmächtig zu. Von der Vernunft aus gesehen mag man es töricht, ja unsinnig finden, daß der Professor Kurt Huber und die Geschwister Scholl die Studenten zum Kampf gegen das

Hitlerreich aufriefen – das mußte für sie den Tod bedeuten – trotzdem, es bleibt ein Ruhmesblatt für die Universität München, daß es in den Reihen ihrer Studenten geschah.

1945, nach dem Ende des Krieges, waren mit sehr wenigen Ausnahmen die Gebäude der Hochschulen, der Kliniken, der Krankenhäuser, der Institute, der Bibliotheken ein Opfer der Bomben geworden, schwer angeschlagen oder ganz zerstört, die Gebäude selbst und der größte Bestand ihres wissenschaftlichen Besitzes. Der Lehrkörper war ein Rumpfgebilde, die Studenten verarmt, verstört, verwildert, verbittert, das ganze Volk verzweifelt und an sich irre geworden.

Nun stand die Hochschule vor der schwersten Bewährungsprobe ihres Seins. In zäher, unermüdlicher Arbeit gelang es, die Gebäude allmählich wieder aufzubauen und die notwendigsten wissenschaftlichen Hilfsmittel zu beschaffen, das bleibt für immer eine bewundernswerte, unvergeßliche Leistung.

Der geistige Aufbau, der Gewähr für die Zukunft bringen sollte, war unendlich schwerer. Zuerst taten die Besatzungsmächte das ihre, um den Unterricht zu erschweren. Sie setzten die ihnen nicht genehmen Lehrkräfte ab, entließen sie fristlos und nahmen auch ihr Gehalt, während bei der sich immer unaufhaltsamer vermehrenden Studentenzahl die wenigen Lehrkräfte unentbehrlicher denn je waren und dringend nach Ergänzung verlangten. In München erfuhren 1947 die akademischen Behörden plötzlich, daß 21 ihrer Dozenten entlassen seien, darunter sehr tüchtige. Anstatt, daß nun Rektor und Senat ihre Ämter zur Verfügung stellten, weil sie die Verantwortung für diese Einbuße nicht übernehmen könnten, fügten sie sich ohne Widerspruch. So müde und so mürbe waren die Herren geworden.

Dann wurde verkündet: die Doktorprüfung muß wieder werden, wie sie einmal war, wir müssen ihr die alte Würde, den alten wissenschaftlichen Gehalt zurückgeben. Ein schöner Plan! Mit diesem ehrwürdigen Privileg waren einige Fakultäten Jahrzehnte hindurch sehr leichtfertig umgegangen. Doch die Rektorenkonferenzen zerredeten diese guten Vorsätze. Einem anderen uns schon bekannten Plan ging es nicht viel besser, die fachwissenschaftlichen Vorlesungen sollten Vorlesungen entgegentreten, die den Blick auf das Ganze richteten, man nannte das Studium generale oder universale. Ein solches Vorhaben bedurfte sorgfältigster Vorbereitung und allseitigen Durchdenkens. Daran hat es leider gefehlt, so konnte es nicht gelingen.

Viel brennender war die Sorge um die Vermehrung und Ergänzung des Lehrkörpers, um die Stellung und die Aufgabe der neuen Lehrkräfte, um den akademischen Nachwuchs. Hier wiederholten sich die Nöte der Jahre um 1918. Die tüchtigsten jungen Leute wollte die Industrie, sie konnte ihnen ganz andere Einkünfte und Wirkungsmöglichkeiten geben. Das schwierigste, aus dem alles andere folgte, blieb die unaufhörliche Vermehrung der Studenten und die damit verbundene Sorge für ihre Ausbildung und für die Unterstützung der Hilfsbedürftigen.

In der ersten Jahrhunderthälfte der Universität Berlin (1810–1860) war die Höchstzahl der Studenten 2000, der damalige Rektor glaubte, sie würde nie wiederkehren. 1875 verwies Jacob Burckhardt stolz auf die 200 Hörer der Universität Basel, nun beginne infolge falscher Maßnahmen der vorgesetzten Behörde die Abnahme. Heute studieren in Köln 5400 Studenten der Betriebswirtschaft, in München studieren 1800 Germanisten, in der Freien Universität Berlin, in Hamburg, in Köln sind es nicht viel weniger. Und die Zahlen steigen.

———————

# Ernst Küster
1874–1953

*Botaniker*
*Studium in München*
*(1893–1894),*
*Leipzig, Breslau und Berlin;*
*Prof. in Kiel, Bonn*
*und Gießen.*

Kann es etwas Schöneres geben, als sein erstes Semester in München zu studieren? Nein! Damals wenigstens gab es nichts, das heißeren Begehrens wert gewesen wäre.

Die Stadt München war damals in hohem Maße reich an kontrastvollen Bildern. Zu welchem Staunen zwang nicht die Ludwigstraße. – Wie feierlich stimmte der Königsplatz mit den Propyläen und seinen grünenden Rasenflächen, die Residenz und vollends die alte Münze und der Alte Hof brachten den Ernst der Geschichte eines mächtigen Herzogsgeschlechtes, die düstere Nachbarschaft der Frauenkirche die starke Hand des Kirchenregiments zum Bewußtsein; vor dem alten Rathaus – das neue fehlte noch! – und den längst verschwundenen düsteren Lauben des Marienplatzes empfand man die städtebaulichen Reize eines alten, bürgerlichen Forums! Wie freudig nahm den Straßenwanderer das Grün des Englischen Gartens auf, wie leidenschaftlich schäumte vor seinen Füßen die Isar! Die Flöße auf ihren Wellen und die Gespanne auf dem „Tal" und der Sendlinger Straße brachten Boten des Landlebens und Gebirglertum in die Stadt und zwischen die Städter.

München war bereits in üppigem Aufblühen begriffen; aber die Züge seiner Eigenart hatte das Antlitz der Stadt noch keineswegs preisgegeben. Die erst jüngst vollbrachte Sanierung der Stadt durch eine großartige Gebirgswasserleitung war Pettenkofers Werk.

Zum Reich gehörte Bayern erst wenig mehr als zwei Jahrzehnte. Die Sympathien der Münchner für das Reich empfand man in vielen Stunden oft als herzlich gering, den Haß gegen das Preußentum oft als unversöhnlich scharf. Noch erschien ja in München des Dr. Sigl „Bayerisches Vaterland".

Und dann die Menschen! Nicht nur im Hofbräuhaus, das noch in alter Form am „Platzl" stand, sondern auch in zahlreichen alten Bräuhäusern, die damals die Neuhauser und die Sendlinger Straße und das „Tal" begleiteten und noch nicht durch hochräumige Kosmopolislokale ersetzt waren, bot sich alltäglich Gelegenheit, die vielgerühmte und durch das Bindemittel des Bieres gesicherte Volksverbundenheit kennenzulernen, die Münchener aller Stände vor dem Maßkrug einte.

Ein großer Teil der Münchener Geselligkeit spielte sich in den Wirtschaften ab; diese gehörten aber so gut wie ausschließlich dem Manne. Das Weibliche in ihnen zu vertreten blieb den Kellnerinnen vorbehalten: welcher norddeutsche Gast hätte nicht den Münchener Heben seine Aufmerksamkeit und seine Gunst geschenkt?

Wenn ich an das Münchener Straßenleben jener Jahre zurückdenke, kommen mir auch die Künstler in den Sinn, sie spielten keine geringe Rolle – wenigstens in dem von den Studierenden aller Hochschulen bevorzugten Nordviertel der Stadt, das ja auch die Akademie der bildenden Künste barg und zugleich die Anteilnahme der Bürger an den Produkten der Ateliers zur Schau trug, die in hundert Läden hingen und standen und selbst beim Barbier und Papierhändler zum Kauf einladen sollten. München war ja Kunststadt, und jeder Bierphilister wiederholte es gern und warf sich dabei in die Brust, wenn er Äußerungen einer erheuchelten Wertschätzung über Maler und Bildhauer zum besten gab.

Der Münchener Humor war mir seit den frühesten Kindertagen bekannt; seine Boten, die bis nach Breslau flatterten, waren die ausgezeichneten „Münchener Bilderbogen" und die Münchener „Fliegenden" des Braun'schen Verlags, der mit ihnen eine Reihe vortrefflicher Zeichner und Humoristen beschäftigte. Lothar Meggendorfer tat später sein eignes Witzblatt erfolgreich auf.

Von der Hörsaalarbeit meines ersten Semesters ist nicht viel zu erzählen. Die erste Vorlesung, die ich zu hören hatte, brachte Ludwig Radlkofers Systematische Botanik. Das war nun eben kein glückverheißender Anfang. Radlkofer las im chemischen Hörsaal, denn der botanische war viel zu klein, als daß er die Hörer, zumal die zahlreichen Apotheker, hätte fassen können.

Mehr Glück hatte ich bei den entomologischen Vorlesungen des Prof. August

Pauly, dessen Bemühungen mich sehr ansprachen. Pauly, der sich als Verteidiger der Lamarck-Lehre bekannt gemacht hat, nahm sich damals und später, als ich an seinen Übungen teilnahm, meiner mit großer Freundlichkeit an; durch seine Äußerungen über Philosophie und Kunst und namentlich auch über die Kunst des Reisens hat er mir viele wertvolle Anregungen zu geben gewußt.

Die Naturgeschichte der Forstinsekten in München zu studieren, war mir eine große Lust – nicht nur der großen bajuvarischen Wälder wegen, die bis an Münchens Vororte reichten, sondern auch wegen der üppigen Holzproben, die sie an die Großstadt abgaben und selbst vor den Häusern der belebtesten Straßen erscheinen ließen, wo sie für die Forderungen der Heizung zersägt und gespalten wurden; da fiel manch schönes Rindenstück für denjenigen ab, der für Bostrychiden usw. Interesse hatte. Pauly sah man gar manchmal auf Schelling- und Amalienstraße nachdenklich vor den Holzhaufen sich verweilen, die der norddeutsche Gast zusammen mit den fleißigen Hackern und den krachenden Äxten zu den auffallenden Erscheinungen des Münchener Großstadtlebens zählte.

Außerdem hörte ich bei Oskar Loew eine Vorlesung über agrikultur-chemische Fragen. Was für ein sonderbarer Mann – durch seine zwergenhafte Erscheinung auffallend, durch sein buntes Schicksal merkwürdig, durch sein großes Wissen überraschend! Schon damals hatte er eine Professur in Amerika und eine andere in Japan hinter sich; später bekam er an Goebels Institut Professur und Arbeitsstätte.

Das Gute, was ich im Sommer 1893 in München erfahren habe, blieb bestimmend für meine ganze Studienzeit und lange über sie hinaus. Die ersten beiden Wintersemester verbrachte ich in Leipzig und in Breslau; aber zwischen und nach ihnen kehrte ich nach München zurück, um dort mein Studium fortzusetzen und später das Doktorexamen abzulegen, und die letzten Semester vor der Habilitation verbrachte ich wiederum an der Isar, so daß ich im ganzen auf sieben Münchener Semester mit großer Befriedigung zurücksehen kann.

In München nahm ich im Frühjahr 1899 meinen Weg zu Karl von Goebels Planzenphysiologischem Institut; zwei außerordentlich fruchtbare Semester standen mir bevor. Schon die Gelegenheit, im Wirkungskreis einer so eindrucksvollen Persönlichkeit arbeiten zu können, wie es Goebel war, bedeutete für mich einen großen Gewinn auf Lebenszeit. Was Goebel als Organisator zu erreichen imstande war, zeigte sich am herrlichsten später bei dem Neubau des Nymphenburger Instituts und bei der Anlage des einzig-schönen neuen Botanischen Gartens.

Trotz der Vielseitigkeit seiner Interessen vermochte Goebel doch wohl nicht immer auch den seiner eigenen ferner liegenden Forschungsrichtungen gerecht zu werden; seine Gegnerschaft gegenüber der Systematik und seinem Kollegen Radlkofer, die schließlich zur Ausmerzung der von diesem versehenen Professur führte, brachte zwar mit manchem gutgezielten Witz unter uns Jüngeren die Lacher auf seine Seite, und doch war dieses Streben nach Alleinherrschaft nicht wohlgetan. Sehr scharf kam seine Gegnerschaft gegen Nägeli zuweilen zum Ausdruck – trotz der Hochschätzung, die aus Festreden usw. klang; Schwendener schien ihm als Zielscheibe scharfer Satire geeignet; von Goebel stammt wohl das Wort von der „Zellenfängerei", als die er die Arbeitsweise mancher Forscher – nicht nur vieler geringer, sondern auch mancher großer – abzutun zu dürfen glaubte.

Goebel war der Mittelpunkt eines großen Kreises. Als Ältester wirkte neben ihm Karl Giesenhagen, der seinem Lehrer wie ein Schatten schon zu mehreren Universitäten gefolgt war. Giesenhagen, ein Mann niederdeutscher Herkunft, stammte aus dem Lehrfach und war auch an der Universität der ausgezeichnete Lehrer geblieben; diese Begabung verhalf seinem Lehrbuch zu vieljährigem Erfolg.

Als Assistenten Goebels waren Dr. Wilhelm Wächter und Dr. Gustav Dunzinger tätig. Dr. Wächter, wiederum ein Norddeutscher, war der einzige in unserem Kreise, mit dem ich auch außerhalb des Laboratoriums oft zusammentraf; das brachten unsere gemeinsamen Interessen für moderne Kunst und Literatur mit sich. Wächter war ein unermüdlicher Plauderer, wenn das Gespräch auf Kunst oder Politik oder gar auf Tabakrauchen kam. Er war von Hause aus Apotheker; sein Interesse an Botanik, das ihn später zu W. Pfeffer führte, war groß und ehrlich, seine Freude am Arbeiten aber nicht immer ausreichend.

Dr. Dunzinger war ebenfalls Apotheker und kunstbelasteter Botaniker; lange glaubte er, besser als Maler seinen Weg finden zu sollen. Ein Kompromiß brachte ihm später seine Gabe, botanische Lehrbücher und Abhandlungen fachmännisch und geschmackvoll zu illustrieren.

Hermann Ross, der nach seiner palermitaner Periode zunächst bei Radlkofer angestellt war, kam später als Gartenkustos zu Goebel. Er gehört zu denjenigen, die unter der schweren Hand des Chefs nicht wenig gelitten haben.

Mit Dr. med. Friedrich Brand führte mich mein Weg in München oft zusammen, obwohl er von Goebel und seiner Eigenart sich nicht eben angezogen fühlte und lieber seinen Weg allein zurücklegte, der ihn nach Niederlegung seiner ärztlichen Praxis zur Süßwasseralgologie geführt hatte. Sehr viel hätte ich von ihm lernen können, wenn ich von seinen Objekten mehr verstanden hätte.

Die jüngeren botanischen Forscherjahrgänge waren durch einige anglo-amerikanische Gäste vertreten, Burns und Billings; weiterhin traf ich bei

Goebel das russische Ehepaar Wladimir Arnoldi, den Sohn des Innsbrucker Mathematikers Stolz, der nicht viel später das Opfer eines Alpenausfluges wurde, den Oberbayern Hans Schnegg, der Gärungsprofessor in Weihenstephan wurde, den katholischen Missionar Lang und manche andere; Familler, ein früherer Goebelschüler, kam aus Regensburg hin und wieder gastweise nach München.

Vom technischen Personal des Instituts nenne ich den vortrefflichen Zeichner Dorn. Jahrelang war er bei Goebel tätig und zeichnete tagein, tagaus für die zahlreichen Bücher und Abhandlungen des Chefs ungezählte Illustrationen, deren Linienführung den Botanikern wohlbekannt geworden ist.

Mein wissenschaftliches Streben bekam durch ein Schreiben aus Halle starke, neue Impulse: Georg Klebs, an den ich mich mit der Bitte gewandt hatte, meine Zulassung zur Habilitation der Fakultät zu empfehlen, hatte zustimmend geantwortet.

Mein weiterer Münchener Aufenthalt sah mich in Giesenhagens Zimmer als Assistent. Namentlich das Kryptogamenpraktikum hatte ich selbständig abzuhalten. Frau Uexküll-Gyldenbrandt, die als Botanikerin sich später in der Schweiz einen Namen gemacht hat, gehörte zu meinen Schülerinnen. Auch an anderen praktischen Übungen war ich beteiligt, z.B. an dem Drogenpraktikum der Apotheker, deren Stoffgebiet ich mich hier zum ersten Male näherte. Von Zeit zu Zeit gab es irgendwelche Aufgaben für die Forschungen des Chefs zu bearbeiten. Erst hierbei lernte ich manche Züge Goebels kennen und bewundern. Mit sprudelnder Fülle kamen ihm Gedanken über Gedanken, mit leidenschaftlichem Drang nahm er ihre experimentelle Prüfung sogleich mit in Angriff.

Das angesehene Münchner Institut und sein sprachkundiger Leiter sahen oft berühmte Gäste. Im Sommer 1899 erschien Sergius Nawaschin, der damals soeben die doppelte Befruchtung der Angiospermen entdeckt hatte und auf einer Reise durch Europa den Fachkollegen seine staunenerregenden Präparate vorlegte. Im folgenden Winter war Charles Chamberlain aus Palo Alto lange Zeit mein Zimmergenosse; er sprach vortrefflich deutsch und hat mich an seiner Seite angenehme, lehrreiche Stunden erleben lassen.

In den ersten Tagen des Jahres 1900 fuhr ich vom weihnachtlichen Aufenthalt in Breslau über Halle nach München zurück. In Halle vollzog sich meine Habilitation. Vor dieser wurde festgestellt, daß ich „im Auslande" promoviert, also nicht in Philosophie geprüft worden wäre; dieser Umstand machte eine Nachholung des philosophischen Examens, eine „Nostrifikation" notwendig. Das Kolloquium vollzog sich dank der Nachsicht des Fachordinarius in milden Formen; am nächsten Tag konnte ich als Privatdozent nach München zurückfahren.

# Ludwig Curtius

1874–1954

*Archäologe*
*1894–1898 zuerst Jura, dann*
*Archäologiestudium in München*
*und Berlin.*
*1912 Prof. in Erlangen,*
*1920 in Freiburg.*
*1928–1937 Direktor des*
*Deutschen*
*Archäologischen Instituts*
*in Rom.*

Noch Jahrzehnte später, wenn ich die Eingangshalle des Ludowigischen Baus der Münchener Universität betrat und die breite, große, durch ein buntes Glasfenster mattbeleuchtete Treppe in seiner Mitte hinanstieg, überkam mich wieder das gleiche Gefühl des Glücks wie damals am 3. November 1894, als ich hier zum erstenmal eintrat. Das Wissen als solches erschien mir als ein unermeßliches Geschenk, und nur dies bekümmerte mich, daß ich nicht wußte, auf welchem Wege, in welchen Hörsälen ich am raschesten zu ihm gelangen könnte. Daß ich nun schließlich als Student der Jurisprudenz immatrikuliert war, machte mir zunächst wenig Sorge. Denn nach der damaligen bayrischen Examensordnung hatte der Student der Rechtswissenschaft für seine allgemeine Bildung acht Vorlesungen im Bereich der philosophischen Fakultät zu hören, und jedermann hatte mir geraten, für diese die ersten zwei Semester zu verwenden.

München war mir, als ich als Student dahin kam, keine unbekannte Stadt. Der Zauber, in dem ich damals diese geliebteste Stadt Deutschlands sah, hat sich nie wieder verloren.

In einem kleinen, bescheidenen, aber sauber behaglichen Zimmerchen in der Adalbertstraße hatte ich mich eingerichtet und war darauf angewiesen, mit den monatlichen 120 Mark, die ich vom Vater erhielt, auszukommen. War von diesen die Zimmermiete und das Morgenfrühstück abgerechnet, so blieben für den Tag drei Mark auszugeben. Kolleggelder und Lehrbücher für das Studium bezahlte der Vater gesondert. Mit drei Mark am Tag konnte damals ein Student wohl auskommen, die meisten hatten weniger; aber große Sprünge waren nicht dabei zu machen.

Das Kaffee-Restaurant Heck, das unter den Arkaden in der Ecke zwischen Odeonsplatz und Galeriestraße lag, hat leider nicht wie das Kaffee Greco in Rom seinen Geschichtsschreiber gefunden und wird ihn jetzt, der Ungunst der Zeiten erlegen, auch nicht mehr finden. Es war das Restaurant der akademischen Welt, der Professoren und solcher, die dies werden wollten, der

Künstler, auch der Schauspieler der nahegelegenen Hoftheater. Peter Altenberg oder Wedekind begegnete man da nicht, auch nicht Stefan George. Es
bewahrte noch einen Rest von Ludowigischem Klassizismus – Klenze und
Gärtner, Cornelius und Kaulbach, Emanuel Geibel und Paul Heyse waren da
auch einmal ein- und ausgegangen. Dort hatte der mild gutmütige Kirchenhistoriker Friedrich, der Mitarbeiter Ignaz Döllingers in seinem Kampf gegen
das Unfehlbarkeitsdogma von 1870, seinen Stammtisch, zu dem auch der
berühmte Germanist Paul, der knurrige Junggeselle, gehörte und an dem sich
auch der große deutsche Rechtshistoriker von Amira mit seiner riesigen
Germanenfigur gelegentlich einfand. Zu einem anderen Tisch gehörte der
Bildhauer Hahn. Da saß auch Max Reger und trank unter der Obhut seiner
Frau Limonade, um aber, plötzlich heimlich auskneifend, draußen in der
Schenke eine Maß Bier in einem Zuge hinunterzustürzen.

Da gab mir der Vater eines Schulkameraden, ein hoher Verwaltungsbeamter,
der meiner beginnenden oppositionellen Kritik teils mit Sorge, teils mit
Wohlgefallen zusah, die von Helferich neu herausgegebenen „Staatswirtschaftlichen Untersuchungen des Staatsrats Herrmann" in die Hand. Durch
dieses Buch angeregt, stürzte ich mich mit einem wahren Heißhunger in
meinem ersten Münchener Semester in die Vorlesung Lujo Brentanos:
Allgemeine Volkswirtschaftslehre.

Erst ein paar Jahre später trat ich Brentano persönlich näher, erlitt, wie bald zu
erzählen, Schiffbruch bei ihm, entfernte mich, kam später in ein enges,
beinahe freundschaftliches Verhältnis politischer Zusammenarbeit mit ihm,
das wieder abbrach, sich aber auch wieder erneuerte, und das in anderer Form
mit dem äußerlich zwar gealterten, aber innerlich immer gleich jugendlichen
Manne bis zu seinem Tode weitergeführt wurde. Er hatte, von Anfang an ein
Liebling des Schicksals, rasch Karriere gemacht, besaß viele Freunde in der
Welt und genoß das. Er hatte etwas Weltmännisches an sich, das den meisten
deutschen Gelehrten fehlt, bewegte sich lächelnd leicht in eleganter Gesellschaft, wenn er ihr innerlich auch ferne stand, war aber ganz süddeutsch und
hatte nichts Englisches angenommen. Im Alter konnte er nebenher manchmal
so erzählen: „Als mein Onkel Clemens mit Goethe spazierenging, da sagte der
Alte . . .", oder „Als Beethoven meiner Tante Maximiliane in Wien vor-
spielte, da . . .", oder „Mein Onkel Savigny war so eitel . . .", oder „Mein
Onkel Arnim sagt in den ,Kronenwächtern' . . .", oder „Mein Vetter Herman
Grimm, als er uns neulich besuchte. . ." Wer in ganz Deutschland besaß solch
eine adlige Verwandtschaft?

Brentano besaß ähnlich wie Max Weber einen Radikalismus des moralischen
liberalen Gewissens, der keinen Kompromiß erlaubte und der ihn daher für
praktische Politik, nach der er doch innerlich lechzte, die aber ohne
Kompromiß undurchführbar ist, unbrauchbar machte. Daß für Männer

seiner Art in der praktischen deutschen Politik kein Platz war, gehörte zu den Konstruktionsfehlern unseres politischen Lebens von Hause aus. Geistig so kühne Menschen wie ihn ertrug weder das parteipolitische Spießertum des deutschen Bürgers, dessen Freiheitssinn durch den Dreißigjährigen Krieg und den bis tief ins 19. Jahrhundert nachwirkenden Obrigkeitsstaat gebrochen war, noch der Herrschergeist Bismarcks, der die schwierige Konstruktion seines Reiches bei dessen fortwährender außenpolitischer Gefährdung nur dadurch sichern zu können glaubte, daß er jeden Willen, der sich ihm nicht völlig unterordnete, vernichtete.

Wenn er in dem vollbesetzten Auditiorium Maximum, das damals zweihundert Zuhörern Raum bot, das Katheder betrat, herrschte lautlose Stille. Er war ein vorzüglicher Dozent, beherrschte mit seinem hellen, etwas krähenden Organ den Saal bis in seine letzten Reihen, sprach klar und langsam, einprägsam auch für den, der nicht mitschrieb. Er hatte einen gewissen künstlerischen Sinn für den Aufbau seiner Gedanken, deren Hauptlinien immer sauber herausgearbeitet waren und deren Thesen durch kontrastreiche und witzige Pointen, für die seine wissenschaftlichen und politischen Gegner herhalten mußten, beleuchtet und im Vortrag, während er auf der breiten Estrade seines Katheders auf und ab ging, durch schauspielerische Effekte rhetorischer Fragen, Verzögerung der Antwort, schließlich erhobener Stimme gesteigert wurden. Als politischer Redner, als der Brentano auch auftrat, wurde er von Bebel, Stöcker und Naumann weit übertroffen, als Lehrer am Vorlesungspult kamen ihm wenige gleich.

Im Zentrum aber der täglichen Vorlesung Brentanos stand die Arbeiterfrage, die etwas unorganisch mit der Freihandelstheorie verbunden war. Die zweite fesselte mich wenig, die erste um so mehr, weil ihre Behandlung von dem ganzen Ethos der Persönlichkeit des Lehrers befeuert war, in dem die katholisch-christliche Lehre von dem unverlierbaren Recht der einzelnen menschlichen Seele, das Fichte-Schillersche Pathos der Erziehung der deutschen freien Persönlichkeit und der Idealismus des englischen Liberalen zusammenflossen. Ich wurde erschüttert durch Brentanos leidenschaftliche Anklagen der verworrenen deutschen Gegenwart, von der ich mich innerlich immer mehr loslöste. Denn auch das war in dem großen Hörsaal wohl spürbar: Brentano hatte keineswegs die Mehrheit seiner Hörer auf seiner Seite. Die meisten blieben unberührt, viele waren, schon durch Parteizugehörigkeit bestimmt, seine Gegner.

Mein Nachbar im Kolleg zur Linken teilte meine Verehrung Brentanos. Es war ein elegant angezogener, etwas schmalbrüstig aufgeschossener junger Mensch mit schlicht aus der Stirne nach hinten gebürstetem schwarzem Haar. Hinter seinem Zwicker saß ein Paar vorsichtig prüfender brauner Augen, und in seinem oben breiten, unten rasch sich zusammenziehenden, bräunlich geröteten Gesicht sprangen eine kurze scharfe Nase und ein energisches Kinn aggressiv heraus. Er wohnte als Sohn reicher Leute in einer nicht billigen Pension neben dem eben eröffneten, rasch Mittelpunkt des neuen Geistes gewordenen Café Stephanie in der Theresienstraße, in dem wir uns am Abend trafen. Er kannte Goethe besser als ich, sagte mir aber, die moderne Literatur fange mit Niels Lyhne von J. P. Jacobsen an, las mir Gedichte von Arno Holz und Johannes Schlaf, von Dehmel und Liliencron vor und erwartete mit Ungeduld das Erscheinen eines neuen Heftes der „Gesellschaft" von M. G. Conrad, dem wir auf der Straße oft begegneten. Erst allmählich entdeckte ich das Geheimnis, aber auch die Wunde seines analytischen Geistes, sein Judentum inmitten einer leidenschaftlichen Liebe für Deutschland und deutsches Wesen.

Mein Freund, es war der spätere Professor für Sozialwissenschaften an der Universität Frankfurt a. M. und nachher in Amsterdam, der während der Revolution von 1918 auch Polizeipräsident in Frankfurt a. M. war, Hugo Sinzheimer, hatte damals schon viele Wunden empfangen, von denen ich nichts wußte. An ihm zuerst ist mir die tiefe Tragik des deutschen Judentums allmählich aufgegangen. Eines Tages schenkte er mir Nietzsches Morgenröte in der damals noch nicht verkauften ersten Auflage und sagte, wer das nicht gelesen habe, sei kein moderner Mensch, und gemeinsam genossen wir Fontanes eben erschienenes Meisterwerk „Effi Briest".

Nun wäre ich durch so viele mächtig auf mich einstürmende „moderne" geistige Erlebnisse wohl umgeworfen worden, hätte ich nicht nach dem antinomischen Gesetz meiner Natur ein Gegengewicht gefunden. Dieses war der junge Philosoph Cornelius. Weil mein schwäbisches Eigenbrötlertum ungern Wege einschlug, auf denen alle gingen, wollte ich Philosophie nicht bei Theodor Lipps hören, sondern geriet auf selbständiger Entdeckungsfahrt in einen großen Hörsaal, in dem ein eben habilitierter Privatdozent nachkantische Erkenntnistheorie Mach-Avenariusscher Färbung vor nur ein paar Zuhörern vortrug, daß ich mich diesen anschloß und auch seine praktischen Übungen über Kants Kritik der reinen Vernunft besuchte. Cornelius kam von der Mathematik her, und die nüchterne Sauberkeit seiner Logik wirkte auf mich ähnlich reinigend wie der emphatische Spott Brentanos und Sinzheimers Ironie. Der Historiker Carl Adolf Cornelius, der seinerzeit zum Frankfurter Parlament gehört hatte und dessen kleinere Schriften über Calvin als klassisch galten, war sein Vater. Der Maler Peter Cornelius war der Großonkel des jungen Philosophen, der Dichter und Komponist des köstlichen „Barbier von Bagdad", Peter Cornelius, ebenfalls sein Großonkel, und der Kunsthistoriker Carl Cornelius, der erste Schüler Heinrich Wölfflins, den ich auch bald kennenlernte, sein Vetter. Durch seine Mutter, eine geborene Simrock, war er nahe verwandt mit dem Berliner Verleger der Werke von Johannes Brahms.

Mich lehrte er Gottfried Keller kennen, von dem in Augsburg keiner gesprochen hatte, von ihm angeleitet interessierten mich in Galerien und Kunstausstellungen nur mehr die Säle, in denen englische Präraffaeliten, Feuerbach, Böcklin, Thoma und Stäbli zu sehen waren. Aber das höchste, beinahe wie ein Bundesgeheimnis gehütete Heiligtum waren die Bilder von Hans von Marées, die Konrad Fiedler nach Schleißheim gestiftet hatte und die also überhaupt nur dem zugänglich waren, der von ihnen wußte und die umständliche Reise zu ihnen nicht scheute.

Ich liebte Cornelius scheu aus der Ferne und beklommen in seiner Nähe wie ein hysterisches Institutsmädchen seine Klosterfrau. Einmal lud er mich zusammen mit Carl Brandi, dem späteren Geschichtsschreiber Karls V., zum Abendessen ein, wobei es nach der Tradition seiner Familie immer ausgezeichnete Rhein- und Bordeauxweine gab. Sein Vater, der Historiker, pflegte zu sagen: „Mit einer Flasche Pontet Canet mittags und einer abends fängt die normale menschliche Existenz erst an."

Im nächsten Semester des Herbstes 1896 fand ich das geliebte München wieder genau so vor, wie ich es verlassen hatte. Da hetzte niemand und da haßte man sich gegenseitig nicht so wie die Parteimenschen in Berlin, da gab es wieder Kirchenglocken und überall lachende Menschen. Wenn der Herr von Vollmar von seinem Landsitz im Gebirge niederstieg, um in einer großen Volksversammlung zu sprechen, so hagelte es zwar bissigen Spott aus seinem Munde, aber zugleich riet er zu nüchterner Betrachtung der Dinge und zu politischem Maßhalten. Aber ich hatte, da nun allmählich der erste Termin meines juristischen Examens heranrückte, so viel zu tun, daß ich meine Experimente in sozialdemokratischen Arbeiterbildungsvereinen, deren es in München sehr viel weniger gab und die auch dort ganz anders beschaffen waren als in Berlin, aufgeben mußte. Während ich mir meine praktischen Arbeiten aus dem römischen Privatrecht für den ausgezeichneten Lehrer Lothar Seiffert überlegte und mir die Paragraphen des Strafrechts und des Handelsrechts einprägte, ließ mich die quälende Frage nicht los, auf welches Ziel ich denn lossteuerte. Richter wollte ich nicht werden, Advokat auch nicht, zum modernen Geldwesen fehlte mir jede innere Beziehung. Was sollte ich also mit meinem ersten Examen?

Zu Schmollers Zufriedenheit hatte ich in Berlin in seinem Seminar einen Vortrag über die drei dicken Bände der „Acta Borussica" gehalten, in denen das merkantilistische Experiment der preußischen Seidenindustrie behandelt wird. Darauf lud er mich ein, für die von ihm herausgegebenen Forschungen als Dissertation die Augsburger Barchentweberei zu bearbeiten. Ich begann schon in den Osterferien 1896 die Weberakten des Augsburger Archivs zu bearbeiten, ich reiste nach anderen in den kleineren schwäbischen Städten herum, ich ließ mir neue Aktenstöße auf die Münchener Hof- und Staatsbibliothek kommen. Ich mußte, wenn ich meine Augsburger Akten exzerpierte, meine Zeit ausnützen und sah nicht nach rechts und nicht nach links. Aber als ich einmal aufsah, gewahrte ich links neben mir eine kleine hagere, gnomenhaft über einem Kodex zusammengeschobene, ganz in die Arbeit versunkene, eifrig schreibende Gestalt mit langen Haaren und mit überscharfen Augen hinter der Brille. Es war Theodor Mommsen.

Schließlich war ich mit meiner Augsburger Barchentweberei so weit, daß ich ihr erstes Kapitel „Anfänge und Entwicklung im 16. Jahrhundert" am Ende des Sommersemesters in Brentanos Seminar vortrug. Die Arbeit hatte große Lücken, die aber Lücken des Aktenmaterials, nicht seiner Bearbeitung waren. Ich hatte nur den unanfechtbaren Inhalt dieser Akten vorgetragen und war daher nicht wenig erstaunt, als Brentano in seiner Kritik meine Arbeit vernichtete. Seine Ablehnung galt freilich nicht deren Inhalt, auch nicht meiner Abhandlung, sondern überhaupt dem Thema, dem Wahnwitz, ein solches sich zu stellen, bei dem doch für die Erkenntnis der Probleme unserer Zeit gar nichts herausspringe. Er schloß die Sitzung mit nicht einem Wort der Anerkennung oder der Ermunterung. Es war, als hätte er das Tor seiner Wissenschaft krachend vor mir zugeschlagen – und ich stand draußen. Ich überlegte mir auf einem langen Spaziergang im Englischen Garten meine Lage, ich frug Cornelius um Rat und beschloß in einer schlaflosen Nacht, die ganze Last meines juristischen Berufsstudiums abzuschütteln und mich der Kunst zu widmen. Ich fühlte mich wie neugeboren.

# Ferdinand Sauerbruch

1875–1951

*Chirurg*
*Studium in Marburg, Jena*
*und Leipzig;*
*Prof. in Marburg (1908–1910),*
*Zürich (1910–1918),*
*München (1918–1928)*
*und Berlin (1928–1949), dann*
*Kassenarzt in Ost-Berlin.*
*Berühmtester Operateur seiner*
*Zeit (Thoraxchirurgie);*
*entwickelte u. a. die*
*„Sauerbruch-Hand" (Prothese).*

Über Zürich fuhr ich nach kurzem Aufenthalt sofort weiter nach München. Je mehr mir in der bayerischen Hauptstadt der Kontrast zwischen meinem Leben in der Schweiz und dem meiner Landsleute klar wurde, je mehr ich mit Lebensmittelkarten, ungeheizten Hotelzimmern, überfüllten Verkehrsmitteln und der Weltuntergangsstimmung der Bevölkerung konfrontiert wurde, um so mehr wußte ich, daß ich den Ruf nach München nicht ablehnen konnte. Als ich meine Position in München antrat, wurde ich vom König von Bayern zum Geheimen Hofrat ernannt; zudem verlieh er mir den Titel eines Generalarztes in der bayerischen Armee.

Während ich vorläufig im „Bayerischen Hof" wohnte, nahm meine Frau den Umzug in die Hand. Das war eine fürchterliche Angelegenheit, denn die Entente hatte eine allgemeine Blockade Deutschlands auch bei den neutralen Ländern und Staaten durchgesetzt. Entsprechend meiner Gewohnheit hatte ich auch diesmal viele meiner Herren mitgenommen. Mein Oberarzt, Dr. Stierlein, Dr. A. Brunner, der jetzige Professor in Zürich, Dr. Bösch, meine Sekretärin, Frau Leske, und die Pfleger Rohde und Kratzat, sie alle wirkten jetzt in München. Damit hatte ich meine Gruppe beisammen, und wir konnten losarbeiten. Als ich wußte, daß meine Familie aus Zürich abgereist war, brach die Revolution aus. Zur Audienz beim König würde ich also nicht mehr erscheinen. Ich war der letzte Ordinarius und der letzte Geheime Hofrat, den die Königlich Bayerische Regierung ernannt hatte.

Bis zum März des Jahres 1919 blieb in München alles wirr und ungeordnet. Von einem geregelten Betrieb in der Universität konnte überhaupt nicht die Rede sein. Es bedurfte schon all meiner Energie, den Betrieb in Klinik und Lazaretten aufrechtzuerhalten. Meine beiden Kollegen Dr. Jehn und Dr. Birkelbach fanden sich in München ein. Sie waren eine willkommene Hilfe. Eines Tages erschien in der Klinik, mitten in der schönsten Revolutionszeit, ein

Mann, der in der Schweiz im Jahre 1910 bei mir Assistent gewesen war. Er hieß Brodsky, war ein kleiner rothaariger Herr israelitischer Religion und jetzt in hoher Position im Ministerium für Wohlfahrt in Moskau. Er überschüttete unsere Klinik mit allem, was wir brauchten, er überschüttete uns selbst mit herrlichen Dingen und war sehr nett zu unseren Kleinen. (Sechsundzwanzig Jahre später erlebte ich das Ganze noch einmal, riesenhaft gesteigert. Gespenstisch . . .)

Die Revolution 1918 war kein Erdbeben. Sie war nicht einmal eine richtige Revolte, sie war ein Teil des Zusammenbruchs. Von Politik im weltweiten Sinn habe ich nie etwas verstanden, und das tut mir auch heute noch nicht leid. Mit den neuen Leuten vom November 1918 habe ich wenig zu tun gehabt; sie waren nicht meine Patienten, und ich ging nicht in ihre Versammlungen.

Eine große Abneigung hatte ich gegen einen Linkssozialisten namens Kurt Eisner, der eine führende Rolle im November 1918 in München gespielt hat, der ein Schriftsteller und Agitator war, von dem man wenig zu lesen, aber um so mehr zu hören bekam. Große Umzüge wälzten sich in jenen November-tagen durch die Stadt. Man ist vielleicht gewohnt, bei Revolutionen an Mord und Brand, vielleicht auch an Raub und jede schwere Missetat zu denken, an Hinrichtung politischer Gegner, an Neuorganisation des ganzen Staats-gefüges.

Ich habe 1918 von diesen Dingen nur gemerkt, daß die Alten abtraten. Die Regierungsmänner, die Minister, die Staatssekretäre verschwanden in der Versenkung und blieben ganz still; Agitatoren wie Eisner hingegen führten das große Wort. Über Eisner hörte man die widerspruchsvollsten Gerüchte. Meine Assistenzärzte glaubten, daß er sich als kommunistischer Diktator ausrufen lassen wolle, von manchen Patienten hörte ich aber wieder ganz anderes. Danach sollte Eisner für den linken Kommunistenflügel als Verräter gelten und heftigen Angriffen innerhalb seiner eigenen Reihen ausgesetzt sein. Ende Februar 1919 wurde Eisner auf offener Straße auf dem Weg zum Landtagsgebäude durch Pistolenschüsse ermordet.

Da ging es los. Versammlungen in Lokalen und unter freiem Himmel, Umzüge, wilde Demonstrationen, Sprechchöre, Fahnen, Aufrufe aller Art versetzten die Massen in Raserei. Die letzten Reste staatlicher Ordnung drohten zusammenzubrechen. Der Mob herrschte in den Straßen, und wie immer in solchen Fällen kam es zu Gewalttätigkeiten, über die dann die wildesten Gerüchte zu uns drangen. Der Mörder Eisners, ein junger Leutnant namens Graf Anton Arco-Valley, wurde für das nationale Bürgertum zum Helden und Märtyrer; für die Revolutionäre aber war er ein gemeiner Verbrecher, der, so hieß es, gleich nach der Tat an Ort und Stelle seinen verdienten Lohn empfangen habe und erschossen worden sei.

Wie erstaunt, betroffen und – ehrlich gesagt – beglückt war ich, als mir, ich traute meinen Ohren nicht, während wir alle Hände voll zu tun hatten und Verwundete operierten, ein Assistent zuflüsterte, eben sei Graf Arco schwerverletzt bei uns eingeliefert worden.

Er hatte einen Schuß durch den Hals bekommen, und die Blutung machte eine Atmung fast unmöglich. „Geben Sie ein Messer her", sagte ich, „der Mann erstickt ja . . ." Mit einigen Schnitten spaltete ich die Halsmuskulatur, um angestautem Blut Abfluß zu geben. Sofort erholte sich der Patient zusehends. Er ist einige Jahrzehnte später, ich glaube als ehrsamer Grundstücksmakler, in Ruhe in seinem Bett gestorben.

Aber damals wußte ich nicht, daß Graf Arco am Leben bleiben würde. Fortwährend kamen verdächtige Telefonanrufe, Delegationen, Kommunisten und Abordnungen irgendwelcher Arbeiter- und Soldatenräte, oder wie sie sich sonst nannten, verlangten Einlaß in die Klinik, lärmten herum und forderten die Herausgabe Arcos.

Bei mir stand von vornherein fest, daß ich freiwillig Arco niemals herausgeben würde. Er war mein Patient geworden, stand unter meinem ärztlichen Schutz, und irgendwie fühlte ich mich beinahe väterlich verpflichtet, für diesen jungen tapferen Menschen in dieser Lage zu sorgen.

Ich brauchte nichts zu seiner Sicherheit anordnen, unsere Pflegeschwestern brachten ihn im Dachgeschoß unter, so daß er nicht zu finden war, wenn nicht gerade dieses Versteck verraten wurde.

Ich war fest entschlossen, ihn niemandem herauszugeben.

Die Kommissionen, die Arco abholen sollten, ließen sich immer schwieriger abfertigen. Eine Gruppe von vier Leuten, darunter zwei Schwerbewaffnete, ist mir noch besonders in Erinnerung. Die zwei Unbewaffneten waren die gefährlichsten. Sie waren höflich, zeigten ein verbindliches Lächeln, aber sie waren zäh, trotz ihrer Jugend sehr gewandt, ihnen haftete etwas Gefährliches an, ohne daß man wußte, wieso.

Mit vollendeter Höflichkeit brachten sie zum Ausdruck, daß sie nicht hofften, daß ich Graf Arcos Schicksal auch zu dem meinen machen wolle. Sie blieben, begleiteten mich auf meinen Gängen in die Krankensäle, standen still hinter mir, wie sonst meine Assistenten.

Ich mußte ein Äußerstes tun, ich mußte eine Gegenüberstellung mit ihrem Opfer riskieren. Ich brachte die Männer in das Zimmer des Kranken. Graf Arco lag im Bett, sein junges Gesicht war greisenhaft vor Schmerz und Erschöpfung, er machte den Eindruck eines Sterbenden. Darauf hatte ich spekuliert, wie es sich herausstellte, mit Recht.

Auch diese Kommission, die gefährlichste von allen, ging, nachdem sie sich von mir noch den vermutlichen Todeszeitpunkt Arcos hatte sagen lassen, den sie fein säuberlich aufnotierte. Die zwei jungen Herren ließen mir keinen Zweifel, daß ich für Graf Arco – ob tot oder lebendig – haftete.

*Chirurgische Klinik*

In den darauffolgenden Tagen kamen weitere Abholkommissionen zu den unmöglichsten Zeiten auf die Idee, festzustellen, ob Graf Arco noch da sei, und dazu brauchten sie immer mich selbst, gewissermaßen als Bürgen. So fuhren sie des Nachts oft vor meinem Hause hinter dem Bavaria-Keller vor, holten mich aus dem Bett, zwangen mich, in ein Fahrzeug zu steigen, auf dessen Trittbrettern wildaussehende Kerle mit Maschinenpistolen standen, und fuhren mit mir in die Nacht davon.

Wenn die Männer sich dann überzeugt hatten, daß Graf Arco noch immer schwerleidend im Bett lag, fuhren sie wieder davon, brachten mich auch einige Male in mein Haus zurück. Ich fühlte aber, daß ich Arco auf die Dauer nicht würde halten können.

Eines Morgens, ich operierte gerade, wurde mir gemeldet, daß mich eine Delegation wegen Graf Arco sofort sprechen müsse. Als ich vor die Leute hintrat, eröffneten sie mir:

Die Regierung habe soeben ein Gesetz unterzeichnet, nach dem Graf Arco zum Tode verurteilt worden sei. Ich sollte ihn herausgeben. Zur Hinrichtung.

Ich rief: „Es wird jetzt niemand hingerichtet! Wir haben schon genug Tote! Wollt ihr gar keine Ruhe geben!"

Sie aber antworteten: „Die Regierung hat es befohlen!"

Da konnte ich mich nicht mehr zurückhalten, und alle Qual, Verbitterung, Erschöpfung und Opposition mußten heraus.

Ich schrie zurück: „Eure Sauregierung!"

Da war's geschehen. Sie stürzten sich sofort auf mich und schleppten mich, der ich noch den Operationsmantel anhatte, in ihren Wagen. Man fuhr mich in eine Schule in der Münchener Vorstadt Haidhausen. Man stieß mich in einen kleinen Raum. In dem saß schon der Maler Franz von Stuck.

Wie ich dann später erfuhr, ist unmittelbar nach mir Graf Arco von roten Soldaten aus der Klinik geholt worden.

Nachdem ich mich eine Weile mit Stuck unterhalten hatte, wurde die Tür aufgerissen, Soldaten kamen, schleppten mich über Flure und Korridore, erklärten, jetzt würde ich vor ein Revolutionsgericht gebracht.

Ich stand, umgeben von schwerbewaffneten Wachen, vor einem Tisch, hinter dem ein Mann saß, der übernächtigt aussah. Sein Haar war ungekämmt.

„Sie sind der Doktor Sauerbruch?" fragte er.

Schlicht antwortete ich mit „Ja".

Aber der Mann übertraf mich in der Schlichtheit der Sprache auf fürchterliche Art.

Er sagte ganz einfach: „Sie sind zum Tode verurteilt!" Die Wachen packten mich, zerrten mich hinaus und sperrten mich in einen der vielen leeren Räume. Dann wurde die Tür geöffnet, ein schlottrig aussehender Kerl steckte seinen Kopf herein und schrie:

„Heute nacht, Punkt zwölf Uhr wirst du erschossen!"

Ich war ohne Hoffnung.

Um welche Stunde sich das ereignet hat, was ich jetzt erzählen will, weiß ich nicht, auf jeden Fall kamen aber so zwischen Nachmittag und Abend plötzlich ein paar Soldaten in den Raum, die von einem jungen Manne angeführt wurden.

Dieser junge Mann sah mich an, stutzte, sah auf meinen weißen Chirurgenmantel, starrte mir ins Gesicht, machte einen förmlichen Sprung zurück und schrie, als ob er am Spieß stäke: „Sauerbrucha!"

Der Mann erregte sich furchtbar. Er stürzte sich auf mich, zog mich hoch, umarmte mich, und völlig hektisch rief er: „Du gutes Sauerbrucha, du gut in Zürich zu armes nihilistisches Student! Du mir sagen: du armes Luder, in Hörsaal unten sitzen, daß du gut sehen kannst, du anderes, faules, reiches Luder nach oben!"

Großer Gott! Sein Gesicht kam mir irgendwie bekannt vor.

Der Mann vor mir aber schrie weiter: „Du gutes Sauerbrucha! Ich in Zürich zu dir kommen und sagen, arme alte kranke Mutter, jetzt ganz krank. Nix Geld. Überhaupt gar kein Geld! Du gutes Sauerbrucha kommen und Mutter gesund machen!"

240

Dann holte er tief Atem, sah mich mit seinen mandelförmigen Augen, in denen die ganze Wehmut des Ostens wohnte, erschrocken an, und es wurde mir klar, daß er jetzt begriff, wo ich mich befand und was mir bevorstand.

Der junge Russe schien auch seinen Plan gefaßt zu haben, er überlegte, zischte mir zu: „Elf Uhr ich dich holen!" drehte sich um und verließ den Raum.

Zwischen zehn und halb elf Uhr in der Nacht wurde ich sehr unruhig. In dem Raum brannte kein Licht.

Es wurde elf Uhr. Kein Laut war im Hause zu hören, keiner in der Umgebung. Ich war ganz sicher gewesen, daß der Russe mich holen würde.

Um elf Uhr fünfundvierzig aber dröhnten durch das Haus polternde Schritte. Stimmen klangen auf, der Schlüssel im Schloß drehte sich, Lichter blinkten, und mein russischer Freund stand da, umgeben von verstört aussehenden Deutschen in Uniform und Zivil. Der Kerl, der zu mir gesagt hatte: „ Sie sind zum Tode verurteilt!" war unter ihnen. Der junge Russe vollführte eine satanische Komödie: „Dieser da Arzt! Er soll unsere Leute verbinden!" brüllte er und sah wild um sich.

„Weg von der Tür!" schrie er drei Uniformierten zu. Sie stoben entsetzt auseinander. „Los, nun kommen!" brüllte er mir zu.

Er drängte mich aus dem Raum und aus dem Haus. Draußen stand ein Auto, er stieß mich hinein, holte eine Kurbel und mühte sich ab, den Wagen anzulassen. Er fluchte: „Du entsetzliches Sauwagen!"

Da sprang der Motor an. Das waren fürchterliche sechs bis sieben Minuten. Langsam fuhr er los, da der Motor nicht auf Touren kommen wollte.

Schon an der nächsten Ecke, als er bremsen mußte, um nicht in einen parkenden Möbelwagen hineinzufahren, würgte er den Motor ab. Endlich sprang er wieder an.

„Ich dich in Klinik fahren! Du da bleiben, bis alles vorüber! Ich dir Gutes wünschen im Leben", sagte er vor der Klinik und fuhr in das Dunkel der Stadt und in das Dunkel seines Leben hinein. Er hat das höchste Honorar bezahlt, das ich je empfangen habe.

Den Grafen Arco befreite Dr. Jehn mit einem Bluff und mit gefälschten Papieren. Er erschien an dem Ort, an dem Arco gefangengehalten wurde, und verlangte seine Herausgabe, da sich die Regierung entschlossen habe, ihn noch strenger zu halten. Man lieferte den Gefangenen aus. Jehn brachte ihn in der Psychiatrischen Klinik unter, und dort konnte er verborgen gehalten werden, bis Ritter von Epp mit den Truppen der deutschen Republik einzog und die Münchener Räteregierung zerschlug. Worauf nach dem roten der „weiße Terror" begann.

Jetzt suchte man nicht mehr den Grafen Arco, aber den Schriftsteller Ernst Toller, der Mitglied der Räteregierung gewesen war, fand ihn jedoch nicht, denn er saß im Kleiderschrank der Tilla Durieux.

Röntgen war in München einige Jahre vor seinem Tod (1923) mein Patient. Er hatte ein kleines Geschwulst im Gesicht, von der er selbst annahm, daß es Krebs war. Ich schnitt das Gebilde aus, und Freund Borst, der berühmte Münchner Pathologe, mit dem ich so manchen wissenschaftlichen Strauß in aller Freundschaft ausfocht, erklärte Röntgens Geschwulst später für harmlos. Mit Röntgen unterhielt ich mich über seine Erfindung. Ich war böse auf die Strahlen, die uns Ärzte dazu verleiteten, die hohe Kunst der Diagnose zu vernachlässigen und sie einem Foto zu überlassen.

„Ein Röntgenbild", sagte ich, „soll die Bestätigung einer klinischen Krankheitsdiagnose sein, nicht ihr Ausgangspunkt. Mit seinen Sinnen, seinen Händen und seinem Kopf muß der Arzt die Diagnose machen, nicht mit einem toten Mechanismus!"

Röntgen, damals schon ein tiefgebeugter, weltgewandter Mann, lächelte leise über meinen Eifer.

„Ja, ja", meinte er, „wo viel Röntgenlicht ist, muß auch Röntgenschatten sein . . ."

Im Jahre 1927 fragte das Preußische Kultusministerium bei mir an, ob ich nach Berlin kommen wolle. Das war eine schwere Entscheidung!

Der Lehrstuhl in Berlin war in Deutschland die erste Stelle, an die man gelangen konnte. Ich fuhr also nach Berlin um zu verhandeln. Für ein halbes Jahr wollte ich meine Zeit zwischen München und Berlin teilen, um mich erst nach diesem halben Jahr zu entscheiden. Darauf ließ sich das Ministerium ein. Dieses halbe Jahr verlangte mir viel ab. Am Montag, Dienstag und Mittwoch jeder Woche las und operierte ich in Berlin. Donnerstags, freitags und sonnabends in München. Die Nächte zwischen München und Berlin verbrachte ich im Schlafwagen. Weihnachten 1927 lief ich auf Skiern in Davos, um mir die Sache zu überlegen, und im Frühjahr 1928 trennte ich mich endgültig von München, um die Position in Berlin anzunehmen.

Zum Abschied brachten mir die Studenten einen Fackelzug. Im Preysing-Palais gab ich ein großes Abschiedsdiner für die Prominenz.

# Hermann Uhde-Bernays

1875–1965

Literatur- und Kunsthistoriker 1892–1900 Jurastudium in München.
Privatgelehrter und Verfasser vorwiegend kunsthistorischer Werke.
1937 Schreibverbot.
1946 Honorarprof. in München.

Meine Eltern waren sich einig, daß ich in Deutschland bleiben, mich der Jurisprudenz widmen solle. Also fügte ich mich, ging schweren Herzens nach München, belegte unzählige juristische Kollegien und heimlich das griechische Seminar bei Christ. Als Fuchs meldete ich mich beim Korps Franconia. Die Franken standen gesellschaftlich an der Spitze der Münchener Verbindungen, rekrutierten sich zumeist aus der Großindustrie, und es bedurfte guter Empfehlungen, um bei ihnen aufgenommen zu werden.

Bald wurden mir die vielen offiziellen Verpflichtungen – Fechtboden, Frühschoppen, Mittagessen, Kaffeehaus, Abendschoppen, Kneipe – lästig, und der Mangel an freier Zeit beeinträchtigte meine persönlichen Wünsche. Trotzdem war ich gern Korpsstudent, wenn ich es auch nie zum Muster eines solchen gebracht habe.

Denn neben der selbstbewußten Haltung meiner Korpsbrüder und ihrem Anspruch auf gesellschaftliche Geltung besaßen sie fast ohne Ausnahme eine idealistische Lebenslust von überschäumender Kraft, wie sie nun einmal der Jugend zu eigen ist. Wenn auch nur ein Teil von ihnen höhere geistige Bedürfnisse hatte und ich in der Überzeugung, Außenseiter zu sein, mich nach meiner Gewohnheit auf mich zurückzog, standen Fragen materieller Art völlig fern von unserer Interessensphäre, und nicht nur deshalb, weil wir hohe Wechsel bezogen. Uns allen fehlte der Sinn dafür. Ich bin mehrere Semester mit vier der reichsten deutschen Großindustriellensöhnen aktiv gewesen, ohne daß ich oder ein anderer Korpsbruder je an eine spätere Ausnutzung dieser Beziehung gedacht hätte. Erfreulicherweise waren Begriffe wie Geld und Wirtschaft bei der mehr feuchtfröhlich als gescheit ihre Jugend genießenden Studentenschaft, jedenfalls bei uns Franken, unbekannt. So entstand ein treues freundschaftliches Verhältnis. Der Farbenstudent trat in München nicht wie in kleinen Universitäten als Beherrscher der Philister des Bürgertums auf, und größerer Ulk wurde von der strengen Polizei nicht geduldet. Hie und da unternahmen wir in später Nacht einen Gänsemarsch zum Löwenritt auf der Feldherrnhalle. Hübsch fielen die namentlich bei auswärtigem Besuch veranstalteten Wagenfahrten aus, die im Winter mit Schlitten zum

Aumeister gingen. Im allgemeinen hielt sich das studentische Treiben in gesicherten Grenzen, und auf den Gesellschaften und Bällen der Wintermonate wurde ohnehin ein offizieller Ton gefordert.

Eine der schönsten Festlichkeiten des Winters war der Isarenball im Hotel Vier Jahreszeiten am Faschingsmontag. An diesem Abend dirigierte Levi mit jugendlichem Temperament die „Fledermaus". Vor dem Balle bot der Zuschauerraum des Hoftheaters mit den bunten Toiletten der Damen, dem Schmuck der Uniformen und Orden ein anziehendes farbiges Bild. Wenn der Walzer einsetzte und das Publikum im Rhythmus des Dreivierteltaktes sich hingegeben anschloß, erreichte die Karnevalsstimmung eine unbeschreibliche Höhe. Am Nachmittage des Faschingsdienstags war alles maskiert. Bei bekannten Familien wurde Besuch gemacht, getanzt, getrunken und weitergezogen. Manchmal wurde ein Zug arrangiert, meistens dem Zufall die letzte Entscheidung überlassen. Die Offiziere der Artillerieschule und der Equitation hatten sich einmal als Apachen verkleidet und ritten unter Führung des zu allen Schelmenstreichen aufgelegten Fürsten Wrede vom 1. Ulanenregiment im Galopp durch die Maximilianstraße, im stärksten Verkehr, und die Theatertreppe hinauf. Konfetti wurden geworfen, aus vielen Fenstern flogen Faschingskrapfen, der Jugend ein Spaß, und eine frohe Maskenfreiheit hielt sich von jeder Roheit fern. Am Abend wurde das Pschorrbräu Mittelpunkt und dort vor Mitternacht das Begräbnis des Prinzen Karneval in feierlicher Prozession vorgenommen, wozu die Musik den Chopinschen Trauermarsch spielte. Um zwölf Uhr nachts war alles zu Ende. Nach alter Gepflogenheit wurde auf dem Heimwege der Brunnen auf dem Marienplatz zur Geldbeutelwäsche aufgesucht.

Indem ich diese Erinnerungen niederschreibe, überkommt mich eine tiefe Wehmut. Welche unbekümmerte gute Laune hat einstens doch in München geherrscht und welche beglückende kindliche Harmlosigkeit! Niemals wurden Sitte und Anstand verletzt, und es würde jedem übel ergangen sein, der es gewagt hätte, sie auch nur mit einem leisen Versuche zu stören. Die Intimität des Beisammenseins verlieh eine Freiheit, die den Respekt vor dem Wesen und der Würde der Frau auf eine unangreifbare Höhe stellte. Die Zeiten haben sich seither geändert, und manches, was uns heilig war, mag unseren Enkeln, die sich von allen Illusionen und Idealen getrennt haben, lächerlich vorkommen.

# Konrad Adenauer

1876–1967

*Politiker*
*Jura- und Volkswirtschafts-*
*studium in Freiburg,*
*München (1895–1896)*
*und Bonn;*
*1917 Oberbürgermeister*
*von Köln;*
*1921–1933 Präsident des*
*preuß. Staatsrats;*
*1933 aller Ämter enthoben;*
*1945 Gründungsmit-*
*glied der CDU;*
*1948 Präsident des*
*Parlamentarischen Rates;*
*1949–1963 Bundeskanzler;*
*1951–1955 gleichzeitig*
*Außenminister.*

Die beiden folgenden Semester in München waren wohl die unbeschwerteste und glücklichste Zeit in Adenauers Studentenjahren. Das Examen lag noch in weiter Ferne, und so genossen Adenauer und Schlüter in vollen Zügen die akademische Freiheit. Ganze Nachmittage verbrachten sie in der Alten Pinakothek. Mehrere Male in der Woche besuchten sie das Theater oder die Oper, natürlich nur im Stehparterre. Alle schwärmten für Richard Wagner, eine Vorliebe, die sich später bei Adenauer völlig verlor.

In den Ferien aber reisten sie nach der Schweiz, nach Italien und nach Böhmen. Den größten Teil der Strecken wanderten sie zu Fuß, und wenn sie Bahn fuhren, benutzten sie nur die billigste Wagenklasse. Sie schliefen bei den Bauern im Heu oder übernachteten in kleinen ländlichen Gasthöfen. Es war ein Leben nach der Art der fahrenden Scholaren. Man nahm Gastfreundschaft an, da, wo sie geboten wurde, und wenn sich keine andere Möglichkeit fand, nächtigte man in den Wartesälen der Bahnhöfe.

# Willibalt Apelt

1877–1965

*Staatsrechtslehrer*
*Jurastudium u. a. in München*
*(WS 1897/98);*
*Prof. in Leipzig (1920–1933) und*
*München (1946–1952);*
*1927–1929 sächs. Innenminister*
*und stellv. Ministerpräsident.*

Nach der Beendigung meines Dienstjahres ging ich nach München, um meine Studien an der Universität fortzusetzen, aber ich hatte inzwischen einen Richtungswechsel vollzogen.

Ich hörte in München unter anderen Vorlesungen, die für das erste juristische Semester in Frage kamen, vor allem deutsche Rechtsgeschichte bei Amira. Er war ein berühmter Gelehrter, und seine Vorlesung fesselte mich sehr, sie war aber nur von einem kleinen Häuflein besucht. Woran das lag, sollte sich bald zeigen. Als das Ende des Semesters da war, waren wir gerade bis zum Jahre 1000 n. Chr. gekommen, und der angekündigte dogmatische Teil – Grundzüge des deutschen Privatrechts – fiel völlig unter den Tisch, obwohl Amira schließlich über die Stunde hinaus die Pause durchlas.

Außerdem hörte ich bei Lujo Brentano Allgemeine Volkswirtschaftslehre. Hier war das Auditorium maximum stets bis auf den letzten Platz gefüllt. Mein Studium generale machte ich mir auf eigene Faust zurecht. Ich erwähne nur eine Vorlesung über Geschichte der Baukunst bei Riehl, in der als Anschauungsmaterial Fotografien von Hand zu Hand durch den Hörsaal gereicht wurden, denn ein Projektionsapparat war noch nicht vorhanden. Selbstverständlich führten mich meine literarischen Interessen auch in die ihnen entsprechenden literaturwissenschaftlichen Vorlesungen, ohne daß ich aber aus ihnen wirklich etwas davongetragen hätte. Ergiebiger war für mich der an der Universität bestehende Akademisch-Literarische Verein, dem ich beitrat.

München war damals für den Studenten noch eine billige Stadt. Ich bewohnte ein hübsches Zimmer im 2. Stock eines Hauses an der Arcisstraße gegenüber dem alten nördlichen Friedhof bei einer netten, gutbürgerlichen Familie. Ich zahlte dafür monatlich 30 Mark Miete einschließlich Frühstück, das mir von der Filia hospitalis serviert wurde. Ein Mittagessen kostete in einer der zahlreichen, um die Universität herum gelegenen Gaststätten einschließlich einem kleinen Glase Bier, einer Semmel und dem Trinkgeld ganze 75 Pfennige. Etwas mehr belastete natürlich der Münchner Fasching die studentische Börse. In seinem Mittelpunkt standen die Ballfeste am Samstagabend im Deutschen Theater, bei denen Redoute und Bal Paré abwechselten. Ich bevorzugte den Redoutenabend, an dem die Damen in schwarzem Domino und Larve, die Herren im Frack und ohne Maske erschienen. Man ging nicht als festgeschmiedetes Paar hin, sondern suchte sich wechselnd seine Partnerin, mit der man wirklich tanzte, denn das war damals noch möglich.

Ich mußte mich also mit 68 Jahren nach einem Broterwerb umsehen. Die Universitäten waren wie alle Hochschulen in der amerikanischen Zone von der Besatzungsmacht zunächst geschlossen worden, sollten aber im Frühjahr 1946 wieder geöffnet werden, um den aus der Gefangenschaft heimkehrenden jungen Deutschen die Aufnahme ihrer akademischen Studien zu ermöglichen. Die Amerikaner hatten zunächst alle Professoren, die der Partei angehört hatten, wie alle in dieser Weise belasteten Beamten unterschiedslos entlassen, es waren demnach zahlreiche Lehrstühle an der Universität München unbesetzt. Der mir von früher her flüchtig bekannte emeritierte Professor Müller-Erzbach, der in der Juristenfakultät die Geschäfte des Dekans übernommen hatte, um die Wiederaufnahme der Vorlesungen vorzubereiten, schrieb mir einen sehr freundlichen Brief und fragte an, ob ich bereit wäre, mich der Fakultät zur Verfügung zu stellen. Ich bejahte dies und suchte im Dezember Müller-Erzbach in München auf, der mir mitteilte, die Fakultät habe dem Kultusministerium vorgeschlagen, mich mit der kommissarischen Verwaltung einer Professur für öffentliches Recht zu beauftragen.

So kündigte ich für das erste Semester „Deutsches Staatsrecht im 19. und 20. Jahrhundert zugleich als Einführung in das öffentliche Recht" an und hielt am 16. April in der großen Aula meine erste Vorlesung. Es war mir ein bewegender Augenblick, nach der aufgezwungenen Pause von 13 Jahren wieder zum erstenmal auf dem Katheder zu stehen. Der große Raum war stark gefüllt, und selbst auf der Empore saßen Zuhörer.

Die Vorlesung mußte damals natürlich im wesentlichen historisch orientiert sein, ich habe aber gleich zu Beginn unter großem Beifall der Zuhörerschaft gegenüber anderslautenden Behauptungen die Überzeugung vertreten, daß das Deutsche Reich nach der Katastrophe des 2. Weltkrieges wohl durch die Okkupation der Handlungsfähigkeit beraubt worden, nicht aber als staatliches Rechtssubjekt untergegangen sei.

Das Gesetz zur Befreiung von Nationalsozialismus und Militarismus vom 5. 3. 1946 war in Kraft getreten, und die neue große Entnazifizierungswelle lief an. Für die wegen ihrer Parteimitgliedschaft von den Amerikanern aus ihren Ämtern entlassenen Professoren der Universität sollte ein Vorprüfungsverfahren durchgeführt werden, in dem ein unabhängiger Ausschuß sich über die Haltung der Genannten in ihren wissenschaftlichen Publikationen gutachtlich äußern sollte. Diese Gutachten sollten den Spruchkammern bei ihren Entscheidungen mit als Grundlage dienen. Der Ausschuß tagte unter Vorsitz des Stadtschulrats Dr. Fingerle im Rathaus, und jede Fakultät hatte mindestens ein Mitglied in ihn zu entsenden. Die juristische Fakultät bestimmte mich dazu, und ich mußte mich nolens volens noch einmal mit dieser undankbaren Aufgabe befassen. Die Beratungen waren sehr gründlich und die gefaßten Beschlüsse in der Regel durchaus wohlwollend, in jedem Falle aber gerecht.

Die Geschäfte des Rektors der Universität führte bei ihrer Wiedereröffnung der bekannte Romanist Karl Voßler. Er hatte, obwohl er bereits 74 Jahre alt und schwer leidend war, sich auf Wunsch der Amerikaner zur Verfügung gestellt, wollte aber nun von dieser Bürde befreit werden. Die Wahl des Rektors durch den Lehrkörper war nach 1933 von den Nationalsozialisten duch die ministerielle Ernennung ersetzt worden. Jetzt sollte mit Billigung der Amerikaner die Tradition wieder aufgenommen werden. Der Hochschulreferent im Kultusministerium war der ehemalige Erlanger Professor Ministerialdirektor Süß. Dieser bat mich eines Tages zu sich und fragte, ob ich bereit wäre, das Amt des Rektors zu übernehmen. Kurz darauf wurde ich zur Militärregierung auf die Tegernseer Landstraße bestellt, wo ich von dem Leiter der Hochschulabteilung, einem Professor Pundt, empfangen wurde. Wir hatten eine lange Unterhaltung über alle aktuellen Probleme der Hochschulverwaltung, und zwar auf deutsch, was er recht gut beherrschte. Zum Schluß fragte auch er mich, ob ich bereit wäre, das Amt des Rektors zu übernehmen, was die Militärregierung wünsche. Ich erwiderte ihm, daß ich mich schon dem Ministerium gegenüber dazu bereit erklärt hätte, daß aber, wie er doch wisse, wieder eine Wahl durch den Lehrkörper stattfinden sollte. Er meinte mit leichtem Schmunzeln, eine Wahl könne man doch beeinflussen und lenken, worauf ich entgegnete, daß ich nicht wüßte, ob dies in Amerika möglich wäre, daß dies aber bei uns, wenigstens für mich, völlig ausgeschlossen sei.

Nach längeren Verhandlungen hinter den Kulissen, an denen ich nicht beteiligt war, einigte man sich auf einen Kompromiß: Das Amt des Rektors sollte der jetzt von Frankfurt nach München zurückgekehrte und als ehemaliger bayerischer Landtagsabgeordneter allen bekannte Direktor der Orthopädischen Klinik, Georg Hohmann, übernehmen, und ich sollte neben ihm Prorektor werden und ihn in den jetzt sehr umfangreichen und schwierigen Geschäften weitgehend unterstützen. In dieser Weise ging die Wahl glatt vonstatten. Sie brachte mir viel Arbeit, die noch erheblich dadurch vermehrt wurde, daß mich die Fakultät sofort zum Dekan bestellte. Die Dekansgeschäfte habe ich zwei Jahre lang geführt.

Die Aufgaben führten mich häufig auf die Tegernseer Landstraße, wo die Militärregierung residierte, und dort zu nicht selten recht langwierigen Verhandlungen, da auch in der Hochschulverwaltung keine Angelegenheit von einiger Bedeutung ohne die Zustimmung der Amerikaner entschieden werden konnte. Sogar an jeder Senatssitzung nahm der für die Universität

München zuständige Offizier teil und mischte sich manchmal recht unverblümt in die Diskussion ein. Nicht alles, was damals erstrebt worden war, konnte wiederbelebt werden, aber die Nichtordinarien sollten doch wieder eine Vertretung im Senat und in den Fakultäten erhalten, und die Organisation der Studentenschaft sollte in studentischen Fragen und bei Angelegenheiten, welche die studentischen Interessen berühren, zu Worte kommen. Mein Entwurf ist zunächst im Senat und dann in mehreren Sitzungen im Ministerium zum Teil unter dem persönlichen Vorsitz des Ministers Dr. Hundhammer unter Beteiligung von Vertretern der Universitäten Erlangen und Würzburg beraten worden.

Im Dekanat war das Wichtigste der Wiederaufbau der Fakultät, die nach den Entlassungen nach 1945 bei Wiedereröffnung der Universität nur aus dem kleinen Häuflein von fünf ordentlichen Professoren, nämlich Müller-Erzbach, Riezler, Exner, Hueck und mir, bestand. Der Vorlesungsplan konnte nur mühsam unter Heranziehung mehr oder weniger geeigneter Praktiker durchgeführt werden. Es gelang aber, bereits für das zweite Semester so anerkannte Gelehrte wie Rosenberg für Zivilprozeß und Bürgerliches Recht, Erich Kaufmann, der gleichzeitig einen Ruf nach Bonn hatte, aber München den Vorzug gab, für Völkerrecht und Rechtsphilosophie, Maurach für Strafrecht sowie einige Zeit später Mitteis für Deutsches und Bürgerliches Recht zu gewinnen. Wieder kam auch Nawiasky, der zwar seine Professur an der Handelshochschule in St. Gallen beibehielt, aber fortan auch Vorlesungen und Übungen in beschränktem Umfang in München abhielt. Zu meiner Freude ließ sich mein alter Leipziger Freund Koschaker, der soeben in Tübingen emeritiert worden war, für mehrere Semester als kommissarischer Verwalter des Lehrstuhls für Römisches Recht heranziehen, solange dieser offenstand. Nach hartnäckigen Verhandlungen mit der Militärregierung gelang es mir, ihre Zustimmung zur Wiederernennung einiger der entlassenen Professoren, auf deren Rückkehr die Fakultät Wert legte, durchzusetzen. So konnte die Fakultät allmählich Mezger für Strafrecht und Kriminologie, Blomeyer für Zivilprozeß und Bürgerliches Recht, Heckel für Kirchenrecht und schließlich San Nicoló für Römisches und Bürgerliches Recht wieder in ihrer Mitte haben. Sie war damit vollzählig und, wie ich wohl behaupten darf, auf den Stand ihres alten Ansehens zurückgeführt worden.

Im zweiten Sommersemester – es gab im ersten Jahr nach der Wiedereröffnung der Universität drei Studiensemester und demzufolge nur kurze Ferien – las ich vierstündig Allgemeine Staatslehre.

Im Wintersemester 1946/47 wiederholte ich meine Staatsrechtsvorlesung und zwar in erweiterter Form, denn die inzwischen geschaffenen neuen Länderverfassungen waren zu berücksichtigen. Neben der Vorlesung hielt ich eine Übung mit schriftlichen Arbeiten ab, auch sie in der Aula. Die Bearbeitung der ersten Aufgabe brachte mir kurz vor den Weihnachtsferien nicht weniger als 700 Arbeiten ein, die ich zusammen mit meinem einzigen Assistenten, dem sehr tüchtigen und fleißigen Dr. Hans Domcke, während der Ferien zu bewältigen hatte. Im Sommersemester 1947 las ich zum erstenmal Deutsches Verwaltungsrecht.

Ich eröffnete das erste Seminar für öffentliches Recht ebenfalls im Wintersemester 1946/47 und führte es von da an regelmäßig in allen Semestern durch bis zu meiner Emeritierung.

Die Arbeit von Professoren und Studenten spielte sich in diesen ersten Jahren nach Kriegsende unter Umständen ab, wie man sie sich in der Gegenwart kaum noch vorstellen kann. Das weitläufige Universitätsgebäude war eine trostlose Ruine, in erheblichen Teilen eingestürzt und ausgebrannt, und die noch vorhandenen brauchbaren Hörsäle waren für die große Zahl der Studierenden ungenügend. So mußte, wie ich schon erwähnt habe, längere Zeit die leidlich unbeschädigte Aula als Auditorium maximum dienen, bis dieses nach Jahren endlich wiederhergestellt war. Besonders schlimm war es im Winter, weil die Zentralheizung nur in sehr beschränkter Weise funktionierte. So war es gerade in der Aula bitter kalt, die Studenten saßen in ihren Wintermänteln, meist alten Soldatenmänteln, da, während der Dozent auf dem Podium auf- und abgehen konnte, um sich durch die Bewegung etwas zu erwärmen. Übrigens war die Aula keineswegs ein idealer Vorlesungsraum, denn sie enthielt natürlich keine Tische, und die Studenten mußten, wenn sie nachschreiben wollten, ihr Papier mühsam auf den Knien halten. Auch eine Lautsprecheranlage fehlte damals – wie sehr kam mir da zugute, daß ich über eine durch Gesangsstudien geschulte Stimme verfügte, die sich auch in dem großen Raum durchsetzen konnte. Man konnte die Universität nur durch einen Seiteneingang betreten, da der eingestürzte Mitteltrakt mit der Eingangshalle unzugänglich war. Wollte man von der Ludwigstraße her in die rückwärtigen Teile des Gebäudes gelangen, wo noch einige Säle in Betrieb waren, mußte man den zum großen Teil durch Schutthaufen angefüllten Hof passieren, was zumal bei schlechtem Wetter ein mühsames Unternehmen war. Die Verwaltung einschließlich Rektorat und Dekanate waren in dem noch benutzbaren Teil des Südflügels an der Ludwigstraße untergebracht. Dem Rektor stand noch sein altes, geräumiges und würdiges Zimmer zur Verfügung, aber für die Dekane konnte nur auf das dürftigste gesorgt werden. So mußte ich als juristischer Dekan den Raum mit den Dekanen der Staatswissenschaftlichen und der Philosophischen Fakultät teilen.

Zum 31. März 1952 wurde ich vom Kultusministerium emeritiert – ich stand im 75. Lebensjahr –, aber sogleich auch beauftragt, meinen Lehrstuhl bis zum Amtsantritt eines Nachfolgers kommissarisch zu verwalten. So setzte ich denn meine Lehrtätigkeit an der Universität noch zwei Jahre im vollen

Umfange fort vor stets gefülltem Hörsaal und zumeist auch im Auditorium maximum, bis im Frühjahr 1954 mein Nachfolger da war.

---

# Oswald Bumke

1877–1950

*Psychiater und Neurologe*
*Studium in Freiburg, Leipzig,*
*München (SS 1898) und Halle;*
*Prof. in Rohstock (1914–1916),*
*Breslau (1916–1921),*
*Leipzig (1921–1923) und*
*München (1923–1950);*
*Rektor 1928/29; 22 Jahre Leiter*
*der Münchner Nervenklinik.*

Im Sommer 1922 wurde ich als Nachfolger Kraepelins nach München berufen. Die Verhandlungen dauerten bis zum Herbst 1923, weil ziemlich schwierige Verhältnisse entwirrt werden mußten. Die von meinem Vorgänger gegründete Deutsche Forschungsanstalt für Psychiatrie hatte durch die Inflation ihr Vermögen verloren und konnte nicht bauen, so daß jetzt in der Klinik wenigstens zwei Abteilungen auch dieses Institutes Platz gemacht werden mußte. Das war nicht einfach, und ohne Kämpfe ging es nicht ab. Die Waffen waren verschieden, Kraepelin war an die Keule gewöhnt, ich ans Florett. Schließlich einigten wir uns, und als ich am 1. April 1924 die Klinik übernahm, ging es recht gut. Kraepelin war schließlich ein Kerl, mit dem zu raufen es lohnte, und außerdem bauten wir ja alle unsere eigene Arbeit auf seinem Lebenswerk auf . . .

München war damals unter den deutschen medizinischen Fakultäten unbestritten die erste. Max Borst, Max von Gruber, Otto Frank, Walter Straub, Emil Kraepelin, Friedrich von Müller, Ernst von Romberg, Ferdinand Sauerbruch, Albert Döderlein, Carl von Heß, Meinhard von Pfaundler, Fritz Lange – lauter Wissenschafter von großem Format. Ich hatte außerdem das Glück, meinen Freund August Bostroem als ersten Oberarzt aus Leipzig mitbringen zu können und in München Eugen Kahn, als zweiten Oberarzt zu behalten, mit dem Bostroem und ich uns vom ersten Tage an vorzüglich verstanden. Dazu fand ich die beste Krankenpflege, die es in Deutschland wohl überhaupt gibt, die durch die wunderbar gütigen und aufopfernden Barmherzigen Schwestern vom Orden St. Vinzenz von Paul. Überdies war Kraepelins Klinik ausgezeichnet organisiert, und mir blieb nur übrig, aus der Psychiatrischen eine Psychiatrische und Nervenklinik zu machen, das heißt für Untersuchung, Behandlung, Studium und Unterricht auch neurologische Krankheitsfälle heranzuziehen.

---

# Gustav von Bergmann

1878–1955

*Internist*
*Studium in Berlin,*
*München (1898–1900),*
*Bonn, Berlin und Straßburg;*
*1912–1946 Chefarzt in Hamburg,*
*Marburg und Berlin;*
*1946–1951 Prof. in München.*

Eines Morgens, etwa um fünf Uhr, kamen wir in der Hauptstadt Bayerns an. Wir hielten durch die Sonnenstraße unseren Einzug. In dieser frühen Morgenstunde lag München still und menschenleer da und machte einen niederdrückenden Eindruck, weil eine große Reihe von Häusern zerstört war. Endlich kamen wir bis zur Inneren Klinik, die geradezu einen schrecklichen Anblick bot. Der Hörsaal war zerbombt; die meisten Laboratorien nicht benutzbar. In den nun sieben Jahren, in denen ich täglich in der II. Medizinischen Universitätsklinik weilte, hat es vieler mühseliger Kämpfe bedurft, bis man zu einer sehr bescheidenen Wiederherstellung kam. Unsere Unterkunft fanden wir in den ersten Monaten in einem Zimmer des vierten Stocks der Hautklinik. Die Stationsschwestern nahmen sich rührend unser an. Dann erst konnte ich ein zweites benachbartes Zimmer dazuerobern, in dem ich wenigstens für meine Vorlesungen arbeiten konnte. An dieser Präparation lag mir sehr viel, denn es mögen an die dreihundert Studenten gewesen sein, die täglich regelmäßig in meine Vorlesungen kamen. Es war mir eine Freude, als ich erfuhr, daß man die Art, wie ich die Innere Klinik vortrug, besonders schätzte. Da es in der Inneren Klinik keinen Hörsaal gab, hielt ich meine Vorlesungen in der benachbarten Nervenklinik.

# Hans Carossa

1878–1956

*Arzt und Dichter*
*Medizinstudium in München*
*(1897–1900),*
*Würzburg und Leipzig;*
*anschl. praktischer Arzt.*
*Daneben Verfasser von Prosa*
*und Lyrik.*
*1931 Gottfried-Keller-Preis;*
*1938 Goethe-Preis.*

In den ungestümen Monaten des ersten Semesters war es doch immer wieder der Unterricht, von dem Beruhigung kam. Die Lehrer der Hochschule galten noch als nahezu unfehlbar, und in dem akademischen Getrampel, womit wir sie bei ihrem Eintreten in den Hörsaal zu begrüßen pflegten, spürte man, daß Menschenfüße viel Herzlichkeit zum Ausdruck bringen können.

Karl Goebel, der später den großen Botanischen Garten in Nymphenburg schuf, lehrte an den Winterabenden nach fünf Uhr die Wissenschaft von den Pflanzen. Von der Sagenhaftigkeit seiner Weltreisen umwittert, stand der schlanke, breitbärtige Mann in dem überhellen warmen Saal zwischen den duftenden grünen Gewächsen, deren Entwicklungen und Verwandtschaften er uns anschaulich machte. Im jahrelangen Umgang mit der Pflanzenwelt war sein Gesicht sehr sanft geworden, und hatte man sich an eine gewisse Eintönigkeit seines Vortrages gewöhnt, so empfand man ihn dankbar als den Ordner eines unendlichen Stoffs. Wenige hatten damals ein so freies Auge für die ewigen, zur Kunst hinweisenden Formen der Natur, und es entsprach seiner Art, in der Schönheit der Geschöpfe den Ausdruck des Zweckvollen zu sehen.

Gegen Ende des Halbjahres kam immer eine Stunde, da Goebels tiefem Ernst eine wahrhaft kindliche Liebenswürdigkeit entwuchs und eine Art Ferienstimmung das Auditorium erfüllte. Das war die Stunde, in der er die Gattung der Bromeliazeen behandelte und Annas sativus nicht nur mit Worten beschrieb, sondern auch in ausgesuchten Mustern zeigte und verteilte.

Auch im Chemischen Institut an der Arcisstraße war uns ein freudiges Erlebnis beschieden, wenn Adolf von Baeyer, der Kenner der irdischen Stoffe, vor unseren Augen einen Diamanten verbrannte. Dieser Lehrer stand im höchsten Ruhm; seit langem war er geadelt, auch gehörte er zu den seltenen Menschen, denen man sogar den Reichtum bewundernd verzeiht. Verdankte er ihn doch, wie man hörte, nicht irgendwelcher Heirat oder Erbschaft, sondern einer alchimistischen Großtat, der Entdeckung des künstlichen Indigos.

Ich besuchte das Baeyer-Kolleg regelmäßig auch in der Faschingszeit, in der die meisten Hörer, von Maskenbällen geschwächt, ausblieben, und erntete dann jedesmal einen Anerkennungsblick des Meisters, der mich übrigens bei seinen leuchtenden, knisternden, rauchenden und farbenwechselnden Versuchen zuweilen an Onkel Georg, den Zauberer, erinnerte.

Was die Physik angeht, so wurde sie damals noch in der Universität gelehrt. In dieser sah ich die Hochburg des unbedingten Geistes, und hier hatten wir Mediziner eigentlich nichts zu suchen; aber gerade dieses Ausgeschlossensein konnte mich manchmal reizen, an dem alten Physiker Lommel respektvoll vorüber zu Lipps, dem Philosophen, oder zu Iwan von Müller, dem Lehrer der alten Sprachen, zu gehen. Lommel hatte das Licht erforscht, wunderbare Entdeckungen waren ihm dabei gelungen, er bereitete Wilhelm Röntgen, dem Strahlenfinder, den Weg. Nun aber kränkelte er und sprach mit so schwacher Stimme, daß mir die Hälfte seiner Ausführungen verlorenging. Außerdem hatte ein Vetter Hugos, während er selbst noch auf der höheren Schulbank saß, einen so feinen Leitfaden jener Wissenschaft geschrieben, daß es schlechterdings unmöglich war, in der Prüfung durchzufallen, wenn man sich die kurzen Fragen und Antworten des dünnen Büchleins einprägte. „Physik, leicht gemacht", hätte man diesen Katechismus nennen können; die Studenten nahmen auch den Vorteil wahr, die Auflagen jagten sich und verstärkten sehr das Taschengeld des jungen Mannes, der den Text immer wieder den neuesten Theorien anpaßte.

Fast nie dagegen wurde das Kolleg Richard von Hertwigs versäumt; es hatte den vornehmsten Stil. Keine Sonderreize hoben sich hier vom steten Gang des Unterrichts ab; der klare Vortrag war Anziehung genug. Der Wunderwelt jener kleinsten Lebewesen, die man gerade noch als Tiere bezeichnen kann, galt Hertwigs Vorliebe.

An einem der letzten Oktobertage besuchte ich zum ersten Male die Anatomie. Eine Stunde sollte hier täglich der Lehre gewidmet sein, zwei weitere gehörten den Übungen an der Leiche. Es war noch die alte Anstalt an der Schillerstraße; ich ging zu Fuß, von Abwehr und Neugier durchwechselt. Um eine Viertelstunde zu früh erreichte ich das olivbraune Gebäude; doch hatten sich bereits zwei andere Studenten eingefunden, anscheinend keine Neulinge. Sie unterhielten sich mit einem weißbekittelten Mann und gingen auf eine Stiege zu, die nach unten führte; ich vermutete, daß hier der Leichenkeller war. Auf einmal hörte ich sagen: „Die Herren treffens gut; heute früh ist einer geköpft worden. Um zehn Uhr kann er hier sein." Ich begrüßte die Gruppe und nannte meinen Namen, der Führende stellte sich vor als Anatomiediener Haas.

Augenscheinlich war hier die erste Pflicht, sich unbewegt und kalt zu zeigen; so tat auch ich, als wäre ich an weit Schlimmeres gewöhnt. Die beiden Kollegen hatten es leicht, sie steckten sich, wie sie sagten, Zigarren ins Gesicht, so konnten sie die unverwirrbar überlegene Haltung des rauchenden Mannes annehmen, indessen ich, mit keinerlei Tabak versehen, auf mein eigenes Gleichgewicht angewiesen blieb. Wir standen vor einem Selbstmörder. Kiefernnadeln lagen auf den Augen, dürre Blätter in den Schlüsselbeingruben. Die zwei Studenten zwangen sich zu Witzen und umwölkten den stillen Mann mit Qualm. Andere Leichen warteten in rohen Särgen; manchmal nahm der Diener einen Deckel ab und gab Erklärungen. Während ich jedes anwehende Grauen abwies, wurde mir doch auf einmal schwindlig. Ich hielt mich abseits, um in einem unbemerkten Augenblick nach oben zurückkehren zu können. Diesen Vorsatz verschleiernd, blieb ich dann und wann stehen und hob schließlich von einem Sarge den Deckel hoch, hatte aber Mühe, ihn nicht fallen zu lassen: ein junges Weib starrte mit weit offenen todestrüben Augen durch mich hindurch ins Leere. Ungeschmückt, ungesegnet ging eine ewige Totenwanderung durch die Anatomie; auch das Sterben war ins Wortlose vermehrt – wer wollte noch an Auferstehungen glauben? Die jugendliche Weibsgestalt wies keine Krankheitsspuren auf; auch deutete nichts auf gewaltsames Ende. Das Haar war dicht und schwarz; die Augen schienen einen Rest von Blickkraft zu bewahren. Dies war nun der erste weibliche Leib, den ich in vollkommener Nacktheit sah, und es war der Leib einer Verwesenden. Als wäre nichts Besonderes zu sehen, ließ ich den Deckel nieder und ging in das Anatomische Theater hinauf. Hier waren die Sitzreihen in ansteigenden Halbkreisen geordnet, von Gängen radial durchschnitten; überall saßen schon Studenten, zartwangige und bärtige, um den Geheimrat Rückert zu hören. Einige plauderten; viele lasen den Simplizissimus. Als der Diener die Tür öffnete, durch die der Professor gleich eintreten mußte, ging ein Rauschen durch den hohen Saal, hervorgebracht von dem vielfachen Zusammenfalten des beliebten Witzblattes; dann folgte der staubaufwirbelnde Begrüßungstumult.

Ich versprach mir nichts Erhebendes von dieser Stunde, durfte mich aber bekehren; denn hier wehte kein Vergängnishauch. Der Vortrag stand vielmehr im Zeichen eines Wortes, das uns geschmeidig sanft in die Lehre von der Zergliederungskunst einführte, eines ungemein deutschen und Goethischen Wortes, das auch der Vater oft gebrauchte: Rückert sprach von den Geweben.

So vereilte die Stunde im Glück des Begreifens, und als ich später im Präpariersaal abermals zu Leichen kam, war ich gegen Grauen und Schwindel schon geschützt.

Es gab an diesem Tage noch nichts Ernstliches zu tun; man empfing allgemeine Weisungen, schrieb sich auf, was man an Instrumenten brauchte, und hatte Zeit, sich umzusehen. Fahle Sonne lag auf dem wuchtigen Rumpf des

Enthaupteten; ihn umringte ein Schülerkreis, in dem sich auch ein hochgewachsenes, rötlichblondes Mädchen befand, und die Gegenwart dieses einzigen lebenden Weibes veränderte die Stimmung des Kellers. Blonder noch als sie war der junge Lehrer, der im schwarzen Arbeitsmantel vor der Leiche stand und mit gedämpfter Stimme Erläuterungen gab. Man sah seinen Hörern an, daß sie nicht Ärzte werden wollten; sie unterschieden sich deutlich von uns. Schon ihre Kleidung war sorgloser; einige trugen braune Samtjacken, keiner einen Präparierkittel. Ein Kamerad sagte, der Dozent sei Doktor Mollier, er erteilte zweimal den Künstlern Anatomieunterricht.

Mollier war nicht mit Messer und Federzange versehen; er ließ den Toten unversehrt, unterrichtete nur mit Wort und Gebärde. Einmal bat er die hohe Blonde, näher zu treten, dann nahm er ihre lange feine Hand und hielt sie vergleichend neben die haarige Pranke des Gerichteten. Sie ließ es geschehen, ohne zu erröten oder zu erbleichen, ganz dem Sinne der Erklärung hingegeben. Dies war nun wieder eine von den kleinen Szenen, die mir unvergeßlich wurden; ein Gefühl erwachte, als wäre von den Toten des Hauses keiner mehr allein. Wie eine Seelenführerin stand die ernste Jugendliche an dem Fenster, durch welches in steigender Sonne die vollen weißen Trauben reifer Schneebeeren goldrötlich hereinschimmerten; das Geschick der Leichen trat in ein mildes neues Licht. Sie waren ein Stand mit eigenen Pflichten und Rechten geworden; ja, indem sie ihre Auflösung nicht wie andere den Elementen, sondern den Dienern der Erkenntnis und der Schönheit anheimgaben, entrückten sie sich in ein höheres Reich, wo sie keiner brennenden Kerzen und keiner zärtlichen Gebräuche mehr bedurften.

---

# Artur Kutscher

1878–1960

*Theaterwissenschaftler*
*1899–1903 Studium in München;*
*1907–1951 Mitglied des*
*Lehrkörpers der Univ. München.*
*Etablierte die Theaterwissen-*
*schaft als Hochschulfach.*

Zur ersten „Alma mater" wählten dreizehn meiner Mitschüler München, wobei wohl mein Rat mitwirkte. Ich nahm eine Bude in der Adalbertstraße 13/1 und hörte Vorlesungen bei dem großen Sprachforscher Hermann Paul und dem Literarhistoriker Franz Muncker, dem Sohn des Bayreuther

Bürgermeisters, belegte bei Roman Woerner Übungen zum modernen Drama im Spielplan, bei Adolf Furtwängler Archäologie. Als ich mich zu seinem Kolleg anmeldete, freute er sich über den Nichtfachstudenten und klagte über seinen Sohn, mit dem wissenschaftlich so gar nichts anzufangen sei und der den ganzen Tag Klavier spiele. Wenn man heute von Furtwängler spricht, denkt man immer nur an diesen Sohn, den Dirigenten. Furtwänglers Seminarhäuptling war Ludwig Curtius, mit dem ich später in Rom engere Fühlung bekam. Bei Karl Theodor von Heigel hörte ich Geschichte der Französischen Revolution und Napoleons I., und bei Lujo Brentano Vorlesungen über Wirtschaftsgeschichte und Volkswirtschaftslehre, die ich trotz meines fachlichen Abstandes wegen ihrer Lebensbezüglichkeit regelmäßig besuchte. Die weibliche Hörerschaft war damals noch spärlich, sie bestand fast nur aus ziemlich reifen Frauen, aber auch sie wirkten ablenkend, ja beunruhigend.

Daß ich damals dem großen und lebhaften Akademisch-Dramatischen Verein beitrat, lag wohl auch an der schnellen Fühlungnahme mit künstlerisch eingestellten Mitgliedern. Im Wintersemester wurde ich Vorsitzender des Akademisch-Dramatischen Vereins. Unter den Mitgliedern sponnen sich wertvolle menschliche Beziehungen an, besonders mit Falckenberg. Das Studium trat merklich zurück. Ich ließ mich treiben, in der Überzeugung, noch Zeit zu haben.

Böse Mäuler haben behauptet, ich hätte damals dreißig Bälle besucht. Leicht verkatert ging ich im Sommersemester zur Erholung an die Universität Kiel. Die nächsten zwei Jahre wollte ich benutzen, um mein Studium abzuschließen; mit den üblichen acht Semestern glaubte ich auszukommen. Was mich veranlaßte, wieder München zu wählen, war nicht eigentlich die Universität, sondern die Atmosphäre der Stadt, ihre Offenheit gegen die mannigfaltige, große Natur, ihre ganze Lebensführung, die einem kräftigen, frischen, heiteren, gesunden Volkstum verbunden war, und ihre Liebe zu bildender Kunst, Architektur, Musik, Theater, die weniger vom bajuwarischen Stamme als von Zugereisten aus Nord und Südost getragen wurden.

An der Universität genoß auf meinem Fachgebiet der Germanist Hermann Paul Weltruf. Er war ein unscheinbares Männchen, das, kurzsichtig auf sein Manuskript gebückt, völlig hinter dem Pult verschwand. Sein eintöniger, mümmelnder Vortrag war ohne jede Beziehung zu den Hörern, die deshalb meist auch keine zu ihm gewannen. Er war ganz und gar kein Dozent, er war nur Gelehrter.

Franz Muncker war von seinem Vorgesetzten Michael Bernays ungewöhnlich lange niedergehalten und erst im Sommersemester 1899 Ordinarius geworden. Als der Akademisch-literarische Verein ihn durch eine Versammlung ehrte, machte er in seiner Dankesrede einen guten Witz: „Geben Sie sich alle

Mühe, daß Sie es in Ihrem Leben einmal zu etwas Ordentlichem bringen, und wenn Ihnen das nicht möglich ist, versuchen Sie wenigstens, es zu etwas Außerordentlichem zu bringen." Muncker entwickelte sich zu einem Vorbilde historisch-philologischer Forschung und veranstaltete musterhafte Ausgaben. Klopstock, Lessing, Rückert. Die neuere Literatur begann für ihn bei Paul Heyse; er war eben bei der erfolgreichen Dichtung seiner Jugendzeit, beim schönen Realismus stehengeblieben. Er besaß ein erstaunliches Wissen und ein beneidenswertes Gedächtnis, aber er war keine Persönlichkeit, er hatte keine Kraft und keinen Mut des Bekenntnisses zu einem Dichter oder Werke, er ging einer Wertung am liebsten aus dem Wege oder half sich mit gleichmäßiger Verteilung von Licht und Schatten. Wir nannten ihn „Professor Einerseits-Andrerseits".

Einer gewissen Großzügigkeit und Bestimmbarkeit Munckers verdanke ich meine aus einem Seminarvortrag des Sommers 1901 entstandene Doktorarbeit über „Das Naturgefühl in Goethes Lyrik bis zur Ausgabe der Schriften von 1798".

Sonst ist über meine Professoren zu bemerken, daß ich von Heigel, Brentano, Furtwängler allmählich zu Lipps hinüberwechselte, dessen Ästhetik doch im Gegensatz zu der Dessoirs fester und systematischer war und der ich besonders für meine deutsche Stilkunde und meine Auffassung von Komik und Humor viel verdanke. Riehls „Kunst an der Brennerstraße" war mir ein schönes Beispiel für aufbauende Kunstbetrachtung. Die Doktorprüfung verlief glatt. Ich bekam die Note Magna cum laude und konnte meiner Mutter mitteilen, daß ich kein Oberlehrer, sondern Dozent werden wolle.

Erst einmal mußte ich aber nach München, um festzustellen, wie dort der Wind wehte und ob ich in absehbarer Zeit dort als Dozent genehm sei.

Mein „Colloquium" vor Muncker und Paul fand am 2. Mai 1907 statt, meine Probevorlesung am 16. Mai; ihr Thema – aus drei verschlossenen Umschlägen erlost – hieß „Die Anakreontik in Deutschland". Muncker stellte die Richtigkeit meiner Sätze fest und erklärte, die Vorlesung sei bestanden. Am 17. Juni wurde ich vom Prinzregenten Luitpold als Privatdozent für neuere deutsche Literatur bestätigt. Für das Wintersemester 1907/08 kündigte ich zwei Vorlesungen an: „Schillers Leben und Werke mit besonderer Berücksichtigung seiner Ästhetik und Kritik" und „Deutsche Lyrik von Heine bis zur Gegenwart".

Noch während ich meine Gedanken in kritischen Übungen weiter entwickelte, begann ich Theaterwissenschaft zu treiben, jedenfalls im gleichen Semester wie Julius Petersen in Frankfurt (1909/10). Diese Wissenschaft war auf deutschen Hochschulen bis dahin sowohl dem Namen als auch der Sache nach unbekannt, denn trotz der mannigfachen und verdienstvollen Vorarbeiten, die Max Herrmann in Berlin nach der philologischen und historischen

Seite hin geleistet hatte, um das neue Lehrfach bei der Fakultät durchzusetzen, gab es den Begriff „Theaterwissenschaft" damals noch nicht.

Als ich mit meinem Ordinarius über Plan und Auffassung von Theaterwissenschaft sprach, wehrte er sich gegen meine revolutionäre, die rein philologische Betrachtung des Theaters stürzende Anschauung und behauptete, das Wichtigste am Theater sei doch das gedruckte Buch.

Ich begann mit einer Vorlesung über Schauspielkunst und Regie, war aber damals noch der Meinung, daß die Ausdruckskunst der Bühne eine reproduktive sei, die eine Reihe anderer Künste – allerdings zu einer Harmonie, zu einer Einheit und Neuheit – zusammenfaßte, während ich ihr heute dieselben schöpferischen Möglichkeiten zugestehe wie den anderen Künsten, und zwar aus dem Zentrum des Mimischen. Ebensowenig unterschied ich damals schon genauer zwischen rein dichterischen und dramatischen Kräften.

1919 durfte ich die erste Dissertation vergeben: Ernst Stimmel, Einfluß der Schopenhauerschen Philosophie auf Wilhelm Raabe. Inzwischen sind es rund 120 Doktorarbeiten geworden.

In fünf bis sechs Semestern las ich an der Universität über das Theater vom Altertum bis zur Gegenwart; auch Asien und Amerika wurden eingeschlossen. Auf Übungen mit Referenten und Diskussionen über die gesamte Ausdruckskunst der Bühne, Text, Dramaturgie, Schauspielkunst, Regie, Inszenierung, Beleuchtung, Maschinerie, Technik, natürlich auch der Oper, wurde großes Gewicht gelegt. Auch praktische Theaterkritik wurde geübt. Dabei wählten wir meist Aufführungen, über die noch kein Urteil vorlag. Wir gingen oft gemeinsam ins Theater, und die Studenten hatten ihre Kritik entweder in Form eines Telegramms oder eines Zeitungsberichts von vorgeschriebener Länge gleich nach Schluß der Vorstellung zu schreiben und an mich adressiert vor Mitternacht in den Briefkasten zu werfen, Kritiken, die nach dem Vormittag ankamen, wurden nicht mehr angenommen.

Neben diesen Übungen lief seit 1923/24 ein Privatissimum für eine kleine Zahl älterer Schüler, die sich beruflich dem Theater widmen wollten, der „Oberkurs". Hier sollten Grundlagen geschaffen werden für den Schauspieler, Dramaturgen, Regisseur, Theaterleiter und Kritiker.

Im Jahre 1922/23 hatte sich auch Dr. Borcherdt für neuere deutsche Literatur habilitiert und bezog ebenfalls das Theater in seine Forschungen ein, vermied aber meinen Begriff „Theaterwissenschaft" und betonte, um den Anschluß an die philologischen Methoden zu behalten, besonders das Historische. Geheimrat Muncker hatte bei der Fakultät den Antrag gestellt, das Fach solle zwischen mir und Borcherdt geteilt werden, und hatte damit Zustimmung gefunden, wie er mir ausdrücklich erklärte.

1926 errichtete man in München ein „Institut für Theaterkunde" oder, wie man es lieber nannte, „Theaterhistorisches Institut". Es wurde eine Sitzung der erweiterten Fakultät einberufen, in der ich über meine Methode sprechen mußte; Geheimrat von Kraus entgegnete darauf, daß es eine Theater-Wissenschaft im Sinne der Universität überhaupt nicht gebe und nie geben könne, womit mein Begriff „Theaterwissenschaft" umgangen werden sollte. Es gelang aber nicht, das Wort auch nur aus dem Vorlesungsverzeichnis zu tilgen.

Ende der 20er Jahre habe ich als erster deutscher Dozent Vorlesungen gehalten auch über den Film, selbstverständlich den Stummfilm, und bald darauf auch über den Funk und das Hörspiel, in der Überzeugung, daß auch sie dramatische Möglichkeiten besitzen.

Es ist nur zu natürlich, daß die schweren zwanziger und dreißiger Jahre und was darauf folgte, auch mein und meiner Familie Leben mitbestimmte. Der Mensch von heute kann sich ja dem politischen Geschehen nicht mehr entziehen, selbst wenn er es wollte. Damals war dies noch weniger möglich. Sozialistische Neigungen hatte ich bereits von Natur gezeigt. Schon als hannoveranischer Gymnasiast hatte ich einen Vortrag August Bebels besucht und war während meiner Studentenzeit unter dem Eindruck des linksliberalen Abgeordneten von Vollmar der Sozialdemokratischen Partei so nahe getreten, daß ich ihr bei der nächsten Wahl die Stimme gab, ohne jedoch Parteimitglied zu werden. Im Weltkrieg hatte ich genügend Gelegenheit gehabt, meine grundsätzlich demokratische Gesinnung als Kompaniechef zu beweisen. Nun aber erlebte ich in München, wie es in der „Stadt der Bewegung" begreiflich ist, die ersten Ausstrahlungen des Nationalsozialismus.

Ende 1926 redeten immerhin schon so viele ernst zu nehmende Menschen von den wichtigen und umstürzenden Dingen, die sich durch Hitler vorbereiteten. Wertvoll an Hitlers Streben erschien mir in den zwanziger Jahren sein Kampf gegen die Selbstsucht wohlhabender Kreise, sein Appell an das Gemein-schaftsgefühl und -denken, an die Opferbereitschaft für das Ganze, sein Bemühen, den Arbeiter marxistischen Bekenntnisses mit nationalem Geiste zu erfüllen, der Gedanke der deutschen Einheit unter Einbeziehung Öster-reichs. Freilich, zu übersehen waren nicht die negativen Seiten der Uniformie-rung des deutschen Lebens. Die Tendenzen der Loslösung der Jugend vom Elternhaus, die Leugnung Gottes, die Unterdrückung des Individuums, die Übermacht der Partei, die sich selbst in den privatesten Bezirken äußerte, die „Erziehung" der Jugendlichen durch Führer, die bildungsmäßig oft unter ihnen standen: all dies wurde zwar gesehen, aber doch angesichts der scheinbar stärkeren nationalen und sozialen Ziele von den meisten Beobach-tern zurückgestellt.

An der Universität setzte man Schulungs-, genauer Umschulungstagungen an, besonders für die Lehrerschaft, im großen Hörsaal der Universität. Ein Schreiben der Partei ohne Datum und Namen erklärte mir, heute sei endlich der Liberalismus und Individualismus überwunden und an dessen Stelle der Gemeinschaftsgedanke gesetzt. Ich dürfe nicht nur einzelne Anschauungen der Partei bejahen, sie müßten ausschließlich gelten.

Die Universität, ein Hort wissenschaftlicher Beständigkeit von je, wurde zu einer NS-Trutzfeste umgebaut. An ihrer Spitze stand neben dem SS-Rektor und Dekan der NS-Studentenbund. Man lud mich zwar zu den Versammlungen ein, nicht aber zur Mitarbeit. Es paßte dem Studentenbund nicht, daß ich es auch jetzt noch wagte, eine ganze Stunde über Heine zu sprechen und dabei nicht nur seine Schwächen, sondern auch sein einzigartiges Können anzuführen; daß ich die Juden Mombert und Hofmannsthal erwähnte und Wedekind, den die Studentenschaft für einen Juden erklärte; daß ich es unterließ, die Parteipoeten zu verherrlichen. In der Zeitschrift „Die Bewegung" vom 20. 5. 1936 erschien ein erster Angriff gegen meine Arbeit: „Wir feiern Auferstehung in Dichterkreisen. Gedanken zur diesjährigen Dichterwahl eines Kritiksalons an einer deutschen Hochschule."

Die Nummer des 1. Juli 1936 brachte die Mitteilung:

„Höchst fatal! Zum Fall Kutscher. – Wir haben in mehreren Artikeln schonungslos eine Clique angegriffen, die noch nicht erfaßt hat, was Verantwortung ist. Wir betonen ausdrücklich, daß wir Herrn Professor Kutscher von einem Mitverschulden an den Vorgängen in den Übungen für literarische Kritik keinesfalls freisprechen können. Wir hoffen, daß unsere Hiebe Raison in seine Bude bringen werden und daß die eindeutige Zurechtweisung von höherer Stelle in genügendem Maße gezeigt hat, woher der Wind pfeift. Falls in Zukunft nur im entferntesten ähnliche Vorfälle uns zu Ohren kommen sollten, werden wir rücksichtslos auskehren. Dies möge unsere letzte, eindringliche Warnung sein! Der Öffentlichkeit geben wir hiermit bekannt, daß der Kutscher-Kreis aufgelöst ist."

Auch die Autorenabende wurden angegriffen. Es paßte der NS-Studentenschaft nicht, daß allwöchentlich ein Abend von uns besetzt war. Sie verlegte darauf ihren Pflichtabend auf den unsrigen, und wenn jemand lieber zu uns ging, bestraften sie ihn. An unserer Autorenliste konnten sie nichts aussetzen. Es lasen erstmalig Stefan Andres, Josef Martin Bauer, Friedrich Bethge, Rudolf G. Binding, Max Dreyer (der uns vorher warnte: „Alter schützt vor Jugend nicht"), Alois Johannes Lippl, Josef Maria Lutz, Karl Benno von Mechow, Hans Rehfisch, Georg Schwarz, Alfons Teuber, Ernst Wiechert und von unserem eigenen Nachwuchs Gustav Faber, Helmut Huber, Ernst Theo Rohnert. 1936 waren die Teilnehmer vergewaltigt, entmutigt, und 1937/38 waren unsere Abende zunächst zu Ende.

Im Jahre 1938 trat ein ganz unerwarteter Umschwung ein. Die Studentenführung sprach mir im Namen der germanistischen Fachschaft herzlichen Dank aus für meine im Rahmen der studentischen Arbeit aufgewandte Mühe und erklärte, ihr Ziel in hohem Maße durch mein Entgegenkommen und meine selbstlose Einsatzbereitschaft erreicht zu haben. Sie hoffe, daß mir auch 1939 in der Erziehung der studentischen Jugend zu echten Männern der Wissenschaft reicher Erfolg beschieden sei. Besonders anerkannte sie meine unermüdliche Tätigkeit in der theaterwissenschaftlichen Arbeitsgemeinschaft und in den Regieübungen. Sie erklärte 1940, daß die künstlerische Gestaltung sämtlicher Laienspielgruppen des Reichs in meinen Händen liegen und ich über die aufzuführenden Stücke wie über die Gestaltung der Abende entscheiden solle, hinsichtlich Münchens in Verständigung mit dem Amt für politische Erziehung der Gaustudentenführung.

Der Zweite Weltkrieg war auch für diejenigen, die nicht in seine Heereshaufen gerissen worden waren, viel grauenhafter und zügelloser, als der erste es gewesen war.

Die Universität veränderte ihr Gesicht. Die Ferien wurden verkürzt, und zu schnellerem Abschluß des Studiums wurden aus zwei Semestern drei gemacht, doch wurden auch diese vielfach verschoben, und manche angekündigte Vorlesung wurde abgesetzt. Die Zahl der Hörer verringerte sich bedenklich. Viele der zurückgebliebenen Studenten waren schwächlich und krank; die vom Felde heimgekehrten verwundet, verstümmelt, taub und blind; die Studentinnen überwogen bei weitem. Alle aber waren sie wenig bei der Sache. Doch lebte noch ein Rest vom alten Geist meines Kreises, so in der Ironie literarischer Parteiwitze. Etwa so: „Hätte Werther sich erschossen, wenn er in der Hitlerjugend gewesen wäre?“ – „Was wäre aus der Jungfrau von Orléans geworden, wenn sie Mitglied des BDM gewesen wäre?“ – Es kam auch noch eine Anzahl guter Dissertationen zustande.

Die politische Lage wurde immer trüber. Immer deutlicher fühlte man den Abstand zwischen den Tatsachen und dem Parteigeschwätz. Entschlossenes Mitglied der Bayerischen Widerstandsgruppe war mein alter Student und Senior Günther Caracciola, der auf Befehl des Gauleiters Gießler am 29. April 1945 erschossen wurde, einen Tag vor dem Einzug der Verbündeten in München. Die Flucht unseres Heeres begann. Schon im Sommer 1943 hatten sich die Bombenwürfe gehäuft und uns auch nachts in den Luftschutzkeller gezwungen.

1944 kamen die Schrecknisse 74mal über München; im April 14mal in einer Nacht.

Am 12. Juli 1944 trafen 9 Bomben unser Haus und setzten das Dach in Brand; das vierte Stockwerk, auf dem sich eine hohe Sirene befand, stürzte in unser drittes und vernichtete die ganze Einrichtung und etwa viertausend meiner Bücher.

Mein trauriger Haufen Bücher wurde an den Wänden einer Garage aufgestapelt. Als Ende November die Universität wieder begann, mußte ich mich zu einem wöchentlich zweitägigen Aufenthalt in München entschließen und mietete ein Zimmer im ersten Stock unseres zerstörten Hauses. Die Rückfahrt war so beschwerlich wie die Hinfahrt. Nach Einbruch der Mangfallbrücke bei Weyarn mußte ich einmal mit Rucksack, von Aibling bis München stehend, auf einem Tankwagen fahren. Mitte Dezember 1944 endete eine Bahnfahrt nach 15 Stunden um 5.40 Uhr früh in München.

Das Wintersemester begann unbeanstandet, am 26. 1. 1946 traf eine Nachricht des Rektorats ein, daß Antrag auf meine Verpflichtung gestellt sei. Vier Tage später erhielt ich die Mitteilung, daß ich meines Amtes enthoben sei. Am 30. März aber wurden meine Vorlesungen von der Militärregierung wieder genehmigt, und ich begann am 15. April das Sommersemester vor 500 Hörern. Das Ministerium schrieb erst am 7. Juni, ich stehe bis auf weiteres wieder im Amt. Vom 22. Juli bis 25. September war Zwischensemester, aber am 16. September wurde ich wieder entlassen, was mir am 30. nochmals mitgeteilt wurde. Da ich nicht daran dachte, das ohne Entgegnung hinzunehmen, suchte ich in München den Staatssekretät Meinzolt auf und beriet mich mit meinem Schüler Gunter Groll und in Traunstein mit dem Rechtsanwalt Merkenschlager. Am 23. Dezember wurde ich von der Spruchkammer Traunstein auf Grund meiner unzweideutigen Haltung gegenüber der NSDAP und wegen der gehässigen Angriffe der radikalen Studentenschaft für entlastet erklärt. Aber zunächst folgte daraus noch lange nicht, daß sich mir die Pforten der Universität wieder öffneten. Gunter Groll hat deswegen eine Bittschrift für meine Rückberufung verfaßt, die mit 62 Unterschriften den Amtsstellen und der Presse vorgelegt wurde. Ich nenne von den Treuebekennern nur Stefan Andres, Rudolf Bach, Johannes R. Becher, Richard Billinger, Waldemar Bonsels, Hanns Braun, Herbert Decker, Kurt Desch, Kasimir Edschmid, Erich Engel, Herbert Eulenberg, Herbert Günther, Falk Harnack, Hugo Hartung, Wilhelm Hausenstein, Manfred Hausmann, Kurd E. Heyne, Herbert Hohenemser, Helmut Käutner, Horst Lange, Thomas Mann, Rudolf Meyer, Walter v. Molo, Walter Panofsky, Ernst Penzoldt, Arnulf Schröder, Emil Preetorius, Ina Seidel, Thassilo v. Scheffer, Wilhelm Schmidt-bonn, Frank Thiess, Karl Ude, Hermann Uhde-Bernays, Tilly Wedekind, Ernst Wiechert, G. G. Wiessner. Diese Aktion für mich hat Dr. Groll in namenloser Arbeit veranstaltet. Er bezeichnet das Ergebnis folgendermaßen: „Weder Furtwängler noch Gerhart Hauptmann noch Richard Strauss konnten, als sie in Schwierigkeiten gerieten, diese Fülle von Bürgschaften vorweisen, wohl aber eine Menge falscher Freunde, die sie im entscheidenden Moment im Stich ließen."

Mitte August 1947 wurde mir die Wiederaufnahme in die alte Stellung bekanntgegeben, und am 25. Oktober veranstaltete die Studentenschaft im Bayerischen Hof „ein Fest für die geliebten, lang und schmerzlich entbehrten

Professoren d'Ester und Kutscher". Ich versuchte noch den Beginn des Wintersemesters, mußte aber schon am 4. November wieder aufgeben.

Trotz meiner kurzen Anwesenheit in München entwickelte sich nach dem Kriege die studentische Arbeit wieder schnell. Die auf den Disziplinen der Theaterwissenschaft wie der deutschen Stilkunde aufgebauten Vorlesungen und Übungen hatten sich bewährt, hatten in fünf Jahrzehnten weit über 50000 Studenten angezogen, jahrelang festgehalten und zu Verfechtern der Theaterwissenschaft gemacht. Nach Zeugnis erster Theaterfachleute konnte man die Kutscherschüler brauchen, gerade wie sie von der Universität kamen. Sie wußten nämlich bereits, was sie auf der Bühne und im Theater überhaupt zu tun hatten.

Anfang 1957 hatte ich zu einem bejahrteren Kollegen gesagt, ich sei im folgenden Sommer 100 Semester Dozent und hätte die Absicht, meine Lehrtätigkeit einzustellen. Da meinte er: „Tun Sie das nicht. Eine solche Dummheit habe ich auch schon gemacht. Als ich 65 Jahre war, hörte ich auf zu lesen, und als ich 72 wurde, fing ich doch wieder an." Ich entgegnete: „100 Semester seien doch eine ganz schöne Zahl." Darauf entgegnete er: „München wird 1958 800 Jahre alt. Das ist doch zum Aufhören auch eine schöne Zahl." Und das hat mich dann überzeugt.

Leider ist bis heute die Errichtung eines planmäßigen Lehrstuhles für Theaterwissenschaft in München noch nicht erfolgt. Doch besteht hierzu noch immer Hoffnung. Erst wenn dies geschehen ist und damit das Ziel von 60 Jahren ernstester wissenschaftlicher Bemühungen erreicht ist, sehe ich mein Wirken vollkommen gekrönt. Mögen sich junge Kräfte finden, die da fortsetzen, wo mich Krankheit und Alter zwangen, aufzuhören, mögen sie die noch ungehobenen Schätze dieses fruchtbaren Gebietes heben und zugleich doch auch, wie ich es mein ganzes Leben lang gehalten habe, der lebendigen Entwicklung mit ganzer Seele folgen und ihre Erkenntnisse wiederum Jüngeren vermitteln, zu stetigem Nutzen unserer deutschen Kultur und der Dichtung!

# Otto Hahn

1879–1968

*Chemiker*
*Studium u. a. in*
*München (1898–1899);*
*1910–1934 Prof. in Berlin;*
*dort 1928–1945 Direktor des*
*Kaiser-Wilhelm-Instituts*
*für Chemie;*
*1946–1960 Präsident der*
*Max-Planck-Gesellschaft.*
*Pionier der Radiochemie.*
*1945 Nobelpreis.*

Damals war es üblich, die Universität mehrere Male zu wechseln. So ging ich für das dritte und vierte Semester nach München. Ein wohl zu spät beantragter Wunsch nach einem Arbeitsplatz im Institut von Adolf von Baeyer konnte nicht mehr erfüllt werden. Ich mußte deshalb in dem in München gut bekannten privaten Institut von Dr. Bender und Hobein einen Platz für das Praktikum belegen. Thema der praktischen Arbeit: Die quantitative Analyse. Ich belegte aber die Vorlesungen von Adolf von Baeyer. Sie waren eine Art Wiederholung des Kollegs von Zincke. Allerdings besuchte ich sie nicht ganz regelmäßig, da 15 Minuten nach Adolf von Baeyers Vorlesungen, der in der Arcisstraße las, ein Kolleg in der Universität folgte über Rembrandt und Rubens mit Exkursionen in der Alten Pinakothek, die mich sehr interessierten. So pendelte ich zwischen Arcisstraße und Universität hin und her und habe manchmal das eine, manchmal das andere ausfallen lassen.

Im Wintersemester 1898/99 kamen einige weitere Vorlesungen hinzu: physikalische Chemie von Muthmann, spezielle anorganische Chemie von K. A. Hofmann und ein Publikum aus der Zoologie, das wohl „Natürliche Schöpfungsgeschichte" hieß. Professor Muthmann war nicht sehr anregend: seine Experimente wollten nicht immer gelingen. Ganz anders war es bei K. A. Hofmann. Er war ein brillanter Vortragender, machte interessante Versuche, bei denen es oft knallte, und hatte stets interessierte Zuhörer.

Leider hatte ich gerade bei Professor Hofmann ein peinliches Erlebnis. Ich spielte des Mittags nach dem Essen in einem der Bierlokale der Kaufinger- oder Neuhauser Straße gelegentlich mit ein paar Freunden einen sogenannten Kaffeeskat. Wir wollten, wie es der Name sagt, nur während der kurzen Kaffeezeit spielen. Einmal blieben wir aber so lang sitzen, daß es früher Nachmittag wurde und ich gerade noch rechtzeitig um fünf Uhr in das Hofmannsche Kolleg eilen konnte. Das Ergebnis: Ich war müde und schlief nach einiger Zeit fest ein. Die Zuhörer merkten es und scharrten mich wach.

Ich genierte mich so, daß ich das wirklich sehr gute Kolleg nicht mehr besuchte.

Bei Bender und Hobein war ich aber regelmäßig und machte meine quantitativen Analysen. Manche fielen mir schwer, und die Trennung Zinn/Antimon wollte mir trotz Wiederholungen nie recht glücken. Ich versuchte aber kein „corriger la fortune", wie das wohl der eine oder andere tat. Zur Aufmunterung bei der Arbeit kam übrigens jeden Morgen etwa um 11 Uhr der Labordiener und brachte dem, der die Aufmunterung nötig zu haben glaubte, einen halben Liter Bier als bescheidenen Frühschoppen.

Einige meiner aus Marburg ebenfalls nach München gekommenen Vereinsbrüder gründeten hier zum Zwecke der Geselligkeit eine Art Ableger unseres Vereins. Er wurde ergänzt durch Kommilitonen des „Deutschen Wissenschaftler-Verbands", die von anderen Universitäten gekommen waren. Im Gegensatz zur strengen Zucht unseres Marburger Bundes blieb es in der Großstadt München bei einer losen Vereinigung ohne Bierzwang, aber auch ohne sonstige Bindungen. Unsere Vereinskneipe war ein sehr bescheidenes Hinterzimmer in einem Lokal in der Lindwurmstraße. Wissenschaftliche Vorträge wurden natürlich hier nicht gehalten, aber auch der Bierkonsum war – trotz der guten Qualität des Bieres – wesentlich geringer als in Marburg. Ich erinnere mich, daß wir eines Tages eine polizeiliche Mitteilung erhielten, ein Student sei tot aufgefunden worden, der vielleicht zu unserem Verein gehörte. Wir fanden den Vereinsbruder, den wir aber kaum kannten, im Keller der Anatomie. An seiner großen Zehe steckte ein Zettel mit dem Namen! Wir konnten den Leichnam identifizieren, begruben ihn und veranstalteten eine „Trauerkneipe". Nach wenigen Tagen war er vergessen. Das Ganze war für mich ein Beispiel für die Grausamkeit der Großstadt; in Marburg wäre diese Routinehandlung undenkbar gewesen.

Natürlich ließ ich auch den Münchner Fasching nicht aus, glaube aber nicht, dabei einmal völlig bezecht gewesen zu sein, was in Marburg oft der Fall war. Häufig ging ich abends in den Löwenbräukeller, wo bis 11 Uhr großes Militärkonzert war. Ich liebte schon damals Militärmusik. Einige Male nahm ich auch einen Anlauf zum Besuch philharmonischer Konzerte, hatte aber noch keine rechte Freude an klassischer Musik. Öfter ging ich auf billige Plätze ins Schauspielhaus und sah Stücke von Sudermann, Ibsen oder Hauptmann, die mir sehr gefielen. Auch Operetten im „Theater am Gärtnerplatz" hatten es mir angetan. Im Staatstheater, der Großen Oper, war ich damals nicht. Das war mir zu teuer.

# Karl d'Ester
1881–1960

*Zeitungswissenschaftler 1924–1952 Lehrtätigkeit in München, wo er die Zeitungs- und Rundfunkwissenschaften etablierte.*

Mitten im Ringen der Zeitungen der kriegführenden Länder des Ersten Weltkriegs beschloß der Bayerische Landtag, an der Universität München einen Lehrstuhl für Zeitungswissenschaft zu errichten. Er wies dabei auf ähnliche Einrichtungen in Amerika und in der Schweiz hin. Weil aber eine Professur für Zeitungswissenschaft kaum lebensfähig ist, wenn ihr nicht ein entsprechendes Forschungsinstitut beigegeben wird, beauftragte das bayerische Kultusministerium den Inhaber des neuen Lehrstuhls, ein Institut für Zeitungswissenschaft zu gründen.

Damit wurden Bestrebungen wieder aufgegriffen, wie sie unmittelbar nach der Verlegung der Universität von Landshut nach München zu verzeichnen waren. Im Wintersemester 1829/30 hatte der Privatdozent Dr. Karl Heinrich Hermes ein Zeitungskolleg angekündigt, das im Vorlesungsverzeichnis der Universität München unter dem Titel aufgeführt wurde: „Die Geschichte des Tages, ein Zeitungskollegium oder Versuch einer historischen Darstellung der wichtigsten Tagesbegebenheiten im Gebiete der Politik und des Völkerlebens." Hermes hielt auch schon ein Zeitungsseminar ab. Er wirkte als Redakteur im Dienste des Verlegers Cotta und lieferte wertvolle Aufsätze über die Zeitungen in Bayern. In seinem Seminar analysierte er auch schon planmäßig die Quellen, dabei unterzog er die bayerischen Zeitungen einer scharfen Kritik. Das hatte eine Pressefehde zur Folge, und Hermes gab sein Zeitungskollegium auf, obwohl es nicht nur von Studierenden, sondern auch von Angehörigen verschiedener Stände besucht worden war.

Mit hochgespannten Erwartungen trat der Münchner Dozent seine Stelle an. Aber die Begeisterung mußte er bald zurückschrauben. Er begegnete nicht nur bei einem Teil der Presse und der Wissenschaft zum wenigsten kühler Zurückhaltung, auch die dem neuen Institut bewilligten Arbeitsmöglichkeiten waren völlig unzureichend. Als Morgengabe wurde dem neuen Institut ein leerer Hörsaal angewiesen, es war zufällig der gleiche, in dem ich 1902 meine erste Vorlesung gehört hatte, sowie 200 Mark als Betriebskapital für das ganze Jahr bewilligt, keine Schreibkraft, kein Assistent, keine Mittel zum Aufbau einer Bibliothek und eines Archivs – nichts von alledem. Dazu eine Besoldung, die infolge der Stabilisierung nach der Inflation geringer war als der Wechsel betrug, den der Professor einst als Student in München bezogen hatte.

Nur dadurch, daß er seine seit 1906 zusammengetragene Sammlung dem Institut kostenlos zu Verfügung stellte, wurde es ermöglicht, mit der Arbeit zu beginnen, zu der sich bereits eine stattliche Schar Schüler eingefunden hatte. Besonders hemmend für die wissenschaftliche Arbeit erwies sich die Ablehnung eines Antrages, Zeitungswissenschaft als Prüfungsfach in die Promotionsordnung aufzunehmen, dadurch war es kaum möglich, befähigte Schüler in größerer Zahl zu gewinnen. Die Verkoppelung mit allen möglichen Fächern führte dazu, daß ein Student der Zeitungswissenschaft zwei Aufgaben in einer Arbeit lösen mußte: nämlich die der Zeitungswissenschaft und die des übergeordneten Faches, wollte er den Anforderungen des Haupt- wie des Korreferenten genügen. Bis 1933 hat dieser Zustand gedauert.

Das Institut für Zeitungswissenschaft an der Universität München, in der „Hauptstadt der Bewegung", stand auf einem der exponiertesten Posten. Wie es möglich war, die Zeit des Nationalsozialismus zu überstehen, kann in dieser kurzen Rückschau auf 30 Jahre nicht eingehend behandelt werden. Hier sollen nur einige Schlaglichter auf jene Jahre geworfen werden.

Ziele unserer Arbeit nach 1933 waren:

1. Die Rettung der vorhandenen Bestände für die Zeitungswissenschaft in München.

2. Wahrung und Stärkung der Freiheitsidee.

3. Pflege einer objektiven Wissenschaft.

4. Hilfe für jene, die aus religiösen, politischen und rassischen Gründen bedrängt waren.

5. Achtung der menschlichen Persönlichkeit und Kampf gegen die Vermassung.

6. Überwindung der Autarkie auf wissenschaftlichem Gebiet durch Aufklärung über die ausländische Presse und persönliche Beziehungen zur ausländischen Wissenschaft.

Auch für die Zeitungswissenschaft gilt, was Werner Bergengruen geschrieben hat, daß man, wenn man den Nationalsozialismus bekämpfen wolle, man das nur kann, wenn man sich mit ihm auf dieselbe Ebene begebe.

Von meiner Weltanschauung bin ich keinen Fuß breit abgewichen, das wußten die Machthaber, und an üblen Denunziationen durch solche, denen man nur Gutes getan hat, fehlte es nicht.

Neben treuen Freunden verdanke ich es Studenten, daß ich bis zum Zusammenbruch 1945 das Münchner Institut leiten konnte. Um es vor Übergriffen von politischen Heißspornen zu schützen, bildeten wir ein Kuratorium, in dem ein Vertreter des Kultusministeriums und des Propagandaministeriums, Geheimrat Heide, der Dekan der Philosophischen Fakultät und der Vertreter der Reichspressestelle Dr. Dresler sowie Männer der Pressepraxis saßen, von denen wir wußten, daß sie den Nationalsozialismus ablehnten: Verleger Wilhelm Leupold von der Münchner Zeitung und Redakteur Dr. Meyer-Gmunden von den Münchner Neuesten Nachrichten sowie der Präsident des Zeitungswissenschaftlichen Verbandes.

Es ereignete sich der groteske Fall, daß wir unter der Diktatur Hitlers einen sozialdemokratischen Ministerialdirektor aus dem Ministerium Severing in Berlin mit bibliographischen Arbeiten im Institut beschäftigen konnten, wodurch wir ihn vor dem KZ retteten und ihm einen Lebensunterhalt verschafften. Wäre einer von den Studenten, die im Dienste der Gestapo standen und im Institut ein- und ausgingen, hinter unsere Schliche gekommen, würde ich kaum diese Erinnerungen schreiben können. Wenn ich heute mit dem damaligen „Mitarbeiter von Goebbels Gnaden", Ministerialdirektor a. D. Dr. Hans Menzel, Präsident des Landesarbeitsamts München, über jene Zeit spreche, überkommt uns ein geheimes Grauen.

Die Münchner Universität war durch den Krieg schwer getroffen. Bomben hatten sie in Trümmer gelegt. Mit dem Einzug der Amerikaner begann die unselige Entnazifizierung. Die Universität blieb lange geschlossen, als sie dann notdürftig wieder eröffnet wurde, mußten wir in der Zeitungswissenschaft versuchen, das Institut aus dem Nichts aufzubauen. Wenn ich nicht meine Privatbibliothek den Studenten zur Verfügung gestellt hätte, wäre ein Studiumbetrieb nicht möglich gewesen. Die Handbibliothek war mit dem Institut verbrannt.

Es begann eine Leidenszeit. Lange noch mußten wir in ungeheizten Hörsälen lesen. Durch mehrere Umzüge gingen wertvolle Bestände verloren, durch Lagerung in feuchten Räumen wurden andere vernichtet. Bis zum 74. Lebensjahr versah ich den ganzen Dienst, die Hörerzahl betrug wieder 400–500, davon viele auch im Nebenfach, zahlreiche Studenten kamen aus dem Felde, der Gefangenschaft und dem KZ, sie mußten betreut werden. Das Institut wirkte beim Aufbau der Presseausstellungen in Düsseldorf und München mit. Um den schwierigen Wiederaufbau hat sich die Sekretärin und Bibliothekarin Fräulein Gertrud Schnippe sehr verdient gemacht. Auch meinem rührigen Assistenten Dr. Heinz Starkulla gebührt der Dank des Instituts.

Dieser Bericht wäre nicht vollständig, wenn er sich auf den wissenschaftlichen Bereich beschränkte. Wir haben in unserem Institut versucht, unseren Schülern auch menschlich näher zu kommen, für uns war der Student keine Nummer, kein Examenskandidat. Daher sollte er den Professor nicht nur auf dem Katheder, im Seminar oder in der Prüfung kennenlernen. Wir versuchten eine civitas academica herzustellen. Ein Weg war der Sport. Mein Segelboot auf dem Starnberger See, meine Paddelboote auf dem Ammersee standen den Schülern zur Verfügung.

Zu den schönsten Erinnerungen meiner akademischen Lehrtätigkeit gehören die Fahrten, die ich mit Studenten unternehmen durfte. Mochten wir im Faltboot die Donau hinabgleiten, oder unsere Ziele weiter stecken, nach der Schweiz oder gar zum Goldenen Horn, nach dem zauberhaft leuchtenden Gardasee oder nach der märchenhaften Lagunenstadt. Wenn wir im eigens für uns gecharterten Autobus durch schwäbisches Land fuhren, von Günzburg durch alle die Städte und Städtchen bis zur Bischofsstadt Regensburg. Die so wichtigen Beziehungen zur Pressepraxis wurden angebahnt oder vertieft bei den Besichtigungen von Zeitungs- oder Zeitschriftenverlagen, Druckereien, Papierfabriken, Nachrichtenbüros oder Druckmaschinenfabriken. Wenn gar ein Verleger das Seminar bewirtete oder für einige Tage im Gasthaus beherbergte, wie etwa der Vogel-Verlag in Pößneck oder Kommerzienrat Huber in Straubing, dann waren wir stolz, zur Großmacht Presse zu gehören.

---

# Karl Alexander von Müller

1882–1964

*1904–1908 Jura- und Geschichts-studium in München und Oxford; 1928–1948 Prof. für Bayer. Landesgeschichte in München; 1936–1944 Präsident der Bayer. Akademie der Wissenschaften.*

Der erste Rat, den ich von den neuen Freunden erbat, war die beste Einteilung meines juristischen Studiums. Ihre einmütige Antwort war merkwürdig genug. Was man auf der Universität offiziell fleißig sein heiße: Vorlesungen besuchen und Kolleghefte mitschreiben, sei der eigentliche planmäßige Müßiggang. Was man aus den meisten Vorlesungen heimbringe, lerne man viel rascher im Selbststudium aus guten Lehrbüchern; dazu kämen im Maximilianeum, vom vierten Semester ab, noch die ausgezeichneten, von einem unserer besten Richter gegebenen Repetitorien. Natürlich, jeder der Universitätsbonzen habe seine eigenen besonderen Steckenpferde, nach denen er im Examen frage; aber um dieser Gefahr zu begegnen, reiche es völlig hin, daß in unserem Kreis eine gute Nachschrift jeder Vorlesung vorhanden sei. Deshalb habe jeder die moralische Pflicht, einige Vorlesungen zu besuchen und von ihnen ein brauchbares Skriptum für den gemeinsamen Gebrauch zu hinterlassen, im übrigen sei alles Universitätsgelaufe ein Unsinn. Mit diesen Anweisungen begann ich selbst meine Studienzeit an der Hochschule, der ich später, freilich in einer andern Fakultät, ein Menschenalter lang und einige Zeit vielleicht an einer ihrer sichtbarsten Stellen angehörte.

Die ersten Fächer, die für die sogenannte juristische Zwischenprüfung bis zum dritten Semester zu hören waren, waren Römisches Recht und Deutsche Rechtsgeschichte. Da von letzterer, nach dem berühmten Kolleg von Amira, leider eine neue und sehr gute Nachschrift von Gürtner vorlag, fiel mir zu, die Römische Rechtsgeschichte und das System des römischen Privatrechts von Hellmann und allenfalls noch die Rechtsenzyklopädie des eben von Königsberg nach München berufenen Karl Gareis zu besuchen. Von der letzteren hörte ich nur eine einzige Stunde. Dagegen war ich in dem zehnstündigen Kolleg von Friedrich Hellmann, Montag bis Freitag täglich von elf bis halb eins, vom Anfang bis zum Ende ein gewissenhafter Gast. Ich pflegte alle meine Skripten, gleich während der Vorlesung, in sachlich vollständiger Zusammendrängung kurrent niederzuschreiben. Es gab damals noch keine Füllfederhalter; man hatte sein kleines, flaches Taschentintenfaß – hoffentlich war es nicht in der Westentasche ausgelaufen! – vor sich auf dem Pult stehen, wo es in dem dicht gedrängten Saal jeden Augenblick in Gefahr war, vom Vordermann umgeworfen zu werden. Die Bänke in dem verräucherten Hörsaal standen enggereiht und der Bretterboden war abgenützt, so daß beim Trampeln und Scharren der Staub in Wolken aufstieg.

Die größte Berühmtheit und der bedeutendste Lehrer, den ich in meinem ersten Winter hörte, war Lujo Brentano. Wenn er zu seiner „Allgemeinen Volkswirtschaftslehre" Punkt viertel über vier Uhr mit spöttisch siegesgewissem Lächeln den Katheder betrat, war das damalige Auditorium maximum, gegenüber der späteren Großen Aula, von Studenten und städtischem Publikum bis zum letzten Platz, bis in die hinterste Ecke besetzt. Keine Stunde verging, ohne daß seine helle Stimme einen mit süffisantem Hohn getränkten, meist politisch freisinnig gefärbten Witz einstreute, der das Echo eines weithin dröhnenden Beifallsgetrampels weckte, oder ein blendendes Aperçu, das er, einen Schritt neben seinem Pult auf uns zutretend, wie ein richtiger Zauberkünstler mit erhobener Hand frisch aus der Luft zu fangen schien. Meine erste Bewunderung wurde abgekühlt, als Gürtner mir schweigend für die nächste Stunde seine stenographische Mitschrift derselben Vorlesung mitgab, die er zwei Jahre zuvor gehört hatte: und jeder anscheinend neugeborene Einfall, jeder anscheinend aus dem Augenblick geschöpfte Witz standen genau an derselben Stelle bereits schwarz auf weiß verzeichnet wie in einem Rollenbuch für die Bühne.

Unmittelbar nach Brentano, im gleichen Hörsaal, kam die Psychologie von

Theodor Lipps, unter sehr viel ungünstigeren äußeren Bedingungen. Denn die Luft in dem nach wie vor überfüllten Raum, vor allem im Winter, wenn an allen Wänden und auf allen Fensterbrettern die nassen Mäntel in dichten Knoten ausdünsteten, war verbraucht und die Temperatur überhitzt; wenn die frühen Lampen entzündet wurden, sah man manches Gesicht mit erschlafften Lidern über sein Skriptum sinken.

Auch eine sehr besuchte einstündige Munckersche Vorlesung über Goethes Faust hielt mich nur kurz fest. Sie schien mir eine staunenswerte Zähigkeits- und Gedächtnisleistung in der Anhäufung von Schrifttum und Meinungen über das Werk – aber wo war dieses selber geblieben? Eine neue Auflage des Gymnasiums. „Wagner liest ein Kolleg über Faust", schrieb ich der Freundin. „Weh ihm, wenn ein Mephistopheles unter den Hörern sitzt!" Dagegen kehrte ich des öfteren in ein Catullseminar des alten Eduard Wölfflin, des Vaters des Kunsthistorikers, zurück, in das ich halb zufällig geraten war. Stoff wie Lehrer zogen mich hier gleichmäßig an. Er war ein hochgewachsener, unverblümter Schweizer und schien mir damals kein Freund des eben schüchtern einsetzenden Frauenstudiums; freilich war auch der Gegenstand der Übungen nicht immer für weibliche Ohren geeignet.

Nur eine einzige neuere Vorlesung, über Schopenhauer und Nietzsche, trat dieser Übung an die Seite. Wie jenes Seminar, wenn ich nicht irre, das letzte des alten Wölfflin war, war diese eine der ersten eines erst kürzlich habilitierten jungen Philosophen, Alexander Pfänder. Auch er wirkte eher nüchtern und war noch kein Meister des Worts. Nach einigen stark ans Manuskript gebundenen Stunden zwang er sich dazu, völlig frei zu sprechen, und bat uns um Nachsicht für etwaige Stockungen. Das war gegenüber den übrigen glatten „Bonzenvorlesungen" etwas völlig Ungewohntes und stellte sogleich eine innere Gesellschaft zwischen ihm und uns her, die weit über das bloße Hörerverhältnis hinausging; es paßte gut zu dem tiefen Ernst des unbestechli- chen Wahrheitsuchens, der jedes Wort mit verhaltenem Pathos durchdrang. Ich ging alle Mal innerlich gefestigt aus dieser Stunde und habe dem Vortragenden, mit dem ich bis zu seinem Tod in der Fakultät verbunden blieb, den Dank für dies frühe akademische Erlebnis nie vergessen.

Aber sind es nicht erschreckend viele Erinnerungen unserer Generation an ihr erstes Semester, die ähnlich lauten? Sind nicht die meisten von uns von den Bänken des Gymnasiums mit einem leidenschaftlichen Durst nach den lebendigen Brüsten des Geistes auf die Universität gekommen, mit einer sehnsüchtigen Begier, nun endlich von einem wahren Führer den Weg zu den Rätseln des Lebens gewiesen zu erhalten, trotz aller Zweifel der Zeit noch mit einem unendlichen Glauben an die Macht der Wissenschaft? Haben nicht viele, und zwar gerade der Besten und Kräftigsten, sich gleich meinen neuen Freunden im Maximilianeum damals innerlich und nicht wenige für immer von der Hochschule abgewandt, sind nicht zahllose andre, Schwächere, nach kurzem Sträuben fügsam, aber innerlich leer, in ihrer Teilmaschine verschwunden, ohne später mehr nach rechts und links oder gar nach oben zu blicken, und sind damit zum akademischen Proletariat unserer Zeit geworden – einem neuen Element der inneren Zersetzung des aufsteigenden Kommunismus?

So glücklich und verantwortungslos schwärmend ich voriges Jahr nach München zurückgekehrt war, so zwiespältig und innerlich verworren diesmal.

Mein einziger Trost war die Arbeit. Schon seit dem letzten Sommersemester hatte ich Ausschau nach einem Doktorthema gehalten. Heigel hatte mir den Grafen Eustach Görtz vorgeschlagen, einen vielseitig tätigen friderizianischen Diplomaten, von dem ein großer, noch unbenutzter Nachlaß vorlag. Aber der Funke hatte nicht gezündet. Dann brachten die eben erschienenen Denkwürdigkeiten des Fürsten Chlodwig Hohenlohe mir selbst den Gedanken nahe, die deutsche Politik seines bayerischen Ministertums 1867 bis 1870 darzustellen. Heigel und Riezler stimmten zu, und in freundschaftlicher Aussprache ergab sich, daß letzterer, als Vertreter der bayerischen Geschichte, dann das Hauptreferat übernehme.

Monate folgten, die ich von früh bis abends im Lesesaal und unter den Katalogen der Staatsbibliothek verbrachte; sie gehören zu meinen liebsten Erinnerungen. Ich war im Sommer, nach vier vollen Münchner Studienjahren, vorschriftsmäßig aus dem Maximilianeum ausgeschieden und wohnte wieder ganz bei den Meinen in der Königinstraße.

Im Lesesaal dachte ich oft an die verwandten Stunden, die ich in Oxford in All Souls und in der Bodleiana zugebracht hatte. Hier war alles heller, jünger, benützter. An den geschäftsmäßigen, breiten Tischen arbeiteten Männer und Frauen aller Stände nebeneinander.

Manchmal kam auch Fritz Endres im Flug in meine Nachbarschaft, um noch einige letzte Bücher für den Abschluß seiner Doktorarbeit über die Errichtung der Münchner Nuntiatur und den Emser Kongreß einzusehen. Und eines Abends führte er mich von hier mit zu einem neuen Bekannten, der sich freundlicherweise erboten habe, seine paläographischen und diplomatischen Kenntnisse für das nahende mündliche Doktorexamen zu ergänzen. Im dritten Stock empfing uns an einem großen Arbeitstisch, von Büchern und Manuskripten umgeben, Rudolf v. Heckel. Er hatte für die geplante Stunde schon eine Fülle von Stoff bereitgelegt, Faksimilia von Papst- und Kaiserurkunden, Schriftproben, nahe und fernere Literatur, und fing sofort an, seinen Reichtum mit liebenswürdiger Eindringlichkeit vor uns auszubreiten. In München begann gleich nach meiner Rückkehr der Aufbau des Universitätsarchivs. Das Archiv der alten akademischen Körperschaft war, wie sich zeigte, seit über hundert Jahren, seit der Verlegung von Ingolstadt nach Landshut, trotz wiederholter Anläufe, nie mehr durchgreifend geordnet worden und mit der Zeit in heillose Verwirrung geraten. Nur das sogenannte Senatsarchiv war von dem Philosophen Prantl für seine Universitätsgeschichte 1872 einmal von Grund aus durchgearbeitet und zum Teil repertorisiert worden; aber dies war bloß etwa ein Drittel des Ganzen, und auch dies Drittel war inzwischen jahrzehntelang in unzulänglichen Räumen in einem Zwischengeschoß kaum benützbar aufgespeichert gewesen und von neuem durcheinander gekommen.

Meine nächste Aufgabe mußte sein, das Ganze einmal in eine erste notdürftige Gesamtordnung zu bringen, entsprechend aufzustellen und wenigstens im Groben zu verzeichnen. Wieviele Bilder tauchten in diesen zersplitterten Fragmenten vor mir auf: von den Zügen Aventins und Johann Ecks, Canisius' und Scheiners, Sailers und Anselm Feuerbachs bis zu denen von Döllinger und Pettenkofer und meiner eigenen Lehrer Traube und Krumbacher. Da standen die Schriftzüge Ludwigs des Reichen und seines bürgerlichen Kanzlers, des Humanisten Martin Mair, des Kurfürsten Maximilian, Max III. Josefs und Montgelas', Ludwigs I. Ich fühlte mich hinter meiner schweren Eisentür fast als Alleinherrscher. Hermann Grauert, der eigentliche Archivvorstand, kam zwar beinahe jeden Tag; aber er blieb meist nur auf einen Sprung oder versank in seinem schmalen Büro nebenan in eigene Arbeiten.

Es war wieder ein neuer Gelehrten- und Historikertypus, der mir durch ihn vertraut wurde. Norddeutscher, im brandenburgischen Pritzwalk geboren, erst am Reichsarchiv, dann seit 1885 auf dem sogenannten katholischen Geschichts-Lehrstuhl, in München eingewachsen; er hatte nichts von der künstlerischen Freude des Gestaltens, die Heigel beseelte und in seiner kritischen Art auch Riezler durchdrang: das Forschen selbst, das unermüdliche, nach allen Seiten sich ausbreitende Vermehren des Wissens um seiner selbst willen, war ihm höchster Genuß. Georg Waitz und bedeutende Juristen, wie Ihering und Gneist, waren seine Hauptlehrer gewesen. Er besaß einen großen Spürsinn im Auffinden neuer Quellen und einen ungewöhnlichen Scharfsinn des Verknüpfens; aber seine hervorstechendste Gabe, die allem Übrigen beinahe im Weg stand, war sein Gedächtnis. Er schleppte aus der Universitätsbibliothek Stapel von Büchern herunter, in denen er seine ganze gleichzeitige Korrespondenz als Merkzeichen einlegte; große Pläne zu Untersuchungen, zu Aufsätzen stiegen vor ihm auf und wurden leidenschaftlich verfolgt – bis irgendeine andere dringlichere Arbeit ihn unterbrach und auf ihrer neuen Fährte festhielt. Dann kam eines Tages der Augenblick, wo die vervielfachten Büchermassen sein Arbeitszimmer überschwemmten und er kurzerhand einen Bibliotheksdiener bestellte, der alles Ältere wieder forttrug – nicht selten samt den Briefen und Karten, die noch darin lagen.

Aber schon gegen Ende 1910, gerade als die grobe Neueinteilung und Neuaufstellung des gesamten Bestandes abgeschlossen und in einem zusammenfassenden „Generalkonspekt" festgehalten war, wurde mir eine wissenschaftliche Mitarbeiterstelle an der Münchner Historischen Kommission angetragen. Grauert widerriet. Aber mich verlockten Tradition und Ruhm der alten Kommission, die von Ranke begründet worden war, die Verbindung mit der Akademie der Wissenschaften, mit vielen der ersten historischen deutschen Namen; auch war die Stellung zwar geldlich keine Verbesserung, aber ungleich sicherer als die an der Universität, die vom Senat zunächst nur für den Umzug bewilligt worden war, und ich habe die rasche Entscheidung nie bereut.

Marcks drängte, seit er in München war, Endres und mich unablässig zur Habilitation. Da ich inzwischen allerlei und auf verschiedenen Gebieten veröffentlicht hatte, zudem meine Editionsarbeit bei der Historischen Kommission stattlich angewachsen war, hätte es wohl genügt, der Fakultät einen größeren Aufsatz einzureichen; aber mir lag daran, doch ein geschlossenes Stück aus meinen ausgebreiteten Görresstudien ausgeführt vorzuweisen. Der neue Wiener Fund ermöglichte mir, dazu das erste Jahr des Straßburger Exils zu wählen; aber auch für die Zeit des Rheinischen Merkurs, der Koblenzer Adresse oder den Anfang der Münchner Zeit, samt dem Eoskreis, lag viel Stoff in meinen Mappen bereit. Sogar eine sehr verlockende Anfrage, die über Marcks an mich kam, ob ich bereit wäre, zu Bülow nach Rom zu gehen, um ihn beim Ordnen seiner Papiere und bei der Vorbereitung seiner Denkwürdigkeiten zu unterstützen, glaubte ich jetzt, nach einigem Zögern, zunächst hinhaltend beantworten zu müssen. An solchen dünnen Fäden hängen oft unsere Schicksale. Wenige Monate später standen wir im Krieg. Mein ganzes weiteres Leben wäre anders verlaufen, hätte ich ihn an der Seite Bülows, im Zeltlager der großen Politik erlebt. Aber ich blieb bei der Gelehrsamkeit und bei Görres.

Gerade in diesen Wochen arbeitete ich viel in der nachgelassenen Privatbibliothek Döllingers, die in einem Obergeschoß der Universitätsbücherei, ziemlich primitiv, aber noch als geschlossene Einheit aufgestellt war: großartig eindrucksvolles Zeugnis eines neunzigjährigen, fast alle Gebiete geistlich wie profaner Weltgeschichte souverän umfassenden Gelehrtenlebens. War es hier oder in der Staatsbibliothek, daß ich in einem Buch einen kleinen Briefwechsel eingelegt fand, der vielleicht auch verdient, der Vergessenheit entrissen zu werden? Er begann mit einem Entleihschein Döllingers für eine Flugschrift aus dem Jahr 1827 oder 1828; nach etwa dreißig Jahren kam eine überaus höfliche Mahnung der Bibliothek um Rückgabe, eine ebenso höfliche Bitte Döllingers um Aufschub; nach weiteren zehn oder zwölf Jahren folgte eine neue, nicht minder liebenswerte Erinnerung samt einer noch liebenswürdige-

ren Antwort des Gelehrten, er vermöge die Flugschrift leider trotz aller
Bemühungen nicht aufzufinden, werde aber für den Nachlaßbevollmächtig-
ten nach seinem Tod die Anordnung hinterlassen, für die Rückgabe zu sorgen;
und am Ende, in der Tat nach Döllingers Tod, 1890, die Bestätigung der
Bibliothek, die Flugschrift sei richtig zurückgekommen, und als Gegengabe
der historisch gewordene, nun bereits über sechzigjährige Entleihschein.
Edelmännische Zeiten des deutschen Bibliothekwesens und Gelehrtentums!
Wir waren im zwanzigsten Jahrhundert auch hier schon überall eingetreten in
den allgemeinen Wellengang der gleichmachenden Bürokratisierung und
atmeten mit Erstaunen nur hier und dort noch einen Hauch der entschwunde-
nen alten Luft.

[Mayr sammelt um sich einen Kreis politisch interessierter Offiziere,
Soldaten, Journalisten, Politiker und Professoren. Er sucht Vertrauensmänner („V-Männer"), die in der Lage sind, in der Truppe politisch zu wirken. Er
führt an der Universität München Aufklärungskurse durch, in denen
Offiziere, Unteroffiziere und Mannschaften geschult werden. Er beobachtet
die Tätigkeit von Parteien, Vereinigungen und Zeitungen. Seine Abteilung
legt Ende Mai/Anfang Juni 1919 „Listen der Propaganda- und Vertrauens-
leute" an. In einer findet sich ohne weitere Zusätze der Name: Hitler Adolf
Hitler nimmt – auf wessen Veranlassung ist unbekannt – am Aufklärungskurs
Nr. 1 teil. Das Programm dieser Veranstaltung:
Donnerstag, den 5. Juni, vormittags 8–10 Uhr, Universität, Hörsaal Nr. 148,
Erdgeschoß links, Eingang Ludwigstraße: Vortrag Professor Karl Alexander
von Müller: Die deutsche Geschichte seit der Reformation.
Der Münchner Historiker Karl Alexander von Müller, der an den Kursen
mitwirkt, macht Hauptmann i. G. Mayr auf die rednerische Begabung Hitlers
aufmerksam:]

Nach dem Schluß meines Vortrags und der folgenden lebhaften Erörterung
stieß ich in dem sich leerenden Saal auf eine kleine Gruppe, die mich aufhielt.
Sie schien festgebannt um einen Mann in ihrer Mitte, der mit einer seltsam
gutturalen Stimme unaufhaltsam und mit wachsender Leidenschaft auf sie
einsprach: Ich hatte das sonderbare Gefühl, als ob ihre Erregung sein Werk
wäre und zugleich wieder ihm selbst die Stimme gäbe. Ich sah ein bleiches,
mageres Gesicht unter einer unsoldatisch hereinhängenden Haarsträhne, mit
kurzgeschnittenem Schnurrbart und auffällig großen, hellblauen, fanatisch
kalt glänzenden Augen. Nach dem nächsten Vortrag wartete ich, ob er sich in
der Aussprache melden würde, jedoch geschah so wenig wie beim ersten Mal.
„Weißt du, daß du einen rednerischen Naturtenor unter deinen Ausbildern
hast?" fragte ich nach der Stunde meinen alten Schulkameraden. „Da scheint es
weiterzureden, wenn er einmal in Schuß kommt." „Wo sitzt er denn?" Ich
wies nach der Stelle. „So", erwiderte er, „das ist der Hitler vom List-

276

Regiment. Sie, Hitler, kommens einmal raus da!" Und der Gerufene kam gehorsam, mit linkischen Bewegungen, wie mir schien in einer Art trotziger Verlegenheit, aufs Podium. Das Gespräch blieb unergiebig.

---

# Franz Schede

1882–1976

*Orthopäde*
*Studium in Heidelberg, Berlin,*
*Kiel und 1902–1905 in München;*
*1919 Privatdozent in München.*
*1923–1947 Prof. in Leipzig.*
*1948–1954 Chefarzt der*
*Orthopädischen Klinik*
*Sanderbusch/Oldenburg.*
*Rehabilitation Körperbehinderter*
*und Behandlung angeborener*
*Deformationen.*

Es ist wahr, es hat wohl zehn Jahre gedauert, bis Beruf und Leben in mir eins wurden. In diesen Jahren waren Studium und Assistentenzeit eine Notwendigkeit – interessant wohl, aber nicht das eigentliche Leben. Das eigentliche Leben war alles, an was man sich bis zur Selbstvergessenheit verlieren konnte: die Kunst, die Literatur, die Musik, die Berge, das Abenteuer, und über alles die Menschen, die mich umgaben, immer mir ähnlich und verwandt und doch immer anders, fremd und begehrenswert!
Während des Winter-Semesters 1904/05 machte ich mein Staatsexamen. Es war nicht ganz einfach, dieses bittere Muß mit den Pflichten zu vereinbaren, die mir der Fasching auferlegte. Eine der letzten Stationen war die Frauenklinik. Mein Freund Hilbing und ich waren bis morgens 1/2 6 Uhr auf dem Schwabinger Bauernball gewesen. Auf dem Heimweg bekamen wir einen „Moralischen" und beschlossen, uns unverzüglich in der Frauenklinik zu melden. Wir zogen uns um und waren Punkt acht Uhr beim alten Geheimrat Winckel. Der wackelte mit dem Kopf: „Sie können gleich dableiben." Uns wurde schwül, aber was half es? Den ganzen Tag über, bis in die Nacht, mußten wir im Kreiß-Saal mitarbeiten, am nächsten Morgen unsere Berichte abgeben und die erste Prüfung bestehen. Am Abend wieder „Nachkirchweih"

277

in Schwabing bis früh ½ 6 Uhr. Anschließend wieder Prüfung und am Abend wieder Bauernball im Alpenverein.

Ein Jahr lang war ich Volontär-Assistent an der Prosektur des Krankenhauses rechts der Isar unter Oberndorfer. Das war ein ungetrübtes Jahr. Oberndorfer war ein Chef, wie man ihn sich nur wünschen konnte, immer anregend und fördernd. Er ließ uns viel Selbständigkeit und verstand auch einen Spaß, denn wir Assistenten waren ein buntscheckiges und oft närrisches Häuflein.

Und dann war dort Ludwig Mohr, mit dem ich mich sofort zusammenschloß, denn auch er war in der Kunst mehr zu Hause als in der Medizin. Er war von Hause aus begütert und gab aus eigenen Mitteln die Zeitschrift „Das Strandgut" heraus.

Und dann war doch noch ein Original, der „Alte" Seckel. Er mag damals schon über vierzig gewesen sein: ein kleiner Jude mit langem Vollbart. Er war schon fast alles gewesen, was es gab: Kaufmann, Architekt, Buchhändler und nun Arzt. Er wimmelte vor Emsigkeit und war in den Vorlesungen bekannt und berüchtigt, weil er wie eine Ameise überall unten durchschlüpfte, um sich in die erste Reihe zu drängen, was er ja wegen seiner Kleinheit auch versuchen mußte.

Nach diesem Jahr pausierte ich erst mal einige Sommermonate lang und beschäftigte mich ausschließlich mit Zeichnen, Musizieren, Lesen und mit schönen Wanderfahrten durch Oberbayern und Österreich. Ich versuchte Landschaften zu zeichnen und besuchte regelmäßig den „Abend-Akt".

Von nun an segelte ich im Fahrwasser Karl Frankes. Da er immer genau wußte, was er wollte und es auch tat, so war ich gut beraten, wenn ich ihm folgte. Karlchen arbeitete in der Anatomie und war dort wegen seiner Präparierkunst hoch angesehen.

Es war gerade der schöne Neubau des anatomischen Institutes fertig geworden, einer der ersten modernen Universitätsbauten. Leiter des Institutes waren Rückert und Mollier. Rückert war ein Enkel des Dichters, ein Mann von großer Herzensgüte, schwer im Lehren und Forschen.

Mollier, hochgewachsen und schlank, war ein Redner und Lehrer von Gottes Gnaden. Er gehörte zu dem exklusiven Kreise Münchner Patrizier, die am Chiemsee hausten. Prosektoren waren der früh verstorbene Hahn und Hasselwander, der spätere Ordinarius in Erlangen.

Ich wurde Mollier zugeteilt. Zunächst war der Umzug aus der alten Anatomie zu bewerkstelligen. Das alte rumplige Gebäude in der Schillerstraße enthielt eine anatomische Sammlung noch von den alten Zeiten Rüdingers her. Der war ein Original gewesen, hatte sich aus dem Baderstande emporgearbeitet und hatte dann alles gesammelt, was ihm merkwürdig vorkam: menschliche und tierische Mißgeburten und Abnormitäten in uralten Spiritusgläsern. Die sollte ich nun ausmerzen, das Wertvolle säubern und neu konservieren.

Als das geschafft war, mußte ich für die Eröffnungsfeier eine Sammlung historischer Mikroskope zusammenstellen. Ich fand in den Rumpelkammern des alten Institutes so viele alte Instrumente, daß ich die Entwicklung des Mikroskopes fast lückenlos zur Darstellung bringen konnte.

Dann begannen die Vorlesungen und Kurse. Der histologische Kurs Molliers war ein didaktisches Meisterwerk, aber der Glanzpunkt war doch seine Anatomie für Künstler, eine stets überfüllte öffentliche Vorlesung.

Wie immer an den anatomischen Instituten, fehlte es auch hier nicht an makabren Histörchen. Im Keller der Anatomie waren Feuertonwannen in langen Reihen aufgestellt, in denen die Leichen in Alkohol oder Formalin lagen. Als Hahn einmal die Wannen inspizierte, hörte er ein Plätschern. Es schien ihm immerhin auffallend, daß eine Leiche plätscherte, und er ging dem Geräusch nach. Da lag der große dicke Institutsdiener Rieger in der hintersten, noch unbenützten Wanne und badete genießerisch.

Eine andere Geschichte ohne jede Komik war eine Hinrichtung in Straubing. Es sollte dort ein Raubmörder geköpft werden, und es war dem Institut sehr daran gelegen, verschiedene Organe, besonders die innersekretorischen Drüsen, in ganz frischem Zustande zu bekommen. Ich wurde abkommandiert, um das vorzubereiten und fuhr am Tage vor der Hinrichtung mit den beiden Dienern, 3 Hektolitern Fixierungsflüssigkeit und allem Sektionsgerät voraus nach Straubing. Wir bauten im Hofe des Gefängnisses hinter einem schwarzen Vorhang alles auf, während gleichzeitig auf der anderen Seite des Vorhangs die Guillotine gezimmert wurde.

Dann kam der dumpfe Schlag, und es war vorbei! Wir eilten hinaus, und nun gab es nur noch die Arbeit. Nach drei Minuten lagen schon die wichtigsten Drüsen in ihren Lösungen. Sechs Stunden arbeiteten wir ohne Pause. Das Grauen war vorbei, nur noch die Arbeit blieb. Als wir dann mittags fertig waren und den Gefängnishof verließen, standen immer noch Scharen von Neugierigen an den Toren.

Am 1. 10. 1910 trat ich meinen Dienst bei Lange an. Zuerst gab es manche Enttäuschungen und Bitternisse.

Lange aber hatte damals noch nicht die große Klinik in Harlaching und die Universitäts-Poliklinik in der Pettenkoferstraße, sondern nur eine Abteilung im Roten-Kreuz-Krankenhaus, die er sich selbst geschaffen und eingerichtet hatte, und die er ganz allein versorgte und beherrschte. Neben seiner übermächtigen Persönlichkeit waren wir nur Gehilfen, die wenig bedeuteten. Er operierte, er bestimmte jede Einzelheit der Behandlung und kontrollierte sie.

1912 war zuerst die orthopädische Universitäts-Poliklinik in dem schönen Neubau an der Pettenkoferstraße fertig geworden, und es begann nun das Tauziehen um die Oberarzt-Stelle. Ich sah keine Veranlassung, mich daran zu beteiligen. Es waren zwei alte Assistenten da, die sich darum bewarben, und ich hielt es für sicher, daß einer von ihnen die Stelle bekommen würde. Aber ich dachte mir, es könne nichts schaden, wenn ich mich Vater Lange einmal bemerkbar machte.

Mein Beobachtungsmaterial der Röntgenbehandlung der Knochen- und Gelenk-Tuberkulose lag bereit. Ich setzte mich hin, schrieb die Arbeit in zwei Nächten zusammen und legte sie Lange auf den Schreibtisch. Er nahm sie wortlos mit. Am nächsten Morgen rief er mich in sein Zimmer und fragte kurz: „Wollen Sie die Poliklinik haben? Trauen Sie sich das zu?" Mir wurde heiß und kalt! Ich sagte: „Ich traue mir das zu – aber darf ich mir die Frage erlauben, warum Sie mich als den Jüngsten wählen?" Er sagte: „Weil Sie der einzige sind, der nichts fordert, sondern zu geben versucht."

Von alters her hatte es in München eine besondere Universitätspoliklinik gegeben, nach ihrem Gründer das „Reisingerianum" genannt. Sie enthielt ursprünglich nur eine chirurgische und eine innere Poliklinik, ohne Kranken-betten. Nun hatte die Universität eine große Poliklinik in der Pettenkofer-straße gebaut, in der alle Fachgebiete durch eigene Abteilungen vertreten waren und auch über einige Krankenbetten verfügten.

Seit Frühjahr 1912 war ich nun also Oberarzt der orthopädischen Universi-täts-Poliklinik. Ich war mir völlig klar, daß damit eine Entscheidung fürs Leben gefallen war.

Meine Aufgabe war gestellt: Orthopädie und Krüppelfürsorge.

Es war wieder ein neuer Anfang, und aller Anfang ist schwer. Eine orthopädische Universitäts-Poliklinik nach Art der anderen Polikliniken hatte es bisher in München nicht gegeben. Es war also viel Organisationsarbeit zu leisten, für die mir Vorbilder fehlten. Die Behandlung war vorwiegend ambulant. Immerhin hatte Lange sechs Betten für Unterrichtszwecke durch-gesetzt. Die eigentliche klinische Behandlung blieb der neuen großen Landesklinik in Harlaching vorbehalten. Diese Klinik war nicht Universitäts-Institut. Lange mußte die Vorlesungen in der Poliklinik halten, und ich hatte sie vorzubereiten. Die Vorlesung Langes, zweimal wöchentlich eine Stunde, war nach Inhalt und Form ein Meisterwerk. Er verlangte von mir die Vorbereitung bis ins einzelne; es war nicht leicht, ihn zufriedenzustellen. Zudem geriet er nun selbst in einen inneren Zwiespalt. Seine Arbeit konzentrierte sich naturgemäß mehr und mehr auf die Klinik. In die Poliklinik kam er bald nur noch zur Vorlesung, eine Viertelstunde vor ihrem Beginn, d. h. Punkt acht Uhr. Nach der Vorlesung verschwand er wieder.

An meine Mutter Juli 1919

„Heute kann ich Dir eine sehr freudige Nachricht schreiben: Ich bin Privatdozent! Gestern abend war meine Probevorlesung und die anschlie-ßende Prüfung vor versammelter Fakultät. Es ist alles gutgegangen.

Nun ist es also endlich erreicht nach soviel Jahren zäher Mühe und nach soviel Hindernissen! Praktischen Wert wird es ja kaum noch für mich haben, denn ich glaube nicht, daß in absehbarer Zeit orthopädische Lehrstühle eingerichtet werden. Aber ich habe doch meinen Willen durchgesetzt; habe gezeigt, daß ich es kann, und das ist mir die Hauptsache. In 14 Tagen ungefähr habe ich meine Antrittsvorlesung vor allgemeinem Publikum, und im Wintersemester beginnen dann meine Vorlesungen."

*Poliklinik (Reisingerianum)*

# Theodor Heuss

1884–1963

*Politiker*
*Studium der Staatswissenschaft,*
*Volkswirtschaft und Kunst-*
*geschichte in München*
*(1904–1905).*
*Tätigkeit als Publizist und Dozent*
*in Berlin;*
*1924–1933 Mitglied des Reichs-*
*tags; nach 1945 Mitbegründer*
*der F.D.P., Mitarbeit im*
*Parlamentarischen Rat zur*
*Abfassung des Grundgesetzes;*
*1949–1959 erster Bundespräsident*
*der Bundesrepublik Deutschland.*

Ich belegte Nationalökonomie, Staatslehre, Philosophie, Historie, Kunstgeschichte, Literatur – manche wichtige Leute der damaligen Münchner Universität, Amira, Furtwängler, hörte ich nicht, nur weil niemand mir sagte, daß es sie gab. Einige der Lehrer haben mich für das Leben beeindruckt. Ich kann nicht sagen, ob Theodor Lipps als Philosoph „Schule" gebildet hat – wenn ich in den Münchener Semestern kaum eine Vorlesung von ihm versäumte, dann lag es an der denkerischen Energie, die den jungen Hörer fesselte.

Indem ich fleißig philosophische Vorlesungen hörte, auch bei Hans Cornelius, lernte ich die Grenzen der eignen Art und Begabung kennen.

Mit der Kunstgeschichte hatte ich zunächst einen Fehlgriff getan. Bald kam ich dahinter, daß das, was Berthold Riehl über italienische Malerei vortrug, in jeder volkstümlichen Erzählung zu finden sei.

Eigentlich wäre ich gerne ein „Bohémien" gewesen, aber dazu gehörten Liebesgeschichten und Schulden, beides hatte ich nicht. Man glaubte, sich im Vorhof aufzuhalten, wenn man regelmäßig zu den „Elf Scharfrichtern" lief – dort hatte das „Überbrettl" eine Reihe von handfesten Könnern zusammengebracht. Die diskrete literarische Huldigung jener Jugend galt Ricarda Huch, deren „Triumphgasse" uns begeisterte, deren „Romantik" uns bereichert hatte. Daß ein Mann namens Stefan George damals viel in München weilte, wußten wir. Ich lernte, daß man seinen Namen dreisilbig aussprach, was mir um der feierlichen Kadenz wohlgefiel – da war nun kein innerer Widerspruch zu seiner Form, wie bei der französischen Gewöhnung.

# Bertha Badt-Strauss

1885–1970

*Schriftstellerin*
*Englisch- und Germanistik-*
*studium in Breslau*
*und 1912–1913*
*in München;*
*1912–1930 Lektorin u. a. in*
*Breslau und Berlin;*
*1939 emigriert.*

So hat einst Paul Heyse München gesehen; und nicht viel anders sahen wir es noch, als wir im Herbst 1912 nach München kamen. Als wir dort einzogen, leuchteten die Bäume im Englischen Garten bunt in allen Herbstfarben und die „Oktoberwiese" war im vollen Gange. Jeden Nachmittag mußte man an die Isar wandern, um dort den absonderlichen Jahrmarkt zu besichtigen, wo man „antiken" Schmuck, bunte Bauerntücher, Dirndlkostüme und was sonst noch alles erstehen konnte. Aber im März 1913, als wir München verließen, sproßten schon die ersten Schneeglöckchen im Park von Nymphenburg; und doch war der „Fasching" noch in voller Blüte und jeden Sonntag morgen fuhr man mit Skiern ins Gebirge, um die letzten Schneetage voll auszunutzen. Wir waren ein absonderliches Trio, als wir damals zum Studium nach München fuhren: zwei Schwestern, die eine war Philologin und Kunsthistori-kerin, die andere war Medizinerin; aber die eifrigste Studentin von uns dreien war unsre Mutter, die damals schon über 50 Jahre alt war, aber geistig und körperlich noch sehr beweglich . . . und so lerneifrig, daß ihre sauber geschriebenen in schwarzes Wachstuch eingebundenen Kolleghefte einem jeden Studenten hätten zum Vorbild dienen können. Sie war stolz und froh, daß sie täglich noch frisch genug war, um mindestens 4 Kollegs zu hören: Bei dem berühmten National-Ökonomen Lujo Brentano hörte sie mit den Töchtern Volkswirtschaft, bei Fritz Strich mit ihrer Philologin Romantik und bei dem jungen Moritz Geiger Philosophie. Aber der Glanz des Ganzen waren die kunstgeschichtlichen Kollegien, die Heinrich Wölfflin, der größte Kunstforscher der Zeit, zu unser aller Entzücken damals in der bayerischen Hauptstadt hielt, ehe er kurz danach nach Berlin berufen wurde. Außerdem war sie bald mit allen Bibliotheks- und Museums-Beamten eng befreundet, die sich über ihr Interesse an den Kunstschätzen der Stadt höchlichst ergötzten. – Die Töchter teilten natürlich das Interesse der Mutter am Studium: aber außerdem wollten sie doch auch noch München selbst, Menschen und Natur und . . . Fasching kennenlernen, was damals für uns Norddeutsche den Hauptzauber Münchens ausmachte. Auch dies schien uns (und scheint mir heute noch) fast ebenso wichtig wie das Bücherwissen, das uns die Professoren in ihren Kollegien vermittelten. Konnten wir doch hoffen, einmal der vielbewunderten Ricarda Huch, der Romantikforscherin und Verfasserin von „Ludolf Ursleu" im Großen Saal der „Redoute" zu begegnen, die von den begeisterten Studenten im Triumph durch den Saal getragen wurde. Und nie vergesse ich, wie ein andermal Wölfflin selbst mit uns feierte und in seiner schlichten Art von den Studenten an C. F. Meyers Gedicht erinnert wurde: „Als mit Sokrates die Freunde tranken und die Häupter auf die Polster sanken . . ."

---

# Karl von Frisch

1886–1982

*Zoologe*
*Studium in Wien*
*und 1908–1909 in München;*
*Privatdozent in München*
*(1919–1921),*
*Prof. in Rostock (1921),*
*Breslau (1923–1925),*
*München (1925–1946*
*und 1950–1954)*
*und Graz (1946–1950).*
*Arbeitete u. a. über das Orientie-*
*rungsvermögen der Bienen*
*(„Bienen-Frisch").*
*1973 Nobelpreis.*

Nach unserer Übersiedlung aus Wien blieben wir 2 1/2 Jahre in der Isar-Stadt. Wir suchten nach einer größeren Wohnung, denn ein Münchner Kindel stand uns in Aussicht. Als es am 27. Mai 1920 in Gestalt einer zweiten Tochter (Maria) erschien, war das Raumproblem bereits gelöst. Als Untermieter des Verlagsbuchhändlers Paul Oldenbourg wurden wir in dessen weiträumige Wohnung, nicht weit von unserem ersten Schwabinger Quartier, aufgenommen – und zugleich in den Schoß einer patriarchalischen Familie.
Bald nach dem Wiederantritt meiner Assistentenstelle, im Januar 1919, erhielt ich den Titel eines a.o. Professors und ein Jahr später einen Lehrauftrag für vergleichende Physiologie. Neben Vorlesungen aus diesem Gebiet hielt ich

auch ein vergleichend physiologisches Praktikum ab, was damals noch nicht üblich war. Die Neuerung fand bei den Studenten Anklang und machte mir als Dozenten viel Freude. Noch vor wenigen Jahren war die Physiologie, die Lehre von der Funktion der Organe und somit vom Leben der Organismen fast ausschließlich eine Sache der Medizin gewesen. Wenn an den physiologischen Instituten der Medizinischen Fakultäten Tierversuche gemacht wurden, so geschah es, weil man mit den Menschen nicht in gleicher Weise experimentieren konnte. Für die Zoologen hätte es nahegelegen, ihre Vertrautheit mit dem weiten Reich der Tiere zu nützen, um nach dem Vorbild der vergleichenden Anatomie eine vergleichende Physiologie zu begründen. Aber das geschah nicht. So kam es, daß Humanphysiologen an medizinischen Fakultäten, gewappnet mit den notwendigen methodischen Kenntnissen, die Bahnbrecher für diesen neuen Zweig der Zoologie wurden.

Als sich die ersten Doktoranden einstellten und Vorschläge für ein Thema wünschten, war es ganz natürlich, daß auch hier die vergleichende Physiologie zum Zuge kam. So behandelte mein erster Schüler, Anton Himmer, ein Farbwechselthema und als zweite Ruth Beutler, die mir bis heute in enger Mitarbeit verbunden blieb, die Verdauungsphysiologie bei niederen Tieren. Mich selbst zogen wieder die Bienen in ihren Bann. Ausgangspunkt der neuen Arbeit waren frühere Beobachtungen bei den Farb- und Duftdressuren. Wenn das Futterschälchen leer getrunken und nichts mehr zu holen war, dann blieben die Sammlerinnen bald daheim und es kamen nur mehr vereinzelte Kundschafter, um Nachschau zu halten. Wenn ein solcher das Schälchen wieder gefüllt fand und beladen heimkehrte, dann war nach wenigen Minuten die ganze Sammelgruppe wieder da. Offenbar gab es im Bienenvolk einen gut funktionierenden Nachrichtendienst. Worauf er beruhte, war unbekannt. Das ließ mir keine Ruhe.

Im Frühjahr 1919 saß ich an einem kleinen Bienenvölkchen im malerischen Gartenhof unseres Institutes in der Alten Akademie. Der Bayerische Landesinspektor für Bienenzucht Hofmann hatte mir ein Königinzuchtkästchen geliehen. Es hatte gegenüber anderen Bienenkästen den Vorteil, daß sich die Insassen nicht verstecken konnten. Denn es enthielt nur eine einzige Wabe, die durch Glasfenster von beiden Seiten überschaubar war. Ich lockte einige Bienen an ein Zuckerwasserschälchen, betupfte sie mit roter Ölfarbe und schaltete eine Futterpause ein. Als es am Schälchen still geworden war, füllte ich es wieder auf und beobachtete eine Kundschafterin, die angeflogen war und getrunken hatte, bei ihrer Heimkehr in den Stock. Ich traute meinen Augen nicht! Sie machte auf der Wabe einen Rundtanz, der die umsitzenden rot betupften Sammlerinnnen in helle Aufregung versetzte und sie veranlaßte, wieder an den Futterplatz zu fliegen. Das war wohl die folgenreichste Beobachtung meines Lebens.

Das sah ich freilich damals nicht voraus. Ich baute zunächst geeignetere Beobachtungsstöcke, verbesserte das Verfahren zur individuellen Kennzeichnung der Bienen und glaubte nach 3 Jahren intensiver Arbeit, die „Sprache" der Bienen zu kennen. Zwanzig Jahre später bemerkte ich, zu diesem Thema zurückgekehrt, daß ich die Hauptsache übersehen hatte und daß die vierfache Zeit und eine vervielfachte Zahl der Mitarbeiter nicht ausreichte, um die Quelle der unerforschten Geheimnisse jener Bienensprache auszuschöpfen. Wenn wir heute Versuche machen, um in diesem Zusammenhange die eine oder andere Einzelfrage zu klären, so sind dabei nicht selten 12 und mehr Beobachter gleichzeitig tätig. Zu Anfang ging es bescheidener zu. Als Berater in praktischen Fragen stand mir ein tüchtiger Imker, Guido Bamberger, zur Seite. Er war ein glänzender Beobachter und gab mir aus seiner Erfahrung heraus manche Anregung.

Sobald die Ferien kamen und der Brunnwinkl mit seiner landschaftlich reich gegliederten Umgebung zu abwechslungsreichen Versuchen einlud, dann standen dort mehr Hilfsmannschaften zur Verfügung. Einer unserer ersten, noch recht primitiven „Versuche über Land" galt der Frage, in welchem Umkreis die durch Rundtänze alarmierten Bienen die Umgebung ihres Stockes absuchen. Es hatte sich nämlich bald herausgestellt, daß durch die Tänze nicht nur – nach einer Futterpause – die alten Sammlerinnen wieder auf den Plan gerufen werden, sondern auch Neulinge, die den Futterplatz zunächst nicht kennen. Wenn eine Biene vom Blütenbesuch heimkehrt und tanzt, so erfahren die Kameraden durch den ihr anhaftenden Blütenduft den spezifischen Geruch des Zieles, nach dem sie suchen sollen. Daß eine Tänzerin darüber hinaus ihren Stockgenossen eine genaue Lagebeschreibung der Fundstelle liefern kann, hätte ich damals für unmöglich gehalten. Ich nahm an, daß bei anhaltenden Tänzen die ausfliegenden Neulinge erst in der Nähe des Stockes und allmählich in immer weiterem Umkreise suchen, bis sie zufällig ans Ziel gelangen.

Diese Vermutung sollte geprüft werden. Daß sie für die nähere Umgebung stimmt, hatte sich bereits bestätigt. Nun aber saß ich bei einem letzten Versuch dieser Reihe an einem Honigschälchen, das einen Kilometer vom Beobachtungsstock entfernt inmitten ausgedehnter Wiesenflächen unscheinbar im Grase stand. Hügel und Wälder lagen dazwischen. Einige gezeichnete Bienen wurden in der Nähe des Stockes gefüttert; sie tanzten nach jeder Heimkehr. Ein paar Tropfen eines ätherischen Öles dienten als künstlicher Blütenduft, um dem Futterplatz, wie dem fernen Schälchen die gleiche Duftnote zu geben. Wenn nun wirklich Bienen an mein Beobachtungsschälchen kommen sollten, dann mußte festgestellt werden, ob es nicht Fremdlinge aus anderen, vielleicht näher gelegenen Stöcken waren, die zufällig den Honig bemerkt hatten. Darum war vereinbart, jeden Besucher des Schälchens durch einen Farbtupfen zu kennzeichnen. Seinen Abflug wollte ich durch das Kuhhorn – ein altes Wahrzeichen unserer Kolonie – meinem Bruder Hans melden, der halbwegs nach Brunnwinkl auf einer Hügelkuppe postiert war und seinerseits mit einer Kuhglocke einen weiteren Gehilfen zu verständigen hatte. Dieser sollte durch ein Trompetensignal die Beobachter in Brunnwinkl alarmieren, damit sie nun scharf aufpaßten, ob die bemalte Biene in unserem Beobachtungsstock einfliegen würde. Als fast 4 Stunden verstrichen waren und mein Schälchen immer noch verlassen da stand, war ich nahe daran, aufzugeben. Da schwärmte wirklich, bedachtsam suchend, eine Biene heran, ließ sich nieder und tat sich am Honig gütlich. Sie wurde gekennzeichnet und flog ab. Nie wieder habe ich mit solcher Inbrunst das Kuhhorn geblasen. Alles klappte. Sie war wirklich aus unserem Stock und ich freute mich über das positive Ergebnis. Heute wissen wir, daß jene Biene eine Eigenbrötlerin war, wie solche zuweilen gerade durch ihr regelwidriges Verhalten dem Volke nützlich werden können, und daß die Bienen aus dem Beobachtungsstock nach wenigen Minuten zu Dutzenden das kilometerweit entfernte einsame Schälchen gefunden hätten, wenn ihnen in ihrer Sprache gesagt worden wäre, wo es steht. Aber die Tänzerinnen fanden ja das Futter 16 m vom Stock und hatten keinen Anlaß, ihre Kameraden in die Ferne zu schicken.

---

# Aloys Wenzl

1887–1967

*Philosoph*
*1906–1912 Mathematik- und*
*Physikstudium in München;*
*1933–1938 ao. Prof.,*
*dann Vorlesungsverbot;*
*1946–1955 Lehrstuhl für Philoso-*
*phie und Volkskunde in München;*
*1947/48 Rektor.*

In die Zeit meines Studiums vom Abitur bis zur Promotion, 1906–1912, fiel gerade die Erweiterung unserer Universität durch den Trakt in der Amalien-straße. Man empfand es anfangs als betrüblich, daß die alte Geschlossenheit verloren zu sein schien und der Aufgang von der Ludwigstraße her nicht mehr mit dem schönen Glasgemälde, dem Madonnenbild, schloß, aber man gewöhnte sich nicht nur bald an die Bestelmeyersche Lösung durch die

Verbindung mit dem Lichthof, sondern empfand sie als architektonisch und praktisch sehr glücklich und erfreulich.

Ich hatte mich zum Studium der Mathematik und Physik entschlossen. Der berühmteste Vertreter der Mathematik an der Universität München war damals Ferdinand Lindemann, dessen Büste noch vor dem mathematischen Seminar steht. Er ist in die Geschichte seiner Wissenschaft eingegangen als derjenige, dem es gelang, den langgesuchten Beweis zu finden für die Unmöglichkeit der Quadratur des Zirkels, der exakt geometrischen Verwandelbarkeit eines Kreises in ein flächengleiches Quadrat; sein Name bleibt verbunden mit dem Nachweis der „Transzendenz" der berühmten Zahl $\pi$. Aber so bedeutend Lindemann als Gelehrter war, so wenig war er es als Lehrer, wenigstens zu meiner Zeit. Er kam offenbar nicht immer genügend vorbereitet, geriet dann in Sackgassen oder verrechnete sich, stellte aus einem Zettel, den er der Westentasche entnahm, das Ergebnis fest, das herauskommen sollte, versprach gelegentlich, die Ableitung das nächste Mal zu bringen, aber er hatte es vergessen oder war wieder nicht zur Vorbereitung gekommen. Gerade das Gegenteil wäre zu sagen von seinem Kollegen Pringsheim, dem Schwiegervater von Thomas Mann. Pringsheim war ein vorzüglicher Lehrer, immer gut vorbereitet, man konnte seine Freude an der mathematischen Problematik und der Eleganz seiner Entwicklung miterleben, und wenn er sich einmal verrechnet oder verirrt hatte, fand er bald den Fehler in einem aufregend gespannten und interessanten Suchen.

Von den Physikern will ich natürlich den großen Röntgen nennen. Als Abiturienten des humanistischen Gymnasiums gingen wir gleich zu ihm, aber wir wurden etwas enttäuscht. Nicht nur, daß die Stimme, die aus dem großen Mann mit dem mächtigen Vollbart kam, akustisch oft nicht ausreichte für den großen Hörsaal mit seinen schlechten, bei der geringsten Bewegung und erst recht, wenn ein Zuspätgekommener noch einen Platz suchte, immer knarrenden Bänken, sondern Röntgen dachte auch zu wenig daran, wie viel, oder vielmehr wie wenig, er voraussetzen dürfte. So wanderten wir schließlich ab zu seinem zwar weniger berühmten Kollegen, aber ausgezeichneten Lehrer, Grätz, der übrigens auch ein vorzügliches Lehrbuch geschrieben hatte, und viele hörten bei diesem schwarz, während sie bei Röntgen eingeschrieben waren. Und noch einen dritten Physiker will ich – last not least – nennen, Arnold Sommerfeld, den theoretischen Physiker, den Vertreter also derjenigen Wissenschaft, deren große Stunde gerade zu Beginn unseres Jahrhunderts geschlagen hatte. Die Einführungsvorlesungen waren von klassischer Klarheit. Dankbar waren wir vor allem aber, daß er uns teilnehmen ließ an der Entwicklung der relativitätstheoretischen und quantenphysikalischen Problematik, einer Entwicklung, an der er ja selbst schöpferisch beteiligt war. Aus seiner Schule sind viele der heute berühmten theoretischen Physiker herausgewachsen, beispielsweise auch Max von Laue und Werner Heisenberg. Er hatte den offenen Blick für diejenigen seiner Schüler, die für die Zukunft seiner Wissenschaft wertvoll waren, er freute sich ihres Aufstiegs und ihrer Anerkennung durch die Verleihung des Nobelpreises, den er selbst recht wohl auch hätte erhalten können.

Aber natürlich beschränkte sich unser Studium nicht auf unser Fach. Das Studium generale, wie wir heute sagen, war weit verbreitet, und München hatte ausgezeichnete Männer für Vorlesungen, die einem weiteren Kreis zugänglich und zugedacht waren. Ich will nur drei nennen, die ich hörte: den Anthropologen Ranke, den Archäologen Furtwängler und den Volkswirtschaftler Lujo Brentano. Die allgemeine Volkswirtschaftslehre von Brentano war weitgehend das, was man heute Soziologie, Gesellschaftslehre heißt. Er war ein liberaler Demokrat vom 48er-Schlag und sicher nicht grundsätzlicher Gegner des Frauenstudiums, in seinen Seminarien hätte er sie aber wohl manchmal lieber nicht gesehen, er fühlte sich vielleicht gehemmt, Dinge zu behandeln, die er vor Studenten ungeniert hätte aussprechen können, und vielleicht war dies das Motiv für eine oft erzählte Episode in seinem Seminar. Er sprach über das Kolonialproblem und stellte fest: Wenn Deutschland Kolonien haben will, braucht es Farmer, und wenn es Farmer haben will, braucht es Frauen, die bereit sind, als Farmersfrauen in die Kolonien zu gehen, und es wäre vielleicht ein noch größeres nationales Verdienst mancher jungen Dame, wenn sie bereit wäre, als Farmersfrau in die Kolonien zu gehen, statt als Studentin an die Universität. Die zwei anwesenden Studentinnen, damals zugleich Frauenrechtlerinnen, verließen zum Ausdruck des Protestes den Saal. Brentano wartete, bis sie an die Tür gekommen waren, und rief dann: „Meine Damen!" Sie drehten sich um und Brentano sagte: „So sehr hätte es ja auch nicht pressiert."

Selbstverständlich war, daß ich nach Möglichkeit auch philosophische Vorlesungen hörte. Der Repräsentant war damals Theodor Lipps. Philosoph und Psychologe in Personalunion, aber mit dem Akzent auf der Psychologie, bedeutendster Vertreter des sogenannten Psychologismus, der aus der psychologischen Erfahrung und Betrachtung auch die Grundsätze des Denkens und Handelns, die Normen der Logik und Ethik herleiten wollte, und dem Edmund Husserl, der Begründer der Phänomenologie, in seinen „Logischen Untersuchungen" dann widersprach; denn die Grundsätze der Logik sind ja Voraussetzung auch für die Psychologie als Wissenschaft. Er starb 1914. Als sein Nachfolger wurde Oswald Külpe berufen. Der andere Philosoph, den ich hörte, war Graf v. Hertling, der spätere bayerische Ministerpräsident und noch spätere Reichskanzler, als Philosoph Neuthomist und primär Historiker; aber auch seine heute weniger mehr bekannte Auseinandersetzung mit dem Materialismus und Darwinismus verdient es, erwähnt zu werden. Als er mit Übernahme des bayerischen Ministerpräsidiums 1912 von der Lehrtätigkeit zurücktrat, wurde sein Nachfolger der bedeutende Philosophiegeschichtler Clemens Baeumker.

Überschaut man, was das geistige Leben von damals mit beherrschte und an weltanschaulicher Bedeutung über die Problematik der Einzelwissenschaften, aus denen es erwuchs, hinausging, in der Physik die Relativitäts- und Quantentheorie, in der Biologie den Neuvitalismus von Hans Driesch, in der Psychologie die Gestalt- und Ganzheitspsychologie und die Denkpsychologie, die insbesondere Oswald Külpe vertrat, und nicht zuletzt die Psychologie des Unbewußten, und hält man das zusammen mit der Wendung in der Philosophie zur Phänomenologie einerseits, zu einem neuen kritischen Realismus andererseits, erstere in München vertreten durch Alexander Pfänder, letztere durch Külpe und Erich Becher, so darf man sagen, daß München an all diesen Entwicklungen einen bedeutenden Anteil hatte und Anteil nahm. Nicht zuletzt aus diesen Anregungen heraus erwuchs auch mein Entschluß, mich nun dem Studium der Philosophie und Psychologie zu widmen und für sie zu habilitieren; aber nun kam zunächst die große Zäsur. Der Krieg endete mit jener totalen Niederlage Deutschlands, von der man damals glaubte, daß sie größer nicht gedacht werden könne. Es war eine schwere Zeit für die akademische Jugend, auch äußerlich schwer, waren es doch die Jahre der wirklich größten Inflation aller Zeiten. Der November 1923 brachte ihr Ende und zugleich das Scheitern des lange erwarteten Hitler-Putsches. Das geistige Leben war trotz allem weitergegangen und ging weiter. Insbesondere für die weltanschaulich wichtigen Fächer der Philosophie, Psychologie und Pädagogik hatte die Universität München ausgezeichnete Vertreter: den Philosophen Erich Becher, der nach dem frühen Tod des erst 53jährigen Oswald Külpe 1915 den Lehrstuhl für Philosophie übernommen hatte und die philosophische Tradition des kritischen Realismus und der Synthese von Philosophie mit Psychologie einerseits, und mit der Entwicklung der Naturwissenschaften andererseits weiterführte; den bedeutenden und scharfsinnigen Logiker Josef Geyser, als Nachfolger Baeumkers; und den großen Pädagogen und Psychologen Aloys Fischer als Nachfolger Friedrich Wilhelm Foersters.

Das Jahr 1926, in dem ich mich habilitierte, war das Jahr der Jahrhundertfeier der Universität in München. Der große Romanist Karl Voßler war Rektor. Zum ersten Male hing nun die schwarz-rot-goldene Fahne an der Universität. Seit Beginn des dritten Jahrzehnts unseres Jahrhunderts war die Spannung, die unser Volk spaltete, die Atmosphäre und Propaganda des Nationalsozialismus auch immer mehr in die Universität eingedrungen, die Träger und Anhänger des Hakenkreuzes dürften zwar nie in der Mehrheit gewesen sein, aber sie traten mehr und mehr als Repräsentanten der akademischen Jugend auf und der Terror warf seine Schatten voraus. Das Jahr 1933 brachte dann mit der Machtergreifung auch für die Universität und gerade für sie die verhängnisvolle Wendung. Berufungen und Berufbarkeit hingen von der Zustimmung der Partei ab, die Entfernung der nicht genehmen Lehrkräfte vollzog sich systematisch.

Die nicht genehmen Professoren wie Voßler, Geyser, Pfänder durften von dem Recht der emeriti, weiter zu lesen, nicht mehr Gebrauch machen. Mir wurden zunächst die Vorlesungen gestrichen, 1938 die venia legendi entzogen. Als ich in der Ludwigstraße einmal Voßler traf und er mich fragte, wie es bei mir stehe, und als ich ihm sagte, ich sei eben nicht tragbar, meinte er: „Was dieses starke Reich doch für schwache Schultern hat, daß es uns nicht tragen kann!"

Der Zweite Weltkrieg kam und brachte die Zerstörung der Universität und das tragische Ende derer, die ihr Land noch retten wollten vor dem moralischen und politischen Untergang. „Die Toten von Stalingrad beschwören uns! Unser Volk steht im Aufbruch gegen die Verknechtung Europas durch den Nationalsozialismus, im neuen gläubigen Durchbruch von Freiheit und Ehre." So schloß das letzte Flugblatt der „Weißen Rose". Professor Kurt Huber, die Geschwister Scholl, Schmorell, Graf und Probst wurden 1943 hingerichtet. Ich war, da ich nicht nur für die Universität, sondern auch für München überhaupt nicht tragbar war, als Mathematiklehrer an die Oberschule nach Ingolstadt geschickt worden, vielleicht rettete mir das das Leben. Die schweren Fliegerangriffe der beiden letzten Kriegsjahre zerstörten die Universität so sehr, daß sie für die Lehrtätigkeit praktisch ausfiel.

Es fällt uns heute schon wieder schwer, uns den Trümmerhaufen vor und in der Universität, namentlich auf der Seite der Ludwigstraße, auch nur vorzustellen. Als ich kurz vor der Wiedereröffnung 1946 mit dem ersten Nachkriegsrektor Albert Rehm auf die Universität, oder vielmehr auf ihre Ruine, zuging, verließ mich der optimistische Mut und ich fragte: „Ja wo sollen wir denn da lesen?" Aber der ältere Rehm war zuversichtlicher. „Wir haben immerhin noch zwölf Hörsäle", meinte er, „und wir müssen eben weitere frei machen und aufbauen." Rehm war noch von den Amerikanern als Rektor eingesetzt worden. Aber da er auch der Besatzungsmacht gegenüber zwar in einer keineswegs verletzenden, aber doch offenen Sprache seiner Überzeugung Ausdruck gab darüber, was wir für unser Hochschulwesen lernen, was wir aber nicht übernehmen könnten, so fiel er noch vor Eröffnung des ersten Semesters in Ungnade und wurde abgesetzt. Wir waren dankbar, daß Karl Voßler bereit war, seinen bedeutenden Namen und seine starke Persönlichkeit zur Verfügung zu stellen, um eine noch weitere Verzögerung des Semesterbeginns zu vermeiden; Es galt zunächst Raum zu gewinnen durch Wegschaffung des Schuttes aus den Hörsälen. Die Studenten, die neu aufgenommen werden sollten, mußten sich zur Schutträumung zur Verfügung stellen. Und es galt den Lehrkörper wieder zu ergänzen, die Professoren und Dozenten wieder zu gewinnen.

Der erste frei gewählte Rektor war der Orthopäde Hohmann, ihm folgte mein Rektoratsjahr und dann die drei Jahre, in denen Walther Gerlach die Bürde des Rektorats auf sich nahm, um die Kontinuität des Aufbaus zu wahren. Jeder Rektor war froh, wenn während seines Rektoratsjahres die Hörsäle sich immerhin nennenswert vermehrt hatten. Bis 1948 freilich war die Schwierigkeit der Mangel an Rohstoffen, nach 1948 der Mangel an Geld. Auch die Verbindung mit dem Ausland konnte aufgenommen werden. Unter den Ehrungen ausländischer Gelehrter sei besonders der Basler Professor Arthur Stoll genannt, dem unsere Universität durch Verleihung des Ehrendoktors auch danken wollte für die Hilfe, die er dem großen Chemiker Richard Willstätter während der Emigration in die Schweiz hatte zuteil werden lassen; die von Arthur Stoll herausgegebene Selbstbiographie „Aus meinem Leben" (1949 erschienen) gehört mit zur Geschichte unserer Universität.

Zwölf Jahre lang hat sich der Wiederaufbau des Gebäudes an der Ludwigstraße und des Lichthofes hingezogen, wir grollten oft, nachdem anderswo doch das „Wirtschaftswunder" gekommen war, aber wir freuen uns jetzt wieder der Schönheit unserer Universität; die Raumfrage ist damit freilich immer noch nicht gelöst.

# Paul P. Ewald

1888–?

*Physiker*
*Studium in Cambridge, Göttin-*
*gen und 1908–1914 in München;*
*Prof. in Stuttgart 1921–1937,*
*dann emigriert und Lehrtätigkeit*
*in England und USA.*
*Hauptarbeitsgebiet Kristallo-*
*graphie;*
*Entdecker der „Ewaldschen Kon-*
*struktion" des Atomgitters.*

Bevor der Bestelmeyersche Erweiterungsbau der Münchener Universität an der Amalienstraße 1910 bezugsfertig wurde, war der neuberufene Nachfolger Boltzmanns, Arnold Sommerfeld, in dem von uns meist als „Alte Akademie" bezeichneten Wilhelminum untergebracht. Dort befanden sich im Jahre 1908, außer den Räumen der Bayerischen Akademie der Wissenschaften, das Zoologische Institut von Hertwig, das Geologische Institut, das bald einen neuen Direktor, Kaiser, hatte und das Mineralogische Institut von Groth. Außerdem war die „Mathematisch-physikalische Staatssammlung bei der Bayerischen Akademie" dort untergebracht, ein Kabinett verstaubten Gerümpels, dessen Existenzberechtigung darin bestand, daß damit seit Alters her die Posten eines Konservators und eines Mechanikers im Haushaltsplan des Staates geführt wurden, von denen der erstere in den fünf Jahren von Boltzmanns Anwesenheit in München (1889–1894) zur Aufrundung der professoralen Bezüge verwendet worden war.
Als Sommerfeld 1906 von Aachen auf den lange verwaisten Lehrstuhl für Theoretische Physik berufen wurde, konnte er zugleich zum Konservator der staatlichen Sammlung ernannt werden und erbte den noch von Boltzmanns Zeiten planmäßig geführten Mechaniker, Herrn Sinz, sowie die Räume der Sammlung.
Als Sommerfeld über die Annahme des Münchener Rufs verhandelte, setzte er durch, daß er ein Institut für theoretische Physik erhalten würde und dazu einen Assistenten. Das war damals eine Neuerung, insofern die Ansicht vorherrschte, daß ein Theoretiker mit Bleistift und Papier abgesättigt wäre. Die Existenz des Mathematisch-physikalischen Kabinetts erleichterte die planmäßige Ausweitung zu einem Institut, das Sommerfeld für den Neubau zugesagt wurde, während die Räume der Sammlung zu seiner vorläufigen Unterbringung benutzt werden konnten. Als Assistenten nahm sich Sommerfeld seinen besten Schüler aus Aachen mit, Peter Debye.
Es war Hondros, der mich zu Beginn des Sommersemesters 1908 fast mit

Brachialgewalt in eine zweistündige Vorlesung Sommerfelds über Hydrodynamik schleppte – so unwillig war ich, meine Kreise der reinen Mathematik Pringsheimscher Prägung stören zu lassen. Der Erfolg war, daß ich, der ich weder der Mechanik noch der Vektorrechnung bisher begegnet war, von der ersten Vorlesung an so gefesselt wurde, daß ich von da ab wußte, daß meine Liebe nicht der abstrakten Mathematik galt, sondern dieser wunderbaren Harmonie von anschaulichem mathematischen Denken und physikalischem Geschehen, der theoretischen Physik. Nichts ist bezeichnender für die ungezwungene Kunst des Sommerfeldschen Vortrags, als daß er einem reinen Neuling in einer zweistündigen Sommersemester-Vorlesung Vektor-, Algebra und -Analysis, die hydrodynamischen Grundgleichungen in der Lagrangeschen und Eulerschen Form, komplexe Abbildungsmethoden und ihre Strömungs-Interpretation, Wellenfortpflanzung in tiefem und seichtem Wasser und in Kanälen, Schiffswellen sowie anschließend das Problem der Reynoldschen Zahl und des Einsetzens der Turbulenz verständlich machen konnte.

Die Hydrodynamik-Vorlesung wurde in einem kleinen Hörsaal des Röntgenschen Instituts (an der Ludwigstraße) gehalten. Einige der Hörer gingen oft anschließend zum Mittagessen in die Stadt, und auf dem Weg dahin wurde ich gewahr, wie wenig ich von der Unterhaltung der weitaus erfahreneren Physiker verstand. Ich steckte mich hinter Hondros mit dem Vorschlag, ob nicht die älteren Hörer moderne Probleme so miteinander diskutieren könnten, daß wir Jüngeren verstehen könnten, worum es sich handelte. Hondros nahm diesen Vorschlag, als er nach etwa einem halben Jahr schüchtern wiederholt wurde, gut auf und sprach mit Debye, den ich damals noch kaum kannte. Debye erklärte sich einverstanden, ein Kolloquium zu organisieren, und erzählte Sommerfeld davon; ich glaube, er sagte ihm, es solle allein mit den Studenten veranstaltet werden, und Sommerfeld, in weiser Zurückhaltung, willigte ein, nicht teilzunehmen. Er erlaubte die Benutzung des Hörsaal-Zimmers für den Zweck und gab seinen Segen zu dem Unternehmen durch Stiftung einer Kiste Zigarren „zur Schärfung des Denkvermögens". Die allgemeine Diskussion, und besonders Debyes Interpretation und Kritik von Formeln auf Grund physikalischer Gesichtspunkte, war sehr belehrend, in einer Weise, zu der es in Vorlesungen nie gekommen wäre. Nach dem ersten halben Dutzend Zusammenkünften geschah etwas Unerwartetes: ein auswärtiger Sprecher wurde angekündigt, nämlich der Berliner Privatdozent Max Laue.

Laues Vortrag war wohl ein Vorspiel für seine Umhabilitation von Berlin nach München. Als diese vor Beginn des nächsten Semesters stattgefunden hatte, stellte sich Laue dem Kolloquium mit seinem bisherigen Hauptarbeitsgebiet vor, mit einem Vortrag: „Entropie der Strahlung".

Laue war bekanntlich – und namentlich zu jener Zeit – kein großer Vortragskünstler, und von dem Bericht über seine Untersuchungen, die sich so eng mit denen von Planck berührten, hätte ich auch bei guter Vorbereitung vermutlich nichts verstanden. Jedenfalls schienen, als Laue nach 1 1/2 Stunden zum Schluß kam, selbst Sommerfeld und Debye etwas vor den Kopf geschlagen, und es ergab sich keine nennenswerte Diskussion, bis ich in einem verzweifelten Versuch, aus den 1 1/2 Stunden doch etwas nach Hause zu tragen, den Redner in leichter Empörung fragte: Könnten Sie mir nicht vielleicht erklären, was unter Entropie gemeint ist? Dies war selbstsüchtig naiv gemeint – aber die Reaktion war ganz unerwartet: „Ja, das eben ist der Kernpunkt der ganzen Frage . . .", und hieran schlossen sich lange Ausführungen, die den Inhalt des ganzen Vortrags zusammenfaßten und die ich gesenkten Blicks über mich ergehen ließ. Beschämt schlich ich mich nach Hause. – Sommerfeld und Debye teilten sich übrigens von jenem Kolloquium ab in die Leitung dieser Veranstaltung.

Mit der Übersiedlung Sommerfelds ins neue Institut im Hauptbau der Universität an der Amalienstraße, im Herbst 1910, wurde das Kolloquium in den zugehörigen Hörsaal verlegt, der etwa 80 Plätze hatte. Es nahmen nun auch die Physiker von Röntgens Institut (aber nie dieser selbst) daran teil: Wagner, Koch, Angerer, du Prel, Gaedeke, Friedrich, Knipping, Glocker, Brentano u. a. Der Sommerfeldsche Kreis hatte sich durch Laue, Epstein, Brillouin und andere erweitert, und es kamen manche dazu, die anders beheimatet, aber an den Diskussionen interessiert waren, wie A. Rosenthal, Fritz Noether, R. Seeliger, E. Buchwald, F. Bottlinger und Kollegen von Sommerfeld, wie K. Fajans, O. Frank, R. Emden, manchmal auch P. v. Groth oder Willstätter. Auch die frühen Schüler von Sommerfeld reiften ja allmählich heran. So konnten die damaligen aufregenden Probleme der Physik, vor allem die Eingriffe der Relativitätstheorie, der Statistik und der Quanten in das Gefüge der klassischen Physik stets lebhaft diskutiert werden – bis, kurz nach dem Fortgang erst von Debye, dann von Laue nach Zürich, der Ausbruch des Ersten Weltkriegs dem ein zeitweiliges Ende bereitete.

# Erich Rothacker

1888–1965

*Philosophie- und Medizinstudium in Kiel, Straßburg, Tübingen, Berlin und 1909–1913 in München.*
*1924–1928 ao. Prof. in Heidelberg;*
*1928 Prof. in Bonn.*
*Förderte die philosophische Anthropologie, Kulturphilosophie und Theorie der Geisteswissenschaften.*

Endlich ging es im Sommersemester 1909 nach München, der Stadt, in der ich noch heute am liebsten leben würde. Eine Berufung dorthin 1933 (oder 1934?), deren Erfolg man für völlig sicher halten konnte, mißlang aus politischen Gründen in letzter Stunde. Gott sei Dank. Der Boden wäre politisch zu heiß für mich gewesen. Mein wachsender Ekel vor dem Naziregiment hätte mich in den Strudel gezogen, der die Geschwister Scholl und den armen Kollegen Huber verschlang. Blicke ich unter akademischen Gesichtspunkten auf diese Studienzeit zurück, so wird mir jetzt noch himmelangst. Da ich, wie gesagt, keiner Akademikerfamilie entstamme, und gar nicht auf die Idee kam, ein Staatsexamen anzuzielen, was ich immer noch für das gesündeste halte, fehlte mir jede Beratung und Anleitung. Mein Entschluß, sofort nach Ablauf des sechsten Semesters den Dr. phil. zu erwerben, stand fest. Tatsächlich machte ich den Dr. auch sehr früh, mühelos und völlig ohne Lampenfieber.

Im ersten Münchner Semester hielt ich vor einem gewählten Publikum, zu dem Scheler und Moritz Geiger gehörten, auch meine spätere Frau, einen Vortrag über den „Begriff des Fortschritts". Ich war also auf einer „geschichtsphilosophischen" Linie bereits reichlich festgelegt. Zu allem Unglück sollte ich aber auch auf väterlichen Wunsch Medizin studieren. Das schlug dem Faß den Boden aus. Tatsächlich habe ich alle Scheine bis zum Physikum erworben. Und vieles für meine spätere psychologische Tätigkeit gelernt. Aber meine brennendsten Interessen lagen ja, wie schon gesagt, in einer völlig anderen Richtung und diese hatte einen viel zu weiten Blickwinkel. Ich erzähle das, um die Jugend zu warnen. Daß es schließlich gut ging, ist ein metaphysischer Zufall, bzw. Glücksfall. Ich tanzte über einem Abgrund. Freilich schwer mit Büchern bepackt, was statisch betrachtet, die Gefahr nicht verringerte.

Ich hörte bei Hermann Paul, Friedrich von der Leyen und besonders Rudolf Unger, in dessen Seminar ich kräftig einhakte. Daneben Karl Voßler, dessen

Bücher ich gelesen hatte und dessen Auseinandersetzung mit dem Positivimus mich dauernd beeindruckte. Ich habe von Voßler mehr gelernt als von seinem Freund Benedetto Croce. Unter den historischen Fächern zogen mich am meisten die althistorischen an. So Robert Pöhlmanns Kolleg, ergänzt durch eifrige Lektüre. Dann Lujo Brentanos glänzende Wirtschaftsgeschichte. Später hörte ich auch – neben Friedrich Huch und dem Dichter Willy Seidel sitzend – Dofleins sehr anregende Tierpsychologie. Einen schweren Fehler beging ich, als ich die Gelegenheit versäumte, bei Ludwig Klages einen philosophischen Kursus mitzumachen. Im Mittelpunkt aber blieb natürlich die Philosophie, denn Philosophiedozent zu werden war unentwegt mein frühgesetztes Ziel. Leider war Theodor Lipps krank. Keinen vollen Ersatz bot mir Moritz Geiger, dessen wissenschaftliche Bedeutung mir erst später bei der Lektüre der großen Abhandlung über das Unbewußte aufging. Weshalb ich A. Pfänder völlig links liegen ließ, ist mir nicht mehr ganz klar. Gegen die positivistischen Züge E. v. Asters und Hans Cornelius' hatte ich Vorurteile. Umso mehr zogen mich die Vorlesungen und Übungen Max Schelers an, und das wurde dann ein bleibender Gewinn. In manchen Hinsichten habe ich mich dauernd als Schelerschüler gefühlt. Auch verdanke ich ihm die für meine spätere Entwicklung epochemachende Bekanntschaft mit den Schriften Jakob von Uexkülls.

Sein Seminar war großartig. Auch was die Besucher anbelangt. Viele sind mir später als Professoren begegnet oder sonst etwas geworden: „Gogo" Hildebrandt und seine damalige Braut Marit Furtwängler, genannt das Märchen, später die zweite Frau Schelers; O. Selz, Conrad, anscheinend auch Heinrich Zimmer, den ich leider damals noch nicht kennenlernte, gelegentlich Schmalenbach, die Schriftstellerin Leonie Keyserling, später Baronin Ungern-Sternberg, Sent Mahesa, d. h. ein baltisches Fräulein von Karlsberg, die nach ägyptischen Reliefs tanzte, linear sehr schön, aber zu temperamentlos.

Von Scheler, dem ich mich bald auch persönlich nähern durfte, ist schwer zu sprechen, ohne auch seiner dämonischen Züge zu gedenken. Mit seiner grandiosen Denkerstirn als physiognomischen Ausdruck seines Geistes hat er uns fasziniert; mit seinen schlechten Zähnen und seinem brutalen Mund wenigstens mich oft irritiert. Er hatte einen Januskopf. Auf der einen Seite göttlich, besonders wenn man ihn sprechen hörte, auf der andern Seite faunisch. Eines Tages schenkte mir ein befreundeter Journalist ein Freibillett für ein englisches Wandertheater mindester Sorte. Gespielt wurde „Das Mädchen ohne Ehre". Das Publikum johlte. Zwischen ihm saß Scheler mit so schauderhaften Weibern, daß ich meinen Augen nicht traute. Daß er das Leben in allen seinen Dimensionen und unterirdischen Tiefen kennenlernen wollte, war nicht nur seine persönliche Sache, sondern auch eine philosophische Angelegenheit.

Jedenfalls führte dieser Zug nach unten hin in eine Katastrophe. Seine vielzitierte Ausrede, ein Wegweiser marschiere nicht selbst, rettete ihn nicht. Als sein berühmter Skandalprozeß, der ihn die Venia legendi kostete, begann, stand ich selbstverständlich auf der Seite des großen Mannes. Jedenfalls hat dieser Skandal die Universität der stärksten philosophischen Begabung seiner ganzen Generation beraubt. Es ist ein bleibendes Verdienst des genialen Organisators der Universität Köln, Christian Eckerdt, Scheler wieder an eine Hochschule zurückgeführt zu haben.

In den späteren Münchener Semestern ging dort das Gestirn Heinrich Wölfflins auf. Ich habe ihn von der ersten Stunde an gehört und dies so intensiv, daß ich noch heute erstaunt bin, daß das nur zwei Semester gewesen sein können. Nach dem Faun stand hier ein Heros. Innerlich und äußerlich eine großartige Persönlichkeit. Kein akademischer Lehrer hat mich so gefesselt.

Reich belehrt hat mich auch Lujo Brentanos virtuoses vierstündiges Kolleg. So zu lesen habe ich nie gelernt. Die mir näher bekannten Kollegen aber auch nicht. H. Rickert und Th. Litt natürlich ausgenommen. Brentanos Polemik gegen Max Webers und Sombarts Kapitalismusbegriffe war allerdings nicht überzeugend. Sonderbarerweise stieß ich auch bei Robert Pöhlmann auf ähnliche Mißverständnisse.

Von der Kunstgeschichte zur Kunst war gerade nach Wölfflins Lehren kein großer Schritt. Ein anderer war der von der Kunst zum Leben und umgekehrt. Ich habe in dieser Zeit fast ausschließlich mit Malern verkehrt. Mindestens vom WS 1909/10 ab. Im ersten Münchener Semester scheint es etwas anders gewesen zu sein. Ich habe damals regelmäßig in dem eleganten Münchener Sportklub gegessen. Er hatte seine Räume im „Hotel Vier Jahreszeiten", in dem auf die Marschallstraße hinausgehenden Flügel.

Daneben hatte ich in dem später verschwundenen, weiträumigen Café Odeon und auch in dem berühmten Künstlercafé Stephanie einen kleinen Stammtisch mit Simplicissimus-Redakteuren. Es war die Zeit, in der Wedekind sein Drama „Oaha" schrieb. Irgendwo mußte ich noch Skizzen liegen haben, die Karl Arnold bei Tisch zeichnete.

Was nun die Maler angeht, so lebte in München mein Schulkamerad und Lebensfreund, der ausgezeichnete Porträtist Erwin Heinrich. Bald mit der hochbegabten Landschafterin und Schriftkünstlerin Annemarie Heinrich verheiratet. Durch ihn lernte ich den glänzenden Impressionisten Wilhelm Thöny kennen, der später in New York lebte. Er war ein Bohémien wie er im Buche steht, der einen Staatspreis in bar auf seinen Kleiderschrank legte und sich dann wunderte, daß die Summe so rasch zusammenschmolz. Eines Tages verlor er einige seiner besten Bilder, weil er Wasser in den überhitzten Ofen goß. Im Gespräch erinnerte er an Heinrich Zimmer. Welch ein Genuß war es, mit ihm durch die Pinakothek zu gehen. Wie anders ist das als mit einem Kunsthistoriker dieselbe Wanderung zu machen.

Was wäre überhaupt aus meinen kunsthistorischen Studien geworden, wenn ich diesen Umgang mit solchen echten Kunstkennern nicht genossen hätte; und wenn ich nicht überhaupt mein Leben lang von einer weiteren Malerin, meiner lieben Frau, von Kirche zu Kirche, von Museum zu Museum „geschleppt" worden wäre. Auch sie und ihre, d.h. unsere Lebensfreundin Hertha Duderstadt, später Frau von Bismarck, ebenfalls eine Malerin, lernte ich durch Erwin Heinrich kennen. Das muß im WS 1910 gewesen sein. Wir aßen dann jahrelang zusammen in einer Pension in der Kaulbachstraße, wo außer der Sent Mahesa allerhand amüsante Leute versammelt waren. Der bekannte Tiermaler Alfons Purtscher, Zügel-Schüler, lebte dort mit seiner bildschönen Frau, einer baltischen Baronin, und zahlreichen Hunden. Als der elegante, sehr lässig nonchalante Österreicher sich um seine baltische Frau bewarb, sagte deren „Onkel Jeneral" verächtlich: „Der spricht ja jar kein Deitsch." Zu seiner Hochzeit kam der Österreicher natürlich zu spät, wodurch ein Formfehler entstand, der später eine Scheidung sehr erleichterte. Das Hauptereignis des Winters ist in München der Fasching. Die lustigsten Bälle waren in der Schwabinger Brauerei. Eines Tages eroberte dort einer meiner Freunde eine bemerkenswert hübsche Frau mit bemerkenswert teurem Pelz. Sie war die Freundin der Königlichen Hoheit. Das verschaffte uns die Bekanntschaft dieses großen Herren, der Frauenarzt und Mitglied des Hoftheater-Orchesters war. Er wurde regelmäßiger Gast teils in unserer Loge im Deutschen Theater, der vom Sportklub gemieteten Proszeniumsloge rechts, der sogenannten Fürstenloge, teils unserer Atelierfeste.

Der Münchener Fasching schloß mit einer Rosenmontagsvorstellung der Fledermaus. Nicht mit dem Operettenpersonal, sondern mit den höchst animierten Opernsängern, die mitreißend launig spielten, sangen und tanzten. Welch gut erdachter Schlußpunkt!

Schwabing scheint unzerstörbar zu sein. Als ich im Krieg unmittelbar vor der Versetzung nach Verdun stand, wollte ich mit meiner Frau noch einmal Münchener Erinnerungen auffrischen. Eine liebe Freundin, die Hofschauspielerin Lisa Hohorst, erfaßte sofort die Situation und nahm uns zu einem Gartenfest mit. Vielleicht steht heute noch das schöne alte Haus nahe der Schwabinger Brauerei mit einem kleinen Vorgarten und einem herrlichen Park im Rücken. Wir trauten unseren Augen nicht: „tout Munich" war dort noch lebend versammelt. Auf einem Bretterquadrat, das auf dem mondbeglänzten Rasen lag, tanzte Sent Mahesa, die plötzlich echt-ägyptisch aus einem Gebüsch trat. Eine Frau v. X. sang hinreißend Lieder aus dem Westöstlichen Divan. Es war ein Abschied von der Jugend, mit dem es Gott sei Dank nicht ernst wurde.

# Helmuth von Glasenapp

1891–1963

*Indologe*
*Studium u. a. in München*
*(1910–1912);*
*Prof. in Königsberg und*
*Tübingen.*
*Auch als Religionshistoriker*
*hervorgetreten.*

Fritz Wagner und ich hatten uns entschlossen, zum Wintersemester nach München zu gehen, weil wir beide diese Stadt sehr liebten und sie mit ihrem großstädtischen Leben, ihren Theatern und ihrem Fasching mehr zu geben versprach als das nur im Sommer schöne Tübingen. Wir trafen am 18. Oktober in der Isarstadt ein und fanden zwei Zimmer zu 32 und 35 Mark im Monat bei einem Frl. Rasp, Theresienstraße, nahe der Augustenstraße. Die alte Dame vermietete zum ersten Male und sah diesem Experiment mit großem Bangen entgegen, da man ihr wohl wenig Günstiges über das Betragen von studentischen Mietern erzählt hatte. Sie war dann aber mit uns sehr zufrieden, so daß sie ihr Urteil später in dem lapidaren Satz zusammenfaßte: „Die beiden Herren sind gar keine Studenten, sondern anständige junge Leute."

Am 31. Oktober begann die vierstündige Vorlesung „Sanskrit für Anfänger" bei dem außerplanmäßigen Professor Dr. Richard Simon. Er war mit einer baltischen Baronesse verheiratet, von der er später geschieden wurde. Da seine Frau die Schwester der Frau des Generalkonsuls Knappe war, mit dem meine Eltern befreundet waren, hatte ich auch persönliche Beziehungen zu meinem Lehrer und war öfters bei ihm in seiner Wohnung. Er war ein großer Musikkenner; da er von der Universität kein Gehalt erhielt, erwarb er sich seinen Lebensunterhalt durch Musikkritiken in führenden Zeitungen.

Simon war ein Sanskritlehrer, wie ich ihn mir besser nicht hätte wünschen können. Er hatte eine Grammatik in seiner schönen klaren Schrift eigenhändig geschrieben und vervielfältigen lassen. Jede Lektion seines auf ein zweisemestriges Studium berechneten Buches gab grammatische Regeln, zu lernende Vokabeln, Sanskritsätze zum Übersetzen ins Deutsche und deutsche Sätze zum Übertragen ins Sanskrit. Kein Wunder, daß die Studenten nach seiner Methode viel lernten, und daß er in jedem Semester zehn und mehr Jünger um sich versammelte. In zwei folgenden Semestern habe ich auch Vâlmîkis „Râmâyana" und einige Rigveda-Hymnen (nach Hillebrandts Chrestomathie) bei ihm gelesen.

Ordinarius der Indologie war in München der Geheimrat Ernst Kuhn, ein Sohn des großen Adalbert Kuhn, der zu den Begründern der vergleichenden Mythologie gehört. Ernst Kuhn war mit einer bedeutenden Grammatik der

Pâli-Sprache hervorgetreten und als Herausgeber der „Zeitschrift für vergleichende Sprachforschung" allgemein geschätzt. Obwohl ein wahrer Ausbund von Gelehrsamkeit, hat er später nur verhältnismäßig wenig veröffentlicht. Sein Hauptinteresse gehörte der Bücherkunde; unter seiner Leitung erschienen die Bände der „Orientalischen Bibliographie", für die er viele Mitarbeiter, vor allem den späteren Direktor des Münchener Ethnographischen Museums, Lucian Scherman, einsetzte. Ich hörte bei ihm in meinem letzten Münchener Semester als Repetitionskurs seine Vorlesungen über Sanskrit-Grammatik. Der einzige Hörer außer mir war der durch seine Publikationen über klassische Philologie und vergleichende Volkskunde später berühmt gewordene Baseler Professor Karl Meuli.

In einer Lebensbeschreibung des Troja-Ausgräbers Heinrich Schliemann hatte ich gelesen, daß dieser sich die zahlreichen Sprachen, die er meisterte, dadurch zu erwerben und zu sichern suchte, daß er unausgesetzt Lesestücke auswendig lernte. Dementsprechend begann ich in München auf meinen Spaziergängen im Englischen Garten Verse aus den Upanishaden und der Bhagavadgîtâ sowie Strophen von Amaru, Bhartrihari und anderen Dichtern zu memorieren. Diese Praxis habe ich bis in meine alten Tage fortgesetzt und auch meinen Schülern empfohlen, doch sind diese meist nicht meinen Ratschlägen gefolgt.

Da meine sprachlichen Fähigkeiten natürlich nicht ausreichten, um alle wichtigen indischen Texte im Original zu lesen, begann ich, die Sanskrit- und Pâli-Literatur wenigstens in Übersetzungen systematisch durchzulesen, eine Übung, die mir später bei Abfassung meiner „Literaturen Indiens" sehr zu statten gekommen ist. Dr. Hermann von Staden, ein ehemaliger Missionar in Südindien, den ich in Simons Râmayana-Kolleg kennenlernte, forderte mich auf, für eine von ihm im Verlag von Georg Müller in München herausgegebene Sammlung von Meisterwerken orientalischer Literaturen einen Text zu übersetzen. Ich habe deshalb zu Ende meines Münchener Aufenthalts die „25 Erzählungen eines Leichendämons" zum großen Teil übertragen, gab diesen Plan aber später auf, als ich hörte, daß Heinrich Uhle die seiner Zeit von ihm herausgegebenen Texte übersetzen würde. (Sein Buch erschien erst 1924.) An der Münchener Universität hörte ich auch Vorlesungen aus mir ferner liegenden Gebieten. So vor allem das große Kolleg über Allgemeine Volkswirtschaftslehre von Lujo (Ludwig Josef) Brentano, in dessen Haus ich dank einer Empfehlung von Frau Wildenbruch verkehrte.

Ich hörte auch die einzige Kollegstunde, die der todkranke Psychologe Theodor Lipps noch abzuhalten versuchte. Auch durch die Vorlesungen über „Logik" von Ernst von Aster und über „Psychologie" von Alexander Pfänder war ich bemüht, mich philosophisch weiterzubilden. Ein sehr genußreiches einstündiges Publikum über die „Herkunft, Verbreitung und Bekämpfung der Schundliteratur" bot Friedrich von der Leyen, für mich von besonderem Interesse, weil ich als Schüler begeisterter Leser der Buffalo-Bill und Nick-Carter-Romane gewesen war. Vor jedem Kolleg fand v. d. Leyen Berge von diesen Groschenheften vor, die ihm die Studenten zur Vervollständigung seines Materials dedizierten. Bei Wolters hörte ich eine Lichtbilder-Vorlesung über „Denkmäler homerischer und vorhomerischer Zeit", bei Karl Voll machte ich eine Führung durch die Alte Pinakothek mit. Er verstand es ausgezeichnet, einprägsam die einzelnen Maler zu charakterisieren. Ich arbeitete auch im Seminar für klassische Philologie und legte bei Professor Rehm eine Semestralprüfung über Lysias ab. Bei Professor Crusius hörte ich „Antike Lyrik" von Archilochos bis Horaz und besuchte gelegentlich die literaturgeschichtlichen Vorlesungen von Muncker und Borinski.

Meinen religionsgeschichtlichen Interessen diente ich, indem ich katholische Gottesdienste besuchte und in die Geheimnisse des Meßbuches einzudringen strebte. Ich hörte auch einige Vorlesungen über katholische Dogmatik bei Professor Leonhard Atzberger, hielt mich aber lieber an seine „Grundzüge", weil sie den Stoff knapp und übersichtlich zusammenfaßten. Unter den vielen religionsgeschichtlichen Vorträgen ist mir noch der von Arthur Drews über das Thema „Lebt Jesus?" in guter Erinnerung. Ganz schlecht war ein Vortrag von Hanns Heinz Ewers über „Die Religion des Satans". Da ich mehrere Geschichten dieses Autors, die sich mit dem Geheimkult Haitis und anderen derartigen interessanten Dingen beschäftigten, gelesen hatte, erwartete ich zum wenigsten die Ausbreitung eines reichen geschichtlichen Materials. Ewers erging sich aber nur in Plattitüden und blasphemischen Behauptungen. Die Vorträge Rudolf Steiners, die ich hörte, haben mich nicht beeindruckt. Als ich Aquilin Backmund kennenlernte, der unter dem Pseudonym Alexander Bethor den „Zodiakus, Erste Zeitschrift für wissenschaftliche Astrologie" herausgab, beschäftigte ich mich wieder mit Astrologie. Diese war damals eine ganz ausgefallene Angelegenheit, nicht wie heutzutage eine Sache, an die nach Aussage eines demoskopischen Instituts 30 % der Deutschen glaubten. Mich interessierte die Sterndeutung, vor allem die mittelalterliche und die indische, aus historischen Gründen.

Als Ausgleich zu meinen wissenschaftlichen Bestrebungen übte ich mich im Tanzen und Fechten und genoß den Fasching in vollen Zügen.

# Friedrich Glum

1891–1974

*Jurist und Schriftsteller
Pseudonym Friedrich Viga.
Studium in München
(1911–1913),
Kiel, Berlin und Bonn;
ao. Prof. und Generaldirektor der
Kaiser-Wilhelm-Gesellschaft in
Berlin.
1937 seiner Ämter enthoben.
1946–1952 Ministerialdirigent
in der Bayer. Staatskanzlei.
Seit 1946 Lehrbeauftragter an der
Univ. München.*

Als ich dann Mitte Oktober in München ankam, waren es vor allem vier Dinge, die mich fesselten: die Universität, die internationale Gesellschaft, in die ich geriet, die Kunst und die Musik.

Das Universitätsgebäude zwischen der Ludwig- und der Amalienstraße war gerade umgebaut worden und erschien mir sehr glanzvoll, vor allem wegen des Lichthofes mit der großen Treppe und den Marmorfiguren der bayerischen Könige. Alle Wände in diesem Lichthof waren mit vielfarbigem Marmor bekleidet, zwischen denen sich die Studenten, zum Teil mit bunten Mützen, bewegten. In dem Durchgang zwischen den beiden Flügeln auf der inneren Seite befand sich damals ein gutes Buffet, wo man alkoholfreie Getränke, Kaffee, belegte Brote, Torten und andere Erfrischungen bekommen konnte und wo sich zwischen den wenigen Studentinnen, die es damals gab, und den gewandteren unter den jungen Männern bereits ein ganz netter Flirt entwickelte.

Entsprechend meiner Absicht, Jura und Nationalökonomie zu studieren, hatte ich eine Reihe von juristischen Vorlesungen belegt, von denen ich aber gestehen muß, daß ich keine zu Ende gehört habe. Da war zunächst der große Karl von Amira, ein Hüne mit langem blondem Haar und Bart, was offenbar irgendwie zur deutschen Rechtsgeschichte gehörte, denn auch bei Heinrich Brunner und Otto von Gierke traf ich den gleichen Typus später in Berlin. Amira las deutsche Rechtsgeschichte und Grundzüge des deutschen Privatrechts vom 15. 10. bis 15. 3., Termine, die er einhielt, 7stündig, von 7–8 Uhr in der Frühe, Samstag von 7–9. Da er eine große Kapazität in der frühgermanischen Rechtsgeschichte war – insbesondere hatte er über den Stab im germanischen Recht geschrieben – kam er allerdings nie über die Merowinger hinaus. Eine andere Kapazität war der Ritter von Seuffert, der Obligationen und Zivilprozeßrecht las. Aber seine Vorlesungen wie auch die von Karl Gareis, einem anderen berühmten bayerischen Juristen, waren entsetzlich trocken. Beide legten offenbar Wert darauf, gute Kolleghefte entstehen zu lassen. Auch Dyroffs bayerische Juristennatur konnte mich in der allgemeinen Staatslehre nicht fesseln. Mir kam alles, was in der juristischen Fakultät produziert wurde, außerordentlich steifleinen vor. Eine Ausnahme bildete der Ritter von Ullmann, der Völkerrecht las und einer der wenigen deutschen Professoren war, die ich erlebt habe, die noch an dem alten Brauch festhielten und im schwarzen Gehrock und Zylinderhut in die Vorlesung kamen. Zu dieser Zeit war es auch noch üblich, daß der Professor am Katheder saß und vorlas. Nur die Jüngeren, wie Wölfflin, trugen damals schon stehend vor, was sich dann ja allgemein einbürgerte. Großen Eindruck machte auf mich Lujo Brentano, der im Auditorium maximum theoretische und praktische Nationalökonomie las.

Es war die Zeit, in der die Zulassung von Frauen auf den Universitäten sich noch nicht überall durchgesetzt hatte bzw. noch in das Belieben der Professoren gestellt war. Einige Professoren, die Gegner des Frauenstudiums waren, versuchten, die Studentinnen durch nicht gerade feine Methoden hinauszugraulen. So behandelte der berühmte Gustav Roethe, der Berliner Germanist, die deutsche Renaissance- und Barockliteratur mit ihren zum Teil sehr obszönen, ja, geradezu schweinischen Dichtungen zu diesem Zweck in der breitesten Weise. Strafrechtler überboten sich vielfach in Beispielen, die auf Sexualverbrechen aufgebaut waren, und wenn man Anspielungen auf sexuelle Vorgänge im Zivilrecht anbringen konnte, um dadurch Beifall bei den Studenten zu erregen, so taten es viele Professoren leider nur zu gern.

Überhaupt übte das übliche Studentenleben auf mich keinen großen Reiz aus. Abgesehen davon, daß mir aus gesundheitlichen Gründen der Alkoholgenuß damals verboten war, habe ich auch die Freude am sinnlosen Biertrinken, am stundenlangen gemeinsamen Singen von Studentenliedern, an einem Mutbeweis, bei dem man sich gegenseitig das Gesicht zerhacken ließ, nie ganz begreifen können, zumal da man in anderen Ländern offenbar zu einem Mann heranwachsen konnte, ohne sich diesen Genüssen hingegeben zu haben, und auch der Offizier, dessen Beruf doch damals als der höchste galt, ohne diese Absonderlichkeiten auskam. Ich muß allerdings sagen, daß ich in meinem späteren Leben eine Reihe von Corpsstudenten kennengelernt habe, die vorzügliche Menschen gewesen sind, z. B. bei den Vandalen oder den Tübinger Schwaben, und halte es durchaus für möglich, daß vielen die Erziehung durch das Farbenstudententum gut bekommen ist. Für den Durchschnitt kann ich dies allerdings nicht zugeben. In der kaiserlichen Zeit und auch später, im Weimarer Staat, war die Erziehung der Verbindungen doch eine sehr äußerliche. Sie sollte den Charakter erziehen, aber sie erzog nicht immer zu Charakteren. Im allgemeinen haben nur die Corps, deren Mitglieder aus adligen oder patrizischen Häusern stammten und von Haus aus eine Charaktererziehung mitbekommen hatten, im Dritten Reich Widerstand geleistet, während die Burschenschaften nicht nur vielfach versagt haben, sondern geradezu zu Trägern der nationalsozialistischen Bewegung unter den Studenten geworden sind.

So ist es vielfach von Gegnern des Antisemitismus an den Universitäten beklagt worden, daß ein jüdischer Ordinarius meist eine ganze Reihe von jüdischen Privatdozenten und Extraordinarien nach sich zog, was natürlich Wasser auf die Mühle der Antisemiten mit ihrer Behauptung der Verjudung der deutschen Universitäten war. Welchen Einfluß in den katholischen Ländern die katholischen Verbindungen des CV und des KV auf die Besetzung von Beamtenstellen, auch in der Bundesbürokratie haben, dafür ließen sich sowohl aus der Weimarer als auch aus der Bonner Republik viele Beispiele anführen.

Kein Wunder, daß ich auch auf der Universität hauptsächlich in die kunstgeschichtlichen Vorlesungen ging. Die größte Anziehungskraft übte hier Heinrich Wölfflin auf mich aus, der damals auf dem Höhepunkt seiner Laufbahn stand und durch seine geistreichen, mit vorzüglichen Lichtbildern ausgestatteten Vorlesungen in die Stilprobleme der Renaissance und des Barock einführte. Seine Vorlesungen waren überfüllt, nicht nur von Studenten, sondern auch von gebildeten Damen besucht, die vielfach von Orten außerhalb Münchens herbeigeströmt waren. Ich empfing viele wertvolle Anregungen in diesen Vorlesungen, die mich mehr als die der Juristen Hellmann, Seuffert und Gareis anzogen. Interessant waren auch die Vorlesungen von Hugo Kehrer über die spanische Kunst, insbesonders über Greco, der damals noch sehr umstritten war, sein Laokoon, der als Leihgabe in der Alten Pinakothek hing, machte auf mich einen großen Eindruck. Den nachhaltigsten Eindruck hinterließen auf mich aber die Vorlesungen von Karl Voll, der gleichzeitig Kustos an der Alten Pinakothek war. Ich hörte bei ihm Vorlesungen über französische und deutsche Graphik und nahm an seinen Führungen in der Alten Pinakothek teil. Er hat mir besonders die Größe von Honoré Daumiers Graphik nahegebracht. Voll besaß eine außerordentlich vollständige Sammlung deutscher und französischer Graphik, insbesondere illustrierter Bücher, darunter Kinder- und Märchenbücher, die er uns auf die Leinwand projizierte. Er ist es auch gewesen, der mich zu einer kleinen Daumier-Sammlung anregte. Für die meisten Lithographien aus dem Charivari mußte man damals fünfzig Pfennige oder eine Mark ausgeben. Sie kosten heute das zehn- bis zwanzigfache. Voll war ein ausgezeichneter Erzieher für Museumsbeamte. Er zeigte uns die Unterschiede in der Handschrift und dem Farbenauftrag der Künstler und ihrer Schüler, des jungen und des alten

Rubens, die Stilwidrigkeiten bei Übermalungen, z. B. bei dem Paumgartner-Altar Dürers vor und nach der Entfernung der barocken Zutaten und ähnliches. Er warnte in seinen Vorlesungen vor Kinderporträts, da diese immer etwas „Schnuliches" hätten, aber oft sehr fern von echter Kunst seien. Neben den kunstgeschichtlichen Studien, die ich später noch in Berlin und Bonn fortsetzen sollte, so daß mir in meinem Studienbuch eigentlich nicht viel an den für den kunstgeschichtlichen Doktor erforderlichen Pflichtvorlesungen fehlte, studierte ich dann noch deutsche Literaturgeschichte. Franz Muncker und Hermann Paul fand ich allerdings wenig anziehend. Dafür begeisterten mich von der Leyen und Artur Kutscher. Von der Leyen hörte ich über Stefan George sprechen, und Artur Kutscher las über Faust, die deutsche Dichtkunst im 19. Jahrhundert. Er brachte mir Gottfried Keller und Conrad Ferdinand Meyer nahe. Er las auch über das moderne Drama. Ich war kurze Zeit durch seine Vorlesungen so angeregt, daß ich mit dem Gedanken umging, Literarhistoriker zu werden. Ich besuchte Kutscher daher in seiner Dachwohnung an der Bogenhausener Brücke in der Mauerkircher Straße. Aber er riet mir dringend ab. Er fand offenbar, daß es zu viele Literarhistoriker gäbe, und hielt den Beruf eines Juristen für viel geeigneter für mich. Ich besuchte auch philosophische und psychologische Vorlesungen von Theodor Lipps und Aloys Fischer.

---

# Hanns Braun
1893–1966

*Zeitungswissenschaftler*
*1912–1916 Studium*
*der Germanistik, Geschichte*
*und Anglistik in München,*
*Berlin und Kiel;*
*anschl. Theaterkritiker.*
*1949 Honorarprof.,*
*1954–1961 ao. Prof. in München.*

Der Tag, der mir diesen neuen Anfang schenkte, liegt weit zurück. Ende Oktober 1912 war's, als ich die alte fränkische Reichsstadt, in der ich aufgewachsen, verließ, um mich in der königlich bayrischen Haupt- und Residenzstadt München einzumieten. Noch war es, als ich am Hauptbahnhof dem Zug entstieg, ganz ungewiß, bei wem. Fest stand einzig, und nicht erst seit dem Abitur, daß ich in meinem ersten und zweiten Semester an der Ludovica-Maximiliana studieren sollte.

Was jenen letzten Oktobertag am Beginn des neuen Lebens betrifft, so sind – wie ich befremdet feststelle – meine Erinnerungen sträflich lückenhaft in bezug auf das Eigentliche und Wichtigste.

Im Vergleich zu später war es für einen Studenten damals nicht schwer unterzukommen. Fast an jedem Haus dieses Viertels hingen die Zettel derer, die „ein schönes Zimmer in bester Lage" vermieteten. Meist war auch der Preis, mit oder ohne Frühstück vermerkt, nicht sonderlich hoch; denn es herrschte Überangebot und der Studiosus war der Umworbene.

Als sich vor mir, dem Zimmersucher, droben zum erstenmal die Gangtür öffnete, stand im Rahmen die Vermieterin: eine kleine Person mit einem still gewordnen Gesicht, die abgebundne Schürze noch in der Hand, die Haare über der Stirn streng nach hinten gezogen. Wenn ich das Zimmer, in das sie mich stumm führte, nach einigem Besinnen und Beschauen nahm, so vermutlich, weil ich des Herumsuchens schon im Beginn müde war, gewiß aber auch, weil ich die Wirtin, die dabeistand, nicht beschämen wollte. Nicht, als ob mir ihr „Möbliertes" sonderlich gefallen hätte! Bett, Schrank und Waschkommode waren dunkel gestrichen und, wie der Stuhl am Fuß des Bettes, das obligate Nachttischchen zu seinen Häupten, recht unansehnlich. Auch der grüne Überzug des hochlehnigen Kanapees war schon bei Jahren. Den fast quadratischen Raum hellten zwei kleine Fenster nur wenig auf; eine nahe und dunkle Hauswand verstellte die Aussicht. Bestes Stück schien mir der Tisch vor dem Kanapee: behaglich breit, zum Frühstücken, Schreiben und Lesen gleichermaßen geeignet.

Doch hatte ich bei alledem den beträchtlichsten Nachteil übersehen; die Vermieterin, ihr Schweigen brechend, nannte ihn nun selbst, mir zugleich etwas Abhilfe anbietend. In der Tat: das Zimmer war nicht zu heizen! Das war schlimm! Doch nachdem ich mir vorgerechnet, daß ich die Wochentage in warmen Hör- oder Lesesälen verstudieren würde, und mir für den Augenblick aus dem Sinn schlug, daß mein Monatswechsel mir keinesweges jeden Abend auszugehen erlaubte, gab ich mir einen Ruck und mietete. So verbrachte ich meinen ersten ungeheizten Winter zumeist in die Kanapee-Ecke gedrückt, den von der Wirtin bereiteten heißen Tee schlürfend. Eingehüllt bis an die Brust in harte Wolldecken, versuchte ich im milden Schein der Petroleumlampe mit klammen Fingern zu schreiben, oder befliß mich des Lesens.

So bot München, obzwar an historischen Bauten reich, meinesgleichen das Bild einer moderneren wie lebendigeren Stadt, und beides, obwohl es sich damals noch allem Industriellen aufs harthörigste verweigerte. Ja, sein viel weniger auf den Erwerb als auf Lebensgenuß gestimmtes Arom brachte jeden anderswo Herkommenden zu der Frage: wie gelingt es dieser Stadt, Segen zu haben ohne der Mühe Preis?

Natürlich war es nicht dieser glückhafte Umstand, der mich beelendete. Es waren die vielen geraden, in der Ebene verlaufenden, sich im rechten Winkel schneidenden fremden Straßen, deren Horizont im Unabsehbaren lag für jeden, der sie erwandern mußte. Heut, wo sich jeder in schnellen Vehikeln am liebsten geradeaus bewegt, klingt meine Abneigung nur noch wunderlich. Aber wenn wir, billigen Mittagessens halber, von der Universität täglich bis zur innern Barerstraße liefen, konnten wir nicht durch eine Straßenbahnfahrt jenen Vorteil vernichten. Lieber legten wir das so Ersparte unterwegs im Café Luitpold an; dieser unsre Schau- und Diskussionslust gleichermaßen belebende Aufenthalt machte den Rückweg obendrein kürzer!

Die Universität, deren Bürger ich durch den Handschlag des Rektor Magnificus geworden, erschloß sich uns damals von Tag zu Tag mehr. Auf ihren Korridoren zeigte man sich den Mann, der aus seiner säkularen Entdeckung, den Röntgenstrahlen, nie einen Pfennig Gewinn gezogen. Man deutete auf den im Examen gefürchteten Juristen Karl von Amira, der an den Wotan in Richard Wagners „Siegfried" nicht zuletzt seines riesigen Schlapphuts wegen gemahnte. Und da war der hinter dicken Brillengläsern hervorlugende berühmte Kathedersozialist Lujo von Brentano, der seine Vorlesungen mit dem nämlichen Witz an der gleichen Stelle würzte – weswegen Studenten, die in den von älteren Semestern erworbnen Kolleghenften die rituelle Pointe bereits an den Rand geschrieben fanden, boshafterweise überlaut lachten, noch ehe der Geheimrat sie vom Stapel ließ.

Noch sehe ich sie alle vor mir, den ephebenhaft zarten Privatdozenten, der, was er über die Romantik zu sagen hatte, mit seinen schönen Händen artikulierte und der gar nie eine Antwort im Seminar auf seine Fragen an die Kommilitonen erhielt. Mit ergebener Schüchternheit beantwortete er sie allesamt selbst. Jenen auch sehe und höre ich, der wie ein Schauspieler redete, seine von tausend Zetteln inspizierten Deutungen mit gewittrigem Zucken der Brauen begleitend. Aber gerade er, wenn er sehr freimütig Dinge beim Namen nannte, die zuvor auf dem Gymnasium schlechterdings nicht existierten, gab uns den stärksten Begriff von einer sich schrankenlos überall zuständig fühlenden Wissenschaft, in deren Vorhöfen wir, ungläubig noch, uns tummelten. Vollends werde ich nie jenen einen Satz vergessen, den der mit einem Kinnbärtchen gezierte, hochgewachsene Heinrich Wölfflin seinem Lichtbildervortrag über München – zu dem „ganz München" sich im verdunkelten Großen Hörsaal einfand – voranstellte, bedächtig mit schwyzerischem Tonfall in den dunklen Raum gesprochen: „München ist die erste italiänische Stadt, wenn man von Norden kommt."

So trat eins zum andern in diesem ersten Semester, und vieles noch, von dem hier nicht zu reden ist. Schließen möchte ich aber mit dem, was mich wirklich schon am allerersten Tag beim Eintritt ins Münchner Universitätsgebäude bewegte. Jene breite Mitteltreppe war es, die keineswegs sogleich offenbart, wohin sie führt, weil sie nämlich Blick und Schritt des Emporsteigenden ganz jenem Licht entgegenwendet, das, von oben kommend, dem hinter der Treppe liegenden Lichthof seinen Namen gibt. Selten hat mich die Sprache der Architektur so unmittelbar und so nachhaltig ergriffen: als ich, ein Jahr später, den schmucklosen und engen Eingang der Berliner Humboldt-Universität unter den Linden betrat, wurde mir bedrückend klar, wie doch das Nur-Sachliche den dahinein verpflanzten Menschen ärmer macht, abwertet. Nicht nur durch Pomp wird die innere Gestalt der Dinge verfehlt.

Ein Menschenalter darnach war zum zweitenmal Krieg. Auch München hatte sich, als dieser zweite zu Ende ging, in vielen Teilen, nicht zuletzt in seiner schönen Mitte, in jene Ruinen-Berg-und-Tal-Landschaft verwandelt, die man sich nach Einbruch der Dunkelheit zu betreten scheute, und deren Schutt ausreichte, im ebenen Gelände des nördlichen Vorfelds einen Aussichtsberg hochzutürmen.

In der Universität selbst war der Trakt der Mitteltreppe nicht verletzt worden. Aber wen der Weg der Pflichten die Lichthofgalerie des ersten Stockwerks entlangführte, der sah eines Tags durch geborstne Wände, zerfetzte Türen jäh erschrocken in den Großen Hörsaal hinunter. Seine Decke war eingestürzt. Auf den Bankreihen, von denen aus wir einst Wölfflin zugehört hatten, lagerte sich der Schnee. Er fiel langsam, lautlos, am hellen Tag, gespenstig langsam durch das aufgerissene Dach.

Ein Äußerstes hatte sich zugetragen. Vielleicht gewahrten es nicht allzu viele. Es war ein Zeichen, und eines jüngeren Tages war es gelöscht.

# Kurt Huber

1893–1943

*Musikwissenschaftler*
*1912–1917 Studium in München;*
*ab 1926 ao. Prof. in München.*
*Kontakte zur Widerstands-*
*bewegung „Weiße Rose", für die*
*er Flugblätter mitverfaßte.*
*1943 Verhaftung und*
*Hinrichtung.*

Schon am frühen Morgen, kaum erwacht, fing er an, sich für die Vorlesung vorzubereiten. So wünschte er, alle einschlägigen Bücher und Nachschlag-werke, Leibniz, Hegel, Windelband oder was es jeweils war, das ganze Semester lang immer in unmittelbarer Nähe zur Hand zu haben. Er las seit Jahren neun bis zehn Stunden in der Woche, Vorlesungen und Übungen, über alle großen Gebiete der Philosophie, dazu Psychologie, Musikpsychologie und Volkslied. Er pflegte immer frei oder nach ganz kurzen Notizen zu sprechen und ruhte nicht, bis er alle Gegenstände seines Vortrags geistig völlig bewältigt hatte.

Viele Stunden, außerhalb des eigentlichen Unterrichtes, widmete er seinen Schülern, die mit Begeisterung an ihm hingen. Oft und oft kamen sie auch zu uns ins Haus, ihn zu besuchen und sich Rat zu holen. Es waren nicht nur die jeweiligen Hörer seiner Vorlesungen, die in den Hauptkollegien bis zu 250 anstiegen, sondern auch seine ehemaligen Schüler, die alle, Deutsche oder Ausländer, gern mit ihm in Verbindung blieben. Wissenschaftliche Bespre-chungen oder auch freie Unterhaltungen regten ihn sehr an, so daß er die Gäste ungern fortgehen ließ. Nicht selten kam es vor, daß wir sie in der zweiten oder dritten Morgenstunde aus dem Hause begleiteten. Er rechnete ungern mit Stunden und litt immer darunter, an bestimmte Fristen gebunden zu sein. Seine Haupterholung im Tag war, wenn er nach der Heimkehr aus der Stadt mit uns plauderte oder am Klavier spielte; Bach, Beethoven, Mozart, Schubert, Schumann, Chopin; er bedurfte keiner Noten, er spielte alle die Werke auswendig. Aber auch eines seiner geliebten Volkslieder oder ein „Zwiefacher" ließen ihn rasch alle Müdigkeit vergessen. Mein Mann war bei aller unermüdlichen strengen geistigen Arbeit eigentlich immer eine gesellige Natur, durch seine musikalischen Talente, feinen Geist und Witz rasch beliebt, wohin er kam. Sein eigentliches Ziel war von früh auf ein gelehrter Beruf gewesen. In seinen Universitätsstudien trat von Anfang an das Interesse für Musikwissenschaft, Philosophie und Psychologie in den Vordergrund. Kroyer und zum Teil Sandberger hier; Külpe und Becher dort; später noch Stumpf in Berlin, wurden entscheidend für die Entwicklung seines Studienganges. Auch Bäumker, Wölfflin und Röntgen hat er oft mit Dank genannt; der letztere, dessen Übungen er besuchte, forderte ihn mehrmals auf, die Physik als Hauptfach zu wählen, er glaubte, ihm bei seiner außergewöhnlichen Begabung eine glänzende Zukunft in Aussicht stellen zu können. Persönlich wie wissenschaftlich am nächsten standen ihm wohl Kroyer, bei dem er 1917 summa cum laude den Doktortitel erwarb, und Erich Becher, unter dem er dann ins Psychologische Seminar eintrat und sich 1920, gleichfalls an der Münchner Universität, habilitierte.

1929 heirateten wir. Ich glaube, wenig Außenstehende machen sich einen richtigen Begriff davon, wie einfach und oft sorgenreich das äußere Leben vieler junger deutscher Gelehrter ist, nur dem ertragbar, den ein schrankenloser Idealismus erfüllt. Unermüdliche Arbeit, unberechenbarer Aufstieg, oft jahrzehntelang durch Mißverständnis oder unglückliche Zufälle ohne sichtbaren Erfolg, kärgliche Besoldung, die nur durch immer neue, anstrengende Nebenarbeiten auf ein lebensmögliches Maß gehoben werden kann. Vor 1939 hatte ein deutscher Dozent als solcher überhaupt keine dienstliche Einnahme und nachher war sie oft von politischer Willkür abhängig.

Seit 1926 hatte er den Titel eines außerordentlichen Professors, aber ohne Gehalt, und einen mager besoldeten vierstündigen Lehrauftrag für experimentelle und angewandte Psychologie, der später auch noch Ton- und Musikpsychologie und psychologische Volksliedkunde einschloß. 1919–32 kam dazu die Vertretung bei den Lehramtsprüfungen in Philosophie und Psychologie, 1933 ein zweistündiger Lehrauftrag für Methodenlehre.

Mein Mann ertrug diesen äußeren Druck in bewundernswerter Weise. Es betrübte ihn wohl oft, daß das geringe Einkommen, besonders seit 1933, unserem Haushalt so starke Einschränkungen auferlegte. Er ließ sich aber dadurch nicht lähmen. Mit heiterer Überlegenheit ertrug er unser dürftiges Leben, die engen Räume, die frugale Kost, die schlichte Kleidung, die mangelhafte Beheizung. Denn er mußte schon in der Friedenszeit in den kalten Tagen oft in einem ungeheizten Raum arbeiten.

Dennoch hätten wir trotz mancher Entbehrungen und anstrengender Arbeit weiterhin in unserem Familienkreis friedevoll, wenn auch äußerlich unruhig und unsicher leben können, sogar die immer neuen Zurücksetzungen und Behinderungen durch die Partei hätten wir gleich so vielen anderen überstehen können, so schwer sie meinen Mann je länger je mehr bedrückten. Aber das Entscheidende war für ihn der immer schmählichere Zwang, der sich auf das ganze geistige Leben Deutschlands legte, die Verlogenheit und Schamlosigkeit, mit der jede Ehrfurcht vor der wahren deutschen Kultur systematisch unterwühlt wurde, die Zerstörung jedes Rechtslebens, jeder Freiheit als Forscher, Lehrer und Mensch. Als dann der Krieg begann und vor allem seit 1942 langsam, bruchstückweise die Nachrichten über unmenschliche Greueltaten in den besetzten Ländern auch in der Heimat eindrangen, stieg seine Erbitterung auf ein kaum erträgliches Maß. Aber er wußte nur zu gut, daß es unter dem System der Gestapo und der ständigen Überwachung jedes einzelnen keine Möglichkeit der Auflehnung gegen das herrschende Regime gab als auf die Gefahr hin, sich freiwillig, vielleicht völlig ohne Wirkung nach außen, dem Tode zu stellen. Schon ein einziges offenes Wort genügte ja zum Verderben, wenn es vor die Ohren eines Denunzianten oder Fanatikers kam. In diesen Monaten, im Sommer 1942, kam er auf einem privaten Diskussionsabend bei Frau Dr. Mertens zum ersten Mal mit den Geschwistern Scholl und ihren Freunden zusammen. Politische Besprechungen im Hause des Studenten Schmorell in Harlaching und vor allem kurze Erörterungen nach seinen Vorlesungen, welche die meisten Studenten und Studentinnen dieses Kreises besuchten, schlossen sich an. Auf einem Semester-Abschiedsabend im Atelier des Architekten Eickemeyer wurde zum ersten Mal die Frage aufgeworfen, wie ein praktischer Widerstand dagegen in dem waffenlosen Deutschland möglich sei. Daß die Geschwister Scholl und Schmorell die Verfasser der ersten Flugblätter der „Weißen Rose" waren, deren Versendung und Wirkung sich inzwischen über Karlsruhe, Stuttgart, Berlin, Ulm, Augsburg, Regensburg, Salzburg, Innsbruck und Wien ausgedehnt hatte, wußte er zu jener Zeit noch nicht.

Dies erfuhr er erst im November-Dezember, als Scholl von seiner sogenannten Frontbewährung als Mediziner in Rußland zurückgekommen war. Die Münchner Studentenschaft befand sich im Januar 1943 in wachsender Gärung. Studentinnen hatten in einer großen Versammlung des Gauleiters Gießler, der in unerhörter Weise ihre weibliche Ehre angriff, offen protestiert. Beurlaubte und verwundete Frontsoldaten waren für sie eingetreten. Verhaftungen und Gestapountersuchungen waren gefolgt. An der Universität und anderen öffentlichen Gebäuden erschienen über Nacht in großen Buchstaben die Worte: „Nieder mit Hitler!" (von Scholl, Schmorell und Graf). Zum ersten Mal schien der Boden unter den Füßen der Partei zu wanken. Aber keiner der Hochschulrektoren oder Professoren wagte, sich mutig und eindeutig auf die Seite der Studenten zu stellen. Ende Januar fiel Stalingrad, 300 000 deutsche Soldaten waren sinnlos dem Tod oder der Gefangenschaft geopfert worden. Er hielt es für seine Pflicht, jetzt der Jugend, die ihm vertraute, ein Beispiel zu geben. Er beteiligte sich an der Abfassung von zwei weiteren Flugblättern. Am 8./9. Februar verfaßte er selbst ein neues, das sich mit flammenden Worten unmittelbar an die studierende Jugend wandte.

Wortlaut des Flugblattes:

Kommilitonen! Kommilitoninnen!

Erschüttert steht unser Volk vor dem Untergang der Männer von Stalingrad. 330 000 deutsche Männer hat die geniale Strategie des Weltkriegsgefreiten sinn- und verantwortungslos in Tod und Verderben gehetzt! Führer wir danken dir!

Es gärt im deutschen Volk. Wollen wir weiter einem Dilettanten das Schicksal unserer Armeen anvertrauen? Wollen wir den niedrigen Machtinstinkten einer Parteiclique den Rest der deutschen Jugend opfern? Nimmermehr! Der Tag der Abrechnung ist gekommen. Der Abrechnung der deutschen Jugend mit der verabscheuungswürdigsten Tyrannei, die unser Volk jemals erduldet hat. Im Namen der deutschen Jugend fordern wir von Adolf Hitler die persönliche Freiheit, das kostbarste Gut der Deutschen zurück, um das er uns in allererbärmlichster Form betrogen hat. In einem Staat rücksichtslosester Knebelung freier Meinungsäußerung sind wir aufgewachsen. HJ, SS und SA haben uns in den fruchtbarsten Bildungsjahren unseres Lebens zu uniformieren, zu revolutionieren, zu narkotisieren versucht. „Weltanschauliche Schulung" hieß die verächtliche Methode, das aufkeimende Selbstdenken und Selbstwerten in einem Nebel leerer Phrasen zu ersticken. Eine Führerauslese, wie sie teuflischer und bornierter zugleich nicht gedacht werden kann, zieht ihre zukünftigen Parteibonzen auf Ordensburgen zu gottlosen, schamlosen und gewissenlosen Ausbeutern und Mordbuben heran, heran zur blinden stupiden Führergefolgschaft. Wir Arbeiter des Geistes wären gerade recht, dieser neuen „Herrenschicht" den Knüppel zu machen. Frontkämpfer werden von Studentenführern und Gauleiteraspiranten wie Schuljungen gemaßregelt. Gauleiter greifen mit geilen Späßen den Studentinnen an die Ehre. Deutsche Studentinnen haben an der Münchener Hochschule auf die Besudelung ihrer Ehre eine würdige Antwort gegeben. Deutsche Studenten haben sich für die Kameradinnen eingesetzt und Stand gehalten. Das ist ein Anfang zur Erkämpfung unserer freien Selbstbestimmung, ohne die geistige Werte nicht geschaffen werden können.

Unser Dank gilt den tapferen Kameraden und Kameradinnen, die mit leuchtendem Beispiel vorangegangen sind.

Es gibt für uns nur eine Parole: Kampf gegen die Partei! Heraus aus den Parteigliederungen, in denen man uns politisch weiter mundtot halten will! Heraus aus den Hörsälen der SS-Unter- oder Oberführer und Parteikriecher. Es geht uns um wahre Wissenschaft und echte Geistesfreiheit. Kein Drohmittel kann uns erschrecken, auch nicht die Schließung unserer Hochschulen. Es gilt den Kampf jedes einzelnen um unsere Zukunft, unsere Freiheit und Ehre in einem seiner sittlichen Einheit bewußten Staatswesen. Freiheit und Ehre! Zehn Jahre haben Hitler und seine Genossen diese beiden schönen Worte bis zum Ekel ausgequetscht, ausgedroschen, verdreht, wie es nur Dilettanten vermögen, die die höchsten Werte einer Nation vor die Säue werfen. Was ihnen Freiheit und Ehre gilt, haben sie in zehn Jahren der Zerstörung aller materiellen und geistigen Freiheit, aller sittlichen Substanz genugsam gezeigt. Auch dem dümmsten Deutschen hat das furchtbare Blutbad die Augen geöffnet, das sie im Namen der Freiheit und Ehre der deutschen Nation in ganz Europa angerichtet haben und täglich neu anrichten. Der deutsche Name bleibt für immer geschändet, wenn nicht die deutsche Jugend endlich aufsteht, ihre Peiniger zerschmettert und ein neues geistiges Europa aufrichtet.

Studentinnen und Studenten! Auf uns sieht das deutsche Volk. Von uns erwartet es wie 1813 die Brechung des napoleonischen, so 1943 die Brechung des nationalsozialistischen Terrors aus der Macht des Geistes. Beresina und Stalingrad flammen im Osten auf, die Toten von Stalingrad beschwören uns.

„Frisch auf mein Volk, die Flammenzeichen rauchen!"

Dies war das Flugblatt, das die Geschwister Scholl am 18. Februar im großen Lichthof der Münchner Universität abwarfen. Sie wurden darüber festgenommen, ebenso am nächsten Tag der Student Christoph Probst. Am Montag den 22. Februar vormittags standen sie bereits vor dem Volksgerichtshof, am gleichen Nachmittag um fünf Uhr waren sie hingerichtet. Am folgenden Morgen bezeichnete sie eine kurze Zeitungsnotiz als „charakteristische Einzelgänger" und „verworfene Subjekte", die nichts anderes als einen raschen und ehrlosen Tod verdient hätten.

Am 21. Februar verbrannten wir gemeinsam alle Briefe und Papiere, die irgendwie verdächtig scheinen konnten. Am 25. mußte er in der Universität mitanhören, wie in einer eigens einberufenen Versammlung auch der Gaustudentenführer seine jungen Freunde als ehrlose und niederträchtige Gesellen schmähte und wie der Druck des Todesurteils und der Gestapo jede Regung des Widerstandes in der leidenschaftlich aufgewühlten Jugend unterband. Am 26. abends war er lange bei Freunden zu Besuch und kehrte erst nach Mitternacht in unsere Wohnung zurück. Am 27. Februar, samstags, früh um halb sieben Uhr, wurde er verhaftet.

Von ihm erhielten wir in diesen zwei Monaten in etwa zweiwöchentlichen Abständen viermal knappe Nachrichten – meist nur kurze Bezeugungen der Sehnsucht, der Liebe, des Dankes für Briefe und kleine Lebensmittel- oder Wäschesendungen, die wir ihm zugehen lassen konnten, auch über Geldfragen. Denn das Ministerium hatte ihm sofort nach der Verhaftung die Beamteneigenschaft, der Rektor an der Universität am 8. März den Doktortitel entzogen, wir hatten weder Gehalt noch Pension. In Neudeck wurde ihm auf meinen Antrag beim Oberreichsanwalt erlaubt, in der Freizeit zu arbeiten. Am 4. April berichtete er uns erfreut, daß er ein großes Kapitel der „Volksliedtypologie" abgeschlossen und die Aufsätze für einen Band über „Volksliedforschung" fertiggestellt habe. Er bat um Bücher für sein Leibnizwerk. „Arbeiten ist das Einzige, was ich für euch tun kann, und ich arbeite gern und dauernd."

Am 19. April wurde seine eigene Verhandlung zugleich mit der von zwölf weiteren Angeklagten, darunter Schmorell und Graf, anberaumt. Um neun Uhr im kleinen Sitzungssaal Nr. 216 des Münchner Justizpalastes war die Verhandlung angesetzt. Der Saal war nach dem Bericht eines Augenzeugen von Richtern, Staatsanwälten, Angehörigen der Wehrmacht, Partei und Gestapo überfüllt. Sofort nach Beginn der Verhandlung, erhob sich Dr. Roder: Er habe jetzt erst Kenntnis von den schweren Beleidigungen gegen den Führer erhalten, die das von Huber verfaßte Flugblatt enthalte. Mit Rücksicht hierauf sei ihm eine Weiterführung der Verteidigung unmöglich, er bitte um seine Entlassung. Der Vorsitzende gab ihm diese auf der Stelle und übertrug die Pflichtverteidigung einem der noch verbleibenden fünf Anwälte, Dr. Deppisch.

Während des Verhörs der Angeklagten, wird berichtet, gebärdete sich der Vorsitzende wie ein Komödiant. Er gestikulierte wild mit den Armen, trommelte nervös mit den Fingern, schrie und tobte. Als eine angeklagte Studentin einmal von „Professor Huber" sprach, brüllte er sie an: „Ich kenne keinen Professor Huber, auch keinen Dr. Huber, nur einen Angeklagten Huber. Dieser verdient gar nicht ein Deutscher zu sein. Er ist ein Lump!" Einen Entlastungsbeweisantrag Hubers durch den damaligen Präsidenten der Bayerischen Akademie der Wissenschaften lehnte er kurzweg ab. – Als Freisler einmal brüllte: „Sie haben gemeinsame Sache gemacht mit den Leuten von Katyn!" sprang mein Mann wütend auf: „Das wagen Sie mir zu sagen. Sie haben mehr Menschen auf dem Gewissen, als in Katyn umgebracht wurden! Und wer sie umgebracht hat, wird die Zukunft zeigen."

Gegen Abend beantragte der Reichsanwalt gegen die drei Hauptangeklagten, deren Handlungsweise ein Dolchstoßversuch in den Tagen des schwersten Ringens der nationalsozialistischen Wehrmacht sei, die härtesten Strafen, die das Strafgesetzbuch kenne, den Tod und die Ehrlosigkeit.

Zum Abschluß erhielten die Angeklagten das Wort. Die Ausführungen meines Mannes waren nach dem Zeugnis aller Anwesenden in ihrer tapferen, leidenschaftlichen Überzeugungskraft von tiefer Wirkung. In seinen Notizen für sie fanden sich folgende Sätze: Als deutscher Staatsbürger, als deutscher Hochschullehrer und als politischer Mensch erachte ich es als Recht nicht nur, sondern als sittliche Pflicht, an der Gestaltung der deutschen Geschicke mitzuarbeiten, offenkundige Schäden aufzudecken und zu bekämpfen . . . Rückkehr zu klaren sittlichen Grundsätzen, zum Rechtsstaat, zu gegenseitigem Vertrauen von Mensch zu Mensch, das ist nicht illegal, sondern umgekehrt die Wiederherstellung der Legalität. Die Forderung der freien Selbstbestimmung auch des kleinsten Volksteils ist in ganz Europa vergewaltigt, nicht minder die Forderung der Wahrung der rassischen und völkischen Eigenart.

Ich bitte und beschwöre Sie in dieser Stunde, diesen jungen Angeklagten gegenüber im wahren Wortsinn schöpferisch Recht zu sprechen, nicht ein Diktat der Macht, sondern die klare Stimme des Gewissens sprechen zu lassen, die auf die Gesinnung schaut, aus der die Tat hervorging. Und diese Gesinnung war wohl die uneigennützigste, idealste, die man sich denken kann! Das Streben nach absoluter Rechtlichkeit, Sauberkeit, Wahrhaftigkeit im Leben des Staates.

Ich hoffe zu Gott, daß die geistigen Kräfte, die es rechtfertigen, rechtzeitig aus meinem eigenen Volke sich entbinden mögen. Ich habe gehandelt, wie ich aus einer inneren Stimme heraus handeln mußte. Ich nehme die Folgen auf mich nach dem schönen Wort Johannes Gottlieb Fichtes:

Und handeln sollst du so, als hinge
Von dir und deinem Tun allein
Das Schicksal ab der deutschen Dinge,
Und die Verantwortung wär dein.

Das Gericht verkündete nach kurzer Beratung das Urteil:
„Alexander Schmorell, Kurt Huber und Wilhelm Graf haben im Kriege in Flugblättern zur Sabotage der Rüstung und zum Sturz der nationalsozialistischen Lebensform unseres Volkes aufgerufen, defaitistische Gedanken propagiert und den Führer aufs gemeinste beschimpft und dadurch den Feind des Reiches begünstigt und unsere Wehrmacht zersetzt. Sie werden deshalb mit dem Tode bestraft. Ihre Bürgerrechte haben sie für immer verwirkt."
Seit sieben Wochen sah ich meinen Mann zum ersten Mal wieder. Noch ganz unter dem furchtbaren Eindruck von Verhandlung und Urteil stehend, stand er in Sträflingskleidung zutiefst bewegt an der Besuchsschranke, neben ihm Willy Graf, der junge Student, zwischen beiden der Wachtmeister.
Er trug mir Warnungen für den oder jenen Bekannten auf, den er für gefährdet hielt; auch einen Brief von ihm gelang es mir unbemerkt hinauszubringen. Als ich ihn beim Abschied noch einmal fragte, ob er nicht doch noch an Begnadigung glaube, antwortete er: Nein, aber ich dürfe ruhig hoffen.

### Ein Lehrer vertieften Denkens

Wer sich aus natürlichem Interesse einem philosophischen Studium widmet und über die Möglichkeit verfügt, verschiedene Lehrer der Philosophie zu hören, dem wird die Art einer vertieften analytischen Auseinandersetzung der philosophischen Probleme dann überraschend interessant, wenn er einen Lehrer trifft, der dem jungen Studenten die Möglichkeit gibt, selbst philosophierend Philosophie zu treiben.
Solch ein Lehrer begegnete mir in Kurt Huber, als ich 1935 zum erstenmal seine philosophischen Vorlesungen hörte.

Schon nach wenigen Stunden konnte man seine Denkweise und die tieferen Ziele seines Wesens erkennen: Er war ein kritischer Denker, dessen Wesen eine strenge Logik zugrunde lag. Man hatte in seinen Vorlesungen den Eindruck, es handle sich nicht um eine Darstellung der Philosophie und des Logischen in ihr, sondern um deren Erzeugung auf originelle Weise.

Die Natur des Denkers Kurt Huber bestimmte nicht nur den Inhalt, sondern auch die Methode seiner Vorlesungen und seines Unterrichtes. Er sagte den Studenten offen, daß er es in ihnen leider mit vollkommenen Ignoranten gegenüber philosophischen Begriffen zu tun habe und betrachtete es als seine erste Aufgabe, die Tatsachen der historischen Philosophie und ihre Grundbegriffe nicht nur zu nennen oder etwa in schulmäßigem Sinn zu erklären, sondern aus einfachsten Beispielen des Denkerischen im Menschen zu erzeugen und dadurch die Studenten zunächst zu einem elementaren philosophischen Denken zu bewegen.

Die einzige Lösung dieser Bemühungen, auf welche er immer hingewiesen hat, war, daß es eine Anzahl von letzten, undefinierbaren Grundbegriffen gibt, die man unmittelbar durch äußere oder innere Anschauung erfaßt und die allem definierenden Denken zugrunde liegen. Es sei Aufgabe der grundlegenden Philosophie, diese letzten Gedankendinge zu klären und überhaupt alle definitionsbedürftigen Denkelemente der Wissenschaft auf diese letzten Begriffe des Denkens zurückzuführen.

Dadurch wurde der Studierende zugleich aufgeschlossen für den wesensmäßigen Zusammenhang zwischen Denken und Sprache und zu größter Zucht des Ausdrucks gezwungen. Es hatten auch nur die Begabtesten unter seinen Schülern den Mut, bei Huber eine Dissertation zu schreiben, denn selbst wenn die Gesamtkonzeption und die Gründlichkeit ihrer Durchführung von ihm anerkannt waren, vergingen noch viele Stunden und Nachmittage, in denen er mit seinen Doktoranden um die letzte logische Klarheit des Ausdruckes rang. Seine persönliche Sprache erreichte den vorstellbar höchsten Grad von Reinheit und logischer Kraft. Sie bewegte sich als Lehrsprache jedoch nicht nur im Bereich elementarer Begriffe – und wenn sie es tat, dann geschah es nie so, wie man sich etwa eine trockene Vorlesung über Logik vorzustellen pflegt, – sie erreichte in seinen Vorlesungen zur Geschichte der Philosophie einen mitreißenden Schwung, ohne auch nur um Haarbreite ihre Angemessenheit und innere Wahrhaftigkeit gegenüber dem Objekt zu verlieren. Er hat nicht in eleganten Sätzen den Studenten Probleme „vorgelöst" oder durch faszinierenden Ausdruck gefühlsmäßige Einsichten geschaffen, durch welche die Ungelöstheit der Probleme übersehen wurde, er hat vielmehr jede Frage so weit und so gewissenhaft auseinandergesetzt, bis der Studierende dort angelangt war, wo er die Ungelöstheit eines Problems erkannte und über die offen gebliebene Frage selbst nachzudenken begann und zwar in der individuellen Art seines eigenen Denkens. So sprach Huber beispielsweise im Anschluß an Leibniz über die Universalsprache der Wissenschaft und zeigte den Weg, wie diese durch Festlegung elementarer Begriffe so eindeutig wie die Zahlen und andere Elemente der Mathematik ausgearbeitet werden sollte. Er zeigte die Grundgedanken und Elemente des großen Leibnizplanes und ließ die Studenten, je nach ihrer Art, in streng logischem Denken oder in Begeisterung über die große Zukunft der Wissenschaft sich selbst in die Probleme vertiefen.

Professor Huber ging aber noch weiter. Er führte seine Hörer nicht nur bis zur Erkenntnis der Unlösbarkeit mancher Probleme, er ließ sie erleben, daß gerade die Ursachen der Unlösbarkeit als neue Erkenntnisse erfaßt werden können.

Einem Lehrer und Meister vertieften Denkens wie Professor Huber lag jede Form wissenschaftlichen Kompromisses, der auf Kosten der Wahrheit ging, vollkommen fern. War es damals üblich, Denker wie Spinoza, Husserl u. a. entweder totzuschweigen oder negativ zu beurteilen oder ihre Urheberschaft an dem ihnen zugeschriebenen Gedankengut zu bezweifeln, so ließ ihnen Professor Huber stets, die Gefahr, der er sich dabei aussetzte, bewußt mißachtend, die Gerechtigkeit und Verehrung zuteil werden, die ihnen gebührt.

Der Umgang Professor Hubers mit seinen Schülern war nie eine amtliche Angelegenheit. Man ging nicht zur bekanntgegebenen Sprechstundenzeit in ein Professorenzimmer mit dem Gefühl „Fasse dich kurz", weil vor der Türe eine Reihe anderer wartete. Professor Huber empfing seine Schüler in seiner Wohnung. Der Kontakt mit ihnen war ihm eine Freude.

Wie die Wahrhaftigkeit für ihn nicht nur innerhalb der Wissenschaft galt, so gab es bei ihm auch keine Lebensformen, die nicht tief durchdacht gewesen wären. Seine Höflichkeit, so groß sie auch war, war nie Konvention. Für Schmeichelei war er absolut unzugänglich. Seine Wertsicherheit war klar, vernünftig und unbeirrbar. Damit reicht der Einfluß seiner Erziehung im Denken über das abstrakt Denkerische hinaus und gewinnt auch praktische Bedeutung in den verschiedensten Situationen. Selbständigkeit des Urteils, Objektivität, Wertungsvermögen, Wille zur Wahrhaftigkeit und Gerechtigkeit, Verantwortungsbewußtsein, das sind die Früchte der Charakterbildung, wie sie aus der Erziehung, die dieser Lehrer vertieften Denkens jungen Menschen in ihrer geistigen Entwicklung angedeihen ließ, gleichzeitig heranreiften. In diesem Sinne mag man in Kurt Hubers Persönlichkeit auch mit Recht den geistigen Urheber des Münchener Studentenaufstandes erblicken.

# Ernst Toller

1893–1939

*Schriftsteller*
*Studium in Heidelberg und*
*München (1916–1917).*
*Politisch aktiv in der Münchner*
*Räterepublik (USPD),*
*5 Jahre Festungshaft,*
*dann Schriftsteller in Berlin.*
*1933 emigriert.*

Ich studiere an der Universität München. Maßlos ist mein Eifer, schweifende Neugierde treibt mich von Kolleg zu Kolleg. Vorlesungen über Staatsrecht höre ich mit der gleichen ernsten Erwartung, wie die Vorträge Wölfflins über Dürer und Holbein. Immer ist mein Ohr gespannt, Paragraphen und Pandekten, Formen und Stile müssen ein Geheimnis bergen, ein Gesetz, einen Sinn. Das Besondere reizt meinen Hunger nach Wissen, das Allgemeine, das ich suche, bleibt mir verborgen. Ich vergnüge mich im literaturgeschichtlichen Seminar des Professor Kutscher. In Hauptmannsuniform, das Eiserne Kreuz auf der Brust, sich leicht auf den Krückstock stützend, steht er auf dem Katheder, schmuck und ein Freund der Modernen. Einmal in der Woche lädt Kutscher die Studenten in ein Gasthaus. Thomas Mann, Karl Henckell, Max Halbe lesen aus ihren Werken, Frank Wedekind singt im harten Stakkato seine herrlichen diabolischen Balladen. Nachher gehen wir stundenlang durch die nächtlichen Straßen, wir schleudern uns die Modeworte der Literaturkritik an den Kopf, wir verteidigen und verdammen Schriftsteller und Werke. Jeder hat die Schublade voll mit Manuskripten, jeder träumt vom Ruhm, jeder hält sich für begnadet und auserwählt.

Der Student Weiß spricht jedesmal von einem neuen Versband, er schreibe täglich zwölf Gedichte, manchmal auch fünfzehn, die gereimten morgens, die freien Rhythmen abends, in dicken Diarien habe er sie aufgezeichnet, die idyllischen mit roter Tinte, die tragischen mit schwarzer. Goethe, sagt er, habe es auf achtzig Bände gebracht, er hoffe, ein Viertel Tausend zu erreichen. Bei mir zu Hause liegt ein schmales Bändchen, bekümmert verfolge ich seinen Fleiß.

Thomas Mann lädt mich in sein Haus, meine Rocktasche ist mit Dutzenden von Gedichtmanuskripten vollgestopft, unruhig rücke ich beim Tee hin und her, wann wird es schicklich sein, ihm einige Verse vorzulesen, endlich wag ich's. „Hm", sagt er und nochmals „Hm", bedeutet es Lob, bedeutet es Tadel? Er läßt sich die Manuskripte geben, er liest mit mir jede Zeile, lobt diese und sagt, warum die andere unzulänglich, bewundernswert ist seine Geduld, gemessen und väterlich sein Rat. Er behält sich einige Papiere, zwei Tage später schreibt er mir einen langen Brief, er hat nochmals geprüft und belehrt den jungen Menschen, der diese schöne Haltung nie vergißt.

In einem Buchladen begegne ich Rainer Maria Rilke. „Ich habe seit Jahren keine Verse mehr geschrieben", sagt Rilke leise, „der Krieg hat mich stumm gemacht."

Der Krieg? Das Wort verschattet meine Augen, seit Wochen habe ich keine Zeitungen mehr gelesen, ich will nichts wissen vom Krieg, nichts hören.

Ich gehe in die Gemäldegalerien, ich fahre mit der Frau, die ich liebe, an die bayerischen Seen, wir hören Konzerte, Bach, Beethoven, Schubert. Im Sturz der Musik vergesse ich die Klage des Menschen, der hilflos zwischen den Gräben verging.

---

# Ernst Hoferichter

1895–1966

*Schriftsteller*
*Medizin-, Philosophie- und*
*Germanistikstudium in München*
*(1919–1924) und Freiburg;*
*anschl. Schauspieler.*
*Mitarbeiter am „Simplicissimus"*
*und der „Jugend",*
*ab 1945 bei der „Neuen Zeitung".*

„Was willst du einmal werden?" hat uns der Lehrer schon in der Volksschule gefragt.

Und er bekam als Antworten: „Gärtner, Pfarrer, Kaminkehrer, Regierungsrat, Konditor und ähnliche Berufe. Ich sagte: „Seiltänzer, Lokomotivführer oder Räuberhauptmann." Dagegen sprachen die Eltern und Verwandten und schlugen vor: Schreiner, Versicherungsagent und am gesichertsten einen Beruf mit Pensionsberechtigung. Denn: „Wenn du hundert Jahre alt wirst, brauchst du vierzig Jahre nichts zu arbeiten und bekommst doch dein Geld!" Aber alles kam ganz anders. Zuerst wurde jener Tag Ereignis, da in der Aula links und rechts vom Podium viele Lorbeerbäume aufgestellt wurden. Das Schülerorchester spielte die Ouvertüre zu „Iphigenie in Aulis". Der Rektor sprach in seiner Festrede von der Schule des Lebens, die jetzt für uns draußen wartet und mit Dornen und Disteln durchwachsen ist. Dann wurden die Zeugnisse wie Oblaten verteilt, und der Chor sang: „Das Wandern ist des

Müllers Lust . . .", obwohl keiner von uns damals ein Müller werden wollte. Das war am 14. Juli 1914 – und am 1. August brach der große Krieg aus. Die ganze Stadt loderte in Flammen der Begeisterung. Viele meiner Schulkameraden meldeten sich freiwillig zu den königlichen Fahnen. Ich aber sagte mir: „Gehe nie zu einem Fürst, eh' du nicht gerufen wirst!"

Dazu schlug mein Freund Peter vor: „Bis sie uns holen, besuchen wir einige Kollegs – so nur, des Spaßes halber." Und bald liefen wir durch die weiten Gänge der Universität von Hörsaal zu Hörsaal. Da wurde über Wissensgebiete gesprochen, von denen ich noch nie etwas gewußt hatte. Erst allmählich glätteten sich die anstürmenden Geisteswogen – und ich begann auszuwählen nach Beruf und Neigung. Dazu bedurfte ich vorerst nichts als ein paar Kolleghefte und die Hörgeldbefreiung. Literaturwissenschaft, Philosophie, Psychologie, Kunstgeschichte und Psychiatrie zogen mich an.

Wie ein trockener Schwamm nahm ich alles auf und streckte jedem Wissenszweig wie ein Bettler die offene Hand hin, um Erkenntnismünzen zu empfangen. Die Folge war eine geistige Verdauungsstörung. Thesen und Antithesen prallten gegeneinander. Spruch und Widerspruch bekämpften sich und Satz und Gegensatz schienen sich gegenseitig aufzufressen.

Da waren die Vorlesungen bei Arthur Kutscher über Theatergeschichte, Stilkunde und Literarische Kritik sowohl Befreiung wie Entbindung. Hier herrschten statt der Ismen allein das Leben und seine Wirklichkeiten. Lebensgefühl war alles! Eine imaginäre Nabelschnur verband seine Vorlesungen mit der Fülle des Erlebens.

„Meine Dam'n und Herrn!" begann eine Stimme, die ihre Erbmasse nicht aus der Sixtinischen Kapelle bezogen hatte. Schwer und dumpf kamen da Töne aus dem Innern. Hier sprach die Erde mit.

Diese Stimme höre ich noch immer. Was sie vortrug, habe ich längst vergessen. Ich weiß nur mehr, daß Sturm und Drang den Staub von jenen Dichtern wehte, die mir von den Oberlehrern zu Warenhausklassikern erniedrigt wurden. Lebensgefühl, strömender Saft, schäumende Kraft, vibrierende Seele wurden zu Säulen, auf die Kutscher die Dichtung erhob.

Die Wände des Hörsaals versanken. Wir saßen in einem Wald, zitierte Verse wurden Blätterrauschen. Sturm fegte die Fußnoten und hochnotpeinlichen Bemerkungen ins ewig Unfruchtbare hinab. Die Majestät der Jahreszahl versank vor der Fülle der Gesichte.

Und im ersten Kutscherkolleg wurde eine Welt in mir aufgerissen.

Kutscher wandte sich nicht nur an meinen fragwürdigen Intellekt. Sein Appell ging tiefer und traf auf jene Schicht, wo die Schablonen des Verstandes nicht gedeihen. Keimstoff fiel pfeilgerade in Humus, Leben rief das Leben an! Obgleich das ewig Lebendige ohne den Geist lebendig bleiben könnte, kam die Strenge der Wissenschaft bei Kutscher nicht zu kurz.

Und wenn solch eine Stunde zu Ende war, so stand die Kutscherei erst am Anfang eines Tages. Kanäle des Jungseins führten ins Herzgeviert brodelnder Lebendigkeit.

Dichterabende stiegen, eine Bühne wurde das Ereignis und Sprungbrett, literarische Nächte feuerwerkten zu den Sternen des Schwabinger Himmels auf.

„Evoe!" hallte durch das Siegestor bis zur Schwabinger Brauerei hinab und verfing sich als Echo in Nordlichtateliers.

Kutscher ging ins Blut über, wo das, was er uns lehrte und lebte, auf seine Weise weiterkreist, pulsiert und schafft. Ewiges Jungsein und heiliges Leben wogte aus seiner Persönlichkeit vom Katheder über Bänke und Kolleghefte. Kutscher war es auch, der nach einigen Jahren entscheidend in mein Leben eingriff und es in jene Bahnen lenkte, wodurch ich erst wurde, was ich bin.

---

## Julie Meyer-Frank
1897–1970

*Soziologin*
*Studium der Wirtschaftswissen-*
*schaften und Kunstgeschichte in*
*München (1917–1920) und*
*Erlangen.*
*Dozentin in Nürnberg,*
*polit. aktiv in der Deutschen*
*Demokratischen Partei.*
*1937 emigriert.*
*Lehrtätigkeit in den USA.*

Als ich im Herbst 1917 nach München kam, saßen in den Hörsälen Frauen und Kriegskrüppel. Die Studenten hungerten und froren in ihren Buden und in den schlecht geheizten Hörsälen und Bibliotheken. Und es hungerte und fror die Stadt und lag unter dem grauen Entsetzen eines Krieges, der, wie wir es damals sahen, keiner Seite Aussicht auf Sieg mehr gab und nur noch ein großes Morden war.

Ich trat damals der Münchner Freien Studentenschaft bei, einer Organisation, die im Gegensatz zu den Verbindungen Lernen und Wissen als den Mittelpunkt des Studentenseins betrachtete und darüber hinaus die Kluft zwischen reiner Wissenschaft und den politischen und sozialen Strömungen der Zeit zu überbrücken suchte. Meinen Freunden und mir schienen in dieser Kriegszeit Farbentragen und Säbelfechten unsinniger denn je und die jüdischen Verbindungen genauso unzeitgemäß und reaktionär wie die anderen. Wohl hatte die Freie Studentenschaft einen verhältnismäßig hohen Prozentsatz von jüdischen Mitgliedern, aber es ging uns damals um Deutschland, nicht um das Judentum. Wir waren deutsche Juden, das Schicksal Deutschlands war unser Schicksal, von welcher politischen Richtung aus wir es auch sahen. Das Häuflein der Zionisten an der Universität war klein und trat nicht hervor.

Ich hatte in München eine weitläufige Familie, den Feuchtwanger-Klan, der meist orthodox war. Seine Mitglieder waren kulturell nicht nur Deutsche, sondern ausgesprochene Bajuwaren.

Kurze Zeit nachdem ich in München war, trat Amerika in den Krieg ein und nun wußten wir, daß er verloren war. Und trotzdem studierten wir weiter, diskutierten in unseren Buden Politik, Literatur, Philosophie und Kunst und tranken dazu Erdbeerblättertee und aßen klebriges Kriegsbrot mit Gelberübenmarmelade.

Dann kam das Gesuch der deutschen Regierung an Präsident Wilson um „sofortigen Abschluß des Waffenstillstandes“. Es war der erste Regierungsakt des eben ernannten Reichskanzlers, Prinz Max von Baden, zu dem ihn ein Telegramm Ludendorffs gezwungen hatte. Im Menschengewühl der Ludwigstraße stießen ein paar Freunde und ich auf Lujo Brentano. Wir Jungen, erschüttert von den Ereignissen, fragten ihn nach seiner Meinung. „Was wollen Sie“, sagte der alte Kathedersozialist, „eine bessere Zeit bricht an: hier, in der Erklärung des Prinzen Max von Baden, steht der Achtstundentag.“

In München, wie im Reiche gärte es. Bolschewisten und unabhängige Sozialdemokraten griffen die neue Regierung von der Linken, die Alldeutschen griffen sie von der Rechten an. Am 7. November beriefen die SPD und die Gewerkschaften Münchens eine Versammlung auf der Theresienhöhe ein, um durch die geschlossene Macht ihrer Mitglieder die revolutionäre Flut zu stemmen. Am nächsten Morgen ging ich zum Kolleg von Moritz Julius Bonn. Ein Student, der nachmalige Verteidiger von Ludendorff, reichte mir die Münchner Neuesten Nachrichten vor. Die hatten groß auf der ersten Seite die Proklamation des Freistaates Bayern, gezeichnet vom 1. Vorsitzenden des Arbeiter-, Bauern-, und Soldatenrates, Kurt Eisner. Bonn, der damals mitten in der Politik stand, indigniert über unsere Unruhe, schaute auf. Wir legten ihm die Zeitung auf das Katheder. Schon schrillte der Alarm durch die Universität und forderte die Studentenschaft auf, sich im Auditorium maximum zu versammeln. Dort stand Erich Mühsam, bis damals nur als ein Kaffeehausliterat bekannt, und neben dem kleinen, nervösen Mann saßen auf

323

den Treppen des Podiums zwei stämmige Matrosen mit Patronengurten über den Schultern und Gewehren über den Knien. Einzogen in der Pracht ihrer Talare der Rektor, der Senat und die Professorenschaft der Universität, die Herolde voran und der Rektor, ein bis dahin königstreuer Mann, begrüßte den Vertreter der neuen Regierung und „stellte sich mit Schmerz und Entrüstung auf den Boden der Tatsachen". Allzu schnell ging das meinen Freunden und mir, die wir Liberale waren und weder kaiser- noch königstreu. Zum erstenmal erlebten wir, wie einer die geistige Führerschaft seines Amtes verneinte und sich beugte vor der Gewalt. Keiner von uns konnte damals die Ereignisse des Jahres 1933 voraussehen, aber in dieser Stunde erlebten wir ein Verhalten, aus dem sie möglich wurden.

In diesem Winter hielt Max Weber vor der Freien Studentenschaft die beiden berühmt gewordenen Vorträge „Wissenschaft als Beruf" und „Politik als Beruf". Kurz vor dem zweiten hatte er Eisner den „Hanswursten des Blutigen Karnevals" genannt. Noch standen wir alle unter dem Eindruck der letzten Worte seines Vortrages, jener großen und traurigen Abrechnung mit den „Gesinnungspolitikern" der Revolution, als der Eigentümer des Saales, der Buchhändler Steinicke, hereinkam und sagte, wir müßten schließen, Eisner-Anhänger wollten die Versammlung sprengen. Wir gingen alle nach meiner nahe gelegenen Bude. Dort erzählte Max Weber bis in die Morgenstunden. Er setzte uns auseinander, daß seiner Meinung nach die Selbstauslieferung von Ludendorff, Tirpitz usw. die richtige Antwort auf das Verlangen der Entente nach Auslieferung der Kriegsverbrecher gewesen wäre, eine heldenhafte und ritterliche Handlung, die das moralische Ansehen Deutschlands gestärkt hätte. Er erzählte von einem Gespräch mit Ludendorff, der seinen Rat, sich selbst auszuliefern, ablehnte, nicht aus Furcht, aber in Verachtung des deutschen Volkes und im Hochmut der Selbstüberschätzung. U. a. zitierte er Ludendorff: „Die Nation kann mir den Buckel herunterrutschen! Diese Undankbarkeit!" Dann sprach Max Weber über die geplante Veröffentlichung der Archive des Auswärtigen Amtes, über Randbemerkungen des Kaisers an Aktenstücken, die den Mangel an Einsicht und den Größenwahn Wilhelms II. grell beleuchteten. Tief erregt berichtete Max Weber über die Behandlung der deutschen Friedensdelegation in Versailles, die er als einer der Sachbearbeiter begleitet hatte. Keiner von uns hat diese Stunden vergessen, in denen der Lehrer einer wertfreien Wissenschaft leidenschaftlich für seine Werte eintrat, als er Tatsachen an Tatsachen reihte und sie maß.

Am nächsten Morgen erschien meine Wirtin und sagte: „Was war denn das heut' nacht bei Ihnen, Fräulein Meyer, einen Herrn hätt' ich mir schon g'fallen lassen, aber gleich so viele!"

Die kommunistischen Wellen stiegen an. Eisner sah ich zum letztenmal, als er in einer Volksversammlung gegen den Radikalismus der Bolschewisten die

Stimme der Mäßigung erhob, ein alter, müder Mann, ein Literat, zerbrochen an der politischen Verantwortung, niedergeschrien von denen, die er an die Oberfläche gerufen.

Im Februar wurde Eisner auf dem Wege zum Landtag, an dem Tage, an dem er seine Abdankung erklären wollte, ermordet. Die drei sozialistischen Parteien bildeten eine Räteregierung, die im April von den Kommunisten gestürzt wurde. Eine zweite Räteregierung, nach russischem Muster und gestützt von einer „Roten Armee" wurde nun ausgerufen. Unter ihren Führern befanden sich Juden: Axelrod, Toller, Leviné-Nissen, Gustav Landauer. Keiner von ihnen war ein eingesessener Münchner oder gehörte zur jüdischen Gemeinde. Fast ausnahmslos waren sie chiliastische Ideologen, fern dem Volke, blind für die politischen Gegebenheiten und doch verantwortlich für die Schrecken der Rätezeit.

Man kann heute nicht mehr behaupten, daß Hitler, ohne die Führerschaft von Juden in der Münchner Räterepublik, nie zur Macht gekommen wäre. Aber eine andere Frage bleibt offen: Wie kam es, daß diese Menschen, entfremdet dem deutsch-bürgerlichen, jüdischem Milieu, in dem sie aufgewachsen waren und unverbunden dem Proletariat, das sie aufzuwiegeln suchten, ihrer ganzen Art nach Fremde in jeder Gesellschaft, das Massengefolge der Söhne von Bauern und Kleinbürgern, der heimgekehrten Soldaten in München, fanden, und nur dort und in keiner anderen Stadt Bayerns?

An der Universität hatte die reaktionäre Studentenschaft, geführt von Verbindungen und ehemaligen Offizieren, die Oberhand bekommen. Wilde Politik störte den geordneten Vorlesungsbetrieb. Im Mittelpunkt des ersten Tumultes stand der Pazifist Professor Friedrich Wilhelm Foerster.

Im Mittelpunkt des zweiten Skandals stand Max Weber, der im Sommersemester 1919 den Lehrstuhl Lujo Brentanos übernommen hatte.

Wir nahmen sie als die verebbende Flut vom Krieg gezeugter Wirren. Wir wußten nicht, daß sie die Vorboten von Schlimmerem waren und glaubten an die Fortwirkung des anderen, dessen ich nun gedenken will: die Klarheit und Fülle des Geistes, die Universitas, die damals die Universität München war, verkörpert in ihren drei großen Lehrern der Geisteswissenschaften: Karl Voßler, Max Weber, Heinrich Wölfflin.

Ich möchte diese Erinnerungen mit einem Vorfall späterer Jahre schließen: Kurz nachdem die Nationalsozialisten zur Macht gekommen waren, erhielt ich eine offene Postkarte von Marianne Weber, der Witwe Max Webers. Sie schrieb: „Ich weiß, daß jetzt die Gedanken Max Webers bei seinen jüdischen Schülern sein würden."

# Kurt Kolle

1898–1975

*Psychiater*
*1919–1923 Studium in Frankfurt,*
*Jena und München;*
*bis 1933 Privatdozent in Kiel;*
*1952–1966 Prof. in München.*

Nach bestandenem Physikum begab ich mich zum klinischen Studium nach München. Damals wirkten dort der Pathologe Borst, die Internisten Romberg und Müller, der Chirurg Sauerbruch, der Gynäkologe Döderlein, der Psychiater Kraepelin, der Dermatologe Zumbusch, der Pädiater Pfaundler – um nur die besten Lehrer zu nennen. Unvergeßlich alle diese Vorlesungen, von denen mich am meisten entzückten die von Müller und Kraepelin. Müller erweckte meine Anteilnahme für Neurologie. Seine Methode, uns beidhändig den Querschnitt des Rückenmarks auf die Tafel zu zeichnen, habe ich mir angeeignet: Immer bekam ich den Applaus meiner Hörer, wenn ich das nachahmte. Den Perkussionskurs, den Müller selbst abhielt, wird niemand vergessen. Nachmittags um 4 Uhr versammelten wir uns in dem alten, kleinen, unbequemen Hörsaal an der Ziemssenstraße.

Müller imponierte uns als Arzt-Persönlichkeit. Hinter allen seinen vortrefflichen wissenschaftlichen Demonstrationen zeigte sich der Arzt, der zu raten und zu helfen sich bemühte. Mir eröffnete er den Zugang zur Neurologie, den ich forschend nie geübt, aber praktiziert habe. Wenn ich imstande war, meinen Klinizisten klinische Neurologie sachgerecht vorzutragen, verdanke ich das vor allem Friedrich Müller.

Das Kolleg von Romberg war weniger anziehend.

Da Geschichte der Medizin rasch vergeht, will ich noch von einigen meiner Lehrer erzählen. Sauerbruch war ein impulsiver Mann, der besonders anregend vortrug, wenn eine hübsche Studentin vor ihm saß. Döderlein, der wuchtige Mann mit dem Cäsarenhaupt, war ein Meister des Vortrags. Noch sehe ich ihn vor mir, wie er, zum Kolleg über die Schwangerschaftsunterbrechung gerüstet, im Hörsaal erschien: unter dem linken Arm eine dicke schwarze Bibel, rechts ein rotes Strafgesetzbuch. Die Eindringlichkeit dieser Stunde ist mir noch heute gegenwärtig.

Nun zu Kraepelin, den ich drei Semester lang hören durfte. Er wies uns zahlreiche Kranke vor und vermittelte uns Anschauung von der Wirklichkeit psychisch Kranker. Der Hörsaal war voll. Dort saßen Ärzte aus der Stadt, Assistenten der anderen Kliniken, nur wenig Studenten. Da Kraepelin einen Praktikanten wünschte und sich nur selten einer meldete, hatte ich den Vorzug, oft dem Meister gegenüberzusitzen.

Vier Lehrer, die nicht zur engeren Fakultät gehörten, möchte ich nennen.

Böhm, der Physiotherapeut, der wohl auch über Röntgenkunde las, war ein ausgezeichneter Lehrer, der den Studenten für Therapie anregte. Der Kinderchirurg Drachter, der ein von nur wenigen Studenten besuchtes Kolleg im Hauner'schen Kinderspital las, hat mir mehr chirurgischen Verstand eingebracht als die große Vorlesung.

Dann gab es am Samstag nachmittag – horribile dictu! – im Krankenhaus rechts der Isar eine klinische Visite, abgehalten von den Professoren Sittmann (Internist) und Grasmann (Chirurg). Etwa 8 – 10 Studenten versammelten sich dort um 4 Uhr. Je zwei Studenten bekamen einen „internen" Kranken zugeteilt. Eine Stunde später erschien Sittmann, um mit uns den Krankheitsfall zu besprechen. Um 6 Uhr wiederholte sich der Vorgang bei Grassmann. Wenn ich schließlich um 8 Uhr an einem herrlichen Sommerabend das Krankenhaus verließ, um meiner ziemlich trostlosen Bude zuzustreben, war ich hochbefriedigt, weil ich sehr viel gelernt hatte. Heute, wo das freie Wochenende bereits am Freitag beginnt, wäre das nicht mehr möglich. Ich gehe davon aus, daß ein akademischer Lehrer sein Glück findet, wenn es ihm gelingt, aufmerksame Schüler zu gewinnen.

Nach drei Semestern in München schien es mir richtig, mich an einer kleineren Universität zum Staatsexamen vorzubereiten.

Im Laufe des Jahres 1951 wurde ich durch alte Freunde gefragt, ob ich nicht für die Nachfolge von Stertz, seit 1946 Nachfolger von Bumke, kandidieren wolle – für mich ein sehr schwerer Entschluß. Ausschlaggebend war für mich meine Neigung zu wissenschaftlicher Arbeit und Lehrtätigkeit. So sagte ich ja: Ich würde eine Berufung annehmen. Meinem Fürsprecher, dem Geheimrat Demoll, gelang es, den Chirurgen E. K. Frey, der Mitglied der von der Fakultät eingesetzten Berufungskommission war, für mich zu gewinnen.

Am 17. November 1952 übernahm ich die Leitung der Münchener Klinik, als unbezahlter Volontärarzt – wahrscheinlich ein Unicum in der deutschen Universitätsgeschichte. Die Ernennungsurkunde zum o. ö. Professor für Psychiatrie und Neurologie händigte mir der Rektor erst am 19. Dezember aus, demselben Tag, an dem Stertz, der an diesem Tag seinen 74. Geburtstag feierte, seine Abschiedsvorlesung hielt.

Für den ersten Teil des Wintersemesters 1952/53 hatte ich Stertz noch die klinische Hauptvorlesung überlassen, um mich in Ruhe in den großen klinischen Betrieb einarbeiten zu können. Meine erste Vorlesung hielt ich am 13. Januar 1953. Der Freund und Gönner, Geheimrat Demoll, gab mir die Ehre seiner Anwesenheit.

Den Unterricht habe ich immer sehr ernst genommen; in den Vorlesungen ließ ich mich nur ganz selten vertreten. Regelmäßig ließ ich aber in der Hauptvorlesung Kollegen zu Worte kommen, die ein Spezialgebiet beherrschen, als Neuropathologie und Elektroencephalographie. Das bei den

Studierenden sehr beliebte Gemeinschaftskolleg dachte ich zu fördern, indem ich zu den entsprechenden klinischen Demonstrationen den Pharmakologen, den Ophthalmologen, den Gynäkologen einlud. So lange Professor von Lanz „Anatomie III: Sinnesorgane und Nervensystem" las, beteiligte ich mich regelmäßig mit klinischen Demonstrationen, die den jungen Medizinern den Wert anatomischer Kenntnisse zeigen sollten. Mein zahnärztlicher Kollege Professor Heiss hat mich oft gebeten, seinen Hörern ein neurologisches Kolleg zu halten. In den letzten Jahren habe ich zweimal eine Vorlesung „Psychologie für Ärzte" gehalten, gedacht vor allem für die vorklinischen Semester.

Noch ein Wort zum Geschäft des Prüfers. Bis zu meinem Dekanat habe ich Kandidaten im Staatsexamen in großer Zahl geprüft. Auch seither war ich stets bemüht, als Prüfer nicht völlig beiseite zu stehen. Anstelle vieler Worte hier eine Statistik:

Ich habe in der Zeit vom 17. 11. 1952 bis 30. 9. 1966 1326 Kandidaten im Staatsexamen geprüft, und zwar mit

| | |
|---|---|
| Note I | 399 = 30 % |
| Note II und III | 860 = 65 % |
| Note IV und V | 67 = 5 % |

Ich bin wiederholt in Wort und Schrift dafür eingetreten, die Prüfungen zu reformieren: Die Einführung der Kollegialprüfung nach dem Muster der Juristen war mein Steckenpferd, mit dem ich allein geblieben bin, weil meine Kollegen nicht mitzogen.

Psychiatrie als medizinisches Fach gab es in München seit dem Jahre 1861. Damals wurde August von Solbrig, bis dahin Direktor der Kreisirrenanstalt in Erlangen, zum außerordentlichen Professor und gleichzeitig zum Direktor der Kreisirrenanstalt in München berufen. Ihm folgte Bernhard von Gudden, der mit dem schizophrenen König Ludwig II. im Starnberger See ertrank. Nach ihm kamen Hubert Grashey, Schwiegersohn von Gudden, und Anton Bumm. Gudden und Grashey verfaßten gemeinsam das Gutachten, das den König für unfähig erachtete, weiter als Regent zu amtieren. Außer Gudden, der auch ein bedeutender Forscher war, ist über diese Psychiater nicht viel zu berichten. Bumm hatte das große Verdienst, den Bau einer Universitätsklinik im Bereich des Krankenhauses links der Isar durchzusetzen.

Bumm erlebte die Fertigstellung der Universitätsklinik nicht mehr. Kraepelin, der 1903 aus Heidelberg berufen wurde, konnte nur noch bescheidene Änderungen erwirken.

Kraepelin war, als ich bei ihm Vorlesungen hörte, bereits Mitte Sechzig. Er wirkte – als äußere Erscheinung kleinwüchsig, gedrungen, mit einem weißen Knebelbart und einem weißen Schleifchen unter dem altmodischen Stehumlegkragen – ein wenig spießig, während seine Kollegen, der Pathologe

Borst, der Chirurg Sauerbruch, der Pädiater Pfaundler, auch in ihren Arztkitteln als ausgesprochen elegante Herren sich präsentierten.

Zum Abschluß darf die große Tat von Kraepelin als Schöpfer der Deutschen Forschungsanstalt für Psychiatrie nicht unerwähnt bleiben: Kraepelin war nicht nur ein stiller Forscher, der fernab der lauten Welt ein großes Werk schuf. Er war auch ein praktischer Mann, der frühzeitig erkannte, daß Wissenschaft organisiert werden muß, daß sie nicht nur in den einsamen Kämmerlein der forschenden Ärzte gedeihen kann.

Meine größte Hoffnung, ja mein innigster Wunsch wäre es, noch zu erleben, daß sich wieder junge, talentierte, fleißige, mit eigener Initiative ausgestattete Forscher finden, die wie in der Ära Kraepelin und noch seinen Tod überdauernd die große wissenschaftliche Überlieferung dieser herrlichen Zeit fortsetzen.

---

# Werner Heisenberg

1901–1976

*Physiker*
*1920–1923 Studium in München*
*und Göttingen;*
*1927–1941 Prof. in Leipzig,*
*1941–1945 in Berlin,*
*1946–1958 in Göttingen,*
*seit 1958 Honorarprof.*
*in München.*
*Direktor des Kaiser-Wilhelm-*
*(später: Max-Planck) Instituts*
*für Physik.*
*1932 Nobelpreis.*

Wenn andere Universitäten etwa als Stätten des soliden Fachwissens oder als Ausgangspunkt neuer Entwicklungslinien in der Forschung berühmt wurden, so zeichnete sich die Wissenschaft in München vor allem durch eine menschliche Unmittelbarkeit und Lebendigkeit aus, die auf dem Nährboden einer sehr konservativen, im Katholizismus der heimischen Bevölkerung wurzelnden Geistigkeit erstaunlich gut gedeihen konnte. Die Sinnenfreude der bayrischen Barockkirchen hatte sozusagen ihr weltliches Gegenstück in der Freudigkeit, man kann fast sagen Heiterkeit der wissenschaftlichen Arbeit an den Hochschulen, und beide hingen in irgendeiner Weise zusammen mit dem Licht, das an Sonnentagen die Wiesen und Bergketten des südlichen Bayern überflutet.

Diese Verbundenheit mit dem Land und mit den Bergen wirkte sich bis in das Leben an den Instituten und Seminaren hinein aus. So etwa, wenn mein Lehrer Sommerfeld mit einigen seiner jungen Physiker auf die Institutshütte am Sudelfeld zog, um Skilauf und wissenschaftliches Gespräch zu verbinden. Es ist mir zugleich aus der damaligen Zeit – dem Anfang der zwanziger Jahre – auch aufs deutlichste in Erinnerung, wie sehr sich das Leben der Universität und der oft aus dem Norden kommenden Professoren im Kontakt mit den Münchner Mitbürgern abspielte. So war es für Sommerfeld, der ebenso wie der Maler Corinth aus Ostpreußen stammte, längst zur Gewohnheit geworden, vor den physikalischen Kolloquien mit jüngeren oder älteren Physikern zusammen im Hofgarten zu sitzen und dort Kaffee zu trinken wie so viele andere Münchner. Dabei wurden die physikalischen umd mathematischen Probleme diskutiert, die gerade im Mittelpunkt des Interesses standen, und gelegentlich bedeckte sich der Marmortisch, auf dem der Kaffee serviert worden war, mit langen mathematischen Formeln. Es wurde mir damals erzählt, einmal habe Sommerfeld seine Rechnungen auf dem Marmortisch mit einem komplizierten Integral abbrechen müssen, das nun nicht mehr ausgerechnet werden konnte, da nur noch wenige Minuten bis zum Beginn des Kolloquiums in der Universität blieben. Als Sommerfeld einige Tage später mit seinen Schülern wieder dort Kaffee trank und zufällig an den gleichen Marmortisch geraten war, stand die Rechnung mit dem komplizierten Integral noch dort. Die Lösung war in einigen Zeilen darunter geschrieben. Inzwischen hatte ein anderer Mathematiker der Münchner Universität – ich glaube, es soll Herglotz gewesen sein – am gleichen Tisch seinen Kaffee getrunken und sich die Zeit mit der Auflösung des Integrals vertrieben.

Wissenschaft und Kunst haben in München immer ein Element von Romantik bewahrt. Auch die abstrakteste Malerei in München hat noch Licht und Farbe von den Wiesen und Seen des durchsonnten Voralpenlands empfangen. Als Arnold Sommerfeld, der mit der mathematischen Strenge der klassischen Physik so wohl vertraut war, auf die neuen und noch ungeklärten Zusammenhänge der Quantentheorie stieß, begeisterte er sich so an den geheimnisvollen ganzzahligen Beziehungen in den Experimenten über die Spektrallinien, daß seine Vorlesungen an die hymnischen Äußerungen zur Harmonie der Sphären erinnerten. Auch als seine Kritiker ihm Zahlenmystik und Schwärmerei vorwarfen, als von ihm gesagt wurde: „Sind's ganze Zahlen, geh zu Sommerfeld", konnte das seine Freude nicht stören; denn in München nehmen wir die Dinge nie ganz ernst, und doch wieder ganz ernst, und am Schluß hat Sommerfeld sehr viel mehr recht behalten als seine Kritiker.

# Hugo Hartung

1902–1972

*Schriftsteller*
*(Pseudonym N. Dymion)*
*1923–1927 Germanistikstudium*
*in München, Leipzig und Wien.*
*Mitarbeit am „Simplicissimus"*
*und der „Jugend".*
*Später Schauspieler, seit 1931*
*freier Schriftsteller.*
*1936 Schreibverbot.*
*U. a. Verfasser von Fernseh- und*
*Hörfunkspielen, Filmdreh-*
*büchern.*

Wie anders als Bruno Tiches sah ich die hochzupreisende Stadt München am Anfang meines ersten Semesters! Sie war für mich ein einziges Festspiel, bei dem mitzuwirken ich vom Schicksal beglückt war. Oft hatten Himmel und Erde gleichzeitig weiß-blau geflaggt, und die Odeonsplatztauben ließen sich von Glockentönen und militärischen Blechmusikwalzern wiegen.

Manchmal auch ging ich unter einem stählernen Maienföhnhimmel selbst wie gewiegt, schwankend, mit ein wenig feuchten Händen und blutleerem Gehirn. Der warme Wind kam aus Italien, grüßte vertraute Rundbögen und barocke Voluten brüderlich von den Städten an Tiber, Etsch und Po.

Anders als Bruno, war ich schon vorher einmal in Bayern gewesen, und die Sprache dort war mir von der Mutter her vertraut. Nun wurde mir der Viktualienmarkt zur Hochschule freundlich-behäbigen Volkstums, einer derb heiteren Einlage im bajuwarischen Dauerfestspiel.

Ich schlug Gedankenbrücken von der großkalibrigen Marktfrau, die lobpreisend über eine Gänsebrust oder einen Entenpürzel strich, zu dem greisen Literarhistoriker in der Universität, der in genüßlicher Rezitation den Weg eines Wielandschen Flohs von einem weißen Mädchenbusen bis in Gegenden verfolgte, die er mit leichtem Stimmtremolo „obszön" nannte.

Überall war Leben, das mitzuleben mir eine Lust wurde. Immer auch schien es mir Maskerade. Man sah Herren mit gepflegten Vollbärten und goldenen Uhrketten gemessenen Schritts die Ludwigstraße einherschreiten, die man für Ministerialräte hielt.

Aber der Freund von der Akademie erzählte, wie dann diese vermeintlichen Räte sich würdig der Hosen, Unterhosen und Wollsocken entledigten, um splitternackt, mit graugelockter Brust, vor Malstudenten und Studentinnen oder vor knetende Bildhauer zu treten, die sie zu Wilderern, Tiroler Freiheitshelden und schalentragenden Flußgöttern verarbeiteten.

Junge Mädchen, die gleichfalls auszogen, sich auszuziehen, wurden mehr um ihrer selbst willen gebildet, und man konnte das ehrbare Fräulein aus dem vierten Stock nachher in Ausstellungen und Rahmenhandlungen in vielen vorteilhaften Positionen und aus den gewagtesten Neigungswinkeln heraus begutachten.

Dann aber wiederum begegnete man Männern in dieser Stadt, die wie pensionierte Holzhackerbuam aussahen, mit schrundig verwitterten Gesichtern, erdverbundenen Kniekehlen, Lederhosen und Wadelstutzen, mit ständig zum Jodeln geblähtem Kehlkopf – das waren die wirklichen Ministerialräte . . .

Die Ludwigstraße gehörte der Universität. Die weiß-blaue Straßenbahn fuhr dort gleichsam durch exterritoriales Gebiet. Autos waren höchst selten. Der Verkehr spielte sich vorwiegend auf den Gehsteigen ab und wurde von Ebbe und Flut der Vorlesungsstunden bestimmt. Mitunter kam ein begüterter Student auf einem Fahrrad.

Königliche Erscheinungen wurden mit ehrfürchtigen Fingern den Fremden gedeutet. Ein mächtiger Mann, von Süden nach Norden die Ludwigstraße passierend, mit dem kühnen Blick des Karavellenkommodores und Erdteilentdeckers, das Siegestor auf seinen dürftigen Schmuck hin begutachtend – das war der große Kunstgelehrte Heinrich Wölfflin. Von Norden nach Süden, vom Siegestor her aufkreuzend, schritt ihm ein anderer entgegen, als wunderbare Mischung von katalonischem Bergbauern und römischem Kardinal – man erklärte ihn als den sprachmächtigen Dichtergelehrten Karl Voßler. Die beiden erschlossen mir ungeahnte Kontinente über die fünf bekannten hinaus . . .

„Der Wölfflin" las im Auditorium maximum von elf bis zwölf. Bei ihm hörte ich meine erste Vorlesung. Schlag elf saß ich in dem gewaltigen amphitheatralischen Raum, mich wundernd, daß er so leer war. Ein altes Männchen mit großen Ohren, das an einem leise zischenden Projektionsapparat hantierte, sprach mich freundlich an:

„San S' g'wiß zum erstenmal auf der Uni, Herr?"

„Ja", sagte ich ungern, weil ich den Eindruck eines Greenhorns vermeiden wollte.

„Na, da wern S' Ihre Freid hab'n beim Herrn Professor", sagte der muntere Alte, indem er Lichtbilder sortierte und nach irgendwelchen Merkzeichen drehte.

Ich bestätigte ihm gern, daß ich über die geistige Bedeutung des berühmten Lehrers unterrichtet sei.

„Beim Wölfflin kemma nähmlich die scheensten Maderln von der ganzen Uni z'samm", erläuterte er seinen vorhergehenden Satz. „Vui Ausländerinnen, auch aus Preißen. Schick, mit Bubiköpf' und so kurze Röck'."

Ich freute mich, daß der freundliche Kunsthelfer dem Leben nicht entfremdet war. Er schwatzte fröhlich weiter, indes sich schon Bankreihen füllten.

„Schaug'n S'", sagte er und hob ein Bildtäfelchen ans Licht.

„Gotische Kathedralen mag i, weil da die Türm' immer oben san. Aber so a romanisches Tympanon – des is dir schon a Fressen. Und die grausligen Schimären – nie woaß ma da, was oben oder unten is. Nacha lachen die Studenten, wann die Viecher nach oben spucken – und der Geheimrat wird nervös."

Jetzt gingen oben und unten die Türen dauernd auf und zu. Alles deutete auf ein ausverkauftes Haus. Neben mich setzte sich ein Mädchen, das die schönen Prophezeiungen meines Mentors auf erfreulichste erfüllte. Eine süße, dunkeläugige Romanin, wie mir schien.

Es wurde finster im Saal. Ohrenbetäubendes Füßegedonner begrüßte den Kunstwissenschaftler, der mit bedachtsam schwer tropfenden Worten schweizerischer Prägung gotische Wunder zu deuten begann. Die Ohren meines alten Freundes wurden von einem seitlich entweichenden Lichtstrahl aus dem Projektionsapparat magisch durchglüht.

Die schöne Romanin zu meiner Linken versuchte, in dem schwachen Licht eifrig mitzuschreiben. Einmal stieß sie mich mit dem Ellbogen an und entschuldigte sich flüsternd bei mir. Auf sächsisch.

Wir gingen nachher zusammen aus dem Hörsaal und die Leopoldstraße entlang. Meine neue Bekannte hieß Ruth, stand auch im ersten Semester und fragte mich manches, was ich selbst nur ungenau wußte. An ihre Fragen hängte sie oft ein neckisches „Newwah?" als barocken Schnörkel. Sie stammte aus Glauchau und war wirklich süß. In den folgenden Wochen hungerten wir zusammen, lebten von Mensa-Kakao, Corned beef und der Liebe.

Eines Vormittags, als wir beim Geheimrat Wölfflin gerade über Adam und Eva vom Bamberger Domportal sprachen, hatte ein stämmiger Mediziner in fortgeschrittenen Semestern und von offensichtlich agrarischer Herkunft meinen Platz eingenommen. Die Romanin aus dem Vogtland, des Kakaos und des Corned beefs, aber doch wohl nicht der Liebe überdrüssig, grüßte mich nur noch obenhin und verscheuchte mich auf die Galerie.

Ich mußte von Stund an meine volkskundlichen Studien wieder als Einzelgänger machen und mein Mensa-Essen allein einnehmen.

Einmal, im Spätherbst schon, ging auf der Ludwigstraße mein ehemaliger Klassenkamerad Bruno Tiches an mir vorüber. Er hatte knallende Stiefel und etwas Uniformähnliches an. Ich rief ihm frohgemut ein landesübliches „Grüß Gott!" entgegen. Er antwortete mir:

„Heil!"

„Wen?" fragte ich, indem ich mich nach ihm umdrehte.

Er stiefelknallte davon, ohne mich eines weiteren Blickes zu würdigen.

„Die Partei hat mich beauftragt, die Professoren an der Uni ein bißchen zu überwachen. Meistens ist das stinklangweilig. Aber es ist wichtig für die Zukunft."

Diese lapidare Eintragung des Bruno Tiches erfüllt mich noch heute mit Zorn und Abscheu über ihn und sein Tagebuch. Denn ausgerechnet bei dieser widerwärtigen Aufgabe lief er mir über den Weg, und ich mag töricht genug gewesen sein, ihm arglos manches zu bekennen, was er für seine Auftraggeber zu hören wünschte.

Es war ein Tag am Anfang des Sommersemesters, meines dritten Münchner Semesters, und das Wetter war so über alle Begriffe schön und verlockend – nach einem kalten, häßlichen Vorfrühling –, daß sogar bei Heinrich Wölfflin im Auditorium maximum Plätze leer blieben. Ich saß jetzt wieder „im Parkett", seit die sächsische Romanin ihren Studienort gewechselt hatte. Auf den freien Platz neben mir setzte sich Bruno.

„Na, sieh mal an, Landsmann", sagte er jovial, „so trifft man sich wieder."

Sein kameradschaftlicher Ton und eine alberne heimatliche Sentimentalität ließen mich ihn herzlicher begrüßen, als er es verdient hatte.

„Studierst du?" fragte ich ihn.

„So nebenbei!" antwortete er mit einer weiten Handbewegung.

„In welcher Fakultät?"

Tiches ließ sich nicht gern verhören, obwohl er doch, wie ich jetzt weiß, zu verhören gekommen war. Seine Erwiderung wirkte schroff und ungeduldig.

„Du weißt ja, in welchem Beruf ich praktisch angefangen habe."

„Bankwesen natürlich", sagte ich gestelzt zu dem inflationistischen Banklehrling im Ruhestand. „Und nun erwirbst du dir das theoretische Rüstzeug?"

„Eben!" bestätigte Tiches kurz.

Ich wollte ihn gerade fragen, wie er denn überhaupt studieren könne, da er doch damals vorzeitig aus unserer Schule ausgeschieden wäre, als es im Saal dunkel wurde und der große Gelehrte in den Hörsaal trat, vom Gedonner der Füße stürmisch begrüßt. Auf der weißen Leinwand begann ein spukhaftes Schauspiel von Feuersbrünsten, Erschießungen, Folterungen und Schändungen, von allen wüsten Greueln des Krieges, die der große Spanier Goya in seiner graphischen Folge „Desastres" dargestellt hat.

Mit forschend zusammengekniffenen Augen und einer Stimme, die leidenschaftslos erscheinen konnte, sprach der Kunsthistoriker seine Deutungen, die dennoch den erregten Herzschlag eines ohnmächtig anklagenden Künstlers leidenschaftlich mitfühlen ließen.

Mein einstiger Klassenkamerad schien nur gelegentlich interessiert, so als in riesiger Leinwandvergrößerung ein bis über die Schenkel entblößter Frauenkörper gezeigt wurde, der auf einen Leichenkarren gezerrt wird.

„Allerhand!" murmelte er vor sich hin.

Einmal bat er mich auch um einen Bleistift, und ich reichte ihm dazu dienstbeflissen mein schwachkerziges Taschenlämpchen, mit dem ich manchmal hinter der vorgehaltenen Hand Notizen zu machen pflegte. Er schrieb etwas auf einen Zettel. Was es war, konnte ich nicht lesen. Soviel war jedoch zu erkennen: daß der Name Goya nicht dabeistand. Bruno Tiches' Gesicht machte einen merkwürdig zufriedenen Eindruck, als am Ende der Kollegstunde das Licht im Saal wieder eingeschaltet wurde.

„Hat's dich interessiert?" fragte ich.

„Ziemlich", antwortete Bruno. „Ich schau gelegentlich mal wieder rein."

Und da ich mich gerade zu jener Zeit in der sonst so geliebten Stadt etwas einsam fühlte, versicherte ich ihm, wie sehr mich ein Wiedersehen freuen würde.

„Habt ihr noch mehr Gesinnungsgenossen von dem?" fragte er obenhin, während wir schon die Stufen hinab- und dem Saalausgang neben dem Katheder entgegengingen.

„Wie meinst du das?" fragte ich verdutzt.

„Na, ich meine so Charaktere!" – seine Stimme bekam etwas Biedermännisches, redlich Schwingendes. – „Liberale Männer, Pazifisten und so."

Ich empfahl ihm begeistert und ahnungslos beinahe meine ganze Dozentenliste.

Mai 1923 – und das sind die Sorgen von Bruno Tiches gewesen! Wir hatten überhaupt keine, Wera und ich. Die Nacht des Wahnsinns lag über Deutschland, die Mark raste in wilden Delirien dem Abgrund entgegen, und wir liebten uns. Vor dem großen Hörsaal, dem „Max", hatte unsere Liebe begonnen, und in ihm hörte sie nicht auf.

Es ist nur gut, daß ich später im Examen nicht über Goya geprüft worden bin, denn das Glück unseres Beisammenseins ließ uns seine kriegerischen „Desastres" vergessen. Ich benutzte mein Taschenlämpchen nicht mehr zu wichtigen Kollegheftnotizen, sondern leuchtete damit verstohlen Weras Handflächen ab und freute mich ihrer kräftigen Herzenslinie. Es machte meiner mathematischen Unbegabtheit alle Ehre, daß ich im dunklen Hörsaal immer wieder ihre Finger nachzählte, und in meiner durch die unsicheren Zeiten genährten Besitzangst vergewisserte ich mich sogar vom Nochvorhandensein ihrer Beine. Wir kamen uns wie die letzten Paradieskinder in einer verrückten Welt vor.

Noch im Mai mußte ich meine Wohnung aufgeben, weil der Krankenhausangestellte, bei dem ich in Untermiete wohnte, mich samt meinem „Fräulein" aus der Tür wies. Als ich ihm Weras Nam' und Art nannte, hohnlachte er. Zum Glück fand ich ein neues Zimmer bei einer Generalswitwe in Schwabing. Sie war eine zierliche alte Dame und wies auf den Stahlhelm, der über meinem künftigen Bett an der Wand hing.

„Sie sind hoffentlich traditionsbewußt", sagte sie.

Daraufhin brachte ich das nächste Mal als Beweis Wera mit und stellte sie zeremoniell mit ihrem recht umfangreichen Namen vor. Wera machte etwas, das einem Hofknicks ähnlich sah, und die Gunst der alten Exzellenz war gesichert. Für uns beide.

Wichtiger noch wurde in der Folgezeit, daß wir auch die Gunst der Exzellenzköchin gewannen, eines frommen, alten Weibleins, das mit unseren von der Liebe und den Dollarkursen bedingten schmalen Wangen Mitleid hatte. Sie kochte heimlich für uns mit, und wenn wir, hungrig vom Mensa-Essen, auf mein Zimmer kamen, das ich aus Traditionsbewußtsein nicht „Bude" zu nennen wagte, hatte sie bereits ein komplettes Generalswitwen-menü unter meinen Waschtisch geschoben. Von der Suppe bis zum Nachtisch gab es da Dinge, die ein Student in jener Zeit nur vom Hörensagen kannte oder über die er allenfalls in der kulturhistorischen Abteilung der Staatsbibliothek nachlesen durfte.

Unser Studium freilich wurde immer mehr durch die Extravaganzen des Dollars als durch die Vorträge berühmter Gelehrter bestimmt. Die Hörsäle leerten sich, und der Andrang vor den Anschlagtafeln, an denen offene Stellen für Werkstudenten bekanntgegeben wurden, wuchs von Tag zu Tag. Zuletzt erschien es aussichtslos, sich dort überhaupt noch anzustellen, weil die Radfahrer den Fußgängern die wenigen ausgeschriebenen Stellen weg-schnappten und weil meistens eine Horde leibesgeübter starker Burschen, die obendrein Radfahrer waren, eine Phalanx vor den Schwarzen Tafeln bildete. Weras Melusinenaugen durchbrachen auch die Phalanx. Und weiß der Himmel, wie sie damals zu einem Fahrrad gekommen ist – keinem Damen-fahrrad übrigens, sondern einem männlichen Vehikel, von dem ich mutmaßte, daß es aus Oskar von Millers Vorratskellern für das werdende Deutsche Museum entwendet war. Mit seiner Hilfe schaffte sie es, daß wir beide unsere Brief- und Aktentaschen mit Geldscheinen auffüllen und täglich die lebens-notwendigen Milliarden oder Billionen verdienen konnten.

# Schalom Ben-Chorin

geb. 1913

*(eigentlich Fritz Franz Rosenthal)*
*Journalist und Schriftsteller*
*1931–1934 Studium der Philoso-*
*phie, Germanistik und vergl. Reli-*
*gionswissenschaften in München;*
*1935 emigriert;*
*Korrespondent mehrerer jüdischer*
*Zeitschriften in Jerusalem.*

Es war die Liebe zum Buch, die mich in Beruf und Studium leitete. So trat ich, noch ehe ich an der Universität München die ersten Vorlesungen hören konnte, in die Ewer-Buchhandlung an der Ottostraße, nahe dem Maximiliansplatz, ein, um den Sortimentsbuchhandel zu erlernen.

Von der gewissermaßen praktischen Beschäftigung mit der Literatur trieb es mich zu eigener Produktion und systematischer Erfassung.

Ein junger Mensch, der damals in München von solchen Impulsen getragen seinen Weg suchte, mußte zu Artur Kutscher finden, dem „Theaterprofessor" der Universität.

Das Revolutionäre bestand darin, daß er im Gegensatz zu anderen Katheder-philologen nicht bei den arrivierten Autoren der Gegenwart wie Thomas Mann, Stephan George, Rainer Maria Rilke, Hugo von Hofmannsthal und Gerhart Hauptmann Schluß machte, sondern die Hand immer auch am Puls der lebendigen Literatur hatte.

Zu Beginn eines jeden Semesters ließ er sich von den einzelnen Seminarteilnehmern Listen der zwanzig bedeutendsten deutschen Autoren der letzten fünfzig Jahre zusammenstellen.

Diese Listen wurden sorgfältig gesammelt und ausgewertet. Man konnte daran die Bewertung von Dichtern und Schriftstellern durch die junge Generation sehr deutlich ablesen.

Namen stiegen und fielen, manche verschwanden, neue kamen hinzu. Es ist bemerkenswert, daß in den Jahren 1931–1934, in denen ich diese Übungen mitmachte, die Namen jüdischer Autoren wie Emil Ludwig oder Arnold und Stefan Zweig erst nach der Bücherverbrennung völlig verschwanden.

Als aber nach der sogenannten Machtübernahme der Parteischriftsteller Felix Riemkasten, mit seinem epochalen Werk „Du mich auch . . ." auftauchte, brauste Kutscher auf: „Seit dreißig Jahren lehre ich deutsche Literatur an dieser Alma mater, ohne dem Namen Felix Riemkasten begegnet zu sein."

Kutscher war ein typischer Deutschnationaler, der aber auf literarischem Gebiet den progressiven gesellschaftskritischen Strömungen nicht nur Verständnis, sondern Liebe und Begeisterung entgegenbrachte.

Das zeigte sich vor allem in seinem lebenslangen Dienst an Frank Wedekind, dessen Werke er edierte und durch eine umfassende Darstellung von Leben und Werk des Dichters ergänzte. Zu Kutschers dogmatischen Lehrsätzen gehörte: „Wedekind war der letzte deutsche Dramatiker; Gerhart Hauptmann hat nie erfahren, was Drama ist."

Man tat gut daran, derartige Maximen unwidersprochen zu lassen, wenngleich Kutscher – in anderen Zusammenhängen und ganz im Gegensatz zu Geheimrat Brecht, dem Ordinarius für Germanistik – sehr diskussionsfreudig war.

Bei Brecht empfahl es sich sogar, in dritter Person zu sprechen. Als er einen Studenten einmal im Examen fragte, woher er ein bestimmtes Detail wisse, sagte der Arglose: „Das haben Sie ja selbst gesagt." Geheimrat Brecht wehrte entrüstet ab: „Sagen Sie gleich Otto zu mir." Er wollte hören: „Wie Herr Geheimrat selbst auszuführen beliebten."

Von solchem Schwulst war bei Kutscher nicht die Rede. Er liebte das Ungezwungene – aber in Grenzen. Wenn es im Hörsaal zu unruhig wurde, insbesondere wenn Studenten und Studentinnen sich, auf des Professors Schwerhörigkeit vertrauend, in neckisches Geflüster verloren, konnte er die Vorlesung unterbrechen: „Ich empfehle den benachbarten Englischen Garten, um Ihre Unterhaltung nicht zu stören."

Als die ersten Braunhemden im Kolleg erschienen, sah Kutscher sie versonnen über den Brillenrand an und bemerkte: „Meine Vorlesung ist kein Kostümfest."

Den Juden in der deutschen Literatur stand Kutscher mit einem gewissen Vorbehalt gegenüber: „Die Juden", so meinte er, „haben immer eine Gehirnwindung mehr als alle anderen Menschen".

Artur Kutscher verdanke ich, wie unzählige seiner Schüler, den echten Zugang zum Theater. Sein Grundriß der Theaterwissenschaft „Die Elemente des Theaters" (1932) war unsere Bibel. Mit autoritärem Selbstbewußtsein deklarierte Kutscher: „Wenn Sie meine ‚Elemente' nicht gelesen haben, können Sie bei mir nicht Examen machen."

Das Element der Elemente war für diesen Theaterprofessor der Mimus. In ihm sah er die Urzelle des Theaters: „Das Mimische ist Urbestand alles Dramatischen, allerdings auch sein künstlerisches Minimum".

Von dieser Hochschätzung des Mimus her gewann Kutscher ein positives Interesse für den Film, der damals an deutschen Universitäten noch völliges Neuland war. Auch das noch junge Hörspiel fand bereits seine Aufmerksamkeit, so daß er in seinem Seminar Übungen über Bühne, Film und Funk ansetzte.

Noch vor meiner Zeit hatte Kutscher einen berühmten Stammtisch in einem Lokal „Das Krokodil". Eines Tages brachte Kutscher einen neuen Gedichtband „Morgenrot! Klabund! Die Tage dämmern!" zu dem Stammtisch mit und referierte enthusiastisch über diesen vulkanhaften Ausbruch echter Lyrik. Kutscher las Verse von Klabund und analysierte sie.

Da meldete sich ein Student aus dem ersten oder zweiten Semester, Alfred Henschke, zu Wort und widersprach dieser Deutung. Kutscher erklärte dem jungen Mann, daß er diese bedeutende Dichtung nicht verstünde.

Kleinmütig wandte Alfred Henschke ein, daß er selbst Klabund sei und dieses Pseudonym aus Klabautermann und Vagabund zusammengesetzt habe.

Als sich Kutscher vom ersten Schreck dieser Enthüllung erholt hatte, dekretierte er aus wiedergewonnener olympischer Höhe: „Das besagt nichts. Interpretation ist nicht Sache des Dichters, sondern des Kritikers."

In der Tat gab Kutscher dem Literaturkritiker feste Maßstäbe, die mir bis heute unvergessen geblieben sind und meine eigene Arbeit auf diesem Gebiet durch Jahrzehnte leiteten: „Lyrik ist sprachmusikalische Gesetzmäßigkeit."

Den Roman unterschied Kutscher streng von der Novelle. Ein Roman mußte für ihn ein Zeit- und Weltbild geben, während die Novelle das Einzelschicksal behandelte.

Das Dramatische war für Kutscher, wie gesagt, das Mimische. Überzeugend einfach sagte er: „Es gibt keine Buchdramen. Es gibt nur langweilige Dramen, die nicht auf die Bühne gelangen oder die dort versagen."

Mit Erkenntnissen solcher Art läßt sich leben. Sie waren bei Kutscher nicht vorgefaßte akademische Meinung, sondern Endprodukte langen Nachdenkens und reicher Erfahrung.

Neben Kutscher hörte ich natürlich bei einer ganzen Reihe von Professoren, Philosophie bei dem bedeutenden Denker Richard Hönigswald, der nach 1933 als Jude seine Lehrtätigkeit einstellen mußte.

Im Zentrum seiner Vorlesungen standen Probleme der systematischen Philosophie: Erkenntnistheorie und ihre Geschichte, aber auch Sprachpsychologie und Auseinandersetzungen mit dem Schöpfungsmythos der Genesis.

Kunsthistorische Kollegs bei Professor Pinder, Zeitungswissenschaft bei d'Ester (überaus theoretisch) schlossen sich an. Zeitungswissenschaft war damals nur Geschichte oder Systematik der Presse, soweit es diese geben kann. Hebräisch hörte ich bei dem unvergeßlichem Orientalisten Bergstraesser, dem ich auch die erste Einführung in die Welt des Islam verdanke. Seine Vorlesung für Hörer aller Fakultäten über „Mohammed und der Koran" wurde mir für das Verständnis meiner späteren Umwelt in Jerusalem von schicksalhafter Bedeutung.

Die Judaistik hatte an der Universität München in Gestalt des Privatdozenten Dr. Josef Prys, eines orthodoxen Rabbiners und bekannten jüdischen Familienforschers, der Seminare über die Sprüche der Väter und synagogale

Poesie des Mittelalters hielt, nur einen ersten, ganz bescheidenen Anfang aufzuweisen. Es war Ehrenpflicht jüdischer Studenten, dieses Seminar zu besuchen, um seinen Bestand überhaupt zu ermöglichen.

Damals mochte noch niemand ahnen, daß sich dreißig Jahre später der Sohn des Dozenten, Professor Leo Prijs (Prys), an derselben Universität für das Fach Judaistik habilitieren konnte. Es liegt hierin fast etwas Symbolisches in doppelter Bedeutung: die Unzerstörbarkeit des Geistes und der jüdischen Tradition, die vom Vater auf den Sohn weitergereicht wird.

Neben Artur Kutscher war es aber ein akademischer Lehrer ganz anderer Art, der den stärksten Einfluß auf mich ausübte: Professor Joseph Schnitzer. Er war von Hause aus katholischer Theologe, stammte aus Lauingen in Bayern und war, als ich ihn 1931 kennenlernte, bereits ein alter Mann, der die Siebzig schon überschritten hatte.

Lange vor meiner Zeit, in den Jahren 1902–1913, war er ordentlicher Professor für Dogmengeschichte, Symbolik und Pädagogik an der katholisch-theologischen Fakultät der Universität München, geriet aber wegen seiner Kritik an der Enzyklika des Papstes „Pascendi a divinis" in Konflikt mit seinen kirchlichen Oberen. Er verlor die Kanzel der Allerheiligen Hofkirche und seinen Katheder an der Universität.

Schnitzer, der durchaus ein gläubiger Katholik, aber zugleich ein unbestechlicher Wissenschaftler war, fand sich zu keinem Rückzug bereit.

Schließlich wurde er bereits 1913 formell in den Ruhestand versetzt und zugleich zum Honorarprofessor an der Philosophischen Fakultät ernannt, wo man ihm einen Lehrstuhl für Vergleichende Religionswissenschaft errichtete. Der Bruch mit der katholischen Kirche war nicht mehr aufzuhalten. Der gelehrte Theologe wurde exkommuniziert und trat schließlich, wie sein berühmter Vorgänger Ignaz von Döllinger (1799–1890), der altkatholischen Kirche bei.

Für mich wurden die Vorlesungen dieses Outsiders der Universität jedoch zu einer wahren Fundgrube des Wissens, vor allem die sachkundige Einführung in die Welt der Evangelien und der urchristlichen Gemeinde.

Im Jahre 1934 hörte ich auf, die Vorlesungen der Universität zu besuchen. Söhne jüdischer Frontkämpfer durften diese heiligen Hallen zwar noch betreten, da aber mein Vater im Ersten Weltkrieg seines Alters wegen nur noch zum Landsturm zählte, erstreckte sich dieses Privileg nicht mehr auf mich. Überdies war mir die Lust an einem täglichen Spießrutenlauf begreiflicherweise bald vergangen, obwohl ich keinen persönlichen Anfeindungen ausgesetzt war.

Die Lehrjahre neigten sich dem Ende zu, aber das Wanderjahr begann, als ich 1935 München verließ mit der Destination: Jerusalem.

# Franz Josef Strauß

geb. 1915

*Politiker*
*1935–1940 Lehramtsstudium in*
*München.*
*Ab 1953 mehrmals Bundes-*
*minister.*
*Parteivorsitzender der CSU und*
*Bayer. Ministerpräsident.*
*1985 Ehrendoktor der*
*Univ. München.*

So „unbedingt" meine Aufnahme in die traditionsreiche Maximilianeums-Stiftung nach meinem Abitur 1935 gewesen ist, so schwierig war es für mich, in der Münchner Universität einen Studienplatz für die Fächer Latein, Griechisch, Geschichte, Deutsch und Geographie zu finden. Dies lag nicht etwa daran, daß es damals schon einen Numerus clausus gegeben hätte, sondern mit hoher Wahrscheinlichkeit an meiner Herkunft. Zwar wurde mein erster Antrag auf Immatrikulation ohne nähere Begründung abgelehnt, ich vermute aber, daß die politische Vergangenheit meines Vaters, der Mitglied der 1933 verbotenen Bayerischen Volkspartei gewesen ist, für meine Ablehnung entscheidend war. Es mag auch sein, daß man in der Universität erfahren hatte, in welcher Form ich mich über die braunen Machthaber und ihre Politik zu äußern pflegte.

Ich verdanke es Dr. Johannes Zellinger, Professor für Patristik und kirchliche Kunst an der Universität München, dem ich als Bub ministriert hatte, daß mir der Zugang in die Universität dennoch glückte. Dieser aufrechte Mann verwies im Rektorat mit Nachdruck darauf, man könne es sich wohl schwerlich leisten, den Bewerber mit dem besten bayerischen Abiturzeugnis abzuweisen. So wurde mir mit einiger Verspätung die Zulassung zum Studium erteilt.

Ich belegte altphilologische, historische und germanistische Vorlesungen. Mein Berufsziel war klar: Ich wollte einmal Studienrat, Studienprofessor, Oberstudienrat – vielleicht sogar Oberstudiendirektor werden, ein Berufsziel, das für mich damals fast in den Bereich der kühnen Träume gehörte. Geheimrat Dr. Walter Otto, Professor für Alte Geschichte, dessen Vorlesungen ich 8 Semester lang hörte, ermunterte mich dazu, den Beruf des Hochschullehrers anzustreben. Von da an stand für mich fest: Ich wollte einmal Professor für Geschichte an der Universität München werden.

Nun wäre es aber töricht gewesen, wegen des neuen, höher gesteckten Zieles die alte Planung einfach über Bord zu werfen. Denn ein Privatdozent war damals in der Regel dazu gezwungen, bei sehr bescheidenen Bezügen jahre-

und jahrzehntelang zu warten, bis er endlich einen Lehrstuhl erhielt. Also hielt ich es für klüger, zunächst die Prüfungen für das Höhere Lehramt zu absolvieren und nebenbei auch noch den Doktor zu machen. Danach konnte ich immer noch das weiter gesteckte Ziel einer Professur anstreben.

Während meiner historischen Studien fesselte mich besonders die Weltreichsidee, jene schon bei den alten Schriftstellern vertretene Vorstellung von den sich ablösenden Reichen mit weltweiter Ausstrahlungskraft: Babylon, das Reich der Perser, das Reich Alexanders des Großen, das Römische Reich, das Heilige Römische Reich Deutscher Nation und so fort. So erwählte ich mir als Thema für meine Doktorarbeit: „Die Weltreichsidee bei Justins Historiae Philippicae des Trogus Pompeius".

Aber diese Arbeit wurde niemals fertig. Als am 1. September 1939 der Zweite Weltkrieg ausbrach, konnte es nur noch darum gehen, das Studium so rasch wie möglich mit dem Staatsexamen zu beenden. Außerdem verbrannte die halbfertige Dissertation 1944 bei einem Bombenangriff auf München.

In meinen vier letzten Semestern hörte ich zusätzlich zu meinen sonstigen Fächern noch Volkswirtschaft bei dem großen Nationalökonomen Adolf Weber. Das neue Fach, vertreten von einem hervorragenden Lehrer, fesselte mich derart, daß ich an meinen ursprünglichen Berufsabsichten zu zweifeln begann. Zudem wurde mir in wachsendem Maße klar, daß es eines Tages zwischen meiner politischen Überzeugung und der Gehorsamspflicht eines beamteten Lehrers während der nationalsozialistischen Herrschaft zu schweren Konflikten kommen würde. Deshalb sah ich auch im Studium der Volkswirtschaft einen möglichen Fluchtweg aus dem Staatsdienst in die Privatwirtschaft.

So beendete ich mein Studium an der Ludwig-Maximilians-Universität in München schon als Soldat während eines Studienurlaubs von Ende Januar bis Mitte März 1940 mit dem Staatsexamen.

Manchmal, in nachdenklichen Augenblicken, die ja auch einem Politiker hin und wieder geschenkt werden, bedauere ich es ein wenig, daß ich mein so hoch gestecktes Ziel, Ordinarius für Geschichte an der Universität München zu werden, wegen der Ungunst der Zeiten und aus eigener rascher Entscheidung zum Beruf des Politikers nicht erreicht habe.

# Ma Tsie

geb. 1916

*Diplom-Volkswirt 1942;*
*Promotion zum Dr. rer. pol. und*
*Dr. phil. der Universität München*
*1942/1944.*
*Professor; Presseamtsleiter*
*in Peking.*

Die Ludwig-Maximilians-Universität ist für mich und mein Schicksal viel mehr als nur eine Universität. Sie gab mir nicht nur Wissen, sondern hat auch in vieler Hinsicht mein späteres Leben schicksalhaft geformt.

Mein Großvater war Kreismandarin während der Zeit der chinesischen Mandschu-Dynastie. Mein Vater und meine Mutter studierten in jungen Jahren in der Zeit von 1905–1911 in Japan, er an der Waseda-Universität in Tokio, und sie an der Frauen-Universität. Nach 1911, als China Republik wurde, kehrten sie nach China zurück. Mein Vater lehrte seitdem 26 Jahre als Professor an der Universität Peking. Chinesische Etymologie, chinesische Phonetik und Geschichte der kanonischen Bücher waren seine Vorlesungen. Anfang der dreißiger Jahre lehrten zugleich auch seine vier jüngeren Brüder als Professoren an verschiedenen Hochschulen in Peking. Sie waren als die „Fünf Ma's", also „Fünf Pferde", im pädagogischen Kreis des damaligen Peking bekannt.

Da meine Eltern nach der Meiji-Reform in Japan studierten, sahen sie, daß Japan in vieler Hinsicht von Deutschland gelernt hat. Das war der ausschlaggebende Grund, warum sie mich nach Deutschland zum Studium schickten. Ich sollte vom Lehrmeister Japans lernen.

Es war im Jahre 1935: Vier Jahre dauerte bereits die Besetzung durch Japan in Nordostchina. Peking war bereits bedroht. Ich habe mein Abitur im Gymnasium der L'Université Franco-Chinoise gemacht. Vorher besuchte ich neun Jahre lang die Grundschule L'école Auguste Comte in Peking. Mit 18 Jahren schickten mich meine Eltern nach Deutschland zum Studium. Durch Vermittlung einer befreundeten Familie in Peking kam ich nach Brandenburg (Havel) und war dort unter der Obhut einer alten Dame, Tochter des preußischen Generaloberst von Förster. Vor mir hatte sie schon einige chinesische Schulkinder betreut. Ich war fast ein ganzes Jahr in Brandenburg und nahm jeden Tag von einem pensionierten Schullehrer Stunden für Deutsch. Zu Hause überwachte die alte Dame meine Hausaufgaben und vermittelte mir durch regelmäßige Besuche in zahlreichen Museen und Ausstellungen in Berlin viele Kenntnisse und eine gute Allgemeinbildung. Mit 19 Jahren kam ich dann nach München, um an der Universität zu studieren. Bei der Wahl Münchens war die gute Studiumsatmosphäre ausschlaggebend.

Damals wußte ich noch nicht, daß diese Entscheidung in meinem zukünftigen Leben solchen Einfluß haben sollte.

Ich studierte Volkswirtschaft und hatte das Glück, die Hauptvorlesung von Ordinarius Geheimrat Adolf Weber zu hören. Von seinen Vorlesungen war ich begeistert. Darum wurde er auch nach meiner Diplom-Prüfung, die ich mit „fast gut" im Jahre 1939 bestand, mein Doktorvater. Ich schrieb unter seiner Leitung meine Dissertation „Die Industrialisierung Chinas". Er ist mehr von der Schule Adam Smith's und setzte sich eigentlich für die liberalistische Richtung ein. Jedoch konnte er damals, unter dem politischen autoritären System, schon nicht mehr alles im Hörsaal sagen. Er wohnte in der Mauerkircherstraße. Nie kann ich es vergessen, daß ich ihn manchmal durch den Englischen Garten plaudernd begleiten durfte. Damals war solch ein Gedankenaustausch zwischen Professoren und Doktoranden zeitlich noch möglich. Er schenkte mir auch seine Bücher mit persönlicher Widmung, die ich bis heute noch aufbewahrt habe. Auch gab er mir damals sein Bild in Kupferstich, das ich leider nicht mehr habe. Als ich nach über 40 Jahren in dem Bildband, den Präsident Steinmann mir gab, ein Bild von Professor Weber wiedersah, wurden meine Augen feucht. Nach der Promotion im Jahre 1941 war er es gewesen, der sich nach meinen Schwierigkeiten erkundigte. Ich schilderte ihm meine Situation. Er beriet mich väterlich, was ich tun sollte. Er meinte, unter dieser schwierigen Situation sollte ich nach Möglichkeit meinen Status als Akademiker so lange hinausziehen, wie es nur irgend möglich ist. So hat er mich mit Professor Karl d'Ester bekannt gemacht, der damals zugleich Leiter des Zeitungswissenschaftlichen Instituts war, Professor d'Ester war auch der Lehrer des bekannten Zeitungswissenschaftlers Dofivat. Ich konnte bei ihm Vorlesungen belegen und auch später promovieren. Ich wählte Neuere Geschichte und Volkswirtschaft als Nebenfächer und schrieb an einer weiteren Dissertation. Im Jahre 1944 promovierte ich während der schwierigsten Verhältnisse an der Universität München zum zweiten Male.

Ab 1943 wohnte ich in Breitbrunn am Chiemsee, und Professor Karl d'Ester wohnte im nahen Endorf, so daß ich ihn per Fahrrad besuchen konnte. Nach meiner Promotion im Herbst 1944 gab er mir auch ein Schreiben, womit ich mich als wissenschaftlicher Mitarbeiter seines Institutes ausweisen konnte. Weiterhin kann ich noch viele Professoren nennen, die nicht nur meine Lehrer, sondern auch meine älteren Freunde waren, wie der damals schon betagte Professor für Statistik Friedrich Zahn. Ihm verdanke ich meine Vorliebe für die Statistik, und gleichzeitig ermöglichte er mir damals auch das Praktikum im Bayerischen Statistischen Landesamt. Später, als ich in China an der Sun-Yat-Sen-Universität Vorlesung in Statistik hielt, dachte ich oft an ihn. In seiner Wohnung am Hohenzollernplatz, gegenüber dem Lichtspielhaus Schauburg, erzählte er uns nach dem Essen, wie er als junger Oberbürgermeister der Stadt Köln den Kanzler Li Hjung-dschang empfangen hat. Er erzählte so begeistert und detailliert, daß wir Kommilitonen ganz hingerissen waren. Nach über 40 Jahren suchte ich die Wohnung meines alten Professors und fand sie nicht.

Bei Professor Fritz Terhalle hörten wir damals Finanzwissenschaft. Nach 40 Jahren erfuhr ich, daß er nach dem Zweiten Weltkrieg eine Zeitlang Finanzminister in Bayern war. Er redete damals in der Vorlesung in langen, nicht enden wollenden Schachtelsätzen, so daß nicht nur wir Ausländer ihn schwer verstehen konnten, sondern auch die deutschen Kommilitonen es vorzogen, lieber sein Lehrbuch langsam zu lesen, als seine Vorlesungen zu hören. Bei der mündlichen Prüfung war er gefürchtet. Er gehörte zu den Professoren, die sofort neue Fragen stellen, wenn sie merken, daß der Prüfling auf dem gefragten Gebiet zu Hause ist. Er wollte wissen, wieviel weiß der Prüfling überhaupt.

Meine Lebensgefährtin ist eine Deutsche. Darum ist unsere Familie halb-deutsch. Nach beinahe einem halben Jahrhundert können meine Frau und ich sagen, daß wir eine sehr harmonische Ehe führen und mit unseren Kindern eine sehr glückliche Familie bilden. Das ist nicht ganz selbstverständlich, denn wir haben in unserem Leben die „Nazi- und Kriegszeit" erlebt. In China haben wir die „Kulturrevolution" durchgemacht. Niemandem möchte ich das Erleben solcher Zeiten wünschen. Dennoch bin ich meiner Universität für immer dankbar: Denn, wenn ich nicht dort studiert hätte, dann hätte ich auch meine Frau nicht gefunden, und sicherlich ein ganz anderes Schicksal gehabt. Es war im Herbst des Jahres 1940. Wir Doktoranden wurden vom Auslands-amt der Dozentenschaft der Uni München betreut. Nach der Besetzung von Frankreich stagnierte der Krieg. In der Wohnung eines Assistenten in der Franz-Josef-Straße gab es einen Tanzabend. Ich tanzte – wie viele junge Menschen – sehr gern. Als es läutete, ging ich die Tür öffnen. Da kamen zwei Kunststudentinnen herein. Eine Brünette mit kirschrotem Kleid hat mir einen sehr guten Eindruck gemacht. Aber ich habe nicht gewußt, daß sie später meine Frau werden wird. Beim Tanzen war ich nicht so aufdringlich wie die meisten meiner deutschen und ausländischen Kommilitonen. Das hat ihr gefallen, wie sie mir später erzählte. Auch sehr spät erst hatte ich Gelegenheit, sie nach dem Tanzen nach Hause zu begleiten. Sie war die Tochter eines fürstlichen Oberfinanzrates von Regensburg und gerade im Begriff, in die Akademie für Angewandte Kunst zu kommen. Nach einem halben Jahr, im Monat Mai, als der Löwenzahn am Monopterus so herrlich golden blühte, haben wir beschlossen, uns für immer miteinander zu verbinden.

Jedoch ging die Sache damals nicht glatt. Ich wurde zum Rassenpolitischen Amt befohlen, und sie bei der Gestapo vorgeladen. Ich war gezwungen, aufs Land zu ziehen und mich formell von ihr zu trennen. Ihr wurde die

Einweisung in ein Frauenarbeitslager angedroht. Nie können wir vergessen, wie viele tapfere ältere und jüngere Deutsche uns gedeckt und geholfen haben. Sie haben aus ihrer Überzeugung und aus ihrem Gerechtigkeitssinn heraus gehandelt. Wer will behaupten, daß die Deutschen keine Zivilcourage haben! Es waren Professorin und Professor, Zimmermädchen und Pensionswirtin, Ärzte, ein Geheimrat, einschließlich meiner zukünftigen Schwiegereltern und Verwandten, und viele, viele Freunde. Ich wohnte fast drei Jahre am Chiemsee und kam nur noch zur Vorlesung nach München. Wir beide haben geschworen, aufeinander zu warten, bis wir heiraten können.

Anfang des Jahres 1943 erlebte ich selbst die Verhaftung der Geschwister Scholl in der Universität. Damals wohnte ich in einer Pension in der Ludwigstraße. Vorher hatte ich schon zweimal Losungen gegen Hitler bemerkt. Es waren sicher nur wenige Menschen, die diese Losungen persönlich erlebten. Das erste Mal war es an der Ludwigstraße. Ich ging vormittags zur Vorlesung: Plötzlich sah ich die Worte an der Hauswand: „Freiheit" und „Nieder mit Hitler". Die Losungen war nicht zu groß geschrieben, aber sehr ordentlich. Als ich mittags zurückkehrte, war alles schon weggewischt. Die Ludwigstraße ist keine Geschäftsstraße, und darum ist die Losung sicher nur von wenigen Menschen gesehen worden. Nach ein paar Tagen, als ich schon vor der Universität war, sah ich am Eingang zahlreiche Kommilitonen versammelt. An der vorderen Front standen Losungen in sehr großen Buchstaben. Wieder desselben Inhalts, aber anscheinend sehr hastig geschrieben. Ich weiß nicht, wieviel Zeit inzwischen vergangen war: wir saßen vormittags im südlichen Flügel des Hauptgebäudes bei der Vorlesung von Professor Karl d'Ester. Plötzliche Unruhe draußen. Dann kamen Kommilitonen und berichteten, daß irgendwas passiert sei und wir den Hörsal nicht mehr verlassen können. Unser geliebter Professor d'Ester stieg auch vom Podium herunter und saß mit uns zusammen in der Sitzreihe. So haben wir mehrere Stunden verbracht, bis zum Frühnachmittag. Wir sahen uns gegenseitig an und bewahrten völlige Ruhe. Dann hieß es plötzlich, wir können jetzt aus dem Hörsal herauskommen. Am Seiteneingang wurde die Mappe jedes Studenten von Gestapobeamten in Zivil durchsucht. Später hörten wir erst von den Geschwistern Scholl und den geworfenen Flugblättern, von Professor Huber und dem verhaßten Pedell, von dem Mut der Sophie Scholl und von der Geldsammlung für Frau Huber. Sehr kurz darauf mußte ich aufs Land ziehen.

Erst nach 30 Jahren erfuhr ich den Namen „Weiße Rose". Nach weiteren fünf Jahren, als ich wieder in Deutschland war, las ich zum ersten Mal das Flugblatt. Ich stand im Lichthof vor der Gedenktafel der besten und tapfersten Tochter und Söhne des deutschen Volkes und verneigte mich. Der Film „Die Weiße Rose" ist vor einem Jahr in China gelaufen. Viele junge Menschen fragten mich nach den Geschehnissen und forderten mich auf, darüber zu schreiben. Meine Töchter studieren beide in unmittelbarer Nähe zum Lichthof. Sie schickten mir Fotos, die sie auf dem Geschwister-Scholl-Platz machten. Sie wohnten in der Christoph-Probst-Straße. Meine Enkelin lernt am Willi-Graf-Gymnasium. Diese Namen geben mir mehr, als sie meinen Kindern geben können. Diese jungen Menschen der „Weißen Rose" gehören zu den Besten, was die Menschheit an Freiheitssinn und Gerechtigkeitsgefühl hervorgebracht hat.

Nach über 30 Jahren habe ich München wiedergesehen. Ich sah, daß man die Stadt fast ganz so wie vor dem Zweiten Weltkrieg wiederaufgebaut hat, nur moderner. Für meine Frau und mich ist das eine besondere Freude, weil wir unsere ganzen Jugenderinnerungen im Studentenleben in München haben. Es ist meine zweite Heimat. Außer dem Oskar-v.-Miller-Ring ist alles so geblieben, wie es war, nur ist alles noch schöner geworden. Angesichts dieser wiedererstandenen Stadt denke ich unwillkürlich an die Kriegstage, die ich in München erlebte.

Damals herrschte in China schon seit 1937 Krieg, und in Europa seit 1939. Die anfänglichen Bombardements erlebte ich in München bis 1943. Anfangs gab es meistens Nachtangriffe. Damals war die Luftüberlegenheit der Alliierten noch nicht so groß. Die ganze Stadt war verdunkelt. Bei Alarm hasteten alle Bewohner rings um den Odeonsplatz in den Luftschutzkeller der Staatsbibliothek. Als wir nach einem der Angriffe herauskamen, bot sich uns ein verheerender Anblick. So weit man auf der Ludwigstraße sehen konnte, lagen Schutthaufen auf Schutthaufen, herabgestürzte Bauteile und Glasscherben umher. Jedoch war die Räumungsarbeit gut organisiert. Wie die Mähdrescher heutzutage auf dem Felde, fuhr eine Art Traktor, mit zu beiden Seiten gesteuerten Fahrzeugen, ziemlich schnell durch die Straßen, deren Kehrvorrichtungen die Fahrbahn rasch wieder befahrbar machten, damit Ambulanzen, Feuerlöschzüge und der Rettungsdienst durchkonnten. Brandbomben lagen überall verstreut umher. Es waren sechseckige, etwa einen halben Meter lange Stäbe. Man warnte davor, sich solchen Stäben zu nähern, sie zu berühren oder sie zu entfernen, denn diese Brandbomben enthielten einen Sprengsatz und man konnte nicht wissen, wann sie explodierten. Ich kann die Nacht nie vergessen, in der die Staatsbibliothek einen Volltreffer bekam und lichterloh brannte. So eine alte Kulturstätte, in welcher jetzt wieder meine beiden Töchter nacheinander ihre Magister-Prüfung vorbereiten. Die Bibliothek brannte damals nach dem Bombardement fast aus. Man hörte nur noch die prasselnden Flammen. Der Feuersturm wirbelte Hunderte, ja Tausende von Buchseiten brennend durch die Luft, ja ganze Bücher segelten glühend umher. Was für ein Wahnsinn!

1943 ging ich aufs Land. Jede Woche kam ich zuerst viermal, dann dreimal, zweimal, und dann nur noch einmal nach München zur Vorlesung. In Endorf besuchte ich meinen Doktorvater Professor Karl d'Ester sehr oft. Im Herbst 1944, nachdem ich mit meiner Dissertation bei ihm durchgekommen war, bestellte er mich in die Universität, um die Prüfungsformalitäten zu besprechen. Inzwischen war München schon sehr zerstört. Ich traf meinen Professor und erledigte dann alles Nötige für die Prüfung. Als wir damit fertig waren, gab es Alarm. Wir gingen in den Luftschutzkeller. So einen Luftangriff hatte ich schon lange nicht mehr erlebt. Es war der erste Tag von einem dreitägigen, schweren Luftangriff bei Tage auf München. Zu dieser Zeit kamen die Räumungsarbeiten schon lange nicht mehr nach. Das Bild, das sich auf der Ludwig- und Leopoldstraße bot, ist mir unvergeßlich. Überall Trümmerhaufen und Ruinen. Die Quadriga auf dem Siegestor lag herabgestürzt auf dem Boden. Irgendwo stand ein verlassener Straßenbahnwagen. Die Pappelbäume, die die Leopoldstraße säumten, lagen übereinander, und darüber wie ein Spinnennetz die Straßenbahnleitung. Ich hatte mich bei meinem Professor verabschiedet. In dieser Nacht übernachtete ich bei einem chinesischen Chirurgen im Schwabinger Krankenhaus. Er war Schüler von Professor Bronner und leitete im letzten Kriegsjahr das Ausweichkrankenhaus in Bad Tölz. Am nächsten Morgen haben wir beide uns getrennt. Ich ging südöstlich in Richtung Chiemsee, über Schutthaufen kletternd und mir dazwischen einen Weg bahnend, mit einem alten Rucksack auf dem Rücken, als Proviant getrocknete Schwarzbrotscheiben und eine Flasche Trinkwasser. Alle anderen eilten, genau wie ich, mit einem ähnlichen Rucksack auf dem Rücken, so schnell jeder konnte, stadtauswärts. Jeder half dem anderen mit Auskunft und diente als Wegweiser. Kaum war ich am Stadtrand angelangt, dröhnten schon wieder die Alarmsirenen. Aber niemand suchte einen Luftschutzkeller auf, jeder rannte weiter und sah nur, daß er fortkam.

Damals war das Stadtgebiet von München viel kleiner. Ich mußte die Bahnlinie Richtung Rosenheim entlang gehen. Man durfte weder zu weit vom Schienenweg abweichen, damit man die Richtung nicht verlor, noch durfte man den Schienen zu nahe kommen wegen der Beschußgefahr von Tieffliegern. Es waren immer einige Leidensgenossen in der Nähe und man half sich gegenseitig mit Ratschlägen. Man beriet miteinander, wo und wann man nach der Entwarnung vielleicht wieder einen Zug erreichen konnte, um weiter zu kommen. Ein anderer Unterhaltungsstoff war stets, wo man noch etwas zu essen eintauschen kann und wie man die wenigen eßbaren Dinge genießbar machen kann. Ich weiß nicht mehr, wo ich wieder einen Zug erwischte und wann ich den Bahnhof Rimsting, der heute als Bahnhof aufgehoben ist, erreicht habe. München hat in diesem dreitägigen Bombardement große Zerstörung erlebt, auch die Universität. Meine Prüfung fand in Bad Wörishofen und in Endorf statt, wohin meine Professoren evakuiert waren.

Vor einem Monat bekam ich einen Auftrag von einem chinesischen Verlag, ein Bändchen über die Universität München zu schreiben. Zu diesem Zweck erhielt ich von Professor Steinmann, dem Präsidenten der Universität München, einiges Bildmaterial über den Wiederaufbau der Universität nach Kriegsschluß. Ein Aquarell unter diesen Bildern rührt mich besonders: Die jungen Kommilitoninnen und Kommilitonen bauen mit ihren eigenen Händen die Universität wieder auf.

Nach Kriegsschluß, im Mai 1945, blieben meine Frau und ich noch eineinhalb Jahre in Deutschland. Wir haben in Ruhpolding geheiratet, wo meine Schwiegereltern ein Landhaus hatten. Unser Hochzeitsessen waren Karotten. Unsere erste Tochter ist in Traunstein geboren. Ende 1946 kamen wir zu dritt nach einer 21tägigen Schiffsreise durch den Suezkanal in Hong Kong an. Wir beide lehrten dann vier Jahre lang an der Sun-Yat-Sen-Universität in Kanton . . . Dann arbeitete ich in Peking für die Presse und meine Frau für die Kunst.

Die Universität München und die Stadt München haben uns so vieles gegeben. Ich freue mich, und es ist mir gleichzeitig ein Bedürfnis der Dankbarkeit, nun einen schriftlichen Beitrag über meine Alma mater in China zu veröffentlichen.

---

# Hans und Sophie Scholl

1918–1943 und 1921–1943

*Studium der Medizin (Hans) und Biologie, Philosophie (Sophie) in München; Organisatoren der Widerstandsgruppe „Weiße Rose"; nach Flugblattaktion auf dem Universitätsgelände verhaftet und hingerichtet.*

Die Studenten hatten einen Professor entdeckt, der war, wie einer versicherte, das beste Stück an der ganzen Universität. Es war Professor Huber, Sophies Lehrer in Philosophie. Bei ihm erschienen auch die Mediziner in den Vorlesungen, und man mußte früh da sein, wenn man einen Platz bekommen wollte. Er las über Leibniz und seine Theodizee.

Es dauerte nicht lange, da hatte Hans Bekanntschaft mit Professor Huber angeknüpft, und nun kam auch dieser zuweilen in ihren Kreis und diskutierte mit ihnen. An allen ihren Problemen war er ebenso brennend interessiert wie sie selbst.

Noch kaum sechs Wochen war Sophie in München, da ereignete sich etwas Unglaubliches an der Universität. Flugblätter wurden von Hand zu Hand gereicht, Flugblätter, von einem Vervielfältigungsapparat abgezogen. Eine merkwürdige Erregung entstand unter der Studentenschaft. Triumph und Begeisterung, Ablehnung und Wut wogten und schwelten durcheinander. Sophie jubelte heimlich, als sie davon hörte. Also doch, es lag in der Luft. Endlich hatte einer etwas gewagt. Begierig griff sie nach einem der Blätter und begann zu lesen. „Die Flugblätter der Weißen Rose" stand darüber geschrieben. „Nichts ist eines Kulturvolkes unwürdiger, als sich ohne Widerstand von einer verantwortungslosen und dunklen Trieben ergebenen Herrscherclique regieren zu lassen. . ." Sophies Augen flogen weiter. „Wenn jeder wartet, bis der andere anfängt, werden die Boten der rächenden Nemesis unaufhaltsam näher und näher rücken, dann wird auch das letzte Opfer sinnlos in den Rachen des unersättlichen Dämons geworfen sein. Leistet passiven Widerstand – Widerstand –, wo immer ihr auch seid, verhindert das Weiterlaufen dieser atheistischen Kriegsmaschine, ehe es zu spät ist, ehe die letzten Städte ein Trümmerhaufen sind, gleich Köln, und ehe die letzte Jugend des Volkes irgendwo für die Hybris eines Untermenschen verblutet ist. Vergeßt nicht, daß ein jedes Volk diejenige Regierung verdient, die es erträgt . . ."

Sophie kamen diese Worte seltsam vertraut vor, als seien es ihre eigensten Gedanken. Ein Verdacht erhob sich in ihr und griff mit eisiger Hand nach ihrem Herzen. Wie, wenn Hans' Bemerkung von dem Vervielfältigungsapparat mehr als ein achtlos hingesprochenes Wort gewesen war? Aber nein, nie und nie!

Wenige Minuten später stand sie in Hans' Zimmer. Es roch nach Jasmin und Zigaretten. An den Wänden hingen, mit Stecknadeln angeheftet, einige Drucke neuerer französischer Malerei. Sie blätterte ein wenig in den Büchern, die auf dem Tisch lagen. Da, hier war eine Stelle mit einem Lesezeichen versehen und mit einem feinen Bleistiftstrich am Rand. Ein altmodischer Klassikerband war es, von Schiller, und die aufgeschlagene Stelle handelte über des Lykurgus und des Solon Gesetzgebung. Sie las: „Alles darf dem Besten des Staates zum Opfer gebracht werden, nur dasjenige nicht, dem der Staat selbst nur als Mittel dient. Der Staat selbst ist niemals Zweck, er ist nur wichtig als eine Bedingung, unter welcher der Zweck der Menschheit erfüllt werden kann, und dieser Zweck der Menschheit ist kein anderer, als Ausbildung aller Kräfte des Menschen, Fortschreitung. Hindert eine Staatsverfassung, daß alle Kräfte, die im Menschen liegen, sich entwickeln, hindert sie die Fortschreitung des Geistes, so ist sie verwerflich und schädlich, sie mag übrigens noch so durchdacht und in ihrer Art noch so vollkommen sein . . ."

Wo hatte sie diese Worte gelesen, war dies nicht erst heute gewesen? – Das Flugblatt! Dort standen diese Sätze. Einen langen, qualvollen Augenblick war es Sophie, als sei sie nimmer sie selbst. Eine erstickende Angst ergriff von ihr Besitz, und ein einziger großer Vorwurf gegen Hans quälte sie. Warum gerade er? Dachte er nicht an den Vater, an die ohnehin schon gefährdeten Lieben daheim? Das Schrecklichste aber war dies: nun war er vogelfrei. Er hatte sich aus der letzten Zone der Sicherheit herausgegeben. Nun stand er in dem Bereich des Wagnisses, am Rande des Daseins, in jenem ungeheuren Bezirk, in dem schrittweise ein neues Land für die Menschen erobert werden mußte, erkämpft, errungen, erlitten.

Sophie versuchte ihrer Angst Herr zu werden.

Mein Gott, ließe sich nicht alles noch einmal abstoppen?

Da endlich kam Hans.

„Weißt du, woher die Flugblätter kommen?" fragte Sophie.

„Man soll heute manches nicht wissen, um niemanden in Gefahr zu bringen."

„Aber Hans. Allein schafft man so etwas nicht. Daß heute nur noch einer von einer solchen Sache wissen darf, ist das beste Zeichen dafür, daß die Kraft eines einzelnen allein nicht ausreicht, es zu bewältigen."

In der darauffolgenden Zeit erschienen in kurzen Abständen drei weitere Blätter der „Weißen Rose". Sie tauchten auch außerhalb der Universität auf, in ganz München flatterten sie da und dort in die Briefkästen. Und auch in anderen süddeutschen Städten wurden sie verbreitet. Dann sah man nichts mehr von ihnen.

In der Studentenkompagnie ging das Gerücht, daß die Medizin-Studenten während der Semesterferien zu einem Fronteinsatz nach Rußland abkommandiert werden sollten. Über Nacht, kurz vor Abschluß des Semesters, wurde dieses Gerücht durch einen Befehl Wirklichkeit. Von einem Tag auf den andern mußten sie sich zum Abtransport nach Rußland bereit machen.

Sie erwachte an einem vergnügten, unterdrückten Lachen und an Schritten im Flur. Endlich war Hans zurück. „Wir haben eine großartige Überraschung für dich. Wenn du morgen durch die Ludwigstraße gehst, wirst du ungefähr siebzigmal die Worte ‚Nieder mit Hitler' passieren müssen." „Und mit Friedensfarbe, die kriegen sie so schnell nicht wieder raus", sagte Alex, der schmunzelnd hinter Hans ins Zimmer trat. Hinter ihm erschien Willi. Er stellte schweigend eine Flasche Wein auf den Tisch. Nun konnte das Fest doch noch stattfinden. Und während die durchfrorenen Studenten sich wärmten, erzählten sie von dem kühnen Streich der Nacht.

Am andern Morgen ging Sophie ein wenig früher zur Universität als sonst. Sie machte einen Umweg durch die ganze Ludwigstraße. Da stand es endlich, groß und deutlich: „Nieder mit Hitler – Nieder mit Hitler . . ." Als sie zur Universität kam, sah sie über dem Eingang in derselben Farbe: „Freiheit".

Während man wütend und mühsam die Ludwigstraße wieder von dem verirrten Freiheitsruf reinigte, war der Funken nach Berlin übergesprungen. Ein Medizinstudent, der mit Hans befreundet war, hatte es übernommen, dort ebenfalls eine Widerstandszentrale zu gründen und die in München entworfenen Flugblätter zu vervielfältigen und weiterzuverbreiten.

Auch in Freiburg hatten sich Studenten gefunden, die sich vom Mut der Münchener anspornen ließen und sich zur Wirksamkeit wie in München entschlossen.

Später hatte eine Studentin ein Flugblatt nach Hamburg gebracht, und auch dort fand sich ein kleiner Kreis von Studenten, die es aufgriffen und weiterverbreiteten.

So, dachten Hans und seine Freunde, sollte eine Zelle nach der andern in den großen Städten entstehen, von denen aus der Geist des Widerstandes sich nach allen Seiten verbreiten sollte.

Noch immer versuchte man die Spuren der Straßenaufschriften auszumerzen; schließlich mußte man sie überkleben. Aber Professor Huber und Hans waren schon dabei, ein neues Flugblatt zu entwerfen, das diesmal vor allem an die Studenten gerichtet sein sollte.

Während die beiden jedoch mit den Sätzen dieses Blattes rangen, in die sie die ganze Trauer und Empörung des unterdrückten Deutschlands einhauchen wollten, erhielt Hans auf seltsame Weise eine Warnung, daß die Gestapo ihm auf der Spur sei, und daß er in den nächsten Tagen mit seiner Verhaftung rechnen müsse. Hans war geneigt, diese unklare und undurchsichtige Warnung von sich zu schütteln. Vielleicht versuchten Menschen, die es gut mit ihm meinten, ihn auf diese Weise von seinem Tun abzubringen. Aber gerade die Halbheit und Undurchsichtigkeit der Sache stürzte ihn in brennende Zweifel.

Sollte er nicht dies ganze schwere Leben in Deutschland mit der ständigen Bedrohung hinter sich werfen und in ein freies Land, in die Schweiz, fliehen? Es sollte für ihn, den Bergkundigen und zähen Sportsmann, kein Problem sein, illegal über die Grenze zu entkommen. Hatte er nicht an der Front Situationen genug erlebt, in denen seine Kaltblütigkeit und seine Geistesgegenwart ihn gerettet hatten?

Was aber würde dann mit seinen Freunden, mit seinen Angehörigen geschehen? Seine Flucht würde sie sofort in Verdacht bringen, und dann könnte er von der freien Schweiz aus zusehen, wie sie vor den Volksgerichtshof und in die KZs geschleppt wurden. Er mußte hier bleiben, um den Ring des Unheils, wenn es sich entladen sollte, möglichst eng zu halten und das Ganze auf sich selbst zu nehmen.

In den folgenden Tagen ging Hans mit doppeltem Eifer an die Arbeit. Nacht für Nacht verbrachte er mit seinen Freunden und Sophie im Keller des Ateliers am Vervielfältigungsapparat. Die Trauer und Erschütterung um Stalingrad durfte nicht im grauen, gleichgültigen Trott des Alltags wieder untergehen, ehe sie nicht ein Zeichen dafür gegeben hatten, daß die Deutschen nicht ausnahmslos gewillt waren, einen solchen mörderischen Krieg blindlings hinzunehmen. An einem sonnigen Donnerstag, es war der 18. Februar 1943, war die Arbeit so weit gediehen, daß Hans und Sophie, ehe sie zur Universität gingen, noch einen Koffer mit Flugblättern füllen konnten. Sie waren beide vergnügt und guten Mutes, als sie sich mit dem Koffer auf den Weg zur Universität machten, obwohl Sophie in der Nacht einen Traum gehabt hatte, den sie nicht aus sich verjagen konnte: Die Gestapo war erschienen und hatte sie beide verhaftet.

Kaum hatten die Geschwister die Wohnung verlassen, klingelte ein Freund an ihrer Tür, der ihnen eine dringende Warnung überbringen sollte. Da er aber nirgends erfahren konnte, wohin die beiden gegangen waren, wartete er. Von dieser Botschaft hing alles ab.

Mittlerweile hatten die beiden die Universität erreicht. Und da in wenigen Minuten die Hörsäle sich öffnen sollten, legten sie rasch entschlossen die Flugblätter in den Gängen aus und leerten den Rest ihres Koffers vom obersten Stock in die Eingangshalle der Universität hinab. Erleichtert wollten sie die Universität verlassen. Aber zwei Augen waren ihnen zuvorgekommen. Diese Augen waren vom Herzen ihres Besitzers gelöst und zu automatischen Linsen der Diktatur geworden. Sie gehörten dem Hausmeister, der die Geschwister durch einen unglücklichen Zufall entdeckt hatte und sofort alle Türen der Universität schließen ließ. Damit war das Schicksal der beiden besiegelt.

# Hildegard
# Hamm-Brücher

geb. 1921

*Politikerin*
*Studium der Chemie in München,*
*Abschluß als Diplomchemikerin*
*und Promotion 1945;*
*Mitglied des Münchener Stadtrats*
*1948–1954,*
*des Bayerischen Landtags*
*1950–1966, 1970–1976,*
*des Deutschen Bundestags*
*seit 1976;*
*Staatssekretärin im Hessischen*
*Kultusministerium 1967–1969,*
*im Bundesministerium*
*für Bildung*
*und Wissenschaft 1969–1972;*
*1976–1982 Staatsminister*
*im Auswärtigen Amt.*

Als ich in den ersten Januartagen 1940 vor dem Immatrikulationsschalter der Ludwig-Maximilians-Universität in München stand, fühlte ich mich ängstlich und erwartungsvoll zugleich.

Aus dem Arbeitsdienst war ich vorzeitig zum „kriegswichtigen" Studium der Chemie entlassen worden – was eher einem glücklichen Umstand als meinem eigentlichen Berufswunsch entsprang. Ich hoffte von möglichen anderen Kriegseinsätzen einigermaßen verschont zu bleiben. Heute würde man sagen: Es war ein Parkstudium in der Hoffnung auf bessere Zeiten.

Doch es sollte anders kommen!

Das sogenannte „Chemische Staatsinstitut" war damals noch eingegliedert in die Philosophische Fakultät II, lag aber räumlich (in der Arcisstraße) etwa drei Kilometer vom Hauptgebäude an der Ludwigstraße entfernt. Atmosphärisch waren es Welten! Das Institut erwies sich für jeden der dort lernte und lehrte als eine in sich geschlossene, vom Nazi-Ungeist nicht infizierte Welt der naturwissenschaftlichen Forschung und Lehre. Und man fand dort menschliche Geborgenheit in schwerer Zeit. Zwar mußte ungeheuer viel gearbeitet werden: von Montag morgen 7 Uhr bis in den Abend hinein und bis samstags nachmittag. Hinzu kamen viele Nächte zur Vorbereitung der Colloquien, die man etwa alle drei bis vier Wochen absolvieren mußte. Vom ersten Arbeitstag im „Labor" an jagten sich die anorganischen chemischen Analysen, die – wenn drei davon richtig bestimmt waren – das Vorrücken in die nächste Analysengruppe – nach Bestehen eben dieses theoretischen Colloquium – erlaubten.

Abgesehen aber von diesem Dauerstreß (statt Semestern wurden zu Beginn des Krieges auch noch Trimester eingeführt – es gab also praktisch keine Ferien mehr) war „unser Staatslabor" ein Refugium für viele, von Angst und Ungewißheit Beladene und Verfolgte. Die zwischenmenschliche Atmosphäre, die gegenseitige Hilfsbereitschaft und Freundlichkeit waren in der damaligen Zeit ein tägliches Labsal. Zeitweise vergaß man einfach, daß von uns Studenten stramme nationalsozialistische Gesinnung und Verhaltensweisen erwartet wurden. Eben diese Sorglosigkeit aber erwies sich im Laufe der Kriegsjahre als lebens-, zumindest als existenzgefährdend. Während Vorlesungen in anderen Fakultäten damals von ideologischen Treuebekundungen und -bekenntnissen nur so trieften, triefen mußten – wohl auch aus Angst vor Spitzeln – hörte man im Chemischen Staatsinstitut (bis auf eine Ausnahme) nur streng wissenschaftliche Darlegungen. Weder gab es Bezüge auf den „großen Führer" noch auf braune Pseudowissenschaftlichkeit, wie sie etwa dem Versuch innewohnte, eine „deutsche", eine „arische", von jüdischen naturwissenschaftlichen Leistungen befreite Physik zu vertreten.

Eher das Gegenteil war der Fall. Mehr oder weniger verkappte Hinweise auf die großen wissenschaftlichen Leistungen deutscher Juden und die verständnisinnigen Reaktionen unter den Hörern ließen auch Neulinge nicht lange Zeit im Zweifel, wes Geistes Kind Dozenten, Professoren und Studenten dieses Institutes waren. So fand ich bald heraus, daß ich nicht die einzige Studentin war, die das Glück hatte, in dieser schützenden Atmosphäre erst einmal „überwintern" zu können. Ich wurde stolz darauf, in diesem Institut studieren zu dürfen, das in der großen Tradition von Justus von Liebig und Richard Willstätter stand und in dem die großen Forscher Otto Hahn, Werner Heisenberg und Arnold Sommerfeld aus und ein gingen.

Direktor des Instituts und sein unbeugsam strenger, tapferer und guter Geist war Professor Heinrich Wieland, jener geheimisvolle „Herr Geheimrat", den wir Neulinge kaum je zu Gesicht bekamen, der aber alljährlich die große fünfstündige Vorlesung der Organischen Chemie las und im übrigen in seinem großen „Privatlabor" mit wenigen auserwählten Assistenten und Doktoranden, die ihn ihrerseits ehrfurchtsvoll den „Alten" nannten, seinen großartigen biochemischen Forschungen nachging, für die er bereits 1927 den Nobelpreis für die Aufklärung der Konstitution der Gallensäuren erhalten hatte.

Unter den Studenten gab es eine stattliche Zahl, die Geheimrat Wieland ins Institut aufgenommen hatte, obwohl oder weil sie von den „Nürnberger Gesetzen" betroffene „Nichtarier" waren und die sich sonst nirgends hätten immatrikulieren können. Er versuchte ihnen die Möglichkeit zu geben, ihr Studium so lang als möglich durchzuhalten und damit vor zunehmender Willkür zu schützen. Ich gehörte auch dazu . . .

Der „Herr Geheimrat" stellte an seine Mitarbeiter allerhöchste Ansprüche und ließ keinerlei Nachlässigkeit oder Mittelmäßigkeit zu. Zehn Stunden reine Laborarbeit war das mindeste. Die Nacht war zum theoretischen Studium da. Falls einer seiner persönlichen Assistenten vor Abschluß seiner Doktorarbeit zu heiraten gedachte, nahm er das nur mir äußerster Mißbilligung zur Kenntnis. Man erzählte sich auch Schlimmeres: Daß er sie einfach feuerte. Als Doktoranden wurden – neben ausgezeichneten Examensnoten – gute Klavier- und Schachspieler bevorzugt, die häufig abends in die gegenüberliegende schöne Dienstwohnung des „Alten" beordert wurden. Alles in allem war es eine durch und durch heile wissenschaftliche Welt höchster Anforderungen, aber auch schönster Genugtuung, wie sie der großen Tradition deutscher naturwissenschaftlicher Spitzenleistungen entsprach. Bis in die Mitte des Krieges wurden seitens der Nazis keinerlei Einbrüche versucht, weil Wieland dies nicht zuließ.

Das alles grenzte an ein Wunder und zog uns Neulinge in seinen Bann. Wenn nicht alsbald die Vergabe von benötigten Chemikalien rationiert worden wäre, – wenn nicht das Problem der Beschaffung neuer Laborartikel, die dauernd von Säuren und Laugen durchlöchert waren, wenn nicht Verdunklung, Lebensmittelmarken und die Angst um Freunde und Angehörige dunkler werdende Schatten geworfen hätten, die ersten beiden Studienjahre hätten auch im Frieden kaum normaler, harmonischer und anregender verlaufen können: Unter uns Studenten wurde viel musiziert (besonders beliebt war der Münchner Bach-Chor), über Kunst und Literatur diskutiert, (oft auch über „Verbotene" wie Thomas Mann, Franz Werfel, Erich Maria Remarque etc.), das Münchner Theater- und Konzertleben war einmalig.

Viele von uns waren aus den unterschiedlichsten Gründen Gegner des Nationalsozialismus, aber wir waren keine „Widerstandskämpfer" im heutigen Sinn. Dennoch riskierten wir mit unserem leichtsinnigen Reden und Verhalten Kopf und Kragen – und gefährdeten uns gegenseitig.

Die Institutshierarchie war streng gegliedert. Schon die höheren Semester waren ausgesprochene Respektspersonen, die Saal- und Abteilungsassistenten bereits Halbgötter, die in unseren großen Laborsälen (allenfalls durch einen kleinen Verschlag abgeteilt) ihren eigenen Arbeiten nachgingen und zu bestimmten Zeiten Colloquien abhielten, die über das Vorrücken der Studenten von Analysegruppe zu Analysegruppe entschieden.

Ja, es war ein streng geregeltes, um nicht zu sagen ein streng reglementiertes, zuchtvolles Studium, geteilt zwischen experimenteller und Bibliotheksarbeit, ergänzt durch nächtliches Formelpauken. Wie es uns dennoch gelang, Zeit zu finden, andere Vorlesungen zu besuchen und – wie vorher beschrieben – soviel zu unternehmen, ist mir heute ein Rätsel.

Meine erste persönliche Begegnung mit dem „Herrn Geheimrat" fand anläßlich der Vordiplomprüfung im Fach Organische Chemie statt. Längst war ich von meinem Studium begeistert und hatte mir den Zugang zu naturwissenschaftlichem Denken erarbeitet. Längst konnte ich mir einen Wechsel des Studiumfaches nicht mehr vorstellen und träumte von einer wissenschaftlichen Laufbahn als Chemikerin. Heinrich Wieland war ein überaus gefürchteter Prüfer. Schreckliche Anekdoten kursierten über seinen tödlichen Sarkasmus nach falschen oder dummen Antworten, und ich kann mich nicht erinnern, jemals so viel Prüfungsangst ausgestanden zu haben, wie in dem Augenblick, als ich vor dem kleinen, untersetzten Herrn mit den dicken Brillengläsern stand. Zuerst wollte er etwas über die chemischen Prozesse im Hochofen wissen, dann über die „Photosynthese" und schließlich über „Verseifung". Es ging ihm nicht um das Herunterschnurren der Formeln, sondern um das Verstehen der Zusammenhänge. Ohne Formeln aber hätte man dabei nicht bestehen können.

Am Ende der Prüfung überreichte Wieland mir den „Gattermann-Wieland", das Fachbuch für die Herstellung chemischer Präparate, die nach dem Vordiplom auf dem Studienplan standen. Dies galt als eine besondere Auszeichnung, die nur wenigen Vordiplom-Examinanden zuteil wurden, und wochenlang ging ich wie auf Wolken über diese Anerkennung.

Danach wurde alles – nicht nur das Studium – schwieriger, und die nächste Begegnung mit meinem späteren Doktorvater schien in weite Ferne zu rücken. Die ersten Luftangriffe auf München, die zunehmende Knappheit benötigter Chemikalien, der Verlust von Freunden, die für den „Führer" ihr junges Leben oder ihre Gesundheit lassen mußten, die Angst um meine gefährdeten Angehörigen und die bange Ungewißheit, ob und wie dieser Krieg zu Ende gehen würde . . . ich fühlte mich zunehmend bedroht, gefährdet, zum Protest herausgefordert.

Dennoch bestand ich – dank der Trimester-Einteilung – mit viel Schufterei bereits im Oktober 1942 mein chemisches Staatsexamen – nicht mehr so blendend wie das Vordiplom, aber immer noch gut genug, um anschließend von Geheimrat Wieland aufgefordert zu werden, bei ihm zu doktorieren. Dieses Angebot war für mich wohl der letzte glückliche Augenblick meiner Studienzeit bis zum Kriegsende. Denn normalerweise war Wieland gegenüber Chemiestudentinnen prinzipiell skeptisch (außer mir hat er nur einmal eine Frau zur Doktorandin gewählt, Frau Professor Elisabeth Dahne), und bei ihm zu doktorieren galt generell nicht als „Zuckerlecken". Unter den nun anbrechenden Bedingungen standen meine Chancen schier hoffnungslos.

Ich sollte eine frühere Untersuchung aus der Wielandschen Schule fortsetzen und aus der Lauge von Hefe sogenannte Nebensterine isolieren und hierbei insbesondere Struktur und Eigenschaften eines „verborgenen Sterins", des Kryptosterins, bestimmen. Monatelanges mühseliges Destillieren und Trennen von zentnerweise Hefelaugen, ständiges Mit-mir-Herumtragen der

gewonnenen kostbaren Kristalle, etwas später kam bei zunehmenden Luftan-
griffen das ständige Umbauen der Apparaturen in den Keller hinzu. Schließlich ging auch das tägliche stundenlange Stehen im oft ungeheizten, nach
Fliegerangriffen gelegentlich fensterlosen Privatlabor über meine Kräfte.
Eine schwere Lungenentzündung und ein monatelanger Sanatoriumsaufent-
halt unterbrachen Anfang 1943 meine Arbeit und ließen den Kontakt zu den
Freunden abreißen. Andererseits bewahrte mich die Krankheit aber auch vor
möglichen Verhören, eventuell sogar vor Schlimmerem, nachdem auch von
Studenten unseres Institutes lose Kontakte zur Gruppe der „Weißen Rose"
bestanden. Einer meiner Freunde war mit den Scholls und A. Schmorell
befreundet. Unser Kommilitone Hans Leipelt und manche anderen, meist
älteren Studenten, wurden nach Verhaftung und Hinrichtung zahlreicher
Mitglieder der Gruppe gleichfalls verhaftet und vor das Volksgericht gestellt.
Professor Heinrich Wieland sagte tapfer und wiederholt zu ihren Gunsten
aus.
Vor allem aber hielt er schützend seine Hand über seine „einzige Doktorandin". Er ersparte mir damit mögliche Verhöre und ermöglichte mir durch
seine persönliche Intervention die Fortsetzung der Doktorarbeit.
Nach meiner Rückkehr nach langer Krankheit war das Chemische Staatsinstitut an der Arcisstraße endgültig zerstört. Eine bescheidene Bleibe wurde in der
Weilheimer Oberschule gefunden. Professor Wieland hatte seinen Wohnsitz
in sein Starnberger Wochenendhaus verlegt, und auch ich fand am Ort ein
winziges Zimmer mit Ofenheizung, das bis Ende 1945 mein Zuhause wurde.
Ich vermag heute kaum noch nachzuvollziehen, unter welch katastrophalen
äußeren und inneren Bedingungen meine Doktorarbeit einigermaßen abgeschlossen und das Pauken zum Rigorosum durchgehalten wurde. Zwar hatte
das Dekanat der Universität neuerlich den Abbruch verlangt, Wieland aber
hatte die Möglichkeit des Weitermachens irgendwie durchgesetzt, und so
schuftete ich Tag und Nacht gegen die Zeit, vielleicht gegen Verhaftung und
gegen den sich anbahnenden Zusammenbruch.
In diesen letzten Kriegsmonaten eine experimentelle Doktorarbeit abzuschließen und zu schreiben, an wissenschaftliche Literatur heranzukommen,
die nötigen Quellenangaben aufzutun, die verstreuten Prüfer zu finden und
Termine zu bekommen – all dies zusammen war eine eigene Doktorarbeit für
sich. Aber ich schaffte es. Am 3. März 1945 bestand ich mein Rigorosum mit
„gut" – deutsch für „cum laude".
Ohne die ständige Ermutigung und das persönliche Eintreten meines
Doktorvaters Heinrich Wieland hätten weder ich noch manche andere
Studenten das braune Inferno überstanden. Dafür schulde ich diesem großen
Gelehrten und wunderbaren Menschen Dankbarkeit und Hochachtung,
Bewunderung und Zuneigung mein Leben lang.

# Theodor Engl

1925–1985

*Baudirektor bei der*
*Finanzbauverwaltung in*
*Oberbayern.*
*1944/50 Studium an der*
*Technischen Hochschule*
*in München und Besuch von*
*Vorlesungen an der Ludwig-*
*Maximilians-Universität.*
*Wissenschaftliche Veröffent-*
*lichungen über die Inka- und*
*die Kolonialzeit in Peru*
*mit seiner Frau Lieselotte.*


# Lieselotte Engl

geb. 1918

*Geb. Brigl,*
*Lehrbeauftragte für Latein-*
*amerikanische Literatur an der*
*Ludwig-Maximilians-*
*Universität.*
*Bis 1938 in Argentinien.*
*1942 Begabtenabitur.*
*Von 1946/54 Studentin an der*
*Universität München.*
*Promotion in Völkerkunde 1954.*
*Wissenschaftliche Veröffent-*
*lichungen zusammen mit ihrem*
*Mann Theodor.*


*Studium in der Trümmerzeit – Reflexionen*

Über die Trümmerzeit können wir nur mit Gedankenfetzen mal deutlicher, mal verschwommener berichten. Von dem damaligen Geschehen trennen uns über vierzig Jahre. Die Konturen sind undeutlich geworden. Erzählendes und erlebendes Ich überlagern sich. Es stellen sich auch eine Reihe von Assoziationen ein, die nicht frei von Wertungen sind und die Gegenwart miteinbeziehen. Ebenso können wir nicht im Namen aller Studenten sprechen. Zu verschieden waren die Ausgangspositionen: Viele waren Kriegsteilnehmer, andere kehrten erst nach Jahren der Gefangenschaft ins Heimatland zurück; hinzu kam die große Zahl der Flüchtlinge. Wir beide hatten den Zusammenbruch in München erlebt. Unsere Eltern waren weder ausgebombt, noch mußten wir unsere Häuser räumen. Das Haus einer Großmutter war sogar samt Einrichtung durch das begehrte „off limits-Plakat" vor Beschlagnahmung geschützt. Aus diesen sicheren Nischen heraus nahmen wir im Sommersemester 1946 unsere Studien auf. Der Verfasser an der Technischen Hochschule (heute Universität), die Verfasserin an der Ludwig-Maximilians-Universität. Beide haben wir keinen Dienst bei dem studentischen Bautrupp leisten müssen, der zur Beseitigung von Schutt und Trümmern und zur provisorischen Instandsetzung der Räume, wie auch zur Rückführung von Büchern eingesetzt wurde.

Aber auch unsere Familien blieben von überzogenen politischen Maßnahmen der Militärregierung 1945 nicht verschont. Der Vater der Verfasserin, der keiner Naziorganisation angehört hatte, war 1945 von seiner Behörde suspendiert worden, was automatisch die Sperrung aller Konten bedeutete, und das Familieneinkommen auf Null sinken ließ. Den wahren Grund erfuhren wir nie. Wer war der Denunziant? Hatte mein Vater als Liberaler – der sich immer Gedanken gemacht hatte, über ein Deutschland nach dem Tage X – seine Meinung zu offen geäußert? Es kam nie zu einer Anhörung. Die Familienverhältnisse der Durchschnittsstudenten waren damals chaotisch.

Bis 1954 war der älteste Teil der Münchner Universität aus der Zeit Ludwigs I., der Trakt am Geschwister-Scholl-Platz, Ruine: die Mitte war herausgebrochen, vom Haupteingang standen nur die Arkaden des Erdgeschosses, gestützt von einem leichten Notdach aus Stangen und roten Ziegeln, dahinter sah man in die hohe dunkle Bogenöffnung des Lichthofes hinein, das Herzstück des aus den dreißiger Jahren stammenden Ensembles. Im Lichthof selbst kalte, zugige Düsternis, durch die gleißende Helle der fehlenden Wand zur Straße doppelt fühlbar. Auch nach der Schließung der Baulücke am Geschwister-Scholl-Platz in den fünfziger Jahren ist dem Kuppelraum des Lichthofes der Charakter des Mausoleums geblieben, und es soll wohl so sein. An seiner rückwärtigen Wand befindet sich ein bescheidenes Mahnmal mit den Namen Willi Graf, Prof. Kurt Huber, Hans Leipelt, Christoph Probst, Alexander Schmorell und ganz unten die Geschwister Hans und Sophie Scholl, dazwischen das Emblem der Weißen Rose. Nur die Namen. Aber kein Hinweis darauf, daß es sich hier um die hingerichteten Urheber des studentischen Widerstands gegen die braune Diktatur und um die Mahner gegen die Weiterführung des sinnlosen Krieges nach Stalingrad handelt, daß hier von der Galerie die Flugblätter herabflatterten, die ihnen zum Verhängnis wurden.

In der von Günther Kirchberger verfaßten Broschüre „Die Weiße Rose" schrieb 1980 der Präsident der Ludwig-Maximilians-Universität Prof. Dr. Lobkowicz in seinem Geleitwort: „Die Geschwister Scholl und ihre Gruppe sind seit dem Zweiten Weltkrieg zum Symbol des Widerstandes von

Universitätsmitgliedern gegen ein totalitäres Regime geworden. Dennoch wissen viele von uns kaum noch etwas über die „Weiße Rose"; man geht an ihrem Denkmal im Lichthof achtlos vorbei, die Gedenkfeiern waren – zumal in den letzten Jahren – nicht immer unumstritten."

In den Jahren der weltweiten Studentenunruhen wurden 1968 die Feierstunden vor dem Mahnmal völlig eingestellt. Die politische Brisanz eskalierte. Beide Deutschland reklamierten die Widerstandskämpfer für sich. 1959 war es zu den ersten Dissonanzen gekommen. Eine Delegation der Friedrich-Schiller-Universität erhielt als private Gruppe die Erlaubnis, einen Kranz niederzulegen. Der damalige Rektor sah in der Schleifenaufschrift „Hans Scholl – Sophie Scholl – den Kämpfern gegen Faschismus und Krieg" eine unerlaubte politische Handlung. Er ordnete an, die Schleife aufzurollen.

1968 haben Studenten bei einer Gedenkfeier zu Ehren der „Weißen Rose" in rüder Weise den hochbetagten Vater der Geschwister Scholl, Herrn Robert Scholl, am Reden gehindert. In einem Brief an Wolfgang Warner nimmt er zu diesem Vorfall Stellung: „Ich habe Verständnis für die gärende Unruhe unserer Jugend. Leider schadet ihrem Begehren eine Minderheit. Es sind oft Neurotiker und Psychopathen, die in einer aufregenden Stunde oder infolge eines besonderen Ereignisses zügellos werden. Schuld an der Unruhe unserer Jugend sind m. E. die Väter und Großväter, die weder durch das durch den 1. Weltkrieg verursachte Leid, noch aus der furchtbaren Hitlerherrschaft und dem 2. Weltkrieg etwas gelernt haben und durch ihr Vertrauen auf Macht und Gewalt auch vor dem 3. Weltkrieg nicht zurückschrecken würden, also bereit wären, auch die heutige junge Generation, ja sogar die ganze menschliche Kultur zu opfern. Da ich mit meinen 77 Lebensjahren gewiß auch zu den Großvätern, den Alten, zähle, stemme ich mich gegen so manche Unehrlichkeit, die unsere Parteipolitiker aus Erkenntnisunfähigkeit oder aus Furcht vor Tabus ausstrahlen. Natürlich ist die Jugend nicht gescheiter als die Alten. Sie spürt aber instinktiv, daß manches in unserer Politik nicht stimmt."

(Aus: Kurt Huber. Hg. Gräfelfinger Gymnasium 1986)

1968 wurde an der Münchner Universität ein interfakultatives Zentrum, das „Geschwister-Scholl-Institut der Universität München für Politische Wissenschaft", errichtet. Es kam aber zu keinem gemeinsamen Forschungsvorhaben des Instituts. Malte Buschbeck schreibt in „Ludwig-Maximilians-Universität 1472–1972": „Daß sich nicht alle hochgespannten Erwartungen ... erfüllt haben, liegt heute vor allem an zwei Gründen: an einer Ernüchterung über die Berufschancen der Politologen und an der studentischen Protestbewegung, die die Politologie als Ausbildungszweig für Berufsrevolutionäre hat suspekt werden lassen."

Günther Kirchberger, ein Vertreter der heutigen Studentengeneration, kommt in der oben erwähnten Broschüre zu dem Schluß, daß keine politische

Richtung das Erbe der „Weißen Rose" für sich beanspruchen kann und betont: „Wer das Vermächtnis der ‚Weißen Rose' übernehmen will, muß sich auch den daraus resultierenden Verpflichtungen stellen. Diese aber sind höchst unbequem, weil sie die konsequente Bekämpfung jeglichen Absolutheitsanspruch seitens des Staats oder einer staatlich verordneten Ideologie implizieren."

Wir bitten beim Leser um Verständnis für das Innehalten vor dem Mahnmal im Lichthof. Die Studenten, die 1946 wieder ihre Ausbildung aufnahmen, fanden ihre Alma mater und wissenschaftliche Heimat in dem von den Bomben nicht so hart getroffenen rückwärtigen Teil der Universität an der Amalienstraße. Die hohen Rundbogenfenster über dem Schwarzen Brett waren noch halb zugemauert, aber das verstaubte Auditorium maximum in der Mitte hatte den Krieg überdauert wie die intimen Hörsäle in den Seitenflügeln und der große Akazienbaum im südlichen Innenhof, dessen weiße Blüten im Frühsommer zu den geöffneten Fenstern hereindufteten.

Mit den sanitären Räumen war es schlecht bestellt; sie waren nur für die männlichen Uni-Benutzer da. Diejenigen Studentinnen, die es sich nicht leisten konnten, Stammgast in einem der nächstliegenden Cafés zu sein, mußten bis zu dem öffentlichen Toilettenhäuschen Schelling-/Türkenstraße laufen, das es auch heute noch gibt.

Repräsentatives Zentrum der Universität und auch des damaligen kulturellen Münchner Lebens überhaupt – alle Theater und Konzertsäle waren ja zerstört – war die erhalten gebliebene Große Aula, obwohl nur über einen Nebeneingang zwischen Ruinen hindurch erreichbar. Hier hielt 1946 der kommissarische Rektor nach dem Kriege, Karl Voßler, seine Rede zur Wiedereröffnung der Universität, in der er eindrucksvoll die humanistische Tradition der deutschen Wissenschaft beschwor, die zwölf Jahre lang unterbrochen gewesen war. Der große Romanist der Vorkriegszeit, bekannt durch seine bedeutenden Arbeiten zur spanischen, italienischen und französischen Literatur, sowie zur Geistesgeschichte und Sprachwissenschaft, hatte dem Dritten Reich keine Konzessionen gemacht. Nicht anders verhielten sich seine Kollegen, die Professoren H. Rheinfelder und G. Rohlfs. Letzterer, Ordinarius der Romanistik, war 1944 neun Monate wegen einer unvorsichtigen Äußerung suspendiert worden. Rheinfelder, der außerordentliche Professor, mußte zunächst 1934 seine Stelle als Vorstand der „Maximilianeum Stiftung" (eine Gründung für Hochbegabte unter König Maximilian) für einen Nazi räumen; dies brachte den Verlust der Dienstwohnung mit sich. Seine Post wurde überwacht, sein Paß konfisziert. Bei der Fronleichnamsprozession 1944, an der er als einziger Professor der Universität teilnahm, wurde er von Ordnungskräften photographiert. Ein Ordinariat hatte der nationalsozialistische Staat ihm nie zugestanden.

362

Rheinfelder hatte als Humanist und Christ auch unter der Besatzungsmacht bald Schwierigkeiten. Kulturelle Kontakte mit Universitäten in der sowjetischen Besatzungszone, wo er Vorträge hielt, lagen ihm – beseelt von der Hoffnung, eine Vermittlerrolle spielen zu können – besonders am Herzen. Im Zeichen des „Kalten Krieges" wurden bald politische und kulturelle Kontakte von Deutschen aus der amerikanischen und der sowjetischen Besatzungszone abgeblockt. Ein Markstein für das Auseinanderrücken der Siegermächte in einen westlichen und einen östlichen Block ist die berühmte Stuttgarter Rede des amerikanischen Außenministers James F. Byrnes vom 6. September 1946, die grundlegende Veränderungen in der Besatzungspolitik mit sich brachte. Auch die Kulturpolitik war davon betroffen. In Radio München z. B. wanderten 1947 die linken Spitzenkräfte zum Ostberliner Rundfunk ab; Stefan Hermlin aus Frankfurt ging in die sowjetische Besatzungszone. Zu dieser Entwicklung bemerkt der Historiker F. Prinz in dem von ihm herausgegebenen Werk „Trümmerzeit" in München: „Diese halb freiwilligen, halb erzwungenen Revirements kamen nicht von ungefähr, markierten sie doch einen Zeitpunkt und eine Wendemarke, als nach einer Epoche des Abwartens die Klärung der politischen Fronten unverkennbar war und jetzt eine Art ‚Rundumtausch' einsetzte. Dieser verlief auch in entgegengesetzter Richtung: Wichtige Verlage, die bis dahin noch abgewartet hatten, so Reclam und Hiersemann aus Leipzig, setzten sich jetzt in den Westen ab und wollten sich in München ansiedeln, wo ihnen aber eine kurzsichtige Wohnungspolitik den Zutritt verwehrte. In der Münchner ‚Neuen Zeitung', die als Sprachrohr der amerikanischen Besatzungsmacht für die gesamte Lizenzpresse Pilotfunktion hatte, kam es ebenfalls zu einschneidenden personellen Veränderungen." Prof. Rheinfelder wurde von der neuen Welle auch tangiert, man legte ihm nahe, seine Vorträge in der Ostzone einzustellen, andernfalls würde man seinen Paß einziehen; damit wären auch seine Kontakte zur lateinamerikanischen Welt eingefroren worden.

Auch die Treffen der Münchner Evangelischen Studentengemeinde mit ihrer Patengemeinde in der Ostzone mußten eingestellt werden. Die Verfasser nahmen an solchen Freizeiten mit Bibelstunden an verschiedenen schönen bayerischen Orten teil, ein Ort in der Ostzone stand nie zur Wahl. Die Einstellung dieser Begegnungen traf unsere Freunde im Osten hart. Die Korrespondenz schlief so nach und nach ein – wie so oft unter Jugendfreunden –, Alltag, Gleichgültigkeit und nicht zuletzt die Distanz führten zu Entfremdung und Vergessen.

Wie hatten die Kriegsjahre die Studenten geprägt? Zunächst möchten wir noch einmal auf die studentische Widerstandsgruppe: die „Weiße Rose", zurückgreifen. Am 19. April 1943 fand unter dem Vorsitz des Präsidenten des Volksgerichtshofes Dr. Freisler in München der Prozeß gegen elf Angeklagte, die dieser Gruppe angehörten, statt. Unter ihnen war auch Alexander Schmorell. „Aus dem Protokoll der vielen Verhöre weiß Freisler, daß Schmorell es abgelehnt hat, auf Menschen zu schießen. Auf des Richters Frage, was er denn an der Front getan habe, antwortet Alex: ‚Mich um die Verwundeten gekümmert, wie es meine Pflicht als angehender Arzt ist.'" Abschließend beruft er sich auf seine russische Abstammung mütterlicherseits. (Aus: Kurt Huber. Hg. Gräfelfinger Gymnasium 1986)

Paul Klemen, ein gläubiger Katholik, der im Krieg mit der Verfasserin im Auswärtigen Amt in Berlin gearbeitet hatte, wurde 1944 eingezogen. Seine Aufgabe war, Deserteure in Berlin aufzuspüren. Er fühlte sich außerstande, einem solchen Befehl nachzukommen. Dies konnte er weder mit seinem Glauben noch mit seinem Gewissen vereinbaren. Er verschaffte sich Zivilkleidung; ein paar Tage später wurde er standrechtlich erschossen. (16 000 deutsche Soldaten wurden im Zweiten Weltkrieg wegen Desertion verurteilt.) Jeder der Studentinnen und Studenten hatte 1946 und in den folgenden Jahren seine ganz persönlichen Erfahrungen und Erlebnisse bei der Wiederaufnahme des Studiums. Die Kriegsteilnehmer, zum Teil schwer verletzt, litten auch unter den Traumata der Schrecken des Krieges und der harten Jahre der Gefangenschaft.

Doch zurück zu dem Geschehen in den verbliebenen Universitätsräumen. Die ungeheizte Große Aula war im Herbst 1946 Tagungsort der Bayerischen Verfassungsgebenden Landesversammlung. Die staatliche Neugestaltung Deutschlands hatte mit der Bildung der Länder begonnen, die die gesetzgeberische Gewalt und die Hoheitsrechte ausübten. Eine Bundesregierung gab es damals noch nicht.

Einige Jahre lang fanden in dieser Aula auch die Philharmoniker-Konzerte statt. Der Dirigent Hans Rosbaud ließ sich durch den Genius der Alma mater als Orchester- und Publikumserzieher zu immer neuen didaktischen Experimenten inspirieren und schuf tatsächlich ein Fluidum neuen, kritisch-wachen Musikverständnisses. Wir erinnern uns noch an seine Vortragsserie „Die Instrumente des Orchesters" mit abschließender Hörer-Prüfung: Hinter einem großen Vorhang liefen die Variationen des „Bolero" von Ravel mit vertauschter Instrumentierung ab; wer sie richtig erraten hatte, bekam ein Freiexemplar der Partitur. Der Verfasser hatte nur sein eigenes Instrument, das Cello, nicht erkannt.

Gelegentlich schwappten auch die Wellen naiver Begeisterung über, vor allem, wenn große internationale Namen die bildungshungrige Jugend in die Aula zogen: als Ortega y Gasset, zwei Jahre vor seinem Tod, die Münchner mit seinem Vortrag in deutscher Sprache beehrte und seine Verbundenheit mit dem Lande der Dichter und Denker mit den Worten untermalte: „Ich bin nach Deutschland gekommen, um zu schwelgen und zu schweben", nahmen die

Ovationen kein Ende. Der berühmte Verächter der Massen ließ sich's gerne gefallen.

Wie die räumlichen Verhältnisse in der Universität, so war auch das Lehrangebot noch reichlich lückenhaft und zufällig, auf keinen Fall reglementiert. Auch die Erwartungen, die die Gesellschaft im allgemeinen, die heimkehrenden Kriegsteilnehmer und die blutjungen Studienanfänger und -anfängerinnen an die akademische Ausbildung stellten, waren recht ungleich. Im Vordergrund stand die Suche nach einem Studienplatz überhaupt und die nackte Notwendigkeit, so rasch als möglich durch einen Abschluß in irgendeinem mehr oder minder zukunftsträchtigen Fach zu einer beruflichen Existenz zu kommen. Das erste Eingangshindernis war die Belastung durch die nationalsozialistische Vergangenheit. Monatelang wurden in von den Assistenten, Verwaltungspersonal und Studenten zusammengesetzten Immatrikulationsausschüssen – auch der Verfasser gehörte zu einem solchen – die von der amerikanischen Militärregierung ausgegebenen politischen Fragebögen überprüft. Diese hochspezifischen Fragebögen der US-Behörden wurden zunehmend verfeinert, anfangs umfaßten sie 11 Punkte, am Schluß 131. Sie waren ein Teil der Aktionen der drei großen „D" – Denazifizierung, Demilitarisierung, Demokratisierung. Kontrolliert wurden die Ausschüsse von einem amerikanischen Erziehungsoffizier. Ununterbrochen fragten ängstliche Studienbewerber nach ihren Aussichten. Abgewiesen wurde am Schluß kaum einer. Eine Jugendamnestie machte die ganze Überprüfung nahezu überflüssig. Mancher, der nie der Partei angehört hatte – so auch die Verfasser – wunderte sich, daß selbst ihm so ein Schrieb ins Haus flatterte.

Den Lehrkörper traf es härter. 1945 hatte die Militärregierung ein Arbeitsverbot für alle Institute verfügt. Die damals noch ungeteilte Philosophische Fakultät, von der wir hier berichten, war am stärksten von der Entlassungswelle betroffen. Sie mußte zunächst 86 Lehrer entlassen.

Von diesen Vorgängen hinter den Kulissen hatte die Verfasserin weder in ihrer Eigenschaft als Lehrbeauftragte für Spanisch noch als Studentin der Völkerkunde, Romanistik und Geschichte eine Ahnung. Der Horizont eines Augenzeugen geht nur so weit, wie er informell oder formell unterrichtet ist. Weder die Zwänge noch die Entscheidungsspielräume des Lehrkörpers – der ja selbst ums Überleben kämpfte – waren uns vertraut.

Auch die Verfasserin wurde in ihrer Eigenschaft als Lehrbeauftragte von der Amerikanischen Militärregierung überprüft. Schauplatz war ein schönes, helles Erkerzimmer in einer beschlagnahmten Bogenhausener Villa. Der Raum war sechseckig, überall lehnten junge, rauchende Amerikaner; sie stellten unendlich viele naive, stereotype Fragen.

Nach abgeschlossener Überprüfung hielt ich meine Übungen nun nicht mehr

*Das zerstörte Auditorium maximum*

*Die Universität 1947 (oben) und 1950 (unten)*

in einem kleinen Seminarraum, sondern in ungeheizten Hörsälen. Als ich zum erstenmal hinter dem Katheder stand, klopften in den letzten Reihen ostentativ und gönnerhaft Studenten in ihren feldgrauen Uniformen. Im Frühling stand aber dafür auf dem Pult ein Augentrost: ein kleiner, heimlich hingestellter Veilchenstrauß. Er ermunterte mich, weiterhin nach südamerikanischer Art eine frische Blume im Haar zu tragen.

Für die Gasthörer der TU, damals noch Technische Hochschule, die sich in die Uni hinübertrauten, waren deren Gänge, Säle und Seminare heilige Hallen, weil dort in den vierziger und frühen fünfziger Jahren noch die brotlosen und keine teuren Forschungseinrichtungen benötigenden Geisteswissenschaften eine Vorzugsstellung genossen, oder eine Art Venusberg, weil es dementsprechend mehr Studentinnen gab als drüben bei den Ingenieuren. Und so schrieben Hörer und Hörerinnen aller Fachrichtungen im Auditorium maximum fleißig mit, wenn sich Franz Schnabel über das Ende des Feudalismus, über die Französische Revolution und die Befreiungskriege und Bismarck in einer damals von allen als neuartig empfundenen distanzierten und ironisierenden Betrachtungsweise erging, die sich stark von dem Nationalismus und der Heldenverehrung des deutschen Geschichtsunterrichtes vor dem Zweiten Weltkrieg unterschied; sie bildeten sich in Kunst- und Baugeschichte bei Hans Jantzen und Ernst Gall oder lauschten in der großen Aula andächtig der leisen Stimme Romano Guardinis, wenn er traumwandlerisch die Grenzgebiete von Religion, Philosophie und Literatur abschritt. Damals konnten wir noch nicht ahnen, daß die Katholische Akademie in Bayern ab 1970 für hervorragende Verdienste um die „Interpretation von Zeit und Welt" alljährlich den Romano-Guardini-Preis verleihen würde. 1986 wurde als erster katholischer Bischof der ehemalige Erzbischof von Wien, Kardinal Franz König, damit ausgezeichnet.

Hörer aller Fakultäten mit Italienisch-Kenntnissen ließen sich von H. Rheinfelder in Dantes Divina Commedia einführen. Doch hier sind wir bereits bei den kleinen Zirkeln angelangt, in denen persönliche Kontakte groß geschrieben waren. Einfühlsam sprach – ich darf es wohl so sagen – der fromme Mann von dem mystischen, religiösen und philosophischen Gedankengut jenes monumentalen Werkes aus dem Mittelalter. Die Hörsäle waren damals ungeheizt (zwei Wochen wurde wegen Kälte der Lehrbetrieb unterbrochen), zum Aufwärmen wurden Trampelpausen eingeschaltet und wir schlugen alle wild um uns, um wieder still sitzen zu können: Handschuhe erschwerten dem Vortragenden das Umblättern.

Kleinere Gruppen hatten es besser, sie sammelten sich um einen eisernen Kanonenofen, wo der Rücken kalt war und die Knie fast anbrannten. Zehn Leute waren wir im Exklusiv-Seminar von Prof. Rohlfs. Voraussetzung waren gute Kenntnisse in drei romanischen Sprachen; Konkurrenzangst kannten wir damals noch nicht. Einer half dem anderen. Aus dieser kleinen Gruppe wurden drei Teilnehmer später Ordinarien: R. Baehr, A. Noyer-Weidner, H. Bihler; auch der Schriftsteller Carl Amery sowie die Verfasserin gehörten dazu.

Die Studenten waren damals vorwiegend frühere Kriegsteilnehmer, darunter Jahrgang 1916 und auch ältere; viele kamen erst nach langer Gefangenschaft zum Studium. Besonders hart traf es die Spätheimkehrer mit Notabitur; sie mußten die Reifeprüfung wiederholen. Wir erinnern uns an eine Karikatur in der Süddeutschen Zeitung, wo ein kleiner ABC-Schütze mit Schulranzen am Schalter des Ministeriums für Unterricht und Kultus fragt: „Hat mein Vater bestanden das Abitur?" Vielen finanzierten die berufstätigen Frauen das Studium, damals mußte man ja noch Einschreibungs- und Vorlesungsgebühren zahlen. Das Wohnungsproblem war ungelöst; weite Anfahrten, äußerste Enge sowie ungenügende Heizung waren die Regel. Wir wohnten in dem mit Ausgebombten überbelegten elterlichen Haus in einem Dachzimmerchen mit einem Krabbelkind. Dort entstanden die Diplomarbeit des zukünftigen Architekten und die Dissertation in Völkerkunde.

Die damalige Kleiderordnung war auch sonderbar: abgeschabte Uniformen ohne Rangabzeichen, zu kurze Jacken- und Mantelärmel, Hochwasserhosen und Schuhwerk zum Erbarmen. Die Verfasserin war glückliche Besitzerin von Armeeamistiefeln aus der Zeit, wo sie beim American Red Cross gearbeitet hatte. Umfragen ergaben im Sommersemester 1948, daß 70 % der Studenten unterernährt waren und 15 % an Tuberkulose litten. 1947/48 versammelten sich die Münchner Studenten mehrmals zu „Hungerdemonstrationen" und zogen bis vor das Amerikanische Konsulat; man ließ sie gewähren, satter wurden sie zunächst auch nicht. Später folgten Demonstrationen gegen schlechtes Mensa-Essen und gegen die Wiederbewaffnung. Alles verlief gewaltlos. Es gab starke pazifistische Strömungen; andere Gruppen dagegen waren 1945/46 enttäuscht gewesen, daß Amerikaner und Engländer nicht einen bewaffneten Kreuzzug gegen den Kommunismus anführten.

Das Fortbewegungsmittel in der Trümmerzeit war das Fahrrad; Hauptproblem die erbärmliche Bereifung, meist vulkanisiert und mit Überlagsflecken versehen. Unentwegt war die Gilde der Radlflicker für die Kommilitoninnen im Einsatz.

Das Staatsexamen für das Lehramt war auch damals für manchen eine nicht so leicht zu nehmende Hürde. Prof. Rohlfs prüfte wohlwollend, aber streng, nach einem Fragenkatalog, der gewissenhaft abgehakt wurde. Zögernde Antworten und langsames Sprechen machten ihn ungeduldig, und doch lag ihm daran, den Familienvätern zu helfen. Wenn es nicht klappte, wandte er sich meist an mich und meinte: „Sie mit Ihrem weiblichen Charme werden es schon schaffen" – und es ging. Prof. Rheinfelder prüfte in Form eines

Gesprächs. Er legte Wert auf Allgemeinbildung. Ein Romanist mußte bei ihm auch in Malerei und Musik seines Sprachbereiches Bescheid wissen. Vieles war damals noch so ganz anders, die Professoren kannten ihre Studenten und wußten, was sie konnten. Man feierte viel und oft zusammen. Einer der Höhepunkte war 1948 Rheinfelders fünfzigster Geburtstag vor der Währungsreform. Unser Geschenk war ein großer Korb voll Eßwaren, gekauft von unseren zugeteilten Lebensmittelmarken, aber bereichert durch saftige Würste, Schinken und Käse der Studenten aus Bauernhöfen. Es war ja die Zeit, wo diese die Studentinnen mit Butter- und Wurstbroten, Birnen und Äpfeln hofierten.

Wir wanderten mit den Professoren ins Isartal zum Rabenwirt und Georgenstein (wo unsere Väter als Studenten schon hingepilgert waren), machten Ausflüge nach Wasserburg am Inn und viele andere Orte. So lernten wir in Gesprächen unsere Professoren kennen. Rheinfelder hatte so seine Abers gegen die sogenannten drei „Os", Kino, Auto und Radio. Für ihn waren sie die großen Feinde der Kultur, Behinderer schöpferischer Entfaltung. Ein Buch hatte für ihn hohen Kulturwert: er behandelte es wie eine Reliquie, kein Eselsohr, keine Bleistiftstriche sollten das saubere Bild entweihen; das war ein Gebot der Ehrfurcht. Er erzählte, wie er einzelne „Freunde", die ihn durchs Leben begleiteten, erworben hatte. Taschenbücher kannte man damals noch nicht, sie kamen ja in der Bundesrepublik erst in den fünfziger Jahren auf. Ein Ereignis in jenen Jahren erschütterte den kleinen Kreis der Romanisten aufs tiefste. Weißensee, ein Schüler von Prof. Rheinfelder, war in Frankreich als Kriegsverbrecher zum Tode verurteilt worden. Sein Lehrer war überzeugt, hier läge eine Falschaussage vor. Die Belastungen beruhten auf Beobachtungen, die von einem Fenster gemacht worden waren, das gar nicht existierte. An dieser Stelle stand nur eine Mauer. Rheinfelder erreichte durch seine Beziehungen eine Wiederaufnahme des Verfahrens. Persönlich fuhr er als Entlastungszeuge nach Frankreich. Als er eintraf, war das Urteil bereits vollstreckt. Er empfand das als eine Ungeheuerlichkeit. Aufs tiefste in seinem Rechtsempfinden getroffen, stellte er seine Vorlesungen in französischer Literatur und Sprachwissenschaft ein und beschränkte seine Venia legendi auf den spanischen und italienischen Sprachbereich. Im Romanischen Seminar hing ein Photo des hingerichteten Schülers. Weder die Verfasserin noch der Sohn des Lehrstuhlinhabers wissen, auf welche Weise der französische Staat Rheinfelder entgegenkam – ob der Witwe ein Schmerzensgeld oder eine Pension gezahlt wurde. Erst daraufhin nahm er seine Vorlesungen in Französischer Philologie wieder auf (Gespräch mit Peter Rheinfelder am 10. 7. 86).

Zurück zu unserem Studienalltag. Bücher waren in den Nachkriegsjahren eine absolute Mangelware. Sprachkurse wie auch wissenschaftliche Einführungskurse mußten ohne Bücher gehalten werden. Photokopien gab es damals noch nicht; Papier war knapp. Die Lehrkräfte mußten die einfachsten Dinge, wie Konjugationen usw., an die Tafel schreiben, und die Studenten abschreiben und abschreiben. Doktoranden konnten nicht auf die Universitätsbibliothek zurückgreifen; diese hatte über 80% ihres Areals eingebüßt. Von den rund 1 Million Bänden waren ca. 350.000 verloren. Auch große Bestände der Staatsbibliothek waren evakuiert.

Wieder waren es die Professoren, die dafür sorgten, daß die Forschung weitergehen konnte. Mein Doktorvater, Prof. Ubbelohde-Doering, Direktor am Völkerkundemuseum München, lieh mir über Monate aus seiner Privatbibliothek kostbare Chroniken aus dem XVI. und XVII. Jahrhundert mit hohem bibliophilen Wert; so konnte ich mich an meine Promotion über ein Thema der Inkageschichte heranwagen. Überall hatte der Krieg seine Wunden geschlagen, auch das Völkerkundemuseum war stark beschädigt. Große Bestände, vor allem der Amerikanistik, waren ins Toerring-Schloß Seefeld hoch über dem Pilsensee im Landkreis Starnberg verlagert. Dort war die Verfasserin über Jahre hinweg häufiger Gast und übernachtete in einer kleinen ungeheizten Dachkammer. Sie hatte zusammen mit dem Sinologen Prof. Fuchs und dem Amerikanisten Prof. Disselhoff, dem späteren Direktor des Berliner Völkerkundemuseums, in einem großen Erkerraum mit herrlicher Aussicht ihren Schreibtisch. Ein Kachelofen sorgte für behagliche Wärme, bedient wurde er von den Herren, die auch öfters eine Tasse schwarzen Tee stifteten. Der Studentin kamen für ihre Arbeit gemeinsame Gespräche zugute.

Zum Essen gingen wir immer durch den alten Taubenturm über die Brücke in die Schloßwirtschaft – die Rationen überstiegen bei weitem die abgegebenen Lebensmittelmarken.

Prof. Ubbelohde-Doering bewohnte mit seiner Frau zwei behagliche Räume im Schloß. Dort hatten wir die Gelegenheit, einzelne Objekte Alt-Perus in Händen zu halten. Wir erlebten noch die Ausläufer der schönen alten Humboldtschen Tradition, wo Universitätsprofessoren umgeben von einem kleinen Kreis Studierender diese in die Geheimnisse ihres Fachs einweihten und an ihren Forschungsvorhaben teilhaben ließen.

Prof. Ubbelohde-Doering legte der Verfasserin nahe, ihre Dissertation über die letzten Inka später als Buch zu veröffentlichen. Dies ließ sich nach mehreren Rückschlägen erst 1967 realisieren. Bedingt war die Verzögerung durch den Volksaufstand in der DDR 1953. Der kommunistische Staat verbot die Drucklegung historischer Werke aus der Bundesrepublik. Die höheren Kosten im Westen konnte unser Verlag zunächst nicht abfangen.

In den ersten Jahren nach dem Krieg, bis in das Jahr 1954 hinein, mußte man zur Erlangung der Dokorwürde nur sechs Exemplare der Dissertation abliefern. Die Doktoranden tippten auf ihren klapprigen Schreibmaschinen die Arbeiten mit der entsprechenden Zahl der Durchschläge. Auch beim Rigorosum ging es sehr unkonventionell zu. Prof. Rheinfelder, damals Hochschulreferent beim Kultusministerium, lud mich zur Prüfung in Spanischer Philologie ins Kaffee Luitpold ein, und während er seine Unterschriftenmappe unterschrieb, stellte er einige Fragen. Eine Generation vor mir hatte der Verleger Hermann Rinn an einem heißen Sommertag sein Rigorosum bei Prof. Voßler im Dantebad abgelegt. Voßler und Rheinfelder wollten Spanisch als Unterrichtsfach in den Gymnasien gleichberechtigt oder sogar bevorzugt vor dem Französischen einführen. Sie konnten sich nicht durchsetzen.

Ein paar Worte zur Rolle der Studentinnen in der Universität der Nachkriegsjahre: Wie war ihr Selbstverständnis und wie verhielt sich der ausschließlich männliche Lehrkörper? Auch hier kann ich nur auf die Erfahrung eines kleinen Kreises zurückgreifen. Wir alle waren meist von Wertvorstellungen unserer Eltern, die stark im XVIII. und XIX. Jahrhundert verwurzelt waren, geprägt. Was Wohnkultur, Kunstsinn, häusliche Geselligkeit, Hausmusik, wie auch Genügsamkeit und viele moralische Aussprüche anbelangt, hatten viele von uns durch ihre Großeltern und -tanten noch die Lebenshaltung einer Biedermeiergesellschaft mitbekommen. Für unsere Väter war es eine Selbstverständlichkeit, daß eine verheiratete Frau mit Kind ins Haus gehörte. Wir Studentinnen an der Münchner Universität merkten bald, daß wir selber und auch der Lehrkörper eine Zweiteilung trafen: die Gruppe der Ledigen und die der Verheirateten. Verlobte oder verheiratete sich eine Studentin, fiel sie meist in die Gunst der Professoren. Doktorandinnen hörten oft: „Sie sind für die Wissenschaft verloren!" Wir selber akzeptierten nicht selten dieses Diktum, vornehmlich, wenn wir ein Kind hatten. Hin- und hergerissen zwischen zwei Pflichtkreisen litten wir permanent unter einem schlechten Gewissen. Wir wußten aber auch, daß die finanzielle Lage in den Aufbaujahren ein Mitverdienen erforderlich machte, und ohne akademischen Abschluß die Verdienstchancen schlecht waren. Meist steckten wir zurück, und selbst, wenn uns eine Habilitation angetragen wurde, was in Ausnahmefällen durchaus geschah, entschieden wir uns in der Regel für die Familie.

In den meisten Fällen mußten wir aber den heimkehrenden oder inzwischen „entnazifizierten" Männern weichen. Bei offenen Planstellen gab man ihnen regelmäßig den Vorzug. So kam es, daß die Frauen in den fünfziger Jahren aus den vordersten Reihen verdrängt oder ihnen der Aufstieg verwehrt wurde. Schüchtern begannen auch die ersten politischen Orientierungsversuche unter den Studenten, die je nach Temperament und Erfahrungen sehr verschieden verliefen.

Der Verfasser dieses Beitrags, der 1985 gestorben ist, war 1945 durch Empfehlung seines Großonkels, Gustav Engl, des Priors von Sankt Bonifaz,

bei einer Zusammenkunft, die über die Gründung der CSU beriet, dabei. Viele
der dort anwesenden Personen wurden später bestimmend für das politische
Leben in Bayern (Namen kann die Verfasserin leider nicht nennen, weil sie es
aus der Erinnerung nicht wagt, und sie bei den Stichworten nicht notiert sind).
Die Einführung von Zensur bei Presse und Hörfunk war bei diesem Treffen
ein zentrales Thema. Den jungen Studenten, einerseits eingeschüchtert durch
die Praxis der amerikanischen Besatzungsmacht, die simple Parteizugehörigkeit bei der NSDAP bereits sanktionierte, und andererseits beflügelt durch die
immerwährend proklamierte Meinungsfreiheit und Gerechtigkeit, erfaßte
Befremden und Angst angesichts solcher Restriktionen. Die „Stunde Null"
bedeutete für viele junge Menschen die große Chance, die zu großen
Hoffnungen berechtigte. Jene Erfahrung hatte eine abschreckende Wirkung.
Konnte es nicht sein, daß in naher oder ferner Zukunft wieder einmal nach
einer Parteizugehörigkeit gefragt würde? Eine geschärfte Sensibilität und
Wachheit war die Folge jenes Erlebnisses, gepaart mit einer tiefen Dankbar-
keit für die Werte der Bayerischen und der Bundesdeutschen Verfassung. Als
Beamtem wurden sie ihm zur Richtlinie seines Verhaltens, was nicht immer
bequem war. Im Nachruf der Hauszeitschrift seiner Behörde schrieb ein
Schulkamerad: „Er (T. Engl) engagierte sich mutig im Kampf gegen das
Unrecht, gegen die Armut, für den Frieden . . . Menschen seiner Art sind für
unsere Zeit, in der sich Rücksichtslosigkeit, Brutalität und sinnlose Hektik in
den Vordergrund schieben, nicht typisch. Aber wir brauchen sie bitter
notwendig – als Beispiel edler, echter Menschlichkeit."
Viele macht- und kulturpolitische Zusammenhänge der Nachkriegszeit waren
den jungen Studenten nicht vertraut. Nach der bedingungslosen Kapitulation
lebte Deutschland in den Monaten Mai bis August 1945 in einer Art
Interregnum. Die amerikanische Kulturpolitik befand sich in einem Dilemma
im Widerspruch des Rechts auf freie Meinungsäußerung zu den Gegebenheiten einer Besatzungsherrschaft, die diese Maxime einer demokratischen
Kultur limitiert. Die Jahre, die uns geprägt haben, liegen weit zurück. Jeder
hatte breitgefächerte Möglichkeiten, seinen eigenen Weg zu suchen. Längst
haben wir in diesem Teil Deutschlands freie Gemeinderats-, Landtags- und
Bundestagswahlen. Aber wie weit Meinungsfreiheit gehen darf, und wie
mündig die Bürger sind, bereitet auch heute noch allen Parteien immer wieder
Schwierigkeiten.
Zum Abschluß ein paar Worte aus der Rede des Bundespräsidenten R. von
Weizsäcker am 8. Mai 1985, vierzig Jahre nach dem Zusammenbruch des
Hitlerregimes. Seine Bitte an die jungen Menschen lautet:
„Lassen Sie sich nicht hineintreiben in Feindschaft und Haß
gegen andere Menschen,
gegen Russen oder Amerikaner,

gegen Juden oder Türken,
gegen Alternative oder Konservative,
gegen Schwarz oder Weiß.
Lernen Sie, miteinander zu leben, nicht gegeneinander. "

---

# Nikolaus Lobkowicz

geb. 1931

*Philosoph und Politologe*
*Studium in Erlangen und*
*Fribourg;*
*Lehrtätigkeit in den USA,*
*seit 1967 in München;*
*Rektor und Präsident 1971–1982;*
*seit 1984 Präsident der*
*Kath. Univ. Eichstätt.*

Wenn ich über die Geschichte meiner Beziehungen zur Alma mater monacensis nachdenke, habe ich jedesmal von neuem Anlaß, mich über die seltsamen Wege zu wundern, auf denen man sein Leben entlanggeführt wird. Meine frühesten Erinnerungen reichen in den Herbst 1950 zurück. Ich hatte zwei Jahre zuvor, wenige Monate nach der kommunistischen Machtergreifung, die Tschechoslowakei verlassen und wurde von meinen Eltern auf ein Schweizer Internat geschickt, um mein Gymnasium abzuschließen. Im Mai 1953 überwand ich mit der glorreichen Note 1,5 die Hürden des Abiturs; trotz der Warnungen aller Verwandten war ich finster entschlossen, Philosophie zu studieren. Bei meiner Suche nach der geeigneten Universität kam ich auch in München vorbei, wo mir eine ältere Cousine ein Gespräch mit einem „Professor" vermittelte, der – wenn ich mich recht erinnere – ein Privatdozent von Aloys Wenzl war. Wir standen etwa eine halbe Stunde lang zusammen vor dem Senatssaal, blickten auf den Geschwister-Scholl-Platz hinunter und unterhielten uns darüber, was man wohl mit einem Philosophiestudium beginnen könne.
Obwohl die Auskunft, die ich erhielt, ebensowenig ermutigend war, wie sie

heute ein Abiturient, der Philosophie studieren will, erhalten würde, ließ ich
nicht locker. Doch begann ich mein Studium nicht in München, sondern in
Erlangen, wo ein Onkel meiner künftigen Frau als Jesuit und Studentenseel-
sorger über ein Studentenwohnheim herrschte, in dem ich wohnen konnte. In
Erlangen saß ich zu Füßen von Helmut Kuhn, der bald darauf nach München
ging, erst als Amerikanist, später als Philosoph. Ein Semester später setzte ich
mein Studium an der Universität Fribourg in der Schweiz fort, wo ich dann bis
zu meiner Promotion blieb.

1958 kehrte ich als frischgebackener Dr. phil. nach München zurück. Ich war
inzwischen Assistent von I. M. Bochénski, der jedoch ständig in den
Vereinigten Staaten war, weshalb es genügte, wenn ich alle paar Wochen zwei,
drei Tage in Fribourg verbrachte. Obwohl ich am Ende nicht in München,
sondern in Ammerland wohnte, hatte ich immer wieder Gelegenheit, an
Münchener Veranstaltungen teilzunehmen: an einer großen Vorlesung von
Guardini, von dem ich schon als Gymnasiast alles gelesen hatte, was greifbar
war; an einem Hauptseminar von Helmut Kuhn; an Veranstaltungen von
Henry Deku, den ich später für ein paar Jahre in die Vereinigten Staaten locken
konnte; an einer großen Diskussion zwischen Hermann Krings und dem
katholisierenden evangelischen Propst Asmussen; an der Antrittsvorlesung
von Eric Voegelin.

Doch meine Beziehungen zur Münchener Universität waren höchst lose: ich
schrieb an einem Buch über den Marxismus-Leninismus in der Tschechoslowakei, und am Starnberger See war es zumal im Sommer zu schön, um mir
nahezulegen, häufiger nach München zu fahren. Davon, wie eine Universität
funktioniert, wußte ich soviel wie gar nichts; höchstens erfuhr ich nebenbei,
daß die Ludovico-Maximilianea in Wirklichkeit Johannes-Alfred-Universität
genannt wurde – nach dem Mediävisten Johannes Spörl und seinem Bruder
Alfred, der damals den kleinen Verwaltungsstab regierte, welcher dem Rektor
zur Seite stand.

1960 wurde ich an die University of Notre Dame in den Vereinigten Staaten
berufen; Bochénski, der dort kurz zuvor als Gastprofessor gelehrt hatte,
schlug mich offenbar vor, und der Präsident von Notre Dame, Theodore M.
Hesburgh, der damals u. a. den Heiligen Stuhl bei der Wiener Atomkonferenz
vertrat, stellte mich – wie dies damals an amerikanischen Universitäten
gelegentlich üblich war – an, nachdem er einen Abend lang mit mir in Wien
gesprochen hatte und mich schließlich zu einer Party der sowjetischen Mission
mitgenommen hatte.

1966 erhielt ich in Notre Dame zwei Briefe, über deren Bedeutung ich mir
nicht recht schlüssig werden konnte. Helmut Kuhn schrieb, ob ich mich in der
Lage sehen würde, einen Lehrstuhl für Politische Wissenschaft wahrzuneh-
men; ich antwortete wahrheitsgemäß, daß ich mich höchstens für Politische

Philosophie zuständig fühlte. Bald darauf schrieb mir Eric Voegelin, den ich inzwischen näher aus Notre Dame kannte, ob ich denn je ein Buch geschrieben hätte, das mit Politik zu tun hatte; ich wies auf meine Veröffentlichungen über den osteuropäischen Marxismus hin. Jeder, der mit der deutschen Universität vertraut ist, hätte geahnt, daß sich mit mir in München eine Berufungskommission befaßte; ich selbst konnte nicht recht verstehen, was diese etwas enigmatisch-formulierten Briefe eigentlich sollten. Dann traf plötzlich ein Brief des Kultusministers Dr. Huber ein: „Entsprechend einem Vorschlag der Philosophischen Fakultät der Universität München erwäge ich, Sie auf den neugeschaffenen Lehrstuhl für Politische Theorie und Philosophie zu berufen . . .“ Seither pflege ich zu sagen, daß deutsche Kultusminister ein Rufangebot in einem Stil abzufassen pflegen, der klingt, als würde Gott zu Abraham sprechen: aus heiterem Himmel, feierlich verwaltungsdeutsch, ohne nähere Hinweise auf Warum und Wie. Wenige Wochen später lernte ich Hans Maier kennen, der mit Kardinal Döpfner und zahlreichen anderen Professoren und Politikern anläßlich einer Amerika-Reise u. a. nach Notre Dame kam. Ich versuchte herauszufinden, was denn eigentlich die Aufforderung, ich solle mich mit der Hochschulabteilung des Kultusministeriums in Verbindung setzen, besagte; was könne man denn fordern, wie durfte man argumentieren, an wen sollte man schreiben?

Daß ich dem Ruf folgen würde, war klar; meine Frau wollte nahezu um jeden Preis nach Europa zurück. So kam schließlich ein Angebot zustande, von dem ich erst sehr viel später feststellen mußte, daß es reichlich mickrig war: zwei Assistentenstellen, DM 10 000,– Sachmittel und ebensoviel Hilfskraftgelder, ein mittleres Salär. Erst als ich in München ankam, begriff ich, daß alle anderen Lehrstühle für Politische Wissenschaft (damals waren schon Eric Voegelin und Hans Maier in der Staatswirtschaftlichen Fakultät, und Gottfried-Karl Kindermann in der Philosophischen) besser als der meine ausgestattet waren. Man hatte sich nicht einmal viele Gedanken darüber gemacht, wo ich unterkommen sollte; schließlich fand man zwei kleine Zimmer in der Amalienstraße, in denen ich jeden Morgen zusammen mit der Sekretärin erst einheizen mußte.

Die Anstellung einer Sekretärin war eine Angelegenheit für sich; da es an amerikanischen Universitäten nur in den seltensten Fällen persönliche Sekretariate gibt, hatte ich dergleichen nie getan. Ich gab eine Zeitungsannonce auf, und bald meldete sich ein Dutzend jüngerer und älterer Mädchen, die ebenso entzückend anzusehen wie offensichtlich inkompetent waren (oder aber sofort wieder gingen, nachdem sie erfuhren, wieviel BAT Va besagt). Ich entschloß mich schließlich für die Frau eines Doktoranden des Germanisten Müller-Seidel; und ich habe es nie bereut. Frau Kobbe, heute Lektorin beim dtv, konnte damals zwar wenig (die stenographische Aufnahme meines Probediktates fiel erbärmlich aus), aber sie war gescheit und vergnügt. Ich habe seither immer größten Wert darauf gelegt, nur vergnügte Sekretärinnen anzustellen; das Leben ist zu kompliziert, als daß man es sich auch noch dadurch erschweren dürfte, sich mit mißmutigen, überempfindlichen Mitarbeitern zu umgeben . . .

Meine erste Vorlesung hatten den schlichten Titel „Karl Marx"; wenn ich richtig informiert bin, war es die erste Marx-Vorlesung, die je an der Münchener Universität gehalten wurde. Daß ich damit ein im Herbst 1968 höchst prekäres Thema aufgriff, war mir nicht bewußt; ich hatte mir in den Vereinigten Staaten abgewöhnt, Tageszeitungen zu lesen, und hatte deshalb kaum eine Vorstellung davon, wie sehr es an deutschen Universitäten rumorte. Der Hörsaal war so überfüllt, daß wir in einen größeren umziehen mußten; die Studenten waren über alles und in einer Weise erregt, die mir als amerikanischen Professor unverständlich, jedenfalls unbekannt war. Sie waren aus meiner Sicht beängstigend gebildet, aber auch verblüffend wirr; ich erinnere mich insbesondere an einen Studenten, bei dessen Fragen ich jeweils das stille Gebet sagte: „Herr, laß mich doch bitte verstehen, was er sagt" – bis ich bemerkte, daß er mit allem zufrieden war, was immer ich ihm antwortete. Dennoch dauerte es lange, bis ich mich in der damals extrem ideologisierten „Münchner Szene" auch nur einigermaßen auskannte; ich werde nie meine Verblüffung vergessen, mit der ich auf den Brief eines Teilnehmers an meinem Hauptseminar reagierte, der mir schrieb, er würde nicht mehr kommen, da ich in meiner Darstellung der Hegelschen Philosophie des Rechts die Meinung geäußert hatte, man dürfe doch auch hinter Hegel zurückgehen. Später sagte mir ein anderer Student, der unter anderem auch meine Vorlesung störte, so lange ich der Meinung sei, Hegel könnte sich geirrt haben, hätte ich ihn nicht begriffen. Seither vertrete ich die unorthodoxe Meinung, daß, wenn sich ein Philosophiestudent zu früh mit Hegel befaßt, sein Denken für den Rest seines Lebens verdorben ist.

Auch in der Fakultät war für mich alles neu. Ich war so schüchtern und verängstigt, daß meine erste Wortmeldung in der Fakultät reichlich konfus ausfiel; der Dekan, Karl Bosl, sah mich etwas verdutzt an und schnitt mir am Ende das Wort ab. Erst nach und nach lernte ich, wie sinnvoll die Haltung Heideggers war, der während der Fakultätssitzung Zeitung las und einem neben ihm sitzenden Kollegen zuflüsterte: „Sagen Sie mir, wenn es zur Abstimmung kommt, und dann auch, wie ich abstimmen soll." Es wurden zahllose Fragen erörtert, über deren Bedeutung ich bis heute zu zweifeln wage: wie irgendwelche Mittel von ein paar tausend Mark verwendet werden sollten, die der Fakultät aus einem Gut im Allgäu zuflossen; ob der Doktorand 120 oder 150 Exemplare seiner Doktorarbeit abzuliefern habe; ob man Ausnahmen vom Großen Latinum zulassen dürfe. Dabei wußten alle

Fakultätsmitglieder, daß im Seminar für X angesichts der chaotischen Verhaltensweisen des Ordinarius kaum ein ordnungsgemäßes Studium möglich war, und die Vorlesungen von Y so massiv gestört wurden, daß er abbrechen mußte. Erst sehr viel später habe ich es als eine Tugend der „alten Universität" zu sehen gelernt, daß die wirklich wichtigen Fragen in der Fakultät nie beraten wurden – teils, weil die eigentliche Verantwortung bei den Lehrstühlen lag, teils, weil Gremien jedweder Art ohnedies nie etwas Vernünftiges zustande bringen. Das einzige, was in der Philosophischen Fakultät perfekt funktionierte und mit Recht von allen als ein intellektueller Genuß empfunden wurde, waren die Habilitationsverfahren.

Als ich nach München kam, wurden eben die Forderungen nach studentischer Mitbestimmung laut. Karl Bosl machte sich unbeliebt, indem er immer wieder Vertreter des AStA zu Sitzungen einlud. Als dann im Herbst 1969 meine eigenen Vorlesungen massiv gestört wurden, sprach mich allerdings kein einziges Fakultätsmitglied darauf an; es herrschte damals noch die Auffassung, daß man doch recht ungeschickt gewesen sein müßte, wenn Studenten einen störten. Meine Ungeschicklichkeit bestand vermutlich darin, daß ich, als Studenten gegen meine Deutung von Marx und Hegel protestierten, ärgerlich zurückgab: „Wenn Euch das nicht paßt, was ich da vertrete, könnt Ihr ja wegbleiben – oder auch ich nach Amerika zurückkehren." Die Auffassung, daß man ja auch einer Lehrveranstaltung, die einem nicht behagt, fernbleiben könnte, habe ich auch später vertreten – sehr zum Zorn engagierter Marxisten, die dies als ein ausgesprochen unfaires Argument empfanden.

Im Herbst 1970 wurde ich, gerade erst 39 Jahre alt, zum Dekan der inzwischen schon geteilten Philosophischen Fakultät gewählt; Gegenkandidaten gab es keine, dafür hatte mein Vorgänger Johannes Spörl gesorgt. Noch eine andere Weisheit habe ich von Spörl gleich nach meinem Amtsantritt als Dekan gelernt. Als ich die Schublade des Schreibtisches im Dekanatszimmer öffnete, fand ich dort allerlei Briefe, die Spörl offenbar nicht zu beantworten beabsichtigt hatte. Jeder einzelne hatte sich inzwischen von selbst erledigt. Heute würde dergleichen als höchst ineffizient gelten; in Wirklichkeit vertrat Spörl die richtige Auffassung, daß in nicht seltenen Fällen effizientes Vorgehen darin besteht, zu tun, als sei gar nichts geschehen. Wenn man sich in der bundesdeutschen Hochschulpolitik angesichts der studentischen Unruhen eben genauso verhalten hätte, wären die deutschen Universitäten immer noch in Ordnung; die englischen Universitäten hatten dies geahnt und sind deshalb die einzigen in Europa geblieben, die den Wahn von der Hochschulreform nahezu unberührt und höchst erfolgreich überstanden.

Warum ich im Herbst 1971 zum Rektor gewählt wurde – wie sich herausstellen sollte, nicht nur zum 507. der langen Münchener Universitätsgeschichte, sondern auch zum letzten – habe ich bis heute nicht recht begriffen. Mein Vorgänger im Amt, der später unter tragischen Umständen verstorbene Tiermediziner Peter Walter, brachte die Dekane damit auf, daß er ihrer Meinung nach gegenüber linken Studenten zu konzilliant war; inwiefern dabei Peter Glotz als Konrektor maßgeblich mitwirkte, konnte ich nie recht feststellen. Ich selbst war offenbar ein nicht erfolgloser Dekan, und da ich Walter im Senat gelegentlich widersprach, galt ich als der Anführer der Opposition. Entscheidend waren aber wohl zwei andere Umstände: Johannes Spörl wollte mich zum Rektor gekürt sehen und betrieb mit seinem einmaligen Geschick Flüsterpropaganda; und unter den Dekanen kursierte der Scherz, der nächste Rektor müsse wohl entweder Kinderpsychiater sein oder etwas von Marxismus verstehen.

Über meine elfjährige Amtszeit als Rektor bzw. als Präsident will ich mich nicht weiter auslassen: teils spielte sie sich in früher unüblicher Weise vor den Augen der Öffentlichkeit ab, teils habe ich selbst darüber zahllose kluge und unkluge Äußerungen verfaßt. Ich hatte gehofft, gerade von München aus dem „Untergang" der einst so berühmten deutschen Universität entgegenwirken zu können; in Wirklichkeit habe ich weder dies noch überhaupt viel erreicht. Die Lehre, die ich anderthalb Jahrzehnte später daraus ziehe, lautet: Reformen, mit denen man Zeitentwicklungen entgegenwirken möchte, tragen meist indirekt dazu bei, was man verhindern möchte. Institutionen – ein Staat ebenso wie eine Universität – überleben kritische Zeiten am besten, wenn sie sich sagen: „Der Wind wird schon wieder nachlassen." Reformen sollte man dann in die Wege leiten, wenn sie noch oder schon ganz unnötig erscheinen; sie sind keine adäquaten Antworten auf Krisen, und in Krisenzeiten in den seltensten Fällen ein Fortschritt.

Romano Guardini

# Wille zur Macht oder Wille zur Wahrheit?
Zur Frage der Universität
1965

Bevor ich mit meinen eigentlichen Fragen beginne, erlauben Sie mir eine kurze
Klärung der Positionen, in der ich mich Ihnen gegenüber befinde. Ich hoffe,
sie wird nicht den Eindruck irgenwelchen persönlichen Sichernstnehmens
machen, sondern der Sache dienen. So möchte ich auf Folgendes hinweisen:
Wenn ich die verschiedenen Semester, die ich, in verschiedenen Fakultäten
mich umsehend, verlebt habe, und dann die Zeit meiner eigenen Lehrtätigkeit,
die in Berlin begann und hier zu Ende ging, zusammennehme, sind das rund
siebzig Jahre. Diese Zeit beginnt 1903, also vor dem ersten Krieg, als das alte –
relativ alte – Deutschland noch bestand; ging durch den ersten Krieg, umfaßte
die so viel geschmähte und zugleich doch so fruchtbare und lebendige Zeit
zwischen 1918 und 1933, ging dann durch die zwölf Jahre der Zerstörung,
erlebte die von so großen Hoffnungen erfüllte erste Zeit nach 1945 und erlebte
dann unsere Gegenwart mit ihrem Übermaß an Problemen jeder Art.
Wenn das, was ich zu sagen habe, Fundament haben soll, muß ich mit einer
Analyse der Haltung beginnen, in welcher der heutige, die Universität
tragende Mensch, vor allem die Mehrzahl wohl der Studenten und sicher eine
große Anzahl der Lehrenden sich befinden. Ich habe von den letzten
Sinngebungen unserer Existenz gesprochen, den Werten, die Nikolai Hart-
mann die ungemeinen genannt hat, deshalb, weil sie nicht direkt in den
Ordnungen des Nutzens, des Plausiblen, des Interessanten usw. stehen,
sondern einen Charakter haben, den man auch auf das Risiko hin, ein Lächeln
hervorzurufen, Hoheit nennen muß. Sie sind vor allem die durch die ganze
Geschichte der Philosophie gehenden Werte des Wahren und des Guten,
Werte der Treue, der Selbstaufopferung usw. Diese Werte haben in der
vergangenen Zeit ein schlimmes Schicksal erfahren. Lange Zeit hindurch –
denken wir vor allem an die Zeit des deutschen Idealismus, an die Zeit des
kulturellen Aufbaus nach der Überwindung des Positivismus usw. – haben
diese Werte in hoher Ehre gestanden.
Dann, schon in der Zeit des neudeutschen Aufstiegs, sagen wir in den
achtziger Jahren, geschah ihnen etwas sehr Schlimmes, mit das Schlimmste,
das hohen Dingen geschehen kann: sie gerieten in die Hände der Rhetorik, der
patriotischen, der kulturellen Rhetorik, des Reichtums, des militärischen
Hochgefühls usw. Das ist den höchsten Werten übel bekommen. Sie, richtiger
gesagt: das Bild, das der Hörende von ihnen empfing, wurde flach, unredlich

und begann Mißtrauen zu wecken. Die Karikatur der damaligen Zeit spiegelt viel davon. Ich erinnere nur an die beiden hier aus Münchener Boden emporgewachsenen Zeitschriften „Jugend" und „Simplizissimus"; von anderen, gröberen nicht zu reden. Dann kam der erste Krieg, der geistig weithin mit diesen höchsten Werten bestritten wurde. Um auch hier an Konkretes zu erinnern; an die Weise, wie die Kriegsanleihen propagiert wurden, wie öffentliche Erklärungen an das Ausland abgefaßt wurden, wie vom deutschen Wesen die Rede war, an dessen hoher Art die Welt genesen solle usw. Und dann kam der Zusammenbruch. Und selbst für jene, bei denen keine eigentliche, offene Revolte durchbrach, waren jene Werte irgendwie kompromittiert. Die Zeit zwischen den beiden Kriegen, von der so viel Böses gesagt worden ist, war in vieler Beziehung sehr reich und fruchtbar. In ihr hat sich die Welt der hohen idealen Forderungen durch eine eigentümlich ursprüngliche, ja man kann sagen, schöpferische Haltung mit der wirklichen Wirklichkeit verbunden. Was daran gefehlt hat, darüber zu reden, wäre eine Aufgabe für sich. Wer in jener Zeit wirklich darin gestanden hat, weiß das genau genug. Dann kam der Nationalsozialismus. Seine zwölf Jahre waren unter dem Gesichtspunkt unserer Frage eine einzige Zerstörung. Immerfort wurden die stärksten Anforderungen an Opferbereitschaft und Leistungskraft des Volkes mit höchsten Werten begründet; wurde Glaube gefordert, der in seiner unmittelbaren Konkretion viel unbedingter war als der religiöse, womit natürlich keine Gleichheit im Wesen ausgesagt sein soll. Ein Glaube, der ganz bewußt das Unbedingte forderte, der auf Tod und Leben ging. Und wenn auch von sehr konkreten, unmittelbar wirtschaftlichen, sozialen, kulturellen Aufgaben die Rede war, so klang durch alles eine Metaphysik des Unbedingten hindurch, dessen Entscheidungen zwischen glorreicher Neugeburt und Weltmacht auf der einen, Götterdämmerung auf der anderen Seite liegen. Dadurch wurden die höchsten Werte bzw. die seelischen Akte, mit denen sie angenommen, erfahren, realisiert werden, aufs äußerste in Anspruch genommen. Sie wurden immerfort in Anspruch genommen, also abgenutzt, und in dem Maße, wie die Ereignisse fortschritten, wurden die Worte, mit denen sie angerufen wurden, immer heftiger, gesteigerter und, ebendadurch, immer hohler.

Die Wirkung war, daß sich eine Skepsis ansammelte, die nicht etwa nur im Erlebnis des Zusammenbruchs, in einem Gefühl: alles ist sinnlos, zum Ausdruck kam, sondern in die Substanz ging.

Das ist weitergegangen, auch noch in der Zeit, in der durch bewunderungswürdige Leistungen aller Art die erste leere Hoffnungslosigkeit überwunden wurde, und in der heutigen Zeit ist sie ganz wach. Sie äußert sich in vielerlei Form; am überzeugendsten vielleicht im Mißtrauen gegen alle großen Worte; im Willen, wieder sauber zu werden; im Wertgefühl, das heißt, im Gefühl dafür, was Recht und was Unrecht, vorher noch: was richtig und falsch, was substantiell und was leer, was echt und was unecht ist.

Was geschieht aber dann mit jenen Einrichtungen, die letztlich auf den genannten höchsten Sinngebungen aufruhen? Antwort: sie werden unglaubwürdig und zerfallen, wo sie entbehrlich sind. Wo sie aber unentbehrlich sind, wird sich das Bestreben einstellen, sie auf das Unbezweifelbare, auf das unmittelbar zu Greifende und zu Prüfende zu gründen. Das heißt, eine Tendenz zur praktischen Brauchbarkeit und Bewährung, ein Pragmatismus wird sich durchsetzen, der vom Gefühl getragen ist, es müsse wieder Ordnung und Sauberkeit geschaffen werden.

Eine zweite Linie führt zum selben Ergebnis: Es ist das, was man den Pluralismus der Anschauung, der Standorte usw. nennt[1].

Dieser Vorgang charakterisiert den modernen Menschen.

Er bestimmt das Problem der Universität.

Kern der alten Universität war die Frage nach der Wahrheit. Trotz aller Kritik, Relativierung usw. bildeten sie den letzten Kern. Die letzte Motivierung. Die letzte Legitimation.

Heute ist diese Frage weithin geschwunden. Hier liegt der tiefste Grund für die Krise der Universität.

Alle anderen Probleme soziologischer, wissenschaftlich-technischer, konstruktiver Art darüber gelagert.

Was sie so schwierig macht, ist, daß dahinter die andere Frage steht. Man kann sie im Unterschied zu der wissenschaftlich-technischen Frage der Universität die eigentlich existenzielle nennen.

Die noch in der alten Universität Verwurzelten fühlen die Entscheidung.

Daher nicht aus Schwerfälligkeit oder Aristokratismus ihre Widerstände.

Von hierher fällt die Entscheidung über die Universität.

Nicht als eine solche zwischen Zukunftsbeziehung oder Reaktion.

Nicht zwischen vorwärts und zurück-zu, sondern als Entscheidung für eine immer zu unserer Geschichte gehörende Möglichkeit.

Es folgen noch einige nicht ausgeführte handschriftliche Notizen zur Sinnbestimmung der Universität, die in den Satz münden: „Wenn nicht neu zu finden (durch Professoren und Studenten), dann wird die Universität unaufhaltbar zur Berufsschule, und was bisher Sinn und Aufgabe der Universität war, geht an andere Organisationen (Akademien . . .) über."

*Das hier gekürzt wiedergegebene Vorlesungsfragment war für eine Münchener Ringvorlesung 1965 konzipiert und wurde wegen Guardinis Erkrankung nicht vollendet; eine Publikation aus dem Nachlaß erfolgte in der Zeitschrift „Geschichte in Wissenschaft und Unterricht", Jg. 21, 1970, S. 752–759.*

[1] Von hier ab liegen nur noch Stichworte vor.

*Romano Guardini (1885–1968) lehrte nach der Habilitation 1922 in Bonn an den Universitäten Breslau und Berlin, wurde 1939 pensioniert, folgte 1945 erneut einem Ruf auf ein Ordinariat für Christliche Weltanschauung und Religionsphilosophie in Tübingen, seit 1948 in München.*

# Quellen

*Adenauer, Konrad:* aus: Konrad Adenauer. Die autorisierte Biographie. München 1955.

*Apelt, Willibalt:* aus: Jurist im Wandel der Staatsform. Tübingen 1965.

*Badt-Strauss, Bertha:* aus: Von Juden in München, o.O., 1958.

*Ben-Chorin, Schalom:* aus: Jugend an der Isar. München 1974.

*Bergmann, Gustav von:* aus: Rückschau. München 1953

*Bluntschli, Johann Caspar:* aus: Denkwürdiges aus meinem Leben. Nördlingen 1884.

*Bonn, Moritz Julius:* aus: So macht man Geschichte. München 1953.

*Braun, Hanns:* aus: Denk ich an München, o.O. o.J.

*Brentano, Lujo:* aus: Mein Leben im Kampf um die soziale Entwicklung Deutschlands. Jena 1931.

*Bücher, Karl:* aus: Auswahl der publizistischen Schriften. In: Publizistik-Wissenschaftler im deutschen Sprachraum, Bd. 1. Bochum 1981.

*Bumke, Oswald:* aus: Erinnerungen und Betrachtungen. München 1952.

*Curtius, Ludwig:* aus: Deutsche und Antike Welt. Stuttgart 1956.

*Dahn, Felix:* aus: Erinnerungen. Leipzig 1892.

*D'Ester, Karl:* aus: Schwarz auf Weiß. München 1951.

*Drews, Arthur:* aus: Die Philosophie der Gegenwart in Selbstdarstellungen. Leipzig 1924.

*Driesch, Hans:* aus: Lebenserinnerungen und Aufzeichnungen eines Forschers und Denkers in entscheidender Zeit. München 1951.

*Ewald, Paul P.:* aus: Erinnerungen an die Anfänge des Münchner Physikalischen Kolloquiums. In: Physikalische Blätter, Dezember 1968.

*Foerster, Friedrich Wilhelm:* aus: Erlebte Weltgeschichte 1869–1953. Nürnberg 1953.

*Frisch, Karl von:* aus: Erinnerungen eines Biologen. Berlin 1957.

*Fröbel, Julius:* aus: Ein Lebenslauf. Aufzeichnungen. Erinnerungen. Bekenntnisse. Stuttgart 1890.

*Ganghofer, Ludwig:* aus: Lebenslauf eines Optimisten. München, Zürich 1966.

*Glasenapp, Helmut von:* aus: Meine Lebensreise. Menschen, Länder, Dinge, die ich sah. Wiesbaden 1964.

*Glum, Friedrich:* aus: Zwischen Wissenschaft, Wirtschaft und Politik. Bonn 1964.

*Goetz, Walther Wilhelm:* aus: Geschichtswissenschaft der Gegenwart in Selbstdarstellung. Leipzig 1925.

*Guardini, Romano:* aus: Geschichte in Wissenschaft und Unterricht, Jg. 21, 1970.

*Gumppenberg, Hanns Theodor Wilhelm:* aus: Lebenserinnerungen. Aus dem Nachlaß des Dichters. Berlin, Zürich 1908.

*Gutzkow, Karl Ferdinand:* aus: Rückblicke auf mein Leben. Berlin 1875.

*Hahn, Otto:* aus: Mein Leben. München 1968.

*Hartung, Hugo:* aus: Wir Wunderkinder. München 1982.

*Heisenberg, Werner:* aus: Denk ich an München. „An der Universität". Festrede 1958.

*Herbst, Ferdinand:* aus: Aus dem Leben eines Priesters. Augsburg 1842.

*Hertling, Georg Friedrich von:* aus: Erinnerungen aus meinem Leben. Kempten, München 1919.

*Heuss, Theodor:* aus: Vorspiele des Lebens. o.O. 1954.

*Hoferichter, Ernst:* aus: Das Ernst-Hoferichter-Buch. o.O. 1977.

*Holland, Hyazinth:* aus: Lebenserinnerungen eines 90jährigen Altmünchners. München 1921.

*Huber, Kurt:* aus: Kurt Huber zum Gedächtnis. Regensburg 1947.

*Jocham, Magnus:* aus: Memoiren eines Obskuranten. Kempten 1896.

*Kerschensteiner, Georg:* aus: Die Pädagogik der Gegenwart in Selbstdarstellungen. Leipzig 1926.

*Knapp, Georg Friedrich:* aus: Ein Hoch auf München. In: Süddeutsche Monatshefte, Jahrgang 1, 1904, Bd. 1.

*Kneipp, Sebastian:* aus: Mein Leben. Regensburg 1949.

*Kolle, Kurt:* aus: Wanderer zwischen Natur und Geist. München 1972.

*Kombst, Gustav:* aus: Erinnerungen aus meinem Leben. Leipzig 1848.

*Küster, Ernst:* aus: Erinnerungen eines Botanikers. Gießen 1956.

*Kuhn, Caspar:* aus: Durch Kampf zum Sieg. Paderborn 1895.

*Kutscher, Artur:* aus: Der Theaterprofessor. München 1960.
*Lange, Fritz:* aus: Ein Leben für die Orthopädie. Stuttgart 1959.
*Lasaulx, Ernst von:* aus: Ein Lebensbild. Münster 1904.
*Leyen, Friedrich von der:* aus: Leben und Freiheit der Hochschule. Köln 1960.
*Lorinser, Franz:* aus: Aus meinem Leben. Regensburg 1891.
*Martin, Konrad:* aus: Zeitbilder oder Erinnerungen an meine verewigten Wohltäter. Mainz 1879.
*Meyer, Bernhard Ritter von:* aus: Erlebnisse des Bernhard Ritter von Meyer. Wien 1875.
*Meyer-Frank, Julie:* aus: Von Juden in München. München 1958.
*Meyr, Melchior:* aus: Biographisches. Briefe. Gedichte. Leipzig 1874.
*Müller, Friedrich von:* aus: Lebenserinnerungen. München 1953.
*Müller, Karl Alexander von:* aus: Aus den Gärten der Vergangenheit. Stuttgart 1952.
*Müller, Ludwig Robert:* aus: Lebenserinnerungen. München 1957.
*Panizza, Oskar:* aus: Abschied von München. Zürich 1897.
*Rothacker, Erich:* aus: Heitere Erinnerungen. Frankfurt o.J.
*Sauerbruch, Ferdinand:* aus: Das war mein Leben. Bad Wörishofen 1951.
*Sepp, Johann Nepomuk:* aus: Ein Bild seines Lebens nach seinen eigenen Aufzeichnungen. München, Regensburg 1916.
*Siber, Thaddäus:* aus: Mein Lernen und Lehren. o.O. o.J.
*Sommerfeld, Arnold:* aus: Autobiographische Skizze. In: Geist und Gestalt. München 1959.
*Spemann, Hans:* aus: Hans Spemann. Forschung und Leben. Stuttgart 1943.
*Schede, Franz:* aus: Rückblick und Ausblick. Stuttgart 1960.
*Schlagintweit, Felix:* aus: Ein verliebtes Leben. München 1946.
*Schmeller, Johann Andreas:* aus: Tagebücher 1801–1852. München 1956.
*Scholl, Hans und Sophie:* aus: Die Weiße Rose. Frankfurt 1952.
*Schücking, Levin:* aus: Lebenserinnerungen. Breslau 1886.
*Steub, Ludwig:* aus: Mein Leben. o.O. 1883.
*Strohmeyer, Georg Friedrich Louis:* aus: Erinnerungen eines deutschen Arztes. Hannover 1875.
*Stumpf, Carl:* aus: Die Philosophie der Gegenwart in Selbstdarstellungen. Leipzig 1924.
*Tangermann, Wilhelm:* aus: Morgen und Abend. Erinnerungen. Lebensbilder und Selbstbekenntnisse. Leipzig 1895.
*Thiersch, Heinrich Wilhelm:* aus: Heinrich W. Thierschs Leben. Basel 1888.
*Toller, Ernst:* aus: Eine Jugend in Deutschland. o.O. o.J.
*Uhde-Bernays, Hermann:* aus: Im Lichte der Freiheit. o.O. 1947.
*Weber, Max:* aus: Ein Lebensbild. Heidelberg 1950.
*Wenzel, Aloys:* aus: Erinnerungen aus der Geschichte der letzten 50 Jahre unserer Universität. In: Jahrbuch der Ludwig-Maximilians-Universität 1957/58. München 1958.
*Willstätter, Richard:* aus: Aus meinem Leben. Weinheim 1949.
*Zorn, Karl Ludwig:* aus: Aus einem deutschen Universitätsleben. Bonn 1927.

# Personenregister

Autorennamen und -beiträge sind kursiv gesetzt

Abel, Karl von  11, 14, 26, 40, 65, 68, 83
Acton-Dalberg, John  64
Adenauer, Konrad  220, *245*
Adlzreiter, Johann  81
Aeschylos  75
Agassiz, Louis  48
Allioli, Joseph Franz von  33, 35, 36, 37, 73, 74, 87
Altenberg, Peter  231
Amann, Joseph Albert  150, 175
Amaru  301
Amery, Carl  369
Amira, Karl von  185, 203, 231, 246, 271, 282, 303, 308
Andres  175
Andres, Stefan  261, 263
Angerer, Ernst  295
Angerer, Otmar von  150, 158, 161, 175, 178
*Apelt,* Willibald  *246–250*
Archilochos  302
Arco-Valley, Anton Graf  18, 153, 155, 205, 237, 238, 239, 241
Arco-Valley, vermutlich Maximilian  64, 102
Aristoteles  115
Arndts, Karl Ludwig  54, 63, 104, 107
Arnim, Achim von  231
Arnold, Karl  298
Arnoldi, Wladimir  229
Asmussen  375
Assisi, Franziskus von  60
Ast, Georg Anton Friedrich  33, 71, 88
Aster, Ernst von  297, 301
Atzberger, Leonhard  302
Auer  30
Auer, Erhard  205
Aurbacher  28
Authari, König der Langobarden  81
Avenarius, Richard  233
Aventin(us), Johannes (eigentl. Turmair)  80, 81, 138, 274
Axelrod, Towia  325

Baader, Benedikt Franz Xaver von  24, 60, 71, 72, 76, 88, 100
Bach, Johann Sebastian  310, 320, 356
Bach, Joseph  118
Bach, Rudolf  263
Backmund, Aquilin (Alexander Bethor)  302

*Badt-Strauss,* Bertha  *283–284*
Baehr, Rudolf  369
Bäumker, Clemens  154, 290, 311
Baeyer, Adolf von  16, 120, 145, 175, 176, 190, 191–202, 208, 209, 253, 254, 264
Bhartrihari  301
Bamberger, Guido  286
Bamberger, Eugen  196
Bardenheuer, Bertram Otto  122
Barth, Christian Carl von  33
Basler, Otto  222
Bauer, Gustav Conrad  138
Bauer, Josef Martin  261
Bauer, Karl Josef von  148, 150, 158, 179
Bauernfeind, Carl Maximilian  145
Baur, Franz  126
Bayer, Hieronymus Johann Paul von  27, 32, 33, 54, 85, 100, 107
Bayersdorfer, Adolph  189
Bayersdorfer, Jenny (geb. Pauly)  189
Beauharnais, Eugène → Leuchtenberg
Bebel, August  232, 260
Becher, Erich  146, 290, 310, 311
Becher, Johannes R.  263
Beck, Friedrich  102
Beck, Fritz  17
Becker, Carl Heinrich  221
Beckers, Hubert Karl Philipp  115
Beckmann, Gustav  174
Beethoven, Ludwig van  178, 231, 310, 320
Beetz, Friedrich Wilhelm Hubert von  145
Behr, Michael Wilhelm Joseph  68
Beilhack  102
Beisler, Hermann von  53
*Ben-Chorin,* Schalom (Fritz Franz Rosenthal)  *337–340*
Bender  265, 266
Beraz, Joseph  100, 101
Bercks (Berks), Franz von  101
Bergengruen, Werner  268
*Bergmann,* Gustav von  *252*
Bergstraesser, Gotthelf  339
Bernays, Jakob  116
Bernays, Michael  116, 164, 166, 167, 168, 217, 218, 257
Bernhard  176
Bertram, M. E. → Schleich, Martin
Bethge, Friedrich  261
Beutler, Ruth  285
Beyerlink, Laurentius  90
Bezold, Gustav von  65
Biberegg, Reding von → Holland, Hyazinth
Bihler, Heinrich  369
Billinger, Richard  263
Billings, Frederik H.  228

# Inhalt